나는
적성전형으로
대학
간다

적성검사 통합편

나는 적성전형으로 대학 간다

ⓒ 최승후 2013

초판 1쇄 발행일 2013년 6월 10일
2판 1쇄 발행일 2013년 8월 16일

지 은 이 최승후
펴 낸 이 이정원

출판책임 박성규
편집책임 선우미정
편   집 김상진 · 한진우 · 김재은 · 김솔
디 자 인 김세린 · 김지연
마 케 팅 석철호 · 나다연 · 도한나
경영지원 김은주 · 이순복
제   작 송세언
관   리 구법모 · 엄철용

펴 낸 곳 도서출판 들녘
등록일자 1987년 12월 12일
등록번호 10-156
주   소 경기도 파주시 교하읍 문발리 출판문화정보산업단지 513-9
전   화 마케팅 031-955-7374 편집 031-955-7381
팩시밀리 031-955-7393
홈페이지 www.ddd21.co.kr

I S B N 978-89-7527-676-7(53370)

나는 적성전형으로 대학 간다

적성검사 통합편

최승후 지음

들녘

적성을 알면 **목표가** 보인다

　적성전형은 논술전형, 학생부우수자전형, 입학사정관전형 등을 지원하기 힘든 중위권 학생들에게는 수도권 대학을 갈 수 있는 마지막 희망이어서 인기가 높은 전형입니다. 대입 수시모집에서 적성전형을 실시하는 대학은 2010학년도(12개), 2011학년도(17개), 2012학년도(19개), 2013학년도(20개), 2014학년도(28개) 등 적성전형이 수시모집에 도입된 이후로 매년 증가하고 있습니다. 2013년에는 특히 충청, 강원, 경상권 등 전국적으로 적성검사 실시 대학이 증가하여 대학별고사의 한 축으로 확고하게 자리를 잡았지요. 특히 경기권 주요대학이 수시모집에서 적성검사로 학생을 대부분 선발하기 때문에 정시모집에 응시하여 경기권 대학에 진학하기는 점점 어려워지고 있는 실정입니다. 따라서 수도권 대학에 지원하려는 중위권 수험생 중에서 학생부가 5등급 이내이고, 수능모의고사가 3등급이 한두 과목 꾸준히 나온다면 적성전형을 준비하는 것이 현명합니다. 특히 2014학년도에는 적성검사 전형을 실시하는 대학과 모집인원이 늘었고, 선택형 수능 시행과 탐구 2과목 응시 제한으로 국어B, 영어B, 탐구영역의 수능 등급 확보가 어려워져 적성전형의 지원자가 대폭 증가할 것으로 예상됩니다.

　하지만 실제 교육 현장에서는 적성검사에 대한 연구와 홍보가 미진한 실정입니다. 입시에서 소외되었던 중하위권 학생들에게 좋은 대안이 될 수 있을 뿐더러 교육적으로 가치가 있는 전형임에도 불구하고 학교현장의 정보부족, 상위권 학생들에게만 집중된 입시 시스템, 지도교사의 부재, 수업교재 부실 등으로 사교육업체에 수업을 맡길 수밖에 없는 실정이었지요. 그런데 이 사교육업체 역시 적성검사에 대한 부정확한 정보와 부실한 교육으로 많은 문제점을 드러내고 있는 형편입니다.

이 책은 적성검사를 처음 준비하는 학생과 적성검사를 지도하려는 교사를 위해 집필한 것입니다. 좋은 전형을 제대로 활용하지 못하는 전국의 수험생들과 진학 지도의 방향을 잡지 못해 고심하는 선생님들에게 드리는 나침반이기도 하지요. 『나는 적성전형으로 대학 간다』는 학생, 교사, 학부모 등 적성전형에 관심 있는 사람이라면 누구나 쉽게 이해하도록 집필한 책입니다. 특히 2004년부터 학교현장에서 직접 하던 적성검사 수업 내용을 이해하기 쉽게 체계적으로 정리했다고 자부합니다. 파트1은 적성검사를 처음 준비하는 학습자를 위해 적성검사의 전반적인 내용을 소개했고, 파트2 대학별 지원전략에서는 대학별 모집요강을 자세하게 분석했습니다. 파트3~4 기출유형분석에서는 최신 출제 경향을 반영한 문제 유형을 소개했고, 파트5 부록 편에서는 수험생에게 꼭 필요한 학습내용을 다루었습니다.

이제 학교 성적이나 수능 결과만 잣대 삼아 대학에 가고 진로를 결정하는 시대는 지났습니다. 우리의 삶은 자신의 적성을 정확히 알고서 좋아하는 일과 잘하는 일 사이의 간극을 줄이고 갈등을 최소화하는 데 집중되어야 하기 때문입니다. 아무 생각 없이 성적대로 대학에 갔다가 곧 후회하면서 진로를 바꾸는 일, 더 이상 없었으면 좋겠습니다. 아무쪼록 이 책이 적성검사를 준비하는 학생과 교사들에게 희망의 마중물이 되기를 기원합니다.

Contents ■▌▌▌■▌▌▌

PART 3 적성검사 기출유형 분석Ⅱ_수리사고영역

적성! 대입 시크릿 솔루션

■ 적성검사, 그게 뭐지?

"검은 머리가 파뿌리가 될 때까지 신부를 사랑하겠습니까?" 주례가 물었다. 신랑은 대답이 없었다. 신부인 당신은 어떻게 할 것인가?

삼성그룹이 실시하는 직무적성검사(SSAT) 문항 중 하나입니다. 상황을 묻는 문제라 정답은 '며느리도 모른다'입니다. 직장 생활에 꼭 필요한 요소 중 다양한 상황에 대처하는 능력이지요. 그래서 직무적성검사에 이런 문항이 출제된 거겠죠. 직무적성검사는 주로 언어력, 수리력, 추리력 등을 통해 기초 지적능력을 평가하고, 업무능력, 대인관계능력, 사회생활을 하는 데 필요한 상식 능력 등을 통해 직무능력을 평가합니다. 여기에 인성 영역을 더하여 평가하는 것을 '인적성검사'라고 부르죠. 우리가 대학을 가기 위해 치르는 적성검사는 이런 '직무적성검사', '인적성검사'가 물론 아닙니다.

그렇다면 '적성검사'라니……. 이게 과연 뭘까요? 어떤 학생에게는 익숙한 단어겠지만, 아마 대다수 학생에게는 낯이 설 거예요. 적성검사의 사전적 의미는 적성(適性)의 유무나 정도를 판정하기 위한 검사입니다. 하지만 기업체나 타기관에서 실시하는 것과 대입전형에서 실시하는 적성검사는 성격이 전혀 다릅니다. 기업체에서 치르는 적성검사는 '직무적

10

성검사'이지만 대입 수시모집에서 치르는 적성검사는 대학에서 교육을 받는 데 필요한 학업능력과 사고력을 평가하는 '학업적성검사'입니다. '검사'라는 명칭 때문에 자칫 오해가 생길 수 있지만 학업능력을 테스트하는 객관식 평가로 학생을 선발하는 제도이죠. 인하대, 한양대에서 2004년에 처음 도입했습니다. 적성검사의 주요 평가 영역은 '언어사고영역'과 '수리사고영역'입니다. 각 대학마다 전형 방법과 문항수, 시간에 약간의 차이가 있지만, 문제 유형과 시험 방법은 유사합니다. 적성검사는 그동안 입시에서 소외되었던 중하위권 학생들에게 좋은 대안이 될 수 있는 교육적으로 가치가 있는 전형입니다.

■ 어떤 학생이 준비하지?

적성전형 대학은 학생부 실질반영비율이 다른 전형보다 현저히 낮고, 반 이상의 대학이 수능최저학력기준을 두고 있지 않기 때문에 중위권 학생들에게 유리한 전형이지요. 논술 고사에서 학생부 석차등급 두세 등급을 따라 잡으려면 논술성적이 최상위권이어야 합니다. 그뿐인가요? 수능최저학력기준도 통과해야 하는 경우가 많지요. 하지만 적성전형에서는 학생부 한 등급 간 점수 차이는 쉽게 극복할 수 있습니다. 학생부 한 등급 간 점수가 적성검사 한두 문제에 불과하기 때문입니다. 예를 들어 명지대는 수시모집 학생부 한 등급 간 점수가 1.5점입니다. 적성검사 한 문항이 1점, 2점이므로 2문항만 더 맞히면 학생부 한 등급을 극복할 수 있는 것입니다.

학교현장에서 내신성적과 수능성적이 3~6등급 대 학생들은 진학상담의 사각지대에 놓여 있는 경우가 많습니다. 목표 대학과 지원 가능한 대학의 차이가 크기 때문입니다. 현실적으로 이 학생들이 수시모집에서 적성검사를 치르는 대학을 정시모집에서 합격하기가 쉽지 않습니다. 재수생의 강세가 계속되는 요즘에는 더욱더 그렇습니다. 따라서 이 학생들은 수시모집 때 적성전형 대학을 적극적으로 지원하는 것이 좋습니다. 적성검사는 짧은 시간에 많은 문제를 풀어야 하기 때문에 지속적으로 문제풀이 훈련을 한 학생이 그렇지 않은 학생보다 10문항 이상을 더 맞습니다. 또한 적성검사 문제는 수능 문제와 차이가 있기 때문에 적성검사 준비를 착실히 한 학생이 절대적으로 유리한 시험입니다. 아울러 적성검사는 수능과 문제 푸는 방식과 요령이 달라서 준비를 하지 않은 학생이 단기간에 합격권에 도달할 수는 없습니다. 또한 적성검사는 수학 성적이 다른 교과 성적보다 좋은 학생들에게 유리합니다. 실제로 내신성적이 좋지 않지만 수학 성적이 좋은 학생들이 합격한 사례는 많습니다. 적성검사가 언어사고 영역보다 수리사고영역에서 변별이 되기 때문입니다. 또한 요즘에는 영어를 출제하는 대학이 늘고 있어서 영어에 자신 있는 학생이라면 적성검사 전형을 공략하는 것도 현명한 전략이 될 수 있습니다.

■ 이런 학생은 곤란하지!

적성전형은 중하위권 학생들이 한 번 도전해볼 만하지만 수능과 연관성이 낮은 문제들이 출제되고 경쟁률은 매우 높기 때문에 적성검사에만 올인 하는 것은 바람직하지 않습니다. 적성검사를 착실히 준비하면서도, 학교 내신공부와 수능공부를 소홀히 해서는 절대로 안 됩니다. 비록 학생부 실질반영비율이 낮지만, 경쟁률이 매우 높기 때문에 학생부 성적이 좋은 것이 유리하기 때문입니다. 특히 문항수가 적은 대학들은 학생부의 영향력을 무시할 수 없죠. 수능도 마찬가지입니다. 수능최저학력기준을 요구하는 대학은 수능최저학력기준 통과 여부가 합격의 관건입니다. 따라서 수능 전까지 적성검사 공부와 더불어 수능공부도 소홀히 해서는 안 됩니다. 실제로 수능최저 통과율이 30% 미만이기 때문에 수능공부를 하지 않고 적성에만 매달리는 것은 좋은 전략이 아닙니다.

또한 수학을 포기하는 건 적성검사를 포기하는 것과 같습니다. 적성검사 언어사고영역
은 단기간 준비로 점수를 올릴 수 있지만, 적성검사 수리사고영역은 최소 6개월 이상 기
출문제를 풀면서 실력을 쌓아야 합격이 가능합니다. 아울러 영어 성적이 낮은 학생이 영
어를 출제하는 대학에 지원한다면 합격이 쉽지 않을 것입니다. 영어 문항이 수능형으로
갈수록 어려워지고 있기 때문입니다. 끝으로 적성전형에 합격하는 학생들의 공통점은 학
교생활에 충실하다는 점입니다. 적성검사의 출제유형이 수능형으로 바뀐 대학이 늘면서
교과성적이 나쁜 학생들이 합격하기는 더욱 힘들어졌습니다. 적성검사를 로또라고 생각하
고 준비하면 큰 오산입니다. 적성검사의 출제영역이 국어·영어·수학·사회·과학으로 수능
과 일치하기 때문에 학교공부를 포기한 학생이 적성전형에 합격할 수는 없습니다. 즉, 적
성검사는 6개월 이상의 준비기간이 필요한 시험이고, 학교공부를 충실히 해왔던 학생이
결국 합격한다는 점을 꼭 명심하세요.

part 1

적성,

합격으로 가는
행운의 네잎클로버

2014학년도 적성검사 개관

▪ 수시모집 대학별고사(적성, 논술, 면접)의 중요성 증가

(1) 수시모집 선발 비중 증가, 정시모집 인원 감소 지속

2014학년도 수시모집은 총 모집 인원(379,514명)의 66.2%인 251,220명을 선발하고, 정시모집에서는 33.8%인 128,294명을 선발한다. 수시모집 선발 비율이 2013학년도 62.9%보다 소폭 상승하여 수시 강세 현상은 계속될 전망이다. 또한 2014학년도에도 수시모집에서 미등록 인원을 충원할 수 있고, 특히 수시모집 추가 합격자도 최초 합격자와 같이 정시 및 추가모집 지원이 금지됨에 따라 정시모집으로 이월되는 인원은 2014학년도보다 더욱 감소할 것으로 예상된다.

(2) 수시모집 지원 횟수 6회로 제한

대교협은 2013학년도부터 수시모집에서 최대 지원 가능 횟수를 6회로 제한하는 개선 방안을 확정했다. 이에 따라 수시모집의 경쟁률이 절반 이상으로 낮아지고, 무분별했던 '묻지마 지원'도 감소할 것으로 예상한다.

(3) 수능의 변별력 감소

2013학년도 수능은 일부 영역에서 쉽게 출제되어 변별력 문제가 제기되었다. 하지만 쉬운 수능 현상은 2014학년도부터 고교에서 실시되는 내신 절대 평가와 2014학년도 수능 개편과 맞물려 계속될 전망이다. 변별력을 상실한 '물수능'은 정시 합격 예측을 더욱 어렵게 만들어 수시 및 대학별고사의 중요성이 대폭 증가할 것으로 보인다.

■ 적성검사 문제 '혼합형' 추세

적성검사 문제 유형은 '순수적성형(적성형)'과 '교과적성형(수능형)'으로 크게 나눌 수 있다. 하지만 요즘은 순수적성형 대학에서 교과적성형 문항을 일부 출제하고 있다. 예를 들어 순수적성형의 대표적인 대학인 가톨릭대는 교과적성형과 순수적성형 문항을 혼합해서 출제한다. 다만 순수적성형 문항이 더 많을 뿐이다. 요컨대 **요즘 적성검사 문제 유형은 적성형과 수능형으로 분명하게 구별되기보다 혼합형 유형이 대세**이다.

순수적성형은 언어사고영역에서 논리력, 사고력, 자료해석력 문항이, 수리사고영역에서는 공간지각력, 추리력 문항이 주로 출제된다. 순수적성형은 학생들의 잠재력, 학업능력을 평가하고 있기 때문에 적성검사 취지에 가장 걸맞은 유형이다. 요즘에는 변별력 문제 때문에 교과적성형 문항이 혼합되어 출제되고 있다. 따라서 기출문제를 통해서 지원하려는 대학의 적성검사 문제 유형을 파악해야 한다.

교과적성형은 수능 난이도 70~80% 정도의 문제 유형을 말한다. 교과적성형 수리는 '수 I과 미적분과 통계기본'에서, 언어는 EBS 교재에서 주로 출제한다. 일부 교과적성형 대학에서는 사회탐구, 과학탐구 기본 개념과 시사상식 문항도 출제한다. 하지만 교과적성의 난이도가 수능보다 떨어진다는 것이지 수능문제와 완전히 일치한다는 뜻은 아니다. 출제유형과 난이도에서 수능과 차이가 나기 때문이다. 따라서 **교과적성형을 준비하는 학생은 반드시 기출문제를 풀어 보고 유형을 파악해야 한다.** 가천대, 을지대, 한국외국어대(글로벌), 한양대(에리카) 등이 대표적인 교과적성형 대학들이며, 이들 대학은 EBS와 연계하여 적성검사를 출제하므로, EBS 수능특강, EBS 수능완성을 반드시 공부해야 한다.

수험생들은 기출문제와 모의적성 등을 통해 순수적성과 교과적성 중 어떤 유형이 자신에게 적합한지를 냉정하게 판단하여 그 유형을 집중적으로 준비하는 것이 현명한 전략을

세우는 지름길이다. 수능형 언어와 수리가 강하거나 정시 준비에 전념하다가 수시 2차 적성전형에 응시하려는 학생은 일반적으로 교과적성형 대학이 유리하고, 순발력이 있고 사고력과 공간지각력이 우수한 학생은 순수적성형 대학이 유리하다.

■ '수능최저학력기준'이 합격의 관건

대입 수시모집에서 적성검사형 대학은 수능최저학력기준이 있는 대학과 없는 대학으로 나눌 수 있다. 수험생은 본인의 평소 수능모의고사 성적으로 수능최저학력기준을 통과할 수 있는지를 판단하여 지원할 대학을 선택하여야 한다. **일반적으로 수능최저학력기준은 인문은 3등급 2개, 자연은 3등급 1개를 요구하는 대학이 많다.**

수능최저가 없는 대학은 경쟁률이 매우 높다. 따라서 합격자의 학생부 성적도 수능최저가 있는 대학에 비해 다소 높다. 즉 적성검사와 학생부가 모두 중요하지만 적성검사가 가장 중요하다. 일반적으로 합격자는 학생부 2등급 후반~5등급 후반에서 많이 배출된다. 2014학년도 대입 수시모집에서 수능 최저가 없는 대학은 **가천대, 경기대(2차), 가톨릭대(우선), 강남대, 고려대(우선), 단국대(천안), 대진대, 동덕여대(우선), 명지대, 서경대, 성결대, 수원대, 안양대, 울산대, 을지대, 평택대, 한국기술교육대(우선), 한국산업기술대, 한국외국어대(글로벌), 한밭대, 한성대, 한신대, 한양대(에리카. 일반우수자I), 호서대 등 총 24개 대학이다.**

수능최저가 있는 대학은 수능최저가 없는 대학에 비해 경쟁률이 다소 낮고 합격자의 학생부 성적도 한 등급 정도 낮은 편이다. 즉 수능, 적성검사, 학생부가 모두 중요하지만 수능이 가장 중요하다. 일반적으로 합격자는 학생부 3등급 초반~6등급 초반에서 많이 배출

된다. 2014학년도 대입 수시모집에서 수능 최저가 있는 대학은 **가톨릭대(일반), 강원대, 경기대(1차), 고려대(일반), 금오공과대, 단국대(간호, 해병대군사), 동덕여대(일반), 세종대, 울산대(간호, 공학계열), 한국기술교육대(일반), 홍익대(세종)** 등 총 11개 대학이다.

수능최저학력기준을 적용하는 적성전형의 수능최저학력기준 충족 비율은 지원 건수의 30% 정도에 불과하다. 따라서 수시모집을 6회까지 복수 지원하는 것을 감안하면 수능최저학력기준만 통과하면 합격할 확률이 매우 높다고 할 수 있다.

■ 적성검사의 변수(變數) '영어'

2013학년도 적성검사의 대표적 특징 중 하나가 언어사고 영역에서 영어를 출제하는 대학이 순수적성형과 교과적성형을 막론하고 대폭 늘었으며, 난이도 역시 높아졌다는 점이다. 전년도에는 유의어, 반의어, 비례식형 영어단어 추론, 시제, 부정사, 동명사 수준의 간단한 문법, 단문·중문 독해 등 고1~2수준의 쉬운 문항이 출제되었지만, 2013학년도에는 어휘와 문법의 난이도가 높아졌으며, 독해도 장문 독해가 대폭 증가했다. 대학에서 적성검사의 변별력과 학업 능력이 있는 학생을 선발하려는 의지가 반영된 것으로 보인다. 예를 들어 한국기술교육대(영어 25문항)나 한국외국어대(글로벌. 영어 20~30문항)에 영어를 못하는 학생이 이 대학에 합격하는 것은 거의 불가능하다. **영어에 자신 있는 학생이라면 영어로 적성검사전형을 공략하는 것도 현명한 전략이 될 수 있다.**

■ 적성검사의 상수(常數) '수학'

적성검사는 실제로 수학에서 합격이 결정된다. 표를 보면, 언어사고영역 지원자 평균과 합격자 평균의 점수 차이보다 수리사고영역 지원자 평균과 합격자 평균의 점수 차이가 크다는 것을 알 수 있다. 즉, 적성검사는 수리영역에서 합격이 결정되는 것이다. 따라서 **학생부 성적이 조금 부족하더라도 모의고사에서 수학 성적이 인문계 수학A형이 2~3 등급, 자연계 수학B형이 3~4등급 정도 꾸준히 나오는 학생이 적성검사를 준비하면 합격할 확률이 매우 높다.**

| 가톨릭대학교 2012학년도 적성검사 성적 분석 |

구분		수시 1차		수시 2차	
		언어	수리	언어	수리
인문	지원자 평균	105.5	77.2	120.7	88.8
	합격자 평균	126.4	115.1	135.5	123.8
자연	지원자 평균	108.6	95.5	114.8	102.2
	합격자 평균	131.3	135.2	135.2	135.7

❖ **영어 문제 출제 대학**(17개)

가천대, 강남대, 강원대, 고려대(세종), 단국대(천안), 대진대, 동덕여대, 성결대, 세종대, 울산대, 을지대(성남, 대전), 한국기술교육대, 한밭대, 한국외국어대(글로벌), 한양대(에리카), 홍익대(세종), 금오공과대

❖ **영어만 출제되는 대학**(1개) 울산대(생활대)

❖ **언어 문제 출제 대학**(25개)

세종대(영어, 수학), 홍익대(세종. 영어, 수학), 한국기술교육대(영어, 수학), 울산대(생활대. 영어), 울산대(자연대, 공대, 건축대, 간호학과. 영어, 수학)는 언어를 출제하지 않는다.

❖ 수학 문제 출제 대학(28개)

울산대(인문대, 사회대, 경영대, 생활대. 언어, 영어), 호서대(인문대, 사회과학대. 언어, 사고력) 등 총 2개 대학은 수학을 출제하지 않는다.

■ 합격 가능한 학생부 성적

서울진학지도협의회가 일반고 62개교를 대상으로 조사한 '2013 입시 전형별 합격자 성적 분석'에 따르면, 지원자들의 학생부 성적은 2~7등급으로 다양하지만, **2~4등급대 학생들의 합격률이 4등급 이하보다 월등히 높은 것**을 알 수 있다.

| 학생부 등급 간 적성검사 전형 지원 현황 |

(1) 인문계열

내신등급	지원자수	합격자수	지원대비 합격률
2.0~2.5	43	8	18.60
2.5~3.0	115	30	26.09
3.0~3.5	376	51	13.56
3.5~4.0	850	89	10.47
4.0~4.5	924	85	9.20
4.5~5.0	908	46	5.07
5.0~5.5	805	25	3.11
5.5~6.0	596	13	2.18
6.0~6.5	394	3	0.76
6.5~7.0	165	1	0.61
7.0~7.5	100	–	–

(2) 자연계열

내신등급	지원자수	합격자수	지원대비 합격률
2.0~2.5	22	7	31.32
2.5~3.0	91	31	34.07
3.0~3.5	301	60	19.93
3.5~4.0	716	105	14.66
4.0~4.5	961	102	10.61
4.5~5.0	1,085	92	8.48
5.0~5.5	973	28	2.88
5.5~6.0	786	23	2.93
6.0~6.5	531	14	2.64
6.5~7.0	280	1	0.36
7.0~7.5	84	–	–

2014학년도 적성검사 분석

■ 수시모집에서 적성검사 실시 대학 증가(20개→28개 대학 16,192명)

권역별	2014학년도 수시모집 적성검사 실시 대학
서울권(7개교)	가톨릭대, 경기대(서울), 동덕여대, 명지대, 서경대, 세종대, 한성대
수도권(13개교)	가천대, 경기대(수원), 강남대, 대진대, 성결대, 수원대, 안양대, 을지대(성남), 평택대, 한국산업기술대, 한국외국어대(글로벌), 한양대(에리카), 한신대
충청권(7개교)	고려대(세종), 단국대(천안), 을지대(대전), 호서대, 한밭대, 한국기술교육대, 홍익대(세종)
강원권(1개교)	강원대(춘천)
경상권(2개교)	금오공대, 울산대

대입 수시모집에서 적성검사 전형을 실시하는 대학은 2010학년도 12개, 2011학년도 17개, 2012학년도 19개, 2013학년도 20개, 2014학년도 28개 등 적성검사 전형이 수시모집에 생긴 이래 매년 증가하고 있다. **2014학년도 수시모집에는 중앙대(안성)가 적성검사를 폐지하였고, 금오공과대, 대진대, 동덕여대, 안양대, 울산대, 평택대, 한밭대, 호서대, 홍익대(세종) 등 총 9개 대학이 새로이 적성전형을 실시**한다. 따라서 2014학년도 대입 수시모집에서 적성검사를 실시하는 대학은 28개 대학 16,192명으로 작년보다 5,099명을 더 선발한다. 적성검사는 주로 수도권 대학에서 실시되었으나, 2014학년도에는 금오공과대, 울산대, 한밭대, 호서대, 홍익대(세종) 등 충청권, 경상권 소재 대학이 가세하였다.

■ 적성검사 1차, 2차 모두 실시하는 대학(6개→6개)

가천대, 강남대, 경기대, 단국대(천안), 수원대, 을지대(성남) 등 총 6개 대학은 2014학년도에 수시 1차와 2차에서 모두 적성검사전형을 통해 학생을 선발한다. 경기대는 작년 1차에만 실시하던 적성을 2차에도 실시하고, 가톨릭대는 작년 1차와 2차 모두 선발하였지만 올해는 수시 1차에 통합하여 실시한다. 가천대의 경우 적성전형으로만 1차와 2차에 1,646명을 선발한다. 적성검사는 논술이나 면접전형과 비교하여 채점이 쉽고 객관성이 높기 때문이다.

| 2014학년도 수시모집 적성검사 실시 대학 : 28개 대학 |

구분	대학
1차(16개교)	금오공과대, 대진대, 동덕여대, 명지대, 서경대, 성결대, 세종대, 안양대, 울산대, 한국기술교육대, 한국산업기술대, 한국외국어대(글로벌), 한성대, 한양대(에리카. 일반우수자 l), 호서대, 홍익대(세종)
2차(6개교)	가톨릭대, 고려대(세종), 을지대(대전), 평택대, 한신대, 한밭대
1차, 2차(6개교)	가천대, 강남대, 경기대, 단국대(천안), 수원대, 을지대(성남)

*수능 전에 적성검사를 치르면 1차, 수능 이후에 치르면 2차로 구분함

▪ 오답에 감점을 부여하는 대학(0개→0개)

2012학년도 경기대, 서울과학기술대는 적성검사에서 오답에 대한 감점이 있었다. 하지만 **2014학년도에 오답에 감점을 두는 대학은 없다.**

▪ 영어 출제 대학의 증가(11개→17개)

적성검사전형을 실시하는 대학에서 영어를 출제하는 대학이 대폭 증가하고 있다. 적성검사의 전통적인 출제영역인 언어사고와 수리사고영역에 더하여 외국어영역이 더 추가되고 있는 추세다. 이런 현상은 교과적성형 대학에서 두드러지게 나타나고 있다. 영어에 자신 있는 학생이라면 영어로 적성검사 전형을 공략하는 것도 현명한 전략이다.

■ 적성검사전형의 다양화

2014학년도에는 적성검사전형이 우선선발, 적성검사 100%, 단계별 전형 등으로 방법이 다양해졌다.

전형방법	대학
적성검사 100%	가톨릭대(우선), 가천대(우선), 경기대(1차 2단계), 강남대(2차), 동덕여대(우선), 한국기술교육대(우선)
일괄합산 (학생부+적성)	울산대, 한국산업기술대, 명지대, 단국대(천안), 한양대(에리카), 강남대(1차), 을지대(성남, 대전), 수원대, 한신대, 성결대, 한성대, 서경대, 세종대, 대진대, 안양대, 평택대, 한밭대, 호서대, 홍익대(세종)
단계별 (1단계 : 학생부 → 2단계)	강원대(7배수), 경기대(인문60배수, 자연 40배수), 단국대(천안, 20배수)
우선선발	가천대, 가톨릭대, 금오공과대, 고려대(세종), 동덕여대, 한국기술교육대, 한국외국어대(글로벌)

■ 수능최저학력기준 적용대학 증가(10개→11개)

2014학년도 대입 수시모집에서 수능 최저가 있는 대학은 가톨릭대(일반), 강원대, 경기대(1차), 고려대(일반), 금오공과대, 단국대(간호, 해병대군사) 동덕여대(일반) 세종대, 울산대(간호, 공학계열), 한국기술교육대(일반), 홍익대(세종) 등 총 11개 대학이다.

수능최저학력기준이 있는 대학은 없는 대학과 비교하여 경쟁률이 낮고, 수능최저학력기준 통과 여부가 합격의 관건이다. 적성검사가 부담이 되고, 수능성적이 오르고 있는 학생은 수능최저가 있는 대학에 지원하는 것이 현명한 전략이다.

한국기술교육대

〈우선선발〉 없음

〈일반선발〉 3개 영역 중 2개 영역 합이 7등급 이내

모집단위	필수(1개 영역)	선택(1개 영역)
공학계열학부(과)	수학〈A/B〉	영어〈B〉·탐구영역 중 상위 1개 영역
산업경영학부	영어〈B〉	국어〈A/B〉·탐구영역 중 상위 1개 영역

*단, 공학계열 수학〈B형〉 선택자는 1등급 가산(합8등급)

*주)탐구영역은 과학탐구·사회탐구·직업탐구 중 택 1(상위 2개 과목 평균 반영)

가톨릭대

〈우선선발〉 없음

〈일반선발〉

계열	최저기준
인문·사회	국어A/B, 수학A/B, 영어B, 사회탐구 영역 중 2개 영역 평균 3등급 이내
특수교육과	국어A/B, 수학A/B, 영어B, 사회탐구 영역 중 2개 영역 평균 2등급 이내
자연과학부 생명·환경학부	국어A/B, 수학A/B, 영어B, 과학탐구 영역 중 1개 영역 이상 3등급 이내
컴퓨터정보공학부 정보통신전자공학부	국어A/B, 수학A/B, 영어B, 사회/과학탐구 영역 중 1개 영역 이상 3등급 이내
미디어기술 콘텐츠학과	국어A/B, 수학A/B, 영어B, 사회/과학탐구 영역 중 1개 영역 이상 2등급 이내
생활과학부	국어A/B, 수학A/B, 영어B, 사회/과학탐구 영역 중 2개 영역 평균 3등급 이내

금오공과대

〈우선선발〉

▶ 이학 및 공학계열 : 수능 국어, 수학, 영어"B", 탐구영역(2과목 평균) 중 수학 영역을 포함한 2개 영역의 합(단, 수학"A"형 지원자의 수학영역 등급은 +2)

▶ 전자공학부 : 6등급 이내

▶ 기계계열, 토목환경공학부, 산업공학부, 에너지·융합소재공학부, 신소재시스템공학부, 컴퓨터공학과, 컴퓨터소프트웨어공학과, 광시스템공학과, 메디컬IT융합공학과, 응용화학과 : 7등급 이내

▶ 건축학부, 소재디자인공학과, 응용수학과 : 8등급 이내

▶ 경영학과 : 수능 국어, 영어"B", 수학, 탐구영역(2과목 평균) 중 2개 영역의 합이 6등급 이내(단, 국어"A"형 지원자의 국어영역 등급은 +1)

〈일반선발〉

▶ 이학 및 공학계열 : 수능 국어, 수학, 영어"B", 탐구영역(2과목 평균) 중 수학 영역을 포함한 2개 영역의 합이 10등급 이내 (단, 수학"A"형 지원자의 수학영역 등급은 +2)

▶ 경영학과 : 수능 국어, 영어"B", 수학, 탐구영역(2과목 평균) 중 2개 영역의 합이 9등급 이내(단, 국어"A"형 지원자의 국어영역 등급은 +1)

울산대

〈일반전형〉

모집단위	수능최저학력 기준
기계/조선해양/전기/화학공학부	국어(A/B형), 수학(A/B형), 영어(B형), 과탐(1과목)중 2개 영역 합이 6등급 이내
간호학과	국어(A/B형), 수학(A/B형), 영어(B형), 탐구(1과목)중 2개 영역 합이 6등급 이내

*탐구영역은 1개 과목만 반영
*〈나머지 학과〉 없음

경기대

〈수시 1차〉

▶인문계, 예능계(실기미실시학과) : 국어B, 수학A, 영어B, 탐구 영역 중 상위 2개 영역 백분위 평균 77점 이상

▶자연계 : 국어A, 수학B, 영어B, 탐구 영역 중 상위 2개 영역 백분위 평균 75점 이상

▶탐구영역은 1개 과목만 반영

〈수시 2차〉 없음

단국대(천안)

▶간호학과(인문) : 언어(A/B), 수리(A/B), 외국어(A/B), 사탐(1과목) 영역 중 2개 영역이상 3등급

▶간호학과(자연) : 언어(A/B), 수리(A/B), 외국어(A/B), 과탐(1과목) 영역 중 2개 영역이상 3등급

▶해병대군사학과 : 언어(A/B), 수리(A/B), 외국어(A/B), 탐구(사/과/직 1과목)영역 중 2개 영역이상 3등급 이내

*탐구영역은 1개 과목만 반영
*〈나머지 학과〉 없음

고려대(세종)

〈우선선발〉 없음

〈일반선발〉

▶ 인문[경상대학, 공공행정학부, 중국학부, 어문학부, 인문사회학부, 미디어문예창작학과] : 국어B, 수학A, 영어B 중 1개 80%

▶ 정보과학부, 디스플레이·반도체물리학과, 신소재화학과, 제어계측공학과 : 국어A, 수학B, 영어B, 과탐 중 2개 3등급

▶ 컴퓨터정보학과, 바이오시스템공학부, 환경시스템공학과, 전자 및 정보공학과 : 국어A, 수학A/B, 영어B, 과탐 중 2개 3등급

*수학 A/B 인정 : 컴퓨터정보학과, 바이오시스템공학부, 환경시스템공학과, 전자 및 정보공학과

*수학 B : 정보과학부, 디스플레이·반도체물리학과, 신소재화학과, 제어계측공학과

강원대

〈인문사회계〉

▶ 경영대, 사범대 : 국어B, 수학A, 영어B, 사탐/과탐 영역 중 상위 3개 영역 등급 합이 10등급 이내

▶ 사회과학대, 인문대, 농업자원경제학과, 스토리텔링학과 : 국어B, 수학A, 영어B, 사탐/과탐 영역 중 상위 3개 영역 등급 합이 12등급 이내

〈자연계1〉

▶ 농업생명과학대, 동물생명과학대, 산림환경과학대, 의생명과학대, 자연과학대, IT대, 가정교육과 : 국어A, 수학A, 영어B, 과탐 영역 중 상위 3개 영역(수학A 반드시 포함) 등급 합이 12등급 이내. 국어A, 수학B, 영어B, 과탐 영역 중 상위 3개 영역(수학B 반드시 포

함) 등급 합이 14등급 이내

▸간호학과 : 국어A, 수학A, 영어B, 과탐 영역 중 상위 3개 영역(수학A 반드시 포함) 등급 합이 11등급 이내. 국어A, 수학B, 영어B, 과탐 영역 중 상위 3개 영역(수학B 반드시 포함) 등급 합이 13등급 이내

〈자연계2〉

▸공과대, 수학교육과, 과학교육학부 : 국어A, 수학B, 영어B, 과탐 영역 중 상위 3개 영역 (수학B 반드시 포함) 등급 합이 13등급 이내

▸수의예과 : 국어A, 수학B, 영어B, 과탐 영역 중 상위 3개 영역(수학B 반드시 포함) 등급 합이 7등급 이내

세종대

▸인문계 : 국어B, 수학A, 영어B, 사탐(2과목 평균) 중 1개 2등급
▸자연계 : 국어A, 수학B, 영어B, 과탐(2과목 평균) 중 1개 2등급 또는 2개 3등급

동덕여대

〈우선선발〉 없음

〈일반선발〉

'B영역 + B영역' 또는 'B영역 + 탐구영역'의 합이 6등급

또는 'A영역 + B영역' 또는 'A영역 + 탐구영역'의 합이 5등급

홍익대(세종)

▸자율전공 – 국, 영, 수, 사/과탐 중 1개 3등급
▸상경학부 – 국, 영, 수, 사/과탐 중 2개 평균 4등급

▶ 광고홍보학부 – 국, 영, 수, 사/과탐 중 2개 평균 3등급

▶ 자연계열 – 국, 영, 수B, 과탐 중 1개 4등급

▶ 건축공학부 – 국, 영, 수B, 과탐 중 2개 3등급

* 탐구영역은 1개 과목만 반영

■ 우선선발 실시 대학 증가(4개→7개)

    2014학년도 적성검사 전형에서 우선선발을 실시하는 대학은 총 7개이다. 기존에 실시해온 고려대(세종), 한국외대(글로벌) 등에 가천대, 가톨릭대, 금오공과대, 동덕여대, 한국기술교육대 등이 가세하였다.

우선선발비율	대학
60%	한국외국어대(글로벌)
50%	가톨릭대, 동덕여대, 금오공대
30%	한국기술교육대, 가천대
20%	고려대(세종)

* 금오공대는 우선선발에서 수능 최저학력기준 적용

가천대

전 형	전형유형(선발 인원)	전형방법
수시 1차	일반전형 (706명)	우선선발(30%) : 적성검사 100%
		일반선발(70%) : 적성검사 70% + 학생부 30%
수시 2차	일반전형 (581명)	우선선발(30%) : 적성검사 100%
		일반선발(70%) : 적성검사 80% + 학생부 20%

가톨릭대

전 형	전형유형(선발 인원)	전형방법
수시 2차	전공적성우수자전형(294명)	우선선발(50% 내외): 적성검사 100% (수능최저학력기준 미적용)
		일반선발(50% 내외): 적성검사 100% (수능최저학력기준 적용)

금오공과대

전 형	전형유형(선발 인원)	전형방법
수시 1차	일반학생전형(467명)	우선선발(50%): 학생부 30% + 적성검사 70%
		일반선발(50%): 학생부 30% + 적성검사 70%

고려대(세종)

전 형	전형유형(선발 인원)	전형방법
수시 1차	전공적성우수자전형(586명)	우선선발(20%): 적성검사 80% + 학생부 20%
		일반선발(80%): 적성검사 80% + 학생부 20%

동덕여대

전 형	전형유형(선발 인원)	전형방법
수시 1차	일반학생전형(121명)	우선선발(50%): 적성검사 100%
		일반선발(50%): 적성검사 70% + 학생부 30%

한국기술교육대

전 형	전형유형(선발 인원)	전형방법
수시 1차	일반전형 적성우선선발(100명)	우선선발(30%): 적성검사 100%
수시 2차	일반전형 일반선발(234명)	일반선발(70%): 적성검사 80% + 학생부 20%

한국외국어대(글로벌)

전 형	전형유형(선발 인원)	전형방법
수시 1차	우선선발(290명)	우선선발(60%): 적성검사 70% + 학생부 30%
	일반선발(193명)	일반선발(40%): 적성검사 50% + 학생부 50%

■ 적성검사 100% 대학의 증가(1개→6개)

2013학년도에는 적성검사 100% 전형이 가톨릭대 수시 2차 일반학생Ⅱ에만 있었으나, 2014학년도에는 가톨릭대 수시 2차 전공적성우수자전형을 비롯하여 가천대, 강남대, 경기대, 동덕여대, 한국기술교육대 등 총 6개 대학으로 증가하였다.

비율	대학
100%	가천대, 가톨릭대, 강남대, 경기대, 동덕여대, 한국기술교육대

학생부 성적이 낮은 학생의 지원 전략

✔ 문항수가 많은 대학에 지원하자.

✔ 학생부 등급 간 차이가 균일한 대학에 지원하자.

✔ 모집 인원이 많은 모집 단위에 지원하자.

✔ 문제 패턴이 매년 일정한 대학에 지원하자.

✔ 영역별·문항별 배점이 동일한 대학에 지원하자.

✔ 영어 문항이 출제되지 않는 대학에 지원하자.

✔ 수학이 약하면 순수적성형 대학에 지원하자.

　문항수가 많은 대학이 적성검사로 뒤집기가 용이하다. 문항수가 적고 수능최저학력기준도 없는 대학은 학생부의 영향력이 클 수밖에 없고, 적성검사 동점자도 많다. 또한 일부 대학에서 학생부 5등급 이하부터는 감점 폭을 크게 두기 때문에 학생부 등급 간 차이가 균일한 대학이 유리하다. 다른 수시전형도 마찬가지겠지만 특히 적성검사는 경쟁률에 허수가 많다. 준비를 제대로 하지 않고 지원하는 학생들이 반 이상이기 때문에 경쟁률에 크게 연연하지 않아도 된다. 사실 경쟁률이 20대 1이 넘어가면 경쟁률은 큰 의미가 없다. 예컨대 40대 1보다 30대 1이 절대적으로 유리한 것 같지는 않다. 경쟁률은 상대적이기 때문이다. 경쟁률보다는 모집인원이 많은 모집단위가 유리하다. 정시와 달리 수시는 학과별 서열이 깨지는 경우가 많으므로 몇 개 대학은 모집인원이 많은 모집단위에 소신 지원을 하는 것도 현명한 전략이다. 아울러 문제패턴이 매년 일정한 대학은 예측이 가능해서 그 패턴에 맞게 준비할 수 있기 때문에 적성검사 공부를 열심히 한 학생들이 유리하다. 즉, 문제유형을 자주 바꾸거나 일정한 패턴이 없는 대학은 합격 예측이 어렵다. 적성을 열심히 준비해도 떨어질 수 있다. 논술은 대학마다 전형적인 문제 패턴이 있고, 그 유형을 쉽게 바꾸지 않는다. 그래서 학생들이 안심하고 준비할 수 있는 것이다. 아울러 영역별·문항별 배점이 동일한 대학은 교차지원에 불리하지 않아서 유리하며, 학생부 성적이 낮은 학생은 대체적으로 영어성적이 좋지 않기 때문에 영어문항이 출제되지 않는 대학이 유리하다. 또한 수학이 약하면 난이도가 높지 않은 순수적성형 대학을 지원하는 것이 현명한 전략이다.

적성검사 문제유형 (2013학년도 기준)

■ 언어사고영역(총 18개 대학)

순수형(적성형)

배경지식이 거의 필요 없고, 논리력·추리력·사고력을 측정하는 유형. 수시모집 적성검사 전형이 시작되었을 때 처음 등장한 유형으로 그동안 IQ 테스트로 많은 오해를 받아온 유형이다. 일정한 문제패턴이 있기 때문에 기출문제를 많이 풀어보고, 패턴을 익히면 학생부 성적이 부족하더라도 적성검사로 뒤집기가 가능한 문제유형이다. 교과적성형 대학보다 문제가 더 쉽다. **교과형에 비해 비문학 지문의 길이가 짧고 문항수도 적게 출제되며, 문학지문은 출제 빈도가 낮다.**

교과형(수능형)

배경지식이 필요하고, 실제 수능형태라고 보기 어렵지만, 수능과 출제 범위가 유사하고, 수능 난이도의 70~80% 정도의 문제와 탐구영역 시사문제를 출제하는 유형. **국어A 출제 범위에서 주로 출제하고 비문학과 문학지문이 상당 부분을 차지**한다. 학교 공부에 충실한 학생이 유리하다.

* 사회탐구 교과개념·상식을 출제하는 대학 : 가천대, 수원대, 을지대(성남, 대전), 강남대, 경기대, 강원대, 단국대(천안) 등 총 7개 대학

* 과학탐구 교과개념·상식을 출제하는 대학 : 가천대, 강원대, 수원대 등 총 3개 대학

* 한국기술교육대는 영어, 수리, 중앙대(안성)은 수리만 출제함

순수형 〉 교과형 (10개 대학)	가톨릭대, 명지대, 세종대, 고려대(세종), 강남대, 서경대, 한성대, 단국대(천안), 한국산업기술대, 경기대
순수형 〈 교과형 (8개 대학)	가천대, 수원대, 을지대(성남,대전), 성결대, 한신대, 한국외국어대(글로벌), 한양대(에리카), 강원대

■ 수리사고영역(총 20개 대학)

순수형(적성형)

중학교 수학, 고1 수학(교과명 : 수학) 범위에서 출제하고, 수학 교과 전반의 논리력·추리력·사고력을 측정하는 유형. 수능형 문제로 수학점수를 등급화 시키기보다는 수학에 대한 학업능력을 평가하는 문제유형이다. 교과형보다 문제가 쉽고, 일정한 문제패턴이 있기 때문에 기출문제를 많이 풀어보고, 패턴을 익히면 내신이 부족하더라도 적성검사로 뒤집기가 가능한 문제유형이다.

교과형(수능형)

고2·고3 수학(교과명 : 수학Ⅰ, 미적분과 통계기본), 즉 '수학A' 출제 범위에서 주로 출제하고, 실제 수능형태라고 보기 어렵지만, 수능 난도의 70~80% 정도의 문제를 출제하는

유형. 고2·고3 수학의 기본개념과 공식을 알면 풀 수 있는 문제가 많다. **가천대·한양대(에리카) 등에서는 인문계는 수학A, 자연계는 수학B에서 출제하는 점도 유의하자.**

순수형 〉 교과형 (10개 대학)	가톨릭대, 경기대, 고려대(세종), 단국대(천안), 명지대, 서경대, 세종대, 수원대, 중앙대(안성), 한성대
순수형 〈 교과형 (10개 대학)	가천대, 강남대, 강원대, 을지대(성남,대전), 성결대, 한국산업기술대, 한국기술교육대, 한신대, 한국외국어대(글로벌), 한양대(에리카)

농어촌·특성화고 적성검사 전형

적성검사로 학생을 선발하는 수시모집 일반전형의 합격선은 100점 만점의 70점 이상이지만, **농어촌 전형과 특성화고 전형은 합격선이 60점 대로 내려가는 점을 주목**해야 한다. 예를 들어 명지대 2012학년도 특성화고(옛 전문계고) 전형에서는 합격자의 맞은 개수 평균이 일반전형이 65개로 합격선은 81점 정도였지만, 특성화고 전형은 53개로 합격선은 66점 정도였다. 커트라인은 더 낮게 형성된다. 2013학년도 일부 농어촌전형 커트라인은 50점대였다.

전형유형	대학
농어촌 전형	가천대, 단국대(천안), 서경대, 수원대, 울산대, 을지대(성남), 한국산업기술대, 한성대
특성화고 전형	가천대, 명지대, 수원대, 울산대, 을지대(성남), 한성대

대학	전형유형	모집인원	학생부	적성검사	수능최저학력기준
가천대	농어촌(1차)	65명	30%	70%	없음
가천대	특성화고(1차)	78명	30%	70%	없음
단국대(천안)	농어촌(1차)	69명	20%	80%	있음(간호,해병대군사)
명지대	특성화고(1차)	50명	50%	50%	없음
서경대	농어촌(1차)	56명	20%	80%	없음
수원대	농어촌(1차)	104명	50%	50%	없음
수원대	특성화고(1차)	78명	50%	50%	없음
울산대	농어촌(1차)	112명	70%	30%	있음(공학)
울산대	특성화고(1차)	47명	70%	30%	있음(공학)
을지대(성남)	농어촌(1차)	30명	40%	60%	없음
을지대(성남)	특성화고(1차)	14명	40%	60%	없음
한국산업기술대	농어촌(1차)	55명	20%	80%	없음
한성대	농어촌(1차)	63명	50%	50%	없음
한성대	특성화고(1차)	48명	50%	50%	없음

대학	농어촌 전형 지원 자격 기준
가천대	농어촌 지역 중학교 3학년 2학기부터 고교3년까지 3.5년 동안 부모와 함께 거주한 학생
단국대(천안)	농어촌 지역 소재 고교 3년 이수
서경대	농어촌 지역 중학교 3학년부터 고교3년까지 4년 동안 부모와 함께 거주한 학생 또는 농어촌 지역 소재 초/중/고 12년 이수(부모거주무관)
수원대	농어촌 지역 고교 3년을 이수하고 부모와 함께 거주한 학생
울산대	또는 농어촌 지역 소재 초/중/고교 12년 이수(부모거주무관)
을지대(성남)	농어촌 지역 고교 3년을 이수하고 부모와 함께 거주한 학생
한국산업기술대	또는 농어촌 지역 소재 초/중/고교 12년 이수(부모거주무관)
한성대	농어촌 지역 중학교 3학년부터 고교3년까지 4년 동안 부모와 함께 거주한 학생

적성검사 공부(준비)전략·지원전략·시험전략

■ 공부(준비)전략

• **적성 전형을 염두에 두고 있다면 되도록 빨리 시작하는 것이 좋다.**

• 본인이 지원한 대학의 문제유형(순수형, 교과형)을 정확히 파악하고, 그에 따라 학습전략을 세운다.

• **대학별 평가 요소와 출제유형을 정확히 알고 대비**해야 한다. 대부분 대학들은 언어와 수리영역으로 출제하나, 가천대·한국외국어대(글로벌)등은 외국어영역을 추가해 평가한다. 예컨대 영어가 약한 학생이 한국외국어대(글로벌)를 지원하면 합격이 쉽지 않다. 수리가 약한 인문계 학생과 언어가 약한 자연계 학생들은 계열별 배점을 달리 하는 경기대, 수원대 등에 지원하는 것이 유리하다.

• 스터디 팀을 구성하여 공부하는 것이 좋다. 문제유형이 같은 친구끼리 구성하는 것이 좋고, 인문계와 자연계 학생이 골고루 섞여 있어야 한다. 스터디 팀이 모여지면 6월 대수능 모의평가 이후 하루에 한 회 이상 모의고사를 치르고 스터디를 하면 많은 도움이 된다.

• 언어영역의 어문규정, 수리영역의 기본공식 같은 **기본적인 암기사항을 시험 전에 숙지**해야 한다. 확실히 외워놓지 않으면 실제시험에서 많이 혼동이 된다. 기본에 충실하자.

• 지원하려는 대학의 문항당 풀이 시간을 파악한다. 평소에 빠른 시간 안에 많은 문제를 푸는 지속적인 연습이 중요하다. 평균적으로 언어 문제는 40초, 수리 문제는 60초 내외에 푸는 연습을 한다. 적성검사는 많은 문제를 빠른 시간 안에 풀어야 하는 시험이므로 특정영역 취약자는 영역별로 풀이 순서를 재배열하여 풀어야 한다. 실제 시험처럼 시간을 재고 문제를 푸는 연습을 자주 해야 한다.

• 수시 원서 접수 이후에는 오전과 오후에 한 번 정도 실전 모의고사를 풀어야 한다. 이 때 반드시 시간을 정확히 재고 풀어야 한다. 실제 시험시간보다 5~10분 정도 남기고 다

푸는 연습을 하면 좋다. 마지막 정리는 적성검사 개론서, 유형문제집보다는 실제 시험 유형과 비슷한 모의고사 문제집을 푸는 것이 많은 도움이 된다.

- **9월 대수능모의평가 이후에는 매일 4~6시간 이상 적성검사를 공부**한다. 수능최저학력기준을 통과해야 하는 학생들은 적성검사 공부와 더불어 수능공부도 소홀히 해서는 안 된다.

- 지원하는 대학의 기출 문제 및 모의적성 문제를 모두 풀어보는 것이 중요하다. 이를 통해 대학별 출제유형을 파악한다. 대부분 대학의 적성검사 출제방향은 전년과 큰 차이가 없다. 따라서 기출문제 풀이를 통한 유형 익히기 및 취약점 분석을 선행해야 한다. 아울러 시험 보기 일주일 전에는 문제집보다 기출문제를 다시 풀어보면서 지원한 대학의 문제유형에 익숙해져야 한다.

- 자신이 지원한 대학의 기출문제만 풀지 말고, **같은 유형의 대학의 문제를 풀면 도움이 된다.** 예를 들어 교과적성형 가천대를 지원하는 학생은 수원대, 을지대 문제를, 순수적성형 가톨릭대를 지원하는 학생은 명지대, 경기대 문제를 풀면 크게 도움이 된다.

- 신설대학은 교과적성인지 순수적성인지 대학에 문의하여, 비슷한 유형의 기출문제를 참고하여 대비하면 좋다.

- 수학이 당락을 크게 좌우하므로, 수학을 끝까지 포기하지 말자. 수학을 포기하는 것은 적성검사를 포기하는 것과 마찬가지이다.

- **중학교 수학, 고등학교 수학의 기본공식과 예제를 꼭 숙지**한다. 적성검사 수학은 응용·심화형태의 수학문제보다는 기본개념과 공식만 알면 풀 수 있는 문제가 대부분이다. 교과적성형 수학은 'EBS 문제집'에서 많이 출제된다.

- 적성검사는 기본적으로 계열별 문제가 같지만, 계열별 문제를 달리 출제하는 대학의 자연계 모집단위는 자연계 수리문제가 출제된다.

- 인문계 학생들은 자연계 수리문제가 나오더라도 당황하지 말자. 교차지원하는 학생들

이 많지 않기 때문에 다른 학생들도 어렵기는 마찬가지다.

• 대부분 대학에서 출제하는 **사자성어, 속담, 맞춤법, 띄어쓰기 등은 꼭 암기**하자.

• 논리력은 외우기보다는 이해하고 비슷한 유형의 기출문제를 풀어본다. 논리추론은 정답률이 떨어지므로 빈출되는 유형의 문제를 많이 풀어봐야 한다.

• **비문학 문제의 비중이 가장 높기 때문에** 고2 수준 정도의 비문학 문제집을 풀어보는 것이 도움이 된다. 특히 **주제 찾기, 문장 배열, 핵심어 찾기 문제 유형을 중점적으**로 풀어봐야 한다.

• 문학 문제는 'EBS 수능특강'에서 약간만 변형하여 출제되는 경우가 많다. 또한 채만식, 김유정처럼 유명 작가들이 주로 출제되므로, 이들의 작품을 따로 정리해놓아야 한다.

• 강원대, 수원대 등은 사회탐구·과학탐구 시사상식을 출제하기 때문에 최근 3년간 영역별 주요 시사이슈와 주요개념을 정리해놓아야 한다.

• **외국어 영역은 주로 독해가 출제되는데, 매년 난이도가 높아지고 있다.** 따라서 중문독해 연습을 꾸준히 해야 한다. 'EBS 문제집'에서 지문을 많이 참고하여 출제한다.

• 수능 이후에 적성검사를 실시하는 수시 2차 대학들은 적성검사 공부를 할 시간이 매우 부족하므로, 수능 전에 적성검사에 대한 기초적 학습을 미리 하는 것이 유리하다.

■ 지원전략

• **모집인원이 많은 모집단위에 지원하는 것이 유리**하다.

• **비인기학과에 지원하는 것이 유리**하다. 입학 후에 복수전공이나 전과를 노리자.

• 수시 1차에 지원하여 적성검사를 치른 경험이 큰 도움이 된다.

• 특이한 합격 사례는 무시하자. 소수에 불과하다.

• 합격자의 대부분은 학생부와 수능 성적이 평균 3~5등급 정도이다.

- 인문계보다 자연계 모집단위의 합격선이 더 높다. 따라서 인문계 학생이 자연계로 교차 지원 하는 것은 위험하다. 반대의 경우는 현명한 전략이다.
- 수학A형/수학B형, 사회탐구/과학탐구 지정여부를 따져보고 지원해야 한다.
- 자연계 수학B형 지정 모집단위는 적성검사 합격선이 수리A형에 비해 더 낮다.
- 학생부와 수능 성적이 모두 안 좋다면, 야간 모집단위에 지원하는 것이 유리하다. 합격 선이 5문항 정도 더 낮다.
- 학생부 교과성적의 석차등급 간의 점수 차이를 파악하여 유불리를 결정해야 한다. 학 생부 석차등급이 5등급 이하로 내려갈수록 감점 폭이 크다. 따라서 학생부가 5등급이 넘어 가는 학생은 5등급부터 감점 폭이 큰 대학의 지원을 가급적 삼간다.
- **수능최저학력기준을 요구하는 대학이 늘고 있기 때문**에, 대학별 수능최저학력기준을 충족할 수 있는지 파악해야 한다.
- 지원 대학의 수능최저학력기준 적용 여부를 파악해야 한다. 수능최저학력기준이 합격 의 관건이다.
- 수능최저가 없는 대학은 경쟁률이 매우 높다. 따라서 합격자의 학생부 성적도 수능최저 가 있는 대학에 비해 다소 높다.
- 수능최저가 있는 대학은 수능최저가 없는 대학에 비해 경쟁률이 다소 낮고 합격자의 학 생부 성적도 한 등급 정도 낮은 편이다.
- **수시 지원횟수가 6회로 제한되어 있기 때문에 1차와 2차 지원횟수를 적절히 분배하여 지원**해야 한다.
- 수능 전에 수시 1차, 2차 원서 접수를 한꺼번에 하는 대학과 수능 이후에 원서 접수를 하는 수시 2차 대학의 지원횟수를 적절히 분배한다.
- 수능 이후에 원서접수를 하는 수시 2차 대학들은 수능 이후 가채점을 후하게 한 후 수 능최저학력기준이 비슷하게 나오면 적극적으로 지원해야 한다.

- 학생부와 수능 성적이 모두 좋지 않다면, 수시 1차에 더 지원하는 것이 좋다.
- 수능 성적이 계속 향상되고 있다면, 수시 2차에 지원하는 것이 좋다. 단, 수시 2차는 적성검사 합격선이 1차보다 더 높다.
- 계열별 배점이 다른 대학, 계열별 문항수가 다른 대학, 계열별 문항이 다른 대학을 파악하여 자신에게 유리한 대학에 지원한다.

■ 시험전략

- **시험장소의 위치를 미리 조사**하고, 지각하지 않도록 예상 출발시간과 도착시간을 정확히 체크한다. 캠퍼스가 두 개로 분할되어 있는 학교는 시험을 어디서 실시하는지 꼭 확인한다.
- 시험 당일 **신분증, 수험표, 시계를 꼭 챙겨 간다.** 특히 시계를 잊지 말고 챙겨가자.
- 휴대폰이나 기타 전자기기 등을 시험장에 휴대해서는 안 된다. 시험유의사항을 반드시 숙지하고 간다.
- 문제 풀이를 컴퓨터용 사인펜으로만 하는 대학이 있기 때문에, 이런 대학에 지원하는 학생은 수학문제를 컴퓨터용 사인펜으로 푸는 연습을 미리 해놓지 않으면 실제 시험에서 낭패를 볼 수 있다.
- **선택과 집중을 하자.** 모든 문제에 대응하기보다 '해결 가능한 문제'에 집중하는 것이 필요하다. 따라서 평소에 모르는 문제를 찾는 능력을 길러야 한다. 난이도와 문제출제순서는 관계가 없다. 시간이 오래 걸리는 문제, 모르는 문제를 과감히 넘어가야 한다. SKIP 능력이 적성검사 합격의 비결이다. 적성검사의 합격선은 100점 만점에 75점이므로(내신이 약하면 80점 정도), 굳이 다 맞히려고 서둘고 긴장할 필요가 없다.
- 순서대로 풀기보다 쉬운 문제 → 풀 수 있을 것 같은 문제 → 어려운 문제 순으로 푸는

것이 좋다. 특히 논리력, 추리력, 사고력을 묻는 문제는 시간이 많이 필요하므로 마지막에 푸는 것이 좋다.

- **언어영역의 경우 수능과 문제풀이 방법이 다르다.** 2번이 답이면, 3, 4번은 읽을 필요가 없다. 적성검사 비문학지문은 대부분 두괄식, 미괄식 구조이기 때문에 시간이 부족할 때는 문두나 문미를 중점적으로 읽는다.
- **언어영역의 문학, 비문학 유형은 문제와 답지를 먼저 읽고 지문을 독해한다.**
- **수리영역의 경우 여섯 문제 정도는 수능 수준의 변별력 문제가 출제되어 어렵다.** 이 문제에 집중하기보다는 수능 난이도 2점, 3점 문제에 최선을 다한다.
- 적성검사 수리영역의 출제범위인 '수Ⅰ과 미적분과 통계기본'을 벗어나, 이과 수리문제가 나온다고 해도 당황하지 말자. 다른 학생들도 어렵긴 마찬가지다.
- 시간이 부족하다면 정답률 차이가 크지 않기 때문에 배점이 높은 문제를 풀어야 한다.
- 적성검사를 치르는 모든 대학은 오답에 대한 감점이 없으므로 모르면 찍어야 한다.
- **시험 종료 10분 전부터 마킹을 시작한다.**
- 평소에 자신이 사용하던 필기도구, 물품 등은 가져간다. 감독관이 특별한 말이 없으면 사용해도 된다.

적성검사 Q&A

■ 수시 1차와 2차 중 어떤 전형이 유리한가요?

수시 1차 적성검사전형이 수시 2차보다 합격선이 더 낮다. 예를 들어 2012학년도 가톨릭대학교 수시 1차 일반학생전형Ⅰ의 적성검사 합격자 평균은 120개에서 인문계는 90개,

수시 2차 일반학생전형II는 인문계는 96.1개 정도였다. 수시 2차 합격자 평균이 수시 1차보다 높은 이유는 학생들이 여러 대학에 응시하면서 적성검사 유형에 적응했기 때문으로 분석된다. 또한 수능 이후의 매우 높은 경쟁률이 수시 2차 적성검사 합격선을 높이는 요인으로 지목된다. 다만, 수능 때문에 적성검사가 부담스러운 학생은 수능 이후 수시 2차 적성전형을 노리는 것이 좋다. 수능최저학력기준이 있는 대학은 수능최저를 통과한 실질 경쟁률이 5대 1 미만이기 때문에 수능최저학력기준 통과 여부가 합격의 관건이다.

■ 인문계와 자연계 중 어디가 합격자 평균이 높은가요?

앞에서 예를 들었던 2012학년도 가톨릭대학교의 경우를 다시 보면, 수시 1차의 경우 인문계는 90개, 자연계는 99개, 2차의 경우는 인문계는 96.1개, 자연계는 100.6개로 자연계 학생들의 합격자 평균 점수가 더 높았다. 적성검사는 논술과 달리 대부분의 대학이 인문계 문제와 자연계 문제가 같기 때문이다. 따라서 자연계 학생이 인문계로 교차지원 하는 것이 현명한 전략이다. 반대의 경우는 당연히 불리하다. 수학 때문이다.

■ 학생부가 낮아도 합격이 가능한가요?

명지대는 학생부 6등급까지 등급 간 점수 차이가 1.5점이다. 적성검사 한 문항이 1.25점이므로 2문항만 더 맞히면 학생부 한 등급을 극복할 수 있다. 다만 여러 대학들이 대체적으로 학생부 5등급 이하부터는 감점 폭을 크게 하기 때문에 가급적 학생부 성적은 5등급 이내로 들어와야 한다. 한성대는 석차등급 1~4등급까지는 6점씩 감점되고, 5등급은 12점, 6등급은 15점이 감점된다. 적성검사 1문항이 5점, 6.35점, 7점이므로 1~4등급까지는 적성검사 1문항 정도로 학생부 1등급 차이를 극복할 수 있다. 하지만 5등급 이하부터는 감점 폭이 점점 커지기 때문에 학생부 차이를 적성으로 뒤집기가 쉽지 않다.

| 한성대 학생부 분석 |

등급	1등급	2등급	3등급	4등급	5등급	6등급	7등급	8등급	9등급
배점	300	294	282	282	270	255	225	180	120
차이		6	6	6	12	15	30	45	60

■ 몇 점이면 합격이 가능한가요?

적성검사는 100점 만점 기준으로 일반적으로 75~80점 정도가 합격자 평균이다. 80문항을 기준으로 하면 60~65개 정도를 맞히면 합격이 가능하다. 또한 수능최저학력기준이 있는 대학은 합격선이 60점대로 내려간다. 일부 학과는 50점대도 있다. 지방캠퍼스의 경우 결시율까지 높아서 더더욱 합격할 확률이 높아진다. 요컨대 수능 모의고사 성적이 3등급 1~3개 정도 나오는 학생이라면 6회의 수시 지원횟수 중 4회 이상을 수능최저가 있는 대학에 지원하기를 권한다.

■ 문제 유형은 인문계와 자연계가 다른가요?

논술고사는 인문계와 자연계의 문항이 서로 다르지만, 적성검사는 문항이 대부분 같다. 따라서 적성검사는 자연계 학생들에게 좀 더 유리한 시험이다. 자연계 학생들이 평균적으로 수학을 더 잘하기 때문이다. 거기에 더불어 수능최저학력기준도 인문계는 3등급 2개 정도를 요구하지만, 자연계는 3등급 1개를 요구한다. 이 점을 학생과 학교에서 주목해야 한다. 즉, 적성검사는 인문계 학생보다 자연계 학생들이 준비했을 때 합격할 확률이 높은 것이 엄연한 사실이다. 그래서 이런 불공정한 점을 시정하기 위해서 여러 대학들이 계열별 배점을 달리하거나 문항수를 달리 하고 있다.

■ 계열별로 배점이 다른 대학이 있나요?

계열별 배점이 다른 대학은 강남대, 경기대, 단국대(천안), 대진대, 수원대, 세종대, 울산대, 한성대, 한신대, 한양대(에리카), 평택대, 동덕여대 등 총 12개 대학이다. 이 대학들은 인문계는 언어에, 자연계는 수리에 가중치를 둔다.

| 대진대 계열별 배점 분석 |

계열	산출공식
인문계열	(국어 25문항×7점 + 수리 25문항×5점 + 영어 10문항×7점) + 기본점수 330점 = 700점
자연계열	(국어 25문항×5점 + 수리 25문항×7점 + 영어 10문항×7점) + 기본점수 330점 = 700점

■ 계열별 문항이 다른 대학이 있나요?

계열별 문항이 다른 대학은 강남대, 가천대, 단국대(천안), 세종대, 한양대(에리카), 명지대, 동덕여대, 울산대, 금오공과대, 한밭대 홍익대(세종)등 총 11개 대학이다. 이 대학들은 계열별 문항이 다르기 때문에 교차지원을 하면 불리하다.

■ 문항당 배점이 다른 대학이 있나요?

적성검사를 실시하는 대부분 대학은 문항당 배점이 같다. 하지만 가천대, 가톨릭대, 한국외국어대(글로벌), 을지대, 세종대, 한국기술교육대, 안양대, 동덕여대, 명지대, 한밭대 등 총 10개 대학은 문항의 난이도에 따라 배점을 달리 하기 때문에 주의해야 한다. 문제풀이 시간이 부족하다면 배점이 높은 문제나 확실하게 아는 문제를 먼저 풀어야 한다.

■ 5지선다형 대학이 있나요?

적성검사 답지는 대부분 대학이 4지선다형이지만, 동덕여대, 울산대, 한국외국어대(글로벌), 한밭대, 한양대(에리카), 홍익대(세종) 등 총 6개 대학은 5지선다형으로 출제되는 것이 특징이다.

■ 주관식도 출제되나요?

적성검사는 객관식으로 출제되지만 한국기술교육대(수학), 한양대(에리카, 일반우수자Ⅱ)는 주관식으로 출제된다.

■ 적성검사의 경쟁률은 어느 정도인가요?

대학교		2013학년도 적성전형 최종경쟁률
경기대 1차	수원	24.62 : 1
	서울	49.40 : 1
명지대 1차	서울	51.27 : 1
	용인	29.87 : 1
가천대 1차	글로벌	25.75 : 1
	메디컬	67.63 : 1
서경대 1차		29.51 : 1
성결대 1차		16.92 : 1
세종대 1차		21.07 : 1
한국산업기술대 1차		13.26 : 1
한성대 1차		25.83 : 1
강원대(춘천) 2차		8.92 : 1
고려대(세종) 2차		11.09 : 1
을지대(대전) 1차		8.08 : 1
을지대(성남) 1차		21.16 : 1
중앙대(안성) 2차		12.92 : 1
한국기술교육대 1차		11.20 : 1
한국외국어대(글로벌) 1차		11.93 : 1
한신대 2차		13.70 : 1
한양대(ERICA) 1차		16.51 : 1
가톨릭대	1차	44.67 : 1
	2차	49.04 : 1
강남대 1차		11.26 : 1
단국대(천안) 1차		18.24 : 1
수원대 1차		19.29 : 1

■ 인문계, 자연계 영어 A형/B형 모두 가능한 대학이 있나요?

동덕여대, 홍익대(세종)는 영어 A형/B형 모두 선택 가능하다.

■ 인문계 국어 A형/B형 모두 가능한 대학이 있나요?

동덕여대, 홍익대(세종), 가톨릭대, 한국기술교육대, 금오공과대, 울산대는 국어 A형/B형 모두 선택 가능하다.

■ 자연계 수학 A형/B형 모두 가능한 대학이 있나요?

동덕여대, 홍익대(세종), 가톨릭대, 한국기술교육대, 금오공과대, 울산대, 강원대, 고려대(세종, 일부)는 수학 A형/B형 모두 선택 가능하다.

■ 간호학과가 있는 대학이 있나요?

취업률이 높아서 학생들이 선호하는 간호학과가 개설된 대학은 강원대, 가천대, 단국대(천안), 수원대, 울산대, 을지대, 호서대 등 총 7개 대학이다. 이 대학 간호학과는 적성검사 합격선이 매우 높다.

■ 적성전형이 있는 대학 중 국립대학이 있나요?

요즘 비싼 대학등록금 때문에 국립대가 다시 인기를 얻고 있다. 적성전형을 실시하는 대학 중에 국립대학은 강원대, 금오공과대, 한밭대 등 총 3개 대학이다. 한국기술교육대는 국립대학은 아니지만 고용노동부가 전액 지원을 하고 있어서 국립대학 수준의 지원을 받고 있다.

■ 적성전형이 있는 대학 중 사회기여자(배려자)전형이 있나요?

적성전형 중에서 합격선이 가장 낮은 전형이 사회기여자전형으로 강남대, 단국대(천안), 수원대, 을지대(성남), 한양대(에리카) 등 총 6개 대학에 있다.

■ 교차지원이 가능한가요?

인문계와 자연계 교차지원이 가능하다. 대부분의 대학은 인문계와 자연계의 문항이 같기 때문에 수학을 좀 더 잘하는 자연계 학생들의 합격자 합격선이 더 높다. 따라서 인문계 학생이 자연계 학과로 교차지원 하는 것은 삼가는 것이 좋다. 그 반대의 경우는 매우 유리하다. 영역별·문항별 배점이 동일한 대학은 교차지원에 불리하지 않다. 또한 자연계에 응시할 때에는 수학B형 지정 여부와 과학탐구 지정 여부를 꼭 살피고 지원해야 한다. 고려대(세종)의 컴퓨터정보학과, 바이오시스템공학부, 환경시스템공학과, 전자 및 정보공학과는 수학 A형, B형 모두 선택가능하다.

■ 적성검사 문항수가 많은 대학이 유리한가요?

학생부 실질반영비율, 수능최저학력기준 등 다각도로 분석해보아야 하지만, 학생부 성적이 낮은 학생은 대체적으로 문항수가 많은 대학이 유리하다. 가톨릭대, 고려대(세종)는 실제로 학생부 5~7등급 학생들이 합격하는 사례가 많다. 반면, 적성검사 문항수가 적은 대학은 학생부와 수능최저학력기준이 합격을 결정짓는 경우가 많다. 실제 이 대학들의 합격자의 학생부 평균은 3등급 초반~4등급 초반대에 형성되고 있다.

| 적성검사 문항수(2013년도 기준) |

문항수	대학
50문항	한국기술교육대, 세종대
60문항	가천대, 을지대, 강남대, 중앙대(안성)
70문항	한양대(에리카), 단국대(자연계), 성결대, 서경대, 한국산업기술대, 강원대
80문항	경기대, 명지대, 단국대(인문계), 수원대, 한신대, 한성대, 한국외국어대학교(글로벌)
120문항	가톨릭대, 고려대(세종)

▪ 야간대학이 유리한가요?

2013학년도 적성검사 모집 대학 중에 야간에 모집단위가 개설된 대학은 가천대(글로벌), 경기대, 단국대(천안), 강남대, 수원대, 성결대, 한성대, 한국산업기술대 총 8개 대학이다. 야간 모집단위는 같은 대학 주간 모집단위에 비해 적성검사 합격선이 대략 5~6문항 정도 낮다. 또한 야간대학은 같은 대학 주간 모집단위와 학점교류, 복수전공, 전과가 가능한 경우가 많다. 때문에 수능과 학생부가 모두 낮은 학생들은 야간대학을 적극적으로 고려해보자. 야간대학이 주간대학과 통합되는 추세라는 점도 유념하자.

▪ 수능최저학력기준 적용시 탐구를 1과목만 반영하는 대학이 있나요?

경기대, 단국대(천안), 울산대, 홍익대(세종)은 수능최저학력기준을 적용할 때 탐구영역에서는 1과목만 반영하므로, 학생들에게 매우 유리하다. 예를 들어 경기대 인문계 모집단위를 지원한 학생이라면, 국어B, 수학A, 영어B 중 한 영역에서 백분위 64점을 맞고 사회탐구 한 과목에서 90점을 맞으면 평균 백분위가 77점이 되어서 수능최저학력기준이 충족된다.

■ 약술형은 적성검사와 다른 시험인가요?

경북대, 부산대, 서울과학기술대, 한양대(에리카, 일반우수자Ⅱ·글로벌한양)는 논술고사와 적성검사의 중간 형태인 약술형을 실시한다. 이 유형은 짧은 글 논술에 가깝고, 고등학교 의 서술·논술형 문제와 유사하다.

구분	대학
진학적성검사(AAT)	경북대
학업역량평가	부산대
통합사고력시험	서울과학기술대
서술형전공능력검사	한양대(에리카, 일반우수자Ⅱ·글로벌한양

■ 영어는 대학별로 몇 문항 정도 출제되나요?

영어 문항수	대학
6문항	단국대(천안, 자연계)
8문항	강원대
10문항	강남대, 대진대, 성결대
15문항	가천대, 고려대(세종), 단국대(천안, 인문계)
20문항	금오공대(이학 및 공학), 동덕여대(자연계), 울산대(생활대, 자연대, 공대, 건축학과, 간호학과), 을지대(성남, 대전), 한국외대(글로벌, 자연계), 한밭대(자연계), 한양대(에리카, 일반우수자Ⅰ)
23문항	동덕여대(인문계)
25문항	세종대, 한국기술교육대, 한밭대(인문, 경상계), 홍익대(세종)
30문항	한국외대(글로벌, 인문계)

새롭게 적성검사를 준비하는 고3 수험생들을 위하여, 2012학년도 수시모집 적성검사전형으로 가톨릭대 경영학부, 세종대 경영학부, 가천대(인천) 방사선학과, 을지대(성남) 방사선학과를 합격한 의정부여고 서＊혜 학생과 경기대 미술경영학과, 강남대 유아교육학과, 서경대 국제비즈니스어학과를 합격한 일산의 가좌고 김＊윤 학생의 합격 후기를 싣는다.

적성을 준비하면서 가장 큰 고민은 수능과의 병행에 대한 것이겠죠. 저도 매일 엄마랑 고민하고 애들한테 물어보면서 엄청나게 고민했어요. 너무 늦게 시작한 것 아닌가 걱정도 되고 그러다 다 떨어져버리면 정시로는 대학에 못 갈 게 당연한데 그럼 재수하는 것이 아닐지 말이죠. 그래도 전 긍정적으로 생각했어요. 적성은 학교마다 전형일이 달라서 며칠에 나눠서 볼 수 있죠. 그래서 혹시라도 한 학교 시험 당일 컨디션이 좋지 않으면 수능과는 다르게 다른 학교라는 기회가 또 있잖아요. 거기다 올해 수능은 무척 쉽다고 하는데, 혹여나 제가 실수를 해버리면 어떻게 되나 걱정을 많이 했어요. 그리고 수능은 가·나·다군 각각 하나씩밖에 지원을 못 하지만 적성은 적성을 보는 모든 대학교에 지원할 수 있고 수능 이후 2차까지 시험을 볼 수 있잖아요. 이렇게 이래저래 생각을 해보면서 적성에 올인 하는 것이 맞겠구나 싶었어요. 물론 선택은 자신의 상태에 맞게 해야 해요. 그리고 무엇보다 중요한 것은 자신감을 가지고 해야 해요. 뭐 하나라도 붙겠지 하는 맘으로 하지 말고 하나만 붙자 하는 정신으로 해야 해요. 적성 쉽다고 무시하는 사람들 있는데 안 해본 사람은 모릅니다. 얼마나 시간이 촉박한지 무조건 빨리 풀어야 해요. 모르는 것은 질질 끌지 말고 넘겨버려야 해요. 우선 아는 거라도 풀어야 하니까. 전 가톨릭대 연습할 때는 거의 시간이 부족한 적이 없었는데 시험 때 10개 못 풀고 찍고 나왔답니다. 적성의 단점을 뽑자면 아무래도 부담감인 것 같아요. 모든 수시가 그렇겠지만 수시를 하겠노라 맘먹기 전에 많은 고민을 하죠. 수능과 수시 병행 또는 둘 중 하나의 선택 문제로 한창 예민해지기도 하죠. 그래도 적성은 단점보단 장점이 많은 수시에요. 무엇보다도 중요한 것은 수능과 달리 여러 대학에 지원할 수 있다는 것이에요. 5~6개의 학교에 지원했을 때 몇 번 컨디션 조절에 실패하더라도 3~4번의 시험 기회가 남아 있는 것이죠. 저의 경험담이 많은 도움이 되셨길 바랍니다.

- 의정부여고 서 * 혜

　　고등학교 3학년 때 수시전형 중 적성검사에 관심을 두고 공부했던 학생입니다. 제가 적성검사에 관심을 가지게 된 첫 번째 이유는 무엇보다도 쉬워 보였기 때문입니다. 쉽다는 것이 적성검사 전형에 가장 큰 장점이지만, 자신이 풀었을 때 쉽다는 것은 다른 사람들이 풀었을 때도 쉽다는 뜻입니다. 그렇기 때문에 쉽다고 우습게 보면서 제대로 공부하지 않는다면 대학에는 합격할 수 없을 것입니다. 먼저 적성검사 공부 방법 첫 번째는 문제를 풀 때 알고 있어야 하는 기본적인 개념들을 정확히 암기해야 합니다. 외워야 할 개념들이 정말 많지만, 이것들을 외우지 않는다면 적성문제를 풀어도 효율이 떨어질 것입니다. 한 번에 정확히 다 외워버려야겠다는 생각보단 하루하루 부분을 나눠가면서 외우려 하고, 공부하는 시간 외에도 시간이 날 때면 눈으로 보고 읽고 하는 것이 시간도 절약되고 좋습니다. 그 다음에 많은 문제를 풀어보며 적성검사 문제유형에 감을 익히고, 문제를 풀면서 부족하다고 느꼈거나 필요하다고 느낀 부분을 집중적으로 반복하여 공부해야 합니다. 적성검사 전형은 교과적성과 순수적성의 유형으로 나뉩니다. 교과적성은 고등학생 때 배웠던 개념들을 바탕으로 푸는 문제가 많습니다. 그래서 이 유형은 적성공부와 학교에서 했던 공부 모두 중요합니다. 또한, 순수적성은 아주 간단한 기본적인 개념들과 비교적 쉬운 문제들이 많은 유형이지만 시간에 비하여 문제 수가 많다는 점에서 시간이 부족할 때가 있습니다. 적성에 대한 감이 뛰어나거나 계산이 빠른 학생들이 이 유형에 유리합니다. 마지막으로 적성검사 전형 주의점은 쉬워 보인다고 방심하지 않고 정말 열심히 해야 한다는 것입니다. 그럼 모두 열심히 공부하여 합격하길 바랍니다.

– 가좌고 김 * 윤

적성검사 선생님의 한마디

수시의 대표적인 전형에는 크게 논술전형, 적성전형, 입학사정관 전형 등이 있습니다. 그 중에서 적성 전형은 서울을 비롯한 수도권에 있는 대학들이 많이 선택하는 전형이기에 학생들의 내신과 모의고사 성적이 비교적 낮은(3등급 이하)의 수험생들이 서울과 수도권의 대학에 입학하기 위하여 많이 지원하는 전형입니다. 적성검사의 수리영역을 살펴보면 많은 대학들이 고등학교 수학, 수학I, 미적분과 통계 기본에 있는 내용을 기본으로 문제를 구성하고 있습니다. 물론 몇 개의 대학에서는 순수적성형 문항인 공간지각력, 중학교 수학 등이 포함되기도 하고 몇 개의 대학에서 자연계열 문항으로 수학II, 기하와 벡터, 적분과 통계의 문항이 출제되기도 합니다. 적성전형의 가장 큰 매력은 학생들이 수능과 별개의 문제로 생각하지 않고 수능을 준비하면서 적성 준비를 동시에 할 수 있다는 것입니다. 학생들이 실제 대학별 적성 문제를 접하면서 가장 먼저 하는 말은 "해볼만 한데요?"라는 것입니다. 그런데 시간이 다 지나고 나서 하는 말은 "시간이 부족해서 다 못 풀었어요"라는 것이죠. 이것을 보면 기본적인 개념을 이해하고 있더라도 시간의 제약으로 인하여 문제 해결에 어려움을 느낀다는 것을 알 수 있습니다. 즉, 문제에 대한 접근은 쉽게 할 수 있지만 모든 문제를 해결하기 위해서는 시간의 안배가 중요하다는 것을 알 수 있습니다. 그렇기 때문에 수험생들이 적성전형을 준비할 때 교육과정에 있는 기본 개념에 대한 정확한 이해를 바탕으로 제한된 시간 안에 문제를 해결할 수 있는 능력을 갖추기 위하여 열심히 노력한다면 좋은 결과를 얻을 수 있습니다. 적성전형으로 합격한 학생들을 보면 평상시에 기본적인 개념을 이해하기 위하여 노트 정리를 하고, 실제 상황에 맞춰 문제를 푸는 기회를 자주 가지면서 어려움을 느끼는 부분과 개념을 체크하면서 보완을 하는 모습을 볼 수 있었습니다. **적성전형을 준비하는 수험생들을 위한 팁**을 정리하자면 첫째, 대학별로 문제의 유형이 다르기 때문에 가고 싶은 대학을 선정해야 한다는 것입니다. 둘째, 기출문제를 통하여 기본 개념을 정확히 숙지해야 합니다. 셋째, 시간에 맞춰 문제를 해결하는 연습을 하고 이런 활동을 통해 피드백을 해야 합니다.

– 양평고등학교 교사 김재홍

지방의 일반계 고등학교에 근무하면서 수시 적성검사를 다루고 있는 지 4년째에 접어들고 있다. 4년 전 같이 근무하던 입시 전문가가 한번 관심 가지고 맡아보라고 했다. 마침 전공과목이 漢文이라 보충수업도 없고 해서 기회가 될 때마다 따라다니고 연수를 갔다 오고, 교육청 상담요원으로 활동하면서 경험을 쌓은 입시지도 경력에 수시 적성검사를 더하여 공부하였다. 4~5등급 중위권 수준의 학생이 수도권 소재 중위권 대학에 진학할 수 있는 수시카드가 적성검사인데, 이것이 지방 소재 고등학교에서는 잘 알려져 있지 않고 관심도 높지 않았다. 중위권 학생은 지방 국립대나 인근 대학에 진학하면 되는 그런 추세였으니까. 아울러 내신으로 수시에 지원하거나 수능 드라이브를 걸어 정시에 지원하는 경향이 강했고 효과도 높았으니까. 그런데 절차를 거쳐 적성반에 오는 학생들의 수준이 초기나 지금이나 참 멋지다는(?) 생각이 든다. 내신과 수능이 5~6등급대에 거의 포기에 가까운 영어 7~8등급 학생들이 5~10명 정도로 모였으니까. 수시 적성검사 지원 대학이 정시 수능 기준으로 3.5등급 이내인 점으로 비춰 볼 때 출발선이 늦게 형성 되었음에도 불구하고, 적성검사 시작은 6월 대수능 모의평가 이후부터라는 인식을 담임과 학생이 갖고 있으니 여러모로 어려운 조건이었다. 그러나 어디인들 처음부터 입에 맞는 떡이 있겠는가? 시작 연도부터 올해까지 평균 두 명이 4개 대학에 합격하는 정도에 이르렀다. 덧붙여 합격의 가장 큰 우선순위를 들자면 내신이나 수능 등 여러 성적을 뛰어넘는 절실함에서 찾을 수 있겠다. 꼭 수도권 소재 대학에 진학해야 한다는 그 절실함 말이다. 3년간 시행하면서 하위권 학생을 수도권 소재 중위권 대학에 합격시키니 학생 본인은 물론 학부모, 담임도 좋아하여 수시 적성검사에 대한 정보가 알려짐과 동시에 인식의 전환이 빠르게 이루어져 이제는 교사 개인 차원의 운영에서 학교의 공적 관리 대상 프로그램이 되었다. 아직도 입시 성적은 넉넉지 않았지만 단위학교에 적성검사의 틀을 만들었다. 이 점은 작지 않은 성과다. 일반계 고등학교 학력층의 다양한 스펙트럼을 바탕으로 대입에서 학생이 선택할 수 있는 폭을 넓게 가져갈 수 있도록 하는 것이 적성검사반을 운영하는 목적이라고 나는 말하고 싶다. 이제는 출발선을 앞으로 조금 더 당기고, 더 체계적으로 준비한다면 좋은 성과를 기대해도 좋을 것이다. 없는 길을 만들어 가는 것도 괜찮은 재미이니 적성검사반 운영을 권해본다.

– 창원 문성고등학교 교사 김수천

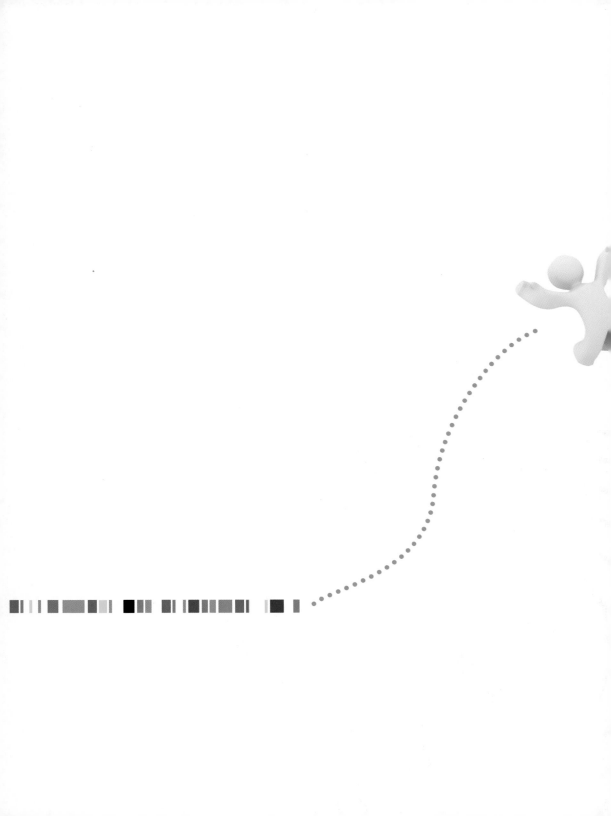

part **2.**

적성검사
기출유형분석Ⅰ

언어사고영역

논리력

유형 : 바른(틀린) 논증(추론) 찾기, 전제 유추, 숨은 전제 찾기, 결론 유추, 논증의 강화, 논증의 약화, 결론(주장) 반박, 반례 찾기 등이 출제되고 있다. 논증의 형식을 정확히 이해하고 있어야 풀 수 있는 문제가 많다.

■ 논증(論證)

논증이란 전제와 결론의 구조를 갖는 명제들의 집합을 말한다. 즉 논증은 전제가 결론을 뒷받침하는 논리적 근거가 되는 구조를 가진다. 누구나 알고 있는 전제는 생략되는데 일명 '숨겨진 전제'라고 한다. 또한 논증과 추론은 완전히 같은 뜻을 지닌 단어는 아니다. 어떤 주장과 그 근거들을 머릿속에서만 전개시켜본다면, 그것은 추론이다. 그런데 그 추론이 머리 밖으로 나와 언어로 표현되면, 그것은 논증이다. 즉 추론은 심리적 활동이고, 논증은 언어적 활동인 것이다. 하지만 적성검사에서는 '논증'과 '추론'이 같은 의미로 쓰이는 경우가 많다.

```
┌────────────────┐         ┌────────────────┐
│  전제(논거, 근거)  │ ──추론──> │  결론(판단, 주장)  │
└────────────────┘         └────────────────┘
```

【논증 연습】다음 논증의 전제와 결론을 찾아보자.

1. ① 나는 생각한다. ② 그러므로 나는 존재한다.

  전제 : ①

  결론 : ②

2. ① 내일은 집에 일찍 갈 것이다. ② 왜냐하면 야간 자율 학습이 없기 때문이다.

  전제 : ②

  숨은 전제 : 야간 자율 학습이 없으면 집에 일찍 갈 수 있다.

  결론 : ①

 기출유형 분석

1. 다음 글의 주장이 전제하고 있는 내용은?

> 근대 국가들은 인구에 있어서나 지역에 있어서나 고대 희랍의 도시국가에 비해 수백, 수천 배 이상의 규모를 가지고 있다. 직접 민주주의의 시행이 어려운 경우, 대의제가 발달하게 마련이다. 그러므로 근대 민주주의는 대의제 형태로 발전할 수밖에 없었다.

① 현대 민주주의가 대의제가 된 것은 충분한 이유가 있다.

② 인구와 지역 규모가 매우 큰 경우 직접 민주주의는 실현되기 어렵다.

③ 근대 국가에서는 계속 인구가 늘어났다.

④ 대의제는 직접 민주주의가 발달한 결과다.

2. 다음 논증을 위해 필요한 전제는?

> 살인은 범죄 행위이다.
>
> 하지만 정당방위에 의한 살인은 범죄라고 할 수 없다.
>
> 따라서 정당방위에 의한 살인은 처벌대상이 아니다.

① 범죄를 저질렀다고 모두가 처벌대상인 것은 아니다.

② 살인은 극악무도한 범죄이다.

③ 범죄를 저지르면 처벌을 받아야 한다.

④ 정당방위에 의한 살인은 살인이 아니다.

3. 다음 예시문에 생략되어 있는 전제는?

> 그는 살아날 가능성이 없어. 폐암 말기라면서!

① 폐암 말기인 사람은 예외 없이 죽었다.

② 그의 아버지는 폐암으로 죽었다.

③ 폐암 환자는 다른 암에 걸렸을 확률이 매우 높다.

④ 폐암 환자는 예외 없이 살고자 하는 의지를 갖지 않는다.

4. 다음 주장에 대한 반박으로 가장 적절한 것은?

> 산악인들은 대부분 탐험을 좋아한다. 고상돈 등 위대한 산악인들이 그러했다. 그런데 탐험을 잘 하기 위해서는 용기는 물론 탐구력도 있어야 한다. 따라서 좋은 산악인이 되기 위해서는 학교 공부를 열심히 해야 한다.

① 탐험을 좋아하는 것과 탐험을 잘 하는 것이 같은 것인가?
② 학교 공부를 하지 않으면 탐구력을 배양할 수 없는가?
③ 산악인이라고 다 탐험을 좋아하는가?
④ 탐구력이 있으면 좋은 산악인인가?

5. 다음의 논증이 타당하려면 반드시 보충되어야 할 전제는?

> M방송국이 월드컵 중계방송을 하지 않는다면 K방송국이 월드컵 중계방송을 한다. K방송국과 S방송국이 동시에 월드컵 중계방송을 하는 일은 있을 수 없다. 그러므로 M방송국이 월드컵 중계방송을 한다.

① S방송국이 월드컵 중계방송을 한다.
② K방송국이 월드컵 중계방송을 한다.
③ K방송국이나 S방송국이 월드컵 중계방송을 한다.
④ S방송국이 월드컵 중계방송을 하지 않으면 K방송국이 월드컵 중계방송을 한다.

6. 다음 글의 논증구조를 올바르게 나타낸 것은?

㉠ 모든 사람은 알고자 하는 욕망을 갖는다. ㉡ 인간은 이성을 갖고 있기 때문이다. ㉢ 인간은 매사에 원인과 이유를 따지는 존재이다. ㉣ 그래서 인간은 합리적인 존재라고 말한다. ㉤ 그러므로 인간은 오늘날과 같은 문명을 건설할 수 있게 된 것이다.

*↓는 논리적 지지관계, +는 두 문장이 합쳐져 어떤 문장을 지지한다는 것을 나타냄

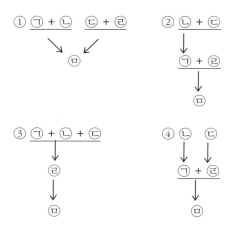

7. 다음 추론을 가장 약화시키는 정보를 고르시오.

한 마을에 사는, 콜레스테롤 수치가 높은 50대 이상의 남성 100명을 대상으로 지난 3년간 새로 개발한 영양제 X를 복용시킨 실험결과, 91명의 콜레스테롤 수치를 상당히 낮출 수 있었다. 따라서 영양제 X는 50대 이상의 남성의 콜레스테롤 조절에 도움이 된다.

① 영양제 X는 그 마을의 40대 남성들에게는 동일한 효과를 보이지 않았다.

② 영양제 X는 60대 여성보다는 30대 여성에게 더 효과적인 것으로 드러났다.

③ 영양제 X는 그 마을의 50세 이상 여성들에게는 동일한 효과를 보이지 않았다.

④ 실험에 참여한 사람들 대부분이 채식주의자였고, 채식주의자가 아닌 사람에게 그 영양제는 동일한 효과를 보이지 않았다.

8. 다음 중에서 본문에 추가된다면 본문의 주장이 강화되는 것은?

> 최근의 연구 결과에 의하면, TV광고가 청소년의 휴대폰 선호에 의미가 있을 정도의 영향을 미치지는 않는다고 한다. 연구를 수행하기 위해 관찰대상이 되는 청소년을 두 그룹으로 나누었다. 한 집단은 TV를 전혀 보지 않았고, 다른 집단은 보통의 청소년들이 평균적으로 시청하는 정도의 TV프로그램과 광고를 시청했다. 실험 전에는 두 집단의 청소년 모두 TV에서 자주 광고하는 휴대폰을 강하게 선호하였다.

① 연구대상의 집단에 속한 대부분의 청소년들은 실험을 시작하기 이전에 이미 TV에서 광고를 보았고, 광고에 어느 정도 친숙해져 있다.

② TV광고에서는 폴더형 휴대폰을 집중적으로 광고하고 있었는데 실험을 위해 나눈 두 집단 모두 플립형 휴대폰을 선호했다.

③ 최근 TV에서 집중적으로 홍보하고 있는 CD플레이어는 엄청난 광고비용에도 불구하고, 지난주에 출시한 MP3에 밀려 판매량이 급감하고 있다.

④ 신문에 최근 청소년으로부터 폭발적인 인기를 끌고 있는 인기 연예인이 PDA폰을 광고하자 기존에 TV광고를 많이 하던 제품의 판매가 증가하지 않았다.

⑤ 최근에 정보통신기기류를 판매하는 회사는 청소년을 겨냥한 신제품을 출시할 때, 학생들에게 평가단을 조직하게 해서 직접 사용해보고 그 결과 좋은 평가가 생성되면 이를 인터넷으로 홍보하는 추세로 옮겨가고 있다.

9. 다음 주장을 위해 필요한 전제는?

> 남자는 대체로 여자보다 목표달성 능력이 우월하다고 알려져 있다. 하지만 이것은 타고난 생물학적 차이에 기인하는 것이 아니라 교육이라는 환경 때문이라고 한다. 그러나 이 능력에 관해서는, 남녀 사이에 기본적으로 차이가 있다는 것이 나의 주장이다. 왜냐하면 겨우 세 살 된 아이들에게서도 이 능력의 차이를 발견할 수 있기 때문이다.

① 세 살만 되더라도 이미 남녀 사이에는 여러 면에서 차이가 발견된다.
② 세 살 된 아이들은 충분히 교육을 받지 않았다.
③ 남녀의 차이는 생물학적 요인보다 교육이라는 환경적 요인에 기인한다.
④ 어려서 발견되는 남녀의 차이는 생물학적 요인과 환경적 요인이 구별되지 않는다.

■ 연역추론과 귀납추론

유형 : 전통적으로 논증(추론)은 연역과 귀납이라는 두 유형으로 구분되어 왔다. 연역
　　　논증은 전제들이 참이면, 반드시(필연적으로) 결론이 참이 되는 논증이다. 반면에
　　　귀납 논증은 전제들이 참이면 결론도 반드시 참이 되지는 못하고 다만 참이 될
　　　가능성이 높은 논증이다. 연역과 귀납을 구별하는 유형은 정답률이 매우 낮다.
　　　따라서 외우기보다는 확실하게 이해해야 한다.

(1) 직접추론
한 개의 전제로부터 결론을 도출
① 모든 A는 B이다. 그러므로 어떤 A는 B이다.　② 어떤 A는 B이다. 그러므로 어떤 B
　는 A이다.

(2) 간접추론
두 개 이상의 전제로부터 결론을 도출
① 연역추론-전제들이 참이면 반드시 결론이 참이 되는 추론
예) 모든 사람은 죽는다 : 대전제
　　소크라테스는 사람이다 : 소전제
　　따라서 소크라테스는 죽는다 : 결론
　② 귀납추론-전제가 참일지라도 결론이 반드시 참이 보장되지 않는 추론
　　= 성급한 일반화의 오류 = 불충분한 통계의 오류
예) 까마귀는 하늘을 난다. 비둘기도 하늘을 난다. 참새도 하늘을 난다. 까치도 하늘을

난다. 까마귀는 조류다. 비둘기도 조류다. 참새도 조류다. 까치도 조류다. 그러므로 조류는 날 수 있다.

(3) 연역 논증 반박하기

연역 논증이 건전한 연역 논증이 되려면 두 가지 조건을 갖추어야 한다. 첫째로 전제가 참이면 결론도 반드시 참이어야 하고, 둘째로 전제가 실제로 참이어야 한다. 그러므로 어떤 연역 논증이 잘못되었음을 보이려면, 전제가 참이라도 결론이 반드시 참이 아니라는 것을 보이거나 전제가 거짓임을 보이면 된다.

(4) 귀납 논증 반박하기

귀납 논증을 반박할 때에는 논증의 전제가 참이 아님을 보여줌으로써 그 논증이 건전하지 않음을 보이거나 또는 전제와 결론의 지지 관계가 납득할 만큼 충분히 긴밀하지 않음을 보여줌으로써 그 논증이 합당하지 않음을 보여주면 된다.

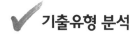 기출유형 분석

1. 다음 중 추론이 바르지 <u>않은</u> 것은?

① 사람은 모두 생각한다. 나는 사람이다. 그러므로 나는 생각한다.

② 달리기를 하면 민수가 철수보다 느리다. 영수는 철수보다 빠르다. 그러므로 영수가 가장 빠르다.

③ 철수가 구입한 교재들 가운데 영어책은 수학책보다 비싸다. 국어책은 수학책보다 싸다. 그러므로 국어책이 가장 싸다.

④ 해외 여행객들 가운데 과소비를 하는 사람이 많다. 이번 여름에 민지는 해외여행을 했다. 그러므로 민지는 과소비를 했다.

2. 다음 주장을 검증하기 위한 방식과 동일한 것은?

> 설 전날 고속도로는 귀향차량으로 대단히 붐빈다.

① 창조론과 진화론은 양립할 수 없다.
② 인간의 행위는 신의 의도에 따른 것이다.
③ 모든 아버지에게는 자식이 있다.
④ 바닷가 사람들은 생선회를 즐겨 먹는다.

3. 다음 중 연역 논증인 것은?

① 지금까지 해는 항상 동쪽에서 떴다. 그러므로 내일도 해는 동쪽에서 뜰 것이다.
② 지난 30년간 서울의 8월 평균기온은 25도 이상이었다. 그러므로 올해 서울의 8월 평균 기온도 25도 이상일 것이다.
③ 철수는 수상구조요원이다. 그런데 수상구조요원의 99%는 수영을 잘한다. 따라서 철수도 수영을 잘한다.
④ 이 모임에는 여덟 사람이 참석했다. 따라서 적어도 이 사람들 중 둘은 같은 요일에 태어났다.

4. 다음 추론들 가운데 그 성격이 <u>다른</u> 것은?

① 갈매기가 해변에 앉으면 곧 비가 올 징조이다.

② 잠자리가 높게 날면 맑은 날씨의 징조이다.

③ 쥐들이 튀어 나와 사방으로 흩어지니 지진이 일어날 것 같다.

④ 문고리가 잠겨 있지 않으니 안에 사람이 있는 것 같다.

5. "어떤 채식주의자도 스테이크를 좋아하지 않는다."라는 명제가 참일 때, 반드시 거짓인 것을 고르면?

① 스테이크를 좋아하는 채식주의자가 있다.

② 어떤 채식주의자는 스테이크를 좋아하지 않는다.

③ 스테이크를 좋아하지 않는 사람은 모두 채식주의자이다.

④ 스테이크를 좋아하는 채식주의자가 있거나 스테이크를 좋아하지 않는 채식주의자가 있다.

6. 다음 각 논증에서 사용된 전제들이 참이라고 할 때, 논리적으로 옳지 <u>않은</u> 것은?

① 어떤 정치가는 부자이다. 부자 중에는 부도덕한 사람도 있다. 그러므로 정치가 중에 도덕적이지 않은 사람이 적어도 한 명은 있다.

② 그 회사가 새로운 자동차를 개발하고 직원의 임금을 올린다는 것은 사실이 아니다. 그러므로 그 회사가 임금을 올린다면, 새로운 자동차를 개발하지 않을 것이다.

③ 외국어를 잘하는 사람 중에는 개방적인 사람이 있다. 개방적인 사람은 누구나 폭력을 싫어한다. 그러므로 외국어를 잘하는 사람 중에는 폭력을 싫어하는 사람이 있다.

④ 만약 그 회사가 신제품을 만든다면, 주식 가격이 상승할 것이다. 그리고 주식 가격이 상승하면, 부동산 가격이 떨어질 것이다. 경제 전망이 확실하다면, 그 회사는 신제품을 만들 것이다. 부동산 가격이 떨어지지 않는다. 그러므로 경제 전망이 확실하지 않다.

[7~8] 다음과 같은 사실을 참고하여 물음에 답하시오.

모든 A는 B다. 모든 B는 C다.

어떤 E는 A다. 어떠한 D도 C가 아니다.

7. 〈보기〉에서 반드시 참인 것은?

보 기

ㄱ. 모든 A는 C다.

ㄴ. 어떤 C는 E다.

ㄷ. 어떠한 B도 E가 아니다.

① ㄱ   ② ㄱ, ㄴ   ③ ㄱ, ㄷ   ④ ㄱ, ㄴ, ㄷ

8. 〈보기〉에서 반드시 거짓인 것은?

보 기

ㄱ. 모든 E는 A다.

ㄴ. 어떤 A는 D다.

ㄷ. 어떤 E는 D다.

① ㄱ   ② ㄴ   ③ ㄷ   ④ ㄱ, ㄷ

9. 다음 주장을 논증하는 방식과 가장 유사한 것은?

사람은 태어날 때부터 이익을 좋아해 싸움을 하고, 남을 미워해 남을 해치고, 예의를 몰라 겸손할 줄을 모른다. 이로 볼 때 사람의 성품이 악하다는 것은 분명하다.

① 인간은 사고하는 동물이다. 사고의 기능을 담당하는 것은 이성이다. 따라서 인간은 이성의 활동을 통해 발전해왔다.

② 식물이 건강하게 성장하기 위해서는 충분한 영양 공급이 필요하다. 마찬가지로 인간이 건강하게 성장하기 위해서도 충분한 지식 교육이 필요하다.

③ 민주주의가 발달한 선진국은 대개 의원내각제를 실시하고 있다. 우리도 민주주의를 발전시키기 위해서 의원내각제를 도입해야 한다.

④ 옛 말에 콩 심은 데 콩 나고 팥 심은 데 팥 난다고 했다. 노력한 만큼 결과를 얻는다는 것은 분명하다.

■ 대우명제와 삼단논법

유형 : 논리력 기본문제로 많이 출제되고 있다. 기본유형을 알면 어렵지 않게 풀 수 있다.

(1) 전건과 후건

조건문의 앞 문장을 전건이라 하고 뒷 문장을 후건이라 한다. 전건을 p, 후건을 q라고 하고, 조건을 나타내는 기호로 '→'를 택한다면 조건문의 형식은 'p → q'가 된다. 즉 'p 이면 q이다.'가 되는 것이다.

전건 부정의 오류(denying the antecedent)

'만일 p이면, 그러면 q이다'라는 형식의 조건적 진술에서 p의 부정을 통해 q의 부정을 결론으로 이끌어내는 오류. 다시 말해, 'p이면 q이다'라는 명제에서 'p가 아니면 q가 아니다(~p → ~q)'는 결론을 이끌어내면 전건 부정의 오류이다.

예) 만일 오대산 산골 마을에 비가 반나절 이상 오면(전건), 그 마을로 가는 교통이 두 절된다(후건).

그 오대산 산골 마을에 비가 반나절 이상 오지 않았다.
그러므로 오대산 산골 마을로 가는 교통이 두절되지 않았다.

☞ 오대산 산골 마을에 비는 반나절 이상 오지 않았지만, 오대산 방향에 산불이 나서, 진화 작업으로 교통이 두절될 수도 있다.

후건 긍정의 오류(affirming the consequent)

'만일 p이면, 그러면 q이다'라는 형식의 조건적 진술에서 q의 긍정을 통해 p의 긍정을 결론으로 이끌어내는 오류, 다시 말해, 'p이면 q이다.'라는 명제에서 'q이면 p이다(q → p)'는 결론을 이끌어내면 후건 긍정의 오류이다.

예) 만일 오대산 산골 마을에 비가 반나절 이상 오면(전건), 그 마을로 가는 교통이 두절된다(후건).

   그 오대산 산골 마을로 가는 교통이 이미 두절되었다.

   그러므로 오대산 산골 마을에 비가 반나절 이상 왔다.

☞ 비는 오지 않았지만 눈이 많이 내려서 교통이 두절될 수도 있다.

(2) 대우명제

p → q가 참이면 그 대우명제인 ~q → ~p도 참이 된다.

예) 모든 공은 둥글다. 그러므로 둥글지 않은 것은 공이 아니다.

(3) 삼단논법

P → Q, Q → R 따라서 P → R, Q는 매개념, 삼단논법에서 개념은 세 개만 쓰임.

예) 수학을 좋아하는 사람은 물리를 좋아한다. 물리를 좋아하는 사람은 화학을 좋아한다. 따라서 수학을 좋아하는 사람은 화학을 좋아한다.

(4) or와 and의 부정

「p or q」의 부정은 ⇒ 「~p and ~q」

「p and q」의 부정은 ⇒ 「~p or ~q」

(5) all x의 부정은 ⇒ some x, some x의 부정은 ⇒ all x

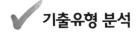 기출유형 분석

1. 다음 논증에서 타당하지 않은 것은?

① 해가 뜨면 비가 오지 않는다. 비가 오지 않았다. 그러므로 해가 떴다.

② 철수는 식당에 있다. 그 식당은 서울에 있다. 그러므로 철수는 서울에 있다.

③ 어제 비가 왔거나 눈이 왔다. 어제 눈이 오지 않았다. 그러므로 어제 비가 왔다.

④ 선화는 아들이거나 대학생이다. 선화는 아들이 아니다. 그러므로 선화는 대학생이다.

2. 다음의 추론 중에서 결론이 바르게 내려지고 있는 것은?

① 비가 내리면 땅이 굳어진다. 비가 내리지 않았다. 그러므로 땅이 굳어지지 않았다.

② 의무교육을 실시하면 문맹자가 없어진다. 문맹자가 없어지지 않았다. 그러므로 의무
  교육이 실시되지 않았다.

③ 수출이 부진하면 경기가 하락할 것이다. 경기가 하락했다. 그러므로 수출이 부진했다.

④ 배추가 풍년이면 배추 값이 하락한다. 올해는 배추 값이 하락했다. 그러므로 올해는
  배추가 풍년이다.

3. 다음에 주어진 진술만을 가지고 판단할 때, 항상 옳은 것을 고르시오.

> • 축구를 잘하는 사람은 배구도 잘한다.
>
> • 농구를 못하는 사람은 야구도 못한다.
>
> • 배구를 못하는 사람은 농구도 못한다.

① 배구를 못하는 사람은 야구도 못한다.

② 축구를 잘하는 사람은 야구를 못한다.

③ 야구를 잘하는 사람은 축구를 못한다.

④ 농구를 잘하는 사람은 축구도 잘한다.

4. 다음 진술과 논리적으로 동등한 것은?

> 예의가 바르고 약속을 잘 지키는 사람은 신용이 있는 사람이다.

① 예의가 바르나 약속을 잘 지키지 않는 사람은 신용이 없는 사람이다.

② 예의가 바르지 않고 약속을 잘 지키지 않는 사람은 신용이 없는 사람이다.

③ 신용이 없는 사람은 예의가 바르지 않고 약속도 잘 지키지 않는 사람이다.

④ 신용이 없는 사람은 예의가 바르지 않거나 약속을 잘 지키지 않는 사람이다.

5. 다음 문장의 부정으로 옳은 것은?

> 철수와 영희 둘 중에 적어도 한 사람은 거짓말을 한다.

① 철수와 영희는 모두 거짓말을 한다.

② 철수와 영희는 모두 거짓말을 하지 않는다.

③ 철수는 거짓말을 하지 않고 영희는 거짓말을 한다.

④ 철수는 거짓말을 하고 영희는 거짓말을 하지 않는다.

6. 다음과 같은 전제가 있을 때 항상 옳은 것은?

> • 야구를 좋아하지 않는 사람은 축구도 좋아하지 않는다.
>
> • 농구를 좋아하지 않는 사람은 야구도 좋아하지 않는다.
>
> • 축구를 좋아하지 않는 사람은 배구도 좋아하지 않는다.

① 농구를 좋아하는 사람은 축구도 좋아한다.

② 야구를 좋아하는 사람은 배구도 좋아한다.

③ 축구를 좋아하지 않는 사람은 농구도 좋아하지 않는다.

④ 농구를 좋아하지 않는 사람은 배구도 좋아하지 않는다.

7. 다음 논증에서 타당한 것은?

① 비가 오면 땅이 젖는다. 비가 오지 않았다. 따라서 땅이 젖지 않았다.

② 모든 고래는 포유동물이다. 모든 온혈동물은 포유동물이다. 따라서 모든 고래는 온혈동물이다.

③ 만일 방자가 향단을 사랑한다면, 그는 향락적인 생활을 청산할 것이다. 방자는 향락적인 생활을 청산했다. 따라서 방자는 향단을 사랑한다.

④ 만일 외모에 민감하다면, 인생에 다른 중요한 것들을 간과하게 될 것이다. 너는 외모

에 민감하다. 따라서 너는 인생에 중요한 것들에 간과하게 될 것이다.

8. 다음 추론 중 바른 것은?

① 어떤 남자는 학생이다. 모든 학생은 운동선수이다. 그러므로 모든 남자는 운동선수이다.

② 모든 성악가는 작곡가가 아니다. 모든 화가는 작곡가이다. 따라서 어떤 화가도 성악가가 아니다.

③ 어떤 채식주의자는 육류를 먹지 않지만 생선은 먹는다. 은미는 생선을 먹는다. 따라서 은미는 채식주의자이다.

④ 경수는 선희보다 노래를 못하며, 선희는 민지보다 노래를 못한다. 윤미는 선희보다 노래를 잘한다. 따라서 노래를 가장 잘하는 사람은 윤미이다.

9. 〈보기〉의 진술과 동등하지 않은 것은?

보기

모든 군인은 용감하다.

① 개개의 군인은 다 용감하다.

② 어떤 이가 군인이면 그 사람은 용감하다.

③ 군인이 아닌 사람은 용감하지 않다.

④ 용감하지 않으면 군인이 아니다.

▪ 오류

유형 : 타당하지 못한 추리를 타당한 추리인 양 잘못 생각하는 논증을 '오류'라고 한다. 많이 출제되는 오류는 예문을 통해 이해하고 숙지해야 한다.

(1) 순환 논증의 오류 = 선결문제 요구의 오류

전제로부터 어떤 새로운 결론이 도출된 것이 아니라, 전제와 결론의 동어반복으로 이루어진 오류. 논증하는 주장과 동의어에 불과한 명제를 논거로 삼을 때 범하는 오류.

예) 이 사상은 위험하다. 정부에서 탄압하고 배척하니까. 그러면 정부는 왜 이 사상을 위험시하며 탄압하는가? 그것을 위험한 사상으로 생각하기 때문이다.

예) 김 씨는 참말만을 하는 사람이다. 왜냐하면 그는 거짓말을 하지 않는 사람이다.

(2) 비정합성의 오류 = 자가당착의 오류

논증의 전제 자체에 이미 모순이 발생할 문제점을 내포하고 있는 경우

예) 시인에게는 자신에게 창조적으로 샘솟는 것이면 무엇이든지 표현할 수 있는 완전한 무조건적인 자유가 허용되어야 한다. 왜냐하면 완전한 자유 속에서만 위대한 시인은 탄생할 수 있기 때문이다. 물론 외설을 시에 끼워 넣는 점잖지 못한 시는 허용될 수 없다.

(3) 동정심에 호소하는 오류

동정심 때문에 어떤 논증을 받아들일 경우

예) 판사님, 피고인은 매일 매일 막노동을 해서 생계를 유지하고 있습니다. 이런 불쌍한

처지를 참작하시어 피고인을 무죄로 석방하는 것이 마땅하다고 생각합니다.

(4) 공포(협박)에 호소하는 오류

공포, 협박, 불안, 걱정 등으로 어떤 주장을 받아들일 경우

예) 만약 네가 아빠의 말을 듣지 않는다면 너에게 유산을 한 푼도 남겨주지 않겠다.

(5) 대중에게(다수에) 호소하는 오류

어떤 주장에 대해 타당한 근거를 제시하지 않고, 군중심리나 열광하는 대중들에게 호소하거나 여러 사람들이 동의한다는 점을 내세워 자신의 주장에 대해 동의를 얻어내려는 논증

예) 이 책은 재미있을 거야. 왜냐하면 이 책이 베스트셀러거든.

(6) (부적합한) 권위에 호소하는 오류

근거가 되는 권위가 객관적으로 신뢰할 만한 증거를 지니고 있지 못할 때 발생하는 오류

예) 가을에는 누런색 코트가 좋습니다. 유명한 가수 ○ ○ ○군을 보십시오. 그는 가을만 되면 누런색 코트를 입지 않습니까?

(7) 인신공격의 오류

어떤 주장에 대한 비판의 근거로, 그 주장을 하는 사람의 인품, 성격 등을 제시함으로써 그 주장이 거짓임을 내세우는 오류

예) 소크라테스의 인생철학은 가치가 없다. 왜냐하면 그는 공처가였기 때문이다.

(8) 정황에 호소하는 오류

어떤 사람의 직책, 직업, 처지, 과거의 행적 등 정황을 비난함으로써 논제를 공격하는 오류

예) 노동자라면 으레 노동 시간을 단축하자고 주장하게 마련 아닌가.

(9) 피장파장의 오류 = 역공격의 오류

상대방이 자기와 마찬가지 상황이므로 자기의 입장이 정당화된다고 주장하는 오류

예) 똥 묻은 개가 겨 묻은 개 나무란다더니, 몇 억대 횡령한 사람이 내가 100만 원을 받았다고 비리라고 말할 수 있나.

(10) 원천봉쇄의 오류 = 우물에 독 뿌리기 오류

자기주장에 반대하면 불건전하거나 나쁜 생각이라 규정함으로써, 상대방으로 하여금 자기주장에 반론을 제기할 수 있는 가능성을 원천적으로 봉쇄하는 오류

예) 우리는 합리적인 조건을 제시했다. 따라서 합리적인 사람이라면 이 조건을 무조건 받아들일 것이다.

(11) 성급한 일반화의 오류 = 귀납법의 오류 = 불충분한 통계의 오류

부적합하고 대표성이 결여된 근거들을 이용하여 특수한 사례를 성급하게 일반화함으로써 빚어지는 오류

예) 세영이는 5백만 원 하는 산악자전거를 샀다. 따라서 세영이는 사치스러운 사람이다.

(12) 잘못된 유추의 오류

유비추리(유추)가 적절하지 못할 경우

예) 개미는 작은데 부지런하다. 마찬가지로 키가 작은 사람이 큰 사람보다 부지런하다.

(13) 무지에 호소하는 오류

어떤 주장이 증명되지 못했기 때문에 거짓이라고 추론하거나, 반박되지 않았기 때문에 참이라고 추론할 때 발생하는 오류

예) 신이 존재하지 않는다는 것을 아무도 증명하지 못했다. 따라서 신은 존재한다. 그래서 많은 사람들은 종교를 믿고 있다.

(14) 흑백사고의 오류

어떤 주장에 대한 선택 가능성이 두 가지밖에 없다고 생각함으로써 발생하는 오류. 반대 관계를 모순 관계로 판단하는 오류

예) 그녀는 미인이 아니다. 그렇다면 추녀인 것이 분명하다.

(15) 원인오판의 오류 = 선후 인과의 오류, 잘못된 인과관계의 오류, 거짓 원인의 오류

합당한 이유 없이 어떤 건을 다른 사건의 원인이라고 단정하는 오류. '까마귀 날자 배 떨어진다.' 식의 오류

예) 돼지꿈을 꾸었더니 복권에 당첨되었지 뭐야.

예) 영희는 눈이 커서 겁이 많아.

(16) 합성의 오류

부분들에 참인 것을 그 부분들을 결합한 전체에 대해서도 참인 것으로 추론함으로써 발생하는 오류

예) 3과 5는 홀수이다. 8은 3과 5를 합친 수이다. 그러므로 8은 홀수이다.

(17) 분할의 오류

전체에 대해 참인 것을 그 구성 요소인 부분들에 대해서도 참이라고 추론함으로써 발생하는 오류

예) 물은 액체다. 물은 수소와 산소로 구성되어 있다. 그러므로 수소와 산소도 액체다.

(18) 복합 질문의 오류

언뜻 보기에 한 가지 질문처럼 보이지만 내용에 있어서 실제로 두 가지 이상의 질문이 결합된 것

예) 너, 어저께 훔친 돈으로 장난감을 샀지? / 아니오 → 부정을 해도 장난감으로 사지 않은 것만 부정이 되고, 남의 물건을 훔친 것은 자기도 모르게 긍정해버린 결과가 된다.

(19) 논점 일탈의 오류

어떤 전제로부터 논의의 맥락상 전혀 관계가 없는 결론을 이끌어낼 때 발생하는 오류

예) 그 살인 사건의 범인은 바로 지홍이가 틀림없다. 왜냐하면 지홍이 스스로가 살인사건은 극악무도한 짓이라는 것에 동의했기 때문이다.

(20) 발생학적 오류

어떤 사상, 사람, 관행, 제도 등의 원천이 어떤 속성을 갖고 있기 때문에 그것들이 그러한 속성을 갖고 있다고 추론하는 오류

예) 국민의료보험제도는 원래 사회주의 국가에서 유래한 것이기 때문에 철폐해야 한다.

(21) 허수아비 공격의 오류

상대방의 주장을 공격하기 쉬운 주장, 즉 허수아비처럼 쉽게 무너지는 주장으로 제멋대

로 바꾸어놓고 상대방을 공격하는 오류

예) 원자력 발전소 건설은 말도 안 되는 얘기입니다. 당신은 방사능의 해독이 얼마나 무서운지 아십니까?

(22) 애매어의 오류

애매한 언어를 사용함으로써 발생하는 오류

예) 죄인은 모두 감옥에 가야 한다. 아담과 이브 이후로 우리 인간은 모두 죄인이다. 그러므로 인간은 모두 감옥에 가야 한다.

(23) 은밀한 재정의의 오류

어떤 말의 의미를 자의적으로 변화시켜 자신의 논지를 옹호하는 오류

예) 요즘 세상에 공무원이 뇌물을 받다니, 그 사람 미친 게 분명하군. 미친 사람은 정신병원에 보내야 하니 그 사람을 정신병원에 보내야겠어.

(24) 우연의 오류 = 원칙 혼동의 오류

일반적 규칙을 특수한 경우에 적용. 어떤 우연한 상황이 발생하여 일반적 규칙을 적용할 수 없는 데도 불구하고 그대로 적용함으로써 발생하는 오류

예) 모든 사람은 자유를 가졌다. 그러므로 판사도 자신의 정치적인 견해를 법정에서 마음대로 말할 수 있다.

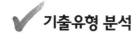

1. 다음 중 오류의 유형이 <u>다른</u> 하나는?

   ① 가장 많이 팔려서 가장 좋은 차! '오리온 자동차'

   ② 최근 베스트셀러 1위여서 가장 좋은 책! '헤어진 후'

   ③ 의사가 복용해서 가장 좋은 약! '위장환'

   ④ 1200만 명이 보아서 당대 최고의 명화! '은혜로운 집'

2. 〈보기〉는 논리적 오류를 보여주는 예이다. 다음 중 〈보기〉와 유사한 오류가 있는 것은?

   > **보기**
   >
   > 모래알 하나하나는 가볍다. 그러므로 한 트럭의 모래도 가볍다.

   ① 최고의 투수 박찬호와 최고의 골프 선수 박세리가 결혼하면 최고의 운동선수가 탄생할 것이다.

   ② 바보 중에 착한 사람 없다. 그러므로 천재 중에 착한 사람 없다.

   ③ 비가 오면 땅이 젖는다. 땅이 젖어 있다. 따라서 비가 왔다.

   ④ 아무도 신이 존재한다고 증명한 일이 없다. 그러므로 신은 존재하지 않는다.

3. 다음에 설명되는 논리적 오류에 대한 적절한 예를 선택하시오.

   > 어떤 집합의 모든 개별적인 원소가 어떤 성질을 가지고 있으므로 그 집합 자체도 그 성질을 가지고 있다고 추론할 때 범하는 오류

① 우리 순이는 눈이 커서 겁이 많다.

② 서울시의 모든 구는 재정이 열악하다. 그러므로 서울시의 재정도 열악할 것이다.

③ 하나를 보면 열을 안다고, 지금 하는 행동을 보니 당신은 매우 성격이 급한 사람이다.

④ 유리수는 무리수가 아닌 수이다. 한편, 무리수는 유리수가 아닌 수이다.

4. 보기와 동일한 유형의 논리적 오류를 고르시오.

> K는 남자인데, 길거리에 침을 뱉곤 한다. 모든 남자가 침을 뱉는 것 같다.

① 길거리에 침을 뱉지 않는 남자 S가 있다. 따라서 모든 남자가 길거리에 침을 뱉는 것은 아니다.

② 침을 뱉지 않는 남자 Y가 있다. 침을 뱉는 남자 X가 있을 수 있다.

③ M은 여자인데, 길거리에 침을 뱉는다. 따라서 모든 여자가 침을 뱉지 않는 것은 아니다.

④ 침을 뱉지 않는 여자 Q가 있다. 그러므로 길거리에 침을 뱉는 여자는 없을 것이다.

5. 논리적 오류의 성격이 <u>다른</u> 것은?

① 나는 어젯밤에 돼지꿈을 꾸었다. 오늘 틀림없이 좋은 일이 생길 것이다.

② 내가 아는 한 그는 부자가 아니다. 그렇다면 그는 가난뱅이일 수밖에 없다.

③ 지금까지 결코 착하다는 평판을 들어본 적이 없으므로 그는 악한 사람이다.

④ 어젯밤에 아무도 그 우유를 마시지 않았다고 하니까 네가 마신 것이 분명하다.

6. 다음 글에서 범하고 있는 오류와 가장 유사한 오류를 범하고 있는 것은?

> 구름은 수증기의 응결체라고 한다. 그런데 원래 수증기의 입자는 너무 작아서 눈에 보이지 않는다. 구름은 눈에 보이지 않는다.

① 그 영화에는 인기배우들이 많이 출연한다며? 그렇다면 그 영화가 대단한 인기를 누려서 흥행에도 대성공하겠네.

② 내가 등교하기 위해 전철을 탈 때마다 그 여학생도 전철을 탄다구. 나를 좋아하기 때문에 일부러 내가 전철을 타는 시간에 맞추는 것임에 틀림없어.

③ 판사님, 제가 감옥에 가게 되면 저의 불쌍한 아내와 세 살 난 딸아이가 굶어 죽게 됩니다. 그러니 제발 저에게 징역 선고만은 하지 말아 주시기 바랍니다.

④ 나는 어제 갈비를 뜯다가 이가 부러질 뻔했어. 그러니까 앞으로 너희들은 절대 갈비를 먹어서는 안 돼. 잘못하면 이가 부러진단다.

7. 다음 주장과 동일한 오류를 범하고 있는 것은?

> 동성연애자들의 결혼을 법적으로 인정해서는 안 된다. 그것은 불법이기 때문이다.

① 표절 논문이 왜 문제가 되는가? 표절 논문은 나쁘기 때문에 문제가 되는 것이다.

② 박 교수의 논문은 읽어볼 가치가 없다. 그는 작년 총선에서 선거운동을 했고, 선거법을 위반했기 때문이다.

③ 우리 사회는 한국병, 즉 부패 불감증에 걸려 있다. 따라서 김 교수가 깨끗한 척 해봤자 소용없다. 그 역시 한국인이니까.

④ 담배가 암을 유발하지는 않는다. 담배가 암을 유발한다는 결정적 증거는 없기 때문이다.

8. 다음 중 논리적 오류를 범하는 방식이 나머지와 <u>다른</u> 것은?

① 아군이 아니면 적군이다.

② 좋아하는 영화배우가 없다면, 영화를 싫어한다.

③ 내가 그를 쓰러뜨리지 못하면, 내가 쓰러질 것이다.

④ 중국음식점은 자장면이 맛있으면, 모든 음식이 맛있다.

9. 다음의 논증이 범하는 오류와 동일한 것은?

> 수학과 김교수의 강의는 들을 가치가 없다. 왜냐하면 그는 학생들의 동아리 활동을 부정적으로 보기 때문이다.

① 김장관이 이번에 제시한 세금감면정책은 거부되어야 마땅하다. 왜냐하면 그는 최근 여성 비하 발언으로 사회적 물의를 일으켰기 때문이다.

② 김장관이 이번에 제시한 특정 지역의 도시계획정책은 거부되어야 마땅하다. 왜냐하면 그는 그 지역에 이미 땅을 사두었기 때문이다.

③ 김장관이 이번에 제시한 대입정책은 거부되어야 마땅하다. 왜냐하면 그는 대입관련 정책입안자가 아니기 때문이다.

④ 김장관이 이번에 제시한 통일정책은 거부되어야 마땅하다. 왜냐하면 그는 이제까지 제시된 다른 통일정책을 모두 거부했기 때문이다.

■ 논리퀴즈

유형 : 탁자에 사람 배치하기, 요일 찾기, 거짓말쟁이 고르기 등 다양한 유형이 있다. 논리력에서 가장 어려운 유형이다. 정답률이 낮은 유형이니 문제를 많이 풀며 유형을 익혀야 한다. 언어사고영역에서 가장 마지막으로 푸는 것이 시간 안배상 유리하다.

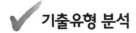 기출유형 분석

1. 영철이의 강아지 비비는 흰색 또는 검정색 또는 노란색 중 하나이다. 다음 정보 중 적어도 하나는 옳고 하나는 틀리다. 비비의 색깔은?

정보 1 : 비비는 검정색이 아니다.
정보 2 : 비비는 흰색이거나 노란색이다.
정보 3 : 비비는 흰색이다.

① 흰색   ② 검정색
③ 노란색   ④ 알 수 없다

2. 선생님이 학생 갑과 을에게 게임을 제안했다. "너희가 눈을 감으면 내가 너희 각자에게 흰색 모자나 청색 모자를 씌울 거야. 그러나 너희 둘 모두에게 청색 모자만을 씌우지는 않을 거야." 선생님은 그들에게 모자를 씌운 후, 갑에게 자신이 쓰고 있는 모자의 색을

아느냐고 물었다. 을을 쳐다본 갑은 모르겠다고 대답했다. 선생님이 을에게 같은 질문을 하자, 을은 자기가 쓰고 있는 모자의 색을 맞췄다. 을의 모자 색깔은?

① 흰색
② 청색
③ 알 수 없다.
④ 갑은 모자를 쓰고 있지 않다.

3. 대한주식회사 입시 팀에는 A, B, C, D, E 다섯 명의 직원이 있다. 이들 사이에는 서로가 맡은 업무의 성격 때문에 공휴일 근무 당번을 정할 때 다음과 같은 규칙들이 생겼다. 이 규칙들에 따르면 D가 근무하는 공휴일에 근무하는 직원의 수는 몇 명인가?

- A와 E는 함께 근무하지 않는다.
- B와 C는 함께 근무하지 않는다.
- A와 D는 함께 근무한다.
- A와 C는 함께 근무한다.

① 1
② 2
③ 3
④ 4

4. 다음 중 연결이 바른 것은?

조원, 호원, 유중의 취미는 서로 다른데 각각 승마, 바둑, 축구 중 하나를 좋아한다. 세 사람 중 두 사람은 부자 관계이고, 두 사람은 친구 관계이다. 호원의 아빠 친구는 축구를 좋아하고, 조원의 아들은 바둑을 좋아한다.

① 조원 – 축구, 호원 – 바둑

② 조원 – 승마, 유중 – 축구

③ 유중 – 축구, 호원 – 승마

④ 호원 – 바둑, 유중 – 승마

5. 이상한 숲에 사는 소나무는 월요일, 화요일, 수요일에는 거짓말만 하고, 나머지 요일에는 참말만을 한다. 다음 중 그 소나무가 다음과 같은 진술을 할 수 있는 요일은?

> • 나는 어제 거짓말을 했다.
>
> • 나는 내일은 참말을 할 것이다.

① 월요일　　　　② 화요일　　　　③ 금요일　　　　④ 일요일

6. 여섯 명의 학생 A, B, C, D, E, F가 다음 규칙에 따라 첼로 레슨을 받는다. 토요일에 레슨을 받는 학생은?

> • 모든 학생은 월요일부터 토요일 중 하루에 한 명씩 레슨을 받는다.
>
> • F는 D보다 늦게 레슨을 받는다.
>
> • D는 A보다 3일 후 레슨을 받는다.
>
> • C는 월요일에 레슨을 받는다.

① B　　　　② D　　　　③ E　　　　④ F

7. 어느 아파트 상가 1층에 4개의 상점 1호, 2호, 3호, 4호가 순서대로 나란히 자리하고 있다. 상점이 다음과 같이 이웃하고 있을 때 3호 상점은?

- 떡집은 1호 상점이 아니다.
- 꽃집은 빵집과 붙어 있고, 떡집과도 붙어 있다.
- 쌀집은 빵집과 붙어 있지만, 꽃집과는 붙어 있지 않다.

① 빵집　　　　② 꽃집　　　　③ 쌀집　　　　④ 떡집

8. A, B, C, D의 4명 중 3명이 다음과 같이 말을 하였다. 이 중 한 명은 거짓말을 하고 있다고 한다. 거짓말을 한 사람은 누구인가?

A : C는 거짓말쟁이가 아니다.
B : C와 D는 거짓말쟁이가 아니다.
C : D는 거짓말쟁이이다.

① A　　　　　② B　　　　　③ C　　　　　④ D

9. 무게가 모두 서로 다른 4개의 금속 a, b, c, d가 있다. 천칭을 이용하여 무게를 비교한 결과 다음 사실을 알았다고 하자. 무거운 것부터 순서대로 나열된 것을 고르면?

㉠ a는 c보다 가볍다
㉡ b와 d의 무게의 합은 a와 c의 무게의 합과 같다

ⓒ c와 d의 무게의 합은 a와 b의 무게의 합보다 가볍다

① a, c, b, d   ② b, d, c, a   ③ c, b, a, d   ④ b, c, a, d

10. 어느 대회에 32개 팀이 출전해서 4팀씩 8개 조로 나뉘어 같은 조의 모든 팀이 서로 경기를 1회씩 치른다. 그 결과 각 조별 상위 2개 팀이 본선에 진출하여 승자진출방식(토너먼트)으로 경기를 진행한다. 이 대회에서 우승팀이 치르게 되는 총 경기수는?

① 5경기   ② 6경기   ③ 7경기   ④ 8경기

11. 지난해 우승을 차지한 모구단에서 대체 선수를 영입하려고 한다. 만약 E 선수를 반드시 영입해야 한다면 〈보기〉의 조건에 비추어 어떤 선두를 더 영입해야 하는가?

보 기

ⓐ A 선수를 영입하면 B 선수도 영입한다.

ⓑ C 선수와 D 선수 중 한 명은 꼭 영입한다.

ⓒ E 선수를 영입하면, B 선수는 영입하지 않는다.

ⓓ A, D, E 중에 한 선수만 영입한다.

① A 선수   ② B 선수   ③ C 선수   ④ D 선수

■ 자료 해석

유형 : 최근 들어 자주 출제되고 있는 유형이다. 사회탐구의 표와 그래프 문제를 많이
풀어보면 도움이 된다. 실제 사회탐구 수능문제를 약간 변형하여 내는 문제가 많
다. 표나 그래프를 주고 간단한 자료 분석을 하는 문제유형이다. 출산율, 저출산,
고령화, 인구변화, 이혼율, 1인당 GDP의 변화, 경제성장률, 자살 등 시사적인 통계
자료를 주고 분석을 요구하고 있다. 통계자료에서 주목해야 하는 포인트는 수치
그 자체가 아니라 다른 자료와 비교해서 발생하는 수치의 '차이'와 '변화'다. 시기
별로 나열되어 있는 자료라면 수치의 변화가 어떤 식의 변화를 뜻하는지 알아야
하고, 다른 것들과 비교되어 있는 자료라면 수치의 차이가 어떤 것을 의미하는지
알아야 한다. 표나 그래프를 볼 때는 뭉뚱그려서 보지 말고, 부분적으로 나누어
보고, 상관관계에 주목해서 분석해야 한다.

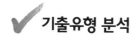 기출유형 분석

[1~2] 다음 글을 읽고 물음에 답하시오.

세영이는 하천 상류에서 양돈 농장을 경영하고, 서준이는 하천 중류에서 벼농사
를 한다. 하천으로 흘러들어가는 돼지의 분뇨는 수질을 오염시켜 벼농사에 영향
을 준다. 돼지 사육량에 따른 세영이와 서준이의 순이익은 아래와 같다.

돼지 사육량 (개체수/월)	100	150	200	250	300	350
세영이의 순이익 (만 원/월)	100	200	280	340	350	330
서준이의 순이익 (만 원/월)	300	260	220	180	140	100

1. 세영이와 서준이의 순이익 합계가 최대가 되는 양돈의 수는?

① 200   ② 250   ③ 300   ④ 350

2. 이 표의 내용과 부합하지 않는 것은?

① 세영이의 순이익이 최소일 때 세영이와 서준이의 순이익 합계도 최소이다.

② 세영이의 순이익과 서준이의 순이익은 대체로 반비례한다.

③ 돼지 수가 많으면 많을수록 세영이의 순이익은 증대한다.

④ 50마리를 증가 단위로 했을 때, 서준이의 피해 증가폭은 일정하다.

3. 다음 도표는 한 제품에 대하여 그래프를 작성하여 평가한 것이다. 맞는 것은?

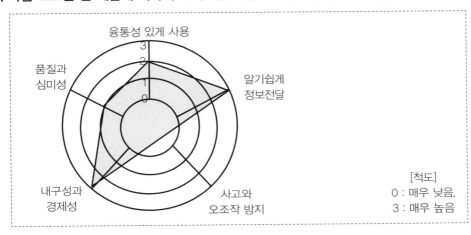

① 회색으로 칠한 영역의 면적이 작을수록 좋은 디자인이다.

② 이 물건을 사용하면 사고나 오조작 문제를 방지할 수 있다.

③ 이 제품은 내구성과 경제성 측면이 융통성 측면보다 뛰어나다.

④ 이 제품은 품질이 뛰어나고 디자인 측면에서 아름답다.

4. 다음 그래프에서 도출할 수 <u>없는</u> 결론은?

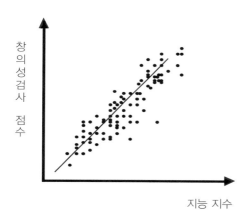

① 지능과 창의성 간에는 강한 상관관계가 있다.

② 발명왕 에디슨은 지능이 높았을 것이다.

③ 높은 지능은 높은 창의성의 원인이다.

④ 지능이 높을수록 새로운 아이디어를 제안할 가능성이 크다.

5. 다음 그래프는 어느 세 국가의 정치, 문화, 경제수준을 점수로 나타낸 것이다. 다음 설명 중 옳은 것을 모두 고른 것은?

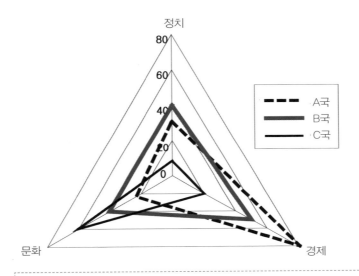

(가) 정치수준은 경제수준과 관계가 없다.

(나) 문화수준은 경제수준에 반비례한다.

(다) A국가가 B국가보다 발전된 선진국이다.

(라) C국가는 A국가보다 문화 지향적이다.

① (가), (나) ② (다), (라)

③ (가), (나), (라) ④ (나), (다), (라)

6. 다음은 두 국가의 지니계수에 관한 그래프이다. 다음 설명 중 옳은 것은?

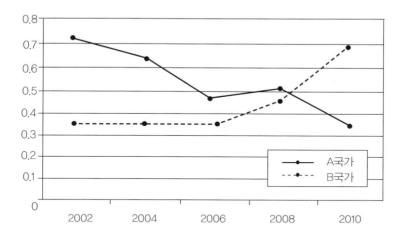

※지니계수 : 잘 사는 사람과 못 사는 사람의 소득 차이를 나타내는 계수

① B국가는 A국가보다 2002년에 빈부 격차가 크다.

② A국가는 소득분배가 불평등해지는 추세이다.

③ B국가는 A국가보다 2006년에 소득차가 적었다.

④ A국가가 2004년에 B국가보다 국민의 불만이 적었다.

7. 운동과 영양제 섭취가 장수에 미치는 영향을 조사한 결과, 운동만이 장수의 요인으로
   나타났다. 이러한 결론을 지지하는 자료는?

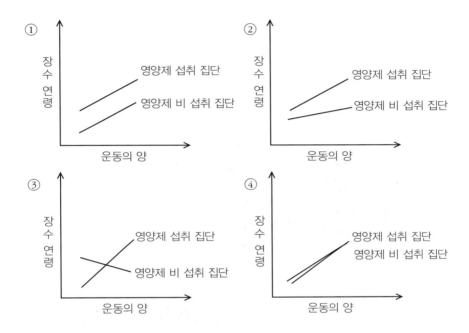

8. 측두엽은 언어자극을 처리하고 생성하는 데 관여한다. 아래 표에 제시된 뇌 손상연구
   결과는 측두엽 내 베르니케 영역이 언어 생성 기능, 브로카 영역이 언어 이해 기능에 관
   여한다는 사실을 증명하고 있다. a와 b에 알맞은 것은?

언어 능력 / 손상 영역	언어 생성	언어 이해
베르니케 영역	a	b
브로카 영역	b	a

	a	b		a	b
①	감소	유지	②	유지	감소
③	증가	감소	④	감소	증가

9. 다음은 중국, 인도, 파키스탄, 인도네시아에서 2000년과 2030년의 농촌인구, 도시인구, 전체인구를 나타낸 그래프이다. 이에 대한 해석으로 옳지 <u>않은</u> 것은?(Urban 도시, Rural 농촌)

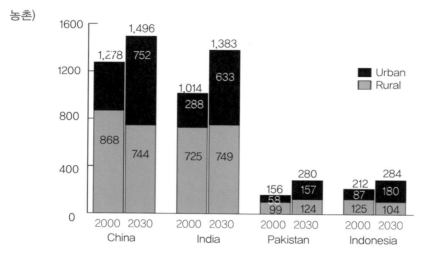

① 2000년도에 중국 인구는 인도와 파키스탄 인구를 합한 것보다 많다.

② 2000년 인도의 도시인구는 2030년 파키스탄 혹은 인도네시아의 전체인구보다 많다.

③ 2000년과 2030년 모두 중국의 농촌인구가 인도의 농촌인구보다 많다.

④ 2000년과 2030년 모두 파키스탄 인구보다 인도네시아 인구가 많다.

10. 다음 표의 해석으로 적합한 것은?

	1999	2002	2005	2008	2009
출생아수(천 명)	614.2	492.1	435.0	465.9	444.8
조출생률(인구 1천 명당 명)	13.0	10.2	8.9	9.4	9.0
합계 출산율(여성 1명당 명)	1.41	1.17	1.08	1.19	1.15

① 출생아수는 최근 10년간 계속 감소하고 있다.

② 조출생률과 합계 출산율은 최근 10년간 계속 감소하고 있다.

③ 2009년 현재 1999년에 태어난 아동의 수는 614,200명이다.

④ 출생아수는 2005년 이후보다 2000년 전후에 더 감소했다.

어휘력

■ 어휘개념

유형 : 개념 간의 관계를 묻는 문제로, 상위개념과 하위개념을 묻는 문제 유형, 동일관
　　　계와 동연관계를 묻는 유형, 반대관계와 모순관계를 묻는 유형이 주로 출제된다.

(1) 상위개념, 하위개념, 동위개념
① 상위개념 : 다른 개념을 포섭하는 것
② 하위개념 : 다른 개념에 포섭되는 것
③ 동위개념 : 다른 것들과 대등한 것으로 유개념(상위개념)에 포함된 종개념(하위개념)
예) 사람 – 황인종, 백인종, 흑인종
　　 사람은 황인종의 상위개념이고, 황인종은 사람의 하위개념이며, 서로 대등한 관계인
　　 백인종과 흑인종은 동위개념이다.

(2) 개념 간의 관계
내포 : 어떤 개념의 안에 포함되어 있는 사물의 여러 속성
외연 : 어떤 개념이 밖으로 미치는 사물의 지시 범위
① 동일관계 : 내포와 외연이 모두 일치하는 관계
예) 사람 – 인간, 문단 – 단락, 부모 – 양친, 네모 – 사각형
② 동연관계 : 내포는 다르나 외연은 일치하는 관계

예) 서울 - 한국의 수도, 등변삼각형 - 등각삼각형, 3+5 - 2×4, 새벽에 동쪽 하늘에 보이는 샛별 - 저녁에 서쪽 하늘에 보이는 개밥바라기

③ 대소관계 : 한 개념의 외연이 다른 개념의 외연 속에 완전히 포함되는 관계
예) 동물 - 고래, 절기 - 청명

④ 동위관계 : 서로 대등한 개념 간의 관계
예) 남학생 - 여학생, 개 - 고양이

⑤ 반대(反對)관계 : 두 개념 사이에 중간 개념이 허용되는 관계
양자를 다 같이 긍정할 수는 없으나, 다 같이 양자를 부정할 수는 있다.
예) 長(장)(길다) - 短(단)(짧다), 大(대)(크다) - 小(소)(작다), 高(고)(높다) - 低(저)(낮다)

⑥ 모순(矛盾)관계 : 두 개념 사이에 중간 개념이 허용되지 않는 관계
양자를 다 같이 긍정할 수도 없고, 다 같이 양자를 부정할 수도 없다.
예) 有(유)(있다) - 無(무)(없다), 男(남)(남자) - 女(여)(여자), 生(생)(살다) - 死(사)(죽다)

⑦ 교차관계 : 두 개념의 외연의 일부분이 합치되는 관계
예) 여성 - 학자, 학자 - 교육자

기출유형 분석

1. 다음 중 두 진술 사이의 관계가 <u>다른</u> 하나는?

① 그의 지위는 높다. – 그의 지위는 낮다.

② 도깨비는 사멸적인 존재다. – 도깨비는 불멸적인 존재다.

③ 고선지 장군은 모든 전투에서 이긴다. – 고선지 장군이 승리하지 못하는 전투도 있다.

④ 가을 하늘은 파랗다. – 가을 하늘이라고 다 파란 것은 아니다.

2. 다음 중 논리적 성격이 <u>다른</u> 하나는?

① '등변삼각형'과 '등각삼각형'은 어떤 점에서는 같고 어떤 점에서는 다르다.

② '총각'과 '결혼하지 않은 남자'는 어떤 점에서는 같고 어떤 점에서는 다르다.

③ '흥선대원군'과 '명성황후의 시아버지'는 어떤 점에서는 같고 어떤 점에서는 다르다.

④ '3+5'와 '2×4'는 어떤 점에서는 같고 어떤 점에서는 다르다.

3. 다음 두 단어의 관계가 나머지와 <u>다른</u> 하나는?

① 나무 – 소나무   ② 새 – 참새

③ 꽃 – 봉선화   ④ 개 – 강아지

4. 다음 중 A와 B의 관계가 <u>다른</u> 하나는?

    A   B

① 나무 – 책상, 의자, 책장

② 인종 – 황인종, 백인종, 흑인종

③ 대학 – 국립대학, 시립대학, 사립대학

④ 통신 - 전화, 우편, 전자메일

5. 다음 중 그 관계가 <u>다른</u> 것은?

① 학문 - 과학 - 생물학

② 운동 - 구기운동 - 골프

③ 가족 - 할아버지 - 아버지

④ 물 - 음료수 - 보리차

6. '아시아–대한민국'의 관계와 유사한 것은?

① 외갓집-외할머니

② 상록수-소나무

③ 냄비-밥솥

④ 필통-연필

■ 어휘유추

유형 : A : B = C : (   )에서 빈칸에 들어갈 어휘를 찾는 비례식을 기본형으로 한다. 대
    체로 유비추리(유추)를 통해서 관계를 쉽게 파악할 수 있다.

 **기출유형 분석**

1. 다음 (   )에 들어갈 가장 알맞은 단어의 짝은?

> 철 : 솥 : (가) = (나) : 책 : (다)

	가	나	다
①	튼튼함	나무	전통
②	온도	전통	사고
③	밥	종이	지식
④	한국	생각	문자

2. 다음 (   ) 안에 들어갈 가장 적절한 단어는?

> 미라 : (   ) = 제사 : 조상숭배

① 미신숭배   ② 영혼불멸

③ 전쟁의식   ④ 토템의식

3. 다음 (   ) 안에 들어갈 적절한 말은?

> 박지원 : 허생전 = 김만중 : (   )

① 구운몽   ② 흥보전
③ 계축일기   ④ 홍길동전

4. 다음에 제시된 낱말의 대응관계로 볼 때, 괄호 안에 들어갈 적절한 말은?

> 문방사우 : 벼루 = (   ) : 매화나무

① 사시사철   ② 엄동설한
③ 세한삼우   ④ 과실수목

5. 다음 (   )에 들어갈 적절한 것을 고르시오.

> 바젤협약 : (   ) = 람사협약 : 습지

① 갯벌   ② 폐기물   ③ 담수호   ④ 극지방

■ 어휘 의미

유형 : 기본적으로 문장 내 밑줄 친 단어의 의미를 묻는 문제가 출제된다. 고유어 등 단
어를 주고 의미를 묻거나, 문장이 주어지고 그 안에 밑줄 친 단어의 의미를 묻는
문제가 출제된다. 동일한 형태의 단어의 뜻이 확장되어 여러 가지 의미를 갖는 다
의어, 의미가 다른 둘 이상의 단어가 우연히 동일한 형태를 취하는 동음이의어가
쓰인 문장이 제시되고, 그 의미를 구별해내는 문제가 출제된다. 제시된 의미와 같
은 뜻으로 쓰인 어휘를 찾는 문제, 여러 개의 어휘 중 의미가 다른 하나를 찾는
문제 등의 형태로 출제된다. 요즘은 뜻이 같은 접두사를 묻는 문제가 자주 출제
되고 있으며, 합성어와 파생어를 구별하는 문제로도 변형되어 출제된다. 부록에
있는 '접두사'를 반드시 숙지해야 한다.

단어의 구조
• 어근 – 실질적인 의미를 나타내는 중심 부분
• 접사 – 어근에 붙어 그 뜻을 제한하는 주변 부분(접두사, 접미사)

1. 단일어 : 하나의 어근(실질형태소)으로 된 단어

예) 산, 하늘

2. 복합어

(1) 파생어 : 접두사+어근, 어근+접미사, 어근(실질형태소)에 접사(형식형태소)가 붙어 이
루어진 단어

① 접두사 + 어근

예) 맨-손, 군-말, 개-꿈, 헛-고생, 들-볶다, 짓-구기다, 짓-누르다, 시-퍼렇다, 갓-스물,
   애-호박, 치-솟다, 되-갚다, 날-고기, 선-무당, 숫-처녀, 알-부자, 풋-사랑, 설-익다,
   깔-보다, 햇-나물, 헛-기침, 새-빨갛다

② 어근 + 접미사

예) 구경-꾼, 일-꾼, 선생-님, 지우-개, 높-이, 죽-음, 사랑-스럽다. 모-가지, 낚시-질, 욕
   심-꾸러기, 곳곳-이, 집집-이, 더욱-이, 일찍-이, 마-개, 깨-뜨리-다, 놓-치-다, 덮-개,
   장난-꾸러기, 먹-이

(2) 합성어 : 두 개 이상의 어근(실질형태소)이 결합해서 이루어진 단어

예) 길-바닥, 돌-부처, 집-안, 이슬-비, 눈-물, 불-꽃, 새-해, 이-승, 저-승, 첫-사랑, 늙은-
   이, 젊은-이, 작은-형, 큰-집, 굳은-살, 군-밤, 군-고구마, 들-것, 꺽-쇠, 늦-잠, 늦-더
   위, 누비-옷, 검-버섯, 먹-거리, 덮-밥, 부슬-비, 산들-바람, 출랑-새, 척척-박사, 힘-들
   다, 재미-나다, 철-들다, 겁-나다, 본-받다, 힘-쓰다, 장가-들다, 애-쓰다, 앞-서다, 뒤-서
   다, 앞-세우다, 가로-높이다, 돌아-가다, 알아-보다, 찾아-보다, 굶-주리다, 오르-내리
   다, 날-뛰다, 여-닫다, 낯-설다, 재미-있다, 수-많다, 배-부르다, 손-쉽다, 굳-세다, 검-푸
   르다, 높-푸르다, 밤-낮, 온-종일, 죄-다, 곧-잘, 잘-못, 더욱-더, 구석-구석, 하루-하루,
   깡충-깡충, 어둑-어둑, 퐁당-퐁당, 파릇-파릇

✔️ 기출유형 분석

1. 밑줄 친 접두사의 어원이 다른 것은?

　① <u>선</u>보름　　② <u>선</u>대왕

　③ <u>선</u>술집　　④ <u>선</u>이자

> *접두사 선(先)
>
> 1. '앞선'의 뜻을 더하는 접두사
>
> 선보름, 선이자
>
> 2. '이미 죽은'의 뜻을 더하는 접두사
>
> 선대왕, 선대인(돌아가신 남의 아버지 높임말)

2.　밑줄 친 접두사의 어원이 다른 것은?

　① <u>민</u>물고기　　② <u>민</u>낚싯대

　③ <u>민</u>낯　　④ <u>민</u>며느리

> *접두사 민
>
> 1. '꾸미거나 딸린 것이 없는'의 뜻을 더하는 접두사
>
> 민가락지, 민돗자리, 민얼굴, 민저고리
>
> 2. '그것이 없음' 또는 '그것이 없는 것'의 뜻을 더하는 접두사
>
> 민꽃, 민등뼈, 민무늬, 민소매

3. 다음 중 단어의 구조가 나머지와 <u>다른</u> 것은?

① 밤나무　　② 방울뱀

③ 가죽신　　④ 갓난애

4. 다음 중 단어의 구조가 나머지와 <u>다른</u> 것은?

① 햇나물　　② 날고기

③ 알밤　　④ 손수건

5. 밑줄 친 부분의 본래 의미가 나머지와 <u>다른</u> 것은?

① <u>손</u>이 걸다

② <u>손</u>을 치르다

③ <u>손</u>이 맵다

④ <u>손</u>을 털다

6. 밑줄 친 단어의 뜻이 나머지 셋과 <u>다른</u> 것은?

① <u>값</u>을 묻다

② 물건 <u>값</u>을 깍다

③ 애쓴 <u>값</u>도 없다

④ 부르는 게 <u>값</u>이다.

7. 밑줄 친 단어와 의미가 같게 사용된 것은?

> 그는 당황한 표정으로 식은땀을 <u>훔치며</u> 천천히 숨을 골랐다.

① 1루 주자가 빠른 발을 이용해 2루를 훔쳤다.

② 남의 물건을 훔쳐서는 안 된다.

③ 그녀는 남성들의 마음을 단숨에 훔쳤다.

④ 그는 걸레를 빨아서 방을 닦고 마루를 훔쳤다.

8. 다음 중 '힁하게'와 바꾸어 쓸 수 있는 것은?

우리가 이 동리에 들어온 것은 근 삼 년째 되어 오지만, 여태껏 가무잡잡한 점순이의 얼굴이 이렇게까지 홍당무처럼 새빨개진 법이 없었다. 게다 눈에 독을 올리고 한참 나를 요렇게 쏘아보더니 나중에는 눈물까지 어리는 것이 아니냐. 그리고 바구니를 다시 집어 들더니 이를 꼭 악물고는 엎어질 듯 자빠질 듯 논둑으로 <u>힁하게</u> 달아나는 것이다.

① 슬프게   ② 재빨리

③ 처량하게   ④ 부끄러워하며

9. 다음 지문의 밑줄 친 단어와 같은 의미를 갖는 사자성어는?

이춘동이는 꺽정이에게 붙들려 묵는 중에 여러 두령과 서로 <u>너나들이</u>까지 하게 되고 또 청석골 안을 돌아다니며 구경도 하게 되었다.

① 불요불굴(不撓不屈)   ② 육지행선(陸地行船)

③ 오월동주(嗚越同舟)   ④ 수어지교(水魚之交)

10. 밑줄 친 단어의 뜻이 나머지 셋과 다른 것은?

① 그는 이성을 잃고 소리를 질렀다.

② 그녀는 그에게 이성으로서 애정을 느꼈다.

③ 그의 행동은 더 이상 이성적이라 할 수 없다.

④ 그는 논리나 이성으로는 나를 설득할 수 없다.

11. '하늘'과 단어 형성 방법이 동일한 것은?

① 구렁이   ② 나뭇잎   ③ 살림꾼   ④ 풋사랑

12. 〈보기〉의 뜻을 가진 단어가 들어 있는 문장은?

> **보기**
>
> 큰길에서 좁은 길로 들어가는 어귀

① 그녀는 쫓기듯 사립을 나와 고샅의 어둠 속으로 몸을 숨겼다.

② 오래간만에 고향을 찾은 나는 길섶에 핀 들꽃까지도 반가웠다.

③ 어머니는 늦은 밤이면 길나들이까지 나를 마중나와 주곤 하셨다.

④ 그의 집은 바람도 와 닿지 않을 것 같은 후미진 도린곁에 자리하고 있었다.

■ 어휘 선택

유형 : 제시된 여러 문장의 빈칸에 공통으로 들어갈 어휘를 고르는 문제, 한 문장을 제
　　　시하고 빈칸에 들어갈 어휘를 고르는 문제 등이 출제된다. 어휘 선택은 제시된
　　　문장 안에서 가장 잘 어울리는 적합한 단어를 선택하는 문제로, 기본적인 어휘
　　　의 의미뿐 아니라 관용어구의 쓰임, 혼동하기 쉬운 어휘들을 구분하고 사용할
　　　수 있어야 한다.

 기출유형 분석

1. 빈칸에 적절한 말을 차례대로 고른 것은?

> 증기기관에 의해 인간과 세계의 공간은 단축되었다. 철도의 출현으로 이질적인 공
> 간은 (　)적인 공간으로 탈바꿈했다. 거리의 마찰이 극복됨으로써 각 지역의 (　)
> 은 파괴되고 자본주의적인 생산과 소비의 공간으로 흡수되었다. 철도가 이동하는
> 곳마다 도시들이 솟아났다. 철도는 인간의 공간지배력을 급속하게 넓혔다. 상품
> 유통이 촉진됨에 따라 자족적인 지역경제는 (　) 경제로 수렴되었다.

① 추상, 전통성, 민족　　② 동질, 특수성, 식민지
③ 보편, 구체성, 세계　　④ 균질, 고유성, 국민

2. 다음 (　) 안에 공통으로 들어갈 가장 적절한 말은?

- (　　)와/과 마음의 관계는 운동과 육체의 관계와 같다.
- (　　) 활동은 일종의 탐험이어서 신대륙을 탐험하고 미개지를 개척하는 것과 같다.
- (　　)은/는 다만 지식의 재료를 제공해줄 뿐이다. 그것을 자기의 것으로 만드는 것은 사색의 힘이다.

① 독서　　　② 명상　　　③ 창작　　　④ 필기

3. 다음 〈보기〉의 (　) 안에 들어갈 적절한 단어는?

서류 - (㉠) : 대금 - (㉡), 정신 - (㉢) : 물질 - (㉣)

① ㉠-결재, ㉡-결제, ㉢-계발, ㉣-개발
② ㉠-결재, ㉡-결제, ㉢-개발, ㉣-계발
③ ㉠-결제, ㉡-결재, ㉢-계발, ㉣-개발
④ ㉠-결제, ㉡-결재, ㉢-개발, ㉣-계발

4. 다음에서 밑줄 친 부분을 고려할 때, (　) 안에 들어갈 말로 가장 적절한 것은?

비는 온종일 찔끔찔끔, 오다가 그치기를 반복했다. 이렇게 (　　) 오는 비로는 해갈을 기대하기 어렵다.

① 연속적으로　　　　　　② 간헐적으로

③ 반복적으로　　　　　　④ 주기적으로

5. 다음의 (　) 안에 들어갈 말로 가장 자연스러운 것은?

> 시간이 멈춘 간이역, 그리움이 (　　).

① 쏟아졌다　　　　　　② 퍼부었다

③ 밀려왔다　　　　　　④ 쓸고 갔다

6. 다음 글의 (　) 안에 들어갈 가장 적당한 것은?

> 건전한 삶의 한 방식은 좋은 습관과 문화를 (　　)하고 나쁜 습관과 문화를 과
> 감하게 (　　)하는 것이다.

① 고수 – 지향　　　　　② 지양 – 지향

③ 지향 – 고수　　　　　④ 지향 – 지양

7. 다음 (　) 안에 공통으로 들어갈 알맞은 말은?

> •(　　)을 적시다　　•(　　)이 뜨겁다　　•(　　)을 붉히다

① 눈시울　　　② 콧방울　　　③ 볼우물　　　④ 귓불

8. 다음 (   ) 안에 들어갈 적절한 말을 순서대로 나열한 것은?

> • 고구마는 (   ) 찐다.
>
> • 소금에 (   ) 생선을 굽는다.
>
> • 닭고기는 양념이 충분히 (   ) 둔다.

① 껍질째 – 저린 – 배어들게   ② 껍질째 – 절인 – 배어들게

③ 껍질채 – 저린 – 베어들게   ④ 껍질채 – 절인 – 베어들게

9. 다음은 역사가 카(Carr)의 말이다. 괄호에 들어갈 알맞은 말들로 짝지어진 것은?

> 인간과 그가 처한 환경의 관계는 역사가와 그의 연구 주제의 관계와 같다. 역사
> 가는 사실의 천한 (   )도 아니요, 억압적인 (   )도 아니다.

① 제자-스승   ② 백성-왕   ③ 노예-주인   ④ 자식-부모

10. 다음의 (   )에 들어갈 말로 가장 적절한 것은?

> 그가 선친으로부터 유산으로 받은 것은 논 여섯 (   )이/가 전부였다.

① 가마니   ② 마지기   ③ 바리   ④ 자밤

■ 관용어

[1] 한자성어

유형 : 한자성어는 두 자, 세 자, 네 자, 다섯 자 등 다양하지만 주로 사자성어(四字成語)
에서 출제된다. 교과적성형, 순수적성형 유형과 상관없이 모든 대학에서 출제되
고 있다. 출제문제 수는 많지 않지만 암기할 분량이 많아서 학생들이 부담스러워
하는 영역이다. 부록에 있는 주제별 성어를 꼭 숙지해야 한다.

 기출유형 분석

1. 〈보기〉의 ㉠에 알맞은 것은?

> 사또! 더 이야기할 것 없는 줄 사뢰오. 한 시각이 천금보다도 소중한 이 때, 공연
> 히 ㉠만 하고 앉았으면 일이 다 될 것 같소? 〈박종화, 임진왜란〉

① 불철주야(不撤晝夜)   ② 역지사지(易地思之)

③ 주경야독(晝耕夜讀)   ④ 탁상공론(卓上空論)

2. 〈보기〉의 밑줄 친 말을 대신할 만한 한자 성어는?

> 6·25 전쟁 당시 중공군이 <u>걷잡을 수 없이 밀고 와서</u> 1·4 후퇴를 할 수밖에 없었지.

① 파죽지세(破竹之勢)　　　② 파란곡절(波瀾曲折)

③ 파안대소(破顏大笑)　　　④ 파란만장(波瀾萬丈)

3. 다음 글의 (　) 안에 들어갈 말로 가장 적절한 것은?

(　㉠　)라는 표현을 난 별로 좋아하지 않는다. 후배 기자가 "(　㉠　)한 대기록을 세웠다."라고 기사를 보내오면 "지금까지 없었던 건 맞는데 앞으로 없으리라고 누가 장담하나?"라고 면박을 준뒤, (　㉡　) 정도로 고쳐 준다.

　　　　　㉠　　　　　　　　　　　㉡

① 유일무이(唯一無二)　　　전무후무(前無後無)

② 전무후무(前無後無)　　　전대미문(前代未聞)

③ 사상초유(史上初有)　　　유일무이(唯一無二)

④ 사상초유(史上初有)　　　전대미문(前代未聞)

4. 다음의 (　)에 공통으로 들어갈 말로 가장 적절한 것은?

• 나는 세상이 점점 어릴 때하고 많이 달라져 가는구나 하는 (　　　)을 느꼈다.

• 한국은 이제 명실 공히 스포츠 강국의 반열에 올라섰다. 60여 년 전, 신생국 한국의 초라했던 올림픽출전을 생각하면 (　　　)이다.

① 격세지감(隔世之感)　　　② 만시지탄(晩時之歎)

③ 자중지란(自中之亂)　　　④ 형설지공(螢雪之功)

5. 제시된 한자성어와 의미가 같은 것은?

추우강남(追友江南)

① 숙맥불변(菽麥不辨) ② 부화뇌동(附和雷同)

③ 각주구검(刻舟求劍) ④ 이란투석(以卵投石)

6. 〈보기〉의 (   )에 공통으로 들어갈 말로 가장 적절한 것은?

보 기

• 나는 세상이 점점 어릴 때하고 많이 달라져 가는구나 하는 (   )을 느꼈다.

• 한국은 이제 명실 공히 스포츠 강국의 반열에 올라섰다. 60여 년 전, 신생국 한국의 초라했던 올림픽 출전을 생각하면 (   )이다.

① 격세지감(隔世之感)

② 만시지탄(晩時之歎)

③ 자중지란(自中之亂)

④ 형설지공(螢雪之功)

[2] 한자어의 구조

유형 : 한자어의 음, 뜻을 묻는 문제, 한자어의 짜임을 묻는 문제, 유의어와 반의어 문
제 등이 있다. 한 두 문제 정도 출제되지만 정답률이 매우 낮은 유형이다. 따라
서 기본적인 문법이론과 자주 출제되는 한자어를 암기하고 문제를 자주 풀어봐
야 한다.

(1) 주술관계 : 주어 + 서술어 (해석 순서 1 → 2)

예) 日出(일출), 年少(연소), 花開(화개), 山高(산고), 江深(강심)

(2) 술목관계 : 서술어 + 목적어 (해석 순서 2 → 1)

예) 好學(호학), 卒業(졸업), 修身(수신), 見月(견월)

(3) 술보관계 : 서술어 + 보어 (해석 순서 2 → 1)

예) 無力(무력), 轉禍(전화), 爲福(위복)

(4) 수식관계 : 수식어 + 피수식어 (해석 순서 1 → 2)

예) ① 관형어 + 체언 : 明月(명월), 淸水(청수), 長江(장강), 靑山(청산), 白水(백수)
② 부사어 + 용언 : 高飛(고비), 必勝(필승), 必去(필거), 飽食(포식), 徐行(서행)

(5) 병렬관계 : 같은 성분 한자 + 같은 성분 한자 (해석 순서 1 → 2)

서로 상대되는 의미를 가진 한자가 나란히 놓여 이루어진 경우와, 서로 비슷한 의미를
가진 한자가 나란히 놓여 이루어진 경우가 있다.

예) ① 체언의 경우 : 天地(천지), 男女(남녀), 雲雨(운우)

　　② 용언의 경우 : 興亡(흥망), 出入(출입), 去來(거래)

예) ① 유사관계 : 海洋(해양), 星辰(성신), 憎惡(증오), 販賣(판매),

　　　　　　　 過失(과실), 節約(절약), 悲哀(비애), 繼續(계속), 純潔(순결)

　　② 대립관계 : 有無(유무), 難易(난이), 多寡(다과), 往來(왕래),

　　　　　　　 禍福(화복), 賣買(매매), 授受(수수), 興亡(흥망)

　　　　　　　 昇降(승강), 勝敗(승패), 開閉(개폐), 眞僞(진위), 哀歡(애환)

　　　　　　　 添削(첨삭), 出缺(출결), 增減(증감), 貴賤(귀천), 盛衰(성쇠)

(6) 융합한자어

서로 전혀 다르거나 아무런 관계가 없는 글자들이 결합되어 전혀 새로운 뜻을 가지게 되는 경우

예) 春秋(춘추) : 나이, 光陰(광음) : 시간, 세월, 內外(내외) : 부부, 秋毫(추호) : 매우 작은 것, 琴瑟(금슬) : 부부 사이가 좋음, 矛盾(모순) : 말이나 행동이 앞뒤가 맞지 않음, 煙霞(연하), 山水(산수), 山河(산하), 山川(산천), 泉石(천석), 江湖(강호) : 자연, 天下(천하) : 세상

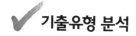 **기출유형 분석**

1. 낱말의 구조가 나머지 셋과 <u>다른</u> 것은?

　① 無敵(무적)　　② 左腕(좌완)　　③ 賢者(현자)　　④ 黃海(황해)

2. 상대어끼리 묶이지 <u>않은</u> 한자어는?

① 수수(授受)   ② 매매(賣買)   ③ 고고(孤苦)   ④ 부부(夫婦)

3. 다음의 의미에 부합하는 한자어를 고르시오.

```
잘못이나 옳지 못한 일을 잡아내어 따지고 나무람
```

① 폄출(貶黜)   ② 미봉(彌縫)   ③ 빈축(嚬蹙)   ④ 규탄(糾彈)

4. 단어의 구성 방식이 나머지 셋과 <u>다른</u> 것은?

① 승패(勝敗)   ② 개폐(開閉)   ③ 진위(眞僞)   ④ 총명(聰明)

5. 사자성어의 구조가 보기와 <u>다른</u> 것은?

보기

```
온고지신(온고지신) : 타동사 + 목적어 + 목적어 + 타동사
```

① 지천사어(指天射魚)   ② 아전인수(我田引水)
③ 원화소복(遠禍召福)   ④ 결초보은(結草報恩)

6. 의미의 결합 관계가 <u>다른</u> 한자어는?

① 미추(美醜)   ② 흑백(黑白)   ③ 냉온(冷溫)   ④ 부녀(父女)

[3] 한자의 음과 뜻

유형 : 한두 문제 정도 출제되지만 정답률이 매우 낮은 유형이다. 한자의 음과 뜻을 모를 경우에는 단어와 용례를 만들어가며 다른 답지와 비교하며 정답을 찾아야 한다. 두 가지 이상의 음을 가진 한자, 자주 틀리는 생활한자, 시사한자 등이 주로 출제되고 있다.

두 가지 이상의 음을 가진 한자

한자	음 (音)		참고
惡	악할(악) 善惡(선악)	미워할(오) 憎惡(증오)	
北	북녘(북) 南北(남북)	패배할(배) 敗北(패배)	
暴	드러낼(폭) 暴露(폭로)	사나울(포) 暴惡(포악)	
易	쉬울(이) 難易(난이)	바꿀(역) 交易(교역), 貿易(무역)	
切	끊을(절) 切斷(절단)	모두(체) 一切(일체)	
則	법칙(칙) 法則(법칙)	곧(즉) 然則(연즉)	
樂	음악(악) 音樂(음악)	즐길(락) 苦樂(고락)	좋아할(요) 樂山樂水(요산요수)
便	오줌(변) 便所(변소)	편할(편) 便利(편리)	
車	수레(거) 車馬(거마)	수레(차) 車票(차표)	
降	내릴(강) 降雨(강우)	항복할(항) 降伏(항복)	
金	쇠, 돈, 금(금) 賞金(상금)	성(김) 金氏(김씨)	
更	다시(갱) 更新(갱신), 更生(갱생)	고칠(경) 更迭(경질), 更新(경신)	
殺	죽일(살) 殺生(살생)	감할, 빠를(쇄) 相殺(상쇄), 殺到(쇄도)	

說	말씀(설) 說得(설득)	달랠(세) 遊說(유세)	기쁠(열) 說樂(열락)
省	살필(성) 省墓(성묘)	덜(생) 省略(생략)	
率	거느릴(솔) 率先(솔선)	비율(률) 確率(확률)	
識	알다(식) 識見(식견)	기록할(지) 標識(표지)	
狀	형상(상) 狀態(상태)	문서(장) 賞狀(상장)	
復	회복할, 돌아올(복) 回復(회복)	다시(부) 復活(부활)	
參	석(삼) 參拾(삼십)	참여할(참) 參席(참석)	
見	볼(견) 見蚊拔劍(견문발검)	나타날, 뵈올(현) 讀書百遍義自見(독서백편의자현), 謁見(알현)	
龜	땅이름(구) 龜浦(구포)	거북(귀) 龜鑑(귀감)	갈라질(균) 龜裂(균열)
茶	차(다) 茶道(다도)	차(차) 綠茶(녹차)	
讀	읽을(독) 精讀(정독)	구절(두) 句讀(구두)	
洞	마을(동) 洞里(동리)	통할(통) 洞察(통찰)	
塞	변방(새) 塞翁之馬(새옹지마)	막을(색) 拔本塞源(발본색원) ↔ 彌縫策(미봉책)	
索	찾을(색) 索引(색인)	줄(삭) 索莫(삭막)	
拾	주울(습) 拾得(습득)	열(십) 拾萬(십만)	
食	먹을(식) 飮食(음식)	밥(사) 簞食瓢飮(단사표음)	
咽	목구멍(인) 咽喉(인후)	목멜(열) 嗚咽(오열)	
刺	찌를(자) 諷刺(풍자)	찌를(척) 刺殺(척살)	
滑	미끄러울(활) 滑降(활강)	익살(골) 滑稽(골계)	
沈	잠길(침) 沈沒(침몰)	성(심) 沈淸傳(심청전)	
辰	별(진) 辰時(진시)	때(신) 生辰(생신)	

참고) 一切(일체) : 一切(일절)

'일절'은 '아주, 전혀, 절대로'의 뜻으로, 사물을 부인하거나 행위를 금지할 때 쓴다. 문장 속에서 앞의 내용을 부정할 때 쓰이는 말이다. 주로 '없다', '않다' 등 부정적인 단어와 어울린다. "특혜 일절 없다", "자료 제출 요청에 일절 응하지 않을 것이다"처럼 쓴다.

반면 '일체'는 '모든 것'이나 '모든 것을 다'를 뜻한다. 또 '일체로' 꼴로 쓰여 '전부 또는 완전히'라는 뜻을 나타내기도 한다. "그는 재산 일체를 학교에 기부했다", "근심 걱정일랑 일체 털어버리자"와 같이 쓴다. 흔히 '안주 일절'로 쓰는 말은 '안주 일체'로 적어야 한다. '안주 일절'은 안주가 전혀 없다는 말이다. '안주 일체'로 써야 모든 안주가 다 있다는 의미가 된다. 일반적으로 '일절'은 부정하거나 금지하는 말과 어울린다. 또 '일체'는 조사(을, 를, 의 등)가 붙을 수 있지만 '일절'은 부사이기 때문에 조사를 붙일 수 없다. 그러나 이것을 수학공식처럼 무조건 기계적으로 대입해서는 안 된다. 예를 들어서 "일체의 조미료를 사용하지 않습니다"와 "조미료를 일절 사용하지 않습니다"는 둘 다 쓸 수 있다. 뒤에 부정어가 있기 때문에 '일절'로 써야 할 것 같지만 '모든 조미료를 사용하지 않는다'는 뜻일 땐 '일체'를, '조미료를 절대로 사용하지 않는다'는 의미일 땐 '일절'을 쓴다.

예시) 수업 시간에는 잡담을 **일절** 금지합니다.(2011학년도 수원대)

 기출유형 분석

1. (   )보다는 처벌에 중점을 둔 교정 시스템은 변해야 한다는 목소리가 높아지고 있다.
   ① 갱생(更生)   ② 개정(改定)   ③ 개선(改善)   ④ 갱신(更新)

2. 다음 중 표기가 잘못된 한자어는?
   ① 與否(여부)   ② 割附(할부)   ③ 入札(입찰)   ④ 旋回(선회)

3. 한자의 독음이 잘못된 것은?
   ① 浪漫 – 낭만   ② 荒唐 – 황당

③ 懦弱 – 유약   ④ 拒絕 – 거절

4. 다음 밑줄 친 '고'자를 한자로 바르게 표기한 것은?

고물상 – 고시생 – 고아원 – 고향역

① 固 – 高 – 孤 – 告   ② 苦 – 考 – 故 – 古

③ 高 – 苦 – 考 – 古   ④ 古 – 考 – 孤 – 故

5. 다음 중 밑줄 친 단어의 의미가 나머지 셋과 다른 것은?

① 야성   ② 야생

③ 야밤   ④ 야수

6. 다음에서 한자의 독음이 올바르지 않은 것은?

① 謁見 – 알현   ② 遊說 – 유세

③ 統率 – 통률   ④ 參與 – 참여

7. 밑줄 친 부분의 한자가 다른 것은?

① 각광을 받다.

② 각축을 벌이다.

③ 각선미가 뛰어나다.

④ 2인 3각 경기를 펼치다.

[4] 속담

유형 : 한자성어와 마찬가지로 문제 수에 비해 암기할 분량이 많다. 출제비율이 높아지
는 유형이니 주제별로 주요 속담을 암기해야 된다. 요즘은 한자성어와 연계해서
출제되기도 한다. 부록에 있는 속담을 꼭 숙지해야 한다.

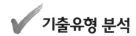

기출유형 분석

1. 다음 〈보기〉의 ( ) 안에 들어갈 수 <u>없는</u> 동물은?

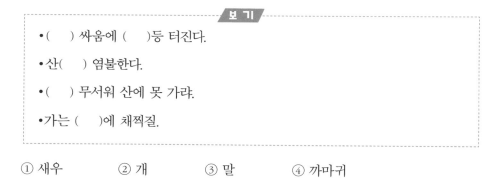

보 기

• (   ) 싸움에 (   )등 터진다.

• 산(   ) 염불한다.

• (   ) 무서워 산에 못 가랴.

• 가는 (   )에 채찍질.

① 새우   ② 개   ③ 말   ④ 까마귀

2. 다음 〈보기〉의 의미로 쓸 수 있는 속담은?

보 기

아무리 좋은 것이라도 다듬어 쓸모 있게 만들어야 값어치가 있다.

① 구슬이 서 말이라도 꿰어야 보배다.

② 서발 막대 내저어 봐야 짚 검불 하나 안 걸린다.

③ 돌도 십 년을 보고 있으면 구멍이 뚫린다.

④ 비 온 뒤에 땅이 굳는다.

3. 전달하는 의미가 <u>다른</u> 속담은?

① 개발에 편자

② 거적문에 금 구슬

③ 돼지발톱에 봉숭아물 들인다

④ 개미구멍으로 공든 탑 무너진다

4. 다음 속담에서 연상되는 의미는?

> • 산호 서 말, 진주 서 말 싹이 나거든
>
> • 삶은 팥이 싹 나거든
>
> • 병풍에 그린 닭이 홰를 치거든

① 불가능   ② 수확   ③ 기다림   ④ 무관심

5. 다음 지문과 가장 비슷한 의미를 가진 속담은?

> 말을 마치지 못하여서 구름이 걷히니 호승이 간 곳이 없고, 좌우를 돌아보니 팔
> 낭자가 또한 간 곳이 없는지라 정히 경황(驚惶)하여 하더니, 그런 높은 대와 많은
> 집이 일시에 없어지고 제 몸이 한 작은 암자 중의 한 포단 위에 앉았으되, 향로(香

爐)에 불이 이미 사라지고, 지는 달이 창에 이미 비치었더라.

① 공든 탑이 무너지랴.

② 산 까마귀 염불한다.

③ 열흘 붉은 꽃이 없다.

④ 고양이가 쥐 생각해준다.

6. 〈보기〉의 속담과 공통으로 관련되는 속담은?

보 기

- 가마 밑이 노구솥 밑을 검다 한다
- 등잔 밑이 어둡다
- 업은 아이 삼 년 찾는다

① 경솔하다   ② 모르다

③ 어리석다   ④ 흉보다

7. 속담의 쓰임이 자연스럽지 <u>않은</u> 것은?

① <u>가는 날이 장날</u>이라더니, 그가 마침 집에 있어서 만날 수 있었어요.

② <u>금강산도 식후경</u>이라는데, 회의가 아무리 중해도 뭘 좀 먹고 합시다.

③ <u>형만 한 아우 없다</u>고, 역시 그는 형으로서 제 몫을 톡톡히 해냈습니다.

④ <u>까마귀 날자 배 떨어진다</u>는 말도 있는데, 괜히 의심받지 않도록 조심해요.

[5] 한자, 한자어로 된 관용어

유형 : 우리말의 80% 이상이 한자이다 보니 한자로 된 한자어가 많고 특히 일상생활에
서 관용적으로 많이 쓰이는 한자어가 시험에 자주 출제된다. 나이, 호칭, 간지, 절
기와 관련된 한자어는 꼭 암기해야 한다.

❖ 나이

나이	한자어	나이	한자어
10세 남짓	충년(沖年)	62세	進甲(진갑)
15세	志學(지학)	70세	古稀(고희), 從心(종심)
16세	二八(이팔), 瓜年(과년), 破瓜(파과)	70세~80세	耄耋(모질)
20세 안팎	弱冠(약관), 芳年(방년)	77세	喜壽(희수)
30세	而立(이립)	80세	傘壽(산수)
32세	二毛(이모)	81세	望九(망구)
40세	不惑(불혹)	88세	米壽(미수)
48세	桑年(상년)	90세	卒壽(졸수)
50세	知天命(지천명)	91세	望百(망백)
60세	耳順(이순), 六旬(육순)	99세	白壽(백수)
61세	還甲(환갑), 回甲(회갑), 華甲(화갑), 花甲(화갑)	100세	百壽(백수), 上壽(상수), 期壽(기수)

❖ 부모의 호칭

구분	생존(生存)	사후(死後)
자기 아버지	家親(가친), 嚴親(엄친)	先親(선친), 先考(선고)
남의 아버지	椿府丈(춘부장)	先大人(선대인)
자기 어머니	慈親(자친)	先姑(선고)
남의 어머니	母堂(모당), 慈堂(자당), 大夫人(대부인), 萱堂(훤당)	先大夫人(선대부인)
자기 할아버지	祖父(조부)	王考(왕고), 祖考(조고)
자기 할머니	祖母(조모)	선조비(先祖妣)

❖ 그 밖의 호칭

- 타인의 아들 : 令郎(영랑) / 令息(영식) / 令胤(영윤)

- 자기의 딸 : 女息(여식)

- 타인의 딸 : 令愛(영애) / 令孃(영양)

- 남의 부인 : 令夫人(영부인)

- 자기의 부인 : 妻(처) / 內子(내자) / 內堂(내당) / 家人(가인)

- 부인(婦人) 결혼한 여자, 부인(夫人) 남의 아내를 높여 이르는 말

- 아버지의 사촌형제(오촌이 되는 관계) : 堂叔(당숙) / 從叔(종숙)

- 조카며느리 : 姪婦(질부)

- 시아주버니나 시동생의 아내, 처형이나 처제의 남편 : 同壻(동서)

- 오빠나 남동생의 아내 : 올케

- 큰 아버지 : 伯父(백부)

- 작은 아버지 : 叔父(숙부)

- 아내의 언니 : 妻兄(처형)

- 아내의 여동생 : 妻弟(처제)

- 아내의 남자형제 : 妻男(처남)

- 누나의 아들 : 甥姪(생질)

- 아내의 아버지 : 丈人(장인) / 빙부(聘父) / 빙장(聘丈)

- 결혼하지 않은 시동생을 높여서 : 도련님

- 결혼한 시동생을 높여서, 남편 : 書房님(서방님)

- 남편의 형 : (시)아주버님, (시)아주버니 = 媤叔(시숙)

- 아버지의 형제. 특히 결혼하지 않은 남자 형제 : 三寸(삼촌)

- 어머니의 남자 형제 : 外三寸(외삼촌)

- 누나의 남편 : 妹兄(매형), 姊兄(자형)

- 여동생의 남편에 대한 호칭 - 남자가 부를 때 : ○서방, 매부(妹夫), 매제(妹弟)

- 여동생의 남편에 대한 호칭 - 여자가 부를 때 : ○서방, 제부(弟夫), 제랑(弟郞)

- 아들 많은 집안의 외딸 : 고명딸

- 딸의 시어머니, 며느리의 친정어머니 : 査夫人(사부인)

- 시어머니와 며느리 : 姑婦(고부)

- 장인과 사위 : 翁婿(옹서)

❖ 24절기

철	절기
봄	입춘(立春), 우수(雨水), 경칩(驚蟄), 춘분(春分), 청명(淸明), 곡우(穀雨)
여름	입하(立夏), 소만(小滿), 망종(芒種), 하지(夏至), 소서(小暑), 대서(大暑)
가을	입추(立秋), 처서(處暑), 백로(白露), 추분(秋分), 한로(寒露), 상강(霜降)
겨울	입동(立冬), 소설(小雪), 대설(大雪), 동지(冬至), 소한(小寒), 대한(大寒)

❖ 십이간지(十二干支)

(1) 10干(십간)

天干(천간)	甲(갑) 4	乙(을) 5	丙(병) 6	丁(정) 7	戊(무) 8	己(기) 9	庚(경) 0	辛(신) 1	壬(임) 2	癸(계) 3

*기준 : 연도를 10으로 나누었을 때의 나머지

(2) 12支(십이지)

地支(지지)	띠	시각
子(자) 4	쥐	23시~1시(삼경)
丑(축) 5	소	1시~3시(사경)
寅(인) 6	범	3시~5시(오경)
卯(묘) 7	토끼	5시~7시
辰(진) 8	용	7시~9시
巳(사) 9	뱀	9시~11시
午(오) 10	말	11시~13시
未(미) 11	양	13시~15시
申(신) 0	원숭이	15시~17시
酉(유) 1	닭	17시~19시
戌(술) 2	개	19시~21시(초경, 일경)
亥(해) 3	돼지	21시~23시(이경)

*기준 : 연도를 12로 나누었을 때의 나머지

❖ 명절

명절	의의 및 관련어
설날(설)	元旦(원단)=元日(원일)=歲首(세수)=정월 초하루=음력 1월 1일 설빔, 茶禮(차례), 세배, 세찬, 세주, 덕담, 성묘, 복조리

대보름	上元(상원)=음력 1월 15일=정월 대보름 보름밤지키기, 부럼깨기, 귀밝이술(耳明酒), 다리밝기, 줄다리기, 소밥주기, 달맞이, 달점, 달집태우기, 연날리기, 불놀이, 洞祭(동제), 약밥, 오곡밥, 쥐불, 놋다리밟기, 동채싸움, 지신밟기
한식(寒食)	淸明 당일이나 다음날이 되는데, 불을 피우지 않고 찬음식을 먹는다. '청명에 죽으나 한식에 죽으나' : 청명과 한식이 겹치거나 하루 차이밖에 나지 않아 어떤 일을 비교해 별 차이가 없음을 나타낼 때 쓰는 말
삼짇날	음력 3월 3일. 3의 양수가 겹치는 날이라 하여 중삼(重三)이라고도 한다. 봄철의 시작을 장식하는 명절이다. 강남에 간 제비가 돌아와 추녀 밑에 집을 짓는다는 때이다.
단오(端午)	수리=수릿날=천중절(天中節)=음력 5월 5일 이 날 여자들은 나쁜 귀신을 쫓는다는 뜻에서 창포물에 머리를 감고 세수를 하였으며, 창포 뿌리로 비녀를 깍아 머리에 꽂기도 하였다. 또 이날 익모초(益母草)와 쑥을 뜯어 먹는 풍속이 있다. 이 날 민속놀이로서 씨름, 활쏘기, 그네뛰기(추천)가 있다.
유두(流頭)	음력 6월 15일. 나쁜 일을 떨어 버리기 위하여 동쪽으로 흐르는 물에 머리를 감는 풍속이 있었다.
삼복(三伏)	초복, 중복, 말복을 통틀어서 삼복이라고 한다. 복은 10일에 한 번씩 오지만 말복은 입추 관계로 20일만에 오는 경우가 많다. 절기상으로는 가장 힘겨운 농사인 김매기가 마무리되는 시점이다. 개장(狗湯구탕), 삼계탕을 즐겨 먹었다.
칠석(七夕)	음력 7월 7일. 견우성과 직녀성이 오작교(烏鵲橋)를 통해 1년 중 단 한차례 만난다는 전설이 있는 날이다. 밀국수, 밀전병, 擧風(거풍-장마가 지난 때라 그 동안 축축해진 옷과 책을 볕에 말림)
추석(秋夕)	한가위=가위=가배=중추절=음력 8월 15일 차례, 성묘, 벌초, 송편, 강강수월래, 거북놀이, 소(牛)의 놀이, 회소곡
중양절 (重陽節)	음력 9월 9일 3월 3일의 삼짇날, 5월 5일의 단오날, 7월 7일의 칠석과 함께 양의 수(홀수)가 겹치는 날이다. 화채, 국화전, 국화주, 단풍놀이
제석(除夕)	除夜(제야-33번 종을 침)=섣달 그믐=음력 12월 31일 묵은 세배, 성묘, 해지킴(守歲수세)

◆ 三綱五倫(삼강오륜)

三綱(삼강) : 유교의 도덕사상에서 기본이 되는 세 가지 강령 – 君爲臣綱(군위신강) →
忠(충), 父爲子綱(부위자강) → 孝(효), 夫爲婦綱(부위부강) →烈(열)

五倫(오륜) : 인간이 지켜야 되는 다섯 가지의 윤리 – 父子有親(부자유친), 君臣有義(
군신유의), 夫婦有別(부부유별), 長幼有序(장유유서), 朋友有信(붕우유신)

◆ 四書五經(사서오경)

四書 : 論語(논어), 孟子(맹자), 大學(대학), 中庸(중용)

五經 : 詩經(시경), 書經(서경), 周易(주역), 禮記(예기), 春秋(춘추)

三經 : 詩經(시경), 書經(서경), 周易(주역)[= 易經(역경)]

◆ 東西南北(동서남북)

東-흥인지문(興仁之門)-仁-木-청룡-靑(파란색)-東宮(왕자)-봄-샛바람

西-돈의문(敦義門)-義-金-백호-白(흰색)-가을-하늬바람, 갈바람

南-숭례문(崇禮門)-禮-火-주작(봉황)-赤(=朱주, 빨간색)-여름-마파람

北-숙청문(肅淸門) = 숙정문(肅靖門) 홍지문(弘智門)-智-土-현무(거북+뱀)-黑(=玄현,
검정색)-겨울-높바람, 된바람

中-보신각(普信閣)-信-黃(노란색)-王(왕), 王妃(왕비)

◆ 四大門(사대문)

東大門-흥인지문(興仁之門) | 西大門-돈의문(敦義門)

南大門-숭례문(崇禮門) | 北大門-숙청문(肅淸門) = 숙정문(肅靖門) = 홍지문(弘智門)

◆ 사방수호신(四方守護神)

　左靑龍(좌청룡), 右白虎(우백호), 前朱雀(전주작), 後玄武(후현무)

◆ 갖은자(보통 쓰는 한자보다 획을 더 많이 하여 모양과 구성이 전혀 다르게 된 한자)

　一 壹(일), 二 貳(이), 三 參(삼), 四 肆(사), 五 伍(오), 六 陸(육), 七 漆(칠), 八 捌(팔), 九

　玖(구), 十 拾 什(십,) 百 伯(백), 千 仟(천)

◆ 금강산의 다른 이름

　봄-金剛山(금강산), 여름-蓬萊山(봉래산), 가을-楓嶽山(풍악산), 겨울-皆骨山(개골산)

◆ '우리나라'와 관련된 표현

　槿域(근역) = 靑丘(청구) = 震檀(진단) = 海東(해동) = 左海(좌해) = 東夷(동이) = 東國

　(동국)

◆ 세한삼우(歲寒三友)

　추운 겨울의 세 벗. 소나무, 매화나무, 대나무

◆ 북창삼우(北窓三友)

　선비들이 서재에서 늘 가까이 하던 세 가지 벗. 거문고(瑟), 술(酒), 시(詩)

◆ 문방사우(文房四友)

　문장을 짓는 선비의 방에 반드시 필요한 네 가지 벗. 紙(지)종이, 筆(필)붓, 墨(묵)먹,

　硯(연)벼루

◆ 十長生(십장생)

오래도록 살고 죽지 않는다는 열 가지. 해, 산, 물, 돌, 구름, 소나무, 불로초, 거북, 학, 사슴

◆ 四端(사단) 仁(인), 義(의), 禮(예), 智(지)

◆ 四柱(사주) 태어난 年(연), 月(월), 日(일), 時(시)

◆ 五常(오상) 仁(인), 義(의), 禮(예), 智(지), 信(신)

◆ 五行(오행) 水(수), 火(화), 金(금), 木(목), 土(토)

◆ 五色(오색) 靑(청), 赤(적), 黃(황), 白(백), 黑(흑)

◆ 五臟(오장) 肺(폐)폐(허파), 心(심)심장(염통), 脾(비)지라, 肝(간)간, 腎(신)콩팥

◆ 五方(오방) 東(동), 西(서), 南(남), 北(북), 中央(중앙)

◆ 五味(오미) 酸(산)시고, 苦(고)쓰고, 甘(감)달고, 辛(신)맵고, 鹹(함)짜고

◆ 五聲(오성) 牙(아)어금니, 舌(설)혀, 脣(순)입술, 齒(치)이, 喉(후)목구멍

◆ 제사상에 음식 놓는 방법

　　紅東白西(홍동백서) : 붉은색 과일은 동쪽에, 흰색 과일은 서쪽

　　棗栗梨柿(조율이시) : 왼쪽부터 대추, 밤, 배, 감의 순서로

　　左鮑右醯(좌포우혜) : 왼쪽에 말린 생선인 포, 오른쪽에 식혜

　　魚東肉西(어동육서) : 생선은 동쪽에, 고기는 서쪽에

　　頭東尾西(두동미서) : 생선의 머리는 동쪽에, 꼬리는 서쪽에

◆ '왕'과 관련된 표현

　　어공미(御供米) : 임금에게 바치는 쌀

　　수라상(水刺床) : 궁중에서 임금에게 올리는 밥상을 높여 이르던 말

　　거둥길 : 임금이 거둥하는 길 = 어로(御路)

　　용안(龍顔) : 임금의 얼굴을 높여 이르는 말 = 성안(聖顔) · 옥안(玉顔) · 천안(天顔)

　　곤룡포(袞龍袍) : 임금이 입던 정복

◆ 四君子(사군자) = 梅蘭菊竹(매란국죽)

　　동양화에서, 매화 · 난초 · 국화 · 대나무를 그린 그림. 또는 그 소재.

　　牙致高節(아치고절) : 우아한 풍치와 고상한 절개. '매화'를 비유

　　外柔內剛(외유내강) : 겉으로 보기에는 부드러우나 마음속은 꿋꿋하고 군세다는 것을
　　이르는 말. '난초'를 비유

　　傲霜孤節(오상고절) : 서릿발 속에서도 굽히지 않고, 외로이 지키는 절개라는 뜻으로,
　　'국화'를 비유하여 이르는 말

　　歲寒孤節(세한고절) : 추운 계절에도 혼자 푸르른 '대나무'를 비유

◆ 傳統婚禮(전통혼례)

議婚(의혼) : 혼인을 의논하는 일

納采(납채) : 신랑 측에서는 중매쟁이를 통해서 신부 측에 청혼을 한 다음 다시 신부 측에 허혼을 하는 혼약에 관한 의례

納幣(납폐) : 정혼(定婚)의 성립을 나타내기 위하여 신랑 집에서 신부 집으로 서신과 폐물을 보내는 의식

親迎(친영) : 신랑이 신부를 친히 맞이한다는 뜻으로, 신랑이 신부를 자기 집으로 맞이하여 혼례식을 치르는 것을 말함

◆ '시간'과 관련된 표현

일다경(一茶頃) : 5분~20분 사이. 뜨거운 차 한 잔을 마실 정도의 시간

일각(一刻) : 약 15분 정도

한식경(食頃) : 약 30분 정도. 밥 한 끼를 먹을 정도의 시간

한시진(時辰) : 2시간

◆ '편지'와 관련된 표현

본제입납(本第入納) : 본집으로 들어가는 편지라는 뜻으로, 자기 집으로 편지할 때에 편지 겉봉에 자기 이름을 쓰고 그 밑에 쓰는 말

전교(轉交) : 다른 사람을 거쳐서 받게 한다는 뜻으로, 편지 겉봉에 쓰는 말

친전(親展) : 편지를 받을 사람이 직접 펴 보라고 편지 겉봉에 적는 말

◆ '제문(祭文)'과 관련된 표현

유세차(維歲次) : 제문의 첫머리에 관용적으로 쓰는 말로, '간지(干支)'를 따라서 정한

해로 말하면'의 뜻을 나타내는 말.

상향(尙饗) : 제사 때 읽는 축문(祝文)의 맨 끝에 쓰여, '비록 적지만 차린 제물을 받

으옵소서'라는 뜻으로 이르는 말.

참고) 시험에 자주 나오는 漢字

雪 눈(설), 씻다(설) : 예) 雪辱(설욕) 부끄러움을 씻음

露 이슬(로), 드러나다, 드러내다(로) : 예) 露骨的(노골적) 숨김없이 모두를 있는 그대로

드러내는 것. 露天(노천) 하늘을 드러냄

見 보다(견) : 웃어른을 뵙다(현) 예) 謁見(알현) 지체가 높고 귀한 사람을 찾아가 뵘

疾 병(질) : 예) 疾病(질병), 빠르다(질) : 예) 疾風(질풍), 疾走(질주)

미워하다(질) : 예) 疾視(질시)

建 세우다(건) : 예) 建設(건설), 建築(건축)

健 튼튼하다(건) : 예) 健剛(건강), 健脚(건각)

 기출유형 분석

1. 밑줄 친 단어는 나이를 나타낸다. 나이의 수를 합하면?

> 할머니는 <u>고희</u>(古稀), 어머니는 <u>지천명</u>(知天命), 삼촌은 <u>약관</u>(弱冠)

　① 140　　　② 150　　　③ 160　　　④ 170

2. 다음 중 오전에서 오후로 넘어가는 12시를 지칭하는 한자어는?

① 자정(子正)   ② 미시(未時)   ③ 정오(正吾)   ④ 일시(日時)

3. 다음 문장에서 밑줄 친 '누님'과 '사촌 형님'을 동수가 부르는 호칭으로 알맞은 것은?

> 동수 아버지는 농촌에 사시는 당신의 누님과 사촌 형님을 매우 부러워하고 있다.

① 고모 – 당숙   ② 이모 – 삼촌

③ 고모 – 삼촌   ④ 이모 – 당숙

4. 절기를 나타내는 다음 말 중 시기가 가장 빠른 것은?

① 동지(冬至)   ② 소서(小暑)

③ 경칩(驚蟄)   ④ 백로(白露)

5. 다음 중 잘못 연결된 것은?

① 경술(庚戌)년 – 개해

② 정유(丁酉)년 – 토끼해

③ 임진(壬辰)년 – 용해

④ 을사(乙巳)년 – 뱀해

6. 2010년은 庚寅年이다. 2012년의 간지년도는?

① 甲申(갑신)   ② 丙子(병자)

③ 壬辰(임진)   ④ 丙寅(병인)

어법

■ 맞춤법

유형 : 맞춤법 문제는 방대한 어문규정을 다 공부하기보다는 기출문제를 풀면서 자주 나오는 규정을 이해하고 암기해야 한다. 올바른 단어를 찾는 단독 유형에서 문장 속에서 올바르게 쓰이고 있는 단어를 고르는 문장형 문제로 점차 응용되고 있다. 새로 추가된 복수표준어는 꼭 암기해야 한다. 부록에 나와 있는 '틀리기 쉬운 우리말 500가지'를 반드시 숙지해야 한다.

(1) 사이시옷
두 개의 명사가 합쳐져서 합성명사화 할 때, 아래 명사의 첫소리가 된소리로 나는 경향이 있는데, 그 된소리로 발음되는 현상을 정확하게 표기하기 위해 두 명사 사이에 'ㅅ'을 끼워 넣는다.

① 순 우리말로 된 합성어로서 앞말이 모음으로 끝난 경우
• 뒷말의 첫소리가 된소리로 나는 것
  귓밥, 나룻배, 나룻가, 나뭇가지, 나뭇값, 나뭇더미, 냇가, 맷돌, 머릿기름, 못자리, 바닷가, 뱃길, 부싯돌, 선짓국, 쳇조각, 아랫집, 잇자국, 잿더미, 조갯살, 찻집, 쳇바퀴, 핏대, 햇볕, 혓바늘, 고깃배
• 뒷말의 첫소리 'ㄴ, ㅁ' 앞에서 'ㄴ' 소리가 덧나는 것
  아랫니, 아랫마을, 뒷머리, 잇몸, 깻묵, 냇물, 빗물, 노랫말
• 뒷말의 첫소리 모음 앞에서 'ㄴ ㄴ' 소리가 덧나는 것

도리깻열, 두렛일, 뒷일, 베갯잇, 깻잎, 나뭇잎, 댓잎

② 순 우리말과 한자어로 된 합성어로서 앞말이 모음으로 끝난 경우

- 뒷말의 첫소리가 된소리로 나는 것

  귓병, 머릿방, 뱃병, 샛강, 아랫방, 자릿세, 전셋집, 찻잔, 콧병, 탯줄, 텃세, 핏기, 햇수, 횟
  가루

- 뒷말의 첫소리 'ㄴ, ㅁ' 앞에서 'ㄴ' 소리가 덧나는 것

  곗날, 제삿날, 훗날, 툇마루, 양칫물

- 뒷말의 첫소리 모음 앞에서 'ㄴ ㄴ' 소리가 덧나는 것

  가욋일, 사삿일, 예삿일, 훗일

③ 합성어라도 한자어에서는 사이시옷을 적지 않음을 원칙으로 한다. 다만 순 우리말처
럼 굳어진 **'곳간, 툇간, 찻간, 숫자, 셋방, 횟수'** 여섯 단어에는 사이시옷을 적는다.
초점(焦點), 이점(利點), 대구(對句), 전세방(傳貰房)

(2) '–던'과 '–든'

 '–던, –더라'는 과거의 뜻, '–든지'는 무엇이나 가리지 않음

예) 얼마나 울었던지 눈이 퉁퉁 부었다.

예) 그 일을 하든지 말든지 네 뜻대로 해라.

(3) 모음이나 'ㄴ'받침 뒤에 이어지는 '렬, 률'은 '열, 율'로 적는다

예) 규율(○)-규률(×), 비율(○)-비률(×), 선율(○)-선률(×), 실패율(○)-실패률(×), 백분율
(○)-백분률(×), 불문율(○)-불문률(×), 운율(○)-운률(×), 합격률(○)-합격율(×), 성공률
(○)-성공율(×)

(4) 수컷을 나타내는 접두사는 '수-'로 통일

예) 수컷, 수꿩, 수캐, 수탕나귀, 수탉, 수고양이, 수캉아지, 수키와, 수퇘지, 수평아리, 수벌, 수나사

암컷, 암꿩, 암캐, 암탕나귀, 암탉, 암고양이, 암캉아지, 암키와, 암퇘지, 암평아리, 암벌, 암나사

예외) 숫양, 숫염소, 숫쥐

(5) '웃-' 과 '윗-'

• "웃-" 및 "윗-"은 명사 "위"에 맞추어 "윗-"으로 통일한다.

예) 윗넓이, 윗눈썹, 윗니, 윗도리, 윗막이, 윗머리, 윗목, 윗몸, 윗배, 윗변, 윗사랑, 윗수염, 윗입술, 윗잇몸, 윗자리

• 된소리나 거센소리 앞에서는 "위-"로 한다.

예) 위짝, 위쪽, 위채, 위층, 위치마, 위턱, 위팔

• '아래, 위'의 대립이 없는 단어는 '웃'으로 발음되는 형태를 표준어로 삼는다.

예) 웃돈, 웃어른, 웃옷(겉옷. 그러나 '위에 있는 옷'이란 뜻일 땐 '윗옷(上衣)'이다), 웃통

(6) '-이' 와 '-히'의 구별

① 부사의 끝음절이 분명히 '이'로만 나는 것은 '-이'로 적고, '히'로만 나거나 '이'나 '히'로 나는 것은 '-히'로 적는다.

• '이'로만 나는 것 : 깨끗이, 느긋이, 반듯이, 버젓이, 산뜻이, 가까이, 번번이, 틈틈이
• '히'로만 나는 것 : 급히, 극히, 딱히, 속히, 족히, 특히, 엄격히, 정확히
• '이, 히'로 나는 것 : 솔직히, 가만히, 무단히, 각별히, 소홀히, 과감히, 꼼꼼히, 섭섭히, 능히, 당당히, 간소히

② '~하다'가 되면 '히', '~하다'가 붙을 수 있는 어근 가운데 끝 음절이 'ㅅ'받침으로 끝나는 경우는 '이'

예) 느긋-이, 깨끗-이, 따듯-이, 버젓-이

(7) 장이 : 쟁이

기술을 가진 사람에게는 '-장이'를 쓴다.

예) 미장이, 땜장이, 유기장이, 고리장이

　　나머지는 '-쟁이'를 쓴다.

예) 욕쟁이, 욕심쟁이, 개구쟁이, 고집쟁이, 요술쟁이, 점쟁이, 난쟁이

(8) 왠지(왜인지) : 웬

왠지-[부사], '왜 그런지 모르게. 또는 뚜렷한 이유도 없이'

예) 오늘은 왠지(왜인지, 왜 그런지) 기분이 좋다.

　　웬-[관형사], '어찌 된, 어떠한'

예) 이게 웬 떡이야. / 웬일로 여기까지 다 왔니? / 네가 웬 일로 이렇게 늦었니? / 웬 사람이 날 찾아왔다./ 웬 일로 그러지? 웬 선물입니까?

*웬만한 일 / 왠만한 일

웬만하다 : 정도나 형편이 표준에 가깝거나 그보다 약간 낫다. ('웬만하면', '웬만한', '웬만해서는' 따위로 쓰여) 허용되는 범위에서 크게 벗어나지 아니한 상태에 있다.

참고) 웬만큼 해야 용서를 해주지. : '웬만큼'은 '허용되는 범위에서 벗어나지 않을 만큼'의 뜻이다.

(9) 바람 : 바램

예) 우리의 바람은 남북통일이다.(바라다)

예) 옷의 색이 바램.(바래다)

(10) 째 : 채 : 체

① 째 : '전체'

예) 통째로 먹다.

② 채 : '이미 있는 상태 그대로'의 뜻을 나타냄

예) 옷을 입은 채 잠이 들었다

③ 체 : '그럴듯하게 꾸미는 거짓 태도'를 뜻함. '체'는 '체하다'로만 쓰임

예) 모르는 사람이 아는 체하다.

(11) −건대/−컨대, −지/치, −기로/−키로

① 어간의 끝음절 '하'의 'ㅏ'가 줄고 'ㅎ'이 다음 음절의 첫소리와 어울려 거센소리로 될 적에는 거센소리로 적는다.

예) 간편하게 → 간편케, 단념하게 → 단념케, 신청하고자 → 신청코자, 연구하도록 → 연구토록, 확실하지 → 확실치, 흔하다 → 흔타

② '-하지' 앞이 안울림소리, 즉 무성음(ㄱ, ㅂ, ㅅ 갈비살) 받침일 때는 '하' 전체가 떨어져 나가고, '지', '기'만 남는다.

예) 거북하지 → 거북지, 깨끗하지 않다 → 깨끗지 않다, 넉넉하지 않다 → 넉넉지 않다, 도입하기로 → 도입기로, 명확하지 않다 → 명확지 않다, 무색하게도 → 무색게도, 보답하고자 → 보답고자, 생각하건대 → 생각건대, 생각하도록 → 생각도록, 생각하지 않다 → 생각지 않다, 생각하다 못해 → 생각다 못해, 생각하지도 못한 → 생각

지도 못한 , 익숙하지 않다 → 익숙지 않다, 짐작하건대 → 짐작건대, 통합하기로 →

통합기로, 참석하기로 → 참석기로, 추측하건대 → 추측건대

③ '-하지' 앞이 유성음(ㄴ, ㅁ, ㄹ, ㅇ)일 때는 'ㅏ'만 떨어져 'ㅎ+지 = 치'가 된다.

예) 흔치, 만만치, 간단치, 온당치, 가당치

④ 다음과 같은 부사는 소리대로 적는다.

예) 결단코, 결코, 기필코, 무심코, 아무튼, 요컨대, 정녕코, 필연코, 하마터면, 하여튼, 한

사코

(12) **'l' 모음 역행동화(움라우트 현상, 전설모음화)**

뒤의 'l' 모음 영향을 받아 앞의 '아, 어, 오, 우'가 '애, 에, 외, 위'로 바뀌는 현상이다.(표

준어로 인정하지 않는다.)

예) **아비**/애비, **손잡이**/손잽이, **고기**/괴기, **아지랑이**/아지랭이, **나무라다**/나무래다

예외) **냄비**/남비, **나부랭이**/누부랑이, **신출내기**/신출나기, **동갑내기**/동갑나기, **풋내기**/

풋나기

(13) 올바른 표현과 잘못된 표현

성대모사(聲帶模寫)　잘못된 표현 : 성대묘사

풍비박산(風飛雹散)　잘못된 표현 : 풍지박산, 풍지박살

혈혈단신(孑孑單身)　잘못된 표현 : 홀홀단신

야반도주(夜半逃走)　잘못된 표현 : 야밤도주

삼수갑산(三水甲山)　잘못된 표현 : 산수갑산

절체절명(絶體絶命)　잘못된 표현 : 절대절명

(14) 어원에서 멀어진 형태로 굳어져서 널리 쓰이는 것은, 그것을 표준어로 한다.

예) 강낭콩(○)/강남콩, 사글세(○)/삭월세

(15) **가늠 / 가름 / 갈음**

가늠 = 짐작하다, 헤아려보다, 점치다

① 목표나 기준에 맞고 안 맞음을 헤아려봄. 또는 헤아려보는 목표나 기준.

② 일이 되어 가는 모양이나 형편을 살펴서 얻은 짐작.

예) 막연한 <u>가늠</u>으로 사업을 하다가는 실패하기 쉽다.

  전봇대의 높이를 <u>가늠</u>할 수 있겠니?

  그는 나이를 <u>가늠</u>하기가 어렵다.

  이 경기는 승패를 <u>가늠</u>하기 어려울 만큼 팽팽하게 진행되고 있다.

  도대체 나는 그의 속마음을 <u>가늠</u>할 수가 없다.

가름 = 가르다, '가름'은 '가르다'의 명사형으로 '따로따로 나누는 일 또는 구분하는 일'을 말한다.

① 따로따로 나누는 일

② 사물이나 상황을 구별하거나 분별하는 일. 옳고 그름이나 우열을 판단하여 가른다는 뜻의 '<u>판가름하다</u>'

예) 이 일에 대해서는 <u>가름</u>이 잘되지 않는다.

  이번 경기는 선수들의 투지가 승패를 <u>가름</u>했다고 해도 과언이 아니다.

  회사의 운명을 <u>가름</u>할 매각작업을 앞두고 있다.

  아내와 남편의 도리가 저마다 <u>가름</u>이 있어야 한다.

갈음 = 다른 것으로 바꾸어 대신함

예) 여러분 가정에 행운이 가득하기를 기원하는 것으로 치사를 <u>갈음</u>합니다.

✔ 기출유형 분석

1. 다음 빈칸에 들어갈 알맞은 말은?

> • 고기를 잡는 배를 (   )라 하고
>
> • 나무로 지은 집을 (   )이라 한다.

① 고깃배, 나무집   ② 고깃배, 나뭇집

③ 고기배, 나무집   ④ 고기배, 나뭇집

2. 다음 빈칸에 들어갈 알맞은 말은?

> • 선녀와 (   )   • (   )과 달님

① 나무꾼, 햇님   ② 나무꾼, 해님

③ 나뭇꾼, 햇님   ④ 나뭇꾼, 해님

3. 다음의 (   ) 안에 넣을 말로 맞게 짝진 것은?

> 날씨가 (   ) 산행을 떠나려 하니 마음이 (   ).

① 개여 – 설레인다   ② 개여 – 설렌다

③ 개어 – 설렌다   ④ 개어 – 설레인다

4. 다음 중 밑줄 친 낱말의 표기가 바른 것은?

① <u>왠일</u>로 여기까지 다 왔니?

② 손님은 종업원에게 당장 주인을 불러오라고 <u>닥딸하였다.</u>

③ 그는 한 눈을 감고 다른 한 눈으로 목표물을 <u>가늠해</u>보았다.

④ 그들은 모두 배가 고팠던 터라 자장면을 <u>곱배기</u>로 시켜 먹었다.

5. 다음의 밑줄 친 낱말이 현행 한글맞춤법에 맞는 것은?

① 그의 초라한 모습이 내 호기심에 불을 <u>땅겼다.</u>

② 그렇게 큰일을 <u>치뤘으</u>니 몸살이 날 만도 하지.

③ 한약을 <u>다릴</u> 때는 불 조절이 중요하다.

④ 그는 긴 여행에 체력이 <u>부쳤다.</u>

6. 다음 중 표기가 바른 것은?

① 위쪽-윗니-웃도리

② 깨끗이-일일이-솔직히

③ 멋쟁이-난장이-담쟁이

④ 괴팍하다-주책이다-칠칠찮다

7. 다음 중 복수 표준어인 것은?

① 깔때기 – 깔대기

② 딴전 – 딴청

③ 머리말 – 머릿말

④ 단출하다 – 단촐하다

8. 다음 중 바르게 쓰인 말은?

① 숫벌   ② 숫놈   ③ 수컷   ④ 수당나귀

9. 다음 중 밑줄 친 부분의 맞춤법이 바르게 쓰인 것을 고르시오.

① 언니는 상냥한데 동생은 너무 <u>냉냉하다.</u>

② 추석에는 <u>햅쌀</u>로 송편을 빚는다.

③ <u>지리한</u> 장마가 끝나고 불볕더위가 시작되었다.

④ 올해는 모두 건강하리라는 작은 <u>바램</u>을 가져본다.

10. 다음 중 맞춤법에 맞는 것은?

① 시간이 있으면 제 사무실에 <u>들리세요.</u>

② 나무를 <u>꺽으면</u> 안 됩니다.

③ 사람은 누구나 <u>옳바른</u> 행동을 해야 한다.

④ 좋은 물건을 <u>고르려면</u> 이쪽에서 골라라.

11. 다음 중 한글로 바르게 표기된 것은?

① 댓가(代價)   ② 촛점(焦點)   ③ 횟수(回數)   ④ 갯수(個數)

12. 다음 중 맞춤법에 맞는 것은?

① 안녕히 가십시요.

② 김치를 잘 담궜구나.

③ 여기서는 담배를 삼가해주시오.

④ 공부를 잘할 뿐만 아니라 더욱이 얼굴까지 예쁘다.

■ 띄어쓰기

유형 : 의존명사와 조사를 구분하는 문제가 가장 많이 출제되고 있다. 의존명사는 품
사가 명사이므로 앞의 어구와 띄어 쓰는 것이 원칙이고, 조사는 명사를 보조하
는 보조사이므로 앞의 어구와 함께 붙여 써야 한다. 맞춤법 문제보다는 빈도수
가 적게 출제된다.

1. 단어는 띄어 쓰고, 조사와 접사는 그 앞말에 붙여 쓴다.

예) 학교/에서/부터, 학교/에서/만/이라도, 집/으로/부터, 집/에서/처럼, 어디/까지나, 이
름/이나마, 얼굴/밖에, 꽃/처럼, 밥은/커녕, 하늘/만큼, 사랑/하고, 공부/하며, 그/마
저, 밥/조차, 목적지/까지, 눈물/밖에, 학교/보다, 그/와, 학생/이다

2. 의존명사는 띄어 쓴다.

다음과 같은 의존명사는 띄어 쓴다.ᄃ

가지 / 개 / 것 / 나름 / 나위 / 대로 / 데 / 듯 / 따름 / 따위 / 때문 / 등 / 마리 / 만 /
만큼 / 바 / 번 / 뻔 / 분 / 뿐 / 수 / 이 / 양 / 줄 / 중 / 지 / 차 / 채 / 체

예) 몇 <u>가지</u> 방법 / 한 <u>개</u>, 두 <u>개</u>, 여러 <u>개</u> / 아는 <u>것</u>이 힘이다 / 책도 책 <u>나름</u>이지 / 더
할 <u>나위</u> 없이 좋다 / 느낀 <u>대로</u> / 그가 간 <u>데</u>는 / 비가 올 <u>듯</u>하다 / 고마울 <u>따름</u>이
다 / 고추 <u>따위</u>를 심었다 / 그렇기 <u>때문</u>에 / 주인공의 성격이나 행동 <u>등</u>이 잘 나타
난 대목 / 세 <u>마리</u> / 십 년 <u>만</u>의 귀국 / 먹을 <u>만큼</u> 먹어라 / 의미하는 <u>바</u>가 크다 /
두 <u>번</u>째 / 물귀신이 될 <u>뻔</u>도 했다 / 손님 다섯 <u>분</u> / 똑똑할 <u>뿐만</u> 아니라 / 성공할 <u>수</u>
있었다 / 아는 <u>이</u>를 만났다 / 그는 감기라도 걸린 <u>양</u> 심하게 기침을 / 논란 <u>중</u>에 있

다 / 그렇게 될 줄 알았다 / 그가 떠난 지 오래다 / 보고 싶던 차에 / 옷을 입은 채
/ 죽은 체를 한다

3. '만큼, 뿐(만), 대로'의 띄어쓰기

'만큼, 뿐(만), 대로'는 관형어(용언) 뒤에서는 의존 명사, 체언(명사, 대명사, 수사) 뒤에서는 조사로 쓰인다. 따라서 관형어 뒤에서는 띄어 쓰고, 체언 뒤에서는 붙여 쓰는 것이 원칙이다.

용언(동사, 형용사) 뒤 : 의존 명사이므로 앞 말과 띄어 쓴다.

체언 뒤 : 조사이므로 앞 말에 붙여 쓴다.

예) 키가 전봇대만큼 크다.(조사)

볼 만큼 보았다.(의존명사)

미술뿐만 아니라 음악에도 소질이 있다.(조사)

성실할 뿐만 아니라 똑똑하기도 하다.(의존명사)

너는 너대로 나는 나대로(조사)

너는 내가 하는 대로 따라서 해.(의존명사)

4. 수관형사는 뒤에 오는 단위명사(단위를 나타내는 의존명사)와 띄어 쓴다.

예) 한 개, 차 한 대, 두 명, 연필 한 자루, 집 한 채, 신 두 켤레, 옷 한 벌, 꽃 한 송이, 소 한 마리, 조기 한 손, 반 나절, 한 가지, 열 (째), 오만 원, 서 말, 삼십 리, 열 냥

5. 관형사는 띄어 쓴다.

예) 새 집, 큰 집, 헌 옷, 옛 집, 갖은 고생, 이 책, 저 분, 여러 명, 여러 가지, 여러 분

6. 관형사도 하나의 단어이므로 띄어 쓰는 것이 원칙이나 다음의 경우에 한하여 뒤엣
   말과 붙여 쓴다.

① '이, 그, 저, 아무'는 다음 말에 한하여 붙여 쓴다.

     <u>이것</u>   <u>그것</u>   <u>저것</u>   아무것, 아무짝

     <u>이곳</u>   <u>그곳</u>   <u>저곳</u>

     이놈   그놈   저놈

     <u>이때</u>   <u>그때</u>   저때

     <u>이번</u>   그번   <u>저번</u>   <u>요번, 지난번, 먼젓번</u>

     이이   그이   저이

     <u>이즈음</u>   <u>그즈음</u>   저즈음

     <u>이쪽</u>   <u>그쪽</u>   <u>저쪽</u>

     <u>위쪽, 아래쪽, 오른쪽, 왼쪽, 안쪽, 바깥쪽, 앞쪽, 뒤쪽, 한쪽, 양쪽, 반대쪽</u>

     <u>이편</u>   <u>그편</u>   <u>저편</u>   <u>오른편, 왼편, 건너편, 맞은편</u>

     <u>그간</u>   <u>그새</u>

② '온통, 더할 수 없이, 가장'의 뜻을 가진 '맨'은 관형사이므로 띄어 쓰고, '비다 空'의 뜻
   을 가진 '맨'은 접두사이므로 붙여 쓴다.

예) 구경거리가 없고 <u>맨</u> 사람뿐이다.

    <u>맨</u> 처음, <u>맨</u> 끝, <u>맨</u> 꼴찌, <u>맨</u> 나중

    <u>맨</u>손, <u>맨</u>주먹, <u>맨</u>입

③ 관형사 '몇'은 수의 개념인 다음과 같은 말과 함께 쓰일 때 붙여 쓴다.

예) <u>몇몇</u> 사람, <u>몇십</u> 개, <u>몇백</u> 년, <u>몇천</u> 마리, 몇억 마리

④ 다음 경우의 '한'은 접두사이므로 붙여 쓴다.

예) 한가운데, 한가을, <u>한가지</u>, <u>한길</u>, <u>한고비</u>, 한걱정, <u>한겨울</u>, <u>한동안</u>, 한밑천, <u>한밤중</u>, 한
복판, <u>한숨</u>, <u>한집안</u>, 한통, 한중간, <u>한풀</u>, 한허리, 한패, 한동생

7. 수를 적을 때는'만(萬)'단위로 띄어 쓴다. 돈의 액수를 나타내는 '원'은 띄어 쓴다. 다만, 아라비아 숫자로 쓸 경우에는 '원'은 붙여 쓴다(단위성 의존 명사와 숫자가 함께 쓰일 때에도 마찬가지).

예) 천이백삼십사억 오천육백칠십팔만 구천이백삼십사, 1234억 5678만 9234, 오십만 <u>원</u>
/ 500,000원/ 50만 <u>원</u>, 백 개 / 100개

달러가 단위명사인데다가 우리말과 외래어가 함께 쓰이면 두 단어로 취급하므로 띄어
써야 한다.

예) 50만 달러

8. '-밖에'의 띄어쓰기

'-밖에(only)'가 체언 뒤에 붙어 '오직 그것뿐임, 그것 말고는, 그것 이외에는'을 뜻하면
조사이므로 앞의 명사에 붙여 써야 한다. 반드시 뒤에 부정을 나타내는 말이 따른다.

'-밖에(out)'가 '바깥, 범위나 한계를 넘어선 부분'을 뜻하면 명사이다. 따라서 '밖(명사)+
에 (조사)'이기 때문에 앞 명사와 띄어 써야 한다.

예) 눈물 밖에 없다 → 눈물<u>밖에</u> 없다(조사)

집밖에도 꽃이 있다 → 집 <u>밖</u>에도 꽃이 있다(명사)

9. 성과 이름, 성과 호 등은 붙여 쓰고, 성명 또는 성이나 이름 뒤에 붙는 호칭어나 관직 명(官職名) 등은 고유 명사와 별개의 단위이므로 띄어 쓴다. 호나 자 등이 성명 앞에 놓이는 경우도 띄어 쓴다. 우리말 성에 붙는 '가, 씨'는 앞말에 붙여 쓴다.

예) 최세영(崔洗影), 서화담(徐花潭), 최승후 씨, 한여경 양, 임찬혁 군, 최승후 선생, 최 선 생, 최 과장, 이 여사, 김 사장, 박 주사, 총장 박동식 박사, 충무공 이순신 장군, 백 범 김구 선생, 최씨, 최가

다만, 성과 이름, 성과 호를 분명히 구분할 필요가 있을 경우에는 띄어 쓸 수 있다.

예) 남궁억/남궁 억, 독고준/독고 준

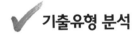 **기출유형 분석**

1. 다음 문장에서 띄어쓰기가 바르지 <u>않은</u> 것은?

① 그가 떠난 지 오래다.

② 산 만큼 좋은 곳이 없다.

③ 나는 세영이를 좋아할 뿐이다.

④ 많은 사람이 여름에 바닷가를 찾을 것이다.

2. 다음 중 띄어쓰기가 <u>잘못</u>된 것은?

① 유정이도 진희만큼 예쁘다.

② 네가 먹을 만큼 챙겨라.

③ 내가 본대로 다 말했다.

④ 너는 너대로 가라.

3. 다음 중 띄어쓰기가 바르지 <u>않은</u> 것은?

① 신 세켤레

② 연필 한 자루

③ 과장 겸 국장

④ 십이억 삼천사백오십육만 칠천팔백구십팔

4. 다음 중 띄어쓰기가 올바르지 <u>않은</u> 것은?

① 뜻한 바를 알려라.

② 할 수 있을 만큼 해라.

③ 스물 내지 서른 명이 왔다.

④ 불어는 커녕 영어도 못한다.

5. 밑줄 친 부분의 띄어쓰기가 바른 것은?

① 다른 이는 몰라도 나는 <u>너 마저</u> 등을 돌리다니!

② 그 당시에는 그런 결정을 내릴 <u>수 밖에</u> 없었어요.

③ <u>먹을 만큼만</u> 가져 가져서 맛있게 드시기 바랍니다.

④ 그는 <u>학생겸 회사원</u>으로 열심히 살아가고 있습니다.

6. 다음 중 띄어쓰기가 올바른 것은?

① 그가 떠난지 일 년이 지났다.

② 그는 운동 보다는 공부를 잘 한다.

③ 그녀가 노래를 하는데에는 이유가 있다.

④ 그럴 수가 있을까 하다가도 이해가 갈 때도 있다.

7. 띄어쓰기가 올바른 것은?

① 많은 노인들이 사기 당하였다.

② 선생님께 말씀 드리도록 해라.

③ 우리는 마침내 표결을 결행 하였다.

④ 세린이는 고전음악을 대중화하는 데 기여하였다.

8. 다음 중 띄어쓰기가 옳은 것은?

① 그녀가 떠난 지 일 년이 되었다.

② 휴지를 복도에 버리면 안된다.

③ 부모 자식간에는 사랑이 있어야 한다.

④ 철수는 학교에서 부터 뛰었다.

■ 발음

유형 : 자주 출제되는 몇몇 발음 문제들이 반복되어 출제된다. 표준발음법의 주요 항목을 숙지하고, 문제를 풀면서 중요한 단어의 발음을 외워두는 것이 좋다. 겹받침의 발음, 연음할 때의 발음, 자음동화에 따라 변화하는 발음 문제가 출제된다.

■ 표준 발음법(중요 항목 발췌)

◆ **제8항** 받침소리로는 'ㄱ, ㄴ, ㄷ, ㄹ, ㅁ, ㅂ, ㅇ'의 7개 자음만 발음한다.

◆ **제9항** 받침 'ㄲ, ㅋ', 'ㅅ, ㅆ, ㅈ, ㅊ, ㅌ', 'ㅍ'은 어말 또는 자음 앞에서 각각 대표음 [ㄱ, ㄷ, ㅂ]으로 발음한다.

닦다[닥따], 키읔[키윽], 키읔과[키윽꽈], 옷[옫], 웃다[욷: 따], 있다[읻따], 젖[젇], 빚다[빋따], 꽃[꼳], 쫓다[쫃따], 솥[솓], 뱉다[밷: 따], 앞[압], 덮다[덥따]

◆ **제10항** 겹받침 'ㄳ', 'ㄵ', 'ㄼ, ㄽ, ㄾ', 'ㅄ'은 어말 또는 자음 앞에서 각각 [ㄱ, ㄴ, ㄹ, ㅂ]으로 발음한다.

넋[넉], 넋과[넉꽈], 앉다[안따], 여덟[여덜], 넓다[널따], 외곬[외골], 핥다[할따], 값[갑], 없다[업: 따], 다만, '밟-'은 자음 앞에서 [밥]으로 발음하고, '넓-'은 다음과 같은 경우에 [넙]으로 발음한다.

(1) 밟다[밥: 따], 밟소[밥: 쏘], 밟지[밥: 찌],

　밟는[밥: 는 → 밤: 는], 밟게[밥: 께], 밟고[밥: 꼬]

(2) 넓-죽하다[넙쭈카다], 넓-둥글다[넙뚱글다]

◆**제11항** 겹받침 'ㄺ, ㄻ, ㄿ'은 어말 또는 자음 앞에서 각각 [ㄱ, ㅁ, ㅂ]으로 발음한다.

닭[닥], 흙과[흑꽈], 맑다[막따], 늙지[늑찌], 삶[삼:], 젊다[점: 따], 읊고[읍꼬], 읊다[읍
따] 다만, 용언의 어간 말음 'ㄺ'은 'ㄱ' 앞에서 [ㄹ]로 발음한다.
맑게[말께], 묽고[물꼬], 얽거나[얼꺼나]

◆**제17항** 받침 'ㄷ, ㅌ(ㄾ)'이 조사나 접미사의 모음 'ㅣ'와 결합되는 경우에는, [ㅈ, ㅊ]으로
바꾸어서 뒤 음절 첫소리로 옮겨 발음한다.

곧이듣다[고지듣따], 굳이[구지], 미닫이[미다지], 땀받이[땀바지], 밭이[바치], 벼훑이
[벼훌치]

◆**제18항** 받침 'ㄱ(ㄲ, ㅋ, ㄳ, ㄺ), ㄷ(ㅅ, ㅆ, ㅈ, ㅊ, ㅌ, ㅎ), ㅂ(ㅍ, ㄼ, ㄿ, ㅄ)'은 'ㄴ, ㅁ' 앞에서
[ㅇ, ㄴ, ㅁ]으로 발음한다.

먹는[멍는], 국물[궁물], 깎는[깡는], 키읔만[키응만], 몫몫이[몽목씨], 긁는[긍는], 흙만
[흥만], 닫는[단는], 짓는[진: 는], 옷맵시[온맵씨], 있는[인는], 맞는[만는], 젖멍울[전멍
울], 쫓는[쫀는], 꽃망울[꼰망울], 붙는[분는], 놓는[논는], 잡는[잠는], 밥물[밤물], 앞
마당[암마당], 밟는[밤: 는], 읊는[음는], 없는[엄: 는]

◆**제19항** 받침 'ㅁ, ㅇ' 뒤에 연결되는 'ㄹ'은 [ㄴ]으로 발음한다.

담력[담: 녁], 침략[침냑], 강릉[강능], 항로[항: 노], 대통령[대: 통녕]

[붙임]받침 'ㄱ, ㅂ' 뒤에 연결되는 'ㄹ'도 [ㄴ]으로 발음한다.

막론[막논 → 망논], 백리[백니 → 뱅니], 협력[협녁 → 혐녁], 십리[십니 → 심니]

◆**제20항** 'ㄴ'은 'ㄹ'의 앞이나 뒤에서 [ㄹ]로 발음한다.

(1) 난로[날: 로], 신라[실라], 천리[철리], 광한루[광: 할루], 대관령[대: 괄령]
(2) 칼날[칼랄], 물난리[물랄리], 줄넘기[줄럼끼], 할는지[할른지]

다만, 다음과 같은 단어들은 'ㄹ'을 [ㄴ]으로 발음한다.

의견란[의: 견난], 임진란[임: 진난], 생산량[생산냥], 결단력[결딴녁], 공권력[공꿘녁]
동원령[동: 원녕], 상견례[상견녜], 횡단로[횡단노], 이원론[이: 원논], 입원료[이붠뇨]
구근류[구근뉴]

◆**제29항** 합성어 및 파생어에서, 앞 단어나 접두사의 끝이 자음이고 뒤 단어나 접미사의 첫음절이 '이, 야, 여, 요, 유'인 경우에는, 'ㄴ' 음을 첨가하여 [니, 냐, 녀, 뇨, 뉴]로 발음한다.

솜-이불[솜: 니불], 홑-이불[혼니불], 막-일[망닐], 삯-일[상닐], 맨-입[맨닙], 꽃-잎[꼰닙], 내복-약[내: 봉냑], 한-여름[한녀름], 남존-여비[남존녀비], 신-여성[신녀성], 색-연필[생년필], 직행-열차[지캥녈차], 늑막-염[능망념], 콩-엿[콩녇], 담-요[담: 뇨], 눈-요기[눈뇨기], 영업-용[영엄뇽], 식용-유[시굥뉴], 국민-윤리[궁민뉼리], 밤-윷[밤: 뉻]

다만, 다음과 같은 말들은 'ㄴ' 음을 첨가하여 발음하되, 표기대로 발음할 수 있다.

야금-야금[야금냐금/야그먀금], 검열[검: 녈/거: 멸], 금융[금늉/그뮹]

[붙임 1] 'ㄹ' 받침 뒤에 첨가되는 'ㄴ' 음은 [ㄹ]로 발음한다.

들-일[들: 릴], 솔-잎[솔립], 설-익다[설릭따], 물-약[물략], 불-여우[불려우], 서울-역
[서울력], 물-엿[물렫], 휘발-유[휘발류], 유들-유들[유들류들]

다만, 다음과 같은 단어에서는 'ㄴ(ㄹ)' 음을 첨가하여 발음하지 않는다.

6·25[유기오], 3·1절[사밀쩔], 송별-연[송: 벼련], 등-용문[등용문]

◆ **제30항** 사이시옷이 붙은 단어는 다음과 같이 발음한다.

1. 'ㄱ, ㄷ, ㅂ, ㅅ, ㅈ'으로 시작하는 단어 앞에 사이시옷이 올 때는 이들 자음만을 된소
   리로 발음하는 것을 원칙으로 하되, 사이시옷을 [ㄷ]으로 발음하는 것도 허용한다.
   냇가[내: 까/낻: 까], 샛길[새: 낄/샏: 낄], 빨랫돌[빨래똘/빨랟똘], 콧등[코뜽/콛뜽], 깃
   발[기빨/긷빨], 대팻밥[대: 패빱/대: 팯빱], 햇살[해쌀/핻쌀], 뱃속[배쏙/밷쏙], 뱃전[배
   쩐/밷쩐], 고갯짓[고개찓/고갣찓]

2. 사이시옷 뒤에 'ㄴ, ㅁ'이 결합되는 경우에는 [ㄴ]으로 발음한다.
   콧날[콛날 → 콘날], 아랫니[아랟니 → 아랜니], 툇마루[퇻: 마루 → 퇸: 마루], 뱃머리
   [밷머리 → 밴머리]

3. 사이시옷 뒤에 '이' 음이 결합되는 경우에는 [ㄴㄴ]으로 발음한다.
   베갯잇[베갣닏 → 베갠닏], 깻잎[깯닙 → 깬닙], 나뭇잎[나묻닙 → 나문닙]

 **기출유형 분석**

1. 밑줄 친 단어를 바르게 발음하지 않은 것은?

　① 날씨가 <u>맑다</u>. [막따]

　② 국가에서 <u>실업률</u> [시럽뉼]을 조사했다.

　③ <u>곤란한</u> [골란한] 형편이다.

　④ 조명이 <u>밝고</u> [발꼬] 화려하다.

2. 밑줄 친 낱말을 바르게 읽은 것은?

　① <u>밟고</u> 가버렸다 － [밥꼬]

　② <u>찾다</u> 말았다 － [찬다]

　③ <u>밭을</u> 일구었다 － [바슬]

　④ <u>꽃이</u> 피었다 － [꼬시]

3. 발음이 맞게 표기된 것은?

　① 넓다 [널따]　　② 밟다 [발따]　　③ 읊고 [을꼬]　　④ 맑게 [막께]

4. 다음 중 현행 표준발음법에 어긋난 것은?

　① 뱃머리 － [밴머리]　　② 깻입 － [깬닙]

　③ 베갯잇 － [베갠닏]　　④ 유들유들 － [유들류들]

5. 표준 발음이 아닌 것은?

　① 단련[달련]　　② 못질[몯찔]

③ 몫이[목씨]   ④ 물가[물까]

6. 표준 발음법에 맞는 것은?

① 절약[절략]   ② 효과[효꽈]

③ 작렬[자결]   ④ 광한루[광할루]

7. 다음 중 현행 표준 발음법에 맞지 <u>않는</u> 것은?

① 읊고[을꼬]   ② 키읔[키윽]

③ 외곬[외골]   ④ 넓둥글다[넙뚱글다]

8. 다음 중 표준 발음법에 맞지 <u>않는</u> 것은?

① 기역을[기여글]

② 니은을[니으늘]

③ 티읕을[티그슬]

④ 히읗을[히으슬]

■ 로마자 표기법

유형 : 어문규정 로마자 표기법은 제2장과 제3장에서 출제하므로 이 부분을 숙지해야
한다. 자주 출제되는 항목을 문제를 통해 암기하도록 한다.

■ 제2장 표기일람

제1항

[붙임 1] '니'는 'ㅣ'로 소리 나더라도 ui로 적는다.

(보기) 광희문   Gwanghuimun

제2항

[붙임 1] 'ㄱ, ㄷ, ㅂ'은 모음 앞에서는 'g, d, b'로, 자음 앞이나 어말에서는 'k, t, p'로
적는다.([ ] 안의 발음에 따라 표기함.)

(보기) 구미 Gumi   영동 Yeongdong   백암 Baegam

　　　옥천 Okcheon   합덕 Hapdeok   호법 Hobeop

　　　월곶[월곧] Wolgot   벚꽃[벋꼳] beotkkot   한밭[한받] Hanbat

[붙임 2] 'ㄹ'은 모음 앞에서는 'r'로, 자음 앞이나 어말에서는 'l'로 적는다. 단, 'ㄹㄹ'은
'll'로 적는다.

(보기) 구리 Guri   설악 Seorak   칠곡 Chilgok

　　　임실 Imsil   울릉 Ulleung

　　　대관령[대괄령]   Daegwallyeong

■ 제3장 표기상의 유의점

제1항 음운 변화가 일어날 때에는 변화의 결과에 따라 다음 각 호와 같이 적는다.

1. 자음 사이에서 동화 작용이 일어나는 경우

(보기) 백마[뱅마] Baengma   신문로[신문노] Sinmunno

종로[종노] Jongno   왕십리[왕심니] Wangsimni

별내[별래] Byeollae   신라[실라] Silla

2. 'ㄴ, ㄹ'이 덧나는 경우

(보기) 학여울[항녀울] Hangnyeoul   알약[알략] allyak

3. 구개음화가 되는 경우

(보기) 해돋이[해도지] haedoji   같이[가치] gachi   맞히다[마치다] machida

4. 'ㄱ, ㄷ, ㅂ, ㅈ'이 'ㅎ'과 합하여 거센소리로 소리 나는 경우

(보기) 좋고[조코] joko   놓다[노타] nota   잡혀[자펴] japyeo

다만, 체언에서 'ㄱ, ㄷ, ㅂ' 뒤에 'ㅎ'이 따를 때에는 'ㅎ'을 밝혀 적는다.

(보기) 묵호 Mukho   집현전 Jiphyeonjeon

[붙임] 된소리되기는 표기에 반영하지 않는다.

(보기)   압구정 Apgujeong   낙동강 Nakdonggang

죽변 Jukbyeon   낙성대 Nakseongdae

합정 Hapjeong   팔당 Paldang

샛별 saetbyeol   울산 Ulsan

제2항 발음상 혼동의 우려가 있을 때에는 음절 사이에 붙임표(-)를 쓸 수 있다.

(보기) 중앙 Jung-ang   반구대 Ban-gudae   세운 Se-un   해운대 Hae-undae

제3항 고유 명사는 첫 글자를 대문자로 적는다.

(보기) 부산 Busan   세종 Sejong

제4항 인명은 성과 이름의 순서로 띄어 쓴다. 이름은 붙여 쓰는 것을 원칙으로 하되 음절 사이에 붙임표(-)를 쓰는 것을 허용한다.(( ) 안의 표기를 허용함.)

(보기) 민용하 Min Yongha (Min Yong-ha)   송나리 Song Nari (Song Na-ri)

⑴ 이름에서 일어나는 음운 변화는 표기에 반영하지 않는다.

(보기) 한복남 Han Boknam (Han Bok-nam)   홍빛나 Hong Bitna (Hong Bit-na)

⑵ 성의 표기는 따로 정한다.

제5항 '도, 시, 군, 구, 읍, 면, 리, 동'의 행정 구역 단위와 '가'는 각각 'do, si, gun, gu, eup, myeon, ri, dong, ga'로 적고, 그 앞에는 붙임표(-)를 넣는다. 붙임표(-) 앞뒤에서 일어나는 음운 변화는 표기에 반영하지 않는다.

(보기) 충청북도 Chungcheongbuk-do   제주도 Jeju-do

　　　 의정부시 Uijeongbu-si   양주군 Yangju-gun

　　　 도봉구 Dobong-gu   신창읍 Sinchang-eup

　　　 삼죽면 Samjuk-myeon   인왕리 Inwang-ri

　　　 당산동 Dangsan-dong   봉천 1동 Bongcheon 1(il)-dong

　　　 종로 2가 Jongno 2(i)-ga   퇴계로 3가 Toegyero 3(sam)-ga

[붙임] '시, 군, 읍'의 행정 구역 단위는 생략할 수 있다.

(보기) 청주시 Cheongju   함평군 Hampyeong   순창읍 Sunchang

제6항 자연 지물명, 문화재명, 인공 축조물명은 붙임표(-) 없이 붙여 쓴다.

(보기) 남산 Namsan   속리산 Songnisan

　　　금강 Geumgang   독도 Dokdo

　　　경복궁 Gyeongbokgung   무량수전 Muryangsujeon

　　　연화교 Yeonhwagyo   극락전 Geungnakjeon

　　　안압지 Anapji   남한산성 Namhansanseong

　　　화랑대 Hwarangdae   불국사 Bulguksa

　　　현충사 Hyeonchungsa   독립문 Dongnimmun

　　　오죽헌 Ojukheon   촉석루 Chokseongnu

　　　종묘 Jongmyo   다보탑 Dabotap

제7항 인명, 회사명, 단체명 등은 그동안 써온 표기를 쓸 수 있다.

제8항 학술 연구 논문 등 특수 분야에서 한글 복원을 전제로 표기할 경우에는 한글 표기를 대상으로 적는다. 이 때 글자 대응은 제2장을 따르되 'ㄱ, ㄷ, ㅂ, ㄹ'은 'g, d, b, l'로만 적는다. 음가 없는 'ㅇ'은 붙임표(-)로 표기하되 어두에서는 생략하는 것을 원칙으로 한다. 기타 분절의 필요가 있을 때에도 붙임표(-)를 쓴다.

(보기) 집 jib   짚jip

　　　밖bakk   값gabs

　　　붓꽃buskkoch   먹는meogneun

　　　독립doglib   문리munli

물엿mul-yeos   굳이gud-i

좋다johda   가곡gagog

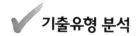 **기출유형 분석**

1. '국어의 로마자 표기법'에 따라 우리말을 로마자로 바르게 적은 것은?

① 행정 구역 단위 앞에는 붙임표를 넣는다.

: 충청남도 Chungcheong-namdo

② 된소리되기는 표기에 반영하지 않는다.

: 낙동강 Nagddonggang

③ 고유명사는 첫 글자를 대문자로 적는다.

: 세종 SeJong

④ 발음이 혼동될 우려가 있으면 음절 사이에 붙임표를 쓸 수 있다.

: 해운대 Hae-undae

2. 다음 중 현행 로마자표기법에 <u>어긋난</u> 것은?

① 벚꽃 : beotkkot

② 영동 : Yeongdong

③ 합덕 : Hapteok

④ 대관령 : Daegwallyeong

3. 다음 중 현행 로마자 표기법에 맞지 <u>않는</u> 것은?

① 백암 — Paegam

② 옥천 — Okcheon

③ 칠곡 — Chilgok

④ 월곳 — Wolgot

4. 다음 중 로마자 표기법에 맞지 <u>않는</u> 것은?

① Busan   – 부산(지명)

② Jeonjoo – 전주(지명)

③ Gimpo   – 김포(지명)

④ Daejeon – 대전(지명)

5. 다음 중 로마자 표기법에 맞지 <u>않는</u> 것은?

① haedoji – 해돋이

② Geumgang – 금강

③ Yeongsangang – 영산강

④ Chongyechon – 청계천

▪ 외래어 표기법

유형 : 어문규정 외래어 표기법 제3장 제1절 영어의 표기 제1항~제10항에서 출제된
　　　다. 규정을 외우기보다는 빈출되는 외래어 표기를 정리하는 것이 더 효과적이다.

▪ 필수 외래어 표기 용례

틀린 표기	바른 표기	틀린 표기	바른 표기
고호	**고흐**	부페	**뷔페**
기부스	**깁스**	불독	**불도그**
꽁트	**콩트**	비스켓	**비스킷**
나레이션	**내레이션**	산타크로스	**산타클로스**
나르시즘	**나르시시즘**	삿뽀로	**삿포로**
넌센스	**난센스**	샤마니즘	**샤머니즘**
네델란드	**네덜란드**	섀시	**새시**
뉴우튼	**뉴턴**	소세지	**소시지**
데뷰	**데뷔**	쇼파	**소파**
덴마아크	**덴마크**	수퍼맨	**슈퍼맨**
다이나믹	**다이내믹**	스켓치북	**스케치북**
드라이크리닝	**드라이클리닝**	스티로폴	**스티로폼**
도마토	**토마토**	스태미너	**스태미나**
도우넛	**도넛**	스텐레스	**스테인레스**
럭키	**러키**	슬라브	**슬래브**
런닝셔츠	**러닝셔츠**	신나	**시너**
레크레이션	**레크리에이션**	싱가폴	**싱가포르**
리더쉽	**리더십**	싸인	**사인**
리모콘	**리모컨**	아마튜어	**아마추어**

링겔	**링거**	아울렛	**아웃렛**
랑데뷰	**랑데부**	아이섀도우	**아이섀도**
레포트	**리포트**	악세사리	**액세서리**
마네킹	**마네킹**	알콜	**알코올**
맘모스	**매머드**	알카리	**알칼리**
맛사지	**마사지**	앙케이트	**앙케트**
메세지	**메시지**	앙콜	**앙코르**
메론	**멜론**	앰브런스	**앰뷸런스**
미스테리	**미스터리**	옵사이드	**오프사이드**
쉐이크	**셰이크**	요쿠르트	**요구르트**
바디로션	**보디로션**	워크샵	**워크숍**
바베큐	**바비큐**	윈도우	**윈도**
바하	**바흐**	점버	**점퍼, 잠바**
밧데리	**배터리**	제스추어	**제스처**
뱃지, 배찌	**배지**	쥬라기	**쥐라기**
베에토벤	**베토벤**	쥬스	**주스**
부르조아	**부르주아**	째즈	**재즈**
부쓰	**부츠**	초코렛	**초콜릿**
바게뜨	**바게트**	로얄	**로열**
브라우스	**블라우스**	스프, 숲	**수프**
애드립	**애드리브**	스탭, 스탶	**스태프**
바리깡	**바리캉**	스페샬	**스페셜**
츄리	**트리**	터미날	**터미널**
침팬치	**침팬지**	텔리비전	**텔레비전**
카렌다	**캘린더**	팜플렛	**팸플릿**
카아드	**카드**	팡파레	**팡파르**
캉가루	**캥거루**	팬더	**판다**
캐롤	**캐럴**	퍼머	**파마**
캐비넷	**캐비닛**	페스탈로찌	**페스탈로치**
컨닝	**커닝**	포탈 사이트	**포털 사이트**
컴비네이션	**콤비네이션**	포크레인	**포클레인**

컴플렉스	**콤플렉스**	프랑카드	**플래카드**
컴팩트	**콤팩트**	플래쉬	**플래시**
케찹	**케첩**	홀몬	**호르몬**
코메디	**코미디**	화일	**파일**
콜롬부스	**콜럼버스**	카달로그	**카탈로그**
콩쿨	**콩쿠르**	플룻	**플루트**
콸라룸프르	**쿠알라룸푸르**	비젼	**비전**
커텐	**커튼**	화이팅	**파이팅**
쿠테타	**쿠데타**	멤버쉽	**멤버십**
쿠테타	**쿠데타**	테잎	**테이프**
타부	**터부**	네비게이션	**내비게이션**
빠리	**파리**	카라멜	**캐러멜**
레이다	**레이더**	케익, 케잌	**케이크**
비젼	**비전**	프리젠테이션	**프레젠테이션**
커피숖, 커피샵	**커피숍**	가스렌지	**가스레인지**
네트웍, 네트웤	**네트워크**	까스, 깨스	**가스**
디스켙	**디스켓**	카페트	**카펫**
돈까스	**돈가스**	하일라이트	**하이라이트**
데이타	**데이터**	패미리, 훼미리	**패밀리**
렌트카	**렌터카**	프로포즈	**프러포즈**
참피온	**챔피언**	후라이	**프라이**
가디건	**카디건**	팀웍	**팀워크**
까페	**카페**	토탈	**토털**
자켓	**재킷**	클로바	**클로버**
로케트	**로켓**	코코낫	**코코넛**
수퍼마켓, 슈퍼마켙	**슈퍼마켓**	환타지	**판타지**
썬그라스	**선그라스**	빤찌	**펜치**
사라다, 쌜러드	**샐러드**	컨텐츠	**콘텐츠**

메이컵	**메이크업**	에어콘	**에어컨**
카바	**커버**	스넥	**스낵**
오리지날	**오리지널**	콤파스	**컴퍼스**
콘트롤	**컨트롤**	쥬니어	**주니어**
로보트	**로봇**	노블레스 오블리제	**노블레스 오블리주**
갶	**갭**	타겟	**타깃**
쨈	**잼**	내프킨	**냅킨**

 **기출유형 분석**

1. 다음 중 외래어 표기법에 <u>모두</u> 맞게 적은 것은?

① 싸인(sign), 랑데뷰(rendezvous)

② 콤팩트(compact), 커튼(curtain)

③ 레포트(report), 다이나믹(dynamic)

④ 뷔페(buffet), 드라이크리닝(dry cleaning)

2. 다음 중 현행 외래어표기법에 맞는 것은?

① 쥬스(juice) ② 째즈(jazz)

③ 컴팩트(compact) ④ 커닝(cunning)

3. 다음 중 현행 외래어 표기법에 맞는 것은?

① 비스켓(biscuit) ② 코코낫(coconut)

③ 도넛(doughnut)　　　④ 쨈(jam)

4. 다음 중 현행 외래어 표기법에 맞는 것은?

　① 수프(soup)　　　② 내프킨(napkin)

　③ 애드립(ad lib)　　④ 케잌(cake)

5. 다음 중 외래어의 표기가 맞는 것은?

　① clean 클린　　　② report 레포트

　③ flash 플래쉬　　④ tape 테잎

6. 다음 중 현행 외래어 표기법에 맞지 <u>않는</u> 것은?

　① 캐롤(carol)

　② 밸런타인데이(Valentine Day)

　③ 카메라(camera)

　④ 캐러멜(caramel)

■ 높임법

유형 : 주체 높임법 중 간접 높임, 압존법, 특수 어휘 등을 주로 출제하고 있다. 대학마
다 한 문항 정도는 매번 출제하고 있다.

(1) 주체높임법

① 개념 : 서술어의 주체(주어)를 높이는 표현

② 방법

• 높임 선어말어미 '-(으)시'를 사용

• 주격조사 '-께서'를 사용

• 주어 명사에 '-님'이 붙는다.

• 일부 특수 동사의 사용 : 계시다(있다, 있으시다×), 잡수시다(먹다, 먹으시다×), 주무시
다(자다, 자시다×)

• 주체가 말하는 이보다 높아서 높임의 대상이 된다하더라도, 말 듣는 이가 주체보다
높은 경우에는 주체 높임법을 사용하지 않는다(압존법).

• 주체 높임법은 일반적으로 높여야 할 대상인 주체에 대해 높임의 태도를 나타내는
것이지만, 높여야 할 대상의 신체 부분, 소유물, 생각 등과 관련된 말에도 '-(으)시'를
결합하여 간접적으로 높인다.(간접높임 : 주어와 관련된 대상을 통하여 주어를 간접적으
로 높임. 직접적인 높임의 대상이 아니더라도 주어가 높으면 다'-시'를 붙여 간접적으로 높임)

※ '계시다'는 화자가 주어를 직접 높일 때 사용하고 '있으시다'는 주어와 관련된 대상을
통하여 주어를 간접적으로 높일 때 사용한다.

예) 할아버지, 아버지가 지금 왔습니다.(압존법)

아버지께서는 안방에 계시다.(직접높임)

그분은 아직도 귀가 밝으십니다.(간접 높임)

아버지께서는 시계가 없으십니다.(간접 높임)

선생님은 감기가 드셨다.(간접 높임)

선생님의 말씀이 있으시겠습니다.(간접 높임)

그분은 두 살 된 따님이 있으시다.(간접 높임. 그분과 밀접한 관계가 있는 따님을 간접적으로 높여서 그분을 높이게 되는 표현)

(2) 객체높임법

① 개념 : 서술어의 객체(목적어나 부사)가 지시하는 대상을 높이는 표현

② 방법

- 서술어를 높임 표현으로 사용
- 주로 특수한 동사를 사용 : 모시다(데리다), 드리다(주다), 여쭈다·여쭙다(묻다)
- 조사 '-에게' 대신 '-께'를 사용

예) 나는 아버지를 모시고 병원으로 갔다.(목적어인 아버지를 높임)

　　나는 선생님께 과일을 드렸다.(부사어인 선생님께를 높임)

(3) 상대높임법

① 개념 : 화자가 청자를 높이는 표현

② 방법 : 종결어미를 통해 표현

예) 어머니, 제 말씀 좀 들어보세요.

✔ 기출유형 분석

1. 다음 중 경어법이 올바르지 않은 것은?

① 아버님은 회사에 있으십니다.

② 그분은 살림이 넉넉하십니다.

③ 그 선생님은 따님이 두 분이십니다.

④ 박 선생님은 학교에 볼일이 있으십니다.

2. 다음 언어 예절 표현 중 성격이 다른 하나는?

① 할아버지께서 진지를 드셨다.

② 할머니께서 어릴 적부터 보살펴주셨다.

③ 아버지께서 지금 서울에 계신다.

④ 선생님께 모르는 문제를 여쭈어보았다.

3. 다음 중, 높임법에 어긋난 것은?

① 어멈아, 길동이 아비는 아직 돌아오지 않았느냐?

② 철수야, 선생님께서 영이와 함께 교무실로 오라신다.

③ 이제부터 교장 선생님의 훈화 말씀이 있으시겠습니다.

④ 우리 은사님의 외동 따님이 금년에 우리 학교에 입학하셨다.

4. 다음 중 높임법의 사용이 바른 것은?

① 민국아, 선생님께서 너 빨리 오래.

② 민국아, 선생님께서 너 빨리 오시래.

③ 민국아, 선생님께서 너 빨리 오라더라.

④ 민국아, 선생님께서 너 빨리 오라셔.

5. 다음 중 높임법의 쓰임이 올바른 것은?

① 교수님께서는 내일 세미나가 계세요.

② 요즈음 사돈어른께서는 어떻게 소일하십니까?

③ 할머니, 어머니께서 시장에 가신다고 합니다.

④ 할아버님께서 며느리에게 편지를 드렸어요.

6. 밑줄 친 부분의 높임 표현이 바르게 사용된 것은?

① 우리 할아버지께서 지금 아파.

② 어머님 나이가 어떻게 되시니?

③ 교수님은 평소에 강의가 많이 계십니다.

④ 저는 어제 강의실에서 교수님을 뵈었습니다.

■ 중의적 표현

유형 : 중의적(重義的) 표현은 한 단어나 문장이 여러 가지 의미로 해석되는 경우를 말한다.

① 수식의 중의성 : 수식어와 피수식어의 수식 관계가 불분명한 경우
예) 훌륭한 대학의 대학생(훌륭한 대학/훌륭한 대학생)
☞ 훌륭한 것이 대학인지 대학생인지 모호하다.

② 비교구문의 중의성 : 비교 대상이 모호한 경우
예) 저팔계는 나보다 음식을 더 좋아한다.
☞ 저팔계가 음식을 내가 좋아하는 것 이상으로 좋아하는지 아니면, 나를 좋아하는 것보다 음식을 더 좋아하는지 모호하다.

③ 병렬구조의 중의성 : '~와(과)'를 연결할 때 오는 혼동
예) 어머니께서 사과와 귤 두 개를 주셨다.
☞ 귤이 두 개인지, 사과와 귤이 모두 두 개인지 모호하다.

④ 부정문의 중의성 : 부정문이 이중으로 해석되는 경우
예) 나는 버스를 타지 않았다.(버스를 탄 것은 내가 아니다/내가 탄 것은 버스가 아니다)

⑤ 수량사(數量詞)의 지배 범주에 따른 중의성

예) 5명의 아군이 10명의 적군을 쏘았다.(5명의 아군이 각각 10명씩/아군 5명이 쏜 적군이
　　모두 10명)

⑥ 다의어 · 비유적 표현 등에 의한 중의성

예) 그녀는 귀가 얇다.(귓불이 얇다/남의 말을 잘 듣는다)

⑦ 동음어에 의한 중의성

예) 달이 차다.(만월이다/달빛이 차갑다/만기다 되다/만삭이 되다)

⑧ 조사 '의' 구문의 중의성

예) 과장의 점수가 높다.(과장이 점수를 높게 준다/과장이 받은 점수가 높다)

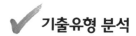 기출유형 분석

1. 다음 중 중의적으로 해석되지 <u>않는</u> 문장은?

　① 동생은 나보다 축구를 더 좋아한다.

　② 용감한, 그의 형은 싸움터에 나갔다.

　③ 나는 그 사람을 안 때렸다.

　④ 학생들이 다 가지 않았다.

2. 이중적으로 해석되지 <u>않는</u> 것은?

　① 예쁜 그녀의 옷차림이 시선을 끈다.

② 오늘은 키가 큰 준원이의 친구 생일이다.

③ 나는 세영이와 서준이를 만났다.

④ 지나친 그녀의 태도가 오히려 마음에 걸린다.

3. 다음 중 가장 명료한 문장은?

① 용감한 그의 아버지는 적군을 향해 돌진했다.

② 내가 가장 존경하는 선배의 스승님께서 오늘 서울에 도착하셨다.

③ 젊은이가 많은 도시를 여행하는 것은 추천할 만하다.

④ 커피를 하루에 두 잔 이상 마시면 몸에 해롭다.

4. 한 가지 의미로만 해석되는 문장은?

① 철수는 지난 주 동생이 대기업에 취직하였다고 말했다.

② 저녁을 안 먹고 온 손님들이 적지 않아 보이는데.

③ 민철이는 그의 동생을 예뻐하고 영수 또한 그렇다.

④ 영희는 동생보다 강아지 코코를 더 좋아하는 것 같다.

■ 중복 표현

유형 : 한 문장에서 한자어 내에 포함된 의미를 인지하지 못하고 같은 의미의 다른 단
　　　어나 어구를 반복 사용하여 그 의미가 중복되는지를 집중적으로 묻고 있으므로
　　　한자어들의 의미를 확실히 숙지해야 한다. 예를 들어서 '승선(乘船)'이라는 단어
　　　는 '배에 올라타다'는 의미를 가지므로, '배에 승선하다'는 중복 표현이 된다. 다
　　　음의 사례를 반드시 숙지해야 한다.

가까운 근방(近方)	경험(經驗)을 겪다	늙은 노인(老人)
가까이 접근(接近)하다	계속된 연휴(連休)	다시 부활(復活)하다
가뭄이 해갈(解渴)되다	고목(古木) 나무	다시 복습(復習)하다
간단히 요약(要約)하다	과반수(過半數) 이상	다시 소생(蘇生)하다
같은 동갑(同甲)	과반수(過半數) 넘는	다시 재발(再發)하다
같은 동포(同胞)	근거 없는 낭설(浪說)	다시 재회(再會)하다
거의 대부분	기간(其間) 동안	다시 재고(再考)하다
결실(結實)을 맺다	날조(捏造)된 조작(造作)	담임(擔任)을 맡다
계속(繼續) 속출(續出)하다	남은 여생(餘生)	대관령(大關嶺) 고개
곧바로 직행(直行)	남해(南海) 바다	더러운 누명(陋名)
곰곰이 숙고(熟考)	넓은 광장(廣場)	더불어 함께
공기를 환기(換氣)하다	뇌리(腦裏) 속에	돌이켜 회고(回顧)하다
구전(口傳)으로 전해지다	눈부시게 현란(眩亂)한	둥근 원(圓)
금발(金髮)의 머리털	낙엽(落葉)이 떨어지다	둘로 양분(兩分)하다
긴 장대(長대)	낯설은 객지(客地)	뒤로 후진(後進)하다
가장 최선(最先)의 방법	너무 과식(過食)하면	따뜻한 온정(溫情)
가장 최근(最近)	널리 보급(普及)되다	따뜻한 온수(溫水)
개인적 사견(私見)	높은 고온(高溫)	떨어진 낙엽(落葉)

떨어지는 낙숫(落水)물
똑바로 직시(直視)하다
말로 형언(形言)할 수 없다
말로 담판(談判)
매(每) 시간마다
미리 예고(豫告)하다
미리 예견(豫見)하다
미리 예방(豫防)하다
미리 예비(豫備)하다
미리 예상(豫想)하다
모두 다
모두 매진(賣盡)
박수(拍手)를 치다
밖으로 표출(表出)하다
배에 승선(乘船)하다
부모를 잃은 미아(迷兒)
보는 관점(觀點)
빈 공간(空間)
뼛 골(骨)
사실과 다르게 와전(訛傳)
새 신랑(新郎)
새 신작(新作)
새로 입학한 신입(新入)생
새로 개발한 신제품(新製品)
서울로 귀경(歸京)하다
선방(善防)을 잘해서
스스로 자각(自覺)
쓰이는 용도(用途)
서로 상극(相剋)
서로 상충(相衝)

수확(收穫)을 거두다
시원한 냉수(冷水)
아직 받지 못한 미수금(未收金)
아픈 통증(痛症)
어려운 난제(難題)
여가(餘暇) 시간
여명(黎明)이 밝다
여성 자매(姉妹)
옥상(屋上) 위
이름난 명산(名山)
유명(有名)하게 이름난
유산(遺産)을 물려주다
아침 조반(朝飯)
앞으로 전진(前進)
어린 소년(少年)
여분(餘分)이 남다
역전(驛前) 앞
완전히 전멸(全滅)
일찍이 조실부모(早失父母)하다
이른바 소위
자리에 착석(着席)하다
잘못 와전(訛傳)되었다
전설(傳說)이 전해지다
젊은 청년(靑年)
좋은 호평(好評)
집에서 가출(家出)하다
잘못 오인(誤認)하다
잘못 오도(誤導)하다
접수(接受) 받다
지나가는 과객(過客)

죽은 시체(屍體)
차에 승차(乘車)하다
처음 시작(始作)하다
차가운 냉기(冷氣)
처갓(妻家)집
처음부터 초지일관(初志一貫)
하다
크게 대로(大怒)하다
크게 대승(大勝)하다
큰 대문(大門)
큰 대로(大路)
투고(投稿)한 원고
파편(破片) 조각
필요한 필수품(必需品)
푸른 창공(蒼空)
폭음(爆音) 소리
피해(被害)를 입다
피할 수 없는 불가피(不可避)한
한옥(韓屋) 집
해변(海邊)가
현안 문제(問題)
호피(虎皮) 가죽
홀로 독수공방(獨守空房)
혼자 독학(獨學)
하얀 백마(白馬)
허연 백발(白髮)
함성(喊聲) 소리
현재 재학(在學)
황토(黃土) 흙

✔ 기출유형 분석

1. 밑줄 친 부분에 의미의 중복이 없고 자연스러운 것은?

① 골키퍼가 <u>선방을 잘해서</u> 실점을 면하고 위기를 넘겼습니다.

② 그때에 우리나라에는 <u>유명하게 이름난</u> 축구 선수도 없었습니다.

③ 공격수가 터치라인을 따라 볼을 <u>치고 들어가서</u> 동료에게 패스했습니다.

④ 설문조사 대상 백 명 중 <u>과반수가 넘는</u> 육십 명이 축구가 좋다고 답했습니다.

2. 중복되는 말이 <u>없는</u> 것은?

① 너무 과식하면 건강을 해치니 적당히 드시기 바랍니다.

② 스스로 각성할 줄 아는 사람은 남보다 허물이 적습니다.

③ 곧 장마철이 다가온다니 홍수 피해를 입을까 걱정됩니다.

④ 산불을 미리 예방하도록 등산객에게 교육을 해야 합니다.

3. 다음 중 중복 표현이 <u>없는</u> 문장은?

① 〈나는 가수다〉는 가장 최근에 인기를 끌고 있는 프로그램이다.

② 대학생들 거의 대부분이 등록금 문제로 고통을 받고 있다고 한다.

③ 관심을 끌었던 그 사건은 날조된 조작이었던 것으로 밝혀졌다.

④ 경찰이 소굴에 들이닥치자 범인들은 황급히 사방으로 흩어졌다.

4. 밑줄 친 부분이 의미가 중복되지 <u>않는</u> 것은?

① 가을이 되면 <u>눈부시게 현란한</u> 단풍이 모든 산들을 들불처럼 뒤덮습니다.

② 잎을 떨어뜨리고 죽은 듯이 움츠려 있던 나무들은 <u>봄이면 다시 소생합니다.</u>

③ 단풍은 나무들이 겨울을 <u>이겨내기 위한 고육책</u>으로 만든 것이라고 합니다.

④ 땅에 <u>떨어진 낙엽은</u> 썩어서 부모 같은 나무에게 꼭 필요한 자양분을 제공합니다.

5. 다음 중 중복된 표현이 <u>없는</u> 것은?

① 해변가에 큰 건물이 우뚝 서 있다.

② 쓰이는 용도에 따라 잘 골라 써야 한다.

③ 택시를 탄 승객에게 친절해야 한다.

④ 시집을 읽는 사람들이 점점 줄어들고 있다.

6. 중복 표현이 <u>없는</u> 것은?

① 아군은 먼저 선수를 쳤다.

② 명절을 대비해서 기차표를 미리 예약을 했다.

③ 이 작품이 쓰인 때는 몹시도 혼란스러운 시절이었다.

④ 자유로운 의견 교환을 나눌 수 있어서 좋았습니다.

■ 피동과 사동

유형 : 피동과 사동의 남용을 고르는 문제가 주로 출제되는데, 이중피동으로 잘못 쓰이
      는 빈출 어휘를 외워두는 것이 효과적이다.

■ 피동(被動)

문장은 동작이나 행위를 누가 하느냐에 따라 능동문과 피동문으로 나뉘는데, 주어가
자기 힘으로 동작을 하는 것을 능동(能動)이라 하고, 주어가 스스로 행동하지 않고 남
의 동작을 받는 것을 피동(被動)이라 한다. 'X-가 Y-를 능동사'가 'Y-가 X-에게(/에 의
해) 피동사'로 교체될 수 있다.

(1) 피동문 만들기

 1) 능동사의 어간 + 피동접사 '이, 히, 리, 기'
 2) 용언의 어간 + [되다, ~게 되다, ~아/어+지다]

(2) 이중피동 : 피동사 또는 피동의 의미가 있는 동사에다가 **'지다'**를 붙여 피동의 의미를
불필요하게 두 번 쓰는 것으로 비문이다.

예) 읽히어지다(읽+히+어지다) → '읽다, 읽히다'로 써야 한다.

 놓여지다(놓+이+어지다) → '놓다, 놓아지다, 놓이다'로 써야 한다.

 쓰여지다(쓰+이+어지다) → '쓰다, 쓰이다'로 써야 한다.

 되어지다(되다+어지다, '되다'는 본래 피동사) → '되다'로 써야 한다.

 담겨지다(담+기+어지다) → '담다, 담기다'로 써야 한다.

불리어지다(불+리+어지다) → '불리다'로 써야 한다.

보여지다(보+이+어지다) → '보다, 보이다'로 써야 한다.

잡혀지다(잡+히+어지다) → '잡다, 잡히다'로 써야 한다.

믿겨지다(믿+기+어지다) → '믿다'의 피동형은 믿어지다, 믿기다

잊혀지다(잊+히+어지다) → '잊다'의 피동형은 잊어지다, 잊히다

끊겨지다(끊+기+어지다) → '끊다'의 피동형은 끊어지다, 끊기다

씻겨지다(씻+기+어지다) → '씻다'의 피동형은 씻어지다, 씻기다

잠겨지다(잠+기+어지다) → '잠기다'로 써야 한다.(잠기다가 피동형이므로 '지다'가 불필요)

수리되어지다 → '수리되다'로 써야 한다.

그렇게 생각되어집니다 → '생각됩니다'로 써야 한다.

■ 사동(使動)

주어가 남에게 동작을 하도록 시키는 것을 사동이라 한다. 사동접미사 '우, 구, 추'는 사동문에만 쓰이므로, '태우다, 돋구다, 낮추다'등은 언제나 사동문에만 쓰인다. 사동형 문장에는 목적어가 필요하다.

• 사동 접미사 : '이, 히, 리, 기, 우, 구, 추'

• 사동 표현의 남용

① '-하다'를 쓸 곳에 '-시키다'를 사용한 경우

예) 잡상인의 출입을 금지시키기로 했다. → 금지하기로

   내가 친구 한 명을 소개시켜줄게 → 소개해줄게

② 과도한 사동 접사 사용

예) 가슴 설레이며 → 설레며   /   손을 데였다 → 데었다.

✔ 기출유형 분석

1. 다음 중 가장 자연스러운 문장은?

① 미래를 지향하는 장기적인 계획이 짜여져야 할 시점이다.

② 거센 풍랑을 만나자 그 커다란 배마저 뒤집어지고 말았다.

③ 당국이 나섰으니 그 문제는 조만간 해결될 것으로 보여진다.

④ 자연이 훼손되어지는 무분별한 녹지개발은 막아야 한다.

2. 다음 중 올바른 문장은?

① 열려져 있는 창문으로 모기가 들어왔다.

② 이런 곳에서 내가 생활한다는 것이 믿겨지지 않는다.

③ 컴퓨터를 구매하시면 저희 회사가 직접 교육해 드립니다.

④ 내가 졸업식장에 도착되었을 때에는 이미 모든 것이 끝난 후였다.

3. 표현이 가장 자연스러운 문장은?

① 선생님께서는 영철이에게 책을 읽히셨다.

② 그 많은 돈이 어떻게 쓰여졌는지 확인해 볼 필요가 있어

③ 이번 태풍은 워낙 강력해서 악마의 눈물로 불리우고 있습니다.

④ 사회 불안을 야기시키는 그 어떤 불법적 행동도 용납할 수 없어.

텍스트 추론

유형 : 요즘 들어 출제빈도가 매우 높아진 유형이다. 수능 언어영역 문학지문, 비문학지
　　　문 문제를 많이 풀면 도움이 된다. 수능 난이도의 70% 수준 정도 문제가 출제되
　　　기 때문에, 논리력, 어휘력, 어법보다 더 쉽게 풀 수 있다.

■ 문학

유형 : 문학 문제를 풀기 위해서는 주어진 작품의 일부 지문을 잘 분석하는 것도 중요
　　　하지만, 작품의 작자 및 주제, 표현상 특징 등의 배경지식을 가지고 있는 것도 중
　　　요하다. 사전 정보를 통해 문제를 풀면 시간을 절약하면서 훨씬 쉽고 정확하게
　　　답을 찾을 수 있기 때문이다. 교과서 작품을 기본으로, 수능 문제집 등에 나오
　　　는 작품들에서 유명한 작가의 작품 등이 주로 출제된다. 시나 시조의 경우 작품
　　　의 주제를 묻는 문제, 소설의 경우에는 주제 및 표현 특징에 관한 문제가 주를 이
　　　룬다. 작가에 대한 문제, 작품명, 문예사조 등 작품 외적 지식을 묻는 문제도 출
　　　제된다. 교과적성형 대학에서 주로 출제되었지만, 최근에는 순수적성형 대학에
　　　도 출제가 되고 있다.

▶**출제 경향** : 상고시대의 문학에서부터 현대 문학에 이르기까지 다양한 시대의 문학 작
　　품이 시, 시조, 소설, 수필 등 전 분야에서 주어진다. 제시문을 주고 해당 작품에 관한
　　질문을 하는 문제, 제시문에 주어진 정보만을 가지고 푸는 문제, 작가나 작품 등 외적
　　지식이 있어야 풀 수 있는 이론형 문제도 등장한다.

❖ 운문 문학

운문 문학에서는 주제, 함축적 의미, 시상전개 방식, 수사법, 이미지와 정서, 시적 화자의 태도 등이 주로 출제된다. 또한 감상 관점을 묻는 유형도 자주 등장하고 있다.

〈대표적 문제 유형〉

- 이 글에 대한 설명으로 알맞지 않은 것은?
- 다음 글에서 드러나는 화자의 삶의 태도와 유사한 것은?
- ⓐ가 함축하고 있는 의미로 알맞은 것은?
- 다음 글에서 드러나는 시적 화자의 정서는?
- 위 글을 감상하는 관점이 다른 하나는?
- ⓐ에서 드러나는 수사법이 사용되지 않은 것은?

❖ 산문 문학

산문 문학에서는 작품을 제시하고 주제, 소재, 서술자의 태도, 서술상의 특징, 인물의 심리, 현실 대응방식 등을 묻는 문제가 주로 출제된다. 또한 작품의 감상 관점도 자주 출제되는 유형이다.

〈대표적 문제 유형〉

- 이 글에 대한 설명으로 알맞지 않은 것은?
- ⓐ의 상징적 의미로 볼 수 없는 것은?
- 위 작품에서 '나'에 대한 설명으로 알맞지 않은 것은?
- 위 작품의 시점은?
- 위 글을 감상하는 관점이 다른 하나는?

- 위 글에서 나타난 인물 제시방법과 거리가 먼 것은?

- 이 글을 통해 알 수 있는 당시 사회상이 아닌 것은?

■ 꼭 알아야 하는 개념

1. 문학작품의 감상 관점

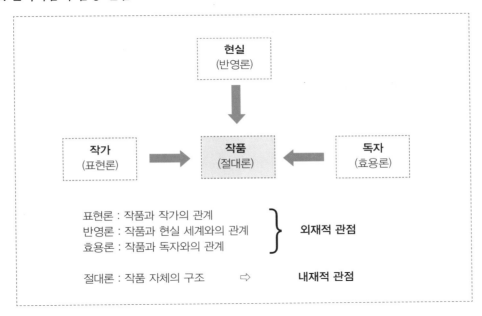

2. 시점의 종류

1인칭	1인칭 주인공 시점
	1인칭 관찰자 시점
3인칭	3인칭 작가 관찰자 시점
	3인칭 전지적 작가 시점

- **1인칭 주인공 시점** : 주인공이 자기 자신의 이야기를 하는 시점. 서술자(나)의 심리 변화를 직접 제시함. '서술자 = 나 = 주인공'
- **1인칭 관찰자 시점** : 작품 속의 '나'가 다른 인물(주인공)의 이야기를 관찰하여 전달함. 서술자 = 나 ≠ 주인공
- **3인칭 작가 관찰자 시점** : 작가가 작품 밖에서 겉으로 보이는 인물의 행동이나 말등 외적 상황만을 서술하는 시점
- **3인칭 전지적 작가 시점** : 작가가 전지전능한 위치에서 인물에 사건에 대해 모두 서술함

3. 인물 제시 방법

- **직접 제시 (말하기 – telling)**

  작가가 직접적으로 등장인물의 특성이나 성격을 설명하는 방식

  (1인칭 주인공, 3인칭 전지적 작가 시점)

- **간접 제시 (보여주기 – showing)**

  등장인물의 대화, 행동을 통해 인물의 성격이나 심리를 드러내는 방법

  (1인칭 관찰자, 3인칭 작가 관찰자 시점)

4. 공감각(共感覺)

어떤 자극에 의하여 일어나는 하나의 감각이 동시에 다른 영역의 감각을 불러일으키는 일. 예를 들면 소리를 듣고 빛깔을 느끼는 경우 등이 이에 속함.

- 분수처럼 흩어지는 푸른 종소리(청각의 시각화)
- 태양의 즐거운 울림(시각의 청각화)
- 동해 쪽빛 바람에(촉각의 시각화)

• 나는 향기로운 님의 말소리에 귀먹고(청각의 후각화)

5. 수사법

글쓴이는 자신의 생각과 느낌을 효과적으로 전달하기 위해서 여러 가지 표현 방법을 사용하여 글을 쓴다. 이 표현 방법을 수사법(修辭法)이라고 한다.

직유법과 은유법

(1) 직유법

원관념을 보조관념에 직접적으로 연결시킨 수사법이다. 이를 '명유(明喩)'라고도 하는데, '마치, 흡사, -같이, -처럼, -양, -듯' 등의 표현을 사용하여 원관념을 뚜렷하게 제시한다.

예) 구름에 달 가듯이 가는 나그네.

　　내 누님같이 생긴 꽃이여

　　꽃의 둘레에는 밀물처럼 밀려오는 언어가 불꽃처럼 타다가 꺼져도.

(2) 은유법

원관념과 보조관념을 직접적으로 연결시키지 않고 간접적으로 연결시키는 방법으로 '암유(暗喩)'라고도 한다. 전혀 다른 두 가지의 내용을 같은 성질로써 연결시키는 방법으로, 직유법처럼 원관념과 보조관념이 표면에 직접 나타나거나 대립되지 않는다. 'A(원관념)는 B(보조관념)다.', 'A(원관념)의 B(보조관념)'의 형태로 나타난다. 즉, **"A like B"의 형태가 직유라면, "A is B"의 형태가 은유이다.**

예) 오늘 우리는 역사의 능선을 오르고 있다.(A의 B)

　　이것은 소리 없는 아우성(A = B)

내 마음은 호수요, 그대 저어 오오.(A = B)

은총의 돌층계, 섭리의 자갈밭(A의 B)

의인법과 활유법

(1) 의인법

사람이 아닌 무생물이나 동식물에 사람의 인격을 부여하여 그 생각과 행동을 표현하는 방법

원관념은 무생물, 보조관념은 사람

예) 바다여 날이면 날마다 속삭이는 너의 수다스런 이야기에 지쳐

예) 새가 노래한다.

예) 강물이 춤을 춘다.

(2) 활유법

무생물을 생물로 표현하는 방법. 단순히 생물적 특성을 부여하여 표현.

원관념은 무생물, 보조관념은 생물

예) 나무는 따가운 햇살 아래에서 하늘높이 고개를 쳐들고 있었다.

　　냉장고는 배고픈 우리에게 크게 입을 벌렸다.

　　(고개를 쳐드는 것이나 입을 벌리는 것은 사람뿐 아니라, 동물도 할 수 있는 행동이다.)

대유법 : 제유법과 환유법

(1) 제유법

그 사물이나 대상이 속한 종류 중에서 하나를 갖고 전체를 표현하는 방법

예) 사람은 빵만으로 살 수 없다.(빵은 먹을 것의 일부로서 음식, 먹는 행위 전체를 나타낸다)

새 노래는 공으로 들으려오.(새 노래는 자연의 일부로서 자연에 파묻혀 사는 삶 전체를 가리킨다)

강호(江湖)에 병이 깊어 죽림(竹林)에 누웠더니. '강호(江湖)'는 자연의 일부로서 자연 전체를 나타낸다.

(2) 환유법

사물이나 대상의 속성 또는 그것과 밀접한 관계가 있는 다른 사물을 통해 표현하는 방법

예) <u>왕관</u>을 물려받았다.(왕관은 왕위라는 속성을 나타내는 사물)

<u>양복쟁이</u>들이 몰려왔다.(양복은 유식한 사람을 나타내는 사물)

눈물 비친 <u>흰 옷자락</u>(흰 옷자락은 우리 민족의 속성을 나타내는 사물)

은유와 대유의 차이점

은유는 원관념과 보조관념이 본뜻에서 거리가 멀고 두 관념이 모두 드러나는데, 대유는 두 관념의 거리가 가깝고 원관념이 표현 속에 직접 드러나지 않는다.

예) 내 마음은 호수요 : 사람의 마음은 본뜻에서 호수와 관계없다. 또한 원관념(내 마음)과 보조관념(호수)이 표현 속에 모두 드러난다. → 은유

나에게 자유와 빵을 달라 : 빵은 사람이 먹는 음식의 대표적인 종류이므로 음식과 빵은 본뜻에서 거리가 가깝다. 또 원관념(음식)이 표현 속에 드러나지 않는다. → 대유

비교법과 대조법

(1) 비교법

성질이 비슷한 두 가지의 사물이나 내용을 서로 비교하여 대상을 강조하는 방법이다. '-만큼', '-보다' 등의 비교격 조사를 사용한다.

예) 너의 넋은 수녀보다도 더욱 외롭구나.

  강낭콩보다도 더 푸른 그 물결 위에 양귀비꽃보다도 더 붉은 그 마음 흘러라.

(2) 대조법

표현하려는 내용과 의미상 대립 관계에 있는 단어나 구절을 통해 그 차이점을 부각시
킴으로써 강조하여 표현하는 방법

예) 인생은 짧고 예술은 길다.(단어의 대조)

  산천은 의구(依舊)하되 인걸은 간 데 없다.(의미의 대조)

과장법

표현하려는 대상이나 본뜻을 실제보다 부풀려서, 또는 축소시켜 표현하는 방법

예) 눈이 빠지도록 기다렸다.

  모기 소리만 한 목소리

풍유법

표현하고자 하는 원관념을 완전히 숨기고 그 내용을 보조관념만을 내세워 암시하는 방
법이다. 이는 부분적인 문장에만 사용되지 않고 글 전체, 작품 전반에 사용되기도 하는
데, 이 때문에 풍자의 기능이 강하다.

예) 빈 수레가 더 요란하다.(빈 수레는 지식이 없고 교양이 부족한 사람을 표현하고 있다.)

돈호법

대상의 이름을 불러서 주의를 환기시키는 방법

예) 동포 여러분! 나 김구의 소원은 이것 하나밖에는 없다.

설의법

누구나 다 아는 사실을 짐짓 의문형식으로 제시하여 독자가 스스로 결론을 내리게 하는 표현법

예) "그러면 이 나라의 주인은 누구입니까?(바로 국민 여러분입니다)"

　　"그리스도는 악인(惡人)이었습니까?(아닙니다. 그는 성인이었습니다)"

반어법

표현하고자 하는 내용과 일부러 반대되게 표현함으로써 변화를 주는 방법

예) (잘못하는 일을 보고)참 잘한다. 운수 좋은 날

역설법

겉으로 드러난 의미는 이치에 안 맞는 듯하나, 이를 통해 말하고자 하는 내용을 더욱 절실히 드러내는 표현 방법

예) 찬란한 슬픔, 소리 없는 아우성

반어와 역설의 차이점

• 운수 좋은 날 : 표현 자체는 의미상 모순이 없지만, 상황과 비교할 때 반대로 말했으므로 ☞ 반어

• 텅 빈 충만 : 표현 자체에 모순점이 있지만 그 속에 진실이 숨어 있으므로 ☞ 역설

• 반어 : 표현과 속뜻의 괴리(有), 논리적 모순(無) = "의미상의 모순"

예) 성적이 좋은 걸, 운수 좋은 날, 잘 먹고 잘 살아라, 참 잘하는 짓이다, 늙으면 죽어야 돼, 잘 났어, 정말

• 역설 : 표현과 속뜻의 괴리(無), 논리적 모순(有) = "표현상의 모순"

예) 찬란한 슬픔, 소리 없는 아우성, 텅 빈 충만, 작은 거인, 쾌락의 고통, 사랑의 증오, 지
   는 것이 이기는 것이다, 바쁘거든 돌아서가라, 님은 갔지마는 나는 님을 보내지 아
   니 하였습니다.
 • 상징 : 형상이나 관념을 구체적인 모양으로 바꾸어 대신 나타냄. 원관념을 나타내지 않음
예) 무궁화 → 우리나라, 비둘기 → 평화, 십자가 → 기독교

 기출유형 분석(문학)

1. 다음과 같은 성격의 표현은?

 • 작은 거인   • 텅빈 충만   • 쾌락의 고통

---

① 사막의 오아시스
② 소리 없는 아우성
③ 장미 같은 미소
④ 두 바퀴로 가는 자동차

2. 다음 시에 드러난 '나'의 성향은?

훗날에 훗날에 나는 어디에선가
이 이야기를 할 것입니다.
숲속에 두 갈래 길이 갈라져 있었다고,

나는 사람이 적게 간 길을 선택하였다고,

그것으로 해서 모든 것이 달라졌다고.

– 프로스트, 가지 않은 길

① 낙천적   ② 주체적   ③ 염세적   ④ 이타적

3. 다음 중 표현법이 다른 것은?

① 환한 미소의 태양

② 사랑에 굶주린 바다

③ 푸른 색깔의 노랫말

④ 노동에 지친 꽃잎

4. 다음 작품에 대한 설명으로 적절하지 않은 것은?

㉠ <u>남으로 창을 내겠소.</u>

㉡ <u>밭이 한참갈이</u>

괭이로 파고

호미론 풀을 매지요.

㉢ <u>구름</u>이 꼬인다 갈 리 있소.

새 노래는 공으로 들으랴오.

강냉이가 익걸랑

함께 와 자셔도 좋소.

ⓔ <u>왜 사냐건</u>

웃지요

　　　　　　　　　　　　　　- 김상용, 남으로 창을 내겠소

① ㉠은 시적 화자의 소망을 단적으로 드러내고 있다.
② ㉡은 시적 화자가 분수에 맞는 삶의 추구가 드러난다.
③ ㉢은 전원생활에서의 고귀한 정신적 가치를 의미한다.
④ ㉣은 삶에 대한 초월과 달관의 자세를 함축적으로 표현한다.

5. 다음 글의 내용으로 볼 때, 괄호 안에 들어갈 가장 적절한 말은?

우리 모두 (　　)이/가 되어
온몸으로 가자.
허공 뚫고
온몸으로 가자.
가서는 돌아오지 말자.
박혀서
박힌 아픔과 함께 썩어서 돌아오지 말자.

허공이 소리친다.
허공 뚫고
온몸으로 가자.
저 캄캄한 대낮 과녁이 달려온다.

① 연   ② 강물   ③ 화살   ④ 메아리

6. 다음은 청산별곡의 일부이다. 각 연의 주제가 나머지 셋과 다른 것은?

> ㉮ 가다가 가다가 드로라 에정지 가다가 드로라,
>
>   사스미 짒대예 올아서 奚琴을 혀거를 드로라.
>
> ㉯ 이링공 뎌링공 ᄒᆞ야 나즈란 디내와손뎌.
>
>   오리도 가리도 업슨 바므란 ᄯᅩ 엇디 호리라.
>
> ㉰ 우러러 우러라 새여, 자고 니러 우러라 새여.
>
>   널라와 시름 한 나도 자고 니러 우니노라.
>
> ㉱ 가던 새 가던 새 본다. 믈 아래 가던 새 본다.
>
>   잉무든 장글란 가지고, 믈 아래 가던 새 본다.

① ㉱   ② ㉰   ③ ㉯   ④ ㉮

7. ㉠ 흰 새떼에 대한 설명으로 가장 알맞은 것은?

> 영화가 시작하기 전에 우리는
>
> 일제히 일어나 애국가를 경청한다.
>
> 삼천리 화려 강산의
>
> 을숙도에서 일정한 군(群)을 이루며
>
> 갈대 숲을 이룩하는 ㉠흰 새떼들이
>
> 자기들끼리 끼룩거리면서

자기들끼리 낄낄대면서

일열 이열 삼열 횡대로 자기들의 세상을

이 세상에서 떼어 메고

이 세상 밖 어디론가 날아간다.

우리도 우리들끼리

낄낄대면서

깔쭉대면서

우리의 대열을 이루며

한 세상 떼어 메고

이 세상 밖 어디론가 날아갔으면 하는데

대한 사람 대한으로 길이 보전하세로

각각 자기 자리에 앉는다.

주저앉는다.

① 화자의 소망을 실현시켜 줄 자연물

② 화자에게 원망의 존재

③ 화자가 비판하고자 하는 대상

④ 화자가 부러워하는 존재

8. 다음 작품에 대한 설명으로 적절하지 <u>않은</u> 것은?

윤직원 영감은 팔을 부르걷은 주먹으로 방바닥을 땅-치면서 성난 황소가 영각을 하듯 고함을 지릅니다.

"화적패가 있너냐아? 부랑당 같은 수령(守令)들이 있너냐? …… 재산이 있대야 도적놈의 것이오, 목숨은 파리 목숨 같던 말세(末世)년 다— 지내가고 오……, 자— 부아라, 거리거기 순사요 골골마다 공명헌 정사(政事), 오죽이나 좋은 세상 이여…… 남은 수십만 명 동병(動兵)을 히여서, 우리 조선놈 보호히여 주니, 오죽 이나 고마운 세상이여? …… 웅? …… 것 지니고 앉어서 편안하게 살 세상, 이걸 태평 천하라구 하는 것이여, 태평 천하! ……그런데 이런 태평 천하에 태어난 부 잣집놈의 자식이 더군다나 왜 지가 땅땅거리구 편안허게 살 것이지, 어찌서 지가 세상 망쳐 놀 부랑당패에 참섭(參涉)을 헌담 말이여, 으웅?"

땅-바닥을 치면서 벌떡 일어섭니다. 그 몸짓이 어떻게도 요란스럽고 괄괄한지, 방 금 발광이 되는가 싶습니다.

- 채만식, 태평천하

① 일제 강점기의 현실을 '태평천하'로 인식하는 반사회적, 반민족적 인물이 등장하고 있다.

② 작품의 제목을 '태평천하'라고 정한 것에는 작가의 반어적 의도가 담겨 있다.

③ 판소리 사설의 문체를 활용하여 주제를 강화하고 있다.

④ 서술자는 작품 밖 객관적 위치에서 인물과 상황에 대해 묘사하고 있다.

[9-10] 다음 글을 읽고 물음에 답하시오.

가난하다고 해서 외로움을 모르겠는가,

너와 헤어져 돌아오는

눈쌓인 ㉠골목길에 새파랗게 ㉡달빛이 쏟아지는데.

가난하다고 해서 두려움이 없겠는가,

두 점을 치는 소리

방범대원의 호각소리, 메밀묵 사려 소리에

눈을 뜨면 멀리 육중한 ⓒ기계 굴러가는 소리.

가난하다고 해서 (ⓐ)을 버렸겠는가,

어머님 보고 싶소 수없이 뇌어보지만

집 뒤 감나무에 까치밥으로 하나 남았을

ⓒ새빨간 감 바람소리도 그려보지만.

가난하다고 해서 (ⓑ)을 모르겠는가,

내 볼에 와 닿던 네 입술의 뜨거움,

사랑한다고 사랑한다고 속삭이던 네 숨결,

돌아서는 내 등 뒤에 터지던 네 울음.

가난하다고 해서 왜 모르겠는가,

가난하기 때문에 이것들을

이 모든 것들을 버려야 한다는 것을.

- 신경림, 가난한 사랑 노래

9. ㉠~㉣중 '그리움'의 정서를 환기시키는 소재로 적절한 것은 ?

① ㉠   ② ㉡   ③ ㉢   ④ ㉣

10. ( ) 안에 들어갈 적당한 말로 바르게 연결된 것은?

① ⓐ : 그리움, ⓑ : 사랑

② ⓐ : 서글픔, ⓑ : 사랑

③ ⓐ : 그리움, ⓑ : 연민

④ ⓐ : 서글픔, ⓑ : 연민

[11-12] 다음의 시 작품을 읽고 질문에 답하시오.

> 매운 계절의 채찍에 갈겨
> 마침내 북방(北方)으로 휩쓸려 오다.
>
> 하늘도 그만 지쳐 끝난 고원(高原)
> 서릿발 칼날진 그 위에 서다.
>
> 어디다 무릎을 꿇어야 하나
> 한 발 재겨 디딜 곳조차 없다.
>
> 이러매 눈감아 생각해 볼밖에
> ㉠ 겨울은 강철로 된 무지갠가 보다.

11. 위의 시 작품에 대한 설명으로 적절하지 않은 것은?

① 기승전결의 구성 방식을 취하고 있다.

② 현재형 시제를 사용하여 긴박감을 주고 있다.

③ 남성적 언어로 강인한 의지를 표출하고 있다.

④ 극한 상황의 힘겨움에 좌절하고 있다.

12. ㉠의 표현 방법으로 적합한 것은?

① 역설　　② 반어　　③ 환유　　④ 제유

13. 고전소설의 서술상 특징이 <u>아닌</u> 것은?

① 시간의 역전이 전혀 없다.

② 사건과 사건 사이에 인과성이 빈약하다.

③ 상투적이고 유형화된 표현이 자주 쓰인다.

④ 인물의 심리 묘사가 세밀하고 입체적이다.

14. 다음 설명에 해당하는 작가는?

> • 분단 문제, 여성 문제, 중산층 문제 등을 작품의 주요 소재로 삼은 작가
> • 고향 황해도 박적골에서의 어린 시절과, 여덟 살 때 아버지가 급성 맹장염으로 돌아가신 뒤 서울로 이주하여 한국전쟁이 발발할 때까지의 개인사적 기록을 어머니와 나의 대립 관계로 드러낸 〈엄마의 말뚝〉이 작가의 대표작으로 꼽힌다.

① 박경리　　② 박완서

③ 오정희　　④ 신경숙

■ 비문학

1. 비문학 문제 유형

(1) 핵심어(주제어) 찾기, 주제 및 화제 찾기, 제목 찾기

① 핵심어 찾기

핵심어는 반복적으로 제시되며, 같은 뜻의 다른 단어로 제시되는 경우도 많다. 적성검사에서는 핵심어만 단순하게 모아서 제목, 주제 문장, 글의 주요 내용을 찾을 수 있는 간단한 문제가 많다. 즉, 핵심어가 중심이 되어 주제 문장이 되고, 주제 문장이 모여서 글의 주된 내용이 된다.

② 주제 및 화제 찾기

적성검사에 출제되는 글은 대부분 단문이고 주제가 문두나 문미에 놓여진다. 시간이 없을 때는 단락의 앞과 뒤만 읽고 주제를 찾는 것도 한 방법이다. 여러 단락이 나오는 지문은 첫 단락과 마지막 단락을 먼저 읽는 연습을 하자. 처음 단락에는 전체 글이 어떻게 전개될지에 대한 정보가 있고, 마지막 단락은 결론이 되는 경우가 많다. 주제 및 화제 찾기는 핵심어를 먼저 찾고, 핵심어의 내용이 담긴 주제 문장을 찾거나 만들어본다.

③ 제목 찾기

주제를 단순히 나열하거나 너무 자세히 서술하지 않은 함축적이며 거시적인 글의 전체 내용을 아우를 수 있는 표현을 고르는 것이 좋다.

(2) 단어, 문장, 접속어 넣기

단어를 넣는 문제는 전체 글의 주제를 나타내는 단어 즉 핵심어를 찾는 문제가 많다. 알맞은 문장을 찾는 문제도 글 전체의 주제를 포괄하는 문장을 찾아야 한다.

접속어를 넣는 문제는 앞 뒤 문장 간의 선후관계와 인과관계를 잘 유추해야 하며, 접속어의 종류와 쓰임을 이해해야 한다.

(3) 내용 이해

내용과 일치하는 것 혹은 일치하지 않는 것을 고르는 문제, 내용을 바탕으로 추론하는 문제, 서술상의 특징을 묻는 문제, 글쓴이의 태도 등을 묻는 유형이다.

(4) 문장 배열

접속어에 대한 이해가 필수적이다. 각 문장의 앞에 있는 접속어를 보면 앞뒤 문장의 관계를 알 수 있다. 먼저 글의 논리적 전개상 인접 문장을 찾아야 한다. 즉, 앞 문장에 나온 단어 혹은 구문이 어디서 반복되는지 확인하고 두 문장을 밀접하게 배치해야 한다. 바로 앞에 나온 단어나 표현 등을 그대로 받아 다음 문장에서 사용하는 경우가 많기 때문이다. 또한 지시어가 무엇을 가리키는지, 핵심어가 같은 내용의 다른 어휘로 어떻게 바뀌는지를 살펴야 한다.

2. 지시어와 접속어

(1) 지시어의 종류

지시어는 사물이나 사물의 상태, 장소 등을 직접 가리키거나, 앞에 나온 말이나 문장을 대신하여 가리킬 때 사용하는 말이다. 지시어는 앞에 나온 말이나 문장을 대신하기 때문에 단락의 처음에 올 수 없다. 문장 배열, 단락 배열 문제에서 지시어가 무엇을 가리키는지를 찾는 것이 중요하다.

	관형사	대명사	형용사	부사
말하는 이에게 가까운 것	이	이것, 여기, 이곳	이렇다	이렇게
듣는 이에게 가까운 것	그	그것, 거기, 그곳	그렇다	그렇게
말하는 이와 듣는 이에게 모두 먼 것	저	저것, 저기, 저곳	저렇다	저렇게

(2) 접속어의 종류

① 순접 : 앞의 내용을 이어받아 연결하는 것(그리고, 그래서, 그러니, 그러므로)

② 역접 : 앞의 내용과 상반되는 내용을 연결(그러나, 그렇지만, 하지만, 그래도)

③ 인과 : 앞뒤의 문장을 원인과 결과 또는 결과와 원인으로 연결(그래서, 따라서, 그러므로, 그러니까, 왜냐하면(결과-원인))

④ 대등 : 앞뒤의 내용을 같은 자격으로 나열하면서 연결(그리고, 또는, 혹은, 및)

⑤ 첨가·보충 : 앞의 내용에 새로운 내용을 덧붙이거나 보충하는 것(그리고, 더구나, 게다가, 아울러)

⑥ 전환 : 뒤의 내용이 앞의 내용과는 다른, 새로운 생각이나 사실을 서술하여 화제를 바꾸며 이어 주는 것(그런데, 그러면, 한편, 다음으로, 아무튼)

⑦ 예시 : 앞의 내용에 대해 구체적인 예를 들어 설명하는 것(예컨대, 이를테면, 예를 들면, 예를 들어, 가령)

⑧ 환언·요약 : 앞의 내용을 바꾸어 말하거나 짧게 요약하는 것(요컨대, 요약하면, 곧, 즉, 결국, 말하자면, 바꾸어 말하면, 다시 말하면)

☞ 접속어에서 가장 많이 기출된 문제는 앞문장과 뒷문장의 내용이 논리적으로 반대

인 '역접관계'와 화제의 전환이 나타나는 '전환관계', 그리고 원인과 결과의 관계로 연결되는 '인과관계'이다.

■ **중심 문장**(핵심 내용)**의 위치**

① 원인 + 그래서, 따라서, 그러므로, 그러니까 + 결과(중심 문장)

② 결과(중심 문장) + 왜냐하면 + 원인(~때문이다)

③ 역접, 전환, 환언·요약의 접속어 + 중심 문장

④ 중심 문장 + 예시의 접속어

⑤ 이상에서 본 바와 같이, 이처럼, 이러한, 이와 같이, 마찬가지로 + 중심 문장

⑥ '~해야 한다. ~할 필요가 있다. ~가 중요하다. ~라고 생각한다.'로 끝나는 문장에 글쓴이의 핵심 주장이 담겨 있다.

⑦ 꾸미는 말과 꾸밈을 받는 말로 되어 있는 구조에서는 꾸밈을 받는 말이 중요하다.

⑧ 'A가 아니라 B이다', 'A보다는 B'로 되어 있는 구조에서는 B가 중요하다.

■ **단락 안에서 문장 배열**

1. 맨 앞에 위치하는 문장

① 문제 제기

② 화제·사건·일화·사례 제시

③ 개념 정의

④ 일반적 설명, 일반론(많은 사람이 아는 이야기), 전체적인 가이드라인 설명, 설명의 대상 제시

⑤ 두괄식으로 주제 제시, 글쓴이의 주장

⑥ 배경·동기 제시

*접속어, 지시어가 단락의 맨 앞에 위치할 가능성은 낮다.

2. 맨 뒤에 위치하는 문장

① 대안·해결책

② 방안·방향·전망

③ 제언·제안

⑤ 본론·주장을 요약하고 정리

⑥ 미괄식으로 주제 제시, 글쓴이의 주장

*이어지는 내용의 글이 나온다면 마지막 문장에 위치할 가능성이 낮다

*역접(그러나~), 인과(따라서~) 접속어로 시작하는 문장이 많다.

3. '핵심어(구)'로 연결되거나 '지시어'로 연결되는 것을 찾아내서 한 묶음으로 만들어 문제를 해결한다.

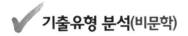 **기출유형 분석**(비문학)

1. 다음 글의 제목 혹은 주제로 가장 적절한 것은?

> 나는 라디오에서 흘러나오는 음악에 열광하며 80년대에 청소년기를 보냈다. 나뿐만이 아니라 내 친구들 대부분이 그랬다. 그때가 라디오의 전성기였다. 그렇다면 지금은? 지금은 명백히 인터넷 시대다. 세상에 어느 것 하나 인터넷과 어떤 식으로든 연관되지 않은 것이 없다. 이런 상황에서 라디오가 인터넷과 만나

는 것 역시 필연이자 생존을 위한 필수조건이다. 홈페이지를 통한 실시간 스트리밍 서비스와 다시 듣기 서비스, 보이는 라디오 서비스에 이어 드디어 인터넷 라디오가 등장했다. 라디오가 PC 안으로 들어왔다. 인터넷으로 라디오를 내려받아 내 PC에 탑재한다고 보면 된다. 자고 나면 새로운 매체가 출현하는 미디어의 홍수 시대에 대표적인 올드 매체인 라디오는 살아남을 것인가? 대답은 'Yes'다. 물론 그냥 그대로는 아니고 다른 기술과 융합하면서 계속 진화하는 형태의 라디오일 것이다.

① 라디오는 진화한다.
② 라디오의 현 주소는 어디인가?
③ 라디오의 미래는 밝다.
④ 라디오는 강인한 생존력을 지닌다.

2. 다음 글의 제목으로 가장 적절한 것은?

'피로'란 육체적 또는 정신적인 일을 과도하게 하여 육체적, 정신적으로 탈진한 상태를 말한다. 그러나 보통 말하는 '피로'는 이보다 주관적인 개념이 포함되어 권태감이나 지루함까지도 포함시켜 사용한다. '피로'는 운동이나 식사 후 또는 주말을 보내고 난 후에 오는 생리적인 피로와 질병 개념으로서의 '피로'로 나눌 수 있다. 후자의 경우는 충분한 휴식에도 불구하고 계속적인 피로감이 6개월 미만으로 지속되면 급성 피로, 6개월 이상 지속되면 만성 피로로 세분할 수 있다.

① 피로의 진단 과정

② 피로의 원인

③ 피로의 정의

④ 피로의 치료 방법

3. 다음【 】의 문장이 들어갈 적절한 자리는?

【그중 가장 유명한 것은 1881년 시작된 파나마 운하 건설이 모기로 인해 중단된 사건이다.】

인류와 모기의 전쟁은 오랜 역사를 가지고 있다. (가) 인류는 그 전쟁에서 번번이 패배를 경험했다. (나) 모기에 물린 노동자들이 황열과 말라리아에 걸려 1,200여 명이 사망했고 공사는 1884년 중단됐다. (다) 기원 전 2세기 대제국을 건설한 알렉산더 대왕 역시 모기에 물려 말라리아로 죽었다는 설도 있으니 모기가 인류 역사에 미친 영향은 이만저만이 아니다. (라)

① (가)　　　　② (나)　　　　③ (다)　　　　④ (라)

4. 다음【 】의 문장이 들어갈 적절한 자리는?

【이런 누런 강만 만나다가 압록강에 이르러 비로소 푸른색 강을 만나게 됩니다.】

제가 답사의 중요성을 체험한 한 가지 예를 덧붙인다면 바로 압록강의 이름입니다. 압록강은 고구려 때의 이름이기도 한데 '푸른 강'이라는 뜻입니다. (가) 우리

나라에서는 강이 모두 푸른색인데, 왜 유독 압록강에만 푸른 강이란 이름이 붙었을까 궁금했습니다. (나) 제가 중국에 가서 그 해답을 얻었는데, 다녀보니 대릉하, 요하 등 요서와 요동의 모든 강이 다 누런 황토 강이었습니다. (다) 이는 매우 인상적이었습니다. 아마 옛사람도 마찬가지였을 것입니다. (라) 누런 다른 강과는 달리 아주 짙푸른 강에 감동하여 "푸른 강"이란 이름을 붙이지 않았을까요?

① (가)　　　　② (나)　　　　③ (다)　　　　④ (라)

5. ( )에 들어가기에 적절한 말은?

인상주의라는 이름은 클로드 모네의 작품 〈인상, 해돋이〉에서 유래했다. 모네는 이 작품에서 항구의 해 뜨는 광경을 묘사했는데, 무엇보다도 ( ) 인상을 포착하는 데 주력했다. 그래서 하나의 모티프를 놓고 한꺼번에 여러 장의 그림을 그렸다. 그림마다 그때그때의 색감과 분위기를 다르게 포착함으로써 똑같은 모티프로 전혀 다른 그림들을 선보였다.

① 순간적으로 나타났다가 사라지는
② 인간의 내면에 존재하는 야수적인
③ 밝음과 어둠을 극복하는 극적인
④ 유기적 조화가 전혀 없는 기하학적인

6. ( )에 들어갈 내용으로 적절한 것은?

동물 권리 옹호론자들의 주장과는 달리, 동물과 인류의 거래는 적어도 현재까지는 크나큰 성공을 거두었다. 소, 돼지, 개, 고양이, 닭은 번성해온 반면, 야생에 남은 그들의 조상은 소멸의 위기를 맞았다. 북미에 현재 남아 있는 늑대는 1만 마리에 불과하지만, 개는 5,000만 마리다. 이들 동물에게는 자율성의 상실이 큰 문제가 되지 않는 것처럼 보인다. 동물 권리 옹호론자들의 말에 따르면, ( ) 하지만 개의 행복은 인간에게 도움을 주는 수단 역할을 하는 데 있다. 이런 동물은 결코 자유나 해방을 원하지 않는다.

① 가축화는 인간이 강요한 것이 아니라 동물들이 선택한 것이다.
② 동물들이 야생성을 버림으로써 비로소 인간과 공생관계를 유지해 왔다.
③ 동물을 목적이 아니라 수단으로 다루는 것은 잘못된 일이다.
④ 동물들에게 자율성을 부여할 때 동물의 개체는 더 늘어날 수 있다.

7. ( ) 속에 들어가기에 적절한 낱말은?

단편적이지만 한국 무속에 대한 기록은 19세기말부터 간행된 여러 기행문에서 찾을 수 있다. 비록 피상적인 관찰에 그치고 있을 뿐 아니라, 한국 문화에 대한 이해 없이 자신의 주관을 가지고 관찰한 기록이어서 ( )에 의문을 가질 수 있지만, 연구자들에게는 유용한 자료이다.

① 정당성   ② 필연성   ③ 신빙성   ④ 일관성

8. 다음 지문의 (　) 속에 들어갈 적절한 어휘는?

표준어의 기능 중 가장 대표적인 기능은 (　)의 기능이다. 한 나라 안에서의 방언 차이는 심하면 의사소통이 안 될 정도로 클 수도 있지만, 그렇지는 않더라도 서로 자기들의 방언을 쓴다면 의사소통에 불편을 겪게 되는 것이 일반적이다. 표준어 제정의 일차적 목표는 이러한 불편을 해소하기 위한 것임은 널리 알려진 일이다. 즉 표준어는 한 나라 국민을 원활한 의사소통에 의해 하나로 묶어 주는 일을 하는 것이다.

① 준거　　　　　　　　　　② 통일
③ 친화　　　　　　　　　　④ 규제

9. 다음 지문의 (　) 속에 들어갈 적절한 접속어는?

조직 생활에서 우리는 필연적으로 나 자신과 부딪히고 상대와도 경쟁해야만 한다. 그때마다 상대를 끌어내리려 비판한다면 나도 온전치 못할 것이다. 비판은 확실하고 증거가 있을 때, 그리고 개인적 감정이 없을 때에도 받아들여지기 어렵다. (가) 비판은 비난이 되지 않도록 하는 것이 중요하며, 가급적 비판대신 개인적 충고가 더 효과적일 수 있다. (나) 조직과 관련된 일인 경우, 공개적인 비판이 어쩔 수 없을 때도 있다. 그때는 비판의 수위를 잘 조절하고, 용어 선택에도 신중을 기해야 한다.

① (가) : 따라서　　　　　　　(나) : 그리고

② (가) : 그러므로　　　　　　(나) : 그러나

③ (가) : 그런데　　　　　　　(나) : 그러나

④ (가) : 그러나　　　　　　　(나) : 그러므로

10. 다음 지문의 (　) 속에 들어갈 적절한 접속어는?

> 문학 작품은 실로 일국의 언어 운명을 좌우하는 힘을 가지고 있다. 왜냐하면, 문학 작품은 그 예술적 매력으로 인하여 대중과 친근하며, 지상(紙上)에 고착됨으로써 큰 전파력을 발휘하기 때문이다. 물론, 문학 작품만이 국어의 전부라고는 할 수 없다. (　) 문화의 다른 영역과 비교할 때, 국어의 순수한 혈통을 면면히 계승해 왔고, 앞으로도 국어의 지주로서의 커다란 임무를 다하리라고 생각할 때, 국어의 운명과 관련된 문학작품의 가치는 실로 크다고 하지 않을 수 없다.

① 그리고　　　　　　　　　② 그러므로

③ 그러나　　　　　　　　　④ 그래서

[11~12] 다음 글을 읽고 물음에 답하시오.

> 어떻게 들릴지 모르지만, 짝사랑이란 삶에 대한 강렬한 참여의 한 형태이다. 충만한 삶에는 뚜렷한 참여의식이 필요하고, 거기에는 환희뿐만 아니라 고통 역시 ㉠수반되기 마련이다. 우리 삶에 있어서의 다른 모든 일처럼 사랑도 연습을 필요로 한다.
> 그리고 짝사랑이야말로 숙의 첩경이고 사랑 연습의 으뜸이다. 학문의 길도 어쩌

면 외롭고 고달픈 짝사랑의 길이다. 안타깝게 두드리며 파헤쳐도 대답 없는 벽 앞에서 끝없는 좌절감을 느끼지만, 그래도 포기하지 않고 끝까지 나아가는 자만이 마침내 그 벽을 허물고 좀 더 넓은 세계로 나갈 수 있는 승리자가 된다.

그러므로 젊은이들이여, 당당하고 열정적으로 짝사랑하라. 사람을 사랑하고, 신을 사랑하고, 학문을 사랑하고, 진리를 사랑하고, 저 푸른 나무 저 높은 하늘을 사랑하고, 그대들이 몸담고 있는 일상을 열렬히 사랑하라. 사랑에 익숙지 않은 ㉡옹색한 마음이나 사랑에 ㉢통달한 게으른 마음들을 마음껏 비웃고 동정하며 열심히 사랑하라. 눈앞에 보이는 보상에 ㉣연연하여, 남의 눈에 들기 위해 자신을 버리는 사랑의 거지가 되지 말라.

창밖의 젊은이들을 보며 나도 다시 한 번 다짐한다. '불혹'의 편안함보다는 여전히 짝사랑의 고뇌를 택하리라고. 내가 매일 대하는 저 아름다운 청춘들을 한껏 질투하며 나의 삶을, 나의 학문을, 나의 학생들을 더욱더 혼신을 다해 짝사랑하리라.

11. 밑줄 친 ㉠~㉣과 바꿔 쓰기에 적절하지 않은 말은?

① ㉠ : 따르기   ② ㉡ : 좁은

③ ㉢ : 빠진   ④ ㉣ : 집착하여

12. 이 글의 요지로 적절한 것은?

① 편안한 삶보다는 열정적인 삶이 아름답다.

② 짝사랑은 인생에서 한번쯤 해 보기 마련이다.

③ 주변의 어려운 사람들을 돌보는 삶이 가치 있다.

④ 나이가 들수록 눈앞의 이익에 집착해서는 안 된다.

[13~14] 다음 글을 읽고 물음에 답하시오.

'전문가'들은 사람들이 위험을 정확하게 평가하지 못한다고 간주한다. 스키를 타다가 당할 확률이 원자력 사고를 당할 확률보다 높은데도 불구하고 사람들은 원자력 사고만 위험하다고 생각한다는 것이다. 전문가들은 핵 발전이 화력 발전보다 안전하며, 핵 때문에 죽을 확률이 운석에 맞아 죽을 확률보다도 낮다고 주장한다. 핵 폐기장의 경우는 사고 확률이 '0'이라고 강조한다. 따라서 이들은 사람들의 핵 공포를 비합리적이고 반과학적이라고 본다. 핵 폐기장을 거부하는 주민의 목소리는 '님비(NIMBY)' 식의 이기주의로, 심한 경우에는 몽매한 사람들이 마녀를 믿었던 것과 흡사한 비이성적인 것으로 간주한다.

실제로 사람들이 위험을 인식하는 데에는 주관적인 것이 많다. 계산을 해 보면 비행기와 자동차의 사고 확률이 대략 비슷해도, 비행기를 훨씬 더 위험하다고 생각하는 것도 그렇다. 이러한 느낌이 단순히 주관적이고 비합리적일까? 비행기를 더 위험하다고 느끼는 것은 비행기 사고가 자신이 꼼짝할 수 없는 통제 불능의 상황에서 발생하며, 생존자가 거의 없는 대형 사고로 이어진다는 것을 알기 때문이다. 지난 수십 년간 외국의 사례 조사에 따르면, 사람들은 위험을 확률로 평가하는 것이 아니라 불확실성, 재앙의 정도, 통제 가능성, 형평성, 후속 세대에 미칠 영향을 고려해서 총체적으로 평가한다.

13. 이 글에서 소개하고 있는 '전문가'들의 생각이 <u>아닌</u> 것은?

① 화력 발전이 핵 발전보다 위험하다

② 스키를 타는 것이 원자력보다 덜 위험하다.

③ 확률은 사고 위험성을 합리적으로 판단하는 근거이다.

④ 사람들은 비합리적인 이유로 핵 폐기장을 거부한다.

14. 글쓴이의 생각을 가장 잘 표현한 것은?

① 위험에 대한 비합리적인 공포심은 시대착오적이다.

② 사람들은 다양한 요소들을 고려하여 위험을 판단한다.

③ 님비식 이기주의는 국가 발전에 있어서 때때로 걸림돌이 된다.

④ 위험에 대한 판단에는 외국의 사례 조사 결과가 반영되어야 한다.

15. 다음 문장을 배열할 때, 그 순서로 가장 적절한 것은?

자본주의는 노동력을 필요로 한다.

(가) 국가 중심 이데올로기는 성을 법과 규제의 대상으로 삼고, 출산과 섭생은 학문적 체계 속으로 흡수되면서 성 정치학이 대두된다.

(나) 건전한 가족에서 건강한 아이가 출생하고, 이는 국가 부흥의 근원이다.

(다) 노동력은 인구 증가에 의해 확보되고, 인구 증가는 출산 장려를 통해 이루어지며, 이를 위해 '가족'은 절대 가치가 된다.

(라) 결혼을 통한 합법적인 성만이 인정되고, 남녀가 결합하여 아이를 낳는 이성애는 마치 자연법처럼 절대적인 것이 된다.

① 나-가-다-라　　② 나-가-라-다

③ 다-나-가-라　　④ 다-라-가-나

[16~17] 다음 글을 읽고 물음에 답하시오.

이자(췌장)에서는 우리 몸의 당질대사를 조절해 주는 두 가지 호르몬이 분비되는데, 그들은 인슐린과 글루카곤이다. 인슐린은 이자의 섬세포라 부르는 특정 세포 집단의 베타 세포에서 만들어지며, 글루카곤은 알파 세포에서 만들어진다. 인슐린과 글루카곤은 우리 몸 세포에 글리코겐 중합체로 저장되어 있는 포도당의 양과 에너지원으로 사용되는 혈액 내의 포도당 양이 균형을 이루는 항상성을 조절해 주는 호르몬이다.

성인의 정상적인 혈당량은 약 90mg/100mg인데, 식사 후에 혈액 중의 혈당량이 정상치보다 높아지면 혈당량 증가가 자극이 되어 이자의 베타 세포에서 인슐린 분비가 증가되며, 인슐린은 체세포의 포도당 흡수 증가와 간의 글리코겐 양을 증가시켜 혈당량을 낮추어 주게 된다. 그리고 인슐린은 세포를 자극하여 포도당으로부터 에너지를 발생하게 하여 지방 형태로 에너지를 저장하고, 단백질이 합성되도록 한다. 이러한 과정을 통하여 혈당량이 정상치로 되면 베타 세포에서 인슐린은 더 이상 만들어지지 않게 된다.

그와 반대로 격렬한 운동 등으로 체내의 혈당량이 정상치보다 낮아지면 이자의 알파 세포에서 글루카곤의 분비량이 증가되면서 간세포에 저장되어 있던 글리코겐이 포도당으로 분해되어 혈액으로 방출된다. 그리고 혈당량이 정상으로 되면 알파 세포의 글루카곤 분비가 줄어들게 되어 혈당량의 항상성이 유지된다.

16. 위 글을 대답으로 제시하기에 적절한 질문은?

① 이자는 어떤 기능을 하는가?

② 혈당량은 어떻게 조절되는가?

③ 인슐린은 어떻게 분비되는가?

④ 성인의 적절한 혈당량은 얼마인가?

17. 위 글의 내용과 일치하지 <u>않는</u> 것은?

① 우리 몸의 유일한 에너지원은 포도당이다.

② 혈당량이 낮아지면 글루카곤의 분비량이 증가된다.

③ 혈당량이 높아지면 포도당은 지방 형태로 저장된다.

④ 인슐린은 혈당량을 조절하는 기능을 하는 호르몬이다.

※ 다음 글을 읽고 물음에 답하시오.[18~19]

다윈은 사람이나 동물의 감정표현, 식물의 생장이나 움직임 또는 지렁이와 토양 사이의 관계와 같은 다소 생소해 보이는 분야들에서도 생물의 형태 및 행태가 자연선택의 결과일 수 있음을 집요하게 추적했다. 이러한 노력은 인간의 심리나 사회도 다른 동물들의 행태 및 집단에서 볼 수 있는 현상과 질적으로 구분될 수 없음을 밝히기 위한 것이었다. 이러한 다윈의 시각을 인간 사회의 특징에 대한 설명에 적극적으로 활용한 학자가 바로 스펜서이다. 그는 단순한 것에서 복잡한 것으로 진화해 온 생물체와 마찬가지로 인간 사회도 단순한 구조에서 복잡한 구조로 진화해 갈 것이고, 쥐가 고양이의 먹이가 되는 것처럼 사회적 약자는 권력과 힘을 가진 이들에게 늘 수탈당하며 도태되어 갈 수밖에 없다는 약육강식과 적자생존의 논리를 이끌어 냈다. 스펜서의 이러한 주장은 산업혁명 이후 빈부격차가 확대되면서 사회적 불안감이 팽배해진 시대적 상황에서 나온 것이었다. 그는 그간의 경험을 통해 억눌린 민중들의 분노는 혁명이라는 분출구를 통해 폭발하듯 터질 수 있으리라고 생각했다. 따라서 혁명으로 인한 사회적 비용을 줄

일 수 있는 조치를 마련하려는 의도에서 사회적 불평등의 원인을 다윈의 진화론에 기대어 설명했던 것이다. 그런데 스펜서의 주장은 뜻밖에 당시 지배계층의 전폭적인 지지를 받았다. 그의 적자생존과 약육강식의 법칙은 내적으로는 사회적 불평등을 구조적 문제가 아닌 개인의 능력과 운명으로 여기게 만들었고, 외적으로는 제국주의와 식민지 건설의 정당성 근거로 훌륭히 작동하게 했다. ㉠그가 애초에 품었던 도덕적 이상과는 반대로 약자의 도태를 정당화하는 형태로 서양의 역사를 이끌어나갔던 것이다. 이러한 사실은 하나의 이론은 특정한 사회 속에서 특정한 의도 아래 만들어지며, 또한 전혀 다른 사회상을 지향하는 데 이용될 수 있음을 보여준다.

18. 위 글의 내용과 일치하지 않는 것은?

① 다윈은 인간 사회도 동물 집단에 적용되는 자연 법칙이 본질적으로 다르지 않다고 보았다.

② 스펜서는 혁명이 빈부격차의 심화에 따른 사회적 비용을 줄일 수 있을 것이라고 생각했다.

③ 스펜서는 당대의 산업혁명 이후의 사회적 현실을 심각한 위기 상황으로 진단했다.

④ 스펜서의 주장은 그가 기대한 것과는 상이한 사회적 반향을 불러일으켰다.

19. ㉠을 토대로 〈보기〉와 같이 말할 때, 빈칸에 들어갈 적절한 단어는?

보기

스펜서의 주장은 유럽 국가의 제국주의적 침략과 팽창의 근거로 (   )되었다.

① 활용(活用)   ② 오용(誤用)   ③ 악용(惡用)   ④ 남용(濫用)

영어능력

■ 어휘

유형 : 비례식형 영어 단어, 빈칸에 들어갈 어휘, 의미상의 범주가 다른 어휘, 지문의 전체 내용을 설명하는 어휘를 추론하는 문제, 유의어·반의어를 찾는 문제 등이 주로 출제된다. 어휘 수준이 고교 필수어휘 수준을 넘지 않는다. 따라서 적성검사 어휘 문제는 적성검사 어휘를 따로 공부하기보다는, 수능 필수 단어와 숙어 공부를 착실히 하면 일거양득의 효과를 얻을 수 있다.

■ 문법

유형 : 영문법의 기본수준으로 출제된다. 출제 문항은 적지만 오답률이 높다. 수능과 달리 부정사, 동명사, 분사, 시제, 관사, 명사, 전치사, 접속사, 조동사, 수동태 등 다양한 분야에서 출제된다.

■ 독해

유형 : 독해는 주제 찾기, 제목 찾기, 문장 배열, 글의 감상 및 내용 파악 등이 출제된다. 이 영역은 고2 수준의 독해 실력을 갖추고 있어야 풀 수 있는 영역이었지만, 2012학년도부터 중문·장문독해 비중이 늘었고 수준도 높아졌다. 대학에서 적성검사의 변별력과 학업능력이 있는 학생을 선발하려는 의지가 반영된 것으로 보인다.

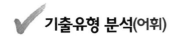

기출유형 분석(어휘)

1. 양쪽의 의미관계를 고려할 때 빈칸에 들어갈 가장 알맞은 말은?

> book : knowledge = food : _____

① diet   ② history   ③ nutrition   ④ courage

2. 짝을 이룬 두 단어의 관계가 나머지 셋과 <u>다른</u> 것은?

① tennis : racket   ② baseball : glove

③ hockey : stick   ④ basketball : ring

3. 주어진 단어와 반대의 뜻을 가진 것은?

> fluctuate : _____

① turn away   ② flow over

③ remain steady   ④ make out

4. *Read the conversation and choose the most appropriate key to the blank.

> A : I'd like to change 1,000 American dollars, please.
>
> B : Would you _____ in this form, please, madam?

We need your address and your passport number.

How would you like your money, madam?

A : Nine hundreds and the rest in tens, please.

① put   ② write   ③ send   ④ fill

5. 빈칸에 공통으로 들어갈 가장 적절한 것은?

Unlike the novel, short story or play, film is not handy to _____; It cannot be effectively frozen on the printed page. The novel and short story are relatively easy to _____ because they are written to be read. The stage play is slightly more difficult to _____ because it is written to be performed. This cannot be said of the screen play, for a film depends greatly on visual and other nonverbal elements that are not easily expressed in writing.

① wander   ② prevail   ③ study   ④ dispose

6. Choose the one that has the closest meaning to the underlined.

One of the main reasons the atmosphere is getting worse and worse is the exhaust that cars give off.

① emit　　② surrender　　③ abandon　　④ desert

7. Choose the word that best fills in the blank below.

Today's small, portable computers contrast markedly with the earliest electronic computers, which were _____.

① effective

② useful

③ destructive

④ enormous

8. 다음 중 관계가 나머지 셋과 <u>다른</u> 것은?

① normal　　-　　abnormal

② complete　-　　incomplete

③ patient　　-　　impatient

④ prove　　-　　improve

9. 밑줄 친 단어의 의미와 가장 가까운 것은?

People in Stamps used to say that the whites in our town were so <u>prejudiced</u> that the blacks couldn't buy vanilla ice cream.

① embarrassed   ② biased

③ influenced   ④ ashamed

10. 다음 빈칸 (A)와 (B)에 들어갈 가장 적절한 단어를 고르시오.

> The very existence of nuclear weapons confronts humanity with the most fateful choice in its history on earth. Steps must be taken to __(A)__ their use by irresponsible governments to bring about the inevitable __(B)__ of life on earth.

     (A)   (B)

① promote   prosperity

② prohibit   manipulation

③ forbid   modification

④ prevent   destruction

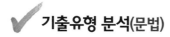 **기출유형 분석(문법)**

1. 밑줄 친 herself의 사용법이 나머지 셋과 다른 것은?

① She herself told me the news.

② She decorated the cake herself.

③ She herself admitted that she had told a lie.

④ She kept telling <u>herself</u> that nothing was wrong.

2. ⓐ와 ⓑ를 활용하여 ⓒ를 만들 때 (A)와 (B)에 들어갈 말로 바르게 짝지어진 것은?

ⓐ That English novel is _____(A)_____.

ⓑ Maria is _____(B)_____.

ⓒ That English novel confuses Maria.

      (A)   (B)

① confused ·········· confused

② confused ·········· confusing

③ confusing ·········· confusing

④ confusing ·········· confused

3. Which of the following is <u>not</u> correct?

If the newly ①<u>produced</u> cells do not carry out their usual task ②<u>effectively</u>, organs in the body can then begin to fail, tissues change in structure, and the chemical reactions ③<u>that</u> power the body ④<u>becoming</u> less efficient.

4. 표준영어 어법에 맞는 것을 고르시오.

① It takes me about a hour to get to work.

② This is another steps along the road towards peace.

③ Until then, I had never considered to choose teaching as a career.

④ We would like you to come and stay with us for a few days.

Choose the one that is ungrammatical.

5. We are ①<u>trying to not</u> get too ②<u>excited</u> about that good news. However, it is quite ③<u>amazing</u> to have such a great opportunity once ④<u>every</u> two years.

6. 밑줄 친 (A)와 (B)에서 어법에 가장 적절한 것은?

Goliath Safaris began its operations in Zimbabwe in 1986. We are a small family organization protecting animals and their habitats. Our aim is (A) <u>offer / to offer</u> our clients a personal and educational safari whereby they can experience the wonders of wildlife along the Zambezi River. We will do everything (B)<u>possible / possibly</u> to make your trip enjoyable and satisfying. We hope that through your experience with Goliath Safaris you will take back a lasting memory of this unique African river, her traditions and her inhabitants. Our operators are all professional guides licensed by the Zimbabwe National Parks Association.

    (A)   (B)

① offer   -   possible

② offer   -   possibly

③ to offer   -   possible

④ to offer   -   possibly

7. 다음 글의 밑줄 친 부분 중, 어법상 틀린 것은?

With smartphones ①changing the culture in so many ways, more and more young people are using their mobile devices ②to keep track of their health. Young adults are far more ③likely than older people to have a smartphone and to use it to look for health information, and their health concerns ④different markedly from those of older people.

8. 다음 글의 밑줄 친 부분 중, 어법상 틀린 것은?

If a plant disappears in the wild, with its seeds kept in a seed bank. It will not be lost forever. Seed banks are also ①a very efficient means of keeping plants, because the seeds take up very little space. Many thousands of seeds can be stored for each species in a seed bank. Even millions of seeds could be stored in a single bottle! The seeds stored in seed banks could be used in the future ②restore environments, or to increase numbers of ③endangered plants in the wild. They can be used in scientific research to find new ways ④in which plants benefit society such as in medicine, agriculture, or industry.

9. 빈칸 (A)와 (B)에 들어갈 가장 적절한 것은?

If we are made to live in a small cottage and bend to the rule of an aristocrat occupying a castle, and yet we observe that our equals all live exactly as we do, then our condition will seem normal. (A), if we have a pleasant home and a comfortable job but learn through attendance at a school reunion that some of our old friends now reside in houses grander than ours and have more enticing occupations, we are likely to return home lamenting misfortune. (B), if we are short but live among people of our same height, we will not be troubled by questions of size. But if others in our group grow just a little taller than us, we are liable to feel sudden unease and to be troubled by dissatisfaction and envy, even though we have not ourselves diminished in size by so much as a fraction of a millimeter.

	(A)	(B)
①	Thus	Nevertheless
②	Besides	Instead
③	However	Similarly
④	For example	Therefore

10. 다음 글의 밑줄 친 분분 중 어법상 틀린 것은?

We are taught as children ①that the best gifts are homemade. What comes with a handmade gift is not only the gift itself but the invaluable time the other person ②put into it. All relationships need positive reinforcement on a regular basis, and priceless gifts are much more ③effectively in accomplishing this than expensive ones. If we take it to an extreme, I can say with certainty that a relationship ④where nothing but diamond bracelets and gold watches are exchanged would pale in comparison to a relationship in which nothing but letters and roses are exchanged. Since the people who love us the most tend to be the people we take for granted the most, it never hurts to send an unexpected reminder that you think the world of them.

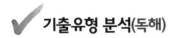

기출유형 분석(독해)

1. 다음 글에서 밑줄 친 They가 가리키는 바가 다른 것은?

The Aztec Indians lived a life that was highly developed. ①They made an alphabet and a number system, and were able to read and write. ②They kept records of their important events in books. ③They remain important historical documents until now. The Aztecs also had laws and a strong government. ④They were great builders and engineers, and built a beautiful city on an island in a lake. But they were defeated by the Spaniards in the 16th century.

2. 밑줄 친 Super Bowl Sunday에 관한 설명 중 맞는 것은?

> The Super Bowl is the championship game to decide the best football team of the year. It is played on a Sunday in the first week of February. And the day of the game has been called Super Bowl Sunday. It has become an unofficial holiday and it is the second largest food consumption day after Thanksgiving.

① A lot of food is consumed.

② That day is a national holiday.

③ The game is held on Thanksgiving.

④ People often exchange gifts.

3. 다음 대화에 이어질 내용을 순서에 맞게 배열한 것은?

> W : Ray do tigers run faster than zebras?
>
> M : No zebras run faster than tigers.
>
> (A) Lions are the fastest of the three then.
>
> (B) OK then how about zebras and lions?
>
> (C) Lions run faster than zebras.

① (B) – (A) – (C) ② (B) – (C) – (A)

③ (C) - (A) - (B)   ④ (C) - (B) - (A)

The following is an article from The Los Angeles Times.

Los Angeles (March 10, AP) - A foot gesture that would be considered OK
by most people was interpreted as an insult by a singer from Thailand. He
reported it to the police, arguing that the offender should be punished.

The insult - pointing the sole of a foot at a Thai - has been a motive in
the March 9 accusation. It is said that Ponsak Trakulrat, 35, a singer from
Thailand, was in a Thai restaurant located at Hollywood, LA, and Sandra
Jennings, 29, an American, raised her feet toward Trakulrat while he was
singing at the restaurant.

4. Which of the following is <u>not</u> true?

① The American woman raised her feet.

② Cultural difference made this happen.

③ The Thai man was offended by the American.

④ The American woman was accused in Thailand.

⑤ The Thai man accused the American woman of insulting.

Read the following passage and choose the best answer to a question.

The Nobel prize took its name from its founder, Alfred Nobel. He was also the inventor of dynamite, which has been mainly used for killing people. **Ironically**, the reason for his invention was to promote peace. Seeing that his invention was being used for totally opposite purposes, he determined at least to produce some good from the vast amounts of money his invention had earned him, and so he established the Nobel prize.

5. Which is the title of the passage?

① Nature of peace

② Risk of dynamite

③ Procedure of massacre

④ Origin of the Nobel prize

⑤ The amount of money Nobel earned

6. 문장의 배열이 가장 자연스러운 것은?

A fat dog met a wolf.

(ㄱ) "A man", said the dog, "gives me all my food"

(ㄴ) The dog replied, "My neck has been rubbed bare by the iron collar my master placed around it."

(ㄷ) The wolf asked where the dog had eaten so much to get so big and fat.

(ㄹ) The wolf said, "I want nothing to do with that."

(ㅁ) Then the wolf asked him, "What's that bare spot on your neck?"

① (ㄷ) - (ㄴ) - (ㄹ) - (ㄱ) - (ㅁ)

② (ㄷ) - (ㄱ) - (ㄹ) - (ㄴ) - (ㅁ)

③ (ㄹ) - (ㄴ) - (ㄷ) - (ㄱ) - (ㅁ)

④ (ㄷ) - (ㄱ) - (ㅁ) - (ㄴ) - (ㄹ)

Obama's administration has imposed 106 new major regulations. It is on track to burden us with 109 million new paperwork hours. By year's end, $110 billion worth of new regulatory costs will be laid on business owners' and taxpayers' backs. Government has a crucial role in fostering an environment for business creation, while also protecting citizens. Various government programs exist for small business. Few people use them effectively. The maze of information is difficult for anyone to understand, leading politicians, and citizens too, to call for more programs. We don't need more government programs, just better access.

7. 윗글의 내용과 <u>다른</u> 것은?

① 오바마 행정부는 불필요한 규정을 제거함으로써 기업활동을 도와야 한다.

② 오바마 행정부는 기업이 창업하는 데 도움이 되는 환경을 조성해야 한다.

③ 오바마 행정부는 소기업을 돕기 위한 새롭고 더 많은 정부 프로그램을 제공해야한다.

④ 오바마 행정부는 행정업무를 간소화하여 기업의 문서업무 부담을 줄여야 한다.

How you learn is just as important as what you learn. You probably have known this since your early days in school. Educational professionals now know it as well, and there is research to validate the fact that people learn in very different ways. Some of us need to see and touch, others need to hear information, and yet others prefer to write down new material in order to learn it. There is no one single way to learn and certainly no one right way to learn. Learning occurs in many ways. And not every learning problem is the same. We all differ in the way in which we process information best. We now know that success in learning is not only a feature of our intelligence, but a combination of a multitude of other factors.

8. 윗글의 주제로 가장 적절한 것은?

① ways of discovering your potential talents

② individual differences in the learning styles

③ unique characteristics of the five human senses

④ successful learning strategies in online education

9. 다음 글을 쓴 목적으로 가장 적절한 것은?

We have received your submission for our Sociology Journal. However, we are unable to publish your work due to the nature of your article. We are mainly interested in research and other developments in the field, and as such, your article, though highly informative, is not strictly suited for our journal. Since your article details the history of sociology education, we recommend sending your article to a more relevant journal. Thank you.

① to reject

② to apologize

③ to appreciate

④ to criticize

10. 빈칸에 들어갈 말로 가장 적절한 것은?

Some people say the retirement age should be lowered. They insist that it allow people to enjoy some relaxation and travel before the health problems of old age make them impossible. But I don't agree with their opinion. If we lower the retirement age, our society is forced to support an unproductive group for longer periods of time. Society already supports the unproductive young for twenty years or so. Do we have to support the unproductive elderly for another twenty or more? Early retirement _____, and it must be reconsidered.

① is preferred to working in old age

② does more harm than good to our society

③ can be a wise choice for productive life in old age

④ brings the unproductive group many disadvantages

탐구영역

유형

(1) 사회탐구영역 : 다양한 사회탐구영역 교과에서 출제되고 있는데, 국사 문항수가 많은 편이다. 자신이 선택하지 않은 사회탐구 영역은 교과서에 나오는 주요 용어와 핵심 개념을 익혀두는 것이 좋다. 자연계 학생들도 풀 수 있어야 하기 때문에 시사적인 문제가 주로 출제된다.

*사회탐구 교과지식·상식을 출제하는 대학 : 가천대, 수원대, 을지대(성남, 대전), 강남대, 경기대, 강원대, 단국대(천안) 등 총 7개 대학

(2) 과학탐구영역 : 과학상식과 공통과학 수준에서 출제한다.

*과학탐구 교과지식·상식을 출제하는 대학 : 가천대, 강원대, 수원대 등 총 3개 대학

✔ 기출유형 분석(과학탐구)

1. 과학에서 사용되는 외래어 중 해양과 거리가 <u>먼</u> 것은?

① 엘니뇨 　 ② 쓰나미　 　③ 제트류 　 ④ 쿠로시오

2. 날씨와 관련된 다음 속담 중 과학적 원리가 나머지 셋과 가장 거리가 <u>먼</u> 것은?

① 청개구리가 울면 비가 온다.

② 달무리가 지면 비가 온다.

③ 지렁이가 땅 밖으로 나오면 비가 온다.

④ 밥알이 식기에 붙으면 맑고, 떨어지면 비가 온다.

3. 수용액 A, B, C의 pH값의 상대적 크기를 옳게 비교한 것은?

지시약 메틸레드는 수용액의 pH값이 6보다 작으면 붉은색을, 6보다 크면 노란색을 띤다.

- 수용액 A, B, C에 각각 메틸레드를 넣었더니 A와 B는 붉은색으로 C는 노란색을 띠었다.
- 수용액 A에 C를 섞었더니 노란색으로 변하였다.
- 수용액 B에 C를 섞었더니 붉은색을 유지하였다.

① A 〉 B 〉 C   ② A 〉 C 〉 B

③ C 〉 A 〉 B   ④ C 〉 B 〉 A

4. 용어 간의 관계가 나머지 셋과 <u>다른</u> 하나는?

① 산화 – 환원   ② 대류 – 전도

③ 광합성 – 호흡   ④ 고기압 – 저기압

5. 다음 속담과 가장 밀접한 관련이 있는 것은?

봄볕은 며느리 쬐이고, 가을볕은 딸 쬐인다.

① X선   ② 자외선   ③ 가시광선   ④ 적외선

6. 다음은 힘과 관련된 과학 용어이다. 이 중 그 관계가 나머지 셋과 다른 것은?

> 인력 – 물리적, 공간적으로 떨어져 있는 물체가 서로를 끌어당기는 힘
>
> 척력 – 같은 종류의 전기나 자기를 가진 두 물체가 서로 밀어내는 힘
>
> 원심력 – 물체가 원운동을 할 때 중심으로부터 바깥쪽으로 작용하는 힘
>
> 구심력 – 물체가 원운동을 할 때, 원의 중심을 향하여 작용하는 힘
>
> 횡압력 – 지각에 수평 방향으로 가해지는 압력. 미는 힘
>
> 인장력 – 공간적으로 떨어져 있는 물체가 서로를 끌어당기는 힘과 물체 내의 한
>
> 쪽 부분이 다른 쪽 부분을 임의의 면에 수직이 되게 끌어당기는 힘을 아울러 이
>
> 르는 말. 당기는 힘
>
> 응집력 – 한 물질을 이루고 있는 같은 분자들끼리 서로 잡아당기는 힘
>
> 부착력 – 다른 분자들끼리 서로 잡아당기는 힘

① 인력 – 척력   ② 원심력 – 구심력

③ 횡압력 – 인장력   ④ 응집력 – 부착력

✔️ 기출유형 분석(사회탐구)

1. 〈보기〉와 관련된 종교의 특징으로 가장 적절한 것은?

> **보기**
>
> • 모스크
>
> • 서남아시아
>
> • 십자군전쟁

① 정치와 종교가 엄격히 분리되었다.

② 소를 소중히 여기고 숭배하기도 한다.

③ 사원에는 아라베스크가 발달하였다.

④ 아메리카 문화권 형성에 큰 영향을 미쳤다.

2. 〈보기〉의 정부 기관과 역사적으로 유사한 기능을 담당하였던 것으로 옳은 것은?

> **보기**
>
> 설립 연도 : 1963년
>
> 설립 목적 : 행정 기관과 공무원의 직무에 대한 감찰
>
> 주요 활동 : 국가의 세입·세출의 결산 검사, 국가·지방 자치 단체·정부 투자 기관
>
> 및 기타 법으로 정한 단체의 회계 검사, 행정 기관의 사무 및 공무원의 직무 감찰

① 신라의 위화부　　② 발해의 정당성

③ 고려의 삼사　　④ 조선의 사헌부

3. 사마천의 〈사기(史記)〉의 전체적인 구성에서 다음의 설명이 모두 포함되는 부분은?

> ㉠ 이로 인해 기전체(紀傳體)라고 불리게 되었다.
>
> ㉡ 인접 국가에 관한 역사가 기록되어 있다.
>
> ㉢ 다양한 인물상을 분류하고 기술하여 서구의 〈플루타르코스〉 영웅전과 비교
> 되기도 한다.

① 본기(本紀)　　② 표(表)　　③ 세가(世家)　　④ 열전(列傳)

4. 다음 설명에 해당하는 국가는?

> ㉠ 요녕 지방을 중심으로 성장하여 점차 인접한 족장 사회를 통합하면서 한반
> 도까지 발전하였다.
>
> ㉡ 요녕 지방과 대동강 유역을 중심으로 독자적인 문화를 이룩하면서 발전하였다.
>
> ㉢ 부왕, 준왕 같은 강력한 왕이 등장하여 왕위를 세습하였으며, 그 밑에 상, 대
> 부, 장군 등의 관직도 두었다.

① 고조선　　② 부여　　③ 고구려　　④ 옥저

5. 다음 설명에 해당하는 학문은?

> ㉠ 과학적 연구나 경험적 관찰에 의해 파악하지 못하는 초자연적인 것에 대해,
> 순전히 개념적인 사고에 의하거나 또는 직관적으로 탐구하는 학문이다. 예컨대

신(神)의 존재나 존재자의 궁극적인 본질 등에 대한 철학을 말한다.

ⓒ 이를 연구하는 학자들은 형상과 관념의 세계를 이해하려는 시도 속에서 자연세계, 시간과 공간의 의미, 신의 존재와 본성 등을 해석하였다. 최초의 학자는 플라톤으로, 그는 불변하는 참된 이데아의 세계를 선호하였다. 아리스토텔레스, 토마스 아퀴나스, 데카르트, 칸트 등이 대표적이다.

① 형이상학　　② 논리학　　③ 윤리학　　④ 현상학

6. 인도 카스트 제도에 의한 신분 계급이 <u>아닌</u> 것은?

① 브라만　　　　　② 크샤트리아

③ 부라쿠민　　　　④ 수드라

7. 다음에서 설명하는 장르에 해당하는 작품이 <u>아닌</u> 것은?

㉠ 미국에서 발달한 현대 음악극의 한 형식이다.

ⓒ 음악, 노래, 무용을 토대로 레뷔(revue), 쇼(show), 스펙터클(spectacle) 따위의 요소를 가미하여, 큰 무대에서 상연하는 종합 무대 예술이다.

① 오페라의 유령　　② 나비 부인

③ 미스 사이공　　　④ 명성황후

8. 다음 내용과 관련 있는 사람은?

> ㉠ 한국의 화가(1916~1956)이며, 호는 대향(大鄉)이다.
>
> ㉡ 야수파의 영향을 받아 향토적이고 개성적인 그림을 남겼으며 우리나라에 서구 근대화의 화풍을 도입하는데 공헌하였다.
>
> ㉢ 생활고로 담뱃갑 은종이에 그림을 많이 그렸는데, 예리한 송곳으로 그린 선화(線畵)는 표현의 영역을 넓혔다는 평가를 받는다.
>
> ㉣ 작품에 〈소〉, 〈흰소〉, 〈게〉 등이 있다.

① 김환기   ② 백남준

③ 천경자   ④ 이중섭

9. 다음 현상들의 공통적인 결과는?

> • 수요 증가   • 공급 감소

① 가격 하락   ② 생산량 증가

③ 가격 상승   ④ 생산량 감소

10. 원-달러 환율이 상승할 때 예상되는 현상은?

① 수입 증가   ② 수출 감소

③ 물가 상승   ④ 주가 상승

〈국제기구 및 협약〉

- ADB(아시아개발은행)

- Amnesty(엠네스티. Amnesty International 국제사면위원회)

- AFTA(Asean Free Trade Area. 아세안자유무역지대)

- APEC(아시아태평양경제협력체)

- EU(유럽연합. European Union)

- FAO(국제연합식량농업기구)

- FTA(자유무역협정)

- IBRD(국제부흥개발은행)=World Bank(세계은행)

- IFAD(국제농업개발기금)

- ILO(국제노동기구)

- IMF(국제통화기금)

  -SDR(국제통화기금의 특별인출권)

- IPU(국제의원연맹)

- NATO(나토. 북대서양조약기구) ↔ 바르샤바조약기구(소련·폴란드·동독·헝가리·루마니

  아·불가리아·체코슬로바키아)

- NPT(핵확산금지조약)

- NAFTA(북미자유무역협정)

- ODA(공적개발원조)

- OECD(경제협력개발기구)

- OIE(국제獸疫사무국)

- OXFARM 민간구호단체

- PKO 국제연합군. 유엔군

- PKO(PeaceKeeping Operations) : (UN의) 평화 유지 활동

- PSI(대량살상무기확산방지구상)

- UN(국제연합, United Nations)

- UNESCO(국제연합교육과학문화기구)

- UNICEF(United Nations International Children's Emergency Fund 유엔아동기금)

- WFP(세계식량계획)

- WHO(세계보건기구)

- WIPO(세계지적소유권기구)

- WMO(세계기상기구)

- WTO(세계무역기구)

〈시사용어〉

- NGO(비정부기구)

- GOVERNANCE = 중앙정부+지방자치단체+NGO

- BRICs(브릭스) - 브라질, 러시아, 인도, 중국

- Chindia(친디아) - 중국, 인도

- 팍스 아메리카나(Pax Americana) - 미국 주도의 세계질서

- 팍스 시니카(Pax Sinica) - 중국 주도의 세계질서

- 팍스 차이메리카(Pax Chimerica) - 중국과 미국 주도의 세계질서

- Neocons(네오콘) - 공화당을 중심으로 한 미국의 신보수주의자들

- SOC(사회간접자본)

- 마이크로미디어(micromedia) - 1인 미디어. UCC, 블로그, 미니홈피 등
- 마이크로블로그(microblog) = 블로그+메신저
- 소셜 네트워크 서비스(Social Network Service, SNS) - 웹상에서 이용자들이 인적 네트워크를 형성할 수 있게 해주는 서비스로, 트위터·싸이월드·페이스북·미투데이 등
- 유튜브(You tube) - 무료 동영상 공유사이트
- 유비쿼터스(Ubiquitous) = Everywhere, 쌍방향식 의사소통(쌍방향대화), 유비티즌
- 파놉티콘(Panopticon) ⇒ 시놉티콘(Synopticon)
- 정보유목민(디지털유목민, Digital nomad)
- 데이비드 생크 『데이터 스모그』 - 정보과잉
- 웹중독증(Webaholic)
- 퍼블리즌(Publizen) - 자신의 프라이버시를 고의적으로 노출하는 인간
- 그래피티(Graffiti)
- 키취문화(Kitsch) ⇒ 저속함의 미학
- 사이코패스(Psychopath) - 반사회적 인격장애
- 은둔형외톨이(히키코모리)
- 오타쿠(Otaku) = 십덕후. 한 분야에 열중하는 마니아보다 더욱 심취해 있는 사람
- 인터넷 종량제 - 인터넷 사용량에 따라 요금을 차등부과하는 제도
- copyright(저작권) : copyleft(저작권 공유)
- 정보격차(Digital divide) - 디지털 디바이드. 고소득층과 저소득층 간 정보격차 심화
- 디지로그(Digilog) 예) 싸이월드의 '일촌맺기'
- 밴드웨건 효과(Band Wagon Effect) - 편승효과, 부화뇌동 효과. 남이 하니까 나도 한다는 식의 의사 결정을 내리게 되는 현상. '친구따라 강남간다'
- 베블런효과(Veblen effect) - 가격이 오르는 데도 일부계층의 과시욕이나 허영심 등으

로 인해 수요가 줄어들지 않는 현상

• 바람직하지 못한 소비

① 남들이 사면 나도 산다 – 밴드웨건 효과(편승효과, 부화뇌동효과)

② 남들이 사면 나는 사지 않는다 – 스노브 효과(속물효과)

③ 비싸기 때문에 산다 – 베블렌 효과(과시효과) ⇒ 노노스족, VVIP 마케팅

• 매니페스토 운동 – 구체적인 예산과 추진일정을 갖춘 선거공약

• 페미니즘(Feminism) – 여성이 불평등하게 억압받고 있다고 생각하여 여성의 사회, 정치, 법률상의 지위와 역할의 신장을 주장하는 주의

• 지니계수 – 빈부격차와 계층 간 소득분포의 불균형 정도를 나타내는 수치(작을수록 평등하다)

• 10분위분배율(클수록 평등)

• 5분위분배율(작을수록 평등)

• 나비효과(Butterfly effect) 작고 사소한 사건 하나가 나중에 커다란 효과를 가져온다.

• 애그플레이션(agflation) = 농업(agriculture)+물가상승(inflation)

• 인플레이션(inflation) – 화폐가치가 하락하여 물가가 전반적이고 지속적으로 상승하는 경제현상

• 디플레이션(deflation) – 통화량의 축소에 의하여 물가가 하락하고 경제활동이 침체되는 현상

• 스테그플레이션(stagflation) – 경제불황 속에서 물가상승이 동시에 발생하고 있는 상태. 스태그네이션(stagnation:경기침체)과 인플레이션(inflation:물가상승)을 합성한 신조어로, 정도가 심한 것은 슬럼프플레이션(slumpflation)

• 6T – NT/BT(제4의물결)/IT/ET/ST/CT(콘텐츠, 문화)

• 3T – NT(Nano technology 극세기술), BT(Bio technology 생명공학), IT(Information technology 정보화기술)

- GMO(유전자변형식품) = 프랑켄푸드

- 쓰나미(지진해일)

- AI(인공지능)

- 환경호르몬 - 생체 외부에서 들어와 내분비 기관 안에서 호르몬의 생리 작용을 교란
  시키는 화합물

- 임포섹스(Imposex) - 소라, 고둥 등 복족류의 암컷 몸체에 수컷의 성기가 생기면서 암
  컷이 수컷화하는 현상.

- 아웃소싱(Outsourcing) - 기업이나 기관이 비용절감, 서비스 수준 향상 등의 이유로 기
  업에서 제공하는 일부 서비스를 외부에 위탁하는 것

- 멘토(Mentor) / 멘터링(Mentoring)

- 프로슈머(Prosumer) - 소비자가 생산에 관여

- 블랙컨슈머(Black consumer) - 구매한 상품의 하자를 문제 삼아 기업을 상대로 과도한
  피해보상금을 요구하거나 거짓으로 피해를 본 것처럼 꾸며 보상을 요구하는 소비자

- 트윈슈머(Twinsumer) - 다른 사람이 제품을 사용한 경험을 참고해서 구매 결정을 내리
  는 소비자. 쌍둥이를 의미하는 Twin에 소비자를 의미하는 Consumer를 결합한 합성어

- 지역이기주의 현상

  ① 님비현상 : Not in my backyard

  ② 핌피현상 : Please in my front yard

  ③ 바나나현상 : Build Absolutely Nothing Anywhere Near Anybody

- UCC(User Created Contents) - 사용자 제작 컨텐츠. 손수제작물

- PCC(proteur created contents) - 전문가 수준의 실력을 갖춘 아마추어인 프로튜어가
  직접 제작한 컨텐츠

- Well-being(웰빙) = 참살이
- 로하스(LOHAS) - 건강하고 지속가능한 삶의 방식. 웰빙(Well-being)이 개인의 행복한 삶을 말한다면, 로하스는 자신의 건강뿐 아니라 자연과의 공존을 생각
- 루키즘(Lookism) - 외모지상주의. 얼짱, 성형, 슈렉, 전족
- 아도니스 콤플렉스(남성들이 갖는 외모집착증)
- 그루밍족(grooming族) - 패션과 미용에 아낌없이 투자하는 남자들
- 메트로 섹슈얼(Metrosexual) - 도시에 살면서 패션, 미용 등 여성적 라이프 스타일에 적극적 관심을 기울이는 남성
- 콘트라섹슈얼 (Contra-sexual) - 결혼이나 육아에 중점을 두는 전통적인 여성상과는 반대되는 사회적 성공과 고소득에 중점을 두는 20, 30대의 젊은 여성
- 초식남(草食男) - 기존의 '남성다움'(육식적)을 강하게 어필하지 않으면서, 주로 자신의 관심분야나 취미활동에는 적극적이나 이성과의 연애에는 소극적인 남성 ↔ 짐승남 = 건어물녀 = 미이즘(me-ism)
- Black dog = 우울증
- EEZ(배타적 경제수역) - 자국의 연안으로부터 200해리(370.4KM)까지의 모든 자원에 대한 독점적 권리를 인정하는 국제해양법상의 개념
- NLL(Northern Limit Line. 북방한계선)
- GNP(국민총생산), GDP(국내총생산), GNI(국민총소득)
- CEO(Chief Executive Officer) - 최고대표이사
- CFO(Chief Financial Officer) - 최고재무경영자
- CTO(Chief Technology Officer) - 최고기술경영자
- CIO(Chief Information Officer) - 최고정보관리책임자
- 아고라(agora) - 광장

- 베르테르 효과 - 동조자살. 모방자살
- 주민소환제 - 주민들이 법령에 따라 지방의원 및 지방자치단체장을 소환할 수 있도록 하는 제도
- 패스트푸드(정크푸드, 인스턴트푸드) ↔ Slow food 운동
- Local food 운동 - 장거리 운송을 거치지 않은 지역 농산물. 농촌도 살리고 먹을거리의 안전도 지킬 수 있는 대안운동
- 슬로비족(Slow but better working people) / Slow city / Slow life
- 아바타(Avatar) - 가상사회에서 자신의 분신
- 아이팟(MP3플레이어)→ 아이폰(스마트폰)→ 아이패드(태블릿 PC) : 애플社 스티브잡스
- 태블릿PC(Tablet PC) - 노트북과 PDA의 혼합형 기기
- 스마트 갭(smart gap) - 스마트폰을 활용해 언제 어디서나 정보에 접근할 수 있는 사람과 그렇지 못한 사람 사이에 발생하는 경제·사회적 격차
- 웹 2.0 - 데이터의 소유자나 독점자 없이 누구나 손쉽게 데이터를 생산하고 인터넷에서 공유할 수 있도록 한 사용자 참여 중심의 인터넷 환경. 인터넷상에서 정보를 모아 보여주기만 하는 웹 1.0에 비해 웹2.0은 사용자가 직접 데이터를 다룰 수 있도록 데이터를 제공하는 플랫폼이 정보를 더 쉽게 공유하고 서비스 받을 수 있도록 만들어져 있다. 블로그, 위키피디아, 딜리셔스 등이 이에 속한다.
- 유누스(노벨평화상) 그라민(Grameen)은행
- 마이크로 크레딧(micro-credit) - 무담보 소액 신용대출
- 88만원 세대 - 20대의 경제적 처지 ↔ G세대 : 1988년 서울올림픽을 전후로 태어나 글로벌 마인드와 미래지향적인 성향을 지니고 있는 세대를 이르는 말
- 니트족(NEET; Not in Education, Employment or Training) - 일하지 않고 일할 의지도 없는 청년 무직자

- 프리터족(Free Arbeiter) – 필요한 돈이 모일 때까지만 아르바이트로 일하는 사람들
- 임금피크제(salary peak) – 워크 셰어링(work sharing)의 한 형태로, 일정 연령에 된 근로자의 임금을 삭감하는 대신 정년까지 고용을 보장하는 제도. 청년실업악화와 세대갈등 유발 가능성
- 일자리 나누기(jobsharing) – 노동시간을 줄임으로써 그에 해당하는 임금을 낮추고 그 남는 임금과 시간으로 노동자를 더 고용하는 정책
- 워킹푸어(Working poor) – 근로빈곤층. 정규직 또는 비정규직에 상관없이 풀타임으로 일을 해도 빈곤을 벗어날 수 없는 개인이나 가족을 말한다.
- 엄친아 – 엄마 친구의 아들의 줄임말로 '완벽한 존재'라는 뜻으로 쓰인다.
- 엄지족 – 핸드폰 소지율이 높아지면서 주로 문자메시지를 많이 쓰는 신세대를 일컫는 말
- MOU(Memorandum of Understanding) – 양해각서. 어떤 거래를 본격적으로 시작하기 전에 양 당사자의 기본적인 이해를 담기 위해 체결되는 것
- OEM – 주문자 상표 부착 생산
- 일사부재리(一事不再理)의 원칙 – 이미 어떤 사건에 대하여 확정 판결을 받은 후에는 다시 이를 심판하지 못한다는 원칙
- 일사부재의(一事不再議)의 원칙 – 의회에서 한 번 부결된 안건은 같은 회기 내에 다시 제출할 수 없다는 원칙
- SSM(Super Supermarket) – 대형 할인점과 동네슈퍼마켓의 중간 형태
- 호모 자펜스 – 여기저기로 관심을 옮기는 인간
- 호모 사피엔스 – 생각하는 사람
- 호모 루덴스 – 놀이하는 인간, 유희하는 인간. 호이징가
- 호모 에렉투스 – 직립원인, 불사용

- 호모 에코노미쿠스 - 경제인

- 호모 심비우스(Homo Symbious) - 공생(共生)하는 인간

- 오픈 프라이스(open price) - 제조업자가 판매가격을 정하는 기존의 권장소비자 가격제와 달리 최종 판매업자가 실제 판매가격을 표시하는 가격제도

- 타임오프제(Time-Off) - 노조 전임자에 대한 사용자의 임금지급을 원칙적으로 금지하되 노사교섭, 산업안전, 고충처리 등 노무관리적 성격이 있는 업무에 한해서 근무시간으로 인정하여, 이에 대한 임금을 지급하는 제도

- 모라토리엄(Moratorium. 지급유예) - 한 나라가 다른 나라에 만기 빚을 갚지 못할 때 일시적으로 상환기간을 연기해 달라고 대외적으로 요구하는 것

- 디폴트(Default. 채무불이행) - 모라토리엄이 나중에 천천히 갚겠다는 선언이라면, 디폴트는 돈이 없어 아예 빚을 못 갚는 상황을 의미

- 노블레스 노마드(Noblesse Nomad) - 귀족적 유목민. 명품, 골동품 등 물건을 소유하는 대신 여행, 레저, 공연 관람 등 무형의 경험을 수집하는 새로운 소비자층

- 노블레스 오블리주(Noblesse oblige) - 사회 고위층 인사에게 요구되는 높은 수준의 도덕적 의무

- 포이즌 필(Poison pill) - 기업의 경영권 방어수단으로, 적대적 M&A(기업인수·합병)나 경영권 침해 시도가 발생하는 경우 기존 주주에게 시가보다 훨씬 싼 가격에 지분을 매입할 수 있도록 미리 권리를 부여하는 제도

- 넛크래커(Nut-cracker) - 호두를 양쪽으로 눌러 까는 호두까기 기계이다. 한국 경제가 선진국에 비해서는 기술과 품질 경쟁에서, 후발 개발도상국에 비해서는 가격 경쟁에서 밀리는 현상

- 방관자효과(Bystander effect) = 책임분산효과 = 제노비스 신드롬=구경꾼효과. 주위에 사람들이 많을수록 어려움에 처한 사람을 돕지 않게 되는 현상

- 출구전략(出口戰略, exit strategy) - 중앙은행 및 정부가 경기침체를 벗어나고자 펼친 정책이 부작용을 일으키지 않고 경기회복의 역할을 할 수 있도록 하는 전략
- 동조행동(同調行動, conforming behavior) - 한 사회 집단에 속한 구성원들이 그 집단 특유의 사고나 감정, 행동 양식 따위를 공유하고 답습하는 것. 집단 규범·관습이나 다른 사람의 반응에 일치하도록 행동하는 양식
- 얼리 어답터(early adoptor) - 최첨단 제품을 먼저 구입해 사용해 보지 않고는 못 견디는 사람들
- 제로섬게임(zero-sum game) - 승자의 득점과 패자의 실점의 합계가 영(零)이 되는 게임
- 엥겔의 법칙 - 소득수준이 낮을수록 전체 생계비용에서 차지하는 식료품 비율이 높아진다는 법칙
- 세이의 법칙 - 공급은 스스로 수요를 창조한다.
- 그레샴의 법칙 - 악화가 양화를 구축한다.
- 슈바베의 법칙 - 가계비 중 주거비가 차지하는 비중
- 플리 바긴(Plea Bargain) - 유죄를 인정하는 대신 협상을 통해 형량을 경감하거나 조정하는 제도
- 사회적 기업 - 취약계층에 일자리를 제공하고 관련 서비스나 상품을 생산하는 기업
- 트위터(Twitter) - 이용자가 웹사이트는 물론 휴대전화를 통해서도 최고 140자의 문자 메시지를 볼 수 있는 '블로그+문자' 서비스를 말한다.
- 폴리페서(Polifessor) - 정계 또는 관계에서 고위직을 얻으려는 교수
- 블랙스완(Black swan) - 극단적으로 예외적이어서 발생가능성이 없어 보이지만 일단 발생하면 엄청난 충격과 파급효과를 가져오는 사건을 가리키는 말이다.
- 위키리크스(WikiLeaks) - 폭로 전문 웹사이트
- WINE세대(와인세대) 386세대와 65세 이상 실버세대의 중간에 있는 45~64세의 기성

세대를 일컫는 말

- 오이디푸스콤플렉스(Oedipus complex) - 남성이 부친을 증오하고 모친에 대해서 품는 무의식적인 성적 애착
- 엘렉트라콤플렉스(Electra complex) - 딸이 아버지에게 애정을 품고 어머니를 경쟁자로 인식하여 반감을 갖는 경향
- 깨진 유리창 이론(Broken Windows Theory) - 사소한 무질서를 방치하면 큰 문제로 이어질 가능성이 높다는 의미
- 피그말리온효과(Pygmalion effect) = 로젠탈효과, 자성적 예언, 자기충족적 예언. 타인의 기대나 관심으로 인하여 능률이 오르거나 결과가 좋아지는 현상
- 골렘효과 - 교사가 기대하지 않는 학습자의 성적이 떨어지는 것
- 낙인효과(Stigma Effect, Labeling effect) - 사회제도나 규범을 근거로 특정인을 일탈자로 인식하기 시작하면 그 사람은 결국 범죄인이 되고 만다는 낙인이론에서 유래한 용어
- 플라시보효과(위약효과) - 위약(僞藥)은 심리적 효과를 얻기 위하여 환자가 의학이나 치료법으로 받아들이지만 치료에 전혀 도움이 되지 않는 가짜 약제를 말한다. 영어로는 placebo라고 한다.
- 모티켓(motiquette←mobile+étiquette) - 휴대 전화를 사용할 때 지켜야 할 예절
- 이익공유제(profit sharing) - 대기업이 예상보다 많은 이윤, 이른바 '초과 이익'을 냈을 때 그 초과분으로 협력중소기업에게도 혜택을 주자는 발상
- 국민 보호 책임(responsibility to protect) - 국가가 자국민을 상대로 반(反)인권 범죄를 자행할 경우 국제사회가 국가 대신 시민을 보호하기 위해 개입에 나선다는 원칙
- 트라우마(trauma) - 정신적 외상을 뜻하는 정신 의학 용어로 과거의 충격이 현재까지 미치는 것을 말한다.
- 헤지펀드(hedge fund) - 금융파생상품·주식·채권·외환 등의 국제시장에 공격적으로

투자해 높은 운용 이익을 노리는 민간 투자기금

- 리플리 증후군 – 마음속으로 강렬하게 꿈꾸는 것을 현실에서 이룰 수 없으면 가공의 세계를 만들어 그곳에서 살게 되는 유형의 인격 장애
- 댄디즘(dandyism) – 19세기 초반에 영국, 프랑스 상류층에서 일어났던 하나의 사조이다. 무게, 깊이를 고려하지 않고, 세련된 멋, 치장을 주로 고려함으로써 일반 계층의 사람들에게 과시하는 태도, 사조를 나타낸다.
- 스콜 – 열대 국지성 호우
- 반달리즘(vandalism) – 다른 문화나 종교 예술 등에 대한 무지로 그것들을 파괴하는 행위
- 카니발리즘(cannibalism) – 사람이 인육을 먹는 행위
- 로맨티시즘(romanticism, 낭만주의) – 넓은 뜻으로는 로맨틱한 환상에 충만한 예술 경향을 총칭하고, 좁은 뜻으로는 19세기 전반의 유럽 제국에 퍼졌던 예술 사조를 말한다
- 바젤협약(Basel Convention) – 유해폐기물의 국가 간 이동 및 처리에 관한 국제협약
- 람사협약(국제습지협약, Ramsar Convention) – 새의 서식지로 국제적으로 중요한 습지를 보호하기 위해 각국의 협력으로 맺어진 조약
- 교토의정서(Kyoto protocol) – 기후변화협약에 따른 온실가스 감축목표에 관한 의정서
- 몬트리올 의정서(Montreal Protocol) – 오존층 파괴물질의 규제에 관한 국제협약
- 알파맘 – 자녀교육과 가정생활에 모든 것을 철저히 관리하는 통제형 엄마
- 베타맘 – 아이가 알아서 크도록 하는 자유방임형 엄마
- 하키맘 – 자녀를 위하는 억척스러운 엄마
- 골드미스(Gold Miss) – 30대이상 40대 미만 미혼 여성 중 학력이 높고 사회적 경제적 여유를 가지고 있는 계층 = 알파걸(Alpha Girl) 엘리트 여성집단 = 하나코상 = 떨이녀 (잉여, 剩女)

- 미스 맘(Miss Mom) - 정자은행에 기증된 정자로 임신한, 배우자 없는 여성
- 싱글 맘(Single mom) - 남편없이 아이를 기르는 여성
- 소호족(SOHOS: Small Office home Office) - 집무와 살림을 동시에 할 수 있는 다용도 공간을 이용하는 사람들
- 원격가족 - 부부와 자녀가 각자 이곳 저곳에 살거나, 심지어 이 나라 저 나라에 흩어 져 사는 가족
- 여피족(Yuppies) - 고등교육을 받고, 도시 근교에 살며, 전문직에 종사하여 고소득 을 올리는 일군(一群)의 젊은이들로서 1980년대 젊은 부자를 상징한다. 여피란 젊은 (young), 도시화(urban), 전문직(professional)의 세 머리글자를 딴 'YUP'에서 나온 말 이다.
- 딩크족(Double Income, No Kids) - 정상적인 부부생활을 하면서 의도적으로 자녀를 두지 않는 맞벌이부부
- 싱커스족(Thinkers) - 맞벌이(two healthy incomes)를 하면서 아이를 낳지 않고(no kids), 일찍 정년퇴직(early retirements)해서 여유로운 노후생활을 즐기는 사람들
- 듀크족(Dewks) - 아이가 있는 맞벌이 부부의 호칭
- 통크족(TONKS: Two Only No Kids) - 자녀에게 부양받기를 거부하고, 부부끼리 독립적 인 노년의 삶을 일궈 가는 할아버지, 할머니의 가족
- 보보스족(bobos) - 부르주아의 물질적 실리와 보헤미안의 정신적 풍요를 동시에 누리 는 미국의 새로운 상류계급으로서 1990년대를 젊은 부자를 상징하는 용어
- 오렌지족(오렌지族) - 부모 세대가 이룩한 물질적 풍요를 바탕으로 서울 강남일대에서 퇴폐적인 소비문화를 즐기는 젊은이들
- 댄디족(Dandy族) - 자신이 스스로 벌어서 센스 있는 소비생활을 즐기는 젊은 남자들
- 피터팬증후군(Peter Pan Syndrome) - 육체적으로는 성숙하여 어른이 되었지만 여전히

어린이로 남아 있기를 바라는 심리

• 파랑새 증후군(Bluebird syndrome) - 장래의 행복만을 꿈꾸며 현재의 할 일에 정열을 느끼지 못하는 현상을 말한다. 어머니의 과잉 보호를 받고 자란 경우에 많이 나타나는 증세

• 오팔족(OPAL, Old People with Active Life) - 자식에게 신세 지지 않고 풍족한 노후를 즐기는 노인들

• 패러사이트 싱글(parasite single) - 경제적 독립을 이뤄내지 못한 주로 20대 중후반의 이후의 독신자로서 부모의 경제력에 의지하여 살고 있는 사람

• 튀니지 혁명(자스민 혁명) - 2010년부터 2011년에 걸쳐 튀니지에서 일어난 혁명이다. 튀니지의 나라 꽃인 자스민에 빗대어, 자스민 혁명(Jasmine Revolution)으로도 불린다.

• 티파티(Tea party) - 미국의 조세 저항 운동이다. 특정 정당이 없으면서 정치적으로는 보수 성향을 띠어 '극우 반정부 운동'을 뜻하기도 한다.

• 이스털린의 역설 - 소득이 일정 수준에 이르고 기본적인 욕구가 충족되면 소득의 증가가 행복에 영향을 미치지 않는다는 이론

• 착한 사마리아인의 법 - 자신에게 특별한 위험을 발생시키지 않는데도 불구하고 곤경에 처한 사람을 구해 주지 않은 행위를 처벌하는 법

• 미란다 원칙 - 경찰이나 검찰이 범죄용의자를 연행할 때 그 이유와 변호인의 도움을 받을 수 있는 권리, 진술을 거부할 수 있는 권리 등이 있음을 미리 알려주어야 한다는 원칙

• 무죄추정주의 - 형사절차에서 피고인 또는 피의자는 유죄의 판결이 확정될 때까지는 무죄로 추정된다는 원칙을 말한다.

• 형벌불소급의 원칙 - 모든 법률은 행위시의 법률을 적용하고, 사후입법(事後立法)으로 소급해서 적용할 수 없다는 원칙

- 죄형법정주의 - 범죄와 형벌을 미리 법률로써 규정하여야 한다는 근대형법상의 기본 원칙
- 구속적부심사제도 - 구속된 피의자에 대하여 법원이 구속의 적법성과 필요성을 심사하여 그 타당성이 없으면 피의자를 석방하는 제도
- 조세 법률주의 - 조세의 종목과 세율은 반드시 법률로 정함
- 대의 민주주의 - 국민이 선출한 대표자에 의해 정부를 구성하고 국민의 대표인 의회를 통해 국민 주권의 원리를 실현 하는 정치
- 보일의 법칙 - 일정한 온도하에서 기체의 부피는 절대압에 반비례 하고 그 밀도는 정비례한다. 즉 외부의 압력이 2배로 되면 기체의 부피는 반으로 줄고 그 기체의 밀도는 2배가 된다.
- 샤를(Charles)의 법칙 - 압력이 일정할 때 기체의 부피는 절대온도에 비례한다. 바꾸어 말하면 부피가 일정할 때 절대온도가 올라가면 그 기체의 압력은 정비례하여 올라간다.
- 임팩트론(Impact loan) - 용도에 규제를 받지 아니하고 외국에서 자금을 빌리는 일
- 관성의 법칙 - 뉴턴의 운동법칙 중 제1법칙. 외부에서 힘이 가해지지 않는 한 모든 물체는 자기의 상태를 그대로 유지하려고 하는 것을 말한다.
- 스탕달 신드롬 - 역사적으로 유명한 미술작품이나 문학작품을 감상하다가 순간적으로 가슴이 뛰거나 격렬한 흥분과 감흥, 눈물 등을 불러일으키는 현상
- 블랙아웃(Blackout) - 예비전력마저 제로가 되어 전국적으로 정전이 된 상태
- 낙수효과(落水效果 , Trickle down effect) - 대기업 및 부유층의 소득이 증대되면 더 많은 투자가 이루어져 경기가 부양되고, 전체 GDP가 증가하면 저소득층에게도 혜택이 돌아가 소득의 양극화가 해소된다는 논리다. 이 이론은 국부(國富)의 증대에 초점이 맞추어진 것으로 분배보다는 성장을, 형평성보다는 효율성에 우선을 둔 주장이다.

• 분수효과(噴水效果 , Fountain effect) - 낙수효과와 반대되는 현상을 나타낸 말로, 오히려 부유층에 대한 세금은 늘리고 저소득층에 대한 복지정책 지원을 증대시켜야 한다는 주장이다.

• 엘니뇨 - 남아메리카 페루 및 에콰도르의 서부 열대 해상에서 수온이 평년보다 높아지는 현상. '엘니뇨'라는 단어는 스페인어로 남자 아이 또는 아기 예수를 의미하는데, 이는 크리스마스를 전후하여 나타나기 때문에 붙여졌다.

• 프랙탈(Fractal) - 프랙탈이란 작은 구조가 전체 구조와 비슷한 형태로 끝없이 되풀이되는 구조를 말한다. 즉, 프랙탈은 부분과 전체가 똑같은 모양을 하고 있다는 "자기 유사성" 개념을 기하학적으로 푼 것으로, 프랙탈은 단순한 구조가 끊임없이 반복되면서 복잡하고 묘한 전체 구조를 만드는 것이다.

• 표면장력 - 액체의 표면이 스스로 수축하여 가능한 한 작은 면적을 취하려는 힘

• 인력 - 물리적, 공간적으로 떨어져 있는 물체가 서로를 끌어당기는 힘

• 척력 - 같은 종류의 전기나 자기를 가진 두 물체가 서로 밀어내는 힘

• 원심력 - 물체가 원운동을 할 때 중심으로부터 바깥쪽으로 작용하는 힘

• 구심력 - 물체가 원운동을 할 때, 원의 중심을 향하여 작용하는 힘

• 횡압력 - 지각에 수평 방향으로 가해지는 압력. 미는 힘

• 인장력 - 공간적으로 떨어져 있는 물체가 서로를 끌어당기는 힘과 물체 내의 한쪽 부분이 다른 쪽 부분을 임의의 면에 수직이 되게 끌어당기는 힘을 아울러 이르는 말. 당기는 힘

• 응집력 - 한 물질을 이루고 있는 같은 분자들끼리 서로 잡아당기는 힘

• 부착력 - 다른 분자들끼리 서로 잡아당기는 힘

• 리셋증후군(Reset Syndrome) - 컴퓨터가 원활히 돌아가지 않거나 제대로 작동하지 않을 때 리셋 버튼만 누르면 처음부터 다시 시작할 수 있는 것처럼 현실세계에서도 리셋

이 가능할 것으로 착각하는 현상을 일컫는 말이다.

- 닌텐도 증후군 - 오랜 시간 불규칙적으로 깜박거리는 빛에 자극을 받아 생기는 광(光) 과민성 간질 발작
- 베이비붐세대 - 전후에 태어난 사람을 뜻하며, 나라에 따라 연령대가 다르다. 한국의 경우 55년에서 64년 사이에 태어난 약 900만 명이 해당된다.
- 베이비부머(Baby Boomer) - 제2차 세계대전 이후 1946년부터 1965년까지 출생한 베이비붐 세대
- X세대(X generation) - 1961년에서 1984년 사이에 출생한 연령층을 일컫는다. 캐나다의 더글라스 코플랜드의 소설 『X세대』(Generation X, 1991년)에서 따온 말이다.
- Y세대(Y generation) - 전후 베이비붐 세대가 낳은 2세들을 일컫는 말로, 컴퓨터를 자유자재로 다루는 10세 전후의 어린이를 말한다.
- Z세대(Z generation) - 1318세대를 가리키는데. 연령대로는 X와 Y세대에 비해 가장 어리다. 알파벳의 가장 끝자리를 택한 것도 그 이유에서다.
- N세대(Net generation) - 1977년부터 1997년 사이에 태어난 세대로 디지털 기술과 함께 성장해서 디지털 기기를 능숙하게 다룰 줄 아는 디지털 문명 세대를 말한다.
- 펀더멘털(Fundamental) - 한 나라의 경제가 얼마나 건강하고 튼튼한지를 나타내는 경제용어로 '기초경제여건'이라고도 한다.
- 퍼펙트스톰(Perfect storm) - 강력한 태풍이라는 뜻으로 개별적으로 위력이 크지 않은 태풍이 다른 자연현상과 동시에 발생해 엄청난 파괴력을 내는 현상
- 연착륙(Soft landing) - 경기가 고성장에서 급격한 경기침체나 실업증가 등을 일으키지 않고 서서히 안정기로 접어드는 것
- 매카시즘(McCarthyism) - 1950년대 미국에서 공산주의자·좌익 척결 광풍을 몰고 온 극우 정치인 조셉 매카시의 이념정책을 말한다.

- 완전국민경선제(오픈 프라이머리, Open Primary) - 정당의 당원이 아닌 일반인도 모두 참여하는 방식
- 뱅크런(Bank run) - 금융시장이 극도로 불안하거나 거래 은행의 재정상태가 나쁘다고 판단되어 은행에 맡긴 돈을 받을 수 없을지도 모른다는 생각에 사람들이 대규모로 예금을 인출하려고 하는 사태
- 제노사이드(Genocide) - 집단학살
- 하우스푸어(House poor) - 집을 소유한 빈곤층
- 디아스포라(Diaspora) - 팔레스타인 밖에 살면서 유대교 관습과 종교 규범을 지키며 사는 유대인들
- 동북공정(東北工程) - 중국 동북부에서 전개된 모든 역사를 중국 역사로 편입하기 위해 1980년대부터 중국이 추진해온 역사 연구 프로젝트
- 친고죄(親告罪) - 피해자의 고소·고발이 있어야만 공소를 제기할 수 있는 범죄.
- 핀터레스트(Pinterest) - 벤 실버만이 창업한 이미지 공유 중심의 소셜네트워크서비스 (SNS)
- 간접광고(PPL, product placement) - 영화나 드라마의 소품을 특정회사의 제품으로 대체하여 회사 측에서는 홍보효과를 높이고 제작사 측에서는 제작비를 충당하는 방식의 광고
- 나들가게 - 동네 슈퍼마켓의 경쟁력을 끌어올려 현대적인 점포로 재개점 하도록 하는 사업
- 블랙저널리즘 - 약점을 확보해 공개보도 하겠다고 위협하거나 특정 목적으로 보도하는 저널리즘
- 옐로 저널리즘 - 선정적인 보도를 일삼는 저널리즘
- 트레저 헌터(Tresure hunter) - 가격 대비 최고의 가치를 주는 상품을 발굴하기 위해

끊임없이 정보를 탐색하는 소비자

• 앰부시 마케팅(Ambush marketing) - 스포츠 대회의 공식 후원사가 아니면서도 광고 문구 등을 통해 행사와 관련 있는 업체라는 인상을 꾸미며 교묘하게 광고효과를 올리는 마케팅

• 센카쿠 열도 - 중국어로는 댜오위다오, 조어도

• 메르코수르(Mercosur) - 남미공동시장. 아르헨티나·브라질·파라과이·우루과이가 주축인 경제공동체

• 미디어렙(Media Rep) - 방송사를 대신하여 방송광고를 판매하는 대행사

• 치킨게임 - 어느 한쪽도 양보하지 않고 극단적으로 치닫게 되는 상황

• 패럴림픽(Paralympics) - 장애인 올림픽

• 플래쉬몹(Flash Mob) - 순간을 의미하는 flash와 군중을 미하는 Mob의 합성어로 인터넷에서 사전에 공지된 지령에 따라서 특정한 시간에 서로 모르는 사람들이 특정한 장소에 모여서 특정시간 동안 그 지령에 따라 행동하고 흩어지는 행위(모임)을 의미

• 환율 하락 - 한화 평가 절상 = 원화 가치 상승
  수출 감소, 수입 증가, 물가 하락, 경상수지 악화, 외채상환 부담 감소, 해외여행 및 해외유학 비용 감소

• 환율 상승 - 한화 평가 절하 = 원화 가치 하락
  수출 증가, 수입 감소, 물가 상승, 경상수지 개선, 외채 상환 부담 증가, 해외여행 및 해외유학 비용 증가

• 베이컨의 4대 우상
  1. 종족의 우상 : 인간이기 때문에 생기는 편견. 예) 새가 슬피 운다
  2. 동굴의 우상 : 자신의 경험·특성·환경에 의해 생기는 편견. '우물 안 개구리'
  3. 시장의 우상 : 말에 의해 생기는 편견. 예) 용, 유니콘, 소문

4. 극장의 우상 : 자신의 생각에 의해 판단하지 않고, 권위나 전통에 의존해서 생기는 편견

• 더블 딥(Double Dip) – 경기 침체 후 잠시 회복을 보이다가 다시 침체에 빠지는 이중 침체 현상

• 블루오션(Blue ocean) ↔ 레드오션(Red ocean)

• 퍼플오션(Purple Ocean) – 레드오션(Red Ocean · 경쟁시장)과 블루오션(Blue Ocean · 미개척시장)의 장점만을 접목한 업종

• 그린오션(Green Ocean) – 친환경에 핵심 가치를 두고 환경 · 에너지 · 기후변화 문제 해결에 기여하는 '저탄소 녹색경영'을 통해 새로운 시장과 부가가치를 창출하는 것

• 희토류 – '희귀한 흙, 드문 흙'이는 뜻으로 IT 산업이나 전자산업에 들어가는 금속 광물이다. 중국이 전 세계의 43%의 매장량, 생산량은 95%를 차지한다.

• 공정무역(fair trade) – 가난한 제3세계 생산자가 만든 환경친화적 상품을 직거래를 통해 공정한 가격으로 구입하여 가난 극복에 도움을 주고자 하는 데 그 목적이 있다.

• 이카루스 패러독스(Icarus Paradox) – 기존 성공의 틀에 매여 혁신 못하는 1등 기업의 역설

• 불체포특권 – 국회의원이 현행범인이 아닌 한 회기 중 국회의 동의 없이 체포 또는 구금되지 않으며 회기 전에 체포 또는 구금된 경우라도 국회의 요구에 의해 석방될 수 있는 권리

• 빅뱅이론(The big bang theory) – 우주가 태초의 대폭발로 시작되었다는 이론

• 현악기

서양 : 바이올린, 첼로, 비올라, 콘트라베이스, 더블베이스, 하프, 기타

한국 : 가야금, 거문고, 해금, 아쟁, 비파

• 목관악기

서양 : 플루트, 오보에, 클라리넷, 색소폰, 바순

　　한국 : 대금, 중금, 소금, 피리, 퉁소, 단소, 태평소, 생황, 나각

• 금관악기

　　서양 : 호른, 트럼펫, 트롬본, 튜바

　　한국 : 나발

• 타악기

　　서양 : 팀파니, 북, 탬버린, 트라이앵글, 실로폰

　　한국 : 편종, 편경, 징, 꽹과리, 박, 축, 어, 장구, 운라, 좌고

• 건반악기 – 피아노, 쳄발로, 오르간

• 피아노 3중주 – 피아노+바이올린+첼로

　　피아노 4중주 – 피아노+바이올린+비올라+첼로

　　피아노 5중주 – 피아노+제1바이올린+제2바이올린+비올라+첼로

• 베토벤 작품 – 교향곡 5번 운명, 6번 전원, 9번 합창, 피아노 소나타 8번 비창, 14번 월광

• 모차르트 작품 – 피가로의 결혼, 마술피리, 돈 지오반니, 터키행진곡, 레퀴엠d단조

• 고전파 음악가 – 하이든, 모차르트, 베토벤

• 바로크 음악가 – 비발디, 바하, 헨델

• 삼민주의(三民主義) – 쑨원[손문]이 제창한 중국 근대 혁명의 기본 이념으로 민족주의,
　　민권주의, 민생주의로 이루어져 있다.

• 브나로드(V narod) 운동 – 브나로드는 '민중 속으로'를 뜻하는 러시아 말로, 일제강점
　　기의 농촌계몽운동

• 카스트 제도 – 인도의 전통적인 신분 계급. 브라만 – 크샤트리아 – 바이샤 – 수드
　　라 – 달리트(불가촉천민)

• 프로이트 – 무의식, 리비도(libido) 성본능, 이드(Id) 원본능, 에고(Ego) 자아, 슈퍼에고

(Superego) 초자아

• 정약용 저서 – 경세유표, 흠흠신서, 목민심서, 여유당전서

• 박지원 저서 – 열하일기, 허생전, 연암집

• 이황 저서 – 퇴계집, 성학십도, 주자서절요

• 이이 저서 – 율곡전서, 성학집요, 동호문답

• 포퓰리즘(Populism) – 대중영합주의

• 쇼비니즘(Chauvinism) – 맹목적·광신적 애국주의

• 유가(유교) – 공자, 맹자, 입신양명(立身揚名), 왕도정치(王道政治)

　도가(도교) – 노자, 장자, 무위자연(無爲自然), 소국과민(小國寡民)

• 오리엔탈리즘 – 서양에 의해 구성되고 날조된 동양에 관한 인식

• 옥시덴탈리즘 – 동양에 의해 구성되고 날조된 서양에 관한 인식

• 마야문명 – 기원 전후부터 9세기까지 중앙아메리카의 과테말라 고지에서 유카탄 반도에 걸쳐 번성한 마야 족의 고대 문명

• 잉카문명 – 남아메리카 안데스 지대의 페루를 중심으로 16세기 초까지 잉카 족이 이루었던 청동기 문화. 직물, 금세공, 계단식 밭의 농업 문화가 발달하였고, 종교는 태양을 중심으로 하는 자연 숭배의 다신교이다.

• 메소포타미아문명 – 비옥한 초승달 지역의 대부분을 차지하는 티그리스강·유프라테스강 유역을 중심으로 번영한 고대문명

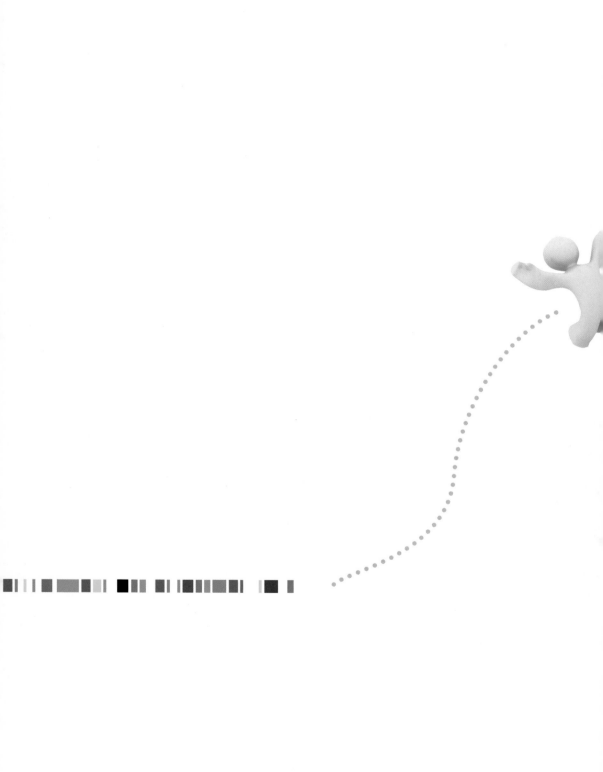

part **3.**

적성검사
기출유형분석Ⅱ

수리사고영역

사칙연산 및 약속연산

순수적성 대학에서 많이 출제되는 유형이다. 기존에 출제되었던 유형은 단순한 사칙연산 기호 배열, 연산 법칙 추정 등의 간단한 형태이다. 그러나 수리적인 감각이 부족하다면 까다롭게 느껴질 수 있으며 문제를 해결하는 데 소요되는 시간이 길어질 수 있다. 따라서 빠른 시간 내에 정확하게 규칙을 찾을 수 있도록 연습해야 한다. 절대 틀려서는 안 되는 부분으로, 문제를 맞히는 것보다 얼마나 실수하지 않는지를 보는 부분이다. 최근에는 **고등학교 1학년 수학 교과 과정의 연산과 혼합하여 출제**되거나 **기존 출제유형을 변형한 응용문제의 비중이 높아**지고 있으므로 이에 대비할 수 있도록 하자.

■ 사칙연산 배열

'+, −, ×, ÷'의 연산기호를 적절히 배열하여 주어진 식을 완성하는 문제이다. 특별한 이론보다는 수리적인 감각이 우선적으로 필요한 유형이다.

■ 약속연산

주어진 보기의 연산결과만을 가지고 연산법칙을 알아낸 후 새로운 연산 식을 계산하는 문제를 풀거나, 주어진 연산의 약속에 의해 문제를 푸는 것으로 나누어진다. 사칙 연산 문제보다는 시간이 오래 걸리는 문제이므로 보기를 빠르게 파악하는 것이 관건이다.

1. 다음 식을 계산할 때, □에 알맞은 기호는?

$$9 \times 3 \,\square\, 6 \div 3 = 29$$

① +　　　　　② −　　　　　③ ×　　　　　④ ÷

2. 다섯 자리의 자연수를 나타내는 WRONG와 RIGHT에서 서로 다른 알파벳은 서로
다른 숫자다. W=3, O=0일 때, 〈보기〉의 덧셈이 성립하려면 가능한 N의 값은?

〈보기〉

```
    W R O N G
  + W R O N G
    R I G H T
```

① 8　　　　　② 6　　　　　③ 2　　　　　④ 4

3. 실수 집합에 연산 $\oplus$ 와 $\odot$ 을 다음과 같이 정의할 때,
$(2 \oplus 3) \odot (4 \oplus 5)$를 계산한 값은?

$$a \oplus b = a - |a - b|$$
$$a \odot b = a - b^2$$

① −21　　　　② −14　　　　③ −11　　　　④ −8

4. 복소수 집합에서 연산 $\triangle$를 다음과 같이 정의할 때, $x\triangle i = -1$을 만족하는 실수 x는? (단, $i = \sqrt{-1}$)

$$a\triangle b = ab - (a+b)$$

① -1   ② 0   ③ 1   ④ 2

주사위 추리

주사위는 정육면체의 각 면에 각각의 점을 새긴 것으로, 일반적으로 서로 마주 보는 면의 점의 개수의 합이 7이 되는 경우가 많다. 정육면체인 주사위의 전개도를 제시한 후 일정한 면의 점의 수를 묻거나 여러 개의 주사위를 나열한 후 지시한 면의 점의 수의 합을 묻는 문제 등이 출제된다. 추리력과 합쳐진 까다로운 문제로 주사위 굴리기와 회전하기, 주사위들을 쌓고 보이지 않는 면의 숫자 묻기 등 여러 가지 형태의 문제가 있으며, 주사위뿐만 아니라 면에 다른 숫자나 문자가 있는 문제도 있다. 간혹 주사위가 주어지지 않고 전개도가 주어진 뒤, 이를 완성해 입체로 만든 다음 문제를 풀어야 하는 경우도 있다.

▪ 주사위 굴리기
주사위를 굴리는 문제는 직접 굴려보면 어렵고 시간이 많이 걸린다. 이때는 주사위를 굴렸을 때 숫자의 반대편 숫자가 반드시 등장한다는 점을 기억하자.

■ 주사위 쌓기

주사위 쌓기는 기본적인 주사위 모양을 파악해야 해결할 수 있다. 즉, 주사위 각 면에 위치한 눈의 수를 알아야 한다. 문제에서 보이는 최대 주사위 면은 3개이므로 하나의 주사위가 제시되어서는 주사위 모양을 알기 힘들다. 때문에 2개 이상의 주사위가 제시되며, 이때 제시된 주사위를 토대로 주사위의 모양을 파악해야 한다. <u>주사위 쌓기 역시 한 면의 반대편에 오는 눈이 무엇인지 미리 알아야 문제풀기가 수월하다.</u>

✎ **예시 문제**

1. 주사위의 마주 보는 두 면의 숫자의 합은 7이다. 아래 그림의 주사위를 오른쪽으로 3번 굴릴 때 윗면에 있는 숫자는?

① 2   ② 3   ③ 4   ④ 5

2. 그림 1과 같은 전개도를 가진 주사위 3개를 가지고 그림2와 같이 쌓았다. 주사위들 끼리 맞닿아 있는 면을 제외하면 주사위 면들에 있는 점의 총 개수는 몇 개인가?

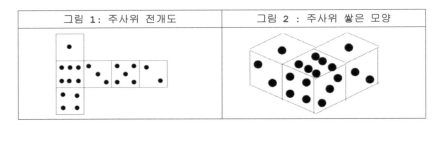

그림 1: 주사위 전개도	그림 2 : 주사위 쌓은 모양

① 30   ② 40   ③ 49   ④ 52

3. 다음 그림에 사용된 주사위는 두 반대면의 눈의 합이 7이다. (A) 위치에 올 주사위의 모양으로 알맞은 것은?

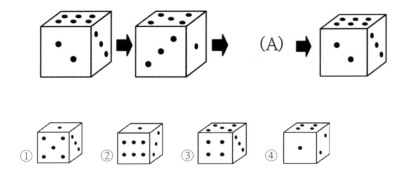

① ② ③ ④

도형 추리

도형추리는 특별한 수학적 계산과정을 거치지 않고 직관적으로 해결할 수 있는 영역으로, 도형이 변하는 규칙을 찾아 문제에서 원하는 도형의 모양을 유추하는 형태이다. 이러한 도형추리 문제에서는 도형 간의 변화하는 규칙을 빠른 시간 내에 정확하게 파악해내는 것이 중요하다. 또한, 도형추리 문제를 풀 때는 도형을 전체적으로 보지 말고 일부분씩 나누어 도형의 특징적인 규칙을 파악해내는 것이 문제 해결의 좋은 방법이 될 수 있다.

▪ 진행형

<u>가장 출제빈도가 높은 유형</u>이다. 여러 개의 도형들이 일렬로 나열되어 왼쪽에서 오른쪽으로 진행함에 따라 변화하는 규칙을 찾아 마지막에 나올 도형이나 중간의 도형을 추리하여 문제를 해결하는 형태이다. 도형이 변화하는 규칙에 대해 살펴보자.

① **위치변화** : 시계 또는 반시계 방향으로 이동, 90°·180° 회전이동, 좌우·상하 대칭이동, 두 칸·세 칸씩 이동 등의 규칙

② **색변화** : 도형이 오른쪽으로 진행됨에 따라 색이 칠해져 있는 부분은 색이 없어지고, 색이 없는 부분은 색이 칠해져 있는 형태

③ **도형 요소 증가·감소** : 도형이 오른쪽으로 진행됨에 따라 도형 또는 도형의 일부(선이나 꼭짓점)이 하나씩 증가하거나 감소

▪ 비례식형

A : B = C : ?의 형태로 출제되며 왼쪽에 있는 A : B에 제시된 두 도형 간의 관계를 파악하여 규칙을 추리해낸 다음 이를 오른쪽에 적용시켜 '?'에 들어갈 도형을 찾는 유형이다.

■ 상하·좌우 규칙 찾기형

도형을 가로, 세로 3칸씩 있는 바둑판의 각 칸에 8개 배열한 후 나머지 1개의 위치에 들어갈 도형을 추리하는 문제유형이다.

① 어느 특정한 가로열과 세로열을 기준으로 3개의 도형 중 2개의 도형을 합쳐서 나머지 1개의 도형이 나오거나, 2개의 도형의 공통된 부분을 제외하면 나머지 1개의 도형이 나오는 형태

② 가로열이나 세로열에 3개의 도형이 한 쌍이 되어 한 번씩 나오는 규칙을 이용하여 빠진 나머지 도형을 찾는 유형

✎ 예시 문제

1. 다음과 같이 일정한 규칙에 따라 그림을 나열할 때, 15번째 그림으로 알맞은 것은?

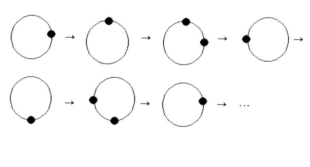

2. 다음 퍼즐 판의 조각 A에 들어갈 모양은?

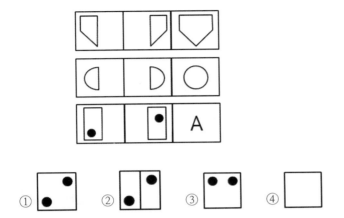

3. 다음과 같은 규칙에 따라 변하는 패턴이 있다. 가장 왼쪽부터 각각 첫째, 둘째, 셋째 패턴이라고 할 때, 넷째 패턴은?

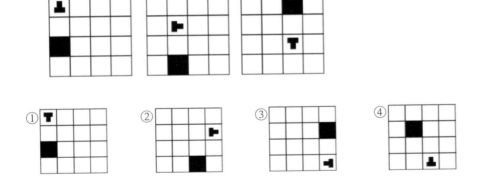

4. 〈보기〉의 도형들은 일정한 규칙에 따라 배열되어 있다. □안에 들어갈 도형은?

〈보기〉

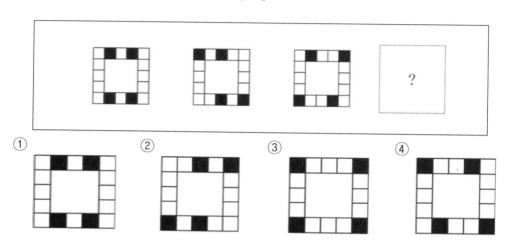

①   ②   ③

5. 다음 모양을 거울에 비출 때 나올 수 있는 모양은?

6. 다음 평면도형 중 회전시켰을 때 나머지 셋과 다른 것은?

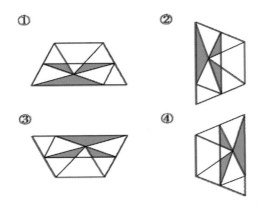

7. 다음 A에 들어갈 도형으로 알맞은 것은?

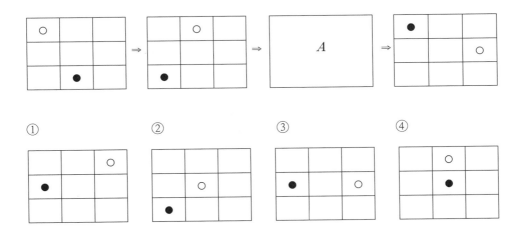

8. 〈보기〉의 도형들은 일정한 규칙에 따라 배열되어 있다. □안에 들어갈 도형은?

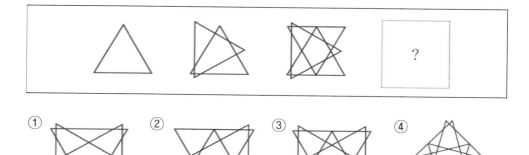

9. 다음 A에 들어갈 도형으로 알맞은 것은?

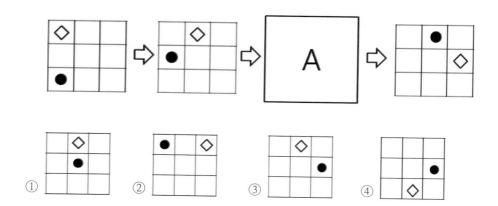

10. 아래는 바닥에 놓인 그림이 수직으로 세워 놓은 거울에 비친 모양 중에서 특정 부분을 자른 것이다. 잘려진 부분이 다른 그림은? (단, 자른 부분이 회전하여 보일 수 있다.)

11. 다음 그림에서 네 번째에 올 수 있는 것은?

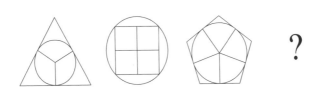

12. 그림 (가)에 변환 (1), (2), (3)을 차례로 시행하여 얻은 결과는?

| (1) 좌우로 뒤집기 |
| (2) 시계방향으로 270° 회전하기 |
| (3) 상하로 뒤집기 |

(가)

① ② ③ ④

13. 〈보기〉의 규칙에 따라 도형을 변환시킬 때, A에 알맞은 것은?

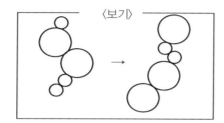

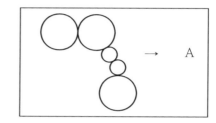

① 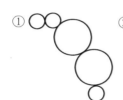 ② 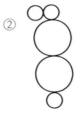 ③ 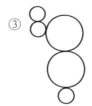 ④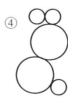

블록 개수·겉넓이

공간관계 문제 중 자주 출제되는 유형이다. 블록 개수 세기 문제는 블록의 종류에 따라 정육면체형과 직육면체형이 있고, 바라보는 방향에 따라 한 덩어리형, 앞뒤형 등이 있다. 난이도는 크게 높지 않지만 많은 학생들이 블록을 일일이 다 세어보기 때문에 시간 안배에 실패하는 경우가 많다. 한 문제당 10초 이상 걸리지 않도록 시간을 분배하는 요령 습득이 필요하다. 블록의 겉넓이 문제는 블록의 개수 세기 문제보다는 출제 빈도가 조금 떨어지지만 일단 출제가 되면 틀릴 확률이 높기 때문에 주의해서 풀어야 하는 유형이다. 출제유형은 단순히 겉넓이를 계산하는 문제가 대부분이고 손으로 직접 풀면서 빨리, 정확하게 푸는 연습을 해 두는 것이 좋다.

▪ 블록의 개수 세기

블록의 개수는 세기 쉬운 위치로 블록을 이동시켜도 총 개수는 변하지 않으므로 주어진 문제에서 세기 편하게 적당히 블록을 이동한 후 세는 것이 블록을 세는 시간을 줄일 수 있다.

▪ 블록의 겉넓이

보이는 면을 하나씩 계산하여 더하는 경우엔 시간이 많이 걸리고 계산에서 틀릴 확률이 높으므로 다음 식을 기억하고 풀도록 하자.

블록의 겉넓이
= [정면(또는 뒤)에서 본 넓이 + 위(또는 아래)에서 본 넓이
  + 오른쪽(또는 왼쪽)에서 본 넓이] × 2

1. 다음 그림은 같은 크기의 사각형 상자를 쌓아 놓은 것이다. 상자는 모두 몇 개인가?

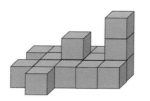

① 16

② 17

③ 18

④ 19

2. 다음은 흰색과 검은색 블록들을 쌓아 만든 정육면체이다. 입체를 구성하는 검은색 블록의 최대 개수는?

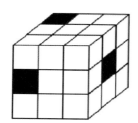

① 3

② 7

③ 11

④ 13

3. 한 변의 길이가 $1\,cm$ 인 정육면체 14개를 쌓아 다음 입체도형을 얻었다. 이 입체 도형의 겉넓이는 몇 cm^2 인가?

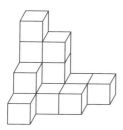

① 45

② 46

③ 47

④ 48

4. 크기가 같은 정육면체 블록을 이용하여 위, 앞, 옆에서 본 모양이 다음과 같이 되도록 쌓으려고 한다. 필요한 블록은 최소 몇 개인가?

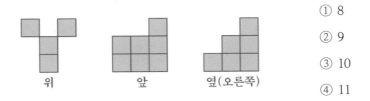

위   앞   옆(오른쪽)

① 8
② 9
③ 10
④ 11

5. 상자 안의 블록을 아래와 같은 모양으로 쌓을 때, 필요한 블록의 개수는?

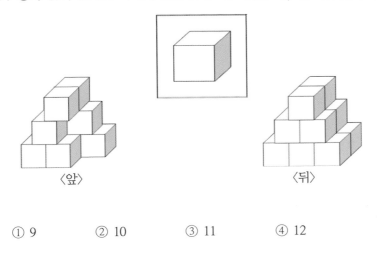

〈앞〉   〈뒤〉

① 9   ② 10   ③ 11   ④ 12

6. 다음은 한 변의 길이가 $2cm$ 인 정육면체 나무 블록을 차례대로 쌓은 그림이다. 정면에서 보았을 때, 보이는 면의 면적은?

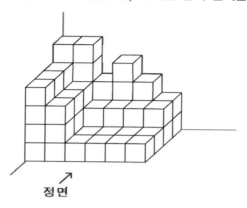

정면

① $80cm^2$　　　② $84cm^2$　　　③ $88cm^2$　　　④ $92cm^2$

회전체 및 절단면 찾기

　　축을 중심으로 회전시킨 도형의 입체를 찾는 문제, 입체도형을 한 면으로 잘랐을 때 나오는 단면을 찾는 문제 등이 있다. 공간에서 입체를 상상할 수 있는 연습을 많이 해야 문제를 쉽게 풀 수 있다. 대부분의 대학에서 많이 출제되는 유형이므로 충분한 연습이 필요하다. 각 대학에서 최근 들어 절단면을 찾는 문제가 많이 등장하고 있다.

■ 회전체

축을 중심으로 회전시킨 입체를 찾는 문제이다. 회전시킨 입체를 상상하여 문제를 풀어야 하는데 쉽게 문제를 해결하기 위해서는 각 꼭짓점을 축에 대하여 선대칭 시킨 후 각 꼭짓점을 잇는 도형과 일치하는 도형을 찾으면 된다.

■ 절단면 문제

주어진 입체도형을 특정한 면으로 잘랐을 때 나오는 모양을 상상하는 문제이다. 아래의 몇 가지 규칙을 숙지하여 상상해보면 쉽게 문제를 해결할 수 있을 것이다.

● 원기둥을 밑면과 평행하게 자르면 원
● 원기둥을 비스듬히 자르면 타원
● 원기둥을 밑면과 수직하게 세로로 자르면 직사각형(또는 정사각형)
● 구를 중심을 지나는 단면으로 자르면 원
● 구를 중심을 지나지 않는 단면으로 자르면 타원

✎ 예시 문제

1. 주어진 회전축을 중심으로 평면도형을 회전시켰을 때 다음과 같은 입체도형이 되는 것은?

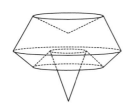

①  ②  ③  ④

2. 다음 도형을 제시된 축을 중심으로 회전시켰을 때 생기는 입체의 모양은?

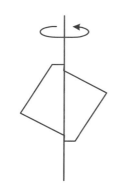

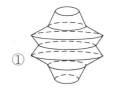 ①
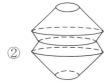 ②
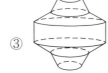 ③
 ④

3. 다음 아래의 도형에서 ABC를 잇는 평면을 따라 잘랐을 때 나타나는 단면의 모양은?

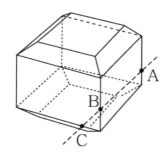

①
②
③
④

4. 직각 삼각형을 그림과 같이 수직축을 중심으로 한 바퀴 회전시킨 후, 수평으로 자른 단면은?

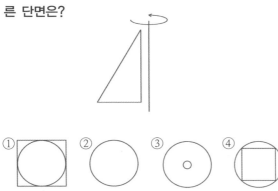

① ② ③ ④

전개도

　전개도를 주고 입체도형을 찾는 문제, 입체도형을 주고 전개도를 찾는 문제로 나눌 수 있다. 기준이 되는 면을 하나 정해 놓고 그 면과 맞닿는 면과 마주 보는 면이 무엇인지 찾아본다. 면과 면이 만날 때 맞닿는 모서리를 같은 번호나 기호로 표시하여 비교한다. 주로 정육면체 형태의 입체도형이 주어지며, 정다면체가 제시되는 경우도 간혹 있다. 거울, 주사위와 연계·응용되어 출제되는 문제도 늘고 있어 난이도가 점점 높아지는 추세이다.

　전개도 문제는 입체도형보다는 전개도를 기준으로 하여 입체도형을 찾는 것이 훨씬 수월하다. 전개도에 나타난 입체도형의 특징, 즉 선이나 무늬의 위치 등을 찾아보기에서 하나씩 지워 나가면서 답을 찾는 것이 좋다. 공간 감각이 부족한 학생들은 공부를 할 때, 직접 전개도를 잘라 입체도형을 접어보면 감각을 익히는 데 도움이 된다.

 *정육면체의 전개도는 전부 11 가지이다.
 : 1 - ①, 2 - ②, 3 - ③은 하나 건너뛰며 마주 봄(마주 보는 면). 인접해 있으면 마주 볼 수 없음.

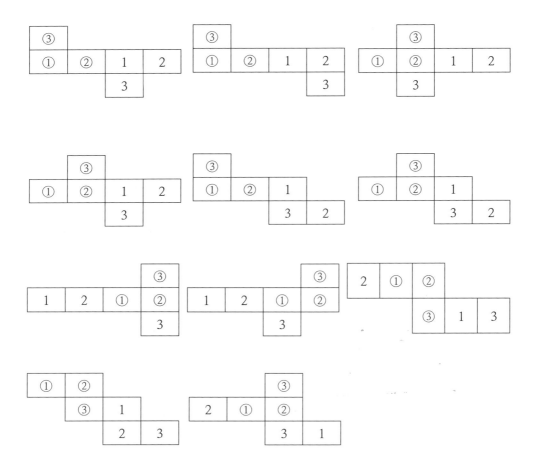

*면과 면이 만날 때 맞닿는 모서리를 같은 번호나 기호로 표시하여 비교한다.

: 맞닿는 모서리 a - a, b - b, c - c, d - d, e - e, f - f, g - g

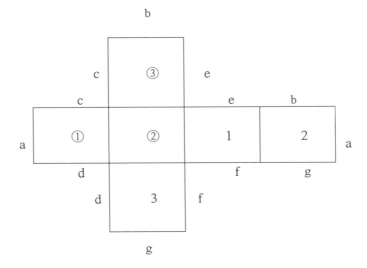

📎 **예시 문제**

1. 다음 전개도로 만들 수 없는 정육면체는? (단, 전개도 뒷면에는 무늬가 없다.)

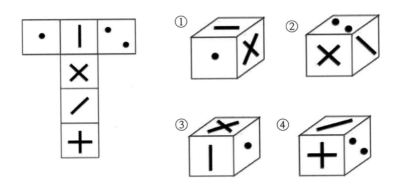

2. 아래 그림은 어떤 도형의 전개도이다. 화살표와 기호가 바깥으로 되도록 접어서
   도형을 보았을 때, 맞지 않는 것은 어느 것인가?

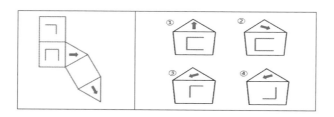

3. 아래 입체도형의 전개도는?

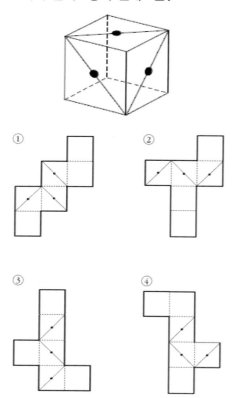

4. 아래의 전개도를 접었을 때 두 점 사이의 거리가 가장 먼 것은?

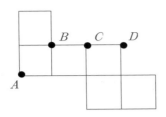

① AB　　　② AC　　　③ AD　　　④ BC

5. 다음의 전개도를 접어 정육면체를 만들었을 때, 마주 보는 면에 쓰인 숫자의 합이 모두 동일한 것은?

①
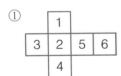

②
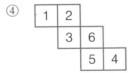

③
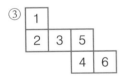

④

[6~7] 아래의 전개도를 접었을 때 나타나는 입체도형은?

6.

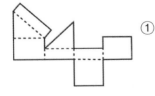　① 　② 　③ 　④

7.

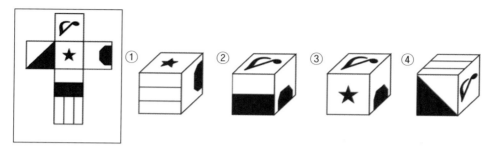

8. 아래 입체도형의 전개도는?

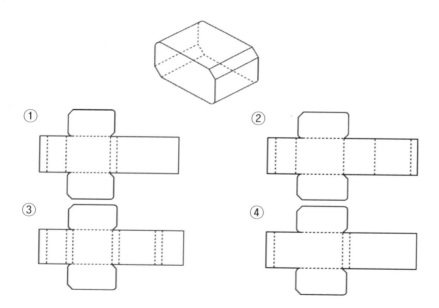

수열추리

수열추리는 일반적인 수열과는 다른 방식의 접근이 필요하다. 고등학생들의 대부분이 수열이라고 하면 등차·등비수열을 떠올리지만 전공적성검사에서는 이들을 제외한 수열이 더 많이 등장한다. 전공적성검사에서 가장 대표적이고 모든 대학에서 반드시 나오는 부분이며, 출제빈도가 높고 중요한 영역이므로 충분한 학습이 필요하다. 학생들이 수열추리를 공부하면서 가장 어려워하는 부분이 바로 등차·등비수열에 너무 익숙한 나머지 다른 규칙이 존재하는 수열에 당황스러워한다는 것이다. 하지만 중요한 것은 이들도 모두 규칙이라는 것에 의해 이루어진다는 점을 꼭 기억하자. 만약 수의 일정한 규칙이 존재하지 않는다면 추리력 앞에 수열이라는 단어를 붙이지 않았을 것이다. 수열추리력은 출제자의 의도에 따라 무한히 많이 존재할 수 있다. 출제자의 의도를 파악하는 것이 결코 쉽지 않다. 또한 문제 형태 또한 너무 많아 구분하기가 어렵다. 하지만 최근의 경향으로 볼 때 도형을 이용한 수열추리는 출제 빈도가 낮고, 숫자를 이용한 추리 형태가 출제 빈도가 높다. 수열추리의 대표적인 유형으로는 피보나치 수열추리, 건너뛰기 수열추리, 한글과 영어를 숫자에 대응시키는 수열추리, 두 가지의 수열이 혼합적으로 섞여 있는 수열추리가 있으며, 그 이외에도 많은 수열추리가 있다.

■ 직선형 수열

수열추리와 문자추리는 수 또는 문자의 나열에서 ＋, －, ×, ÷를 자유자재로 사용하여 일정한 규칙을 찾아 그 다음에 나올 수나 문자를 추리하는 유형이다. 이때 가장 중요한 것은 공통된 법칙을 빨리 찾아 적용시키는 것이다. 그러나 건너뛰기 유형 또는 군수열이 나온다면 두 가지 이상의 규칙이 적용되기 때문에 규칙을 찾는 시간이 길어질 것이다. 따라서 다양한 유형의 문제를 최대한 많이 풀어보면서 각각의 유형을 연습하여 문제 해결 시간을 줄여나가는 것이 중요하다.

① 일반형 : 인접한 두 항의 증가나 감소가 일정한 규칙을 찾는 경우

② 건너뛰기 유형 : 짝수 번째 항과 홀수 번째 항을 따로 나누어 규칙을 찾는 경우

③ 시리즈 유형 : 항의 증감 규칙이 하나의 시리즈를 이루는 경우

■ 도형형 수열

도형형 수열은 배열 방법에서 차이가 있을 뿐 <u>직선형 수열과 동일한 규칙</u>이다. 주로 박스나 도형 주위에 숫자가 배열된 형태 등으로 출제되면 간혹 가지치기나 피라미드 형태가 출제되기도 한다. 박스에 있는 숫자나 문자의 배열의 규칙을 찾아야 하는 경우는 시계 방향이나 상하, 좌우, 대각선 방향 등 다양한 관점에서 규칙을 찾아야 한다.

✎ **예시 문제**

1. 다음 수열에서 ( )에 알맞은 수는?

① 6   ② 24   ③ 32   ④ 128

2. 다음은 일정한 규칙에 따라 배열된 것이다. ‘?’ 안에 들어갈 알맞은 숫자는?

① 37   ② 39   ③ 47   ④ 49

3. 다음에서 A에 들어갈 알맞은 글자는?

(1, 5)	(2, 2)	(3, 6)	(4, 8)	(8, 5)	(5, 3)
고	냐	됴	류	오	A

① 아   ② 가   ③ 머   ④ 리

4. 일정한 규칙으로 수를 나열할 때 (?)에 해당하는 숫자는?

10	12	9	11
7	9	6	(?)
9	11	(?)	10
6	8	5	(?)

① 9 / 8 / 9

② 8 / 8 / 7

③ 8 / 7 / 8

④ 9 / 7 / 7

5. 다음은 일정한 규칙에 따라 알파벳을 배열한 것이다. 괄호 안에 들어갈 문자는?

$$B - E - I - N - (\ \ )$$

① Q   ② R   ③ S   ④ T

6. 다음 일정한 규칙에 따라 수를 나열한 것이다. ( )에 들어갈 알맞은 수는?

홀수 번째 수	2	4	8	( )	32
짝수 번째 수	48	24	12	6	3

① 10   ② 13   ③ 16   ④ 19

7. 다음은 일정한 규칙에 따라 수를 나열한 것이다. ( )에 들어갈 알맞은 수는?

4, 96, 8, 48, 16, 24, ( ), 12, 64

① 12   ② 16   ③ 32   ④ 128

8. 다음에서 A에 들어갈 알맞은 글자는?

(1,3)	(2,1)	(3,2)	(4,4)	(8,3)	(5,2)
고	나	더	루	오	A

① 아   ② 가   ③ 머   ④ 리

9. 다음 제시된 숫자의 규칙에 따른 〈 ? 〉에 들어갈 숫자는?

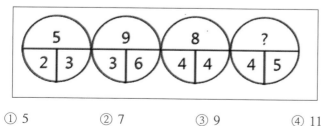

① 5   ② 7   ③ 9   ④ 11

기초계산

기초계산은 중학교 및 고등학교 1학년 수준의 기본적인 수리 계산 능력을 파악하는 영역으로 대체로 계산이 간단하며 난이도가 낮은 부분이므로 시간과 점수 확보에 중요한 부분을 차지한다. 쉽다고 눈으로만 풀지 말고 반드시 손으로 풀어보며 짧은 시간에 정확하게 계산할 수 있는 습관을 기르도록 한다. 대표적인 유형으로는 사칙연산, 집합, 절댓값, 무리식, 진법 등이 있는데, 대부분의 많은 대학에서 출제되고 있지만 순수 적성 형태의 문제가 많으므로 교과적성이 위주인 대학에서는 출제 빈도가 다소 낮은 편이다.

▪ 집합

① 집합 A의 모든 원소가 집합 B의 원소이면 A를 B의 부분집합이라 한다. $(A \subset B)$

② 집합의 연산

· $A \cap B = \{x \mid x \in A$ 그리고 $x \in B\}$, $A \cup B = \{x \mid x \in A$ 또는 $x \in B\}$

· $A^C = \{x \mid x \in U$ 그리고 $x \notin A\}$, $A - B = \{x \mid x \in A$ 그리고 $x \notin B\}$

▪ 절댓값과 무리식의 계산

· $|a| = \begin{cases} a & (a \geq 0 \text{ 일 때}) \\ -a & (a < 0 \text{ 일 때}) \end{cases}$ · $\sqrt{a^2} = |a|$, $(\sqrt{a})^2 = a$

· $a > 0$, $b > 0$ 일 때 $\sqrt{a}\sqrt{b} = \sqrt{ab}$, $\dfrac{\sqrt{a}}{\sqrt{b}} = \sqrt{\dfrac{a}{b}}$

· $a < 0, b < 0$ 일 때, $\sqrt{a}\sqrt{b} = -\sqrt{ab}$

· $a \geq 0$, $b < 0$ 일 때 $\dfrac{\sqrt{a}}{\sqrt{b}} = -\sqrt{\dfrac{a}{b}}$

- 진법

① p 진법의 양의 정수 $N = a_n a_{n-1} \cdots a_1 a_0$ 이라 정의하면

$$N = a_n p^n + a_{n-1} p^{n-1} + \cdots + a_0 p^0$$

② p 진법에서 사용되는 숫자 a_k 는 $0, 1, 2, \cdots, p-1$ 이다.

✎ **예시 문제**

1. 사칙연산의 기호만을 사용하여 다음의 등식이 성립하도록 할 때 ○에 알맞은 기호를 고르시오.

$$24 = 5 \,\square\, 5 \bigcirc 5 \,\triangle\, 5$$

① $+$ ② $-$ ③ $\times$ ④ $\div$

2. 6진법의 수 $1134_{(6)}$ 을 6진법의 수 $215_{(6)}$ 로 나눈 나머지를 3진법의 수로 나타낸 것은?

① $221_{(3)}$ ② $222_{(3)}$ ③ $1010_{(3)}$ ④ $1011_{(3)}$

3. $-1 < a < 2$ 일 때, $|a+1| - \sqrt{a^2 - 4a + 4}$ 를 간단히 하면?

① $2a-1$ ② 1 ③ 3 ④ $2a+1$

응용계산

적성검사를 실시하는 많은 대학에서 자주 출제되는 유형으로 대부분 중고등학교 때 풀던 일차방정식의 응용부분과 같은 부분이다. 주로 일상생활과 연관된 내용이 주로 출제되며 지문을 읽고 스스로 방정식을 세울 수 있는 능력이 요구된다. 농도, 속도, 작업, 날짜, 요일, 시간, 금전, 비례식, 시침과 분침, 나이와 관련된 문제가 자주 출제되며 문제에 나오는 항목들에 대한 숫자들을 적절히 미지수로 치환시켜서 문제를 푸는 것이 관건이다.

- 소금물(설탕물) 농도

① $(농도) = \dfrac{(소금의\ 양)}{(소금의\ 양 + 물의\ 양)} \times 100$

② $(소금의\ 양) = (소금물의\ 양) \times \dfrac{(농도)}{100}$

※ 소금물의 농도 또는 소금의 양을 묻는 문제에서 가장 중요한 것은 녹아 있는 소금의 양은 변하지 않는다는 것이다.

- 거리 · 속력 · 시간

① 거리 = 속력 × 시간　　② 속력 = $\dfrac{거리}{시간}$　　③ 시간 = $\dfrac{거리}{속력}$

- 일 · 능력 · 시간

① 전체 일 = 능력 × 시간　　② 능력 = $\dfrac{전체\ 일}{시간}$　　③ 시간 = $\dfrac{전체\ 일}{능력}$

- 열차(배) 통과(길이 · 속도 · 시간)

① 열차의 통과길이 = 열차 속도 × 통과에 필요한 시간

② 열차 속도 = $\dfrac{열차의\ 통과길이}{통과에\ 필요한\ 시간}$

③ 통과에 필요한 시간 = $\dfrac{\text{열차의 통과길이}}{\text{열차 속도}}$

■ 배분

의자 x개에 a명씩 앉으면

① b명이 남음 : (사람 수)$= ax + b$

② 의자가 b개 남음 : (사람 수)$= a(x - b)$

■ 톱니바퀴

두 톱니바퀴 A, B가 서로 맞물려 돌아갈 때,

① (총 톱니 수)= (회전 수)×(톱니 수)

② (A의 회전 수)×(A의 톱니 수)= (B의 회전 수)×(B의 톱니 수)

③ 두 톱니바퀴 A, B가 처음으로 다시 맞물릴 때

   : 두 톱니바퀴 A, B의 톱니 수의 최소공배수 이용

■ 시계

	1시간에 해당하는 회전각도	1분에 해당하는 회전각도	1초에 해당하는 회전각도
시침	$\dfrac{360\,°}{12} = 30\,°$	$\dfrac{30\,°}{60} = 0.5\,°$	
분침	$360\,°$	$\dfrac{360\,°}{60} = 6\,°$	$\dfrac{6\,°}{60} = 0.1\,°$
초침		$360\,°$	$\dfrac{360\,°}{60} = 6\,°$

1. A지점에서 B지점으로 가는 데 시속 60㎞인 자동차로 가면 시속 30㎞인 자전거로 가는 것보다 45분 먼저 도착한다고 한다. 두 지점 A, B 사이의 거리는?

   ① 30km   ② 35km   ③ 40km   ④ 45km

2. 시계의 시침과 분침이 3시와 4시 사이에 직각을 이루고 있다. 이후 시계바늘이 처음으로 일직선이 되는 것은 몇 분 후인가?

   ① $\dfrac{150}{11}$분   ② $\dfrac{160}{11}$분   ③ $\dfrac{170}{11}$분   ④ $\dfrac{180}{11}$분

3. 농도가 30%인 소금물 50g이 들어 있는 비커에 농도 x%인 소금물 25g을 넣고 물 25g을 더 넣었더니, 농도가 25%인 소금물이 되었다. x의 값은?

   ① 30   ② 35   ③ 40   ④ 45

도형

입체의 부피, 도형의 길이와 넓이, 각의 크기 등을 구하는 문제가 대표적이며, 이를 기본으로 다양한 응용문제가 출제된다. 도형은 전체적으로 적성시험에서 광범위하게 다루는 부분이고 짧은 시간에 정확하게 계산하는 것이 중요하므로 평면도형과 입체도형에 관한 기본적인 공식들을 반드시 암기하고 있어야 한다. 출제경향은 순수적성 대학에서

일반적으로 출제 빈도가 높은 편이고, 교과적성인 대학에서도 특수한 다각형의 넓이나 부피를 구하는 문제가 다수 출제되고 있다.

▪ 평면도형

(1) 다각형의 기본 공식

① n각형의 내각의 크기의 합 : $180\,°\times(n-2)$

② n각형의 외각의 크기의 합 : $360\,°$

③ n각형의 대각선의 총 수 : $\dfrac{n(n-3)}{2}$

④ n각형의 한 내각의 크기 : $\dfrac{180\,°\times(n-2)}{n}$

⑤ n각형의 한 외각의 크기 : $\dfrac{360\,°}{n}$

(2) 특수한 다각형의 성질

한 변의 길이가 a인 정삼각형

① 높이 : $\dfrac{\sqrt{3}}{2}a$ ② 넓이 : $\dfrac{\sqrt{3}}{4}a^2$ ③ 둘레 : $3a$

▪ 입체도형의 겉넓이와 부피

(1) 밑넓이가 S, 높이가 h인 입체도형

① 기둥의 부피 : $V=Sh$ ② 뿔의 부피 : $V=\dfrac{1}{3}Sh$

(2) 밑면의 반지름의 길이가 r, 높이가 h인 원기둥

① 겉넓이 : $S=2\pi r^2+2\pi rh$ ② 부피 : $V=\pi r^2 h$

(3) 밑면의 반지름의 길이가 r, 높이가 h, 모선의 길이가 l인 원뿔

① 겉넓이 : $S = \pi r^2 + \pi r l$ 　　　　② 부피 : $V = \dfrac{1}{3}\pi r^2 h$

(4) 반지름의 길이가 r 인 구

① 겉넓이 : $S = 4\pi r^2$ 　　　　② 부피 : $V = \dfrac{4}{3}\pi r^3$

(5) 한 모서리의 길이가 a 인 정사면체

① 높이 : $h = \dfrac{\sqrt{6}}{3}a$ 　　② 겉넓이 : $S = \sqrt{3}\,a^2$ 　　③ 부피 : $V = \dfrac{\sqrt{2}}{12}a^3$

■ 정다면체의 종류

정다면체는 정사면체, 정육면체, 정팔면체, 정십이면체, 정이십면체의 5가지가 있다.

이름	그림	면	변	꼭짓점	면의 모양	한 꼭짓점에 모인 면의 수
정사면체		4	6	4	정삼각형	3
정육면체		6	12	8	정사각형	3
정팔면체		8	12	6	정삼각형	4
정십이면체		12	30	20	정오각형	3
정이십면체		20	30	12	정삼각형	5

■ 삼각형의 성질

① 직각삼각형의 닮음

$\triangle ABC \backsim \triangle HBA \backsim \triangle HAC$

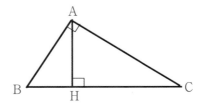

$$\overline{AB}^2 = \overline{BH} \cdot \overline{BC}$$

$$\overline{AC}^2 = \overline{CH} \cdot \overline{CB}$$

$$\overline{AH}^2 = \overline{BH} \cdot \overline{CH}$$

② 각의 이등분선

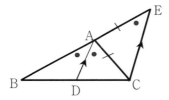

$$\overline{AB} : \overline{AC} = \overline{BD} : \overline{CD}$$

■ 피타고라스와 도형

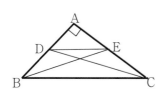

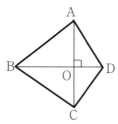

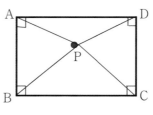

$$\overline{DE}^2 + \overline{BC}^2 = \overline{BE}^2 + \overline{CD}^2$$

$$\overline{AB}^2 + \overline{CD}^2 = \overline{BC}^2 + \overline{DA}^2$$

$$\overline{AP}^2 + \overline{CP}^2 = \overline{BP}^2 + \overline{DP}^2$$
(점P는 사각형 내부의 점)

✎ **예시 문제**

1. 다음 정사각형 $ABCD$ 에서 색칠한 부분의 넓이는?

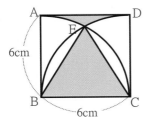

① $(24-4\pi)cm^2$

② $(36-4\pi)cm^2$

③ $(24-6\pi)cm^2$

④ $(36-6\pi)cm^2$

2. 다음 그림과 같이 반지름의 길이가 r인 구 안에 꼭 맞는 정팔면체가 들어 있다. 구의 부피를 V_1, 정팔면체의 부피를 V_2라 할 때, $\dfrac{V_2}{V_1}$의 값은?

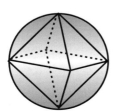

① $\dfrac{1}{\pi}$ ② $\dfrac{2}{\pi}$

③ π ④ 2π

집합과 명제

집합과 명제 부분은 고등학교 1학년 과정이기도 하지만 중학교에서부터도 배워오던 내용이다. 따라서 기본적으로 교과적성인 대학에서 출제되는 횟수가 많지만 순수적성에서도 가끔 출제되는 경향이 있다. 전체적으로 명제 문제보다는 집합 문제가 많이 출제되므로 집합 부분을 비중 있게 공부하자. 집합문제에서는 집합의 연산과 드모르간의 법칙, 부분집합과 원소의 개수를 묻는 문제가 많으므로 이 부분에 중점을 두고 공부하자.

I. 집합

▪ 집합의 정의

(1) 집합 : 그 대상을 명확하게 구분할 수 있는 모임

(2) 원소 : 집합을 구성하는 대상의 하나하나

(3) 부분집합 : 집합 A의 모든 원소가 집합 B의 원소가 될 때, A를 B의 부분집합 ($A \subset B$ 또는 $B \supset A$)

(4) 진부분집합 : 어떤 집합의 부분집합 중에서 자기 자신을 제외한 부분집합

(5) 상등 : $A \subset B$이고 $B \subset A$일 때, A, B는 같다 ($A = B$)

(6) 부분집합의 개수 : 집합 $A = \{ a_1, a_2, \cdots, a_n \}$에 대하여

① A의 부분집합의 개수 : 2^n

② A의 원소 중 k개의 원소를 반드시 갖는 부분집합의 개수 : 2^{n-k}

③ A의 원소 중 p개의 원소를 갖지 않는 부분집합의 개수 : 2^{n-p}

▪ 집합의 연산

(1) 합집합 : $A \cup B = \{x \mid x \in A$ 또는 $x \in B\}$

(2) 교집합 : $A \cap B = \{x \mid x \in A$이고 $x \in B\}$

(3) 여집합 : $A^c = \{x \mid x \in U$이고 $x \not\in A\} = U - A$

(4) 차집합 : $A - B = \{x \mid x \in A$ 이고 $x \notin B\} = A \cap B^c$

- ### 집합의 연산법칙

(1) 교환법칙 : $A \cup B = B \cup A, \quad A \cap B = B \cap A$

(2) 결합법칙 : $(A \cup B) \cup C = A \cup (B \cup C), \quad (A \cap B) \cap C = A \cap (B \cap C)$

(3) 분배법칙 : $A \cup (B \cap C) = (A \cup B) \cap (A \cup C),$

$\qquad A \cap (B \cup C) = (A \cap B) \cup (A \cap C)$

(4) 드모르간의 법칙 : $(A \cup B)^c = A^c \cap B^c, \quad (A \cap B)^c = A^c \cup B^c$

(5) 부분집합의 동치 관계 : $A \subset B \Leftrightarrow A \cup B = B$

$\qquad \Leftrightarrow A \cap B = A$

$\qquad \Leftrightarrow A^c \supset B^c$

$\qquad \Leftrightarrow A - B = \phi$

$\qquad \Leftrightarrow A \cap B^c = \phi$

$\qquad \Leftrightarrow A^c \cup B = U$

- ### 유한집합 원소의 개수

전체집합 U의 세 부분집합 A, B, C에 대하여,

(1) $n(A \cup B) = n(A) + n(B) - n(A \cap B)$

(2) $n(A - B) = n(A) - n(A \cap B)$

(3) $n(A^c) = n(U) - n(A)$

- ### 배수집합

k의 모든 배수의 집합을 말하고, A_k로 나타낸다.

(1) $A_k \cap A_l = A_m$: m은 k와 l의 최소공배수

(2) $A_k \cup A_l \subset A_m$: m은 k와 l의 공약수 (m의 최댓값은 k와 l의 최대공약수)

(3) $A_k \cup A_l = A_l$: k는 l의 배수

Ⅱ. 명제

▪ 명제와 조건

(1) 명제 : 문장이나 수식 중 객관적으로 참, 거짓을 분명히 구별할 수 있는 문장

(2) 조건으로 이루어진 명제 : 두 조건 p, q에 대하여 'p이면 q이다' 꼴의 명제를 조건문이라 하고, 기호로는 '$p \rightarrow q$'로 나타낸다.

　이 명제가 항상 참일 때 '$p \Rightarrow q$'로 나타낸다.

(3) 명제와 집합 : 조건 p, q를 만족하는 집합을 진리집합이라고 하며 각각 P, Q로 나타낸다.

(4) 명제의 참, 거짓 : 명제 $p \rightarrow q$에 대하여 가정의 진리집합을 P, 결론의 진리집합을 Q라 할 때, $P \subset Q$이면 $p \rightarrow q$는 참, $P \not\subset Q$이면 $p \rightarrow q$는 거짓 또, $p \rightarrow q$가 참일 때, 기호 $p \Rightarrow q$로 나타냄

(5) 부정 : 'p가 아니다.'를 p의 부정이라 하고, '$\sim p$'로 나타냄.

　p의 진리집합이 P이면 $\sim p$의 진리집합은 P^c

▪ 명제의 역·이·대우의 관계

(1) 명제 $p \rightarrow q$에 대하여

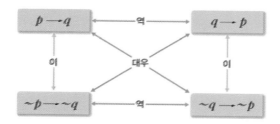

(2) 명제와 역·이·대우의 관계

　① 명제 $p \to q$가 참이면 그 대우 $\sim q \to \sim p$도 참

　② 명제 $p \to q$가 참이라고 해서 그의 역·이가 반드시 참인 것은 아님

■ 필요·충분·필요충분조건

　(1) 필요조건·충분조건 : 명제 $p \to q$ 에서 $p \Rightarrow q$일 때,

　　p는 q이기 위한 충분조건, q는 p이기 위한 필요조건이라고 함

　　진리집합의 관계로는 $P \subset Q$일 때,

　　p는 q이기 위한 충분조건, q는 p이기 위한 필요조건

　(2) 필요충분조건 : $p \Rightarrow q$이고, $p \Leftarrow q$일 때, 즉 $p \Leftrightarrow q$, $P = Q$이면 $p(q)$는 $q(p)$

　　이기 위한 필요충분조건

📎 **예시 문제**

1. $A = \{0, \phi, \{\phi\}\}$ 에 대하여 다음 중 옳은 것은?

ㄱ $\{0\} \subset A$

ㄴ $\{\phi\} \in A$

ㄷ 집합 A의 진부분 집합의 개수는 8개이다.

ㄹ $\{0, \{\phi\}\} \subset A$

---

① ㄱ, ㄴ, ㄷ　　② ㄱ, ㄴ, ㄹ　　③ ㄴ, ㄷ, ㄹ　　④ ㄱ, ㄷ, ㄹ

2. 전체집합 U의 두 부분집합 A, B에 대하여 연산 △를

   $A \triangle B = (A - B) \cup (B - A)$로 정의하자. $A = \{1, 2, 3, 4\}$, $B = \{1, 2, 5, 6\}$일

   때, $A \triangle X = B$를 만족시키는 집합 X의 모든 원소의 합을 구하면?

   ① 7   ② 11   ③ 15   ④ 18

유리식과 무리식

유리식과 무리식은 고등학교 1학년 과정으로 교과적성의 내용이다. 교과적성에서는 무리식을 묻는 형태가 많으며, 무리식에서 연산을 할 경우 부호(+, −)를 묻는 문제가 많다. 유리식은 부분분수가 출제빈도가 높으므로 부분분수는 꼭 알아두어야 한다. 순수 적성에서는 일반적으로 출제빈도가 높지 않다.

▪ 유리식의 사칙연산

(1) 유리식 : $A, B (\neq 0)$가 다항식일 때, $\dfrac{A}{B}$ 꼴로 나타내어지는 식

   분수식 : 분모에 상수가 아닌 문자를 포함한 유리식

(2) 분수식의 사칙연산

① 덧셈, 뺄셈 : $\dfrac{A}{C} \pm \dfrac{B}{C} = \dfrac{A \pm B}{C}$ (통분)

② 곱셈, 나눗셈 : $\dfrac{A}{B} \times \dfrac{C}{D} = \dfrac{AC}{BD}$, $\dfrac{A}{B} \div \dfrac{C}{D} = \dfrac{A}{B} \times \dfrac{D}{C} = \dfrac{AD}{BC}$

- **부분분수**: 다항식 A, B에 대하여 $\dfrac{1}{AB} = \dfrac{1}{B-A}\left(\dfrac{1}{A} - \dfrac{1}{B}\right)$

- **비례식의 성질**

$a : b = c : d$가 성립하면 다음이 성립

① $\dfrac{a}{b} = \dfrac{c}{d}$, $ad = bc$

② $\dfrac{a+b}{b} = \dfrac{c+d}{d}$, $\dfrac{a-b}{b} = \dfrac{c-d}{d}$, $\dfrac{a+b}{a-b} = \dfrac{c+d}{c-d}$

- **제곱근의 계산**

(1) 제곱근의 정의 : $x^2 = a(a \geq 0)$이 되는 x를 a의 제곱근

$$\sqrt{a^2} = |a| = \begin{cases} a & (a \geq 0) \\ -a & (a < 0) \end{cases}$$

(2) 음수근의 성질

① $a < 0$, $b < 0$일 때, $\sqrt{a}\sqrt{b} = -\sqrt{ab}$

② $a \geq 0, b < 0$일 때, $\dfrac{\sqrt{a}}{\sqrt{b}} = -\sqrt{\dfrac{a}{b}}$

- **무리식의 계산**

(1) 분모의 유리화

① $\dfrac{a}{\sqrt{b}} = \dfrac{a\sqrt{b}}{\sqrt{b}\sqrt{b}} = \dfrac{a\sqrt{b}}{b}$

② $\dfrac{c}{\sqrt{a} \pm \sqrt{b}} = \dfrac{c(\sqrt{a} \mp \sqrt{b})}{(\sqrt{a} \pm \sqrt{b})(\sqrt{a} \mp \sqrt{b})} = \dfrac{c(\sqrt{a} \mp \sqrt{b})}{a-b}$ (복부호동순)

(2) 이중근호 : $a \geq b > 0$일 때, $\sqrt{(a+b) \pm 2\sqrt{ab}} = \sqrt{a} \pm \sqrt{b}$ (복부호동순)

■ 무리식이 같을 조건

a, b, c, d 가 유리수이고 $\sqrt{m}$ 이 무리수일 때

(1) $a + b\sqrt{m} = c + d\sqrt{m}$ $\Leftrightarrow$ $a = c$이고 $b = d$

(2) $a + b\sqrt{m} = 0$ $\Leftrightarrow$ $a = 0$이고 $b = 0$

✎ **예시 문제**

1. 다음 중 옳은 것은?

① $\sqrt{4}\sqrt{-3} = -2\sqrt{3}$

② $\sqrt{-1}\sqrt{-3} = \sqrt{3}$

③ $\dfrac{\sqrt{-5}}{\sqrt{6}} = \sqrt{-\dfrac{5}{6}}$

④ $\dfrac{2}{\sqrt{-3}} = \sqrt{-\dfrac{2}{3}}$

2. 분수 $\dfrac{9}{11}$ 를 소수로 나타내면 $a + 0.\dot{2}\dot{9}$ 이다. 순환소수 a 의 값은?

① $0.\dot{3}\dot{2}$ ② $0.\dot{3}\dot{9}$ ③ $0.\dot{5}\dot{2}$ ④ $0.\dot{6}\dot{0}$

방정식과 부등식

　곱셈공식과 인수분해 그리고 판별식, 근과 계수와의 관계를 묻는 문제가 **많으**며, 원의 방정식도 자주 출제 되는 편이다. 부등식은 이차부등식, 절대부등식, 연립부등식이 많이 출제되고 있다. 방정식과 부등식은 교과적성인 대학에서는 반드시 출제되는 부분이고, 순수적성인 대학에서도 중학교 수준이지만 단순암기만으로 풀기 힘든 응용문제 형태로 다수 출제되고 있으므로 다양한 형태의 문제를 학습할 수 있도록 하자.

- **일차방정식 $ax = b$의 풀이**

$$ax = b \begin{cases} a \neq 0 & x = \dfrac{b}{a} \\ a = 0 & \begin{cases} b \neq 0 & 0 \cdot x = b \ (b \neq 0) \ \text{해 없음(불능)} \\ b = 0 & 0 \cdot x = 0 \ \text{해가 무수히 많음(부정)} \end{cases} \end{cases}$$

- **이차방정식**

(1) 근의 공식

$$ax^2 + bx + c = 0 \text{의 두 근} \Rightarrow x = \frac{-b \pm \sqrt{b^2 - 4ac}}{2a}$$

(2) 이차방정식의 판별식

　계수가 실수인 이차방정식 $ax^2 + bx + c = 0$에서 $D = b^2 - 4ac$

① $D > 0 \Leftrightarrow$ 서로 다른 두 실근

② $D = 0 \Leftrightarrow$ 중근 (서로 같은 두 실근)

③ $D < 0 \Leftrightarrow$ 서로 다른 두 허근

(3) 이차방정식의 근과 계수와의 관계

이차방정식 $ax^2 + bx + c = 0$의 두 근을 α, β라 하면

$$\alpha + \beta = -\frac{b}{a}, \ \alpha\beta = \frac{c}{a}, \ |\alpha - \beta| = \frac{\sqrt{b^2 - 4ac}}{|a|}$$

(4) 이차방정식의 실근의 부호 : 이차방정식 $ax^2 + bx + c = 0$의 두 근을 α, β 라 하고, $D = b^2 - 4ac$라 하면

① 두 근이 모두 양 $\Leftrightarrow D \geq 0, \ \alpha + \beta > 0, \ \alpha\beta > 0$

② 두 근이 모두 음 $\Leftrightarrow D \geq 0, \ \alpha + \beta < 0, \ \alpha\beta > 0$

③ 서로 다른 부호의 근 $\Leftrightarrow \alpha\beta < 0$

■ **원의 방정식**

(1) 중심이 $(a, \ b)$이고 반지름 r인 원의 방정식 : $(x - a)^2 + (y - b)^2 = r^2$

(2) 원의 방정식 구하기

① 세 점이 주어질 때 : $x^2 + y^2 + Ax + By + C = 0$ 에 대입한 후 연립하여 A, B, C를 구함

② 중심이 x축 위에 있는 경우 $\Rightarrow$ 중심 : $(a, \ 0)$

③ 중심이 y축 위에 있는 경우 $\Rightarrow$ 중심 : $(0, \ b)$

④ 중심이 직선 $y = x$ 위에 있는 경우 $\Rightarrow$ 중심 : $(a, \ a)$

■ **부등식의 영역**

· 부등식 $y > f(x)$의 영역   · 부등식 $y < f(x)$의 영역

$\Rightarrow y = f(x)$의 위쪽 부분 $\Rightarrow y = f(x)$의 아래쪽 부분

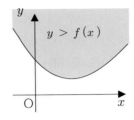

(단, 경계는 포함되지 않음)

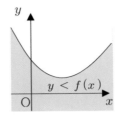

(단, 경계는 포함되지 않음)

· 부등식 $x^2 + y^2 < r^2$의 영역
⇒ 원 $x^2 + y^2 = r^2$의 내부

· 부등식 $x^2 + y^2 > r^2$의 영역
⇒ 원 $x^2 + y^2 = r^2$의 외부

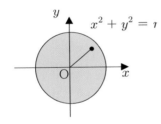

(단, 경계는 포함되지 않음)

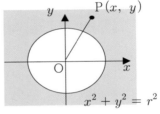

(단, 경계는 포함되지 않음)

■ **부등식의 영역과 최대·최소**

x, y에 대한 부등식으로 주어진 영역에서 식 $f(x, y)$의 최댓값은 다음과 같이 구함

i) 주어진 부등식의 영역 D를 좌표평면 위에 나타냄

ii) $f(x, y) = k$로 놓고 이 그래프를 영역 D 안에서 움직여 봄

iii) 이때, k의 값 중에서 최대인 것과 최소인 것을 각각 찾음

1. x에 관한 이차방정식 $(x+3)(x-1) = k-x$이 실근을 가지도록 하는 최소 정수 k의 값은?

① -5 ② -2 ③ 2 ④ 5

2. 이차방정식 $x^2 - ax + b = 0$의 한 근이 $3+i$라고 한다. 이때, 두 실수 a, b의 합 $a+b$의 값은? (단, $i = \sqrt{-1}$)

① 13 ② 14 ③ 15 ④ 16

3. 다음 그림에서 $x^2 + y^2 \leq 4$와 $x + y \geq 2$를 동시에 만족하는 영역의 넓이는 얼마인가?

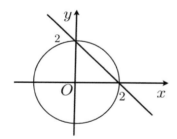

① $3\pi + 2$ ② $\pi - 2$
③ $2\pi - \sqrt{2}$ ④ $2\pi + \sqrt{2}$
⑤ $\pi + 2$

4. 이차 부등식 $x^2 - kx + 2k > 0$이 모든 실수 x에 대하여 성립하도록 하는 자연수 k의 개수는?

① 6개 ② 7개 ③ 8개 ④ 9개

5. 삼차방정식 $x^3 + px^2 + qx - 4 = 0$의 한 근이 $1 - i$ 일 때, 실수 p 와 q의 값의 합은?

① 0　　　　　② 1　　　　　③ 2　　　　　④ 3

6. 두 점 (-1, 1), (3, -1)을 지름의 양 끝 점으로 하는 원의 방정식은?

① $(x-1)^2 + y^2 = 5$

② $(x+1)^2 + y^2 = 5$

③ $(x+1)^2 + y^2 = \sqrt{5}$

④ $(x-1)^2 + y^2 = \sqrt{5}$

7. 두 부등식 $3x - 4 \geq x + 2$, $x^2 - 6x + 5 < 0$이 모두 만족하는 자연수 x값들의 합은?

① 5　　　　　② 6　　　　　③ 7　　　　　④ 8

함수

　함수는 다양한 영역에서 다각적으로 문제가 출제되며 교과적성인 대학에서는 반드시 출제된다. 교과적성인 대학에서는 역함수와 합성함수를 묻는 문제가 많고, 이차함수를 이차방정식과 부등식에 연관시켜 출제하기도 한다. 삼각함수도 출제 빈도가 높으며 출제될 때는 난이도가 높지 않으므로 삼각함수 기본공식을 익히고 있으면 어렵지 않다. 순수적성 대학은 함수의 기본 성질 혹은 이차함수의 문제를 많이 묻는다.

▪ 함수

(1) 함수의 정의 : 집합 X의 모든 원소 각각에 대하여 집합 Y의 원소가 하나씩 대응할 때, 이 대응 관계 f를 집합 X에서 집합 Y로의 함수라 한다.

$$f \; : \; X \; \rightarrow \; Y \; 또는 \; X \; \overset{f}{\rightarrow} \; Y$$

(정의역 : X, 공역 : Y, 치역 : $f(X) = \{f(x) \mid x \in X\}$)

(2) 여러 가지 함수

함수 $f \; : \; X \; \rightarrow \; Y$에서

① 일대일 함수 : $x_1 \in X$, $x_2 \in X$에 대하여 $x_1 \neq x_2$이면 $f(x_1) \neq f(x_2)$

② 일대일 대응 : 일대일 함수 & $f(X) = Y$ (치역=공역)

③ 항등함수 : $I(x) = x$

(3) 합성함수

$f \; : \; X \; \rightarrow \; Y$, $g \; : \; Y \; \rightarrow \; Z$의 합성함수 $g \circ f$는

$g \circ f \; : \; X \; \rightarrow \; Z$, $(g \circ f)(x) = g(f(x))$

(4) 역함수

함수 $f \; : \; X \; \rightarrow \; Y$가 일대일 대응일 때,

① 역함수 : Y의 임의의 원소 y에 대하여 $y = f(x)$인 X의 원소 x를 대응시키는 새로운 함수 $f^{-1} \; : \; Y \rightarrow X$, $f^{-1}(y) = x$

② $(f^{-1})^{-1} = f$, $(g \circ f)^{-1} = f^{-1} \circ g^{-1}$, $f \circ f^{-1} = f^{-1} \circ f = I$ (단, I는 항등함수)

▪ 이차함수

(1) 이차함수 $y = ax^2$의 그래프

① $a > 0$이면 아래로 볼록하고, $a < 0$이면 위로 볼록

② 원점을 꼭짓점으로 하고, y축을 축으로 하는 포물선

③ $|a|$의 값이 클수록 y축에 가까워진다.

(2) 이차함수 $y = a(x-m)^2 + n$의 그래프 : $y = ax^2$의 그래프를 x축의 방향으로 m만큼, y축의 방향으로 n만큼 평행 이동한 그래프 (꼭짓점(m, n), 대칭축 $x = m$)

(3) 이차함수의 그래프와 방정식·부등식

이차함수 $f(x) = ax^2 + bx + c(a > 0)$에서 $D = b^2 - 4ac$라 하면

	D > 0	D = 0	D < 0
$y = f(x)$ 의 그래프			
$f(x) = 0$의 해	$x = \alpha$, 또는 $x = \beta$	$x = \alpha$ (중근)	해가 없다.
$f(x) > 0$의 해	$x < \alpha$, 또는 $x > \beta$	$x \neq \alpha$인 모든 실수	모든 실수
$f(x) < 0$의 해	$\alpha < x < \beta$	해가 없다.	해가 없다.

■ 유리함수와 무리함수

(1) 분수함수 $y = \dfrac{k}{x}(k \neq 0)$의 그래프는 아래 그림과 같다.(점근선 : $x = 0$, $y = 0$)

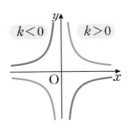

(2) 무리함수 $y = \pm \sqrt{ax}$ $(a \neq 0)$의 그래프

① $a > 0$

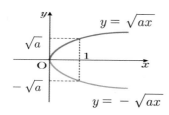

② $a < 0$

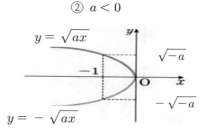

▪ 삼각함수

(1) 부채꼴의 호의 길이와 넓이 : 반지름의 길이가 r, 중심각이 θ인 부채꼴의 호의 길이를 l, 넓이를 S라 하면

$$l = r\theta , \quad S = \frac{1}{2}r^2\theta = \frac{1}{2}rl$$

(2) 삼각함수의 사인 · 코사인 법칙과 삼각형의 넓이

① 사인법칙 : $\triangle ABC$의 외접원의 반지름의 길이가 R일 때

$$\frac{a}{\sin A} = \frac{b}{\sin B} = \frac{c}{\sin C} = 2R$$

② 제 1 코사인 법칙 : $a = b\cos C + c\cos B$

③ 제 2 코사인 법칙과 그 변형 :

$$a^2 = b^2 + c^2 - 2bc\cos A \quad \Leftrightarrow \quad \cos A = \frac{b^2 + c^2 - a^2}{2bc}$$

④ 삼각형의 넓이 : $S = \frac{1}{2}ab\sin C = \frac{1}{2}ac\sin B = \frac{1}{2}bc\sin A$

1. 두 함수 $f(x) = 2x + 2$, $g(x) = \sqrt{4x + 1}$ 에 대하여 $(f \circ g^{-1})(5)$ 의 값은?

    (단, g^{-1} 은 g 의 역함수이다.)

    ① 14   ② 15   ③ 16   ④ 17

2. 실수 전체의 집합에서 정의된 함수 f가 $f\left(\dfrac{x+1}{2}\right) = 3x + 4$를 만족할 때,

    $f\left(\dfrac{1-2x}{3}\right)$는?

    ① $-4x + 1$ ② $-4x + 3$ ③ $-4x + 5$ ④ $-4x + 7$

3. 다음 중 $|y| = f(|x|)$의 그래프가 될 수 있는 것은?

①
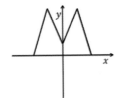

②
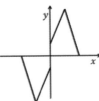

③
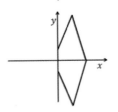

④
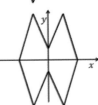

4. 다음 그림과 같이 삼각형 ABC 에서 $\angle A = 75°$, $\angle C = 45°$, $\overline{AB}$ 의 길이가 4일 때, $\overline{AC}$ 의 길이는 얼마인가?

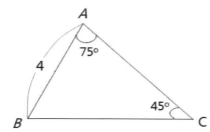

① $2\sqrt{2}$ ② 4

③ $3\sqrt{2}$ ④ $2\sqrt{6}$

⑤ $3\sqrt{6}$

5. 다음 중 일대일 대응 함수의 그래프로 가장 적당한 것은?

①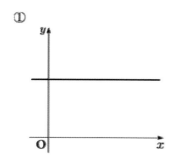

②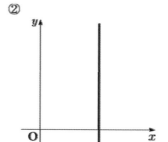

③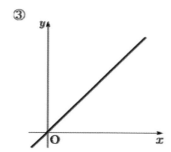

④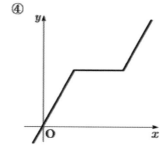

6. 두 함수 $f(x) = 2x + 1$, $g(x) = -x + 3$ 에 대하여 $(f \circ g^{-1})(k) = 3$ 을 만족시키는 상수 k의 값은?

① -1 ② 0 ③ 1 ④ 2

7. 다음 중 $y = \sin 2x$의 그래프는?

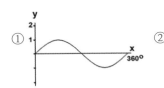 ①   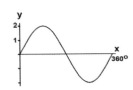 ②

 ③   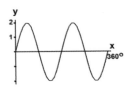 ④

8. 두 함수 $f(x) = 2x - 3$, $g(x) = -x + a$에 대하여, $f \circ g = g \circ f$ 일 때 상수 a의 값은?

① 0 ② 3 ③ 6 ④ 9

지수와 로그

일반적으로 고등학교 교과과정의 기초적 이론 수준에서 출제되지만 점차 난이도가 높아지는 추세이기 때문에 교과이론을 기반으로 하여 심화문제까지 학습하는 것이 좋다. 출제되는 대학의 수가 증가하는 추세이며 출제비중도 높아지고 있다. 교과적성인 대학에서는 지수보다 로그가 출제 빈도가 높으며 상용로그도 많이 출제된다.

■ **지수법칙** : ① $a^n \times a^m = a^{n+m}$ ② $a^n \div a^m = a^{n-m}$

③ $(a^n)^m = a^{nm}$ ④ $a^0 = 1, a^{-n} = \dfrac{1}{a^n}$

■ **로그의 뜻과 성질** : ① $\log_a b$ (진수 : $b > 0$ 밑 : $a \neq 1, a > 0$)

② $\log_a 1 = 0, \ \log_a a = 1$ ③ $\log_a MN = \log_a M + \log_a N$

④ $\log_a \dfrac{M}{N} = \log_a M - \log_a N$ ⑤ $\log_{a^m} b^n = \dfrac{n}{m} \log_a b$

⑥ $\log_a b = \dfrac{\log_c b}{\log_c a} = \dfrac{1}{\log_b a}$ ⑦ $a^{\log_b c} = c^{\log_b a}$

■ **상용로그의 지표와 가수의 성질**

$N > 0$일 때, $\log N = n + \alpha$ (n은 정수, $0 \leq \alpha < 1$)

① 지표의 성질 ($N > 0$) : $\log N = n + \alpha$ (n은 정수, $0 \leq \alpha < 1$)

$\Leftrightarrow \log N$의 지표 : n $\Leftrightarrow n \leq \log N < n+1$

$\Leftrightarrow 10^n \leq N < 10^{n+1}$ $\Leftrightarrow N$의 정수 부분은 $n+1$자리의 수

② 가수의 성질 ($M, N > 0$)

$\log N$과 $\log M$의 가수가 같음 $\Leftrightarrow \log N - \log M = k$ (k는 정수)

$\Leftrightarrow \dfrac{N}{M} = 10^k \Leftrightarrow M, N$은 숫자의 배열이 같고, 소수점의 위치만 다르다.

1. 자연수 n에 대하여 $a = 11^n$, $b = 11^{n+1}$, $c = 11^{n+2}$, $d = 11^{n+3}$ 이다. $\dfrac{(c-a)(d-b)}{ab}$ 는?

① 10000　　　　② 12100　　　　③ 14400　　　　④ 14520

2. $\log_2(x+y) = \log_2 x + \log_2 y$ 일 때 $\dfrac{1}{x} + \dfrac{1}{y}$ 의 값을 구하면?

① $\dfrac{1}{2}$　　　　② $\dfrac{1}{4}$　　　　③ 1　　　　④ 2

3. $\log_{(x-2)}(-x^2 + 4x - 3)$ 의 값이 존재하기 위한 x의 범위는?

① $x > 2$　　　② $1 < x < 3$　　　③ $2 < x < 4$　　　④ $2 < x < 3$

4. $\log_2 \sqrt{8} - \log_9 3 + \log_5 \sqrt[3]{125}$ 의 값은?

① 1　　　　② 2　　　　③ $2\sqrt{2}$　　　　④ $\sqrt{5}$

5. $\log x$의 지표가 3이고, $\log x$의 가수와 $\log \sqrt{x}$의 가수의 합이 $\dfrac{3}{4}$이다. 이때 $\log \sqrt{x}$의 가수는?

① $\dfrac{1}{2}$　　　　② $\dfrac{1}{3}$　　　　③ $\dfrac{1}{6}$　　　　④ $\dfrac{7}{12}$

6. $2^{2^{16}}$과 값이 같은 것은?

    ① 4^{16} ② $4^8 \times 4^8$ ③ 2^{4^8} ④ $2^{2^8} \times 2^{2^8}$

7. 상용로그 $\log 2 = a$, $\log 3 = b$일 때, $\log 24$의 값으로 옳은 것은?

    ① $a + 3b$ ② $3a + b$ ③ $2a + 2b$ ④ $a + 4b$

8. 어느 공장에서 올해 생산한 휴대폰과 컴퓨터 수의 비율은 $1:1$이다. 두 제품의 수를 합한 총생산량은 매년 7%, 휴대폰 생산량은 매년 10%씩 증가한다고 한다. 10년 후 두 제품의 총생산량이 100만 대라면 그 중 휴대폰은 몇 대인가?

    (단, $\log 1.07 = 0.0294$, $\log 1.1 = 0.0414$, $\log 1.32 = 0.12$)

    ① 50만 대   ② 59만 대   ③ 66만 대   ④ 73만 대

지수·로그함수와 지수·로그방정식

    지수함수와 로그함수의 풀이 및 그래프, 역함수에 관한 문제들이 출제된다. 과거 적성검사에서 볼 수 없었던 유형으로 가천대를 시작으로 이 단원을 출제하는 대학이 점차적으로 늘어나는 추세이다. 교과서 문제 유형의 지수·로그 방정식도 다수 출제되고 있다.

▪ **지수함수** $y = a^x \ (a > 0, \ a \neq 1)$**의 그래프**

① 정의역은 실수 전체의 집합, 치역은 양의 실수 전체의 집합

② $a > 1$일 때 x의 값이 증가하면 y의 값도 증가한다.

　$0 < a < 1$일 때 x의 값이 증가하면 y의 값은 감소한다.

③ 그래프는 항상 점 $(0, 1)$을 지난다.

④ x축$(y = 0)$: 점근선

▪ **로그함수** $y = \log_a x \ (a > 0, \ a \neq 1)$**의 그래프**

로그함수 $y = \log_a x$는 지수함수 $y = a^x$의 역함수이다.

① 정의역은 양의 실수 전체의 집합, 치역은 실수 전체의 집합

② $a > 1$일 때 x의 값이 증가하면 y의 값도 증가한다.

　$0 < a < 1$일 때 x의 값이 증가하면 y의 값은 감소한다.

③ 그래프는 항상 점 $(1, 0)$을 지난다.

④ y축$(x = 0)$: 점근선

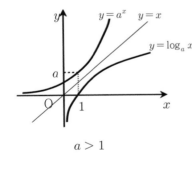

$a > 1$

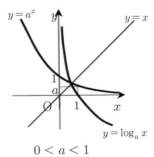

$0 < a < 1$

✎ **예시 문제**

1. 지수방정식 $2^x + 2^{4-x} = 10$의 모든 정수해의 합은?

① 3   ② 4   ③ 10   ④ 16

2. $f(x) = 3^x + 3^{-x}$ 일 때, 등식 $f(x) = f(x-1)$ 을 만족하는 x 의 값은?

① 0   ② $\dfrac{1}{3}$ ③ $\dfrac{1}{2}$ ④ 1

3. 오른쪽 그림은 일차함수 $y = f(x)$ 의 그래프이다.

함수 $y = \log_2(1 - f(x))$ 의 개형으로 알맞은 것은?

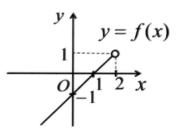

①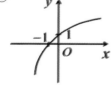

②

③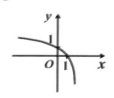

④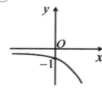

4. 다음 〈보기〉에서 지수함수 $y = 2^{-x}$ 에 대한 설명으로 항상 옳은 것은?

〈보기〉

> ㄱ. 좌표평면에서 그래프 $y = 2^{-x}$ 는 제1, 4사분면을 지난다.
>
> ㄴ. y축에 대하여 $y = 2^{x}$ 의 그래프와 대칭이다.
>
> ㄷ. x 값이 증가하면 y 값은 감소한다.
>
> ㄹ. x 값이 무한히 감소하면 y 값은 0 에 가까워진다.

① ㄱ, ㄴ   ② ㄱ, ㄷ   ③ ㄴ, ㄷ   ④ ㄱ, ㄷ, ㄹ

행렬

행렬은 교과적성인 대학에서는 반드시 출제되며 출제 시 난이도는 중간 정도이다. 행렬의 성분 및 기본 성질에 관한 문제, 역행렬 문제, 연립일차방정식과 관련된 문제 등 다양한 형태의 문제가 출제되었다. 고등학교 교과이론을 숙지하고 있어야 풀이가 가능하다. 고등학교 교육과정이 개편되면서 이전에는 없던 "그래프와 행렬" 단원이 추가되어 기본원리를 중심으로 출제될 가능성이 있으므로 교과서를 중심으로 기본내용을 학습할 수 있도록 하자.

- **행렬의 연산** : $A = \begin{pmatrix} a_{11} & a_{12} \\ a_{21} & a_{22} \end{pmatrix}$, $B = \begin{pmatrix} b_{11} & b_{12} \\ b_{21} & b_{22} \end{pmatrix}$에서

① 행렬의 덧셈과 뺄셈 : $A \pm B = \begin{pmatrix} a_{11} \pm b_{11} & a_{12} \pm b_{12} \\ a_{21} \pm b_{21} & a_{22} \pm b_{22} \end{pmatrix}$ (복부호동순)

② 행렬의 실수배 : $kA = \begin{pmatrix} ka_{11} & ka_{12} \\ ka_{21} & ka_{22} \end{pmatrix}$ (단, k가 실수)

③ 행렬의 곱셈 : $AB = \begin{pmatrix} a_{11}b_{11} + a_{12}b_{21} & a_{11}b_{12} + a_{12}b_{22} \\ a_{21}b_{11} + a_{22}b_{21} & a_{21}b_{12} + a_{22}b_{22} \end{pmatrix}$

■ **행렬의 연산의 성질** : 합과 곱이 정의되는 세 행렬 A, B, C에 대하여

① $AB \neq BA$　　② $(AB)C = A(BC)$　　③ $A(B+C) = AB + AC$

■ **이차정사각행렬의 역행렬** : 행렬 $A = \begin{pmatrix} a & b \\ c & d \end{pmatrix}$에 대하여

① $ad - bc \neq 0 \Rightarrow A^{-1} = \dfrac{1}{ad-bc} \begin{pmatrix} d & -b \\ -c & a \end{pmatrix}$

② $ad - bc = 0 \Rightarrow$ 행렬 A의 역행렬은 존재하지 않는다.

■ **역행렬의 성질** : 역행렬을 갖는 두 행렬 A, B에 대하여

① $AX = XA = E \iff X = A^{-1}$

② $AA^{-1} = A^{-1}A = E$

③ $(A^{-1})^{-1} = A$

④ $(kA)^{-1} = \dfrac{1}{k}A^{-1}$ (단, k는 0이 아닌 실수)

⑤ $(AB)^{-1} = B^{-1}A^{-1}$

⑥ $(A^{-1})^n = (A^n)^{-1}$ (단, n은 자연수)

- **연립일차방정식의 해** : 연립일차방정식 $\begin{cases} ax + by = p \\ cx + dy = q \end{cases}$ 에서

① $ad - bc \neq 0 \implies \begin{pmatrix} x \\ y \end{pmatrix} = \dfrac{1}{ad - bc} \begin{pmatrix} d & -b \\ -c & a \end{pmatrix} \begin{pmatrix} p \\ q \end{pmatrix}$

② $ad - bc = 0 \implies$ ⅰ) 해가 무수히 많을 조건 : $\dfrac{a}{c} = \dfrac{b}{d} = \dfrac{p}{q}$

　　　　　　　　　　　　　ⅱ) 해가 존재하지 않을 조건 : $\dfrac{a}{c} = \dfrac{b}{d} \neq \dfrac{p}{q}$

- **그래프와 행렬**

① 그래프 : 점과 선으로 이루어진 그림을 그래프라 한다. 또 그래프를 구성하는 점을 꼭짓점, 꼭짓점을 연결한 선을 변이라 한다.

② 같은 그래프 : 꼭짓점끼리의 연결 상태가 변하지 않도록 하면서 꼭짓점의 위치를 바꾸거나 변을 구부리거나 늘이거나 줄여서 같은 그림으로 그려질 수 있는 두 그래프를 서로 같은 그래프라 한다.

　다음을 확인하면 두 그래프가 같은 그래프인지 판별할 수 있다.

　ⅰ) 두 그래프의 꼭짓점의 개수　　ⅱ) 두 그래프의 변의 개수

　ⅲ) 꼭짓점끼리의 연결 상태가 같은지 확인한다.

③ 꼭짓점의 차수 : 그래프에서 한 꼭짓점에 연결된 변의 개수 − (모든 꼭짓점의 차수의 합)= 2×(변의 개수)

④ 한붓그리기가 가능한 그래프

　ⅰ) 모든 꼭짓점의 차수가 짝수　　ⅱ) 차수가 홀수인 꼭짓점이 2개

⑤ n 개의 꼭짓점 A_1, A_2, A_3, $\cdots$, A_n 을 갖는 그래프에 대하여 행렬의 (i, j) 성분 a_{ij} 가 다음과 같은 행렬을 그래프의 연결 관계를 나타내는 행렬이라 한다.

$$a_{ij} = \begin{cases} 1 & (A_i \text{와 } A_j \text{가 변으로 연결된 경우}) \\ 0 & (A_i \text{와 } A_j \text{가 변으로 연결되지 않은 경우}) \end{cases} (i, j = 1, 2, \cdots, n)$$

1. 행렬 A와 행렬 $B = \begin{pmatrix} 2 & 1 \\ 1 & 2 \end{pmatrix}$가 $AB^2 = B$를 만족할 때, 행렬 A의 모든 항을 더한 값은?

① $\dfrac{2}{3}$　　　　② 1　　　　③ $\dfrac{4}{3}$　　　　④ $\dfrac{5}{3}$

2. x, y에 대한 연립방정식 $\begin{pmatrix} 3 & 5 \\ 6 & 4 \end{pmatrix}\begin{pmatrix} x \\ y \end{pmatrix} = k\begin{pmatrix} x \\ y \end{pmatrix}$가 $x = 0$, $y = 0$ 이외의 해를 갖기 위한 실수 k 값들의 합은?

① 18　　　　② 11　　　　③ 9　　　　④ 7

3. 이차 정사각행렬 A에 대하여 $A + 2E$의 역행렬이 $A + E$일 때, 행렬 A의 역행렬은? (단, E는 단위행렬)

① $-A - 3E$　　　② $-A - 2E$　　　③ $A - 2E$　　　④ $A - 3E$

4. 각 점 p, q, r, s 간의 연결 관계를 나타내는 그래프를 행렬로 나타내면 다음과 같다. 이 그래프에서 변의 개수는?

$$\begin{array}{c} \\ p \\ q \\ r \\ s \end{array}\begin{array}{c} \begin{array}{cccc} p & q & r & s \end{array} \\ \begin{pmatrix} 0 & 1 & 1 & 0 \\ 1 & 0 & 1 & 1 \\ 1 & 1 & 0 & 1 \\ 0 & 1 & 1 & 0 \end{pmatrix} \end{array}$$　　① 3개　② 5개　③ 7개　④ 10개

5. 이차정사각행렬 $A = \begin{pmatrix} 1 & 2 \\ -2 & 3 \end{pmatrix}$일 때, A^2의 2행 2열 성분은?

① -8 ② -3 ③ 5 ④ 8

6. 이차정사각행렬 $A = \begin{pmatrix} a & b \\ c & d \end{pmatrix}$가 역행렬을 가질 수 없는 경우가 아닌 것은?

① $a:b=c:d$ ② $a:c=b:d$ ③ $a:d=b:c$ ④ $d:b=c:a$

7. 두 행렬 $A=\begin{pmatrix} a & 1 \\ b & 2 \end{pmatrix}$, $B=\begin{pmatrix} 3 & x \\ 2 & y \end{pmatrix}$에 대하여 $A+B=E$일 때, 두 행렬의 곱 AB 는?   (단, E 는 단위행렬이다.)

① $\begin{pmatrix} -4 & 1 \\ -2 & 0 \end{pmatrix}$ ② $\begin{pmatrix} -4 & -1 \\ 2 & 0 \end{pmatrix}$ ③ $\begin{pmatrix} 1 & 0 \\ -4 & -2 \end{pmatrix}$ ④ $\begin{pmatrix} 1 & 0 \\ -2 & -4 \end{pmatrix}$

8. x, y 에 대한 연립방정식 $\begin{pmatrix} 1 & a+2 \\ a & 3 \end{pmatrix}\begin{pmatrix} x \\ y \end{pmatrix} = \begin{pmatrix} 2 \\ -6 \end{pmatrix}$ 의 해가 무수히 많기 위한 실수 a 의 값을 p , 해가 존재하지 않기 위한 실수 a 의 값을 q 라 할 때, $p+q$ 의 값은?

① -3 ② -2 ③ 1 ④ 2

수열

수열은 수열의 일반항을 찾는 문제, 원리합계, 수열의 합이 많이 출제된다. 계차수열이나 군수열, 순서도 등의 문제도 자주 출제된다. 고교이론을 학습해야만 풀이가 가능하므로 고등학교 교육과정을 충분히 학습 할 수 있도록 하자. 가천대, 가톨릭대, 강남대 등에서 출제하고 있으며, 출제대학이 점차 증가할 것으로 예상된다.

▪ 등차수열

① 세 수 a, b, c가 이 순서로 등차수열을 이룰 때,
   b를 a와 c의 등차중항이라 하고, $b = \dfrac{a+c}{2}$

② 첫째항이 a, 공차가 d인 등차수열의 일반항 a_n은
   $a_n = a + (n-1)d \quad (n = 1, 2, 3, \cdots)$

③ 등차수열 $\{a_n\}$의 첫째항부터 제 n항까지의 합 S_n은
   ⅰ) 첫째항이 a, 제 n항이 l일 때, $S_n = \dfrac{n(a+l)}{2}$
   ⅱ) 첫째항이 a, 공차가 d일 때, $S_n = \dfrac{n\{2a+(n-1)d\}}{2}$

④ 수열 $\{a_n\}$에서 $a_1 + a_2 + a_3 + \cdots + a_n = S_n$이라 하면
   $a_1 = S_1, \quad a_n = S_n - S_{n-1} \ (n \geq 2)$

▪ 등비수열

① 세 수 a, b, c가 이 순서로 등비수열을 이룰 때,
   b를 a와 c의 등비중항이라 하고, $b^2 = ac$

② 첫째항이 a, 공비가 r인 등비수열의 일반항 a_n은
   $a_n = ar^{n-1} \ (n = 1, 2, 3, \cdots)$

③ 등비수열 $\{a_n\}$의 첫째항부터 제 n항까지의 합 S_n은

i) $r=1$일 때, $S_n = na$,

ii) $r \ne 1$일 때, $S_n = \dfrac{a(r^n - 1)}{r-1} = \dfrac{a(1 - r^n)}{1-r}$

④ 원리합계 : 연이율 r이고 복리로 n년 후의 원리합계 S는

i) 매년 초에 a원씩 적립할 때 $S = \dfrac{a(1+r)\{(1+r)^n - 1\}}{r}$

ii) 매년 말에 a원씩 적립할 때 $S = \dfrac{a\{(1+r)^n - 1\}}{r}$

■ **계차수열** : 수열 $\{a_n\}$의 계차수열을 $\{b_n\}$이라 할 때, 수열 $\{a_n\}$의 일반항은

$a_n = a_1 + (b_1 + b_2 + b_3 + \cdots + b_{n-1}) = a_1 + \displaystyle\sum_{k=1}^{n-1} b_k \quad (n \ge 2)$

🖎 예시 문제

1. 두 등차수열 a_n, b_n 은 각각 수열 a_n 은 1, 6, 11, 16, 21, $\cdots$ 수열 b_n 은 200, 196, 192, 188, 184, $\cdots$ 일 때, a_n 과 b_n 의 공통된 수의 개수는?

① 8 ② 9 ③ 10 ④ 11

2. 양의 실수로 이루어진 등비수열 $\{a_n\}$ 에서 $a_5 a_6 a_7 a_8 = 50$ 일 때, $a_5 a_8 + a_6 a_7$ 의 값은?

① 10 ② $4\sqrt{5}$ ③ 25 ④ $10\sqrt{2}$

3. 다음 순서도에서 인쇄되는 S의 값은?

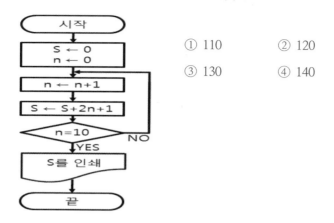

① 110　　② 120

③ 130　　④ 140

4. $a_n = \dfrac{1}{n(n+1)}$ 로 주어지는 수열 $\{a_n\}$ 에 대하여 $\displaystyle\sum_{n=1}^{100}(x-a_n)^2$의 값이 최소가 되는 실수 x의 값은 $\dfrac{q}{p}$ 이다. $p+q$의 값을 구하시오. (단, p와 q는 서로소인 자연수이다.)

5. 등차수열 $\{a_n\}$ 이 있다. $a_3 = 3$ 이고, $a_{23} - a_{12} = 11$을 만족할 때, 첫째항과 공차의 합은?

① 1　　　② 2　　　③ 3　　　④ 4

6. 방정식 $x^3 - 7x^2 + 14x - k = 0$을 만족하는 세 실근이 등비수열을 이룰 때, 실수 k의 값은?

① 8　　　② 16　　　③ 32　　　④ 64

7. 양의 실수로 이루어진 등비수열 $\{a_n\}$ 에서 $a_5 a_6 a_7 a_8 = 50$ 일 때, $a_5 a_8 + a_6 a_7$ 의 값은?

① 10 ② $4\sqrt{5}$ ③ 25 ④ $10\sqrt{2}$

8. $\dfrac{1}{3} + \dfrac{1}{15} + \dfrac{1}{35} + \dfrac{1}{63} + \dfrac{1}{99}$ 의 값은?

① $\dfrac{5}{9}$ ② $\dfrac{7}{9}$ ③ $\dfrac{5}{11}$ ④ $\dfrac{7}{11}$

수열의 극한

앞서 학습한 수열의 수렴·발산 여부를 묻는 문제, 수열의 극한값을 구하는 문제, 무한등비급수의 문제 등이 출제된다. 교과적성 대학에서는 반드시 출제되며 적성검사 수리영역에서 교과과정의 출제 비중이 늘어나는 추세이므로 많은 대학에서 출제될 가능성이 높다.

▪ 극한값의 계산

① $\dfrac{\infty}{\infty}$ 꼴의 극한 : 분모의 최고차항으로 분모, 분자를 나누어 계산

(분자의 차수) > (분모의 차수) : ∞ , (분자의 차수) < (분모의 차수) : 0

(분자의 차수) = (분모의 차수) : (극한값) $= \dfrac{(\text{분자의 최고차항의 계수})}{(\text{분모의 최고차항의 계수})}$

② $\infty - \infty$ 꼴의 무리식의 극한 : 유리화하여 $\dfrac{\infty}{\infty}$ 꼴로 변형하여 계산

- 무한등비수열 $\{r_n\}$의 수렴, 발산

① $r > 1$일 때, $\lim_{n \to \infty} r^n = \infty$ (발산)

② $r = 1$일 때, $\lim_{n \to \infty} r^n = 1$ (수렴)

③ $-1 < r < 1$일 때, $\lim_{n \to \infty} r^n = 0$ (수렴)

④ $r \leq -1$일 때, 진동 (발산)

- 무한급수의 수렴 조건 : 무한급수 $\sum_{n=1}^{\infty} a_n$이 수렴 $\Rightarrow \lim_{n \to \infty} a_n = 0$

(대우) $\lim_{n \to \infty} a_n \neq 0 \Rightarrow$ 무한급수 $\sum_{n=1}^{\infty} a_n$은 발산

- 무한등비급수의 수렴, 발산

무한등비급수 $\sum_{n=1}^{\infty} ar^{n-1} = a + ar + ar^2 + \cdots + ar^{n-1} + \cdots \ (a \neq 0)$에서

① $|r| < 1 \Rightarrow$ 수렴하고 그 합은 $\dfrac{a}{1-r}$
② $|r| \geq 1 \Rightarrow$ 발산

✎ 예시 문제

1. 수열 $\{a_n\}$이 모든 자연수 n에 대하여 $n^2 + 2n < a_n < n^2 + 3n + 1$를 만족시

킬 때, $\lim_{n \to \infty} \dfrac{a_n}{2n^2}$의 값은?

① 0 ② $\dfrac{1}{2}$ ③ 1 ④ $\dfrac{3}{2}$

2. 점 $(0, 0)$, $\left(\dfrac{1}{2^n}, \dfrac{1}{2^n}\right)$, $\left(\dfrac{1}{2^n}, 0\right)$ 을 꼭짓점으로 하는 삼각형의 넓이를 S_n이라고 할 때, $\displaystyle\sum_{n=0}^{\infty} S_n$은?

① $\dfrac{1}{3}$ ② $\dfrac{1}{2}$ ③ $\dfrac{2}{3}$ ④ $\dfrac{3}{2}$

3. 다음 무한급수 중 수렴하지 않는 것은?

① $\cos\dfrac{\pi}{3} + \cos^2\dfrac{\pi}{3} + \cdots$ ② $\dfrac{1}{1+\sqrt{2}} + \dfrac{1}{\sqrt{2}+\sqrt{3}} + \dfrac{1}{\sqrt{3}+\sqrt{4}} + \cdots$

③ $1 + \dfrac{1}{2} + \dfrac{1}{2^2} + \dfrac{1}{2^3} + \cdots$ ④ $\dfrac{1}{1\cdot 2} + \dfrac{1}{2\cdot 3} + \dfrac{1}{3\cdot 4} + \cdots$

4. $\displaystyle\lim_{n\to\infty}\left(\sqrt{n^2+n}-n\right)$ 의 값은 얼마인가?

① 0 ② $\dfrac{1}{2}$ ③ 1 ④ 2

5. 무한수열 $\{a_n\}$이 $\sqrt{4}$, $\sqrt{4\sqrt{4}}$, $\sqrt{4\sqrt{4\sqrt{4}}}$, $\sqrt{4\sqrt{4\sqrt{4\sqrt{4}}}}$, $\cdots$일 때 $\displaystyle\lim_{n\to\infty} a_n$의 값은?

① 2 ② 4 ③ 8 ④ 16

6. $\displaystyle\lim_{n\to\infty}\left(2 + \dfrac{\cos n\theta}{1+n^2}\right)$ 의 값은?

① 2 ② 1 ③ 0 ④ 극한값이 존재하지 않는다.

7. 다음 무한급수의 합은?

$$\log_2 2 + \log_2 \sqrt{2} + \log_2 \sqrt[4]{2} + \log_2 \sqrt[8]{2} + \cdots$$

① 1   ② 2   ③ 4   ④ 8

순열과 조합

순열과 조합은 모든 대학에서 출제된다. 교과적성인 대학에서는 고등학교 과정의 순열과 조합이 출제되며 순열보다는 조합의 출제 빈도가 높다. 순열이 출제될 경우에는 원순열이나 중복순열의 문제가 많이 출제되므로 이 부분을 익혀두어야 하고, 순열과 조합을 구분할 줄 알아야 하며 이항정리에 관한 문제도 출제되고 있다. 순수적성에서는 경우의 수를 묻는 문제가 많으며 난이도는 높지 않다.

■ **경우의 수** : 사건 A, B가 일어나는 경우의 수가 각각 m, n

① 합의 법칙 : 두 사건 A, B가 동시에 일어나지 않을 때, 사건 A 또는 사건 B가 일어나는 경우의 수는 $m + n$

② 곱의 법칙 : 두 사건 A, B가 잇달아 일어나는 경우의 수는 $m \times n$

■ **순열** : 서로 다른 n개에서 중복됨이 없이 r개를 택하여 일렬로 배열하는 것을 n개에서 r개를 택하는 순열이라고 함

$$_n\mathrm{P}_r = n(n-1)(n-2) \cdots (n-r+1) = \frac{n!}{(n-r)!} \quad (\text{단, } 0 \le r \le n)$$

- 원순열 : 서로 다른 n개로 이루어진 원순열의 수 $\dfrac{n!}{n} = (n-1)!$

- 중복순열 : 서로 다른 n개에서 중복을 허락하여 r개를 택하여 일렬로 나열하는 중복순열의 수 ${}_n\Pi_r = n^r$

- 같은 것이 있는 순열 : n개 중에서 같은 것이 각각 p, q, $\cdots$, r개씩 들어 있을 때, n개를 모두 택하여 일렬로 배열하는 순열의 수 $\dfrac{n!}{p!q!\cdots r!}$

  (단, $p+q+\dots+r=n$)

■ **조합** : 서로 다른 n개의 원소로 이루어진 집합에서 순서를 생각하지 않고 r개의 원소를 택하는 것을 n개에서 r개를 택하는 조합이라고 함 ${}_n\mathrm{C}_r = \dfrac{{}_n\mathrm{P}_r}{r!} = \dfrac{n!}{r!(n-r)!}$
(단, $0 \le r \le n$)

- 중복조합 : 서로 다른 n개에서 순서를 생각하지 않고 중복을 허락하여 r개를 택하는 중복조합의 수 ${}_n\mathrm{H}_r = {}_{n+r-1}\mathrm{C}_r$

■ **이항정리**

$$(a+b)^n = {}_n\mathrm{C}_0\, a^n + {}_n\mathrm{C}_1\, a^{n-1}b + {}_n\mathrm{C}_2\, a^{n-2}b^2 + \cdots {}_n\mathrm{C}_n\, b^n = \sum_{r=0}^{n} {}_n\mathrm{C}_r\, a^{n-r}b^r$$

${}_n\mathrm{C}_r\, a^{n-r} b^r$ 을 일반항이라 하고, 각 항의 계수
${}_n\mathrm{C}_0,\ {}_n\mathrm{C}_1,\ {}_n\mathrm{C}_2,\cdots,\ {}_n\mathrm{C}_n$ 을 이항계수라 한다.

- 이항계수의 성질 : $(1+x)^n = {}_n\mathrm{C}_0 + {}_n\mathrm{C}_1 x + {}_n\mathrm{C}_2 x^2 + \cdots + {}_n\mathrm{C}_n x^n$

  ① $x=1$ 일 때, ${}_n\mathrm{C}_0 + {}_n\mathrm{C}_1 + {}_n\mathrm{C}_2 + \cdots + {}_n\mathrm{C}_n = 2^n$

  ② $x=-1$ 일 때, ${}_n\mathrm{C}_0 - {}_n\mathrm{C}_1 + {}_n\mathrm{C}_2 - {}_n\mathrm{C}_3 + \cdots + (-1)^n\, {}_n\mathrm{C}_n = 0$

  ③ ${}_n\mathrm{C}_0 + {}_n\mathrm{C}_2 + {}_n\mathrm{C}_4 + \cdots = {}_n\mathrm{C}_1 + {}_n\mathrm{C}_3 + {}_n\mathrm{C}_5 + \cdots = 2^{n-1}$

*TIP : 학생들이 어렵게 생각하는 부분이 순열과 조합이다. 그런데 순열과 조합은 굉장히 쉬운 부분이므로 학생들이 어렵게 생각하지 않는다면 쉽게 풀 수 있는 경우가 많다. 학생들이 어려워하는 이유는 순열과 조합을 언제 써야 하는지 모르기 때문이다. 간단하게 설명한다면 두 가지만 생각하면 된다.

★ 중복과 순서!!

1. 중복 ○, 순서 ○ → 이런 경우를 중복순열

2. 중복 ○, 순서 × → 이런 경우를 중복조합 (꽤 어려운 내용으로 출제 빈도가 상당히 낮음)

3. 중복 ×, 순서 ○ → 이런 경우를 순열

4. 중복 ×, 순서 × → 이런 경우를 조합

✎ 예시 문제

1. 다음 그림과 같은 길이 있다. A에서 출발하여 B와 C를 순서대로 지나 D까지 가는 최단 경로는 몇 가지인가?

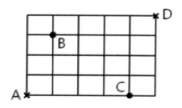

① 50   ② 100   ③ 200   ④ 400

2. $\left\{(a+4b)^2\left(\dfrac{c}{100}+d\right)\right\}^{10}$ 전개식에서 $a^{18}b^2c\,d^9$ 의 계수를 구하시오.

3. 한국인 4명과 외국인 2명이 한 줄로 서서 관광을 할 때, 한국인이 양 끝에 서는 경우의 수는?

① 144　　　② 288　　　③ 576　　　④ 720

4. 아래 그림과 같이 8개의 점이 있다. 이 중 세 점을 꼭짓점으로 하는 삼각형은 모두 몇 개인가? (단, 점선은 보조 직선이다.)

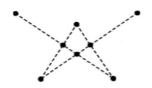

① 32　　　② 36　　　③ 42　　　④ 46

5. 영어 이름 'KIEFER'에 쓰인 알파벳을 일렬로 배열하는데 양 끝에 E가 오도록 배열하는 방법은 몇 가지인가?

① 6　　　② 12　　　③ 24　　　④ 48

6. 모양이 동일한 빨간색 1개, 노란색 2개, 파란색 3개의 구슬을 모두 실로 꿰어 팔찌를 만들 때, 구슬의 배열이 다른 것은 몇 가지인가?

① 5　　　② 6　　　③ 8　　　④ 10

7. 영문자 D, A, D, D, Y를 일렬로 배열하는 방법의 수를 구하면?

① 18가지　　　② 20가지　　　③ 30가지　　　④ 120가지

8. 한국에서 핵 안보 정상회담이 열려 한국을 포함해 세계 20개국의 정상들이 모였다. 이들이 모두 한 번 씩 악수를 한다고 할 때, 악수를 하는 총 횟수는?

① 45가지　　　② 90가지　　　③ 190가지　　　④ 380가지

확률

확률은 많은 대학에서 출제되며 출제 형태가 매우 다양하다. 순수적성인 대학은 공식을 이용하지 않고도 풀 수 있는 문제가 많이 출제되며 교과적성인 대학에서는 기본공식을 이용하는 문제들을 많이 출제한다. 확률은 학생들이 어려워하고, 대다수의 학생들이 꺼려하는 부분이어서 적성 시험의 당락을 좌우하는 부분이기도 하다.

- **확률의 덧셈정리** : 두 사건 A, B에 대하여

① $P(A \cup B) = P(A) + P(B) - P(A \cap B)$

② A, B가 배반사건 $\Rightarrow P(A \cup B) = P(A) + P(B)$

- **여사건의 확률** : 사건 A의 여사건 A^C의 확률 $\Rightarrow P(A^C) = 1 - P(A)$

- **조건부확률** : $P(A) > 0$일 때, 사건 A가 일어났을 때의 사건 B의 조건부확률

  $\Rightarrow P(B|A) = \dfrac{P(A \cap B)}{P(A)}$

- **확률의 곱셈정리** : $P(A) > 0$, $P(B) > 0$일 때, 두 사건 A, B가 동시에 일어날 확률 $\Rightarrow P(A \cap B) = P(A)P(B|A) = P(B)P(A|B)$

- **독립시행의 확률** : 매회의 시행에서 사건 A가 일어날 확률이 p로 일정할 때, n회의 독립시행에서 사건 A가 r회 일어날 확률 P_r

  $\Rightarrow P_r = {}_nC_r p^r (1-p)^{n-r}$ (단, $r = 0, 1, 2, \cdots, n$)

✎ **예시 문제**

1. 주사위를 두 번 던져서 나오는 눈의 수를 각각 a와 b라 할 때, $a^2 + b^2 < 20$일 확률은?

   ① $\dfrac{7}{36}$ 　　　 ② $\dfrac{11}{36}$ 　　　 ③ $\dfrac{1}{3}$ 　　　 ④ $\dfrac{13}{36}$

2. 시냇물 가운데 4개의 돌이 놓인 징검다리가 있다. A, B 두 사람이 가위바위보 게임을 하면서 돌을 밟고 반대편으로 건너가려 한다. 가위바위보를 해서 이기면 한 번에 3칸, 비기면 2칸, 지면 1칸 갈 수 있고, 두 번째 돌을 밟으면 물에 젖는다. 게임이 끝난 후 두 사람 모두 물에 젖지 않고 반대편에 건너가 있을 확률은? (단, 2칸씩 또는 3칸씩 갈 때는 중간 돌을 밟지 않고 한 번에 뛰어 건너고, 한 사람 이라도

먼저 도착하면 게임은 끝난다.)

① $\dfrac{1}{9}$　　　② $\dfrac{2}{9}$　　　③ $\dfrac{1}{3}$　　　④ $\dfrac{4}{9}$

3. 아래 그림과 같이 원판을 6등분한 과녁에 1, 2, 3, 4, 5, 6의 번호가 적혀 있다. 4번 화살을 쏠 때, 1의 과녁을 두 번 맞힐 확률은? (단, 경계에 맞거나 과녁을 못 맞히는 일은 없다.)

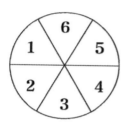

① $\dfrac{25}{216}$　　　② $\dfrac{5}{36}$　　　③ $\dfrac{1}{6}$　　　④ $\dfrac{25}{36}$

4. 1부터 10까지의 자연수 중 중복을 허락하여 3개를 뽑아 모두 더했을 때, 홀수일 확률은?

① $\dfrac{1}{4}$　　　② $\dfrac{1}{3}$　　　③ $\dfrac{1}{2}$　　　④ $\dfrac{2}{3}$

5. 3학년 전체 학생에 대한 남학생의 비율이 48%인 어느 고등학교에서 이들 학생을 대상으로 수시모집 응시 여부를 조사하였다. 그 결과 응시를 희망한 남학생은 3학년 전체 학생의 20%가 되었다. 이때, 이 학교 3학년 전체 학생 중에서 임의로 한 학생을 뽑았더니, 남학생이었다. 이 학생이 수시모집 응시에 희망했을 확률은?

① $\dfrac{1}{12}$　　　② $\dfrac{3}{12}$　　　③ $\dfrac{5}{12}$　　　④ $\dfrac{1}{16}$

6. 주사위를 두 번 던져서 나오는 수를 차례대로 나열해서 자연수를 만들 때, 그 수가 3의 배수일 확률은?

① $\dfrac{1}{4}$　　　② $\dfrac{5}{18}$　　　③ $\dfrac{11}{36}$　　　④ $\dfrac{1}{3}$

7. 3학년 전체 학생에 대한 남학생의 비율이 48%인 어느 고등학교에서 이들 학생을 대상으로 수시모집 응시 여부를 조사하였다. 그 결과 응시를 희망한 남학생은 3학년 전체 학생의 30%가 되었다. 이때, 이 학교 3학년 전체 학생 중에서 임의로 한 학생을 뽑았더니, 남학생이었다. 이 학생이 수시모집 응시에 희망했을 확률은?

① $\dfrac{1}{8}$　　　② $\dfrac{3}{8}$　　　③ $\dfrac{5}{8}$　　　④ $\dfrac{1}{16}$

8. 검은 공 2개와 흰 공 4개가 들어 있는 주머니에서 2개의 공을 동시에 꺼냈을 때, 둘 다 흰 공일 확률은?

① $\dfrac{1}{6}$　　　② $\dfrac{3}{10}$　　　③ $\dfrac{1}{3}$　　　④ $\dfrac{2}{5}$

9. 주머니에 $2, 3, 4, 5, 6$을 각각 한 번씩만 사용하여 만들 수 있는 모든 경우의 다섯 자리 숫자가 적힌 공들이 각각 하나씩 들어 있다. 임의로 공 하나를 꺼낼 때, 공에 적힌 숫자가 홀수일 확률은?

① $\dfrac{1}{5}$ ② $\dfrac{2}{5}$ ③ $\dfrac{1}{3}$ ④ $\dfrac{2}{3}$

통계

통계는 교과적성인 대학에서 주로 출제되며 난이도는 상당히 높다. 통계 부분은 공식이 워낙 많고 학생들이 자주 접하지 않은 부분이어서 문제가 출제되면 상당히 까다롭다. 밑에 기술되어 있는 기본공식을 꼭 외우고, 특히 정규분포와 이항분포, 신뢰구간의 문제는 많이 접해볼 수 있도록 하자.

■ 확률분포

① $E(X) = \displaystyle\sum_{i=1}^{n} x_i p_i$, $V(X) = E(X^2) - \{E(X)\}^2$, $\sigma(X) = \sqrt{V(X)}$

② 확률변수 $Y = aX + b$의 평균과 분산, 표준편차는

$$E(aX + b) = aE(X) + b, \quad V(aX + b) = a^2 V(X), \quad \sigma(aX + b) = |a|\sigma(X)$$

■ 이항분포의 평균과 표준편차

확률변수 X가 이항분포 $B(n, p)$를 따를 때,

$$E(X) = np, \quad V(X) = npq, \quad \sigma(X) = \sqrt{np(1 - p)}$$

- **정규분포**

① 확률변수의 표준화 : 확률변수 X가 정규분포 $N(m, \sigma^2)$을 따를 때, $Z = \dfrac{X-m}{\sigma}$
  은 표준정규분포 $N(0, 1)$을 따름

② 이항분포와 정규분포의 관계 : 이항분포 $B(n, p)$는 n이 충분히 크면 정규분포
  $N(np, npq)$에 가까워진다.

- **표본평균의 분포** : 모평균 m, 모표준편차 σ인 모집단에서 크기가 n인 표본을 임
  의 추출할 때, 표본평균 $\overline{X}$는

① $E(\overline{X}) = m$, $\quad V(\overline{X}) = \dfrac{\sigma^2}{n}$, $\quad \sigma(\overline{X}) = \dfrac{\sigma}{\sqrt{n}}$

② n이 충분히 크면 정규분포 $N\left(m, \dfrac{\sigma^2}{n}\right)$ 에 가까워지고, 표준정규분포
  $N(0, 1)$을 따름.

✎ **예시 문제**

1. 아홉 개의 자료 $a, 2, 2, 4, 4, 6, 6, 7, 8$의 평균이 5일 때, 이 자료의 중앙값과
   최빈값의 합은?

   ① 9 　　　　　② 10 　　　　　③ 11 　　　　　④ 12

2. 연속확률변수 X의 확률밀도함수 $f(x)$가
   $$f(x) = \begin{cases} 2kx & (0 \le x \le a) \\ -k(x-4) & (a < x \le 4) \end{cases} \text{로 정의될 때,}$$
   $P(0 \le X \le b) = \dfrac{5}{6}$가 되는 b의 값은? (단, $k > 0$, 함수 $f(x)$는 주어진 구간에서

연속이다.)

① $\frac{7}{3}$ ② $\frac{8}{3}$ ③ 3 ④ $\frac{10}{3}$

3. 확률변수 X 의 확률분포표가 다음과 같다. X 의 평균이 29 일 때, k 의 값은?

X	k	$2k$	$4k$	$8k$	계
$P(X=x)$	$\frac{1}{8}$	a	$2a$	$\frac{1}{8}$	1

① 8 ② 10 ③ 12 ④ 16

4. 주사위 한 개를 7200회 던질 때, 3의 배수의 눈이 나오는 횟수를 확률변수 X 라 하자. $P(X \geq a) = 0.84$ 일 때, a 의 값은? (아래 표준정규분포표를 이용하여라)

① 2360 ② 2320
③ 2280 ④ 2240

z	$P(0 \leq Z \leq z)$
0.5	0.19
1.0	0.34
1.5	0.43
2.0	0.48

5. 이산확률변수 X의 평균 $E(X)$는 3이고 $E(X^2)$는 10일 때, 새로운 확률변수 $Y = 2X - 1$의 분산 $V(Y)$의 값은?

① 2 ② 3 ③ 4 ④ 9

6. 확률변수 X가 이항분포 $B\left(16, \dfrac{1}{4}\right)$을 따를 때, X의 분산은?

① 1   ② 2   ③ 3   ④ 4

7. 확률변수 X의 확률분포가 다음 표와 같을 때, X의 분산은?

X	0	1	2	3
$P(X)$	0.1	0.3	0.4	0.2

① 0.36   ② 0.49   ③ 0.56   ④ 0.81

*TIP: 함수의 극한과 연속 / 다항함수의 미분법 / 다항함수의 적분법

함수의 극한과 미분법, 적분법은 적성평가에서 많이 출제 되지 않은 영역이지만, 최근 들어 교과적성 위주의 대학을 중심으로 다수 출제되고 있다. 또한, 수학과 교육과정이 개편되어 인문계열 학생들도 미적분학을 필수로 학습하게 되면서 다른 다수의 대학에서도 출제될 가능성이 큰 영역이다. 기출문제를 살펴보면 극한과 미적분의 기본개념을 이용한 문제가 많으므로 우선 기본개념과 기본공식을 중심으로 학습할 수 있도록 하자. 함수의 연속성, 미분계수의 정의, 미분과 적분과의 관계, 도함수의 그래프를 이용하여 함수의 그래프 추측하기, 속도 및 이동거리와 미적분, 넓이와 적분 등과 관련된 문제가 출제되었다.

함수의 극한과 연속

- 함수 $f(x)$에서 x가 a와 다른 값을 가지면서 a에 한없이 가까워질 때, $f(x)$의 값이 일정한 값 α에 한없이 가까워지면 $f(x)$는 α에 수렴한다고 하고, 기호로

$$\lim_{x \to a} f(x) = \alpha \quad \text{또는} \quad x \to a \text{일 때} \quad f(x) \to \alpha \text{와 같이 나타낸다.}$$

이때, α를 $x = a$에서의 $f(x)$의 극한 또는 극한값이라 한다.

- 함수 $f(x)$가 다음 세 조건을 만족할 때, 함수 $f(x)$는 $x = a$에서 연속이라 한다.

① $x = a$에서 함숫값 $f(a)$가 정의되어 있다.

② 극한값 $\lim_{x \to a} f(x)$가 존재한다. $\left(\lim_{x \to a+0} f(x) = \lim_{x \to a-0} f(x) \right)$

③ $\lim_{x \to a} f(x) = f(a)$

다항함수의 미분법

- ## 평균변화율과 미분계수

① 함수 $y = f(x)$에서의 x의 값이 a에서 b까지 변할 때의 평균변화율 :

$$\frac{\Delta y}{\Delta x} = \frac{f(b) - f(a)}{b - a} = \frac{f(a + \Delta x) - f(a)}{\Delta x}$$

$\Rightarrow$ 곡선 $y = f(x)$ 위의 두 점 $(a, f(a))$, $(b, f(b))$를 지나는 직선의 기울기

② 함수 $y = f(x)$의 $x = a$에서의 미분계수 :

$$f'(a) = \lim_{\Delta x \to 0} \frac{f(a + \Delta x) - f(a)}{\Delta x} = \lim_{x \to a} \frac{f(x) - f(a)}{x - a}$$

⇒ 곡선 $y = f(x)$ 위의 점 $(a, f(a))$ 에서의 접선의 기울기

③ 미분가능한 함수 $y = f(x)$ 의 도함수 :

$$f'(x) = \lim_{\Delta x \to 0} \frac{f(x + \Delta x) - f(x)}{\Delta x}$$

■ 도함수의 활용

① 곡선 $y = f(x)$ 위의 점 $P(a, f(a))$ 에서의 접선의 방정식은

$y - f(a) = f'(a)(x - a)$

② 함수 $y = f(x)$ 가 $x = a$ 에서 연속이고 x 의 값이 증가하면서 $x = a$ 의 좌우에서

• $f(x)$ 가 증가상태에서 감소상태로 변하면 함수 $y = f(x)$ 는 $x = a$ 에서 극대라고 하며 함숫값 $f(a)$ 를 극댓값이라 한다. ⇒ $f'(a) = 0$ 이고 $x = a$ 의 좌우에서 $f'(x)$ 의 부호가 양에서 음으로 바뀌면 $y = f(x)$ 는 $x = a$ 에서 극대이다.

• $f(x)$ 가 감소상태에서 증가상태로 변하면 함수 $y = f(x)$ 는 $x = a$ 에서 극소라고 하며 함숫값 $f(a)$ 를 극솟값이라 한다. ⇒ $f'(a) = 0$ 이고 $x = a$ 의 좌우에서 $f'(x)$ 의 부호가 음에서 양으로 바뀌면 $y = f(x)$ 는 $x = a$ 에서 극소이다.

③ 수직선 위의 동점 P 의 시각 t 에서의 위치 x 가 함수 $x = f(t)$ 로 나타날 때,

• 시각 t 에서의 점 P 의 속도 $v(t)$ 는 ⇨ $v(t) = \dfrac{dx}{dt} = f'(t)$

• 시각 t 에서의 점 P 의 가속도 $a(t)$ 는 ⇨ $a(t) = \dfrac{dv}{dt} = v'(t)$

1. $\lim_{x \to 0} \dfrac{\sqrt{x^2 + 4} - 2}{x^2}$ 의 값은?

① $\dfrac{1}{4}$ ② $\dfrac{4}{5}$ ③ 1   ④ 존재하지 않음

2. 함수 $f(x)$ 는 $x < 1$ 일 때 x^2 으로, $x \geq 1$ 일 때 $ax - 1$ 로 정의되었다. $f(x)$ 가 $x = 1$ 에서 연속이면 a 의 값은 얼마인가?

① -1 ② 0   ③ 1   ④ 2

3. 함수 $f(x) = x^2 + x - 2$ 일 때 다음을 만족하는 상수 k 의 값은?

$$\lim_{h \to 0} \frac{f(1 + kh) - f(1)}{h} = 6$$

① 2   ② 5   ③ 7   ④ 8

4. 다음 그래프는 함수 $y = f(x)$ 를 미분한 $y = f'(x)$ 의 개형을 나타낸 것이다. 이때, 함수 $y = f(x)$ 의 그래프 모양으로 적당한 것은 다음 중 어느 것인가?

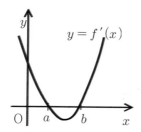

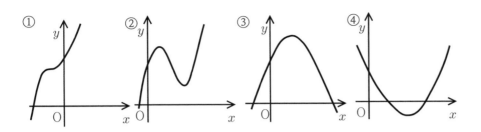

① ② ③ ④

5. 미분 가능한 함수 $f(x)$에 대해서 $f(x) = -x^3 + 4f'(1)x + 2$가 성립할 때 $f(3) + f'(3)$의 값은?

① 24 ② 0 ③ 11 ④ -36

6. 구간 $[-2, 3]$에서 다음 함수 $f(x)$의 최댓값은?

$$f(x) = 2x^3 - 3x^2 - 12x + 1$$

① 8 ② -8 ③ 19 ④ -19

다항함수의 적분법

■ 부정적분

① 함수 $F(x)$의 도함수 $f(x)$, 즉 $F'(x) = f(x)$가 되는 $F(x)$를 $f(x)$의 부정적

분이라 하고, 기호로 $\int f(x)dx$와 같이 나타낸다. (단, C는 적분상수)

② $F'(x) = f(x) \Leftrightarrow \int f(x)dx = F(x) + C$ $\int x^n dx = \dfrac{1}{n+1}x^{n+1} + C$ (단, n은 음이

아닌 정수)

- ▪ 정적분

① 정적분의 정의 : 함수 $f(x)$가 구간 $[a,\ b]$에서 연속일 때,

$$\int_a^b f(x)dx = \lim_{n \to \infty}\sum_{k=1}^{n} f(x_k)\Delta x \quad \left(\text{단, } \Delta x = \frac{b-a}{n},\ \ x_k = a + k\Delta x\right)$$

② 정적분의 기본 정리 : 함수 $f(x)$가 구간 $[a,\ b]$에서 연속이고, $f(x)$의 한 부정

적분을 $F(x)$라고 할 때,

$$\int_a^b f(x)dx = \left[F(x)\right]_a^b = F(b) - F(a)$$

③ ・ $a = b$일 때, $\displaystyle\int_a^b f(x)dx = 0$

・ $a > b$일 때, $\displaystyle\int_a^b f(x)dx = -\int_b^a f(x)dx$

④ 정적분으로 나타내어진 함수의 미분

・ $\dfrac{d}{dx}\displaystyle\int_a^x f(t)dt = f(x)$ (단, a는 상수)

・ $\dfrac{d}{dx}\displaystyle\int_x^{x+a} f(t)dt = f(x+a) - f(x)$ (단, a는 상수)

⑤ 정적분으로 나타내어진 함수의 극한

・ $\displaystyle\lim_{x \to a}\dfrac{1}{x-a}\int_a^x f(t)dt = f(a)$

・ $\displaystyle\lim_{x \to 0}\dfrac{1}{x}\int_a^{x+a} f(t)dt = f(a)$

■ **넓이와 적분**

① 함수 $y = f(x)$ 가 구간 $[a, \ b]$ 에서 연속일 때, 곡선 $y = f(x)$ 와 x 축 및 두 직선 $x = a$, $x = b$ 로 둘러싸인 도형의 넓이 S 는

$$S = \int_a^b |f(x)| \, dx$$

② 함수 $y = f(x)$ 와 $y = g(x)$ 가 구간 $[a, \ b]$ 에서 연속일 때, 두 곡선 $y = f(x)$, $y = g(x)$ 및 두 직선 $x = a$, $x = b$ $(a < b)$ 로 둘러싸인 도형의 넓이 S 는

$$S = \int_a^b |f(x) - g(x)| \, dx$$

■ **속도와 적분**

① 수직선 위를 움직이는 점 P 의 시각 t 에서의 속도가 $v(t)$, 시각 $t = a$ 에서의 점 P 의 위치가 x_0 일 때,

i) 시각 t 에서의 점 P 의 위치 $\Rightarrow x = x_0 + \int_a^t v(t) dt$

ii) $t = a$ 에서 $t = b$ 까지의 점 P 의 위치의 변화량 $\Rightarrow \int_a^b v(t) \, dt$

② 수직선 위를 움직이는 점 P 의 시각 t 에서의 속도가 $v(t)$ 일 때, 시각 $t = a$ 에서 $t = b$ 까지 점 P 가 실제로 움직인 거리(경과거리)

$\Rightarrow \int_a^b |v(t)| \, dt$

1. $\log_x \left(\dfrac{d}{dx} \displaystyle\int x^7 dx \right) = x^2 - 3x + 3$ 을 만족하는 x의 값은?

   ① -1 ② 1 ③ 3 ④ 4

2. 함수 $f(x) = \displaystyle\int_0^x (t^2 + 3) dt$ 에 대하여

   $\displaystyle\lim_{h \to 0} \dfrac{f(1 + 2h) - f(1)}{h}$ 의 값은 얼마인가?

   ① 0 ② 2 ③ 4 ④ 8

3. 포물선 $y = -x^2 + 2x$ 와 직선 $y = -8$ 로 둘러싸인 부분의 넓이는?

   ① 12 ② 36 ③ $\dfrac{7}{2}$ ④ 1

4. 일직선 위를 움직이는 어떤 물체의 t분 후 속도가 $v(t) = t^2 - 1$ 로 주어질 때, 이 물체가 출발하여 2분 동안 움직인 거리는 얼마인가?

   ① $\dfrac{2}{3}$ ② 2 ③ $\dfrac{5}{2}$ ④ 3

5. $\displaystyle\int_{-1}^{1} (\sin\theta + \cos\theta)^2 d\theta + \int_{-1}^{1} (\sin\theta - \cos\theta)^2 d\theta$ 의 값은?

① 2   ② 4   ③ 2π ④ 4π

✎ **예시 문제 – 미분**

1. 다음 그래프는 직선 위에서 움직이는 어떤 물체의 속도를 시간에 따라 나타낸 것이다. 이 물체가 시간 $t = 0$에서 출발하여 $t = 4$일 때까지 움직이는 동안 진행 방향을 바꾼 횟수는 몇 번인가?

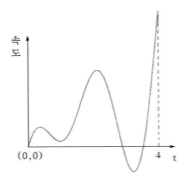

① 1번   ② 2번   ③ 3번   ④ 4번

2. 함수 $f(x)$가 $x = 1$과 $x = 4$ 사이에서 정의되었고, $f'(3) = 3$을 만족할 때, $\displaystyle\lim_{h \to 0} \frac{f(3 + 2h) - f(3)}{h}$의 값은 얼마인가?

① 1   ② 3   ③ 6   ④ 9

3. 함수 $f(x) = x^2 - 2x$ 에 대하여 x가 1에서 3까지 변할 때의 평균변화율과 $x = a$ 에서의 미분계수가 같을 때, 상수 a의 값은?

① -1 ② 1   ③ 2   ④ 3

4. 아래 그림은 구간 (a, b)에서 미분가능한 함수 $y = f(x)$의 그래프이다.

구간 (a, b)에서 $\dfrac{f(b) - f(a)}{b - a} = f'(x)$를 만족하는 x의 개수는?

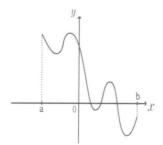

① 4   ② 5   ③ 6   ④ 7

5. $\displaystyle\lim_{x \to 2} \dfrac{f(x)}{x - 2} = 5$, $g(x) = x^2 + 4$ 일 때, $\displaystyle\lim_{x \to 2} \dfrac{f(x)g(x)}{x - 2}$ 와 같은 값은?

① $f'(2)g(2)$ ② $f(2)g'(2)$ ③ $f'(2)g'(2)$ ④ $f(2)g(2)$

6. 함수 $y = f(x)$의 x의 증분 Δx와 y의 증분 Δy에 대하여 $\Delta x = \dfrac{1}{2}\Delta y$가 성립한다. $f(0) = 2$일 때, $f(1)$의 값은?

① 2   ② 3   ③ 4   ④ 5

1. 두 다항함수 $f(x)$, $g(x)$에 대하여

$$\int_0^1 (f(x)+g(x))dx = 4, \quad \int_0^1 (f(x)-g(x))dx = 2$$

일 때, $\int_0^1 f(x)dx$ 의 값은 얼마인가?

① 0　　　　　② 1　　　　　③ 2　　　　　④ 3

2. 다음 그림과 같이 $y=\sqrt{x}$, x축, $x=1$ 로 둘러싸인 영역의 넓이는 얼마인가?

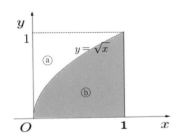

① $\dfrac{1}{2}$　　　　② $\dfrac{1}{3}$　　　　③ $\dfrac{2}{3}$　　　　④ $\dfrac{1}{4}$

3. $\int_{-a}^{a} (3x^3 - x^2 + 5x + 1)dx = -12$ 를 만족시키는 실수 a의 값은?

① 1　　　　　② 2　　　　　③ 3　　　　　④ 4

4. $\displaystyle\lim_{n\to\infty}\frac{2}{n}\sum_{k=1}^{n}f\left(1+\frac{k}{n}\right)$ 을 정적분으로 나타낸 것은?

① $2\displaystyle\int_{0}^{1}f(x)\,dx$ ② $2\displaystyle\int_{0}^{1}f(1+x)\,dx$ ③ $\displaystyle\int_{0}^{2}f(x)\,dx$ ④ $\displaystyle\int_{0}^{2}f(1+x)\,dx$

5. 식 $\displaystyle\int_{1}^{x}f(t)\,dt=(2\sin a)x^2-x$ 를 성립시키는 a 의 값은?

① 0 ② $\dfrac{\pi}{6}$ ③ $\dfrac{\pi}{3}$ ④ $\dfrac{\pi}{2}$

6. 함수 $f(x)=x(x+1)(x-2)$에 대하여,

$$A=\int_{-1}^{0}f(x)\,dx,\quad B=\int_{0}^{2}f(x)\,dx,\quad C=\int_{-1}^{2}f(x)\,dx$$

라 하자. 이때 A, B, C 의 대소관계를 바르게 나타낸 것은?

① $A<B<C$ ② $A<C<B$ ③ $B<C<A$ ④ $C<A<B$

7. $f(x)=x(x+2)$라 할 때, $\displaystyle\int_{-2}^{0}|f(x)|\,dx$ 의 값은?

① $\dfrac{4}{3}$ ② 2 ③ $\dfrac{8}{3}$ ④ $\dfrac{10}{3}$

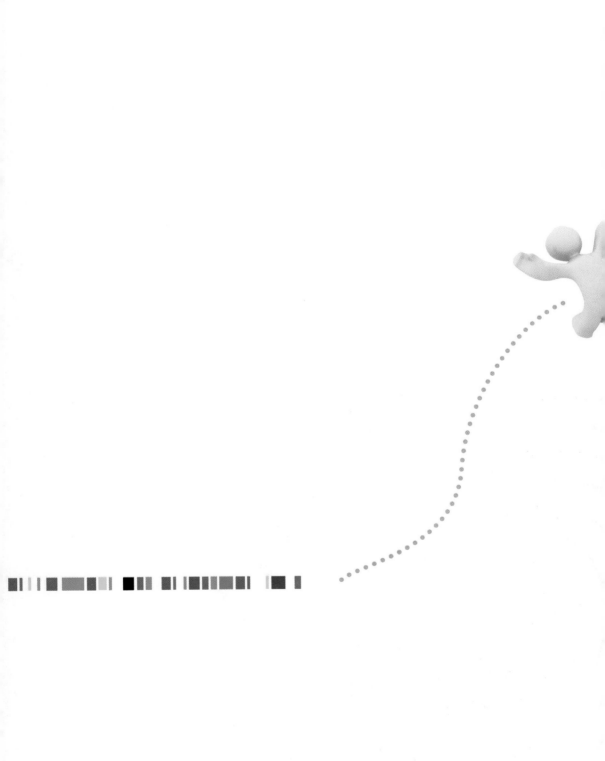

part **4**.

부록

도량형 단위

가웃	되, 말, 자 단위로 분량을 잴 때 그 단위의 절반 남짓의 분량이 더 있음을 나타내는 단위
강다리	쪼갠 장작 100개비
꾸러미	달걀 10개를 꾸리어 싼 것. 꾸리어 싼 것을 세는 단위
그루	식물, 특히 나무를 세는 단위
닢	동전이나 가마니 같이 납작한 물건을 세는 단위
단	푸성귀, 짚, 땔나무 따위의 묶음을 세는 단위
땀	바느질에서 바늘로 한 번 뜬 눈
두름	조기, 청어 따위의 생선을 10마리씩 두 줄로 묶은 20마리 또는 산나물을 10모숨쯤 묶은 것. '굴비 한 두름 = 20마리'
마지기	논밭의 넓이의 단위. 논은 200평~300평, 밭은 100평
모	두부와 묵 따위의 덩이를 세는 단위
모금	물 같은 것을 한 번 머금은 량
모숨	모나 푸성귀처럼 길고 가는 것의 한 줌쯤 되는 분량 –고사리 한 갓 = 10모숨
무지	무더기로 쌓여 있는 더미를 세는 단위. 돌무지
바리	마소에 잔뜩 실은 짐을 세는 단위
벌	옷이나 그릇의 짝을 이룬 단위
볼	발, 구두 따위의 너비
사리	국수, 새끼 같은 것을 빙 둘러서 포개어 감아 놓은 것을 세는 단위
쌈	바늘 24개
손	고기 두 마리를 이르는 말로 흔히 쓰임. 예) 고등어 한 손, 조기 한 손
우리	기와를 세는 단위. 한 우리는 2000장
움큼	손으로 한 줌 움켜쥔 만큼의 분량(작은말 : 옴큼)
접	과일, 무, 배추, 마늘, 감 따위의 100개
제	한약 20첩

죽	옷, 신, 그릇 따위의 10개(또는 벌)를 이르는 말. 버선 한 죽 = 10개
줌	주먹으로 쥘 만한 분량
채	인삼 100근, 집, 이불, 가마, 수레 따위를 세는 단위
첩	한약 1봉지
축	오징어 한 축 = 20마리
켤레	신, 버선, 방망이 따위의 둘을 한 벌로 세는 단위
쾌	북어 20마리나 엽전 열 냥
타래	실·고삐 같은 것을 감아 틀어 놓은 분량의 단위
토리	실 뭉치를 세는 말. 둥글게 실을 감은 뭉치
톳	김 40장 또는 100장을 한 묶음으로 묶은 덩이
톨	밤, 도토리, 마늘 같은 것을 세는 단위
평	평(坪) = 사방 6자평방 = 3.306 평방미터 = 3.3㎡
필	명주 40 자

길이 단위

分(분)푼(0.33cm) 〈 寸(촌)치(3.33cm) 〈 尺(척)자(30.3cm) 〈 丈(장)길(303.03cm)

푼	0.1치 = 0.33cm. 한 치의 10분의 1
치	1치 = 10푼 = 3.33cm. 한 자의 10분의 1
자	10치 = 30.3cm. 한 길의 10분의 1
길	10자 = 303.03cm. 사람 키 정도 되는 길이
뼘	엄지손가락과 다른 손가락의 사이를 한껏 벌린 거리
발	두 팔을 펴서 벌린 길이
리	약 400m쯤 되는 거리. 10 리(里) = 3.92727km(약 4km)

무게 단위

푼(0.375g) 〈 돈(3.75g) 〈 냥(37.5g) 〈 근(375g) 〈 관(3.75*kg*)

푼	0.375g. 한 돈의 10분의 1
돈	3.75g. 한 냥의 10분의 1. 엽전 열 푼의 무게
냥	37.5g. 한 근의 10분의 1. 한 냥은 한 돈의 열배
근	375g(과일, 채소). 600g(고기, 한약재)
관	3.75kg. 한 근의 열 배

부피 단위

홉(180ml) 〈 升(승)되(1.8리터) 〈 斗(두)말(18리터) 〈 斛(곡)섬(180리터)

홉	1홉 = 180ml
되	10홉 = 1.8리터
말	10되 = 18리터
섬	10말 = 180리터
아름	두 팔을 벌려 껴안은 둘레의 부피

문장부호법

■ 온점(.)

(1) 서술, 명령, 청유 등을 나타내는 문장의 끝에 쓴다.

젊은이는 나라의 기둥이다.

(2) 표제어나 표어에는 쓰지 않는다.

압록강은 흐른다(표제어)

꺼진 불도 다시 보자(표어)

(3) 아라비아 숫자만으로 연월일을 표시할 적에 쓴다.

1919. 3. 1. (1919년 3월 1일)

(4) 표시 문자 다음에 쓴다.

1. 마침표   ㄱ. 물음표   가. 인명

(5) 준말을 나타내는 데 쓴다.

서. 1987. 3. 5. (서기)

■ 반점(,)

문장 안에서 짧은 휴지를 나타낸다.

(1) 같은 자격의 어구가 열거될 때에 쓴다.

근면, 검소, 협동은 우리 겨레의 미덕이다.

(2) 조사로 연결될 적에는 쓰지 않는다.

매화와 난초와 국화와 대나무를 사군자라고 한다.

(3) 짝을 지어 구별할 필요가 있을 때에 쓴다.

닭과 지네, 개와 고양이는 상극이다.

(4) 바로 다음의 말을 꾸미지 않을 때에 쓴다.

슬픈 사연을 간직한, 경주 불국사의 무영탑.

성질 급한, 철수의 누이동생이 화를 내었다.

(5) 대등하거나 종속적인 절이 이어질 때에 절 사이에 쓴다.

콩 심으면 콩 나고, 팥 심으면 팥 난다.

(6) 부르는 말이나 대답하는 말 뒤에 쓴다.

얘야, 이리 오너라.

예, 지금 가겠습니다.

(7) 제시어 다음에 쓴다.

빵, 빵이 인생의 전부이더냐?

용기, 이것이야말로 무엇과도 바꿀 수 없는 젊은이의 자산이다.

(8) 도치된 문장에 쓴다.

이리 오세요, 어머님.

다시 보자, 한강수야.

(9) 가벼운 감탄을 나타내는 말 뒤에 쓴다.

아, 깜빡 잊었구나.

(10) 문장 첫머리의 접속이나 연결을 나타내는 말 다음에 쓴다.

첫째, 몸이 튼튼해야 된다.

아무튼, 나는 집에 돌아가겠다.

(11) 일반적으로 쓰이는 접속어(그러나, 그러므로, 그리고, 그런데 등) 뒤에는 쓰지 않음

을 원칙으로 한다.

그러나 너는 실망할 필요가 없다.

(12) 문장 중간에 끼어든 구절 앞뒤에 쓴다.

나는, 솔직히 말하면, 그 말이 별로 탐탁하지 않소.

(13) 되풀이를 피하기 위하여 한 부분을 줄일 때에 쓴다.

여름에는 바다에서, 겨울에는 산에서 휴가를 즐겼다.

(14) 문맥상 끊어 읽어야 할 곳에 쓴다.

갑돌이가 울면서, 떠나는 갑순이를 배웅했다.

갑돌이가, 울면서 떠나는 갑순이를 배웅했다.

(15) 숫자를 나열할 때에 쓴다.

1, 2, 3, 4

(16) 수의 폭이나 개략의 수를 나타낼 때에 쓴다.

5, 6세기 6, 7개

(17) 수의 자릿점을 나타낼 때에 쓴다.

14,314

■ 가운뎃점(·)

열거된 여러 단위가 대등하거나 밀접한 관계임을 나타낸다.

(1) 쉼표로 열거된 어구가 다시 여러 단위로 나누어질 때에 쓴다.

철수·영이, 영수·순이가 서로 짝이 되어 윷놀이를 하였다.

공주·논산, 천안·아산·천원 등 각 지역구에서 2명씩 국회의원을 뽑는다.

시장에 가서 사과·배·복숭아, 고추·마늘·파, 조기·명태·고등어를 샀다.

(2) 특정한 의미를 가지는 날을 나타내는 숫자에 쓴다.

3·1 운동 8·15 광복

(3) 같은 계열의 단어 사이에 쓴다.

경북 방언의 조사·연구

충북·충남 두 도를 합하여 충청도라고 한다.

동사·형용사를 합하여 용언이라고 한다.

■ **쌍점(:)**

(1) 내포되는 종류를 들 적에 쓴다.

문장부호 : 마침표, 쉼표, 따옴표, 묶음표 등.

문방사우 : 붓, 먹, 벼루, 종이.

(2) 소표제 뒤에 간단한 설명이 붙을 때에 쓴다.

일시 : 1984 년 10 월 15 일 10 시.

마침표 : 문장이 끝남을 나타낸다.

(3) 저자명 다음에 저서명을 적을 때에 쓴다.

정약용 : 목민심서, 경세유표.

주시경 : 국어 문법, 서울 박문 서관, 1910.

(4) 시(時)와 분(分), 장(章)과 절(節) 따위를 구별할 때나, 둘 이상을 대비할 때에 쓴다.

오전 10:20 (오전 10시 20분)

요한 3:16 (요한복음 3장 16절)

대비 65:60 (65 대 60)

■ 큰따옴표(" ")

대화, 인용, 특별 어구 따위를 나타낸다.

(1) 글 가운데서 직접 대화를 표시할 때에 쓴다.

"전기가 없었을 때는 어떻게 책을 보았을까?"

(2) 남의 말을 인용할 경우에 쓴다.

예로부터 "민심은 천심이다"라고 하였다.

"사람은 사회적 동물이다"라고 말한 학자가 있다.

■ 작은따옴표(' ')

(1) 따온 말 가운데 다시 따온 말이 들어 있을 때에 쓴다.

"여러분! 침착해야 합니다. '하늘이 무너져도 솟아날 구멍이 있다'고 합니다."

(2) 마음속으로 한 말을 적을 때에 쓴다.

'만약 내가 이런 모습으로 돌아간다면, 모두들 깜짝 놀라겠지.'

(3) 문장에서 중요한 부분을 두드러지게 하기 위해 드러냄표 대신에 쓰기도 한다.

지금 필요한 것은 '지식'이 아니라 '실천'입니다.

'배부른 돼지'보다는 '배고픈 소크라테스'가 되겠다.

■ 소괄호(( ))

(1) 원어, 연대, 주석, 설명 등을 넣을 적에 쓴다.

커피(coffee)는 기호 식품이다.

3·1 운동(1919) 당시 나는 중학생이었다.

"무정(無情)"은 춘원(6·25 때 납북)의 작품이다.

니체(독일의 철학자)는 이렇게 말했다.

(2) 빈자리임을 나타낼 적에 쓴다.

우리나라의 수도는 (　)이다.

(3) 기호 또는 기호적인 구실을 하는 문자, 단어, 구에 쓴다.

⑴ 주어　　　㈀ 명사　　㈃ 소리에 관한 것

▪ **중괄호 ({ })**

여러 단위를 동등하게 묶어서 보일 때에 쓴다.

주격조사 {이, 가}, 국가의 삼 요소 {국토, 국민, 주권}, 노동3권 {단결권, 단체협약권, 단체행동권}

▪ **대괄호 ([ ])**

(1) 묶음표 안의 말이 바깥 말과 음이 다를 때에 쓴다.

나이[年歲] 낱말[單語] 손발[手足]

(2) 묶음표 안에 또 묶음표가 있을 때에 쓴다.

명령에 있어서의 불확실[단호(斷乎)하지 못함]은 복종에 있어서의 불확실[모호(模糊)함]을 낳는다.

■ 줄표(—)

이미 말한 내용을 다른 말로 부연하거나 보충함을 나타낸다.

(1) 문장 중간에 앞의 내용에 대해 부연하는 말이 끼어들 때에 쓴다.

그 신동은 네 살—보통 아이 같으면 천자문도 모를 나이—에 벌써 시를 지었다.

(2) 앞의 말을 정정 또는 변명하는 말이 이어질 때에 쓴다.

어머님께 말했다가—아니, 말씀드렸다가—꾸중만 들었다.

■ 붙임표(-)

(1) 사전, 논문 등에서 합성어를 나타낼 적에, 또는 접사나 어미임을 나타날 적에 쓴다.

겨울-나그네, 불-구경, 손-발, 휘-날리다, 슬기-롭다, -(으)ㄹ걸

(2) 외래어와 고유어 또는 한자어가 결합되는 경우를 보일 때에 쓴다.

나일론-실, 디-장조, 빛-에너지, 염화-칼륨

■ 물결표(~)

(1) '내지'라는 뜻에 쓴다.

9월 15일 ~ 9월 25일

(2) 어떤 말의 앞이나 뒤에 들어갈 말 대신 쓴다.

새마을 : ~ 운동 ~ 노래

- 가(家) : 음악~ 미술~

■ 줄임표 (……)

(1) 할 말을 줄였을 때에 쓴다.

"어디 나하고 한번……" 하고 철수가 나섰다.

(2) 말이 없음을 나타낼 때에 쓴다.

"빨리 말해!", "…….."

■ 숨김표 (××, ○○)

알면서도 고의로 드러내지 않음을 나타낸다.

(1) 금기어나 공공연히 쓰기 어려운 비속어의 경우, 그 글자의 수효만큼 쓴다.

배운 사람 입에서 어찌 ○○○란 말이 나올 수 있느냐?

그 말을 듣는 순간 ×××란 말이 목구멍까지 치밀었다.

(2) 비밀을 유지할 사항일 경우, 그 글자의 수효만큼 쓴다.

육군 ○○부대 ○○○ 명이 작전에 참가하였다.

그 모임의 참석자는 김×× 씨, 정×× 씨 등 5명이었다.

■ 빠짐표 (□)

글자의 자리를 비워 둠을 나타낸다.

(1) 옛 비문이나 서적 등에서 글자가 분명하지 않을 때에 그 글자의 수효만큼 쓴다.

大師爲法主□□賴之大□薦 (옛 비문)

(2) 글자가 들어가야 할 자리를 나타낼 때 쓴다.

훈민정음의 초성 중에서 아음(牙音)은 ㅁㅁㅁ의 석 자다.

복수 표준어

가는 허리/잔허리

가락엿/가래엿

가뭄/가물

가엾다/가엽다

: 가엾어/가여워, 가엾은/가여운

감감무소식/감감소식

개수통/설거지통

개숫물/설거지물

갱엿/검은엿

-거리다/-대다 : 가물-, 출렁-

거위배/횟배

거슴츠레하다/게슴츠레하다

게을러빠지다/게을러터지다

고깃간/ 푸줏간

곰곰/곰곰이

관계없다/상관없다

교정보다/준보다

구들재/구재

귀퉁머리/귀퉁배기 : "귀퉁이"의 비어임

극성떨다/극성부리다

기세부리다/기세피우다

기승떨다/기승부리다

깃저고리/배내옷/배냇저고리

까까중/중대가리

꺼림하다/께름하다

꼬까/때때/고까

꼬리별/살별

꽃도미/붉돔

나귀/ 당나귀

날걸/세뿔

내리글씨/세로글씨

넝쿨/덩굴 : '덩쿨'은 비표준어임.

녘/쪽 : 동-, 서-

눈대중/눈어림/눈짐작

느리광이/느림보/늘보

늦모/마냥모

다기지다/다기차다

다달이/매달

-다마다/-고말고

다박나룻/다박수염

닭의 장/닭장

댓돌/툇돌

덧-창/겉-창

독장-치다/독판-치다

동자-기둥/쪼구미

돼지감자/뚱딴지

되우/된통/되게

두동-무니/도동-사니

뒷갈망/뒷감당

뒷말/뒷소리

들락거리다/들랑거리다

딴전/딴청

땅콩/호콩

땔감/땔거리

-뜨리다/-트리다 : 깨-, 떨어-, 쏟-

뜬 - 것/뜬 - 귀신

마룻줄/용줄줄 :
돛대에 매어놓은 줄. "이어줄"은 비표준어임.

마파람/앞바람

만장-판/만장-중(滿場中)

만큼/만치

말동무/말벗

매갈이/매조미

매통/목매

먹새/먹음새

멀찌감치/멀찌가니/멀찍이

먹통/산먹/산먹통

면치레/외면치레

모내다/모심다 : 모내기/모심기

모쪼록/아무쪼록

목화씨/면화씨

무심결/무심중

봉숭아/봉선화 → 봉숭화(×)

물부리/빨부리

물심부름/물시중

물추리나무/물추리막대

물타작/진타작

민둥산/벌거숭이산

386

밑층/아래층

바깥-벽/밭-벽

바른/오른[右] : 〔右〕 -손, -쪽, -편

발모가지/발목쟁이 : "발목"의 비속어임

버들강아지/버들개지

벌레/버럭지

변덕스럽다/변덕맞다

보조개/볼우물

보통내기/여간내기/예사내기

볼따구니/볼퉁이/볼때기 :
"볼"의 비속어임

부침개질/부침질/지짐질 :
"부치개질"은 비표준어임

불똥-앉다/등화-지다/등화-앉다

불사르다/사르다

비발/비용(費用)

뾰두라지/뾰루지

살쾡이/삵

삽살개/삽사리

상두꾼/상여꾼

상(上)씨름/소걸이 :
씨름판에서 결승을 다투는 씨름.

생/새앙/생강

생뿔/새앙뿔/생강뿔 :
두 개가 모두 생강처럼 짧게 난 소의 뿔

생철/양철 : 1)"서양철"은 비표준어임

2)"生鐵"은 "무쇠"임

서럽다/섧다

서방질/화냥질

성글다/성기다

-(으)세요/-(으)셔요

송이/송이버섯

쇠고기/소고기

수수깡/수숫대

술안주 /안주

-스레하다/-스름하다 : 거무-, 발그-

시늉말/흉내말

시새/세사(細沙)

신/신발

신주보/독보

심술꾸러기/심술쟁이

쌉쓰레하다/쌉쓰름하다

아귀세다/아귀차다

아래-위/위-아래

아무튼/어떻든/어쨌든/하여튼/여하튼

앉음새/앉음-앉음

알은척/알은 체

애갈이/애벌갈이

애꾸눈이/외눈박이

양념감/양념거리

어금버금-하다/어금지금-하다

어기여차/어여차

어림잡다/어림치다

어이없다/어처구니없다

어저께/어제

언덕바지/언덕배기

얼렁뚱땅/엄벙뗑

여왕벌/장수벌

여쭈다/여쭙다

여태/입때 : "여직"은 비표준어임

여태껏/이제껏/입때껏 : "여직껏"은 비표준어임

역성들다/역성하다 :

"편역들다"는 비표준어임

연달다/잇달다

엿가락/엿가래

엿-기름/엿-길금

엿-반대기/엿-자반

오사리잡놈/오색잡놈

옥수수/강냉이

왕골-기직/왕골-자리

외겹-실/외올-실/홑-실

외손잡이/한손잡이

욕심꾸러기/욕심쟁이

우레/천둥 : 우렛소리/천둥소리

우지/울보

을러대다/을러메다

의심스럽다/의심쩍다

-이에요/-이어요

이틀거리/당고금

일일이/하나하나

일찌감치/일찌거니

입찬말/입찬소리

자리옷/잠옷

자물쇠/자물통

새로 추가된 표준어

현재 표준어와 같은 뜻으로 추가로 표준어로 인정한 것(11개)

추가된 표준어	현재 표준어
간지럽히다	간질이다
남사스럽다	남우세스럽다
등물	목물
맨날	만날
묫자리	묏자리
복숭아뼈	복사뼈
세간살이	세간
쌉싸름하다	쌉싸래하다
토란대	고운대
허접쓰레기	허섭스레기
흙담	토담

현재 표준어와 별도의 표준어로 추가로 인정한 것(25개)

추가된 표준어	현재 표준어	뜻 차이
~길래	~기에	**~길래** : '~기에'의 구어적 표현
개발새발	괴발개발	**'괴발개발'**은 '고양이의 발과 개의 발'이라는 뜻이고, **'개발새발'**은 '개의 발과 새의 발'이라는 뜻임
나래	날개	**'나래'**는 '날개'의 문학적 표현
내음	냄새	**'내음'**은 향기롭거나 나쁘지 않은 냄새로 제한됨

눈꼬리	눈초리	• **눈초리** : 어떤 대상을 바라볼 때 눈에 나타나는 표정. 예) '매서운 눈초리' • **눈꼬리** : 눈의 귀 쪽으로 째진 부분
떨구다	떨어뜨리다	**'떨구다'**에 '시선을 아래로 향하다'라는 뜻 있음
뜨락	뜰	**'뜨락'**에는 추상적 공간을 비유하는 뜻이 있음
먹거리	먹을거리	**먹거리** : 사람이 살아가기 위하여 먹는 음식을 통틀어 이름
메꾸다	메우다	**'메꾸다'**에 '무료한 시간을 적당히 또는 그럭저럭 흘러가게 하다'라는 뜻이 있음
손주	손자(孫子)	• **손자** : 아들의 아들. 또는 딸의 아들 • **손주** : 손자와 손녀를 아울러 이르는 말
어리숙하다	어수룩하다	**'어수룩하다'**는 '순박함/순진함'의 뜻이 강한 반면에, **'어리숙하다**는 '어리석음'의 뜻이 강함
연신	연방	**'연신'**이 반복성을 강조한다면, **'연방'**은 연속성을 강조
횡하니	횡허케	**횡허케** : '횡하니'의 예스러운 표현.
걸리적거리다	거치적거리다	자음 또는 모음의 차이로 인한 어감 및 뜻 차이 존재
끄적거리다	끼적거리다	〃
두리뭉실하다	두루뭉술하다	〃
맨숭맨숭/맹숭맹숭	맨송맨송	〃
바둥바둥	바동바동	〃
새초롬하다	새치름하다	〃
아웅다웅	아옹다옹	〃
야멸차다	야멸치다	〃
오손도손	오순도순	〃
찌뿌둥하다	찌뿌듯하다	〃
추근거리다	치근거리다	〃

추가된 표준어	현재 표준어
택견	태껸
품새	품세
짜장면	자장면

두 가지 표기를 모두 표준어로 인정한 것(3개)

속담(俗談)

• **가게 기둥에 입춘(立春)** : 격에 어울리지 않음을 이르는 말 = 개 발에 주석 편자 = 거적 분에 돌쩌귀 (참고 : 돌쩌귀-문짝을 여닫게 하기 위하여 쇠붙이로 만든 한 벌의 물건. 암짝은 문설주에, 수짝은 문짝에 달아 맞추어 꽂는다)

• **가까운 데를 가도 점심밥을 싸 가지고 가거라** : 무슨 일에나 준비를 든든히 하여 실수가 없게 하라는 말

• **가까운 무당보다 먼 데 무당이 영하다** : 자신이 잘 알고 가까이 있는 것보다는 잘 모르고 멀리 있는 것을 더 좋은 것인 줄로 생각한다는 말

• **가난 구제는 나라도 못한다** : 남의 가난한 살림을 구제하여 주기는 끝이 없으니, 아무도 못 한다는 말

• **가난도 비단 가난** : 아무리 가난해도 체통을 잃지 않고 견딘다는 말

• **가난한 양반 씻나락 주무르듯** : 가난한 양반이 털어먹자니 앞날이 걱정스럽고 그냥 두자니 당장 굶는 일이 걱정되어서 볍씨만 한없이 주무르고 있다는 뜻으로, 어떤 일에 닥쳐

우물쭈물하기만 하면서 선뜻 결정을 내리지 못하고 있는 모양

• **가난한 집에 제사 돌아오듯** : 어려운 일만 자꾸 닥친다는 말

• **가난한 집의 신주 굶듯** : 말도 못하고 줄곧 굶음을 이르는 말

• **가난할수록 기와집 짓는다** : 당장 먹을 것이나 입을 것이 넉넉지 못한 가난한 살림일수록 기와집을 짓는다는 뜻으로, 실상은 가난한 사람이 남에게 업신여김을 당하기 싫어서 허세를 부리려는 심리

• **가는 말이 고와야 오는 말이 곱다** : 자기가 남에게 말이나 행동을 좋게 하여야 남도 자기에게 좋게 한다는 말(去言美 來言美)

• **가는(달리는) 말에 채찍질** : 열심히 하는 사람을 더욱 잘하도록 격려함을 이르는 말 = 주마가편(走馬加鞭)

• **가는(던) 날이 장날** : 생각도 않은 일이 우연히 들어맞음을 이르는 말. 어떤 일을 하려고 하는데 뜻하지 않은 일을 공교롭게 당함

• **가랑비에 옷 젖는 줄 모른다** : 사소한 일이라도 소홀히 하면 낭패를 당하거나 큰 손해를 보니 그러한 것에도 유의해야 한다는 뜻

• **가랑잎에 불붙듯** : 잘 타는 가랑잎처럼 성격이 조급하고 도량이 좁은 사람을 비유하는 말

• **가랑잎이 솔잎더러 바스락거린다고 한다** : 자기 허물이 더 크고 많은 사람이 도리어 허물이 적은 사람을 나무라거나 흉을 본다는 뜻

• **가루는 칠수록 고와지고, 말은 할수록 거칠어진다** : 말이란 이 입에서 저 입으로 옮아갈수록 보태어져서 좋지 않게 된다는 뜻으로, 말이 많음을 경계하는 말

• **가르친 사위** : 창의력이 없고, 꼭 남이 시키고 가르친 대로밖에 못하는 사람을 농으로 부르는 말

• **가마 밑이 노구솥 밑을 검다 한다** : 더 시꺼먼 가마솥 밑이 덜 시꺼먼 노구솥 밑을 보고 도리어 검다고 흉본다는 뜻으로, 남 못지않은 잘못이나 결함이 있는 사람이 제 흉은

모르고 남의 잘못이나 결함만을 흉봄을 이르는 말 = 가마가 솥더러 검정아 한다 = 가랑 잎이 솔잎 보고 바스락거린다고 한다 = 숯이 검댕 보고 나무란다 = 똥 묻은 개 겨 묻은 개 나무란다

- **가마 타고 옷고름 단다** : 미리 준비를 해 놓지 않아서 임박해서야 허둥지둥 하게 되는 경우
- **가마가 많으면 모든 것이 헤프다** : 가마가 많으면 그만큼 여러 곳에 나누어 넣고 끓이게 되므로 모든 것이 헤프다는 뜻으로, 일이나 살림을 여기저기 벌여 놓으면 결국 낭비가 많아진다는 말
- **가물(가뭄)에 콩 나듯** : 꽤 드물게 있는 일을 두고 하는 말
- **가을볕에는 딸을 쬐이고 봄볕에는 며느리를 쬐인다** : 선선한 가을볕에는 딸을 쬐이고 살갗이 잘 타고 거칠어지는 봄볕에는 며느리를 쬐인다는 뜻으로, 시어머니는 며느리보다 제 딸을 더 아낌을 비유
- **가을비는 장인의 나룻 밑에서도 긋는다** : 잠깐 동안의 걱정은 곧 지나가고 마는 순간적인 것임으로 우려할 바 못됨을 이르는 말
- **가을에는 대부인 마누라도 나무 신짝 가지고 나온다** : 가을걷이 때에는 일이 많아서 누구나 바삐 나서서 거들게 됨을 비유
- **가을에는 부지깽이도 덤빈다** : 바쁠 때에는 아무 쓸모없던 것까지도 동원되어 일함을 말함. 추수기의 바쁨을 형용한 말
- **가지 많은 나무에 바람 잘 날 없다** : 자녀를 많이 거느리고 있는 부모는 근심 걱정과 고생이 끊일 날이 없음을 이르는 말
- **간(肝)에 붙었다 쓸개에 붙었다 하다** : 이해(利害)와 형편에 따라 지조 없이 행동함을 이르는 말
- **간다간다 하면서 아이 셋 낳고 간다** : 하던 일을 말로만 그만둔다 하면서 손을 못 놓고

있음을 이르는 말

• **갈모 형제** : 아우가 잘나고 형이 아우만 못한 형제를 이르는 말

• **갈치가 갈치 꼬리 문다** : 가까운 사람끼리 서로 모함하거나 해치는 것을 비유

• **감기 고뿔도 남을 안 준다** : 몹시 인색하다는 말

• **감꼬치 빼 먹듯** : 벌지는 못하고 있던 재물을 하나씩 하나씩 축내어 가기만 하는 모양 =
  곶감 꼬치에서 곶감 빼 먹듯 = 꽂감 뽑아 먹듯

• **감나무 밑에 누워도 삿갓 미사리를 대어라** : 감나무 밑에 누워서 절로 떨어지는 감을 얻
  어먹으려 하여도 그것을 받기 위하여서는 삿갓 미사리를 대고 있어야 한다는 뜻으로, 의
  당 자기에게 올 기회나 이익이라도 그것을 놓치지 않으려는 노력이 필요함을 이르는 말

• **값도 모르고 싸다 한다** : 일의 속사정은 잘 알지도 못하면서 경솔하게 이러니저러니 말
  함을 이르는 말 = 남의 처녀 나이도 모르고 숙성하다고 한다

• **강물도 쓰면 준다** : 굉장히 많은 강물을 쓰면 준다는 뜻으로, 풍부하다고 하여 함부로
  헤프게 쓰지 말라는 뜻

• **강원도 안 가도 삼척**(三陟) : 방이 몹시 추움을 이르는 말

• **강화**(江華)**도련님인가, 우두커니 앉아 있게** : 아무 하는 일 없이 날을 보냄에 대하여 이
  르는 말

• **갓바치 내일 모레** : 갓바치들이 흔히 맡은 물건을 제날짜에 만들어 주지 않고 약속한 날
  에 찾으러 가면 내일 오라 모레 오라 한다는 데서, 약속한 기일을 이날저날 자꾸 미루
  는 것을 비유

• **같은 값이면 다홍치마** : 이왕이면 더 좋은 쪽을 택하는 것이 낫다는 말 = 동가홍상(同
  價紅裳)

• **같은 말이라도 '아' 다르고 '어' 다르다** : 비슷한 말이라도 듣기 좋은 말이 있고 듣기 싫
  은 말이 있듯이 말을 가려서 하라는 의미 = 어이아이(於異阿異)

- **같이 우물 파고 혼자 먹는다** : 같이 노력하고 이득은 혼자 취한다는 말
- **개 꼬락서니 미워서 낙지 산다** : 개가 즐겨 먹는 뼈다귀가 들어 있지 아니한 낙지를 산다는 뜻으로, 자기가 미워하는 사람에게 이롭거나 좋은 일은 하지 않겠다는 것을 이르는 말
- **개 머루 먹듯** : 뜻도 모르면서 아는 체함
- **개 보름 쇠듯 하다** : 명절날 아무 좋은 음식도 해 먹지 못하고 그냥 넘긴다는 말
- **개가 콩엿 사 먹고 버드나무에 올라가겠다** : 우매한 사람이 도저히 불가능한 일을 하겠다고 장담함을 이르는 말
- **개같이 벌어서 정승같이 쓴다** : 비천하게 벌어서라도 떳떳이 가장 보람 있게 쓴다는 말
- **개구리 낯짝에 물 붓기** : 어떤 자극을 주어도 그 자극이 조금도 먹혀들지 않음을 이르는 말
- **개구리 올챙이 적 생각을 못 한다** : 곤궁하고 미천하던 제 옛날을 생각지 않고 잘난 듯이 행동함을 이르는 말
- **개구리도 움쳐야 뛴다** : 무슨 일이나 미리 준비가 있어야 한다는 뜻
- **개꼬리 삼 년 둬도 황모 못 된다** : 본래 타고난 좋지 않은 천성은 끝내 좋은 성질로 변하지 못한다 (참고 : 황모-족제비의 꼬리털)
- **개똥도 약에 쓰려면 없다** : 아무리 지천으로 있는 것이라도 막상 소용이 있어 찾으면 귀하다는 뜻
- **개밥에 도토리** : 따돌림을 당해 함께 섞이지 못하고 고립됨
- **개살구도 맛 들일 탓** : 시고 떫은 개살구도 자꾸 먹어 버릇하여 맛을 들이면 그 맛을 좋아하게 되는 것처럼, 좀 언짢은 일이라도 취미를 붙이기에 따라서는 그 일이 좋아질 수도 있다는 말
- **개천에서 용 난다** : 미천한 집안에서 훌륭한 사람이 나옴 = 개똥밭에 인물난다

• **거문고 인 놈이 춤을 추면, 칼 쓴 놈도 춤을 춘다** : 맥락도 모르고 덩달아 흉내 내거나, 남의 결점을 도리어 장점인 줄 알고 본뜸을 이르는 말

• **거짓말도 잘하면 오히려 오려논 닷 마지기보다 낫다** : 거짓말도 경우에 따라서는 처세에 도움이 될 수 있으니, 사람은 아무쪼록 말을 잘해야 한다는 말 = 거짓말도 잘만 하면 논 닷 마지기보다 낫다 *오려논 : 제철보다 일찍 여무는 벼를 심은 논

• **건너다보니 절터** : 얻고자 하나 남의 소유이므로, 도저히 그 뜻을 이룰 수 없음을 이르는 말

• **건넛산 보고 꾸짖기** : 본인에게 직접 욕하거나 꾸짖기가 거북할 때 다른 사람을 빗대어 간접적으로 꾸짖어서 당사자가 알게 한다는 말

• **검둥개 멱 감기듯**(감듯) : 물건이 검은 것은 아무리 물에 씻어도 깨끗하게 희어질 수 없다는 뜻으로, 어떤 일을 해도 별로 효과가 나타나지 않음을 비유적으로 이르는 말 = 검둥개 미역 감긴다고 희어지지 않는다

• **곁가마가 먼저 끓는다** : 주체가 되는 부문에서보다도 그 주위에서 먼저 행동하고 나설 때 이르는 말

• **게으른 년이 삼 가래 세고 게으른 놈이 책장 센다** : 게으른 년이 삼(麻)을 찢어 베를 놓다가 얼마나 했는지 헤아려 보고, 게으른 놈이 책을 읽다가 얼마나 읽었나 헤아려 본다는 뜻으로, 게으른 사람이 일은 안 하고 빨리 그 일을 벗어나고만 싶어 함을 이르는 말 = 게으른 놈(일꾼) 밭고랑 세듯. 게으른 선비 책장 넘기기(넘기듯). 김매기 싫은 놈 밭고랑만 센다.

• **겨 묻은 개가 똥 묻은 개 나무란다** : 자신의 결함은 생각지도 않고 남의 약점만 캔다

• **경주**(慶州) **돌이면 다 옥석**(玉石) : 출생지나 가문 따위만으로서 사람을 평가할 일이 아니라는 뜻

• **계란으로 바위를 친다** : 상대가 되지 않음을 비유 = 이란투석(以卵投石)

• **고기는 씹어야 맛이요 말은 해야 맛이라** : 할 말은 속 시원히 다 해야 한다는 뜻

• **고래 싸움에 새우 등 터진다** : 강한 자끼리 서로 싸우는 바람에 그 사이의 약한 자가 까닭 없이 해를 입음을 뜻함 = 경전하사(鯨戰蝦死) = 간어제초(間於齊楚)

• **고려공사삼일**(高麗公事三日) : 오래 계속되지 못하고 변혁이 무상하여 믿을 수 없음을 이르는 말 = 조변석개(朝變夕改) = 조령모개(朝令暮改)

• **고슴도치 외 따 지듯** : 빚을 여러 군데 걸머진 것을 이르는 말

• **고슴도치도 제 새끼는 함함하다고 한다** : 고슴도치도 제 새끼의 털이 부드럽고 번지르르하다고 옹호한다는 말이니, 못난 제 자식을 감싸고 사랑하는 것을 이르는 말

• **고양이 세수하듯** : 남이 하는 것을 흉내만 내고 그침을 이르는 말

• **고양이 목에 방울 매단다** : 실행하기 어려운 공론 = 묘항현령(猫項懸鈴) = 탁상공론(卓上空論)

• **고양이 쥐 사정 보듯한다** : 속으로는 해칠 생각이면서 겉으로는 생각해 주는 척함

• **고운 일 하면 고운 밥 먹는다** : 남을 위하여 좋은 일을 하면 그에 따른 좋은 대가와 대접을 받게 되고 모진 일을 하면 나쁜 대가를 받게 된다는 뜻으로, 모든 일이 자기의 할 탓에 달여 있음을 비유적으로 이르는 말

• **고추장 단지가 열둘이라도 서방님 비위를 못 맞춘다** : 성미가 몹시 까다로워 비위 맞추기가 어려움을 이르는 말

• **곤장을 메고 매 맞으러 간다** : 공연한 일을 하여 스스로 화를 자초함을 이르는 말

• **곧은 나무 쉬**(먼저) **꺾인다**(찍힌다) : 똑똑하고 강직한 사람이 일찍 죽거나 사회에서 먼저 도태되기 쉽다는 말

• **곰이라 발바닥을 핥으랴** : 곰이라면 발바닥이라도 핥겠으나 자기는 발바닥도 핥을 수 없다는 뜻으로, 먹을 것이라고는 전혀 없어 굶주림을 면하기 어려울 때를 이르는 말

• **공든 탑이 무너지랴** : 정성과 힘을 들여 이룩한 일은 반드시 헛되이 되지 않는다는 말 =

적공지탑 기훼호(積功之塔 豈毀乎)

• **공연한 제사 지내고 어물 값에 졸린다** : 공연한 짓을 해서 쓸데없이 그 후환을 입게 됨을 비유적을 이르는 말

• **과부 집 수고양이 같다** : (한밤중의 수고양이의 울음이 과부로 하여금 없는 아이를 낳은 걸로 오해받게 하듯) 없는 사실을 있는 것처럼 꾸며 말하는 사람을 가리켜 이름

• **광에서 인심 난다** : 자기의 살림이 넉넉하고 유복하여져야 비로소 남의 처지를 동정하게 된다는 뜻

• **괴발개발** : (고양이의 발과 개의 발이란 말이니) 글씨를 되는 대로 함부로 갈겨 써 놓은 모양을 이름 = 개발새발

• **구두장이 셋이 모이면 제갈량보다 낫다** : 여러 사람의 지혜가 어떤 뛰어난 한 사람의 지혜보다 나음

• **구렁이 담 넘어가듯** : 일을 깔끔하게 처리하지 않고 슬그머니 얼버무려 버림

• **구르는 돌은 이끼가 안 낀다** : 부지런하고 꾸준히 노력하는 사람은 침체되지 않고 계속 발전한다는 말

• **구복이 원수라** : 입으로 먹고 배를 채우는 일이 원수 같다는 뜻으로, 먹고살기 위하여 괴로운 일이나 아니꼬운 일도 참아야 한다는 말

• **구슬이 서 말이라도 꿰어야 보배라** : 아무리 훌륭하고 좋은 것이라도 다듬고 정리하여 쓸모 있게 만들어 놓아야 값어치가 있음.

• **구운 게도 다리를 떼고 먹어라** : 확실한 일일지라도 마음을 놓지 말고 튼튼히 하라는 말 = 만사는 불여(不如) 튼튼이다

• **군불에 밥짓기** : 어떤 일에 곁따라 다른 일이 쉽게 이루어짐

• **굳은 땅에 물이 괸다** : 헤프게 쓰지 않고 아끼는 사람이 재산을 모으게 됨을 이르는 말

• **굴러 들어온 돌이 박힌 돌을 밀어낸다** : 타지에서 온 사람이 본래 있던 사람을 내쫓는

다는 뜻

• **굶어 죽기는 정승하기보다 어렵다** : 아무리 가난해도 목숨은 이어 갈 수 있다는 말

• **굼벵이도 구르는 재주가 있다** : 무능한 사람도 한 가지 재주는 있음

• **굽은 나무가 선산을 지킨다** : 쓸모없이 보이는 것이 도리어 제 구실을 하게 됨

• **굽은 나무는 길맛가지가 된다** : 세상에는 그 어떤 것도 버릴 것이 없다는 말

• **굿해 먹은 집 같다** : 어수선한 일이 끝난 뒤 갑자기 조용하다

• **귀 소문 말고 눈 소문 하라**(내라) : 실지로 확인한 것이 아니면 말하지 말라는 뜻으로 이르는 말 = 귀 장사 하지 말고 눈 장사 하라 : 귀로 듣는 것보다 눈으로 보는 것이 확실하니 보지 않고는 소문을 내지 말라는 뜻

• **귀가 보배다** : 배운 것은 없으나, 귀로 들어 아는 것이 꽤 많다는 것을 농으로 이르는 말 = 귀가 산호가지라 = 귀가 도자전(刀子廛)이라

• **귀신이 곡할 노릇이다** : 신기하고 기묘하여 그 속내를 알 수 없음 = 귀신이 곡하다

• **귀에 걸면 귀걸이 코에 걸면 코걸이** : 사물은 보는 관점에 따라, 이렇게도 인식될 수 있고 저렇게도 인식될 수 있다는 뜻

• **그 나물에 그 밥** : 서로 어울리는 것끼리 짝이 되었을 경우를 두고 이르는 말

• **그림의 떡** : 바라볼 수밖에 없고 소용에 닿지 않음을 이르는 말 = 화중지병(畫中之餠)

• **그물이 삼천 코라도 벼리가 으뜸** : 사람이나 물건이 아무리 수가 많아도 주장되는 것이 없으면 소용없음

• **글 모르는 귀신 없다** : 귀신도 글을 알고 있은즉, 사람이라면 마땅히 글을 배워서 자신의 앞길을 닦아야 한다는 말

• **긁어 부스럼** : 공연히 일을 만들어 재앙을 불러들임을 이르는 말 = 숙호충비(宿虎衝鼻) = 자는 범 코침 주기

• **급하다고 바늘허리에 실 매어 쓰랴** : 급하다고 해서 밟아야 할 순서를 건너뛸 수는 없다

는 뜻 = 우물에 가 숭늉 찾겠다.

• **기둥보다 서까래가 더 굵다** = 주(主)가 되는 것과 그에 따르는 것이 뒤바뀌어 사리에 어긋남 = 얼굴보다 코가 더 크다

• **기와 한 장 아껴서 대들보 썩힌다** : 작은 것을 아낀 나머지 큰 손해를 입음을 이르는 말 = 소탐대실(小貪大失)

• **긴 병에 효자 없다** : 아무리 효자라도 오랜 병간호에는 견디기 어렵다는 말

• **길 아래 돌부처도 돌아앉는다** : 아무리 온순한 사람일지라도 자기의 권리나 이익을 침해당할 경우에는 가만있지 않음을 비유적으로 이르는 말

• **길은 갈 탓, 말을 할 탓** : 같은 말이라도 하기에 따라서 상대방에게 주는 영향이 다르다는 뜻

• **길을 두고 뫼로 갈까** : 편리한 방법이 있는데도 불편한 방법을 택함을 두고 하는 말

• **길을 떠나려거든 눈썹도 빼어 놓고 가라** : 여행할 때는 될수록 짐을 적게 하라

• **김 안 나는 숭늉이 더 뜨겁다** : 물이 한창 끓고 있을 때면 김은 나지 않지만 가장 뜨거운 것처럼, 공연히 떠벌리는 사람보다도 가만히 침묵을 지키고 있는 사람이 더 무섭고 야무지다는 말 = 김 안 나는 숭늉이 덥다

• **까마귀 날자 배 떨어진다** : 아무런 관련도 없는 일이 마침 공교롭게도 어떤 사건과 관계 있게 보여, 혐의를 받게 됨을 이르는 말 = 오비이락(烏飛梨落)

• **까마귀 열두 소리에 하나도 좋지 않다** : 미운 사람이 하는 일은 천 가지, 만 가지가 다 밉게 보임을 이르는 말.

• **까마귀가 메밀을 마다한다** : 평소에 좋아하던 것을 의외로 사양함에 대하여 빈정대는 뜻으로 이르는 말

• **깎은서방님** : (아름다운 구슬을 따 내어 깎아 놓은 듯 풍신이 준수함을 이름이니)말쑥하게 차린 소년을 부르는 말

- **꼬리가 길면 밟힌다** : 나쁜 일을 오래 계속하여 고침이 없으면 어느 날인가는 들키고 만다는 말

- **꿈을 꾸어야 임을 보지** : 원인이 없는 결과는 있을 수 없음

- **꿩 구워 먹은 소리** : 소식이 아주 없음

- **꿩 구워 먹은 자리** : 어떠한 일의 흔적이 전혀 없음을 이르는 말. 일은 하였으나 뒤에 아무런 결과도 드러나지 아니함을 비유

- **꿩 대신 닭** : 자기가 바라는 것이 없더라도 비슷한 걸로 대용함을 이르는 말

- **꿩 떨어진 매** : 쓸모없게 된 사물

- **꿩 먹고 알 먹고** : 이중으로 이익이 있음을 이르는 말 = 일거양득(一擧兩得), 일석이조(一石二鳥), 일전쌍조(一箭雙鳥), 배 먹고 이 닦기, 도랑 치고 가재 잡는다, 임도 보고 뽕도 딴다

- **꿩 잡는 것이 매** : (매는 꿩을 잡아야 매라고 할 수 있듯이) 이름에 어울리게 실제로 제 구실을 해야 함을 이르는 말

- **끈 떨어진 뒤웅박** : 의지할 데가 없어져 외롭고 불안하게 된 처지

- **끓는 국에 맛 모른다** : 급한 경우를 당하면 정확한 판단을 할 수 없음

- **콩밭 가서 두부 찾는다** : 몹시 성급하게 행동함을 비유적으로 이르는 말

- **나간 놈의 집구석이라** : 집 안이 어수선하고 정리가 안 되어 있음

- **나귀는 샌님만 섬긴가** : 보잘것없는 사람이라도 자기가 지닌 지조를 지키는 경우

- **나그네 귀는 간짓대 귀** : 나그네는 얻어듣는 것이 많음. 나그네는 주인에 대하여 신경을 쓰기 때문에 소곤소곤하는 말도 다 들음을 비유적으로 이르는 말

- **나는 바담 '풍' 해도 너는 바람 '풍' 해라** : 자기는 잘못하면서도 남에게는 잘하라고 권한다는 뜻

- **나룻이 석 자라도 먹어야 샌님** : 풍채가 좋아도 먹지 않고선 안 된다는 말
- **나중 난 뿔이 우뚝하다** : 후배가 선배보다 나음을 이르는 말 = 청출어람(靑出於藍) = 후생가외(後生可畏)
- **나중에야 삼수갑산을 갈지라도** : 나중에 일이 잘 안되어 최악의 경우에 이를지라도 우선은 자기가 하고 싶은 대로 어떤 일을 함을 이르는 말
- **낙숫물은 떨어지던 데 또 떨어진다** : 한번 버릇이 들면 고치기 어려움
- **낙숫물이 댓돌을 뚫는다** : 작은 힘이라도 꾸준히 계속하면 큰일을 이룰 수 있음
- **날랜 토끼를 잡고 나면 그 사냥개도 잡아먹는다** : 사람을 쓰는 데 이용가치가 있을 때는 쓰고 이용가치가 없을 때는 냉정하게 버린다는 말 = 토사구팽(兎死狗烹)
- **남산 소나무를 다 주어도 서캐조롱 장사를 하겠다** : 남산의 소나무를 다 주어도 고작 서캐조롱 장사밖에 못한다는 뜻으로, 소견이 몹시 좁음을 이르는 말
- **남산골샌님** : 오기만 남아 있는 가난한 선비를 농조로 이르는 말
- **남의 눈에 눈물 내면 제 눈에는 피눈물이 난다** : 남에게 악한 짓을 하면 자기는 그보다 더한 벌을 받게 됨을 비유적으로 이르는 말
- **남의 말 하기는 식은 죽 먹기** : 남의 잘못을 드러내어 말하는 것은 아주 쉬운 일임
- **남의 말이라면 쌍지팡이 짚고 나선다** : 남에게 시비를 잘 걸고, 나서는 사람을 가리켜 하는 말
- **남의 친환(親患)에 단지(斷指)** : 남의 일에 지나친 열성을 보임을 핀잔하는 말
- **남이 서울 간다니 저도 간단다** : 자기 주견이 없이 남이 한다고 덩달아 따라 함을 비유적으로 이르는 말
- **남자의 한 마디 말이 천금보다 무겁다** : 지키지 못할 약속은 하지를 말라 = 남아일언중천금(男兒一言重千金)
- **낮 말은 새가 듣고 밤 말은 쥐가 듣는다** : 언제나 남이 듣지 않는 곳에서도 말조심을 하

라는 뜻 = 주화작청 야화서청(晝話雀聽 夜話鼠聽)

• **내 밥 먹은 개가 발뒤축 문다** : 은혜를 입힌 자에게서 도리어 해를 입음을 이르는 말

• **내 배 부르니 평안 감사가 조카 같다** : 배가 부르니 모든 것이 눈 아래 보이고 부럽지 않다는 뜻

• **내 배 부르면 종 배고픈 줄 모른다** : 좋은 환경에 있으면 남 딱한 사정을 모름 = 아복기포 불찰노기(我腹旣飽 不察奴飢)

• **내 속 짚어 남의 말 한다** : 자기 속에 있는 생각을 미루어서 남도 그러하리라고 짐작하여 말함

• **내 코가 석 자** : 제 앞을 못 가리는데 어떻게 남을 돌보랴 하는 뜻 = 오비삼척(吾鼻三尺)

• **내리사랑은 있어도 치사랑은 없다** : 어버이 자식을 사랑하는 만큼 자식이 어버이를 사랑하기는 어렵다는 말

• **냉수 마시고 이 쑤신다** : 실속은 없으면서도 겉으로는 있는 체 한다는 뜻

• **노는 입에 염불하기** : 일손을 쉬는 여가가 있거는 무엇이든지 하라

• **노루 꼬리 길면 얼마나 길까** : 실력이 있는 체해도 실상은 보잘 것 없음을 비유한 말

• **노루 친 막대기 삼 년 우린다** : 조금이라도 이용 가치가 있을까 하여 보잘것없는 것을 두고두고 되풀이하여 이용함

• **녹수 갈 제 원앙 가듯** : 둘의 관계가 밀접하여 서로 떨어지지 않음을 비유적으로 이르는 말

• **녹피(鹿皮)에 가로왈(曰)자(字)** : 뚜렷한 주장이 없어 이렇게도 저렇게도 되는 사람을 이르는 말

• **농사꾼이 (굶어) 죽어도 종자는 베고 죽는다** : 죽으면서도 농사지을 종자는 먹지 않고 남겼다는 뜻으로, 답답할 정도로 어리석고 인색하기만 한 사람을 비유적으로 이르는 말

• **누울 자리 봐 가며 발 뻗는** : 다가올 일의 결과를 미리 생각하면서 일을 시작하라는 뜻

- 눈 와야 솔이 푸른 줄 안다 : 어려운 상황이 되어야 그것을 이기는 것을 보고 사람의 진짜 됨됨이를 알 수 있게 된다는 말

- 눈가리고 아옹 : 얕은수로 남을 속이려 한다는 말

- 눈멀어 삼 년, 귀 먹어 삼 년, 벙어리 삼 년 : 새색시가 곱게 시집살이를 하자면 그런 과정을 거쳐야 한다는 뜻으로 이르는 말

- 눈에 콩깍지가 씌었다 : 앞이 가리어 사물을 정확하게 보지 못함을 비유적으로 이르는 말

- 눈을 떠도 코 베어 간다 : 눈을 멀쩡히 뜨고 있어도 코를 베어 갈 만큼 세상인심이 고약하다는 말

- 눈이 보배다 : 눈썰미가 있어서 한 번 본 것은 잊지 않음을 비유적으로 이르는 말

- 느릿느릿 걸어도 황소걸음 = 드문드문 걸어도 황소걸음 : 일을 천천히 해도 정확하게 하여 실수가 없으면 결국 빨리 하는 결과가 된다는 말. 느리지만 실수 없이 해 나가는 행동 = 느린 걸음이 잰 걸음 (잰 걸음 : 보폭이 짧고 빠른 걸음)

- 달 보고 짖는 개 : 어리석은 사람이 남의 하는 짓이나 말에 공연히 놀라고 의심해서 소동함을 이르는 말

- 달걀에도 뼈가 있다 : 뜻하지 않은 방해가 끼어 재수가 없는 경우 = 계란유골(鷄卵有骨)

- 달걀의 노른자위 : 가장 긴요한 부분을 이르는 말

- 달도 차면 기운다 : 세상의 온갖 것이 한번 번성하면 다시 쇠하기 마련이라는 말

- 달면 삼키고 쓰면 뱉는다 : 너무 이해에만 밝아 의리를 돌보지 않는 것을 이르는 말 = 감탄고토(甘呑苦吐)

- 닭 소 보듯, 소 닭 보듯 : 데면데면 하여, 서로 바라보나 너는 너고 나는 나라는 태도임을 이름

- 닭 잡아 겪을 나그네 소 잡아 겪는다 : 어떤 일을 처음에 소홀히 하다가 나중에 큰 손해를 보게 됨

- 닭 잡아먹고 오리발 내민다 : 자기 한 일은 감추고 딴전을 피워 모면하려 드는 것을 이르는 말

- 닭 쫓던 개 지붕 쳐다보듯 : 애써 추구하고 경영해 오던 일을 남에게 가로채어 넋을 잃는 경우를 이름

- 닭이 천이면 봉이 하나 : 많은 수의 사람 가운데에 반드시 뛰어난 사람이 끼어 있다는 말 = 군계일학(群鷄一鶴) = 백미(白眉)

- 담벼락을 문이라고 내민다 : 시치미를 떼고 엉뚱한 소리를 하거나 억지를 써서 우겨 댄다는 말

- 담을 쌓고 벽을 친다 : 의좋게 지내던 관계를 끊고 서로 철저하게 등지고 삶을 비유적으로 이르는 말

- 당장(우선) 먹기엔 곶감이 달다 : 당장에 좋은 것은 한 순간 뿐이고, 참으로 좋고 이로운 것이 못 된다. 앞일은 생각해 보지도 아니하고 당장 좋은 것만 취하는 경우

- 대문 밖이 저승이라 : 사람은 언제 죽을지 모른다는 말.

- 대장의 집에 식칼이 논다 : 칼을 만드는 대장장이의 집에 오히려 식칼이 없다는 뜻으로, 어떠한 물건이 흔하게 있을 듯한 곳에 의외로 많지 않거나 없음을 비유적으로 이르는 말

- 도끼 가진 놈이 바늘 가진 놈을 못 당한다 : 도끼같이 큰 무기를 가지고 있다고 하여 상대편의 사정을 봐주다가는 도리어 바늘을 가진 사람에게 진다는 말

- 도둑고양이더러 제물(祭物) 지키라한다 : 탐내어 벼르고 있는 사람에게 그 욕심을 채울 만한 일을 맡기어 손해를 보게 됨을 말함

- 도둑놈 개 꾸짖듯 : 불평이 있으면서도 말을 하지 못하고 우물쭈물함을 이르는 말

- 도둑놈 소 몰듯 : 당황하여 서두르는 모양을 보고 이르는 말

- 도둑을 맞으려면 개도 안 짖는다 : 운수가 나빠 일이 안 되려면 모든 것이 제대로 되지 않는다는 말

- 도둑을 앞으로 잡지 뒤로 잡나 : 증거를 확실히 쥐고서야 남의 일을 판가름할 수 있음을 이르는 말

- 도둑이 제 발이 저리다 : 죄지은 사람은 언제나 마음을 졸이고 있어, 어느 곁엔지 저도 모르는 새에 그러한 낌새를 스스로 드러내게 됨을 이르는 말

- 도둑이 포도청 간다 : 지은 죄를 숨기려고 한 짓이 도리어 죄를 드러내고 맒을 비유적으로 이르는 말

- 도둑질을 해도 손이 맞아야 한다 : 무슨 일이거나 뜻이 맞아 협조를 해야 잘 된다는 말

- 도랑 치고 가재 잡는다 : 한 번의 노력으로 두 가지 소득을 본다는 말 = 일석이조(一石二鳥) = 일거양득(一擧兩得), 배 먹고 이 닦기, 임도 보고 뽕도 딴다, 꿩 먹고 알 먹고

- 도마에 오른 고기 : 이미 피할 수 없는 운명에 부딪쳐 있음을 이르는 말

- 독 안에 든 쥐 : 아무리 하여도 벗어날 수 없는 처지에 놓여, 꼼짝 못하게 됨을 이르는 말

- 독을 보아 쥐를 못 친다 : 무엇을 처리하여 없애 버려야 하나 그렇게 하면 오히려 자기에게 손해가 생길까 두려워서 이러지도 저러지도 못하고 내버려 두는 경우

- 돌미륵이 웃을 노릇 : 너무나 어처구니없는 일이 생긴 경우

- 돌을 차면 제 발부리만 아프다 : 분풀이하고자 하면 도리어 저만 손해를 보게 된다는 말

- 돌절구도 밑 빠질 날이 있다 : 아무리 튼튼한 것이라도 결딴이 날 때가 있다는 말

- 돌쩌귀에 녹이 슬지 않는다 : 항상 쓰이는 물건은 썩지 않는다는 뜻. 부지런히 하면 탈이 안 생긴다는 뜻 = 부지런한 물방아는 얼 새도 없다.

- 동냥은 안 주고 쪽박만 깬다 : 돕기는커녕 훼방만 놓는다는 뜻

- 동네북인가 : 한두 사람을 여럿이 마구 두들길 때 이르는 말

- 동생 줄 것은 없어도 도둑 줄 것은 있다 : 가난하여 제 손으로 남에게 줄 것은 없어도 도

둑이 가져갈 만한 것은 있다는 말

- **동헌에서 원님 칭찬한다** : 실속 없이 겉치레로 칭찬함

- **되로 주고 말로 받는다** : 남에게 조금 주고 많이 받거나, 조금 건드리고 크게 갚음을 당함을 이르는 말

- **될 성싶은 나무는 떡잎부터 알아본다** : 결과가 빛날 일은 그 시작에서부터 그 기미가 보임을 이름

- **두 손뼉이 울어야 소리가 난다** : 무슨 일을 맞잡는 사람 없이 하기는 어렵다. 서로 같아야 싸움이 된다는 말 = 외손뼉이 울랴 = 고장난명(孤掌難鳴)

- **두꺼비 파리 잡아먹듯** : 잠자코 늘름늘름 음식을 잘 먹어댐을 이름

- **두꺼비씨름이라** : 피차일반임을 말함

- **두부 먹다 이 빠진다** : 방심하는 데서 뜻밖의 실수를 한다는 뜻

- **뒤로 오는 호랑이는 속여도 앞으로 오는 팔자는 못 속인다** : 사람은 숙명에서 벗어나지 못한다는 말

- **뒤웅박 차고 바람 잡는다** : (주둥이가 좁은 뒤웅박을 가지고 바람을 잡는다는 말이니) 허무맹랑한 말을 하고 돌아다니는 사람을 비웃는 말

- **뒤웅박 팔자** : 입구가 좁은 뒤웅박 속에 갇힌 팔자라는 뜻으로, 일단 신세를 망치면 거기서 헤어 나오기가 어려움

- **드는 정은 몰라도 나는 정은 안다** : 정이 들 때는 드는 줄 모르게 들어도 정이 떨어져 싫어질 때는 역력히 알 수 있다는 말

- **든 버릇 난 버릇** : 후천적 습성이 선천적 성격처럼 되어 버림을 이름

- **든거지 난 부자** : 실속은 몹시 가난하면서 겉으론 퍽 부유하게 보이는 사람을 이름

- **들어서 죽 쑨 놈 나가도 죽 쑨다** : 집에서 하던 버릇은 집을 나가서도 버리지 못함

- **등겨 먹던 개가 말경에는 쌀을 먹는다** : 버릇은 점점 나빠지기 쉽다는 말

• 등잔 밑이 어둡다 : 가장 가까이 있는 일을 도리어 캄캄하게 모르고 있다는 말 = 등하불명(燈下不明)

• 등잔불에 콩 볶아 먹을 놈 : 어리석고 옹졸하여 하는 짓마다 답답한 일만 하는 사람을 낮잡아 이르는 말

• 등치고 간(肝) 낸다 : 겉으로는 위하여 주는 체하면서 속으로는 해를 끼친다는 말 = 구밀복검(口蜜腹劍)

• 떡 본 김에 제사 지낸다 : 기회가 있을 때, 벼르던 일을 처리해버린다는 뜻

• 떡 해 먹을 세상 : 떡을 하여 고사를 지내야 할 세상이라는 뜻으로, 뒤숭숭하고 궂은 일만 있는 세상이라는 말

• 떼어 놓은 당상 : 떼어 놓은 당상이 변하거나 다른 데로 갈 리 없다는 데서, 일이 확실하여 조금도 틀림이 없음을 이르는 말

• 뚝배기보다 장맛이 좋다 : 겉모양보다 내용이 훨씬 낫다는 말

• 뛰는 놈 위에 나는 놈이 있다 : 잘하는 사람 위에 더 잘하는 사람이 있다는 말이니 너무 자랑말라

• 뜨거운 국에 맛 모른다 : 사리를 알지 못하고 날뛰거나 혹은 무턱대고 행동한다는 말

• 뜨물 먹고 주정이라 : 거짓으로 짐짓 헛된 수작을 부림을 이름

• 마디가 있어야 새순이 난다 : 무슨 일이든지 어떤 계기가 있어야 참신한 일이 생긴다는 말

• 마른 논에 물 대기 : 일이 매우 힘들거나 힘들여 해 놓아도 성과가 없는 경우 = 가문 논에 물 대기

• 마른땅에 말뚝 박기 : 일을 어렵고 힘들게 마구 해 나가는 경우

• 마음 없는 염불 : 아무 정성 없이 하는 체 형식만 꾸미고 있음을 이름

- 마파람에 게 눈 감추듯 : 음식을 어느 결에 먹었는지 모를 만큼 빨리 먹어 버림을 이름
- 막내둥이 응석 받듯 : 어떠한 말이나 행동을 하더라도 하는 대로 내버려 둠을 이르는 말
- 말 가는 데 소도 간다 : 능력이 부족하더라도 부지런히 노력하면 어느 정도 능력 있는 사람을 따라갈 수 있게 됨
- 말 꼬리에 파리가 천 리 간다 : 남의 세력에 의지하여 기운을 편다는 말
- 말 많은 집은 장맛도 쓰다 : 집안에 말이 많으면 살림이 잘 안 된다는 말, 말이 많고 수다스러운 집은 화평하지 못하다는 뜻
- 말 잘하기는 소진, 장의로군 : 말을 잘 하는 사람
- 말 죽은 데 체 장수 모이듯 : 쳇불로 쓸 말총을 구하기 위하여 말이 죽은 집에 체 장수가 모인다는 뜻으로, 남의 불행은 아랑곳없이 제 이익만 채우려고 많은 사람이 모여드는 것을 이르는 말
- 말 타면 경마 잡히고 싶다 : 사람의 욕심이란 한이 없다
- 말 한 마디에 천 냥 빚도 갚는다 : 말만 잘 하면 어떤 어려움도 해결할 수 있다는 말
- 말로 온 동네를 다 겪는다 : 온 동네 사람을 말로만 때운다는 뜻으로 실천은 하지 않고 모든 것을 말만으로 해결하려 듦을 이르는 말
- 말만 귀양 보낸다 : 말을 하여도 상대편의 반응이 없으므로, 기껏 한 말이 소용없게 되는 경우
- 말은 보태고 떡은 뗀다 : 말은 보태서 전해지고 음식은 줄어서 전해진다는 뜻
- 망건 쓰고 세수한다 : 일의 순서를 바꾸어 함
- 망건 쓰자 파장 : 일을 더디 서둘러 뜻한 바를 그르침을 이름
- 망건을 십 년 뜨면 문리(文理)가 난다 : 한 가지 일에 오랜 기간 열중하면 깨달음이 생긴다
- 망둥이가 뛰니까 꼴뚜기도 뛴다 : 남이 하니까 멋도 모르고 따라서 한다는 뜻
- 메뚜기도 유월이 한철이라 : 메뚜기도 음력 유월이 한창 활동할 시기라는 뜻으로, 누구나

한창 활동할 수 있는 시기는 얼마 되지 아니하니 그때를 놓치지 말라는 말

• 메밀떡 굿에 북 두 개 치랴 : (겨우 메밀떡을 해 놓고 하는 굿에 격에 맞지 않게 쌍장구까지 친다는 말이니) 실력이 모자라는 처지에 주제넘은 일을 한다는 뜻

• 멧돼지 잡으려다 집돼지 놓친다 : 지나친 욕심으로 본래 가진 것까지도 잃음

• 며느리 늙어 시어미 된다 : 시어머니에게 학대받던 며느리가 시어머니가 되면 저는 더 심하게 한다는 말

• 며느리가 미우면 발 뒤축이 달걀 같다고 나무란다 : 탈잡을 것이 없는데 공연히 트집을 잡아서 억지로 허물을 지어낸다는 말

• 명주옷은 사촌까지 덥다 : 가까운 사람이 부귀한 몸이 되면 그 도움이 일가에까지 미침을 이르는 말

• 명태 한 마리 놓고 딴전 본다 : 내 세운 일과는 엉뚱한 딴 일을 하고 있음을 이름

• 모과나무 심사 : 모과나무처럼 뒤틀리어, 성질이 궂고 순수하지 못함을 비유하여 이르는 말

• 모기 보고 칼 빼기 : 시시한 일에 크게 성을 내거나, 야단스레 덤빔을 이름 = 견문발검(見蚊拔劍)

• 모난 돌이 정 맞는다 : 두각(頭角)을 나타낸 사람이 남의 미움을 받는다는 뜻과, 강직한 사람이 남의 공박을 받는다는 뜻의 말

• 모로 가도 서울만 가면 된다 : 수단과 방법을 가리지 않고 목적만 이루면 된다는 뜻

• 목구멍에 풀칠한다 : 굶지 않을 정도로 겨우 먹고 산다.

• 목구멍이 포도청(蒲盜廳) : 먹고 살기 위해 차마 하지 못할 일까지 한다는 뜻

• 목마른 자가 우물 판다 : 제가 필요하고 급해야만 서둘러 일을 시작한다는 말

• 못 먹는 감 찔러나 본다 : 일이 저에게 불리하다고 심술로 남을 훼방함을 이름 = 못 먹는 밥에 재 집어넣기

- **못된 송아지 엉덩이에서 뿔이 난다** : 덜된 사람이 교만함을 이름
- **무당이 제 굿 못하고 소경이 저 죽을 날 모른다** : 자기의 일은 자기가 처리하기 어렵다는 말 = 중이 제 머리 못 깎는다.
- **물 건너온 범** : 한풀 꺾인 사람을 비유적으로 이르는 말
- **물 본 기러기 꽃 본 나비** : 바라던 것을 얻어 득의양양함을 이름
- **물 위에 기름** : 서로 융화하지 못하는 사이를 이름
- **물도 가다 구비를 친다** : 사람의 한 평생에는 전환기가 있기 마련이라는 말
- **물때썰때를 안다** : 밀물이 올라올 때와 썰물이 질 때를 안다는 뜻으로, 사물의 형편이나 나아가고 물러나는 시기를 잘 알고 있음을 비유적으로 이르는 말
- **물어도 준치 썩어도 생치** : 본래 좋고 훌륭한 것은 비록 상해도 그 본질에는 변함이 없음 = 썩어도 준치
- **물에 물 탄 듯 술에 술 탄 듯** : 말이나 행동이 변화가 없이 싱겁다는 말
- **물에 빠진 놈 건져 놓으니 봇짐 내라 한다** : 남에게 신세를 지고 그것을 갚기는 커녕 도리어 그 은인을 원망한다는 말
- **물은 트는 대로 흐른다** : 사람은 가르치는 대로, 일은 주선하는 대로 됨을 이름
- **물은 흘러도 여울은 여울대로 있다** : 세상의 모든 것이 변하여도 개중에는 변하지 않는 것이 있음
- **물이 깊어야 고기가 모인다** : 사람됨의 그릇이 크고 넉넉해야만 사람이 따르게 됨을 이름
- **뭇사람에게 손가락질 받으면 병 없어도 죽는다** : 남에게 미움을 사지 말라
- **미꾸라지 모래 쑤신다** : 미꾸라지가 모래를 쑤시고 들어가 감쪽같이 숨었다는 뜻으로, 아무리 하여도 아무런 흔적이 나지 아니함
- **미꾸라지 한 마리가 온 강물을 흐린다** = 일어탁수(一魚濁水) 한 마리 물고기가 물을 흐린다.

- **미꾸라짓국 먹고 용트림한다** : 시시한 일을 해 놓고 큰일을 한 것처럼 으스대는 것을 비유적으로 이르는 말

- **미역국 먹고 생선 가시 내랴** : 미역국을 먹고 생선 가시를 낼 수 없는데도 내놓으라는 뜻으로, 불가능한 일을 자꾸 우겨댐을 비꼬는 말

- **믿기는 신주 믿듯** : 목적하는 바 없이 매우 굳게 믿고 있는 모양

- **믿는 나무에 몸이 핀다** : 잘 되려니 믿었던 일에서 낭패하거나, 믿었던 사람에게 속음을 이름

- **믿는 도끼에 발등 찍힌다** : 믿고 있던 일이나 사람에게서 뜻밖의 재난을 입음을 이름

- **밑 빠진 가마에 물 붓기** : 애써도 헛됨을 이르거나, 아무리 하여도 한정이 없는 일을 이름 = 시루에 물 붓기 = 한강투석(漢江投石)

- **밑돌 빼서 윗돌 고인다** : 기껏 한다는 짓이 밑에 있는 돌을 뽑아서 위에다 고여 나간다는 뜻으로, 일한 보람이 없이 어리석은 짓을 하는 경우를 비유적으로 이르는 말 = 하석상대(下石上臺)

- **바늘 간 데 실 간다** : 관계가 있는 물건이나 사람끼리는 항시 서로 따름을 이름

- **바늘 도둑이 소 도둑 된다** : 작은 나쁜 짓도 자꾸 하게 되면 큰 죄를 저지르게 됨을 이르는 말

- **바늘구멍으로 하늘 보기** : 조그만 바늘구멍으로 넓디넓은 하늘을 본다는 뜻으로, 전체를 포괄적으로 보지 못하는 매우 좁은 소견이나 관찰 = 좌정관천(坐井觀天) = 정저지와(井底之蛙) = 관견(管見)

- **바다는 메워도 사람의 욕심은 못 메운다** : 사람의 욕심은 한이 없다는 말

- **바닥 다 보았다** : 맨 속까지 다 보았다는 뜻. 모든 것이 다했음을 비유적으로 이름

- **바위를 차면 제 발부리만 아프다** : 자기 발로 바위를 차면 자기 발만 아프다는 뜻으로, 일시적인 흥분으로 일을 저질러 놓으면 자기만 손해 본다는 것을 비유적으로 이르는 말
- **바지저고리만 다닌다** : 사람의 몸뚱이는 없고 바지저고리만 걸어 다닌다는 뜻으로, 사람이 아무 속이 없고 맺힌 데가 없이 행동하는 경우를 비유적으로 이르는 말
- **박달나무도 좀이 쓴다** : 아주 건강한 사람도 허약해지거나 앓을 때가 있음을 이르는 말
- **박쥐구실을 한다** : 이리 붙었다 저리 붙었다 하는 신의 없는 행동을 함을 이름
- **반 잔 술에 눈물 나고 한 잔 술에 웃음 난다** : 남에게 이왕 무엇을 주려거든 흡족하게 주어야지 그렇지 못하면 도리어 인심을 잃게 된다는 말
- **받은 밥상을 찬다** : 제게 돌아온 복을 제가 내치는 경우
- **발 없는 말이 천 리 간다** : 말은 한번 하기만 하면 얼마든지 저절로 퍼진다는 뜻
- **발바닥에 털 나겠다** : 가만히 앉아 호사스럽게 지내거나 몸을 놀리기 싫어함을 비난조로 이르는 말
- **밤새도록 가도 문 못 들기** : 몹시 애를 썼으나 제 기한에 미치지 못하여 애쓴 보람이 없게 된 경우
- **밤새도록 울고 누가 죽었는지 모른다** : 일에 열중하고 있으면서도 실상 그 일의 동기나 목적을 모르고 있음을 이름
- **밤새도록 통곡해도 어느 마누라 초상인지 모른다** : 애써 일을 하면서도 그 일의 내용이나 영문을 모르고 맹목적으로 하는 행동을 비꼬는 말
- **밤잠 원수 없고 날 샌 은혜 없다** : 원한이나 은혜는 으레 잊기 쉬운 법임을 이르는 말
- **밥 빌어다 죽 쑤어 먹을 놈** : 아주 게으른 데다 소견이 무척 좁은 사람을 이름
- **밥이 질다** : 일이 성공하지 못하였을 때 이르는 말
- **방귀가 잦으면 똥 싸기 쉽다** : 무슨 일이든지 소문이 잦으면 실현되기 쉽다는 말
- **방바닥에서 낙상한다** : 안전한 곳에서 뜻밖에 실수함

•**배 먹고 이 닦기** : 한 가지 일의 성과 외에 또 이익이 생긴 것을 이름

•**배부른 데 선떡 준다** : 배가 부를 때 선떡을 주면 아무 고마움을 못 느낀다는 뜻으로, 생색이 나지 않는 짓을 함

•**배주고 속 빌어먹는다** : 당당한 자기 권리나 이익은 행사하지 못하고 거기서 나는 적은 이익이나 차지하게 됨을 이름

•**배주머니에 의송 들었다** : 사람이나 물건이 외모를 보아서는 허름하고 못난 듯하나 실상은 비범한 가치와 훌륭한 재질을 지녔음을 비유적으로 이르는 말

•**백 번 듣는 것이 한 번 보는 것만 못하다** : 실지로 한 번 보는 것이 간접으로 백 번 듣는 것보다 확실하다는 뜻 = 백문불여일견(百聞不如一見)

•**백미에는 뉘나 섞였지** : 좋은 쌀인 백미에도 뉘가 섞여 있어 흠이 있는 데 비하여 아무런 흠도 없음을 이르는 말

•**백장이 버들잎 물고 죽는다** : 사람은 죽는 날까지 늘 하던 짓을 버리지 못함을 이르는 말

•**백지장도 맞들면 낫다** : 아무리 쉬운 일이라도 여럿이 하면 더 쉽다는 뜻 = 십시일반(十匙一飯)

•**뱀을 그리고 발까지 단다** : 쓸데없는 것을 덧붙여서 오히려 못쓰게 만듦을 비유적으로 이르는 말 = 사족(蛇足)

•**뱁새가 황새 따라 가다간 가랑이가 찢어진다** : 형편없는 사람이 자기보다 훨씬 나은 사람과 똑같이 하려고 하면 낭패만 본다는 뜻

•**뱃가죽이 땅 두께 같다** : 염치가 없거나 배짱이 셈을 비유적으로 이르는 말

•**번갯불에 콩 볶아 먹겠다** : 번쩍하는 번갯불에 콩을 볶아서 먹을 만하다는 뜻으로, 행동이 매우 민첩함을 이르는 말

•**번갯불이 잦으면 천둥한다** : 나쁜 짓을 자주하다 보면 큰코다칠 때가 있다는 뜻

•**벌거벗은 손님이 더 어렵다** : 어린 손님이나 가난한 사람을 대접하기가 더 어렵다는 말

- **벌린 춤이라** : 이미 시작하여 중도에서 그만둘 수 없다는 뜻

- **범 본 놈 창구멍 막듯** : 공연히 황급하게 서두름을 이름

- **범 탄 장수 같다** : 위세가 대단한데 거기다 또 위력이 가해진 사람을 비유적으로 이르는 말

- **범에게 날개** : 원래 위대한 힘을 가진 데에다 더 세찬 힘이 보태어졌음을 이름

- **범은 가죽을 아끼고 군자는 입을 아낀다** : 군자는 입이 무거워야 한다는 말

- **범은 그려도 뼈다귀는 못 그린다** : 겉모양은 볼 수 있어도 그 내막은 모른다는 말

- **범의 차반** : ('차반'은 음식, 반찬의 옛말이니) 무릇 살림하는 태도가 여투지 못해 모을 생각은 아니하고 생기면 생기는 대로 써 버려 생길 때뿐, 늘 다시 곤궁하게 되는 것을 이름

- **벙어리 냉가슴 앓듯** : 답답한 사정이 있어도 남에게 말하지 못하고 혼자만 속을 태우며 괴로워함을 이름

- **벙어리 속은 그 어미도 모른다** : 설명을 듣지 않고서는 그 내용을 알 수 없다는 말

- **벙어리 재판** : (양편 다 분명하지 못하여) 시비를 가리기가 매우 어려움

- **벼룩의 간을 내어 먹는다** : 부당한 곳에서 지극히 적은 이익을 얻으려고 함을 이르는 말

- **벽을 치면 대들보가 울린다** : 암시만 주어도 곧 눈치를 채고 의사소통이 이루어짐을 이르는 말

- **병 주고 약 준다** : 해를 입힌 자가 돌보아 주는 체하고 나섬을 이르는 말

- **병신자식이 효도한다** : 못난 자식이 부모 곁에서 효자 노릇을 한다는 말

- **보기 좋은 떡이 먹기도 좋다** : 외면이 좋은 것은 내용도 좋다는 뜻

- **봄 사돈은 꿈에도 보기 무섭다** : 가장 대접하기 어려운 사돈을 살림이 궁색한 봄에 맞게 됨을 꺼려서 하는 말

- **봄꽃도 한때** : 부귀영화란 일시적인 것이어서 그 한때가 지나면 그만임을 이르는 말 = 열흘 붉은 꽃이 없다 = 화무십일홍(花無十日紅), 권불십년(權不十年)

- **봉사 기름 값 댄다** : 전혀 그러할 의무가 없는데도 추렴이나 배상을 하게 됨을 이르는 말
- **봉사의 단청(丹靑) 구경** : 보는 체, 아는 체해 보나 진미를 전혀 알지 못함을 이름
- **부뚜막의 소금도 집어넣어야 짜다** : 쉽고 좋은 기회나 형편도 이용하지 않으면 소용이 없다는 뜻
- **부엌에서 숟가락을 얻었다** : 명색 없는 일을 큰일이나 해낸 듯 자랑함을 이름
- **부자 하나면 세 동네가 망한다** : 세 동네가 망하여야 그 돈이 모여 부자 하나가 난다는 뜻으로, 무슨 큰일을 하나 이루려면 많은 희생이 있게 됨을 비유적으로 이르는 말
- **북어 값 받으려고 왔나** : 남의 집에서 낮잠이나 자고 있는 행동을 비꼬는 말
- **비 온 뒤에 땅이 굳어진다** : 시련을 겪은 뒤에 더 강해짐을 이르는 말
- **비는 데는 무쇠도 녹는다** : 빌고 매달리면 제아무리 완고한 사람이라도 용서하게 된다는 말
- **비단 옷 입고 밤길 가기** : 생색이 나지 않는 공연한 일에 애쓰고도 보람이 없는 경우를 이르는 말 = 금의야행(錦衣夜行) 부귀를 갖추고도 고향에 돌아가지 않는 것은 비단옷을 입고 밤길을 가는 것과 같다고 한 항우의 고사에서 나온 말로, 자랑삼아 하지만 생색이 나지 않음을 이르는 말
- **비를 드니까 마당을 쓰라고 한다** : 그렇잖아도 하려고 생각하고 있는 일을 남이 시키면 성의가 줄어지고 만다는 뜻.
- **비짓국 먹고 용트림한다** : 실속은 없으면서 겉모양만 그럴듯하게 꾸미는 행동을 비유적으로 이르는 말
- **빈 수레가 더 요란하다** : 참으로 잘 아는 사람은 가만히 있는데, 잘 알지도 못하는 사람이 더 아는 체하고 떠든다는 말
- **빚 주고 뺨 맞기** : 남을 위하여 노력하거나 후하게 대접하고는 오히려 봉변을 당하게 되는 경우

- **빚진 죄인이라니** : 빚을 지고는 마음이 억눌리어 기를 펴지 못함을 이르는 말
- **빛 좋은 개살구** : 겉만 좋고 실속은 없음을 이르는 말 = 이름 좋은 하눌타리 = 유명무실 (有名無實) = 외화내빈(外華內貧) = 소연무찬(騷宴無餐) = 허장성세(虛張聲勢)
- **빨리 알기는 칠월 귀뚜라미라** : 영리하여 눈치 빠른 것을 이름
- **뺨을 맞아도 은가락지 낀 손에 맞는 것이 좋다** : 이왕 꾸지람을 듣거나 벌을 받을 바에는 권위 있고 덕망 있는 사람에게 당하는 것이 나음을 비유적으로 이르는 말

- **사공이 많으면 배가 산으로 올라간다** : 무슨 일을 할 때 간섭하는 사람이 많으면 일이 잘 안 된다 = 다기망양(多岐亡羊) = 중구난방(衆口難防)
- **사귀어야 절교하지** : 서로 관계가 있어야 끊을 일도 있다는 뜻으로, 어떤 원인이 있어야 결과가 있음을 이르는 말
- **사나운 개 콧등 날 없다** : 싸우기 좋아하는 사람은 상처가 아물 날이 없다는 말
- **사돈 밤 바래기** : 자꾸 반복하여 끝이 없음을 이르는 말
- **사돈 집 잔치에 감 놓아라 배 놓아라** : 남의 일에 괜히 참견함을 이름
- **사또 덕분에 나발 분다** : 다른 사람이 좋은 대접을 받게 되어 자기까지 따라 그와 같이 좋은 대접을 받게 된다는 말
- **사또 행차엔 비장이 죽어난다** : 윗사람이나 남의 일 때문에 고된 일을 하게 됨을 이르는 말 = 감사가 행차하면 사또만 죽어난다
- **사람 안 죽은 아랫목 없다** : 알고 보면 어느 곳이나 험하고 궂은 일이 있었던 자리일 수 있음을 이르는 말
- **사람의 새끼는 서울로 보내고, 마소 새끼는 시골로 보내라** : 사람은 서울에 있어야 깨이게 되고, 또 입신출세할 기회를 얻을 수 있다는 말

• **사명당의 사첫방 같다** : 매우 추운 방

• **사모(紗帽)에 갓끈이라** : 제격에 어울리지 않는다는 말 (사모 : 고려 말기부터 조선 말기에 걸쳐 문무백관이 관복을 입을 때 갖추어 쓰던 검은 모자. 지금은 흔히 전통 혼례식에서 신랑이 쓴다)

• **사흘 굶어 도둑질 아니 할 놈 없다** : 아무리 착한 사람이라도 몹시 궁하게 되면 못하는 짓이 없게 됨을 이르는 말

• **사흘 굶은 개는 몽둥이를 맞아도 좋다고 한다** : 몹시 굶주리게 되면 비록 먹지 못할 것이라도 다 좋아함을 이르는 말

• **산개가 죽은 정승보다 낫다** : 아무리 구차하고 천한 신세라도 죽는 것보다는 사는 것이 낫다는 말

• **산이 높아야 골이 깊다** : 산이 높고 커야 골짜기가 깊다는 뜻으로, 품은 뜻이 높고 커야 포부나 생각도 크고 깊음. 원인이나 조건이 갖추어져야 일이 이루어짐 = 산이 커야 그늘이 크다

• **삶은 무에 이 안 들 소리** : 사리에 어긋나는 말이라는 뜻 = 애동호박 삼 년을 삶아도 잇금도 안 들어간다 = 여드레 삶은 호박에 이 안 들 소리

• **삶은 호박에 침 박기** : 삶아서 물렁물렁해진 호박에 침을 박는다는 뜻으로, 일이 아주 쉬움을 이르는 말

• **삼밭에 쑥대** : 삼밭에서 자라는 쑥대는 자연히 닮아 곧게 자란다는 뜻이니, 사람이 가정환경이나 사귀는 벗이 좋으면 그 감화를 입게 된다는 말 = 마중지봉(麻中之蓬) = 봉생마중 불부이직(蓬生麻中 不扶而直) 쑥이 삼밭에서 자라면 도와 주지 않아도 곧게 자람

• **상좌가 많으면 가마솥을 깨뜨린다** : 참견하는 사람이 많으면 일이 제대로 안 된다는 말

• **상주 보고 제삿날 다툰다** : 잘 아는 사람에게 잘 모르는 사람이 터무니 없는 제 의견을 고집함을 이름

- 새 까먹은 소리 : 근거 없는 말을 듣고 퍼뜨린 헛소문을 비유적으로 이르는 말

- 새 발의 피 : 아주 작은 분량 = 조족지혈(鳥足之血)

- 새가 오래 머물면 반드시 화살을 맞는다 : 편하고 이로운 곳에 오래 있으면 반드시 화를 당함

- 새끼 많이 둔 소 길마 벗을 날이 없다 : 자녀를 많이 둔 부모는 쉴 사이가 없음을 이름

- 새도 가지를 가려서 앉는다 : 처신을 가려서 하라는 말

- 새벽 봉창 두들긴다 : 뜻밖의 일이나 말을 갑자기 불쑥 내미는 행동을 비유적으로 이르는 말

- 새벽달 보려고 초저녁부터 나 앉으랴 : 때도 되기 전에 너무 일찍 서두른다는 뜻

- 새우 싸움에 고래 등 터진다 : 아랫사람이 저지른 일로 인하여 윗사람에게 해가 미치는 경우를 비유적으로 이르는 말

- 서 발 막대 거칠 것 없다 : 서 발이나 되는 긴 막대를 휘둘러도 아무것도 거치거나 걸릴 것이 없다는 뜻으로, 가난한 집안이라 세간이 아무것도 없음을 비유적으로 이르는 말

- 서당 개 삼년에 풍월을 읊는다 : 어떤 분야에 대하여 지식과 경험이 전혀 없는 사람이라도 그 부문에 오래 있으면 얼마간의 지식과 경험을 갖게 된다는 것 = 당구풍월(堂狗風月)

- 서울 놈은 비만 오면 풍년이란다 : 문외한이 일부의 일만 보고 아는 체 그릇된 단정을 내리는 것을 비웃는 말

- 서울 소식은 시골 가서 들어라 : 자기 주위의 일은 먼 데 사람이 더 잘 아는 경우가 많음

- 서투른 무당이 장구만 나무란다 : 제 실력의 부족함을 이러쿵저러쿵 딴 곳으로 핑계 댐을 이르는 말 = 서투른 목수 연장 탓만 한다

- 선떡 가지고 친정에 간다 : 변변찮고 성의 없는 선물을 함을 비유적으로 이르는 말

- 섣달 그믐날 시루 얻으러 가다니 : 되지도 않을 일에 애를 쓰는 미련한 짓

- 섶을 지고 불로 들어가려 한다 : 자기가 짐짓 그릇된 짓을 하여 화를 더 당하려 한다.

• 세 살 적 버릇이 여든까지 간다 : 나쁜 버릇은 늙어서도 고치기 어려움 = 삼세지습지우 팔십(三歲之習至于八十)

• 소같이 벌어서(일하고) 쥐같이 먹어라 : 일은 열심히 하여서 돈은 많이 벌고 생활은 아껴 서 검소하게 하라는 말

• 소경 문고리 잡기(잡듯, 잡은 격) : 전혀 능력이 없는 사람이 요행이 어떤 일을 이루거나 맞 힌 경우. 바로 가까이 있는 것을 제대로 찾지 못하는 모양 = 맹인직문(盲人直門)

• 소경 아이 낳아 만지듯 : 어떤 일을 내력도, 내용도, 어떻게 할지도 모르고 어름어름 매 만지고 있음

• 소경 잠자나 마나 : 한 일에 전연 상과가 없음을 이름

• 소경이(봉사) 개천 나무란다 : 제 잘못은 모르고 남만 탓한다 = 소경 개천 그르다 하여 무얼 해 = 소경이 넘어지면 막대 탓이라

• 소금도 먹은 놈이 물을 켠다 : 죄지은 놈이 벌을 당한다는 말

• 소금이 쉰다 : 그럴 리가 없다는 말

• 소더러 한 말은 안 나도 처더러 한 말은 난다 : 아무리 다정한 사이라도 말을 가려 하여 야 함

• 소문 난 잔치에 먹을 것 없다 : 평판과 실제와는 일치하지 않는 법이라는 뜻

• 손톱 여물을 썰다 : 곤란한 일을 당하여 혼자서만 애를 태우는 모양

• 솔개도 오래면 꿩을 잡는다 : 어떤 분야에 대하여 지식과 경험이 전혀 없는 사람이라도 그 부문에 오랫동안 있으면 얼마간의 지식과 경험을 가지게 됨을 이르는 말

• 송곳도 끝부터 들어간다 : 모든 일에는 일정한 순서가 있음

• 솥은 부엌에 걸고 절구는 헛간에 놓아라 한다 : 누구나 잘 알고 그렇게 하는 일을 특별히 저만 아는 체하고 남을 가르치는 사람을 가리키는 말

• 쇠귀에 경(經) 읽기 : 미련해서 아무리 되풀이 일러도 깨닫지 못한다는 뜻 = 우이독경(牛

420

耳讀經) = 마이동풍(馬耳東風)

- **쇠뿔 잡다가 소 죽인다** : 어떤 것 또는 어떤 사람의 결점이나 흠을 고치려다 그 정도가 지나쳐 도리어 그 사물이나 사람을 망치는 경우 = 빈대 잡으려고 초가삼간 태운다 = 교각살우(矯角殺牛)
- **쇠뿔은 단김에 빼랬다** : 무슨 일이든 착수한 당시에 끝을 맺어 버려야 한다는 뜻
- **수레 위에서 이를 간다** : 이미 때가 늦은 뒤에 원망한들 소용없음을 이르는 말
- **수박 겉핥기** : 사물의 표면만을 건드려 지날 뿐, 전혀 그 내용을 알지 못함을 이름 = 주마간산(走馬看山)
- **수양산 그늘이 강동 팔십 리를 간다** : 수양산 그늘진 곳에 아름답기로 유명한 강동 팔십 리가 펼쳐졌다는 뜻으로, 어떤 한 사람이 크게 되면 친척이나 친구들까지 그 덕을 입게 됨 = 인왕산 그늘이 강동 팔십 리 간다.
- **수염이 대 자라도 먹어야 양반이다** : 배가 부른 뒤에야 비로소 체면이나 염치도 차릴 수 있다는 말
- **숙맥이 상팔자** : 콩인지 보리인지를 구별하지 못하는 사람이 팔자가 좋다는 뜻으로, 모르는 것이 마음 편함
- **술 익자 체 장수 지나간다** : 일이 우연히 잘 들어 맞는다
- **시시덕이는 재를 넘어도, 새침데기는 골로 빠진다** : 경박스럽고 말이 많은 사람보다, 때로는 점잖아 보이는 사람이 음흉스럽게 속마음이 검은 경우가 있음을 이르는 말
- **시작이 반** : 일은 시작만 하여도 반은 성공한 것이나 같다는 말
- **식은 죽 먹기** : 아주 쉬움을 이르는 말 = 땅 짚고 헤엄치기 = 누운 소타기 = 누워 팥떡 먹기 = 이여반장(易如反掌) = 여반장(如反掌) - 손바닥 뒤집기
- **식은 죽도 불어(쉬어) 가며 먹어라** : 아무리 쉬운 일이라도 한 번 더 확인한 다음에 하는 것이 안전함

- 식칼이 제 자루를 못 깎는다 : 자신의 관계된 일은 자신이 하기가 더 어려움
- 실없는 말이 송사간다 : 무심하게 한 말 때문에 큰 소동이 벌어질 수도 있음
- 싱겁기는 고드름장아찌라 : 매우 멋쩍고 싱겁기만 하다 = 싱겁기는 돌 삶은 국이다
- 쌀독에서 인심 난다 : 살림살이가 넉넉해야만 비로소 남도 도와 줄 수 있다는 말
- 썩어도 준치 : 값어치가 있는 물건은 다소 흠이 생겨도 어느 정도 본디의 가치를 지니고 있다.
- 쏘아 놓는 살이요, 엎질러진 물 : 한번 저지른 일은 중지할 수 없다는 뜻과 이제 어찌할 수 없다는 말

- 아내가 귀여우면 처갓집 말뚝 보고도 절한다 : 아내가 좋으면 아내 주위의 보잘 것 없는 것까지 좋게 보인다는 말
- 아니 땐 굴뚝에 연기 나랴 : 어떤 원인이 없이는 결과가 있을 수 없음
- 아랫돌 빼어 윗돌 괴기 : 저기서 빚을 얻어다 이 빚을 갚고, 또 다른 곳에서 꾸어다 그 빚을 갚는 식으로, 힘든 일을 얽어 나감을 이름. 임시변통으로 이리저리 둘러맞춤 = 눈 가리고 아웅 = 언 발에 오줌 누기 = 임시방편(臨時方便) = 임시변통(臨時變通) = 임시모면(臨時謀免) = 하석상대(下石上臺) = 미봉책(彌縫策) = 고식지계(姑息之計) = 동족방뇨(凍足放尿) ↔ 발본색원(拔本塞源)
- 아무리 바빠도 바늘허리 매어 못 쓴다 : 아무리 바쁜 일이라도 일정한 순서를 밟아서 해야 한다는 말
- 아욱장아찌 : 싱거운 사람을 조롱하는 말
- 아이 말 듣고 배딴다 : 어리석은 사람의 말을 곧이듣고 큰 실수를 하게 되는 경우
- 아이 말도 귀여겨들으랬다 : 철없는 아이들의 말도 들을 필요가 있다는 뜻으로, 누구의

말이든지 허술히 들으면 낭패를 볼 수 있음

- **안 되는 사람은 자빠져도 코가 깨진다** : 일이 안 되는 사람은 아무래도 안 됨
- **안벽 치고 밭벽 친다** : 겉으로는 도와주는 체하면서 방해하는 경우
- **안질에 노랑 수건** : 가까이 두고 쓰는 물건, 또는 매우 친밀한 사람이란 뜻
- **앞집 처녀 믿다가 장가 못 간다** : 남은 생각지도 않는데 자기 혼자 지레짐작으로 믿고만 있다가 낭패를 보게 됨
- **약방에 감초** : 한약에는 감초를 넣는 일이 많아 한약방에는 항상 감초가 있다는 뜻으로, 어떤 일에든지 빠짐없이 늘 있거나 참석하는 사람이나 꼭 있어야 할 물건을 비유적으로 이르는 말
- **약빠른 고양이 밤눈이 어둡다** : 약빨라 실수가 없을 듯한 사람도 부족한 점은 있음
- **얌전한 고양이가 부뚜막에 먼저 올라간다** : 겉으로는 얌전한 척하는 사람이 뒤로는 나쁜 짓을 한다.
- **양반은 얼어 죽어도 짚불(겻불)은 안 쮇다** : 아무리 궁해도 체면에 어울리지 않는 일은 안 한다.
- **양지가 음지 되고 음지가 양지 된다** : 세상일은 돌고 돈다는 말
- **얕은 내도 깊게 건너라** : 모든 일을 항시 조심해서 하라는 뜻
- **어릴 때 굽은 길맛가지** : 좋지 않은 버릇이 아주 어렸을 때부터 굳어 버려서 고치지 못함
- **언 발에 오줌 누기** : 일시적인 효력을 얻었을 뿐, 곧 효력이 없어진다는 뜻
- **언 손 불기** : 부질없음을 이름
- **얼음에 박 밀듯** : 말이나 글을 거침없이 줄줄 내리읽거나 내리외는 모양을 비유적으로 이르는 말
- **없어서 비단 치마** : 넉넉해서 좋은 것을 쓰는 게 아니라 다른 것이 없기 때문에 귀중한 물건이지만 할 수 없이 쓰게 되는 경우

• 엎어진 김에 쉬어 간다 : 뜻하지 아니하던 기회를 만나 자기가 하려고 하던 일을 미룬다는 말

• 역말도 갈아타면 낫다 : 한 가지 일만 계속해서 하지 않고 가끔 가다가 다른 일도 하면 싫증이 없어진다는 말

• 열 길 물속은 알아도 한 길 사람의 속은 모른다 : 사람의 마음을 측량하기 어렵다는 말

• 열 손가락을 깨물어도 안 아픈 손가락 없다 : 혈육은 다 귀하고 소중하다는 뜻

• 염불에는 뜻이 없고 잿밥에만 마음이 있다 : 해야 될 일엔 정성을 들이지 않고 제 차례에 올 이익에만 마음을 쏟는다는 뜻

• 오뉴월 겻불도 쬐다나면 서운하다 : 당장엔 쓸데없는 것도 없으면 섭섭히 느껴짐을 이름

• 오뉴월 하루 볕이 무섭다 : 오뉴월은 해가 길기 때문에 잠깐 동안이라도 자라는 정도의 차이가 크다.

• 오동 씨만 보아도 춤춘다 : 너무 미리부터 서두름

• 오려논에 물 터놓기 : 물이 한창 필요한 오려논의 물고를 터놓는다는 뜻으로, 매우 심술이 사납다는 말

• 오소리감투가 둘이다 : 주간하는 사람이 둘이라, 서로 아웅다웅함

• 오이 밭에서 신을 고쳐 신지 않고, 오얏나무 아래에서 갓을 고치지 않음 : 오해받을 일을 하지 않음 = 과전불납리 이하부정관(瓜田不納履 李下不整冠)

• 오지랖 넓다 : 주제넘게 남의 일에 참견하는 사람을 빗대어 이르는 말

• 옥도 갈아야 빛이 난다 : 아무리 소질이 좋아도 이것을 잘 닦고 기르지 아니하면 훌륭한 것이 되지 못한다는 말

• 옥에도 티가 있다 : 인격이 원만한 사람에게도 작은 흠은 있는 법이라는 말

• 옷이 날개라 : 옷을 잘 입으면 인물이 낫게 보인다는 말

• 외상이면 소도 잡아먹는다 : 뒷일은 생각지 않고 외상이라면 무엇이든지 한다는 뜻

- **외손뼉이 못 울고, 한 다리로 못 간다** : 두 손뼉이 마주 쳐야 소리가 나지 외손뼉만으로 는 소리가 나지 아니한다는 뜻으로, 일은 상대가 같이 응하여야지 혼자서만 해서는 잘 되는 것이 아님

- **우물 안의 개구리는 바다를 모르고, 여름 벌레는 얼음을 모른다** : 처지가 다르면 남을 이 해하지 못함. 식견이 좁음. 견문이 좁아 세상 형편을 모름 = 정와부지해 하충부지빙(井蛙 不知海 夏蟲不知氷) = 좌정관천(坐井觀天) = 정저지와(井底之蛙)

- **우물에 가 숭늉 찾겠다** : 성미가 너무 급하여 참고 기다리지 못함을 이르는 말. 일의 순 서도 모르고 성급하게 덤빈다는 뜻 = 콩밭에 가서 두부 찾는다 = 싸전에 가서 밥 달 라 한다

- **울력걸음에 봉충다리** : 여러 사람이 함께 걷는 경우에 절름발이도 덩달아 걸을 수 있다 는 뜻으로, 여럿이 공동으로 하는 바람에 평소에 못하던 사람도 할 수 있게 됨

- **울며 겨자 먹기** : 하기 싫거나 불리한 일을 부득이 하게 됨을 이르는 말

- **울지 않는 애 젖 주랴** : 보채고 조르고 해야 얻기가 쉬움을 이르는 말

- **웃느라고 한 말에 초상난다** : 농담으로 한 말이 듣는 사람에게 치명적인 영향을 주어 마 침내는 죽게 한다는 뜻으로, 말을 매우 조심스럽게 해야 한다는 말

- **원님 덕분에 나팔**(나발) **분다** : 제 윗사람 덕분에 이익을 얻게 됨을 이름 = 호가호위(狐 假虎威)

- **원수는 외나무다리에서 만난다** : 남에게 원한을 사면 피할 수 없는 곳에서 공교롭게 만 나게 된다는 뜻

- **윗물이 맑아야 아랫물이 맑다** : 윗사람의 행실이 깨끗해야 아랫사람의 행실도 거기에 따 라 깨끗해진다.

- **유비가 한중**(漢中) **믿듯** : 모든 일을 굳게 믿어 의심하지 아니함

- **음식은 갈수록 줄고, 말은 갈수록 는다** : 말은 옮겨질수록 과장되기 쉽다는 뜻

•응달에도 햇빛 드는 날이 있다 : 역경에 처해 있는 사람에게도 길운이 오는 때가 있다는 말

•인정(人情)은 바리로 싣고 진상(進上)은 꼬리로 꿴다 : 자신과 이해관계에 있는 일에 더 마음을 쓰게 됨을 이르는 말

•임도 보고 뽕도 딴다 : 일 핑계하고 제 실속을 차림의 뜻과, 한꺼번에 두 가지 이익을 얻음을 뜻하는 말

•입술이 없으면 이가 시리다 : 서로 밀접한 관계에 있어서 하나가 망하면 다른 하나도 망하게 되는 경우 = 순망치한(脣亡齒寒)

•입에 맞는 떡 : 꼭 제가 원하는 것

•입은 거지는 얻어 먹어도 벗은 거지는 못 얻어 먹는다 : 옷차림이 깨끗해야 대우를 받는다는 말

•입이 여럿이면 금(金)도 녹인다 : 여론의 힘이 무섭다는 뜻. 여러 사람이 힘을 합하면 안 될 일이 없다는 뜻 = 세 사람만 우겨대면 없는 호랑이도 만들어 낼 수 있다 = 삼인성호(三人成虎)

ㅈ

•자다가 봉창 두드린다 : 한참 단잠 자는 새벽에 남의 집 봉창을 두들겨 놀라 깨게 한다는 뜻으로, 뜻밖의 일이나 말을 갑자기 불쑥 내미는 행동을 비유적으로 이르는 말.

•자라 보고 놀란 가슴 솥뚜껑 보고 놀란다 : 한번 혼이 난 뒤로는 매사에 필요 이상으로 조심을 한다

•자루 속의 송곳 : 아무리 숨기려 하여도 숨길 수 없고 그 정체가 드러나는 경우 = 낭중지추(囊中之錐)

•작은 나무는 큰 나무 덕을 못 입어도 사람은 큰집 덕을 입는다 : 작은 나무는 큰 나무

의 그늘에 가려 잘 자라지 못하지만 사람은 아랫사람이 윗사람의 돌봄을 받으며 살아
갈 수 있음

•**잔솔밭에서 바늘 찾기** : 애써 해봐야 헛일이다

•**장꾼은 하나인데 풍각쟁이는 열둘이라** : 여러 사람이 적당한 구실을 붙여 한 사람으로부
터 돈이나 물건 따위를 받아 갈 경우에 이르는 말

•**장님 코끼리 말하듯 한다** : 일부만 만지고 그것이 전체인 것처럼 여긴다는 말 = 군맹무
상(群盲撫象)

•**장마 뒤에 외 자라듯** : 좋은 기회나 환경을 만나 무럭무럭 잘 자라는 경우

•**장마다 망둥이(꼴뚜기) 날까** : 자기에게 좋은 기회만 늘 있는 것은 아니라는 말

•**장비더러 풀벌레를 그리라 한다** : 세상에서 큰일을 하는 사람에게 자질구레한 일을 부탁
하는 것은 합당하지 아니함

•**장수 나자 용마 난다** : 일이 잘 되느라, 적합한 조건이 잇달아 생김을 이름

•**장옷 쓰고 엿 먹기** : 겉으로는 점잖고 얌전한 체하면서 남이 보지 않는데서는 좋지 않
은 행동을 하는 경우

•**재미난 골에 범 난다** : 재미있다고 위험한 일이나 나쁜 일을 계속하면 나중에는 큰 화
를 당하게 됨

•**재주는 장에 가도 못 산다** : 재주는 돈으로 살 수 있는 것이 아니고 배우고 익혀서 능력
을 키워야 하는 것

•**재하자는 유구무언이라** : 아랫사람은 웃어른에 대하여 할 말도 제대로 못하고 지냄

•**저 혼자 원님을 좌수를 낸다** : 일을 혼자 맡아서 이 일 저 일을 모두 처리하는 경우

•**저녁 굶은 시어미 상** : 아주 못마땅하여 얼굴을 잔뜩 찌푸리고 있는 모양

•**절 모르고 시주하기** : 무슨 영문인지도 모르고 돈이나 물건을 내는 경우

•**절에 간 색시** : 남이 시키는 대로 따라 하는 사람

- 제 논에 물 대기 : 자기의 이익만 생각한다는 뜻 = 아전인수(我田引水) ↔ 역지사지(易地思之)
- 제 밑 들어 남 보이기 : 자기의 결점을 스스로 남의 앞에 드러내어 부끄러움을 당함
- 제 버릇 개 줄까 : 한번 든 나쁜 버릇은 여간해서 고치기 어렵다는 말
- 제 오라를 제가 졌다 : 무슨 못된 짓을 하다가 그 일로 자기 신세를 망치게 됨
- 제비나 참새가 기러기와 고니의 뜻을 어찌 알리요 : 소인이 대인의 큰 뜻을 이해 못함을 비유 = 연작안지홍곡지지(燕雀安知鴻鵠之志)
- 제비는 작아도 강남을 간다 : 모양은 비록 작아도 제 할 일은 다 한다는 말
- 조개속의 게 : 아주 연약하고 활동력이 없는 사람
- 조상 덕에 이밥을 먹는다 : 어떤 기회에 좋은 잇속이 생겨 재미를 보게 되는 경우
- 조자룡이 헌 창(칼) 쓰듯 : 돈이나 물건을 헤프게 쓰는 경우
- 좁쌀에 뒤웅 판다 : 좁쌀을 파서 뒤웅박을 만든다는 뜻으로, 가망이 없는 일을 하는 경우
- 종로에서 뺨 맞고 한강 건너 눈 흘긴다 : 그 자리에서는 말을 못 하고 딴 곳에 와서 투덜댄다.
- 좌제자는 맛보고 좌투자는 상한다 : 좋은 일을 거들면 복을 얻고, 나쁜 일을 거들면 해를 입음
- 죄는 지은 대로 가고 덕은 닦은 대로 간다 : 죄를 지으면 벌을 받고 덕을 쌓으면 복을 받는다.
- 주인 많은 나그네 밥 굶는다 : 주인이 많으면 서로 어느 집에선가 대접을 한 줄로 알고 만다는 것
- 죽은 자식 나이 세기 : 이왕 그릇된 일을 자꾸 생각하여 보아야 소용없다는 말
- 줄수록 양양 : 주면 줄수록 더 바란다는 말
- 쥐구멍에도 볕 들 날이 있다 : 고생만 하는 사람도 좋은 시기를 만날 수 있다는 뜻

- 지나가는 불에 밥 익히기 : 일부러 어떤 사람을 위하여 한 것은 아니지만 결과적으로 그 사람에게 은혜가 됨을 비유적으로 이르는 말
- 진날 나막신 찾듯 : 평소에는 돌아보지도 아니하다가 아쉬운 일이 생기면 갑자기 찾는 경우
- 집 태우고 바늘 줍는다 : 큰 것을 잃은 후에 작은 것을 아끼려고 함
- 짖는 개는 물지 않는다 : 겉으로는 떠들어 대는 사람은 도리어 실속이 없다는 말
- 짚신도 제날이 좋다 : 환경이나 생활 형편 따위가 비슷한 사람끼리 어울리는 것이 좋다는 말
- 짚신을 뒤집어 신는다 : 몹시 인색한 사람
- 쭈그렁밤송이 삼 년 간다 : 약하게 보이는 것이 생각보다 오래 견딤을 비유

ㅊ

- 차돌에 바람 들면 석돌보다 못하다 : 오달진 사람일수록 한번 타락하면 걷잡을 수 없게 된다는 말
- 차면 넘친다 : 완전해지면 그 다음엔 불완전하게 됨을 이름
- 차치고 포 친다 : 무슨 일에나 당당하게 덤비어 잘 해결함을 비유
- 참새가 방앗간을 그냥 지나치랴 : 욕심쟁이가 이익을 보고 그냥 있을 리 없다는 말
- 참새가 죽어도 짹한다 : 아무리 약한 자라도 너무 괴롭히면 반항한다는 뜻
- 책력 보아 가며 밥 먹는다 : 매일 밥을 먹을 수가 없어서 책력을 보아 가며 좋은 날만을 택하여 밥을 먹는다는 뜻으로, 가난하여 끼니를 자주 거른다는 말
- 처삼촌 묘에 벌초하듯 : 일에 정성을 들이지 않고 마지못하여 건성으로 함을 비유
- 천 냥 시주 말고 애매한 소리 마라 : 천 냥이나 되는 많은 돈을 내어 놓는 것보다 애매한 소리를 하지 않는 편이 낫다는 뜻으로, 쓸데없이 괜한 말로 남을 모함하지 말라는 말

• **천둥 번개할 때는 천하 사람이 한마음 한뜻** : 다 같이 겪는 천변이나 위험 속에서는 사람들의 마음이 하나가 된다는 말

• **천리 길도 한 걸음부터** : 무슨 일이나 그 일의 시작이 중요하다는 말 = 등고자비(登高自卑)

• **천인이 찢으면 천금이 녹고 만인이 찢으면 만금이 녹는다** : 수많은 사람이 달라붙어 뜯어먹으면 아무리 많은 밑천이라도 바닥이 나고 만다는 뜻

• **철나자 망령 난다** : 철이 들 만 하자 망령이 들었다는 뜻으로, 지각없이 굴던 사람이 정신을 차려 일을 잘할 만하니까 이번에는 망령이 들어 일을 그르치게 되는 경우

• **첫 술에 배부르랴** : 일의 시작에서부터 곧 만족한 성과를 기대해선 안 된다는 뜻

• **첫 아기에 단산**(斷産) : 무슨 일이거나 일생에 단 한 번만 있음을 대한 말

• **청기와 장수** : 비법이나 기술 따위를 자기만 알고 남에게는 알려주지 아니하는 사람

• **초년고생은 은을 주고 산다** : 초년의 고생은 만년의 부귀영화의 예비이니, 귀한 것으로 알고 달게 받으라는 말

• **초록은 동색** : 같은 것끼리 좋아한다는 말 = 끼리끼리 모인다 = 가재는 게 편이라 = 유유상종(類類相從)

• **초상집 개 같다** : 의지할 데가 없이 이리저리 헤매어 초라하다는 뜻 = 상가지구(喪家之狗)

• **초시가 잦으면 급제가 난다** : 무엇이나 징조가 자주 보이면 결국에 가서는 그 일이 이루어지는 수가 많음

• **초저녁 구들이 따뜻해야 새벽 구들이 따뜻하다** : 처음이 좋아야 나중이 좋다는 말

• **초하룻날 먹어 보면 열 하룻날 또 간다** : 한번 재미를 보면 끊지 못한다는 말

• **춘포 창옷 단벌 호사** : 늘 호사한 것같이 보이나 실은 입고 나설 옷이 단벌밖에 없어서 그렇게 되었다 할 때 이름

• **치고 보니 삼촌이라** : 매우 실례되는 일을 저질렀음

• **치마가 열두 폭인가** : 부당한 일에 간섭한다는 말

• 친구 따라 강남 간다 : 우유부단하고 남의 의견만 따름, 남이 하는 대로 따라하는 비주체성 = 숭어가 뛰니까 망둥이도 뛴다 = 수우적강남(隨友適江南) = 추우강남(追友江南)

ㅋ

• 칼로 물 베기 : 불화(不和)하였다가 곧 다시 화합함을 이름

• 코가 댓 자나 빠졌다 : 근심 걱정이 많아 맥이 확 빠졌다는 뜻

• 코에 걸면 코걸이 귀에 걸면 귀걸이 : 정당한 근거와 원인을 밝히지 아니하고 제게 이로운 대로 이유를 붙이는 경우

• 콩 났네 팥 났네 한다 : 대수롭지 아니한 일을 가지고 서로 시비를 다투는 경우

• 콩 심은 데 콩 나고, 팥 심은 데 팥 난다 : 모든 일은 원인에 따라 결과가 생긴다는 말 = 종두득두(種豆得豆)

• 큰 방죽도 개미구멍으로 무너진다 : 사소한 일이라도 조심하지 않으면 큰 일로 번지게 됨과 적은 힘으로 큰일을 함

• 큰 소가 나가면 작은 소가 큰 소 노릇한다 : 윗사람이 없으면 아랫사람이 그 일을 대신할 수 있다는 말

ㅌ

• 타관 양반이 구가 허 좌수인 줄 아나 : 어떤 일에 상관없는 사람이 그 일에 대하여 알 까닭이 있겠느냐고 반문하는 투로 이르는 말

• 탕건 쓰고 세수한다 : 격식을 어기거나 일의 순서가 뒤바뀌어 모양이 사납게 된 경우

• 태산을 넘으면 평지를 본다 : 고생을 이겨 내면 즐거운 날이 온다는 것을 비유 = 고진감래(苦盡甘來)

• 틈 난 돌이 터지고 태 먹은 독이 깨진다 : 앞서 무슨 조짐이 보인 일은 반드시 후에 그대

로 나타나고야 만다는 말

ㅍ

• **파고 세운 장나무** : 사람이나 일이 든든하여 믿음직스러운 경우를 비유

• **팔도를 무른 메주 밟듯** : 전국 방방곡곡을 두루 돌아다님을 비유

• **팔십 노인도 세 살 먹은 아이한테 배울 것이 있다** : 손아랫사람의 말도 바른 말은 들어야
한다 = 불치하문(不恥下問)

• **팥이 풀어져도 솥 안에 있다** : 손해를 본 것 같지만 따지고 보면 손해를 본 것이 없음
을 비유

• **평안 감사도 저 싫으면 그만이다** : 아무리 좋은 일이라도 저 싫은 덴 어쩔 수 없음을 이름

• **풍년거지 더 섧다** : 남은 다 잘사는데 자기만 어렵게 지냄이 더 서럽다는 뜻으로, 남들은
다 흔하게 하는 일에 자기만 빠지게 됨을 이르는 말

• **핑계가 좋아서 사돈네 집에 간다** : 속으로는 어떤 일을 좋아하면서 겉으로는 다른 것이
좋은 듯이 둘러댐을 비유

ㅎ

• **황소 뒷걸음치다가 쥐 잡는다** : 어리석은 사람이 미련한 행동을 하다가 뜻밖에 좋은 성
과를 얻었을 때 하는 말

• **하나는 열을 꾸려도 열은 하나를 못 꾸린다** : 한 사람이 잘되면 여러 사람을 돌보아 줄
수 있으나 여러 사람이 힘을 합하여 한 사람을 돌보아 주기는 힘들다는 말

• **하늘 울 때마다 벼락 칠까** : 어떤 결과를 가져올 수 있는 요소가 있더라도 모든 경우에
다 그런 결과가 나타나는 것은 아님

• **하늘을 보고 쏘아도 과녁 맞는다** : 수단은 달라도 결과는 같음

• **하룻강아지 범 무서운 줄 모른다** : 약한 자가 철없이 강자에게 덤빔을 이름 = 일일지구 부지외호(一日之狗 不知畏虎)

• **하룻망아지 서울 다녀오듯** : 철없는 것이 좋은 것을 보고 좋아하나 부질없다는 뜻

• **하룻밤을 자도 만리장성을 쌓는다** : 잠깐 맺은 인연이나 적은 인연이나 적은 은혜라도 깊이 지니어 잊지 말라는 뜻으로 쓰임

• **한 귀로 듣고 한 귀로 흘린다** = 마이동풍(馬耳東風) = 우이독경(牛耳讀經)

• **한 냥 추렴에 닷 돈 냈다** : 한 냥을 내야 한 추렴에 절반밖에 내지 아니하였다는 뜻으로, 자기가 치러야 할 몫을 제대로 치르지 아니하고 여럿이 하는 일에 염치없이 참가하여 좀스럽게 이득을 얻는 경우에 이르는 말

• **한 번 실수는 병가(兵家)의 상사(常事)** : 전쟁을 하다 보면 한 번의 실수는 늘 있는 일이라는 뜻으로, 일에는 실수나 실패가 있을 수 있다는 말

• **한 어미 자식도 아롱이다롱이** : 한 어미에게서 난 자식도 각기 다르다는 뜻으로, 세상일은 무엇이나 똑같은 것이 없다는 말

• **한 우물만 파라** = 일이관지(一以貫之) 하나의 이치로써 모든 것을 꿰뚫는다는 말

• **한 치 걸러 두 치** : 친분 관계의 거리감을 이르는 말

• **한강 물이 제 곬으로 흐른다** : 모든 일은 반드시 순리대로 된다는 뜻으로, 대개 죄지은 사람에게 벌이 돌아감을 이르는 말

• **항우도 댕댕이 덩굴에 걸려 넘어진다** : 자만하다가는 언젠가는 낭패를 본다 = 돌절구도 밑 빠질 날이 있다 = 동네 색시 믿고 장가 못 간다 = 제 도끼에 제 발등 찍힌다

• **헌 갓 쓰고 똥 누기** : 체면을 세우기는 이미 글렀으니 좀 염치없는 짓을 한다고 하여도 상관이 없다는 말

• **혀 아래 도끼 들었다** : 말을 잘못하면 재앙을 받게 되니 말조심을 하라는 말 = 혀 밑에 죽을 말 있다.

• **형만 한 아우 없다** : 아우보다는 형이 낫다는 뜻 ↔ 갈모형제 : 형이 아우만 못한 형제

• **형제는 잘 두면 보배, 못 두면 원수** : 형제를 잘 두면 서로 협조하여 잘 지낼 수 있지만, 못 된 형제가 있으면 서로 이해 다툼을 하고 폐를 끼쳐 원수같이 생각된다는 뜻

• **호랑이는 죽어 가죽을 남기고, 사람은 죽어 이름을 남긴다** : 사람은 뒷세상에 이름을 남 겨야 함 = 호사유피 인사유명(虎死留皮 人死留名)

• **호랑이도 제 말하면 온다** : 남의 뒷공론을 말라는 뜻으로, 남의 이야기를 하고 있는 바 로 그 사람이 나타났을 때 이르는 말

• **호미로 막을 것을 가래로 막는다** : 적은 힘으로 될 일을 기회를 놓쳐 큰 힘을 들이게 됨 을 이르는 말

• **호박 나물에 힘쓴다** : 쓸데없는 일에 공연히 혼자 기를 쓰고 화를 내는 경우를 비유적 으로 이르는 말

• **호박씨 까서 한 입에 털어 넣는다** : 애써 조금씩 모았다가 한꺼번에 털어 없애는 경우를 이르는 말

• **호박잎에 청개구리 뛰어오르듯** : 나이 적은 사람이 나이 많은 사람에게 버릇없이 구는 경우를 비유

• **홀아비 이가 서 말, 과부는 은이 서 말** : 홀아비의 살림은 헤프고 과부의 살림은 알뜰 하다.

• **홍두깨로 소를 몬다** : 적합한 것이 없거나 몹시 급해서 무리한 일을 억지로 함을 비유

• **홍시 먹다가 이 빠진다** : 전혀 그렇게 될 리가 없음에도 일이 안 되거나 꼬이는 경우. 쉽 게 생각했던 일이 뜻밖에 어려워 힘이 많이 들거나 실패한 경우

• **흥정은 붙이고 싸움은 말리랬다** : 흥정은 서로가 좋은 일이니 붙이고, 싸움은 궂은일이 니 말리라는 뜻

• **희고 곰팡 슨 소리** : 희떱고 고리타분한 소리를 이르는 말

- **희고도 곰팡 슨 놈** : 겉모양은 의젓하나 실속은 없는 사람을 이르는 말
- **흰 죽의 코** : 옥석과 구별할 수 없음. 곧 좋은 것과 나쁜 것을 가리어 낼 수 없음을 이르는 말
- **힘 많은 소가 왕 노릇 하나** : 힘만으로는 안 되고 지략도 있어야 한다는 말

순수 우리말

ㄱ

- **가납사니** : 쓸데없는 말을 크게 떠들어 대기 좋아하는 수다스러운 사람. 말다툼을 잘하는 사람
- **가람** : 강
- **가랑눈** : 매우 잘게 내리는 눈, 가루눈
- **가래톳** : 허벅다리의 임파선이 부어서 아프게 된 멍울
- **가멸다** : 재산이 많고 살림이 넉넉하다.
- **가뭇없다** : 사라져서 찾을 길이 없다.
- **가분하다 · 가붓하다** : 들기에 알맞다(센말 : 가뿐하다)
- **가살스럽다** : 얄밉고 되바라진 데가 있다.
- **가시버시** : 부부(夫婦)를 뜻하는 말. '가시'는 아내, '버시'는 남편 = 한솔 = 내외(內外)
- **가웃** : 되, 말, 자의 수를 셀 때 그 단위의 약 반에 해당하는 부분
- **가탈** : 일이 수월하게 되지 않도록 방해하는 일. 억지 트집을 잡아 까다롭게 구는 일(센말 : 까탈)

435

- **간나위** : 간사스러운 사람

- **간드러지다** : 목소리나 맵시 따위가 마음을 녹일 듯이 애교가 있으며 보드랍고 가늘다

- **갈마들다** : 번갈아 들다.

- **갈마보다** : 번갈아가며 보다.

- **갈무리** : 물건을 잘 정돈하여 간수함, 일을 끝맺음

- **갈음하다** : 본디 것 대신에 다른 것으로 바꾸다.

- **감돌이** : 사소한 이익을 탐내어 덤벼드는 사람을 얕잡아 이르는 말

- **감바리** : 이익을 노려 남보다 먼저 약빠르게 달라붙는 사람

- **강짜를 부리다** : 샘이 나서 심술을 부리다.

- **강추위** : 눈도 안 오는 매운 추위

- **강파르다** : 몸이 야위고 파리하다.

- **갖바치** : 가죽신 만드는 일을 업으로 삼던 사람

- **개골창** : 수채 물이 흐르는 작은 도랑

- **개어귀** : 강물이나 냇물이 바다로 들어가는 어귀

- **개차반** : 개가 먹을 음식. 즉 똥을 점잖게 비유한 말로, 행세를 마구 하는 사람이나 성격이 나쁜 사람

- **객쩍다** : 말이나 생각하는 것이 쓸데없고 싱겁다.

- **거추꾼** : 남의 일을 주선하거나 거들어 주는 사람

- **고갱이** : 사물의 중심이 되는 부분을 비유하는 말

- **고깝다** : 섭섭하고 야속하다.

- **고명딸** : 아들 많은 집의 외딸

- **고물** : 배의 뒷부분

- **고뿔** : 감기

- **고삭부리** : 음식을 많이 먹지 못하는 사람

- **고샅** : 마을의 좁은 골목길. 좁은 골짜기의 사이

- **고수레** : 들에서 음식을 먹을 때나 무당이 굿을 할 때, 귀신에게 먼저 바친다고 하여 음식을 조금 떼어 던지면서 하는 소리

- **고수련** : 병자에게 불편이 없도록 시중을 들어줌

- **고즈넉하다** : 고요하고 쓸쓸하다.

- **고추바람** : 살을 에는 듯이 몹시 찬바람

- **곧추** : 굽히거나 구부리지 않게 곧게

- **골갱이** : 물질 속에 있는 단단한 부분

- **골골대다** : 병이 오래되거나 몸이 약하여 시름시름 자주 앓다.

- **곬** : 한쪽으로 트인 길

- **곰비임비** : 연거푸, 자꾸자꾸

- **곰살궂다** : 다정하고 싹싹하다.

- **곰살맞다** : (태도나 성질이)몹시 부드럽고 친절하다.

- **곰상스럽다** : 성질이나 행동이 잘고 좀스럽다.

- **괴발개발** : 글씨를 함부로 이리저리 갈겨 써 놓은 모양

- **구년묵이** : 여러 해 묵은 물건. 또는 어떤 일에 오래 종사한 사람

- **구성없다** : 격에 어울리지 않다.

- **구성지다** : 천연덕스럽고 구수하다.

- **구완** : 아픈 사람이나 해산한 사람의 시중을 드는 일

- **구유** : 마소의 먹이를 담아 주는 큰 그릇

- **귀밝이술** : 정월 보름날 마시는 술. 이명주(耳明酒)

- **귀살쩍다** : 일이나 물건 따위가 마구 얼크러져 정신이 뒤숭숭하거나 산란하다.

· **그루잠** : 깨었다가 다시 든 잠

· **금성**(金星, venus) : '계명성'이라 부르고 저녁에 서쪽 하늘에서 보이는 금성을 '저녁별'이
   나 '개밥바라기' 또는 '태백성'이라고 부른다.

· **금줄** : 부정을 막기 위해 사람이 함부로 드나들지 못하게 막는 줄

· **길나들이** : 큰길에서 좁은 길로 들어가는 어귀. 길의 중요한 통로가 되는 어귀 = 길목

· **길눈** : 한 길이나 될 만큼 많이 쌓인 눈

· **길라잡이** : 앞에서 길을 인도하는 사람

· **길섶** : 길의 가장자리

· **길품** : 남이 갈 길을 대신 가주고 삯을 받는 일

· **까막까치** : 까마귀와 까치. 오작(烏鵲)

· **까치설날** : 설날의 바로 전날

· **깜냥** : 어떤 일을 가늠해 보아 해낼 만한 능력

· **깨보숭이** : 들깨의 꽃송이에 찹쌀가루를 묻혀서 기름에 튀김 반찬

· **꺼벙이** : 허우대만 크고 야무지지 못하여 조금 모자라는 사람

· **꺼병이** : 꿩의 어린 새끼. 수꿩-장끼, 암꿩-까투리

· **꼽꼽쟁이** : 성질이 너그럽지 못하고 옹졸하며 서두르는 사람을 얕잡아 이르는 말. 구두쇠

· **꽃샘추위** : 봄철 꽃이 필 무렵의 추위. (잎샘 추위 : 잎이 나올 때 갑자기 추워지는 이른 봄
   철의 날씨)

· **꿰미** : 구멍 뚫린 물건을 꿰어 묶는 노끈

· **끌끌하다** : 마음이 맑고 바르고 깨끗하다.

ㄴ

· **나룻** : 수염. (구레나룻 : 귀밑에서 턱까지 잇달아 난 수염)

- **나부대다** : 조심히 있지 못하고 철없이 굴다
- **난봉** : 주색(酒色)에 빠지는 일
- **남산골샌님** : 가난하면서도 자존심이 강한 선비를 놀림조로 이르는 말
- **내리사랑** : 자식에 대한 부모의 사랑. (반의어 : 치사랑)
- **너나들이** : 서로 너니 나니 하고 부르며 허물없이 말을 건네거나 그런 사이를 가리키는 말
- **너스레** : 수다스럽게 떠벌려 늘어놓는 말. 또는 그렇게 하는 일
- **너울** : 바다의 사나운 큰 물결
- **노고지리** : 종달새
- **노닥이다** : 잔재미 있고 수다스럽게 말을 늘어놓다 = 노닥거리다
- **노루막이** : 산의 막다른 꼭대기
- **노루잠** : 깊이 들지 못하고 자주 깨는 잠
- **농투성이** : 농부를 낮잡아 이르는 말
- **높바람** : 북풍. 된바람
- **높새바람** : 북동풍
- **눈대중** : 눈으로 보아 어림잡아 헤아림. 눈어림 = 눈짐작 = 목측(目測)
- **눈썰미** : 한두 번 보고도 곧 그것을 해낼 수 있는 재주
- **는개** : 안개보다 조금 굵은 비
- **늘품** : 앞으로 좋게 발전할 품질이나 품성
- **늦깎이** : 나이가 들어서 어떤 일을 시작한 사람 또는 남보다 늦게 사리를 깨치는 일. 또는 그런 사람 ≒ 대기만성(大器晚成)

- **다솜** : 사랑

- **단비** : 필요할 때에 알맞게 내리는 비

- **달구치다** : 무엇을 알아내거나 어떤 일을 재촉하려고 꼼짝 못하게 몰아치다.

- **달소수** : 한 달이 좀 지나는 동안

- **달포** : 한 달쯤 된 동안. 한 달 남짓

- **닷곱** : 다섯 홉. 곧 한 되의 반

- **닻별** : 카시오페이아자리

- **대갈마치** : 온갖 어려움을 겪은 아주 야무진 사람

- **댓바람** : 일이나 때를 당하여 단번에. 지체하지 않고 곧

- **댕기풀이** : 신부의 댕기를 푼 신랑이 친구들에게 한턱내는 일

- **더기** : 고원의 평평한 땅

- **더께** : 찌든 물건에 앉은 거친 때

- **덤터기** : 남에게서 억지로 떠맡게 되는 억울한 누명이나 큰 걱정거리

- **덧두리** : 정한 값보다 더 받은 돈 (유의어 : 웃돈)

- **덧물** : 얼음위에 괸 물

- **데데하다** : 시시하고 보잘것없다.

- **데면데면하다** : 사람을 대하는 태도가 친밀성이 없고 어색한 모양을 나타내는 말. 성질이 꼼꼼하지 않아 행동에 조심성이 없는 모양을 나타내는 말

- **도담도담** : 어린아이가 아무 탈 없이 잘 자라는 모양을 나타내는 말

- **도둑눈** : 밤사이에 내린 눈, 밤눈

- **도래샘** : 빙 돌아서 흐르는 샘물

- **도린곁** : 사람이 별로 가지 않는 외진 곳

- **도투락** : 어린아이의 머리댕기

- **돈바르다** : 성미가 너그럽지 못하고 까다롭다.

• **동아리** : 목적이 같은 사람끼리 한패를 이룬 무리

• **되술래잡다** : 잘못을 빌어야 할 사람이 도리어 남을 나무람을 이르는 말

• **된바람** : 북풍, 삭풍, 호풍, 높바람

• **된서리** : 늦가을에 아주 되게 내리는 서리

• **두남두다** : 편들다.

• **둔치** : 물가

• **뒤웅박** : 쪼개지 않고 속을 긁어 낸 바가지

• **뒤퉁스럽다** : 미련하거나 찬찬하지 못하여 일을 잘 저지를 듯하다.

• **딸깍발이** : 신이 없어 마른 날에도 나막신을 신는다는 뜻으로 가난한 선비를 이름

• **떡비** : 가을에 내리는 비

• **뚜쟁이** : 남녀의 결합을 중간에서 주선하는 사람

• **뚱딴지** : 돼지감자. 행동이나 사고방식 따위가 너무 엉뚱한 사람을 놀림조로 이르는 말

• **뜨막하다** : 사람들의 왕래나 소식 따위가 자주 있지 않다. 오랫동안 뜸하다.

• **뜨악하다** : 마음에 선뜻 내키지 않다.

• **마고자** : 저고리 위에 덧입는 옷

• **마녘** : 남쪽. 남쪽편

• **마뜩하다** : 제법 마음에 들다. 주로 '않다, 못하다'와 함께 쓰여, '마음에 들지 않다'의 뜻
  으로 쓰임

• **마루** : 꼭대기, 하늘

• **마른눈** : 비가 섞이지 않고 내리는 눈

• **마름** : 지주의 위임을 받아 소작지를 관리하던 사람

• **마수걸이** : 맨 처음으로 물건을 파는 일. 또는 거기서 얻은 소득

• **마장** : 십 리가 못 되는 거리를 이를 때 "리"대신 쓰는 말

• **마전** : (피륙을 삶거나 빨아서) 바래는 일. 표백(漂白)

• **마중물** : 펌프에서 물이 잘 나오지 아니할 때 물을 끌어올리기 위하여 위에서 붓는 물

• **마파람** : 남풍, 앞바람

• **만무방** : 막되어 먹은 사람. 예의와 염치가 도무지 없는 사람

• **망나니** : 죄인의 목을 베는 사람. 언행이 막된 사람

• **매지구름** : 비를 머금은 검은 조각구름

• **맨송맨송** : 몸에 털이 있어야 할 부분에 털이 없어서 매끈하고 반반한 모양을 나타내는 말

• **먼지잼** : 겨우 먼지나 일으킬 정도로 적게 내리는 비

• **명지바람** : 부드럽고 화창한 바람

• **모가비** : 막벌이꾼이나 사당패, 선소리패 따위를 이끄는 우두머리

• **모꼬지** : 여러 사람이 놀이나 잔치 따위로 모이는 일

• **모도리** : 조금도 빈틈없이 아주 야무진 사람

• **목비** : 모낼 때쯤 한목 내리는 비

• **몰강스럽다** : 과하다 싶을 정도로 모질고 악착스럽다.

• **몽니** : 심술궂게 욕심 부리는 성질

• **무녀리** : 한 태에 낳은 여러 마리 새끼 가운데 가장 먼저 나온 새끼, 말이나 행동이 좀 모자란 듯이 보이는 사람

• **무두질** : 모피의 털과 기름을 뽑고 가죽을 부드럽게 다루는 일

• **무람없다** : 스스럼없고 버릇이 없다. 예의가 없다.

• **무서리** : 그해의 가을 들어 처음 내리는 묽은 서리. (반의어 : 된서리)

• **무시로** : 일정한 때가 없이 아무 때나

- **묵정이** : 오래 묵은 물건

- **물수제비뜨다** : 얇고 둥근 돌로 물위를 담방담방 뛰어가게 팔매치다.

- **물안개** : 비가 내린 듯이 많이 내린 안개

- **미르** : 용

- **미리내** : 은하수

- **미쁘다** : 진실하다. 믿음직하다. 미덥다.

- **미욱하다** : 어리석고 둔하다.

- **미주알고주알** : 아주 사소한 일까지 속속들이

- **미투리** : 삼으로 삼은 신

- **민충하다** : 미련하고 덜되다.

- **민틋하다** : 울퉁불퉁한 곳이 없이 평평하고 미끈하다.

- **밍밍하다** : 음식 맛이 몹시 싱겁다.

ㅂ

- **바특하다** : (음식의 국물이) 조금 적은 듯하다. (두 사물의 사이가) 꽤 가깝다. (시간이나 길이가) 아주 짧다.

- **반색** : 매우 반가워하다.

- **배냇짓** : 갓난아이가 자면서 웃거나 눈, 코, 입 따위를 쭝긋거리는 짓

- **버금** : 으뜸의 바로 아래. 또는 그런 지위에 있는 사람이나 물건

- **버성기다** : 벌어져서 틈이 있다.

- **베잠방이** : 베로 만든 옷. (유의어 : 포의한사(布衣寒士))

- **벼리** : 일이나 글의 가장 중심이 되는 줄거리

- **벽창호** : 고집이 세고 성질이 무뚝뚝한 사람

- **변죽을 울리다** : 바로 말하지 않고 상대가 알아챌 수 있을 정도로 에둘러서 말하다.

- **별똥별** : 유성

- **보름치, 그믐치** : 음력 보름, 그믐께 내리는 비나 눈

- **부대끼다** : 무엇에 시달려 괴로움을 당하다.

- **부아나다** : 분한 마음이 일어나다.

- **북새** : 많은 사람들이 아주 야단스럽게 부산떠는 일

- **불목하니** : 절에서 밥 짓고 땔나무하고 물긷는 일을 맡아서 하는 사람

- **붙박이별** : 북극성

- **비거스렁이** : 비 온 뒤에 바람이 불고 시원해지는 일

- **빙충맞다** : 똘똘하지 못하고 어리석으며 수줍음을 타는 데가 있다.

ㅅ

- **사금파리** : 사기그릇의 깨진 작은 조각

- **사위다** : 불이 다 타서 재가 되다.

- **산마루** : 정상(산의)

- **살갑다** : 마음씨가 상냥하고 부드럽다.

- **살바람** : 좁은 틈으로 들어오는 찬바람. 일명 황소바람

- **삼짇날** : 음력 3월 3일

- **상고대** : 초목에 내려 눈같이 된 서리

- **새암** : 샘

- **새우잠** : 모로 꼬부리고 자는 잠

- **샌님** : 생원님이 준말로, 숫기가 없고 조용하며 사교성이 없는 성격의 남자

- **샛바람** : 동풍, 곡풍

- **샛별** : ① 새벽에 동쪽 하늘에서 반짝이는 금성 = 계명성(啓明星) = 비너스(Venus) =개밥바라기. ② 어느 분야에 새로 등장한 실력 있는 신인(新人)을 비유적으로 이르는 말 = 기린아(麒麟兒) = 유망주

- **생때같다** : 몸이 튼튼하고 병이 없다.

- **서리꽃** : 유리창 따위에 서린 수증기가 꽃처럼 엉긴 것

- **선술집** : 술청 앞에 선 채로 술을 마실 수 있도록 된 집 = 목로주점

- **섣부르다** : 솜씨가 설고 어설프다.

- **설레발** : 몹시 서두르며 부산하게 구는 행동

- **성마르다** : 참을성이 없고 성질이 조급하다.

- **소담하다** : 생김새가 탐스럽다.

- **소소리바람** : 이른 봄에 살 속에 기어드는 듯이 맵고 찬 바람

- **소슬바람** : 가을에 외롭고 쓸쓸한 느낌을 주며 부는 으스스한 바람 = 솔바람

- **손방** : 도무지 할 줄 모르는 솜씨 = 문외한(門外漢) ↔ 전문가

- **손사래** : 어떤 말을 부인하거나 조용하기를 요구할 때에 손을 펴서 내젓는 짓

- **손씻이** : 남의 수고에 대하여 사례하는 뜻으로 적은 물품을 줌

- **손치레**(손겪이) : 손님을 치르는 일

- **솔봉이** : 나이가 어리고 촌스러운 사람

- **수월내기** : 다루기 쉬운 사람을 놀림조로 이르는 말

- **스스럼없다** : 조심스럽거나 부끄러운 마음이 없다.

- **시나브로** : 모르는 사이에 조금씩 조금씩

- **시래기** : 말린 무잎이나 배춧잎

- **시쁘다** : 마음에 차지 않아 시들하다.

- **신망스럽다** : 말이나 하는 것이 경망스럽다.

•**신소리** : 상대방의 말을 슬쩍 엉뚱한 말로 재치 있게 받아넘기는 말

•**심드렁하다** : 마음에 탐탐하지 아니하여 관심이 거의 없다.

•**쌩이질** : 한창 바쁠 때 쓸데없는 일로 남을 귀찮게 구는 것

•**아미** : 가늘고 길게 굽어진 아름다운 눈썹

•**아퀴짓다** : 일을 끝마무리하다.

•**암상** : 남을 시기하고 샘을 잘 내는 마음 또는 그런 행동

•**암팡지다** : 몸은 작아도 힘차고 다부지다.

•**애오라지** : 좀 부족하나마 겨우. 한갓. 오직

•**앵돌아지다** : 마음이 토라지다. 홱 틀려 돌아가다.

•**야바위** : 협잡의 수단으로 그럴듯하게 꾸미는 일

•**약두구리** : 늘 골골 앓아서 약만 먹고 사는 사람을 놀림조로 이르는 말

•**어깃장** : 짐짓 어기대는 행동

•**어리보기** : 얼뜬 사람 (= 팔삭둥이, 숙맥, 맹추, 반편이), 행동이나 말 따위가 다부지지 못하고 어리석고 둔한 사람

•**어엿하다** : 행동이 당당하고 떳떳하다.

•**언구럭** : 교묘한 말로 떠벌리며 남을 농락하는 것

•**언저리** : 부근, 둘레

•**에누리** : 값을 깎는 일

•**에두르다** : 바로 말하지 않고, 짐작하여 알 수 있도록 둘러서 말하다.

•**여우별** : 궂은 날 잠깐 났다가 사라지는 별

•**여우비** : 볕이 나 있는 날 잠깐 오다가 그치는 비

• **여울** : 폭이 좁아 물살이 빠르게 흐르는 곳

• **영절스럽다** : 아주 그럴듯하다.

• **오금** : 무릎의 구부러지는 쪽의 관절부분

• **오달지다** : 야무지고 실속이 있다.

• **오롯이** : 고요하고 쓸쓸하게. 호젓하게. 오로지

• **오롯하다** : 모자람이 없이 완전하다. 남고 처짐이 없이 고스란히 갖추어져 있다.

• **오쟁이지다** : 자기 아내가 다른 남자와 간통하다.

• **오지랖 넓다** : 아무 일에나 쓸데없이 참견하다.

• **온 100**(百), **즈믄 1,000**(千), **거믄, 골 10,000**(萬, 万), **잘 100,000,000**(億)

• **온새미로** : 변함없이 영원히

• **올무** : 새나 짐승을 잡는 데 쓰는 올가미

• **옹골차다**(옹골지다) : 실속 있게 속이 꽉 차다.

• **왜바람** : 방향 없이 함부로 부는 바람

• **용트림** : 거드름을 꾸미며서 하는 트림

• **우렁쉥이** : 멍게

• **우수리** : 잔돈, 거스름돈

• **울대** : 울타리에 세운 기둥 같은 대

• **울력** : 여러 사람이 힘을 합하여 기세 좋게 하는 일. 또는 그 힘

• **웃비** : 날이 아주 갠 것이 아니라 좍좍 내리다가 일시에 그치는 비

• **유성**(流星, meteor) : '별똥별'

• **으르다** : 말이나 행동으로 위협하다.

• **을씨년스럽다** : 싸늘하고 스산한 기운이 있다.

• **의뭉하다** : 겉으로는 어리석은 것 같으나 속은 엉큼하다.

• **이물** : 뱃머리 (반의어 : 고물)

• **이슥하다** : 밤이 꽤 깊다.

• **이울다** : 꽃이나 잎이 시들다.

• **이지러지다** : 물건의 한 귀퉁이가 떨어져 없어지다.

• **잎샘추위** : 잎이 나올 때 갑자기 추워지는 이른 봄철의 날씨

ㅈ

• **자리끼** : 잘 때 마시려고 머리맡에 준비해 두는 물

• **자린고비** : 아주 인색한 사람 = 수전노(守錢奴 : 돈을 모을 줄만 알아 한번 손에 들어간 것
은 도무지 쓰지 않는 사람을 낮잡아 이르는 말) = 보비리(아주 아니꼽게 느껴질 정도로 인색
한 사람)

• **자맥질** : 물속에 들어가서 떴다 잠겼다 하며 팔다리를 놀리는 짓

• **자발없다** : (언행이)가볍고 참을성이 없다.

• **자치동갑** : 한 살 정도 차이가 나는 나이

• **자투리** : 팔거나 쓰거나 하다가 남은 피륙의 조각

• **잔망스럽다** : 얄밉도록 맹랑한 데가 있다.

• **잔별** : 작은 별

• **잠투세** : 어린애가 잠을 자려고 할 때나, 잠이 깨었을 때에 떼를 쓰고 우는 것 = 잠투정

• **잡도리** : 잘못되지 않도록 엄중하게 단속함

• **장돌뱅이** : 여러 장으로 돌아다니면서 물건을 파는 장수

• **장물아비** : 절도·강도·사기·공갈·횡령·장물죄 등 재산범죄에 의한 장물을 전문적으로
취득·양여(매매)·운반·보관하거나 또는 이러한 행위를 알선하는 자의 속칭

• **재넘이** : 산에서 내리 부는 바람

- **재우치다** : 빨리 몰아치거나 재촉하다 = 재촉하다

- **저어하다** : 두려워하다.

- **저자** : 시장

- **제웅** : 음력 정월 열 나흗날 저녁에 길가에 버리면 그해의 액운을 막는다 하여 짚으로 사람의 모습을 만드는 것

- **주저롭다** : 넉넉하지 못하여 매우 아쉽거나 곤란하다.

- **쥐불** : 음력 첫 쥐날에 쥐를 쫓는다는 뜻으로 논밭의 둑에 놓는 불

- **지청구** : 까닭 없이 남을 탓하고 원망하는 짓. 아랫사람의 잘못을 따져 꾸짖음. 또는 그렇게 하는 말

- **진눈깨비** : 비가 섞여 오는 눈

- **짐짓** : 일부러

- **집들이** : 이사한 후에 이웃과 친지를 불러 집을 구경시키고 음식을 대접하는 일

- **집알이** : 새로 집을 지었거나 이사한 집에 집 구경 겸 인사로 찾아보는 일

- **짬짜미** : 남몰래 둘이서 짜는 약속이나 수작 = 밀약(密約)

- **짬짬이** : 짬이 나는 대로 그때그때

ㅊ

- **책상물림** : 세상 물정에 어두운 사람 = 먹물 = 백면서생(白面書生)

- **책씻이** : 서당에서 학동이 책 한 권을 떼거나 다 베끼면 훈장과 동료에게 한턱내던 일 = 책걸이

- **천둥벌거숭이** : 무서운 줄도 모르고 함부로 날뛰거나 어떤 일에 앞뒤 생각 없이 나서는 사람

- **초름하다** : (무엇이)어떤 표준에 비해 넉넉하지 못하고 조금 부족하다. (무엇이)마음에 차

지 않아 시들하다.

• **추레하다** : 허술하여 보잘것없고 궁상스럽다.

• **치레** : 잘 매만져서 모양을 내는 일

ㅌ

• **타래** : 실이나 노끈 등을 사려 뭉친 것

• **타울거리다** : 어떤 일을 이루려고 악착스럽게 애를 쓰다.

• **투미하다** : 어리석고 둔하다.

• **트레바리** : 이유 없이 남의 말에 반대하기를 좋아하는 사람을 얕잡아 이르는 말

• **튼실하다** : 튼튼하고 실하다.

• **티격나다** : 서로 뜻이 맞지 아니하여 사이가 벌어져 말썽이 생기다.

ㅍ

• **파임내다** : 뒤에 다른 소리를 하여 그르치게 하다.

• **푸네기** : 가까운 제살붙이를 얕잡아 이르는 말

• **푸닥거리** : 간단한 음식을 차려 놓고 잡귀를 풀어먹이는 일

• **푸세** : 산과 들에 저절로 나서 자라는 풀

• **푼더분하다** : (생김새가)둥그스름하고 두툼하게 살이 올라 복스럽다. (성격이나 성품이)여유 가 있어 느긋하고 너그럽다, 모자람이 없이 넉넉하다.

• **푼푼하다** : 모자람이 없이 넉넉하다. 옹졸하지 아니하고 시원스러우며 너그럽다.

• **풀무** : 불을 피울 때 바람을 일으키는 기구

- **하늬바람** : 서풍, 갈바람

- **하릅** : 나이가 한 살 된 소, 말, 개 따위를 이르는 말

- **하리쟁이** : 윗사람에게 남을 헐뜯어 일러바치기를 일삼는 사람

- **하릴없이** : 어찌할 도리 없이

- **한** : 아주 큰

- **한울** : 온 세상, 하늘

- **함초롬하다** : 가지런하고 곱다.

- **함함하다** : ① (털 따위가)보드랍고 반지르르하다. ② (꽃이나 열매가)소담하고 탐스럽다.

- **핫아비** : 아내가 있는 남자(반의어 : 홀아비), 핫어미 : 남편이 있는 여자(반의어 : 홀어미)

- **핫옷** : 솜을 넣어서 지은 옷

- **항성**(恒星, fixed star) : 붙박이별 = 북극성

- **해거름** : 해가 질 무렵 (준말 : 해름)

- **해미** : 바다 위에 낀 짙은 안개

- **해찰하다** : 일에는 정신을 두지 않고 쓸데없는 짓만 하다.

- **행성**(行星, planet) : 떠돌이별

- **허방다리** : 함정. 짐승을 잡기 위하여 파 놓은 구덩이

- **혜성**(彗星, comet) : 꼬리별·살별

- **호도깝스럽다** : (말이나 행동이)방정맞고 급한 데가 있다.

- **화수분** : 재물이 자꾸 생겨서 아무리 써도 줄지 않음

- **흐드러지다** : 매우 탐스럽거나 한창 성하다.

- **희나리** : 덜 마른장작

- **흰소리** : 터무니없이 거들먹거리거나 허풍을 침

외국어·외래어를 우리말로 표현

■ 서구어의 순화

QR코드	→	정보무늬
가이드 북	→	안내 책자
갈라쇼	→	뒤풀이공연
내비게이션	→	길도우미
네티즌	→	누리꾼, 그물친구
다운되다	→	멈추다
다크서클	→	눈그늘
더치페이	→	각자내기
럭셔리하다	→	고급스럽다
로고송	→	상징노래
로밍	→	어울통신
롤모델	→	본보기상
리플	→	댓글
립싱크	→	입술연기
마스터플랜	→	종합계획
마우스	→	다람쥐
멀티탭	→	모둠꽂이
메신저	→	쪽지창
블로그	→	누리사랑방
블루오션	→	대안 시장

빙고	→	맞았어!
서클	→	동아리
선루프	→	지붕창
선팅	→	빛가림
세이브	→	갈무리
세이프가드	→	긴급수입제한조치
스카이라운지	→	하늘쉼터
스크린도어	→	안전문
스킨십	→	피부교감
스팸메일	→	쓰레기편지
시너지효과	→	상승효과
시시티브이(CCTV)	→	상황관찰기
시즌	→	~번째 이야기
신입생	→	새내기
아이젠	→	눈길덧신
아이콘	→	쪽그림
올인	→	다걸기
옴부즈맨	→	민원도우미
와이브로	→	휴대누리망
워킹맘	→	직장인엄마
원샷	→	한입털이
웰빙	→	참살이
웹서핑	→	누리검색

유비쿼터스	→	두루누리
유시시(UCC)	→	손수 제작물
이메일 'at'	→	골뱅이
이모티콘	→	그림말
인센티브	→	성과급
인터넷	→	누리그물, 누리망, 사이그물
인터체인지	→	나들목
인프라	→	기본시설
치어리더	→	흥돋움이
캐릭터	→	특징물
캡처	→	장면 갈무리
컬러링	→	멋울림
콘텐츠	→	꾸림정보
퀵서비스	→	늘찬 배달
팁	→	도움말
파이팅	→	아자
팝업창	→	알림창
패딩	→	누비옷
패키지	→	꾸러미(상품)
포스트잇	→	붙임쪽지
포커페이스	→	무표정
풀옵션	→	모두갖춤
플래시몹	→	번개모임

핫팬츠	→	반바지
호스피스	→	임종봉사자
홈페이지	→	누리집(누리=世上)

■ 일상생활에서 쓰이는 일본어의 순화

가께우동	→	가락국수, 국수장국
가라	→	가짜
간지난다	→	멋있다
고뿌	→	컵
구루마	→	수레
구사리	→	면박, 핀잔
기스	→	흠, 상처
나래비	→	줄서기
노가다	→	(공사판) 노동자
다꾸앙	→	단무지
다대기	→	다진 양념
다라이	→	함지
다마네기	→	양파
다시	→	맛국물
단도리	→	준비, 단속, 체비
닭도리탕	→	닭볶음탕
덴푸라	→	튀김

덧빵	→	우두머리
뗑강	→	생떼
마이, 가다마이	→	양복저고리
마호병	→	보온병
모찌	→	찹쌀떡
무뎃뽀	→	무모, 막무가내
분빠이	→	분배, 나눔
사라	→	접시
사시미	→	생선회
소데나시	→	민소매, 맨팔옷
소바	→	메밀국수
쇼부	→	흥정, 결판, 승무
스시	→	초밥
스키야키	→	왜전골/일본전골(찌개)
시다바리	→	보조 일꾼
시마이	→	끝냄, 끝남, 마감
쓰리	→	소매치기
쓰봉	→	바지
쓰키다시	→	곁들이 안주
아나고	→	붕장어, 바닷장어
야끼만두	→	군만두
오뎅	→	꼬치(안주), 어묵
오봉	→	쟁반

오야붕	→	우두머리
와라바시	→	나무젓가락
와사비	→	겨자, 고추냉이
요지	→	이쑤시개
우동	→	가락국수
우와기	→	웃옷
잇빠이	→	잔뜩, 가득, 많이
지리	→	싱건탕
찌라시	→	선전지, 낱장광고
함바	→	현장 식장
후카시	→	폼재기

■ 일본식 한자어, 외래어의 순화

가건물	→	임시건물
가접수	→	임시접수
경어	→	높임말, 존대댓말
고수부지	→	둔치
곤색	→	감색
곤조	→	근성
공란	→	빈칸
과년도	→	지난해
구좌	→	계좌

나대지	→	빈집터
납득	→	이해
노견	→	갓길
노임	→	품삯
돈까스	→	돼지고기 튀김
매점	→	사재기 / 가게
미싱	→	재봉틀
빠꾸	→	뒤로
생방송	→	현장 방송
시건장치	→	잠금장치
시방서	→	설명서
유휴지	→	노는 땅
익일	→	다음날
추리닝	→	운동복
할증료	→	웃돈

접두사

접두사 개-

1. '야생 상태의' 또는 '질이 떨어지는'의 뜻을 더하는 접두사
개꿀, 개떡, 개먹, 개살구

2. '헛된', '쓸데없는'의 뜻을 더하는 접두사

개꿈, 개나발, 개수작, 개죽음

3. (부정적 뜻을 가지는 일부 명사 앞에 붙어) '정도가 심한'의 뜻을 더하는 접두사.

개고생, 개꼴, 개망신, 개망나니, 개잡놈

접두사 민-

1. '꾸미거나 딸린 것이 없는'의 뜻을 더하는 접두사.

민가락지, 민돗자리, 민얼굴, 민저고리, 민낚싯대, 민낯, 민머리, 민족두리

2. '그것이 없음' 또는 '그것이 없는 것'의 뜻을 더하는 접두사.

민꽃, 민등뼈, 민무늬, 민소매, 민물고기

3. (일부 동물 명사나 식물 명사 앞에 붙어) '무늬나 털 따위가 없는'의 뜻을 더하는 접두사

민꽃게, 민전갱이, 민풀잠자리

4. (일부 명사 앞에 붙어) '미리 치르는' 또는 '미리 정하여 둔'의 뜻을 더하는 말.

민값, 민며느리

접두사 날-

1. '말리거나 익히거나 가공하지 않은'의 뜻을 더하는 접두사

날것, 날김치, 날고기, 날두부, 날기와, 날장작

2. '다른 것이 없는'의 뜻을 더하는 접두사

날바늘, 날소일, 날장구

3. '장례를 다 치르지 않은'의 뜻을 더하는 접두사

날상가, 날상제, 날송장

4. '지독한'의 뜻을 더하는 접두사

날강도, 날건달, 날도둑놈

접두사 선(先)- 1

1. **'앞선'**의 뜻을 더하는 접두사

선보름, 선이자

2. **'이미 죽은'**의 뜻을 더하는 접두사

선대왕, 선대인(돌아가신 남의 아버지 높임말)

접두사 선- 2

1. (몇몇 명사 앞에 붙어) **'서툰'** 또는 **'충분치 않은'**의 뜻을 더하는 접두사

선무당, 선웃음, 선잠

접두사 들-

1. (일부 동사 앞에 붙어) **'무리하게 힘을 들여'**, **'마구'**, **'몹시'**의 뜻을 더하는 접두사

들끓다, 들볶다, 들쑤시다

접두사 맨-

1. **'다른 것이 없는'**의 뜻을 더하는 접두사

맨눈, 맨다리, 맨땅, 맨발, 맨주먹, 맨손

접두사 군-

1. **'쓸데없는'**의 뜻을 더하는 접두사

군것, 군글자, 군기침, 군말, 군살, 군침, 군불

2. '가외로 더한', '덧붙은'의 뜻을 더하는 접두사

군사람, 군식구

접두사 외-

1. (친족 관계를 나타내는 일부 명사 앞에 붙어) **'모계 혈족 관계인'**의 뜻을 더하는 접두사

외삼촌, 외손녀, 외할머니

2. **'밖'**이나 **'바깥'**의 뜻을 더하는 접두사

외배엽, 외분비, 외출혈

접두사 짓-

1. (일부 동사 앞에 붙어) **'마구'**, **'함부로'**, **'몹시'**의 뜻을 더하는 접두사

짓개다, 짓널다, 짓누르다, 짓두들기다, 짓밟다, 짓썹다, 짓이기다, 짓쩧다, 짓치다

2. (몇몇 명사 앞에 붙어) **'심한'**의 뜻을 더하는 접두사

짓고생, 짓망신, 짓북새

접두사 한- 1

1. **'큰'**의 뜻을 더하는 접두사

한걱정, 한길, 한시름

2. **'정확한'** 또는 **'한창인'**의 뜻을 더하는 접두사

한가운데, 한겨울, 한여름, 한더위, 한낮, 한밤중, 한복판, 한잠

3. **'같은'**의 뜻을 더하는 접두사

한패, 한마을, 한집안

접두사 한- 2

1. '바깥'의 뜻을 더하는 접두사

한데

2. '끼니때 밖'의 뜻을 더하는 접두사

한동자, 한음식, 한저녁, 한점심

접두사 돌-

1. (동식물을 나타내는 일부 명사 앞에 붙어) **'품질이 떨어지는'** 또는 **'야생으로 자라는'**의 뜻을 더하는 접두사

돌배, 돌미역, 돌조개

접두사 뒤-

1. **'몹시, 마구, 온통'**의 뜻을 더하는 접두사

뒤끓다, 뒤덮다, 뒤섞다, 뒤얽다, 뒤엉키다, 뒤흔들다

2. **'반대로'** 또는 **'뒤집어'**의 뜻을 더하는 접두사

뒤바꾸다, 뒤받다, 뒤엎다

접두사 숫-

1. **'더럽혀지지 않아 깨끗한'**의 뜻을 더하는 접두사

숫눈, 숫백성, 숫사람, 숫처녀, 숫총각

2. (양, 염소, 쥐 앞에 붙어) **'새끼를 배지 않는'**의 뜻을 더하는 접두사

숫양, 숫염소, 숫쥐

1. (몇몇 명사 앞에 붙어) **'다른 것이 섞이지 않은'**의 뜻을 더하는 접두사

강굴, 강된장, 강술, 강참숯, 강풀

2. (몇몇 명사 앞에 붙어) **'마른'** 또는 **'물기가 없는'**의 뜻을 더하는 접두사

강기침, 강모, 강서리

3. (몇몇 명사 앞에 붙어) **'억지스러운'**의 뜻을 더하는 접두사

강울음, 강호령

4. (몇몇 명사, 형용사 앞에 붙어) **'호된'** 또는 **'심한'**의 뜻을 더하는 접두사

강더위, 강추위, 강마르다, 강밭다

접두사 엇-

1. (일부 동사나 명사 앞에 붙어) **'어긋나게(어긋난)'** 또는 **'삐뚜로'**의 뜻을 더하는 접두사

엇걸리다, 엇나가다, 엇베다. / 엇각, 엇결, 엇길, 엇시침

2. (몇몇 형용사 앞에 붙어) **'어지간한 정도로 대충'**의 뜻을 더하는 접두사

엇구수하다, 엇비슷하다

접두사 풋-

1. **'처음 나온'**, 또는 **'덜 익은'**의 뜻을 더하는 접두사

풋감, 풋고추, 풋과실, 풋김치, 풋나물, 풋콩

2. **'미숙한'**, **'깊지 않은'**의 뜻을 더하는 접두사

풋사랑, 풋잠

접두사 알-

1. '겉을 덮어 싼 것이나 딸린 것을 다 제거한'의 뜻을 더하는 접두사

알감, 알몸, 알바늘, 알밤, 알토란

2. '작은'의 뜻을 더하는 접두사

알바가지, 알요강, 알항아리

3. '진짜, 알짜'의 뜻을 더하는 접두사

알가난, 알건달, 알거지, 알부자

접두사 홑-

1. '한 겹으로 된' 또는 '하나인, 혼자인'의 뜻을 더하는 접두사

홑바지, 홑옷, 홑이불, 홑몸, 홑치마, 홑청

'홑몸'은 배우자나 형제가 없는 사람, 곧 독신(獨身)을 의미한다. "그녀는 남편을 일찍 잃고 홑몸으로 아이들을 키운다." "형제가 없는 홑몸은 어쩐지 외롭게 보인다." 등이 그 예문이다.

'홑몸'은 딸린(수행하는) 사람이 없는 혼자의 몸, 즉 단신(單身)이거나, **결혼한 여자로 아이를 배지 않은 몸**을 뜻하는 말이다. "그는 홑몸이 아닌 임신부다." "그 장수는 홑몸으로 적진에 뛰어 들었다." 등으로 쓰인다.

접두사 홀-

1. (몇몇 명사 앞에 붙어) '짝이 없이 혼자뿐인'의 뜻을 더하는 접두사

홀몸, 홀시아버지, 홀시어머니, 홀아비, 홀어미

접두사 치-

1. (일부 동사 앞에 붙어) **'위로 향하게'** 또는 **'위로 올려'**의 뜻을 더하는 접두사

치뜨다, 치닫다, 치받다, 치솟다, 치읽다

접두사 진-

1. (음식이나 색깔을 나타내는 몇몇 명사 앞에 붙어) **'매우 진한'**의 뜻을 더하는 접두사

진국, 진간장, 진보라, 진분홍

2. **'참된'** 또는 **'진짜'**의 뜻을 더하는 접두사

진면모, 진면목, 진범인, 진분수

접두사 드-

1. (일부 용언 앞에 붙어) **'심하게, 매우'** 또는 **'높이'**의 뜻을 더하는 접두사

드날리다, 드넓다, 드높다, 드세다, 드솟다

접두사 새-

1. (어두음이 된소리나 거센소리 또는 'ㅎ'이고 첫음절의 모음이 'ㅏ, ㅗ'인 색채를 나타내는 일부 형용사 앞에 붙어) **'매우 짙고 선명하게'**의 뜻을 더하는 접두사

새까맣다, 새빨갛다, 새뽀얗다, 새하얗다. 참고) 샛빨갛다(×)

접두사 샛-

1. (어두음이 유성음이고 첫음절의 모음이 'ㅏ, ㅗ'인 색채를 나타내는 일부 형용사 앞에 붙어) **'매우 짙고 선명하게'**의 뜻을 더하는 접두사

샛노랗다, 샛말갛다

참고) '새-' 뒤에는 첫 소리가 무성음(안울림소리), '샛-' 뒤에는 울림소리(유성음)가 붙음

접두사 시-

1. (어두음이 된소리나 거센소리 또는 'ㅎ'이고 첫음절의 모음이 'ㅓ, ㅜ'인 색채를 나타내는 일부 형용사 앞에 붙어) **'매우 짙고 선명하게'**의 뜻을 더하는 접두사

시꺼멓다, 시뻘겋다, 시뿌옇다

참고) '새-'는 뒤에 놓이는 말이 양성모음일 때, '시-'는 음성모음일 때 붙음

접두사 메-

1. '메-'는 (곡식을 나타내는 몇몇 명사 앞에 붙어) **'찰기가 없이 메진'**의 뜻을 더하는 말

메조, 메벼, 메밀, 메밥

접두사 찰-

'찰-'은 ('ㅈ'으로 시작되지 않는 몇몇 명사 앞에 붙어) **'끈기가 있고 차진'**의 뜻을 더하는 접두사

찰떡, 찰벼, 찰밥, 찰옥수수, 찰흙. ('ㅈ' 앞에서만 차-를 씀) 차좁쌀, 차조

접두사 헛-

1. (일부 명사 앞에 붙어) **'이유 없는'**, **'보람 없는'**의 뜻을 더하는 접두사

헛걸음, 헛고생, 헛소문, 헛수고

2. (일부 동사 앞에 붙어) **'보람 없이'**, **'잘못'**의 뜻을 더하는 접두사

헛살다, 헛디디다, 헛보다, 헛먹다

접두사 부(副)-

① (직위 따위를 나타내는 일부 명사 앞에 붙어) '버금가는'의 뜻

예) 부반장, 부사장, 부사수

② (일부 명사 앞에 붙어) '부차적인'의 뜻을 더하는 접두사

예) 부산물, 부수입, 부작용

不(부)-

('ㄷ', 'ㅈ'으로 시작하는 명사 앞에 붙어) '아님', '아니함', '어긋남'의 뜻

不道德(부도덕), 不正確(부정확), 不自由(부자유). 不動産(부동산)

浮(부)뜨다

浮浪(부랑), 浮漂(부표), 浮草(부초)

접두사 올-

1. (곡식이나 열매를 나타내는 일부 명사 앞에 붙어) **'빨리 자란'**의 뜻을 더하는 접두사

올밤, 올콩, 올벼

2. (몇몇 동사 앞에 붙어) **'빨리'**의 뜻을 더하는 접두사

올되다

접두사 극-

1. (일부 명사 앞에 붙어) **'더할 나위 없는'** 또는 **'정도가 심한'**의 뜻을 더하는 접두사

극존칭, 극초단파, 극빈자, 극소수

접두사 대(大)- 1

(일부 명사 앞에 붙어) **'큰, 위대한, 훌륭한, 범위가 넓은'**의 뜻을 더하는 접두사

대가족, 대기자, 대보름, 대선배, 대성공

접두사 대(對)- 2

(고유 명사를 포함하는 대다수 명사 앞에 붙어) **'그것에 대한'** 또는 **'그것에 대항하는'**의 뜻을 더하는 접두사

대국민 사과문, 대북한 전략

접두사 핫-

(일부 명사 앞에 붙어) **'솜을 둔'**의 뜻을 더하는 접두사

핫것, 핫바지, 핫옷, 핫이불, 핫저고리

접두사 참-

1. (일부 명사 앞에 붙어) **'진짜'** 또는 **'진실하고 올바른'**의 뜻을 더하는 접두사

참사랑, 참뜻, 참벗

2. (일부 명사 앞에 붙어) **'품질이 우수한'**의 뜻을 더하는 접두사

참먹, 참숯. 참느릅나무

접두사 양-

(일부 명사 앞에 붙어) **'서구식의'** 또는 **'외국에서 들어온'**의 뜻을 더하는 접두사

양변기, 양약, 양송이, 양담배

접두사 시-

(친족 관계를 나타내는 일부 명사 앞에서) **'남편의, 시집의, 시가의'**의 뜻을 나타내는 접두사

시아버지, 시어머니, 시동생, 시누이

접두사 불-

(몇몇 명사 앞에 붙어) **'붉은 빛깔을 가진'**의 뜻을 더하는 접두사

불개미, 불곰, 불암소, 불여우, 불콩, 불구슬, 불호박

접두사 신-

(일부 명사 앞에 붙어) **'새로운'**의 뜻을 더하는 접두사

신세대, 신경제, 신기록, 신세계

접두사 막-

1. (일부 명사 앞에 붙어) **'거친'**, **'품질이 낮은'**의 뜻을 더하는 접두사

막고무신, 막과자, 막국수, 막담배, 막소주

2. (일부 명사 앞에 붙어) **'닥치는 대로 하는'**의 뜻을 더하는 접두사

막말, 막일, 막벌이, 막노동

3. (일부 동사 앞에 붙어) **'주저없이'**, **'함부로'**의 뜻을 더하는 접두사

막가다, 막거르다, 막벌다, 막보다, 막살다

접두사 덧-

1. (일부 명사 앞에 붙어) **'거듭된'** 또는 **'겹쳐 신거나 입는'**의 뜻을 더하는 접두사

덧니, 덧버선, 덧신, 덧저고리

2. (일부 동사 앞에 붙어) '거듭' 또는 '겹쳐'의 뜻을 더하는 접두사

덧대다, 덧붙이다

접두사 되-

(일부 동사 앞에 붙어)

1. **'도로'**의 뜻을 더하는 접두사

되돌아가다, 되찾다, 되팔다

2. **'도리어'** 또는 **'반대로'**의 뜻을 더하는 접두사

되잡다, 되잡히다

3. **'다시'**의 뜻을 더하는 접두사

되살리다, 되새기다, 되씹다, 되풀다

접두사 빗-

1. (일부 동사 앞에 붙어) **'기울어지게'**의 뜻을 더하는 접두사

빗대다, 빗뚫다, 빗물다

2. (일부 동사 앞에 붙어) **'잘못'**의 뜻을 더하는 접두사

빗나가다, 빗듣다, 빗디디다, 빗맞다

3. (일부 명사 앞에 붙어) **'기울어진'**의 뜻을 더하는 접두사

빗금, 빗면, 빗이음, 빗천장

접두사 햇-

(일부 명사 앞에 붙어) **'그해에 난'**의 뜻을 더하는 접두사

햇감자, 햇과일, 햇병아리, 햇비둘기. **예외) 햅쌀, 해콩, 해팥, 해쑥**

접두사 설-

(일부 동사 앞에 붙어) **'충분하지 못하게'**의 뜻을 더하는 접두사

설익다, 설깨다, 설듣다, 설마르다, 설보다

접두사 쪽-

(일부 명사 앞에 붙어)

1. **'작은'**의 뜻을 더하는 접두사

쪽담, 쪽문, 쪽박, 쪽배, 쪽지

2. **'작은 조각으로 만든'**의 뜻을 더하는 접두사

쪽걸상, 쪽김치, 쪽마루

접두사 휘-

1. (일부 동사 앞에 붙어) **'마구'** 또는 **'매우 심하게'**의 뜻을 더하는 접두사

휘갈기다, 휘감다, 휘날리다, 휘늘어지다, 휘말다, 휘몰아치다, 휘젓다

2. (몇몇 형용사 앞에 붙어) **'매우'**의 뜻을 더하는 접두사

휘넓다, 휘둥그렇다, 휘둥글다

접두사 엿-

(몇몇 동사 앞에 붙어) **'몰래'**의 뜻을 더하는 접두사

엿듣다, 엿보다, 엿살피다

접두사 맞-

1. (일부 명사 앞에 붙어) **'마주 대하여 하는'** 또는 **'서로 엇비슷한'**의 뜻을 더하는 접두사

맞고함, 맞담배, 맞대결, 맞바둑, 맞적수

2. (일부 동사 앞에 붙어) '마주' 또는 '서로 엇비슷하게'의 뜻을 더하는 접두사

맞들다, 맞물다, 맞바꾸다, 맞부딪치다, 맞서다

접두사 비(非)-

(일부 명사 앞에 붙어) '아님'의 뜻을 더하는 접두사

비공식, 비무장, 비민주적, 비인간적, 비생산적, 비업무용

접두사 미(未)-

(일부 명사 앞에 붙어) '그것이 아직 아닌' 또는 '그것이 아직 되지 않은'의 뜻을 더하는 접두사

미개척, 미성년, 미완성, 미해결

접두사 막-

(일부 명사 앞에 붙어) '마지막' 뜻을 더하는 접두사

막차, 막판, 막바지

접두사 늦-

1. (일부 명사 앞에 붙어) '늦은'의 뜻을 더하는 접두사

늦공부, 늦가을, 늦더위, 늦바람, 늦장가

2. (몇몇 동사, 형용사 앞에 붙어) '늦게'의 뜻을 더하는 접두사

늦되다, 늦들다, 늦심다

접두사 맏-

1. (친족 관계를 나타내는 일부 명사 앞에 붙어) **'맏이'**의 뜻을 더하는 접두사

맏며느리, 맏사위, 맏손자, 맏아들

2. (몇몇 명사 앞에 붙어) **'그해에 처음 나온'**의 뜻을 더하는 접두사

맏나물, 맏배

접두사 잔-

1. '가늘고 작은'의 뜻을 더하는 접두사

잔가지, 잔뀌, 잔털

2. '자질구레한'의 뜻을 더하는 접두사

잔소리, 잔병, 잔심부름

접두사 애-

1. '어린, 작은'의 뜻을 더하는 접두사

애벌레, 애송아지, 애호박

주제별 한자성어

부모에 대한 효도

• **冬溫夏淸**(동온하정) 겨울에는 따뜻하게, 여름에는 서늘하게 한다는 뜻으로, 부모를 잘 섬기어 효도함을 이르는 말

- **望雲之情**(망운지정) 객지에서 자식이 고향에 계시는 부모를 그리는 마음
- **斑衣之戲**(반의지희) 늙은 나이에도 효도함을 이름 = 老萊之戲(노래지희)
- **反哺鳥**(반포조) 어미 새에게 먹을 것을 물어다 주는 새라는 뜻으로, 까마귀를 이름
- **反哺之孝**(반포지효) 까마귀 새끼가 자라서 늙은 어미에게 먹이를 물어다 주는 효라는 뜻
  으로, 자식이 자란 후에 어버이의 은혜를 갚는 효성을 이르는 말 = 反哺報恩(반포보은)
- **事親以孝**(사친이효) 世俗五戒(세속오계) 부모 섬김을 효도로써 함
- **陸績懷橘**(육적회귤) 육적이 어머니에게 드리기 위해 귤을 품었다는 데서 유래한 말로,
  지극한 효성을 가리킴 = 懷橘(회귤)
- **出告反面**(출곡반면) 나갈 때는 행선지를 아뢰고, 돌아와서는 부모님을 뵘
- **風樹之歎**(풍수지탄) 효도를 다하지 못한 채 어버이를 여읜 자식의 슬픔을 이름
- **昏定晨省**(혼정신성) 밤에는 부모의 잠자리를 보아 드리고 이른 아침에는 부모의 밤새 안
  부를 묻는다는 뜻으로, 부모를 잘 섬기고 효성을 다함

친구·우정

- **肝膽相照**(간담상조) 간과 쓸개를 서로 보여 줄 정도의 사귐
- **管鮑之交**(관포지교) 관중과 포숙의 사귐. 매우 돈독한 친구 관계를 의미함
- **金蘭之契**(금란지계) 쇠처럼 단단하고 난초같이 향기가 나는 관계
- **金蘭之交**(금란지교) 쇠처럼 단단하고 난초같이 향기가 나는 사귐
- **斷金之交**(단금지교) 쇠를 자를 정도의 단단한 사귐
- **莫逆之友**(막역지우) 거스름이 없는 친구
- **忘年之友**(망년지우) 나이 차이를 잊은 친구
- **刎頸之交**(문경지교) 목이 달아나도 변치 않을 정도의 사귐
- **伯牙絶絃**(백아절현) 중국 춘추시대 백아가 자신의 거문고 소리를 잘 들어주었던 절친한

벗 종자기가 죽자 절망하여 거문고 줄을 끊고 다시는 타지 않았다는 데서 유래한다. 자신을 알아주던 절친한 벗의 죽음을 슬퍼한다는 뜻

- 朋友有信(붕우유신) 五倫(오륜) 친구 간에는 신의가 있어야 함
- 松茂柏悦(송무백열) 소나무가 무성한 것을 보고 잣나무가 기뻐한다는 뜻으로, 벗이 잘 됨을 기뻐한다는 뜻
- 水魚之交(수어지교) 물과 물고기의 사귐. 유비와 제갈량이라는 뜻으로 매우 친밀한 관계 혹은 친밀한 임금과 신하 사이를 뜻함
- 竹馬故友(죽마고우) 대나무 말을 타고 놀던 옛 친구
- 知己之友(지기지우) 자기를 알아주는 친구 = 知己(지기)
- 芝蘭之交(지란지교) 지초와 난초 같은 향기로운 사귐
- 知音(지음) 마음이 통하는 벗
- 布衣之交(포의지교) 보잘 것 없고 어려운 시절의 사귐
- 高山流水(고산유수) 자기 마음속과 가치를 잘 알아주는 참다운 친구
- 半面之交(반면지교) 얼굴만 겨우 알 뿐이고 교제는 얕은 사이

불가능한 일

- 空中樓閣(공중누각) 공중에 나타나는 누각. 근거나 현실적 토대가 없는 가공의 사물. 진실성이나 현실성이 없는 일 = 蜃氣樓(신기루)
- 沙上樓閣(사상누각) 모래위에 누각을 지음. 기초가 약하여 오래가지 못하는 것
- 緣木求魚(연목구어) 나무에 올라 고기를 얻으려고 함. 목적과 수단이 맞지 않아 불가능한 일을 굳이 하려 함을 비유. 목적과 수단이 맞지 않아 불가능한 일을 굳이 하려 함을 비유
- 陸地行船(육지행선) 육지에서 배를 저으려 한다는 뜻으로, 안 되는 일을 억지로 하려고

함을 비유적으로 이르는 말

- **以卵投石**(이란투석) 계란을 바위에 던지기
- **指天射魚**(지천사어) 하늘을 향하여 물고기를 쏜다. 사물을 구하는 방법의 그릇됨을 비유

미인

- **傾國之色**(경국지색) 미모가 뛰어나 나라를 기울게 할 여자
- **丹脣皓齒**(단순호치) 붉은 입술과 하얀 이라는 뜻으로 여자의 아름다운 얼굴을 이르는 말
- **美人薄命**(미인박명) 미인은 불행한 일이 따르기 쉽고 요절(夭折)하기 쉽다는 말 = 佳人薄命(가인박명)
- **纖纖玉手**(섬섬옥수) 가냘프고 고운 여자의 손
- **窈窕淑女**(요조숙녀) 정숙하고 얌전한 여자
- **花容月態**(화용월태) 꽃 같은 얼굴과 달 같은 자태

평범한 사람

- **甲男乙女**(갑남을녀) 갑이라는 남자와 을이라는 여자
- **張三李四**(장삼이사) 장 씨 세 사람과 이 씨 네 사람(당시 흔했던 성씨임)
- **樵童汲婦**(초동급부) 나무하는 아이와 물 긷는 아낙네
- **匹夫匹婦**(필부필부) 평범한 남녀

노력의 중요성

- **磨斧作針**(마부작침) 도끼를 갈아 바늘을 만들다. 아무리 어려운 일이라도 꾸준히 노력하면 이룰 수 있다는 뜻
- **不狂不及**(불광불급) 미치지 않으면 미칠 수 없다. 어떤 목표를 달성하기 위해서는 최선

을 다해야 이룰 수 있다는 뜻

- **愚公移山**(우공이산) 어리석은 노인이 산을 옮김. 어떤 큰일이라도 끊임없이 노력하면 반드시 이루어짐 = 지성이면 감천

아주 작고 보잘 것 없음

- **九牛一毛**(구우일모) 아홉 마리 소 중의 털 한 개
- **滄海一粟**(창해일속) 푸른 바다에 좁쌀 한 톨

세상이 크게 변함

- **隔世之感**(격세지감) 오래지 않은 동안에 몰라보게 변하여 아주 다른 세상이 된 것 같은 느낌
- **桑田碧海**(상전벽해) 뽕나무 밭이 푸른 바다가 됨
- **天地開闢**(천지개벽) 하늘과 땅이 열림

아주 무식함

- **目不識丁**(목불식정) 고무래를 보고도 丁자를 알지 못함.
- **菽麥不辨**(숙맥불변) 콩과 보리를 구별하지 못한다는 말로 어리석고 못난 사람 = 숙맥(菽麥)
- **魚魯不辨**(어로불변) '魚'자와 '魯'자를 분별하지 못함
- **一字無識**(일자무식) 한 글자도 알지 못함

철없는 행동·무모한 행동

- **螳螂拒轍**(당랑거철) 사마귀가 수레를 막는다는 말로, 자기 분수를 모르고 상대가 되지 않는 사람이나 사물과 대적한다는 뜻 = 하룻강아지 범 무서운 줄 모른다

우연한 일치로 남에게 오해를 받음

• 烏飛梨落(오비이락) 까마귀가 날자 배 떨어짐

무례

• 傍若無人(방약무인) 곁에 사람이 없는 것 같음. 거리낌 없이 함부로 행동함
• 眼下無人(안하무인) 눈 아래 사람이 없음. 방자하고 교만하여 사람을 모두 얕잡아 봄
• 厚顔無恥(후안무치) 얼굴 가죽이 두꺼워 부끄러운 표정이 없음. 뻔뻔스러워 부끄러워
할 줄 모름

어떤 일에 일관성이 없음

• 高麗公事三日(고려공사삼일) 고려의 정책이나 법령은 기껏해야 사흘밖에 가지 못함
• 朝變夕改(조변석개) 아침저녁으로 뜯어 고침
• 朝令暮改(조령모개) 아침에 영(명령)을 내리고 저녁에 다시 고침

실패에도 굴하지 않음

• 百折不屈(백절불굴) 여러 번 꺾어져도 굽히지 않음
• 百折不撓(백절불요) 백 번 꺾여도 휘지 않는다는 뜻으로, 실패를 거듭해도 뜻을 굽히
지 않음
• 七顚八起(칠전팔기) 일곱 번 넘어지면 여덟 번째는 꼭 일어남

그리워하여 잊지 못함

• 寤寐不忘(오매불망) 자나 깨나 잊지 못함
• 輾轉反側(전전반측) 누워서 이리 뒤척 저리 뒤척 잠을 이루지 못함

견문이 좁음

- **管見**(관견) 붓 대롱 속으로 세상을 보는 것처럼 소견머리가 없음
- **井底之蛙**(정저지와) 우물 안의 개구리
- **坐井觀天**(좌정관천) 우물에 앉아서 하늘을 봄

견문이 넓음

- **博學多識**(박학다식) 학식이 넓고 아는 것이 많음
- **博學多聞**(박학다문) 학식과 견문이 썩 넓음
- **博學多才**(박학다재) 학식이 넓고 재주가 많음
- **卓見**(탁견) 뛰어난 견해(의견)

서로 모순됨

- **矛盾**(모순) 창과 방패. 일의 앞뒤가 서로 안 맞는 상태. 서로 대립하여 양립하지 못함
- **二律背反**(이율배반) 서로 모순되어 양립할 수 없는 두 개의 명제
- **自家撞着**(자가당착) 같은 사람의 말이나 행동이 앞뒤가 맞지 아니함. 자기모순

애타게 기다림

- **一日三秋**(일일삼추) = **一日(刻)如三秋**(일일(각)여삼추) 하루가 삼년 같이 애타게 기다림
- **鶴首苦待**(학수고대) 학의 목처럼 길게 늘여 애타게 기다림

학문·독서·공부

- **開卷有益**(개권유익) 책을 읽으면 유익하다는 뜻으로, 독서를 권장하는 말
- **刮目相對**(괄목상대) 옛날 중국의 오(鳴)나라의 노숙과 여몽 사이의 고사에서 나온 말로,

눈을 비비고 다시 보며 상대를 대한다는 뜻으로, 얼마동안 못 보는 사이에 상대가 깜짝 놀랄 정도의 발전을 보임을 뜻함

- 卷頭言(권두언) 책, 논문 등의 첫머리에 그 취지나 내용의 대강을 간략하게 적은 글. 책의 머리말
- 男兒須讀五車書(남아수독오거서) 남자는 모름지기 다섯 수레의 책을 읽어야 함. 다독(多讀)
- 讀書百遍義自見(독서백편의자현) 책을 백 번 읽으면 뜻이 저절로 드러남. 정독(精讀)
- 讀書三到(독서삼도) 독서하는 데는 눈으로 보고, 입으로 읽고, 마음으로 깨우쳐야 한다는 뜻
- 讀書三昧(독서삼매) 오직 책을 읽는 데에만 골몰하여 아무런 잡념이 일어나지 않는 상태
- 讀書尚友(독서상우) 책을 읽어서 옛날의 현인을 벗으로 삼음
- 燈火可親(등화가친) 서늘한 가을밤은 등불을 가까이 하여 글 읽기에 좋다는 말
- 手不釋卷(수불석권) 손에서 책을 놓지 아니함. 부지런히 공부함
- 韋編三絕(위편삼절) 질긴 가죽 끈이 세 번 끊어질 만큼 열심히 책을 읽음. 정독(精讀)
- 一日不讀書 口中生荊棘(일일부독서 구중생형극) 하루라도 책을 읽지 아니하면 입 속에 가시가 돋침
- 日就月將(일취월장) 날로 달로 나아감. 곧 학문이 계속 발전해 감
- 切磋琢磨(절차탁마) 옥을 갈고 닦듯이, 학문이나 덕행 등을 배우고 닦음을 이르는 말
- 晝耕夜讀(주경야독) 낮에는 밭을 갈고 밤에는 독서함
- 竹簡(죽간) 대나무로 만든 책
- 汗牛充棟(한우충동) 수레에 실으면 소가 땀을 흘리고, 집안에 쌓으면 마룻대까지 채울 만큼 책이 많음
- 螢雪之功(형설지공) 반딧불과 눈으로 쌓은 공. 어려운 처지에서도 학문에 힘써 이룬 공

| 독서의 종류 |

•강독(講讀) : 뜻을 밝혀가며 읽음

•난독(亂讀) : 순서나 체계, 내용에 관계없이 아무것이나 마구 읽음

•낭독(朗讀) : 소리 내어 읽음

•다독(多讀) : 많이 읽음

•만독(慢讀) : 천천이 읽음

•묵독(默讀) : 소리를 내지 않고 눈으로만 읽음

•발췌독(拔萃讀) = 적독(摘讀) : 필요한 부분만 뽑아 읽음

•성독(聲讀) : 소리 내어 읽음

•속독(速讀) : 빠르게 읽음

•송독(誦讀) : 외워서 읽음

•숙독(熟讀) : 충분히 뜻을 새기면서 읽음

•윤독(輪讀) : 돌려가며 읽음

•음독(音讀) : 소리 내어 읽음

•정독(精讀) : 자세히 읽음

•통독(通讀) : 건너뛰지 않고 처음부터 끝까지 훑어 읽음

| 참고 |

•난독(難讀) : 순서나 체계, 내용에 관계없이 아무것이나 마구 읽음 = 남독(濫讀)

•대독(代讀) : 대신 읽음

•애독(愛讀) : 즐겨 읽음

임시방편

- **姑息之計**(고식지계) 근본적인 해결책이 아닌 임시변통의 계책. 고식책
- **凍足放尿**(동족방뇨) 언 발에 오줌 누기
- **彌縫策**(미봉책) 깁고 꿰매는 계책. 일시적으로 눈가림으로 꾸미는 계책
- **下石上臺**(하석상대) 아랫돌 빼서 윗돌 괴기. 임시변통으로 이리저리 둘러맞춤

　↔ **拔本塞源**(발본색원) 뿌리를 뽑고 근원을 막음. 폐단의 근원을 아주 뽑아서 없애버림

위태로운 상황

- **孤立無援**(고립무원) 고립되어 도움을 받을 데가 없음
- **累卵之勢**(누란지세) 계란을 쌓아 놓은 형세
- **百尺竿頭**(백척간두) 백자나 되는 높은 장대 끝
- **四面楚歌**(사면초가) 아무에게도 도움을 받지 못하는 곤란한 지경
- **束手無策**(속수무책) 손을 묶은 것처럼 어찌할 도리가 없어 꼼짝 못함
- **進退兩難**(진퇴양난) 나아가도 물러나도 양쪽 모두 어려움
- **進退維谷**(진퇴유곡) 나아가도 물러나도 오직 계곡뿐임
- **焦眉之急**(초미지급) 눈썹에 불이 붙은 위급한 형세
- **風前燈火**(풍전등화) 바람 앞에 등불

환경의 중요성

- **近墨者黑**(근묵자흑) 먹을 가까이 하는 자는 먹물이 듦
- **近朱者赤**(근주자적) 붉은 것을 가까이 하는 자는 붉은 물이 듦
- **南橘北枳**(남귤북지) 귤이 변하여 탱자가 되다. 환경에 따라 사람이 악하게도, 착하게도 될 수 있다는 뜻 = **橘化爲枳**(귤화위지)

- 麻中之蓬(마중지봉) 삼밭에서 자라는 꾸불꾸불한 쑥이 붙들어 주지 않아도 곧게 자라듯 사람도 주위환경에 따라 선해지거나 악해짐
- 孟母三遷(之敎)(맹모삼천지교) 맹자의 어머니가 아들의 교육을 위해 집을 세 번이나 옮김

시초·시작·시발·발단

- 開祖(개조) 어떤 일을 처음 시작하여 그 일파의 원조가 되는 사람
- 濫觴(남상) 배를 띄울 정도의 큰 강물도 그 근원은 술잔을 띄울 정도의 작은 물이었다는 뜻으로 모든 사물의 시발점을 가리키는 말
- 未曾有(미증유) 아직 일찍이 있지 아니함, 지금까지 한 번도 있어 본 일이 없음
- 鼻祖(비조) 어떤 일을 가장 먼저 시작한 사람
- 前古未聞(전고미문) 전에는 들어보지 못한 일, 처음 듣는 일
- 前代未聞(전대미문) 앞 시대에(이제까지) 아직 들어보지 못함
- 前無後無(전무후무) 전에도 없었고 앞으로도 없음
- 前人未踏(전인미답) 앞 사람이 아직 밟지 못함. 이제까지 아무도 가(해)보지 않음(도달한 사람이 없음)
- 破天荒(파천황) 이전에 아무도 하지 못한 일을 처음으로 해냄을 이르는 말
- 嚆矢(효시) 우는 화살. 어떤 사물의 맨 처음

가장 뛰어난 사람·물건

- 間世之材(간세지재) 여러 세대를 통하여 드물게 나는 인재
- 群鷄一鶴(군계일학) 무리의 닭들 중에 있는 한 마리의 학. 수많은 사람들 가운데 뛰어난 한 사람

- 囊中之錐(낭중지추) 주머니 속의 송곳. 능력과 재주가 뛰어난 사람은 스스로 두각을 나타내게 됨
- 棟梁之材(동량지재) 한 집안이나 나라의 중임을 맡은 사람
- 頭角(두각) 머리의 뿔이란 뜻에서 여럿 중에서 특히 뛰어난 학식이나 재능을 이르는 말
- 白眉(백미) 흰 눈썹. 여럿 가운데 가장 뛰어난 것
- 俊傑(준걸) = 眞髓(진수) = 傑作(걸작)
- 鐵中錚錚(철중쟁쟁) 같은 무리 가운데서도 가장 뛰어난 사람을 비유하여 이르는 말
- 出衆(출중) 여러 사람 가운데서 뛰어남
- 泰山北斗(태산북두) 어떤 전문 분야에서'첫손을 꼽을 만큼 권위가 있는 사람'을 비유하여 이르는 말 = 泰斗(태두)

융통성이 없고 어리석음

- 刻舟求劍(각주구검) 시세의 변천도 모르고 낡은 것만 고집하는 미련하고 어리석음을 비유적으로 이르는 말
- 膠柱鼓瑟(교주고슬) 거문고의 기둥을 아교로 붙여놓고 거문고를 탄다는 뜻으로, 규칙만 고수하여 융통성이 없는 꼭 막힌 사람을 이르는 말
- 對牛彈琴(대우탄금) 소를 마주 대(對)하고 거문고를 탄다는 뜻으로, 어리석은 사람은 아무리 도리를 가르쳐도 알아듣지 못함을 이르는 말
- 尾生之信(미생지신) 고지식하여 융통성이 없음
- 守株待兎(수주대토) 어떤 착각에 빠져 되지도 않을 일을 공연히 고집하는 어리석음을 비유
- 揠苗助長(알묘조장) 곡식의 싹을 뽑아 자라남을 도움. 성공을 서두르다 도리어 해를 봄을 비유적으로 이르는 말 = 助長(조장)

484

겉 다르고 속 다름

- **口蜜腹劍**(구밀복검) 입속에는 꿀이 있고 배에 칼이 있음. 겉으로는 꿀맛 같이 절친한 척 하지만 내심으로는 음해할 생각을 하거나, 돌아서서 헐뜯는 것을 비유한 말
- **面從腹背**(면종복배) 얼굴은 따르지만 속으로는 배반함. 겉으로는 복종하는 체하면서도 속으로는 배반할 뜻을 품음
- **羊頭狗肉**(양두구육) 밖에는 양 머리를 걸어 놓고 안에서는 개고기를 판다는 뜻으로 겉 과 속이 다르다는 뜻과 얄팍한 술수로 속임을 말함
- **表裏不同**(표리부동) 겉과 속이 다름

예측할 수 없는 세상일

- **苦盡甘來**(고진감래) 괴로움이 다하면 즐거움이 옴
- **塞翁之馬**(새옹지마) 인생의 길흉화복은 예측하기가 어려움
- **轉禍爲福**(전화위복) 화가 변해 복이 됨
- **會者定離**(회자정리) **去者必反**(거자필반) 만난 자는 반드시 이별하고 떠난 자는 반드 시 돌아옴
- **興盡悲來**(흥진비래) 흥이 다하면 슬픔이 옴

가혹한 정치

- **苛斂誅求**(가렴주구) 가혹하게 거두고 목을 벨 것처럼 협박하여 구함. 관리가 세금 따위 를 가혹하게 받고 강제로 빼앗아 백성을 못 살게 구는 것
- **苛政猛於虎**(가정맹어호) 가혹한 정치가 호랑이 보다 무서움
- **塗炭之苦**(도탄지고) 진흙 수렁에 빠지고 숯불에 타는 듯한 고통이란 뜻으로, 학정에 시 달리는 백성들의 어려움을 가리키는 말

- **白骨徵布**(백골징포) 죽은 사람에게 세금을 거둠. 사람이 죽으면 군포 장부에서 빼야 하는데, 살아 있는 사람으로 남겨 군포를 받아 가던 일을 말함
- **黃口簽丁**(황구첨정) 어린아이를 장정으로 편입하여 군포를 징수함

한바탕의 헛된 꿈

- **邯鄲之夢**(한단지몽) 한단에서 꾼 꿈
- **南柯一夢**(남가일몽) 남쪽 나뭇가지의 꿈, 덧없는 한때의 꿈
- **人生無常**(인생무상) 인생은 덧없음
- **一場春夢**(일장춘몽) 한바탕의 봄꿈이라는 뜻으로, 인생의 부귀영화가 덧없이 사라짐을 비유
- **一炊之夢**(일취지몽) 밥 지을 동안의 짧은 시간에 꾼 꿈

가난하고 소박한 생활

= 가난한 집 신주(神主) 굶듯 한다
= 책력(달력) 보아 가며 밥 먹는다
= 목구멍에 풀칠한다
= 목구멍이 포도청
= 물에 빠져도 주머니밖에 뜰 것이 없다
- **男負女戴**(남부여대) 남자는 지고 여자는 이고 감. 곧 가난한 사람들이 떠돌아다니며 사는 것을 말함
- **簞食瓢飮**(단사표음) 한 소쿠리의 밥과 표주박의 물이라는 말. 매우 소박한 생활 = **一簞食一瓢飮**(일단사일표음)
- **簞瓢陋巷**(단표누항) 도시락과 표주박과 누추한 거리라는 뜻으로, 소박한 시골 생활을

비유하는 말

- **東家食西家宿**(동가식서가숙) 동쪽 집에서 밥을 먹고 서쪽 집에서 잠을 잔다는 뜻으로, 이곳저곳으로 떠돌아다니면서 얻어먹고 지냄을 이르는 말
- **三旬九食**(삼순구식) 서른 날에 아홉 끼니밖에 못 먹음
- **安貧樂道**(안빈낙도) 가난함을 편안히 여기고 도를 즐김
- **安分知足**(안분지족) 자신의 분수를 편안히 여기고 만족함을 앎

지나치면 안 됨

- **過猶不及**(과유불급) 지나친 것은 미치지 못하는 것과 같음
- **矯角殺牛**(교각살우) 뿔을 바로잡으려다 소를 죽임. 조그만 결점이나 흠을 고치려다 수단이 지나쳐서 도리어 일을 크게 그르침
- **矯枉過直**(교왕과직) 굽은 것을 바로잡으려다가 정도에 지나치게 곧게 한다는 뜻으로, 잘못을 바로잡으려다가 지나쳐서 오히려 더 나쁘게 됨을 이르는 말
- **欲速不達**(욕속부달) 빨리 하고자 하면 이루지 못함

은혜를 잊지 못함

- **刻骨難忘**(각골난망) 은혜를 입은 고마움이 뼈에 깊이 새겨져 잊히지 않음
- **結草報恩**(결초보은) 풀을 묶어 은혜를 갚음
- **白骨難忘**(백골난망) 백골이 된 후에도 잊기 어려움. 죽은 뒤에도 잊을 수 없을 정도로 큰 은혜나 덕을 입음

우유부단하고 남의 의견만 따름·남이 하는 대로 따라하는 비주체성

- **伏地不動**(복지부동) 땅에 엎드려 움직이지 아니한다는 뜻으로, 마땅히 해야 할 일을 하

지 않고 몸을 사림

- **附和雷同**(부화뇌동) 천둥이 치면 만물이 응하듯이 남의 의견을 무조건 따라함
- **首鼠兩端**(수서양단) 이쪽저쪽 눈치만 살피며 자기에게 이로운 쪽을 택하려는 태도를 이르는 말
- **左顧右眄**(좌고우면) 왼쪽을 돌아보고 오른쪽으로 곁눈질함
- **追友江南**(추우강남) 친구 따라 강남간다 = 숭어가 뛰니까 망둥이도 뛴다

차이가 없고 거의 같음

- **難兄難弟**(난형난제) 누구를 형이라 하고 누구를 동생이라고 말하기 어렵다는 뜻으로, 누가 더 나은지 우열을 가리기 힘들다는 뜻 = 청명에 죽으나 한식에 죽으나
- **大同小異**(대동소이) 큰 차이 없이 거의 같음
- **莫上莫下**(막상막하) 위나 아래가 없음
- **伯仲之勢**(백중지세) 첫째와 둘째를 가리기 힘든 형세 = **伯仲之間**(백중지간)
- **五十步百步**(오십보백보) 오십 걸음 백 걸음. 차이가 매우 적어 본질적으로는 차이가 없음
- **龍虎相搏**(용호상박) 용과 호랑이가 서로 치면서 싸움. 강자끼리의 싸움
- **互角之勢**(호각지세) 호각은 두 뿔(角)이 길이나 굵기에서 큰 차이가 없다는 뜻으로, 서로 비슷비슷한 위세를 말함
  ↔ **雲泥之差**(운니지차) 구름과 진흙의 차이라는 뜻으로, 서로 간의 차이가 매우 심함을 이르는 말
- **天壤之差**(천양지차) 하늘과 땅처럼 큰 차이란 뜻으로, 사물이 서로 엄청나게 다름을 이르는 말

입장이 뒤바뀜

- **本末顚倒**(본말전도) 근본이 되는 중요한 것과 중요치 않은 것이 거꾸로 됨
- **主客顚倒**(주객전도) 주인과 손님이 거꾸로 됨. 사물의 경중·선후·완급이 서로 바뀜

탄식의 심정

- **晩時之歎**(만시지탄) 때가 이미 늦었다는 탄식
- **亡羊之歎**(망양지탄) 학문의 길이 다양하여 갈피를 잡을 수 없다는 탄식
- **麥秀之歎**(맥수지탄) 나라가 망함을 탄식 = **亡國之歎**(망국지탄)
- **髀肉之歎**(비육지탄) 재능을 발휘할 기회를 찾지 못하고 허송세월만 보냄
- **風樹之歎**(풍수지탄) 효도를 못하고 어버이를 여읜 탄식

협동의 중요성

- **孤掌難鳴**(고장난명) 외손뼉은 울릴 수 없다는 뜻으로, 혼자서는 일을 이루지 못하거나, 맞서는 사람이 없으면 싸움이 되지 않음을 일컬음
- **獨不將軍**(독불장군) 혼자서는 장군이 될 수 없다는 뜻으로, 남과 의논하고 협조하여야 함
- **十匙一飯**(십시일반) 열 사람이 밥을 한 술씩만 보태어도 한 사람이 먹을 밥은 된다는 뜻으로, 여러 사람이 힘을 합하면 한 사람쯤은 구제하기 쉽다는 말 = 백지장도 맞들면 낫다

남의 언행을 보고 배움

- **龜鑑**(귀감) 거울로 삼아 본받을 만한 모범 = **正面敎師**(정면교사)
- **反面敎師**(반면교사) 다른 사람이나 사물의 부정적인 측면에서 가르침을 얻음

- **他山之石**(타산지석) 남의 산의 돌맹이. 다른 사람의 하찮은 언행도 자기의 지식과 인격을 닦는 데에 도움이 된다는 의미

좌절하지 않는 의지적 인간형

- **捲土重來**(권토중래) 한번 싸움에 패하였다가 다시 힘을 길러 쳐들어오는 일, 또는 어떤 일에 실패한 뒤 다시 힘을 쌓아 그 일에 재차 착수하는 것
- **獨也靑靑**(독야청청) 홀로 푸르다는 뜻으로, 홀로 높은 절개를 지켜 늘 변함이 없음을 비유하여 이르는 말
- **臥薪嘗膽**(와신상담) 원수를 갚거나 어떤 목적을 이루기 위해 괴로움을 참고 견딤
- **切齒腐心**(절치부심) 몹시 분하여 이를 갈며 속을 썩임

점점 더 발전하는 사람

- **刮目相對**(괄목상대) 눈을 비비고 상대편을 본다는 뜻으로, 남의 학식이나 재주가 놀랄 만큼 부쩍 늚 = 오래 움츠린 개구리가 멀리 뛴다
- **大器晚成**(대기만성) 큰 그릇은 늦게 이루어짐
- **日新又日新**(일신우일신) 나날이 발전함
- **日就月將**(일취월장) 나날이 발전함

권세를 이용하여 위세를 부리는 인간형

- **指鹿爲馬**(지록위마) 윗사람을 농락하여 권세를 마음대로 휘두르는 짓. 모순된 것을 우겨서 다른 사람을 속이려는 짓
- **狐假虎威**(호가호위) 여우가 호랑이의 위세를 빌려 다른 짐승을 놀라게 한다는 뜻으로, 남의 권세를 빌려 허세를 부림을 이르는 말

후배나 제자가 선배나 스승보다 더 뛰어남

- **靑出於藍**(청출어람) 제자가 스승보다 뛰어남
- **後生可畏**(후생가외) 후배들이 선배들보다 나아질 가능성이 높아 나중에 두려운 존재가 될 수 있음

소문

- **街談巷設**(가담항설) 거리나 항간에 떠도는 소문
- **流言蜚語**(유언비어) 아무 근거 없이 널리 퍼진 소문. 떠돌아다니는 말

스스로의 잘못과 스스로의 해결

- **結者解之**(결자해지) 매듭을 묶은 자가 풀어야 한다는 뜻으로, 일을 저지른 사람이 일을 해결해야 함을 비유
- **自業自得**(자업자득) 자기가 저지른 일의 결과를 자기가 받음

한 가지 일에만 정신 집중

- **無我之境**(무아지경) 정신이 한 곳에 쏠려 스스로를 잊고 있는 경지
- **三昧境**(삼매경) 불교에서 잡념을 버리고 한가지 일에 정신을 집중하는 일. 다른 말 아래 쓰이어, 그 일에 열중하여 여념이 없음을 이름

일이 겹침

- **錦上添花**(금상첨화) 좋은 것에 더 좋은 것이 겹침 = 도랑 치고 가재 잡는다
- **雪上加霜**(설상가상) 눈 위에 서리가 내림. 어려운 상황에서 더욱 처지가 곤란해짐 = 뇌성(雷聲-우레 소리)에 벽력 = 흉년에 윤달 = 엎친 데 덮친 격

자연을 몹시 사랑함

- **煙霞痼疾**(연하고질) 자연을 사랑함이 고질이 됨
- **泉石膏肓**(천석고황) 자연을 사랑함이 병이 됨. 자연을 사랑함이 지극하여, 마치 불치의 깊은 병에 걸린 것 같이 됨

끼리끼리 어울림, 같은 처지에 같은 감정과 생각

- **同苦同樂**(동고동락) 괴로움도 즐거움도 함께 함 = 가재는 게 편이요 초록은 한 빛이라 = 과부 사정은 홀아비가 안다 = 날개가 같은 새들이 함께 모인다(Birds of a feather flock together)
- **同病相憐**(동병상련) 같은 병을 앓고 있는 사람끼리 서로 가엾게 여긴다는 뜻
- **類類相從**(유유상종) 같은 무리끼리 서로 사귐

기회주의형 인간

- **甘呑苦吐**(감탄고토) 달면 삼키고 쓰면 뱉는다.
- **曲學阿世**(곡학아세) 자기가 배운 것을 올바르게 펴지 못하고 그것을 굽혀가면서 세속에 아부하여 출세하려는 태도나 행동을 가리키는 말
- **巧言令色**(교언영색) 말을 교묘하게 꾸미고 얼굴빛을 예쁘게 꾸밈. 남의 환심을 사기 위해 말을 교묘하게 하고 표정을 좋게 꾸밈
- **炎凉世態**(염량세태) 세력이 있을 때는 아첨하여 따르고 세력이 없어지면 푸대접하는 세상인심
- **兎死狗烹**(토사구팽) 토끼가 죽으면 사냥개를 삶아 먹음. 쓸모 있을 때는 이용하다가 가치가 없어지면 버림

四君子(사군자) = 梅蘭菊竹(매란국죽)

동양화에서, 매화·난초·국화·대나무를 그린 그림. 또는 그 소재. 고결함을 상징으로 하는 문인화의 대표적 소재

- **歲寒孤節**(세한고절) 추운 계절에도 혼자 푸르른 '대나무'를 비유
- **牙致高節**(아치고절) 우아한 풍치와 고상한 절개. '매화'를 비유
- **傲霜孤節**(오상고절) 서릿발 속에서도 굽히지 않고, 외로이 지키는 절개라는 뜻으로, '국화'를 비유하여 이르는 말
- **外柔內剛**(외유내강) 겉으로 보기에는 부드러우나 마음속은 꿋꿋하고 굳세다는 것을 이르는 말. '난초'를 비유

마음과 마음이 서로 통함

- **敎外別傳**(교외별전) 선종에서, 부처의 가르침을 말이나 글에 의하지 않고 바로 마음에서 마음으로 전하여 진리를 깨닫게 하는 법
- **拈花微笑**(염화미소) 불교에서 말로 통하지 아니하고 마음에서 마음으로 전하는 일
- **不立文字**(불립문자) 불도의 깨달음은 마음에서 마음으로 전하는 것이므로 말이나 글에 의지하지 않는다는 뜻
- **心心相印**(심심상인) 말없이 마음과 마음으로 뜻을 전함
- **以心傳心**(이심전심) 마음과 마음으로 서로 뜻이 통함

한 가지 일로 두 가지 이익을 얻음

- **一擧兩得**(일거양득) 한 가지 일을 하여 두 가지 이익을 얻음 = 도랑치고 가재 잡고 = 꿩 먹고 알 먹고 = 배 먹고 이 닦기 = 임도 보고 뽕도 따고
- **一石二鳥**(일석이조) 돌 한 개를 던져 새 두 마리를 잡음

자연(대상)과 하나가 된 심정(상태)

- **物心一如**(물심일여) 사물과 마음이 구분 없이 하나의 근본으로 통합됨
- **物我一體**(물아일체) 외물과 내가 하나가 된 상태
- **主客一體**(주객일체) 주체와 객체가 하나가 됨

옛 것을 익히고 그것을 미루어서 새것을 앎

- **法古創新**(법고창신) 옛 것을 본받아 새로운 것을 창조한다는 뜻으로, 옛것에 토대를 두되 그것을 변화시킬 줄 알고 새 것을 만들어 가되 근본을 잃지 않아야 한다는 뜻
- **溫故知新**(온고지신) 옛 것을 익히고 나아가 새 것을 앎

사후에 뒤늦게 대비함

- **死後藥方文**(사후약방문) 죽은 뒤에 약의 처방을 한다는 뜻으로, 때가 지난 뒤에 어리석게 애를 쓰는 경우를 비유적으로 이르는 말 = 소 잃고 외양간 고친다
  - ↔ **有備無患**(유비무환) 준비하면 걱정이 없음

천리 길도 한 걸음부터

- **登高自卑**(등고자비) 높은 곳에 오르려면 낮은 곳에서부터 출발해야 한다는 뜻으로, 모든 일에는 순서가 있다는 말

자기 중심적 판단과 이기적인 행위

- **牽強附會**(견강부회) 억지로 끌어다 붙여 모음. 이치에 맞지 아니한 말을 끌어대어 자신의 논리에 맞도록 함
- **我田引水**(아전인수) 자기 논에 물 대기라는 뜻으로, 자기에게만 이롭게 되도록 생각하거

나 행동함을 이르는 말

- **賊反荷杖**(적반하장) 도둑이 되레 매를 든다는 뜻으로 '잘못한 사람이 도리어 잘한 사람을 나무라는 경우'를 이르는 말 = 똥 묻은 개가 겨 묻은 개를 나무란다 = 방귀 뀐 놈이 성 낸다 = 문비(門神)를 거꾸로 붙이고 환쟁이만 나무란다 = 소경이 개천 나무란다 = 물에 빠진 놈 건져 놓으니까 내 봇짐 내라 한다 = 되술레 잡다
  ↔ **易地思之**(역지사지) 남과 처지를 바꾸어 생각함

짧은 글의 감동

- **寸鐵殺人**(촌철살인) 작고 날카로운 쇠붙이로도 사람을 죽일 수 있다는 뜻으로, 짧은 경구로도 사람을 크게 감동시킬 수 있음을 이르는 말

세상 물정을 모르는 사람

- **白面書生**(백면서생) 글만 읽고 세상에 대한 실제 경험은 없는 사람 = 책상물림 = 먹물

같은 처지이나 서로 다른 생각

- **同床異夢**(동상이몽) 같은 자리에 자면서 다른 꿈을 꾼다는 뜻으로, 겉으로는 같이 행동하면서도 속으로는 각각 딴생각을 하고 있음을 이르는 말
  ↔ **以心傳心**(이심전심) 마음과 마음이 서로 통함

나쁜 관계에 있는 사람이 협력해야 하는 상황

- **吳越同舟**(오월동주) 서로 나쁜 관계에 있는 사람들이 같은 처지에 놓여 어쩔 수 없이 협력해야 하는 상태가 되거나 원수끼리 서로 마주치게 됨을 이르는 말

여럿이 시끄럽게 떠듦

- **眾口難防**(중구난방) 여러 사람의 입은 막기가 어렵다는 뜻으로, 일일이 막아 내기 어렵게 사방에서 마구 지껄여 댐을 이르는 말

마음에 깊이 새겨 둠

- **刻骨銘心**(각골명심) 뼈에 새기고 마음에 새김

고래 싸움에 새우 등 터진다

- **間於齊楚**(간어제초) '약한 이가 강한 이들 틈에 끼여 괴로움을 받는 일'을 이르는 말. 주나라 말엽, 등나라가 두 큰 나라인 제·초 사이에 끼여 괴로움을 받았다는 데서 유래함

갈수록 재미있게 전개됨

- **漸入佳境**(점입가경) 가면 갈수록 경치가 더해진다는 뜻으로, 일이 점점 더 재미있는 지경으로 돌아가는 것을 비유

중매쟁이

- **月下氷人**(월하빙인) 달빛 아래 노인과 얼음위의 사람. 부부의 인연을 맺어주는 '중매쟁이'

화합할 수 없는 사이

- **犬猿之間**(견원지간) 개와 원숭이 같은 사이
- **氷炭之間**(빙탄지간) 얼음과 숯불처럼 서로 화합될 수 없는 사이 또는 서로 성질이 반대인 사물

공정함

- **公平無私**(공평무사) 공정하여 사사롭지 아니함
- **不偏不黨**(불편부당) 아주 공평하여 어느 한쪽으로 치우치지 아니함
- **鐵面無私**(철면무사) 사사로운 정에 구애되지 않음

최선을 다함

- **破釜沈船**(파부침선) 솥을 깨뜨려 다시 밥을 짓지 않고 배를 가라앉혀 강을 건너 돌아가지 아니한다는 뜻으로, 죽을힘을 다하여 싸움에 임함을 비유

동물과 관련된 한자성어

馬 말

- **老馬之智**(노마지지) 늙은 말의 지혜. 아무리 하찮은 것일지라도 저마다 장기(長技)나 장점을 지니고 있음
- **馬脚**(마각) 가식하여 숨긴 본성이나 진상 (예 : 마각을 드러내다)
- **馬耳東風**(마이동풍) 말의 귀에 봄바람이 지나감. 남의 의견이나 비평을 전혀 귀담아 듣지 않음. 아무리 말하여도 소용없음 = **牛耳讀經**(우이독경) 소귀에 경 읽기
- **塞翁之馬**(새옹지마) 인생의 길흉화복은 변화가 많아서 예측하기가 어렵다는 말
- **走馬加鞭**(주마가편) 달리는 말에 채찍질한다는 뜻으로 '열심히 하는 사람을 더 부추기거나 몰아침'을 이르는 말
- **走馬看山**(주마간산) 일을 대충 대충 처리함. 말을 타고 달리면서 산을 바라본다는 뜻으

로, 일이 몹시 바빠서 이것저것 자세히 살펴볼 틈도 없이 대강대강 훑어보고 지나침을
비유한 말 = 수박 겉핥기

- **走馬燈**(주마등) 달리는 말을 그린 등. 어떤 일들이 덧없이 빠르게 지나가다
- **指鹿爲馬**(지록위마) 사슴을 가리켜 말이라고 하다. 윗사람을 농락하여 권세를 마음대
  로 휘두르는 짓. 모순된 것을 우겨서 다른 사람을 속이려는 짓
- **天高馬肥**(천고마비) 하늘이 높고 말이 살찐다는 뜻으로, 하늘이 맑아 높푸르게 보이고
  온갖 곡식이 는 가을철을 이르는 말

虎 범

- **騎虎之勢**(기호지세) 무슨 일을 하다가 도중에 그만두려 하여도 그만둘 수 없는 형편
  을 이르는 말
- **三人成虎**(삼인성호) 세 명이 시장에 호랑이가 나타났다고 하면 곧이 믿게 된다는 뜻으
  로, 거짓말이라도 여러 사람이 똑같이 하면 믿게 된다는 말
- **宿虎衝鼻**(숙호충비) 자는 호랑이의 코를 찌른다는 뜻으로, 가만히 있는 사람을 공연히
  건드려서 화를 입거나 일을 불리하게 만듦을 이르는 말 = 긁어 부스럼
- **龍虎相搏**(용호상박) 용과 범이 서로 싸운다는 뜻으로, 실력이 비슷한 두 강자가 서로 싸움
- **狐假虎威**(호가호위) 여우가 호랑이의 위세를 빌려 다른 짐승을 놀라게 한다는 뜻으로,
  남의 권세를 빌려 허세를 부림을 비유하여 이르는 말
- **虎口**(호구) 범의 아가리라는 뜻으로, 매우 위태로운 처지나 형편을 뜻함. 또는 어수룩해
  서 이용하기 좋은 사람을 비유적으로 이르는 말. 바둑에서는 바둑돌 석 점이 둘러싸고
  한쪽만이 트인 그 속을 가리킴
- **虎死留皮**(호사유피) 호랑이는 죽어서 가죽을 남긴다는 뜻으로, 사람은 죽어서 명예를
  남겨야 함을 이르는 말

- **虎視耽耽**(호시탐탐) 호랑이가 눈을 부릅뜨고 먹이를 노려본다는 뜻으로, 공격이나 침략의 기회를 노리는 모양. 또는 어떤 일에 대비하여 방심하지 않고 가만히 정세를 관망함을 비유하여 이르는 말
- **虎視牛步**(호시우보) 호랑이처럼 모든 상황을 잘 주시하되, 실제 행동은 소처럼 신중히 하라는 뜻

원숭이

- **犬猿之間**(견원지간) 개와 원숭이 사이. 서로 사이가 좋지 않음을 비유
- **斷腸**(단장) 창자가 끊어질 듯한 슬픔을 비유한 말
- **朝三暮四**(조삼모사) 간사한 꾀로 남을 속여 희롱함을 이르는 말

牛 소

- **矯角殺牛**(교각살우) 소의 뿔을 바로잡으려다가 소를 죽인다는 뜻으로, 잘못된 점을 고치려다가 그 방법이나 정도가 지나쳐 오히려 일을 그르침을 이르는 말
- **九牛一毛**(구우일모) 아홉 마리의 소 가운데 박힌 하나의 털이란 뜻으로, 매우 많은 것 가운데 극히 적은 수를 이르는 말
- **碧昌牛**(벽창우) 미련하고 고집이 센 사람을 비유. 평안북도 벽동과 창성 지방에 있는 고집이 센 소 = 벽창호
- **牛骨塔**(우골탑) 가난한 농가에서 소를 팔아 마련한 학생의 등록금으로 세운 건물이라는 뜻으로, '대학'을 속되게 이르는 말
- **牛步**(우보) 소의 걸음이란 뜻으로, 느린 걸음을 이르는 말
- **牛耳讀經**(우이독경) 쇠귀에 경 읽기라는 뜻으로, 아무리 가르치고 일러 주어도 알아듣지 못함을 이르는 말 = **牛耳誦經**(우이송경) 쇠귀에 경 읽기

- **汗牛充棟**(한우충동) 짐으로 실으면 소가 땀을 흘리고, 쌓으면 들보에까지 찬다는 뜻으로, 가지고 있는 책이 매우 많음을 이르는 말

龍 용

- **登龍門**(등용문) 용문(龍門)에 오른다는 뜻으로, 입신출세의 관문을 일컫는 말
- **臥龍鳳雛**(와룡봉추) 엎드려 있는 용과 봉황의 새끼라는 뜻으로, 초야에 숨어 있는 훌륭한 인재를 이르는 말
- **龍頭蛇尾**(용두사미) 용대가리에 뱀의 꼬리란 말로 시작은 그럴 듯하나 끝이 흐지부지함
- **龍鬚鐵**(용수철) 늘고 주는 탄력이 있는 나선형으로 된 쇠줄
- **畵龍點睛**(화룡점정) 용을 그린 다음 마지막으로 눈동자를 그린다는 뜻으로 가장 요긴한 부분을 마치어 일을 끝냄을 이르는 말

羊 양

- **九折羊腸**(구절양장) 아홉 번 굽어진 양의 창자라는 뜻이며 비유적으로 산길이 꼬불꼬불하고 험한 것을 이르거나 또는 세상이 복잡하여 살아가기 어려움을 나타내는 말로 쓰임
- **亡羊之歎**(망양지탄) 학문의 길이 다방면이어서 진리를 깨치기 어려움을 뜻함. 방침이 많아서 어찌할 바를 모름 = **多岐亡羊**(다기망양)
- **羊頭狗肉**(양두구육) 양의 머리를 걸어 놓고 개고기를 판다는 뜻으로, 겉보기만 그럴듯하게 보이고 속은 변변하지 아니함을 이르는 말
- **犧牲羊**(희생양) 신에게 제사를 드리기 위해 바친 양에서 유래. 남을 대신해서 몸이나 재물 등을 바치다는 의미

狐 여우

- **首丘初心**(수구초심) 여우가 죽을 때에 머리를 자기가 살던 굴 쪽으로 바르게 하고 죽는다는 말로, 고향을 그리워하는 마음을 비유한 것
- **狐假虎威**(호가호위) 여우가 호랑이의 위세를 빌려 다른 짐승을 놀라게 한다는 뜻으로, 남의 권세를 빌려 허세를 부림을 비유하여 이르는 말

烏 까마귀

- **反哺烏**(반포조) 까마귀
- **反哺之孝**(반포지효) 까마귀 새끼가 자라서 늙은 어미에게 먹이를 물어다 주는 효라는 뜻으로, 자식이 자란 후에 어버이의 은혜를 갚는 효성을 이르는 말
- **烏骨鷄**(오골계) 까마귀처럼 검은 닭의 품종
- **烏飛梨落**(오비이락) 까마귀 날자 배 떨어진다는 뜻으로, 아무 관계도 없이 한 일이 공교롭게도 때가 같아 억울하게 의심을 받거나 난처한 위치에 서게 됨을 이르는 말
- **烏鵲橋**(오작교) 까마귀와 까치가 만든 다리. 칠월 칠석(음력 7월 7일)
- **烏合之卒**(오합지졸) 까마귀 떼처럼 아무런 통제 없는 무리를 비유하는 말

鷄 닭

- **鷄口牛後**(계구우후) 닭의 주둥이와 소의 꼬리라는 뜻으로, 큰 단체의 꼴찌보다는 작은 단체의 우두머리가 되는 것이 오히려 나음을 이르는 말
- **鷄卵有骨**(계란유골) 계란이 곯았다는 뜻으로 일이 공교롭게 틀어짐을 뜻함 = 재수 없는 포수는 곰을 잡아도 웅담이 없다 = 도둑을 맞으려면 개도 안 짖는다 = 밀가루 장사를 하면 바람이 불고, 소금 장사를 하면 비가 온다
- **鷄肋**(계륵) 닭갈비라는 뜻으로, 그다지 큰 소용은 없으나 버리기에는 아까운 것을 이르

는 말

- **鷄鳴狗盜**(계명구도) 천박한 꾀를 써서 남을 속이는 사람 혹은 하찮은 재주도 쓸모가 있음을 이르는 말
- **群鷄一鶴**(군계일학) 닭의 무리 가운데에서 한 마리의 학이란 뜻으로, 많은 사람 가운데서 뛰어난 인물을 이르는 말

鶴 학

- **群鷄一鶴**(군계일학) 닭의 무리 가운데에서 한 마리의 학이란 뜻으로, 많은 사람 가운데서 뛰어난 인물을 이르는 말
- **鶴首苦待**(학수고대) 학의 목처럼 목을 길게 빼고 간절히 기다림

犬, 狗 개

- **犬馬之勞**(견마지로) 개나 말 정도의 하찮은 힘이란 뜻으로, 임금이나 나라를 위해 충성을 다하는 것을 비유한 말
- **犬猿之間**(견원지간) 개와 원숭이 사이. 서로 사이가 좋지 않음을 비유
- **犬兎之爭**(견토지쟁) 힘들이지 않고 제 삼자가 이득을 봄 = **漁父之利**(어부지리) = **蚌鷸之爭**(방휼지쟁)
- **鷄鳴狗盜**(계명구도) 천박한 꾀를 써서 남을 속이는 사람 혹은 하찮은 재주도 쓸모가 있음을 이르는 말
- **喪家之狗**(상가지구) 상갓집 개라는 뜻으로, 수척하고 초라한 모습으로 여기저기를 떠돌아다니며 얻어먹을 것만 찾아다니는 사람을 비유한 말
- **走狗**(주구) 사냥할 때 부리는 잘 달리는 개. 남의 앞잡이 노릇을 하는 사람을 이름
- **兎死狗烹**(토사구팽) 토끼가 죽으면 토끼를 잡던 사냥개도 필요 없게 되어 주인에게 삶

아 먹힌다는 뜻으로, 필요할 때는 쓰고 필요 없을 때는 야박하게 버리는 경우를 이르는 말

龜 거북

- 龜鑑(귀감) 거울로 삼아 본받을 만한 모범
- 龜裂(균열) 거북의 등에 있는 무늬처럼 갈라져 터짐

魚 물고기

- 釜中之魚(부중지어) 솥 안에 있는 물고기라는 뜻으로, 죽음이 눈앞에 닥쳐 온 것을 이르는 말
- 水魚之交(수어지교) 물이 없으면 살 수 없는 물고기와 물의 관계라는 뜻으로, 아주 친밀하여 떨어질 수 없는 사이를 비유적으로 이르는 말
- 魚頭肉尾(어두육미) 생선은 대가리 쪽이, 짐승은 꼬리 쪽이 맛이 좋다는 말
- 緣木求魚(연목구어) 나무에 올라가서 물고기를 구한다는 뜻으로, 도저히 불가능한 일을 굳이 하려 함을 비유적으로 이르는 말

螺 소라

- 螺絲(나사) 소라의 껍데기처럼 빙빙 비틀리어 고랑이 진 물건
- 螺線(나선) 물체의 겉모양이 소라 껍데기처럼 빙빙 비틀린 것

鳥 새

- 一石二鳥(일석이조) 돌 한 개를 던져 새 두 마리를 잡는다는 뜻으로, 동시에 두 가지 이득을 봄을 이르는 말

- **鳥瞰圖**(조감도) 높은 곳에서 내려다본 상태의 그림이나 지도
- **鳥足之血**(조족지혈) 새발의 피라는 뜻으로 '아주 적은 분량'을 비유

蛇 뱀

- **蛇行川**(사행천) 뱀이 기어가는 모양처럼 구불구불 흘러가는 하천. '곡류'로 순화
- **長蛇陣**(장사진) 많은 사람이 줄을 지어 길게 늘어선 모양을 이르는 말. 예전의 병법에서, 한 줄로 길게 벌인 군진(軍陣)의 하나
- **畫蛇添足**(화사첨족) 하지 않아도 될 쓸데없는 일을 덧붙여 하다가 도리어 일을 그르침을 이르는 말 = 蛇足(사족)

兎 토끼

- **犬兎之爭**(견토지쟁) 힘들이지 않고 제 삼자가 이득을 봄
- **守株待兎**(수주대토) 한 가지 일에만 얽매여 발전을 모르는 어리석고 융통성이 없는 사람을 비유적으로 이르는 말
- **兎死狗烹**(토사구팽) 토끼가 죽으면 토끼를 잡던 사냥개도 필요 없게 되어 주인에게 삶아 먹히게 된다는 뜻으로, 필요할 때는 쓰고 필요 없을 때는 야박하게 버리는 경우를 이르는 말

麒麟 기린

- **麒麟兒**(기린아) 재주가 남달리 뛰어나고 총명해 촉망받는 젊은이를 가리킬 때 흔히 쓰는 말 = 유망주 = 샛별 = 총아(寵兒) 많은 사람들로부터 특별한 사랑을 받는 사람
  ↔ 돈아(豚兒) 어리석고 철이 없는 아이라는 뜻으로, 남에게 자기의 아들을 낮추어 이르는 말

象 코끼리

- **群盲撫象**(군맹무상) 여러 소경이 코끼리를 어루만짐. 사물을 전체적으로 보지 못하고 일부분에만 집착함
- **象牙塔**(상아탑) 속세를 떠나 오로지 학문이나 예술에만 잠기는 경지. '대학(大學)'을 비유적으로 이르는 말

蛙 개구리

- **井底之蛙**(정저지와) 우물 안 개구리. 견문이 좁음

獅子 사자

- **獅子吼**(사자후) 진리나 정의를 당당히 설파하는 것 또는 크게 열변을 토하는 것을 비유한 말

豹 표범

- **豹變**(표변) 표범의 털가죽이 아름답게 변해 가는 것처럼 군자는 자기 잘못을 고쳐 선(善)으로 향하는 데 신속함을 말함

猪 멧돼지 ≒ 豚(돈)돼지

- **猪突的**(저돌적) 앞뒤 헤아림 없이 곧장 돌진하거나 실행하는 것

蝴蝶 나비

- **蝴蝶之夢**(호접지몽) 나비가 된 꿈이라는 뜻으로, 물아일체(物我一體)의 경지, 또는 인생의 무상함을 비유하여 이르는 말

蠶 누에

- **養蠶**(양잠) 누에를 기름
- **蠶食**(잠식) 조금씩 침노하여 먹어 들어감
- **蠶室**(잠실) 누에를 치는 방

蚊 모기

- **見蚊拔劍**(견문발검) 모기를 보고 검을 뺀다는 뜻으로, 하찮은 일에 너무 거창하게 덤 빈다는 말

螳螂 사마귀

- **螳螂拒轍**(당랑거철) 제 역량을 생각하지 않고, 강한 상대나 되지 않을 일에 덤벼드는 무 모한 행동거지를 비유적으로 이르는 말

螢 반딧불

- **螢光燈**(형광등) 진공 유리관 속에 수은과 아르곤을 넣고 안쪽 벽에 형광 물질을 바른 방전등
- **螢雪之功**(형설지공) 반딧불과 눈으로 쌓은 공. 어려운 처지에서도 학문에 힘써 이룬 공

蜂 벌

- **蜜月**(밀월) 허니문. 꿀같이 달콤한 달이라는 뜻으로, 결혼 직후의 즐겁고 달콤한 시기를 비유적으로 이르는 말. 친밀한 관계를 비유적으로 이르는 말
- **蜂起**(봉기) 벌 떼처럼 많은 사람이 한꺼번에 들고 일어남
- **蜂蜜**(봉밀) 꿀

506

狙, 猿 원숭이

- **犬猿之間**(견원지간) 개와 원숭이 사이. 서로 사이가 좋지 않음
- **狙擊**(저격) 긴 팔 원숭이가 틈을 노려 후려치다. 어떤 대상을 겨냥하여 쏨

狼 이리

- **狼藉**(낭자) 이리의 깔개(잠자리). 물건 따위가 마구 흐트러져 있어 어지러운 모양
- **狼狽**(낭패) 실패나 사고를 당하여 난감한 처지가 됨

猫 고양이

- **猫項懸鈴**(묘항현령) 고양이 목에 방울 달기라는 뜻으로, 실행하지 못할 것을 헛되이 논의함을 이르는 말 = **卓上空論**(탁상공론)
- **黑猫白猫論**(흑묘백묘론) 검은 고양이든 흰 고양이든 쥐만 잘 잡으면 된다는 뜻으로, 1970년대 말부터 등소평(덩샤오핑)이 취한 중국의 경제정책

梟 올빼미

- **梟首**(효수) 큰 죄를 범한 사람의 목을 베어 매달아 군중 앞에 공시함으로써 대중을 경계시키던 일 = **斬刑**(참형)

鴛鴦 원앙

- **鴛鴦衾**(원앙금) 부부가 덮는 이불
- **鴛鴦枕**(원앙침) 부부가 베는 베개

鵲 까치

• **鳥鵲橋**(오작교) 까마귀와 까치가 만든 다리. 칠월 칠석(음력 7월 7일)

雁 기러기

• **雁書**(안서) 편지. 먼 곳에서 소식을 전하는 편지

燕 제비

• **燕尾服**(연미복) 남자용 서양 예복

숫자와 관련된 한자성어

一

• **非一非再**(비일비재) 같은 종류의 현상이 한둘이 아니고 매우 많음
• **一擧兩得**(일거양득) 한 번의 동작이나 한 가지 일로 둘을 한꺼번에 얻음
• **一口二言**(일구이언) 한 입으로 두 가지 말을 함. 말을 이랬다저랬다 함
• **一騎當千**(일기당천) 한 사람이 천 사람을 당한다는 뜻. 무예가 아주 뛰어남의 비유
• **一怒一老**(일노일노) 한 번 성내면 한 번 늙음
• **一刀兩斷**(일도양단) 한 칼로 쳐서 둘로 나눔. 일이나 행동을 머뭇거리지 않고 선뜻 결
  정함의 비유
• **一目瞭然**(일목요연) 한 번 척 보아서 훤하게 알 수 있음
• **一問一答**(일문일답) 한번 물음에 대하여 한 번씩 대답함

- 一罰百戒(일벌백계) 한 번 벌을 주어 백 가지의 경계로 삼음.
- 一夫從事(일부종사) 한 남편을 섬김
- 一絲不亂(일사불란) 질서나 체계가 정연하게 바로잡혀 조금도 얼크러지거나 어지러움이 없음
- 一瀉千里(일사천리) 사물이 거침없이 매우 빠르게 진행됨을 일컫는 말
- 一石二鳥(일석이조) 한 가지 일로 두 가지 이득을 봄
- 一笑一少(일소일소) 한 번 웃음에 한 번 젊어짐
- 一心同體(일심동체) 여러 사람이 뜻이나 행동을 함께 하여 한 마음 한 몸이 됨
- 一魚濁水(일어탁수) 한 마리의 물고기가 물을 흐리게 한다는 뜻으로, 한 사람의 잘못으로 여러 사람이 해를 입게 됨을 비유
- 一言半句(일언반구) 한마디의 말
- 一言之下(일언지하) 단 한 마디로 잘라서 말함
- 一言千金(일언천금) 말 한마디가 천금과 같음
- 一字無識(일자무식) 단 한 글자도 알지 못함.
- 一長一短(일장일단) 장점도 있고 단점도 있음
- 一場春夢(일장춘몽) 헛된 부귀영화나 덧없는 일
- 一進一退(일진일퇴) 한 번 나아가고 한 번 물러섬
- 一寸光陰(일촌광음) 아주 짧은 시간을 일컫는 말
- 一敗塗地(일패도지) 한 번 여지없이 패하여 다시 일어날 수 없게 됨
- 一片丹心(일편단심) 진정에서 우러나오는 충성된 마음.
- 一筆揮之(일필휘지) 한 번에 힘차게 글씨를 내리 씀
- 一喜一悲(일희일비) 한편으로는 기쁘고 한편으로는 슬픔
- 千載一遇(천재일우) 좀처럼 얻기 어려운 좋은 기회

二

- **身土不二**(신토불이) 자기 땅에서 난 곡물이 자기 몸에 가장 좋다.
- **唯一無二**(유일무이) 오직 하나이고 둘은 없음
- **二姓之合**(이성지합) 서로 다른 두 성이 합하였다는 뜻. 남녀의 혼인을 일컫는 말
- **二人三脚**(이인삼각) 두 발목을 함께 묶고 세 발처럼 뛰는 경기
- **二律背反**(이율배반) 서로 모순되는 두 명제가 동등한 타당성을 가지고 주장되는 일
- **二者擇一**(이자택일) 둘 중에서 하나를 가려잡음 = **兩者擇一**(양자택일)
- **二重人格**(이중인격) 한 사람이 전혀 다른 두 개의 성격을 동시에 지님
- **二八青春**(이팔청춘) 16세가량 젊은이

三

- **三顧草廬**(삼고초려) 숨은 인재를 얻기 위해서 수고를 아끼지 않음
- **三權分立**(삼권분립) 국가의 통치권을 입법, 사법, 행정의 독립된 세 개의 기관으로 나누어 맡기는 원리
- **三民主義**(삼민주의) 손문(쑨원)에 의하여 제창된 사상으로 민족주의(民族主義), 민권주의(民權主義), 민생주의(民生主義)를 일컬음
- **三三五五**(삼삼오오) 서너 사람 또는 대여섯 사람이 떼를 지어 다니거나 무슨 일을 함
- **三旬九食**(삼순구식) 서른 날에 아홉 끼니 밖에 먹지 못한다는 뜻. 집안이 몹시 가난하여 끼니를 많이 거름
- **三十六計**(삼십육계) 일의 형편이 불리할 때는 어름어름하는 것보다 달아나는 것이 상책이라는 말
- **三位一體**(삼위일체) 가톨릭의 핵심적 교의(教義)의 하나
- **三人成虎**(삼인성호) 거짓말이라도 여럿이 하면 곧이들림

- **三日天下**(삼일천하) 권세의 허무함을 일컫는 말, 극히 짧은 동안 정권을 잡았다가 실각함을 이르는 말
- **三從之義**(삼종지의) = **三從之道**(삼종지도) 여자가 지켜야할 세 가지 도, 어려서는 아버지를 쫓고 시집가서는 남편을 쫓고 남편이 죽은 뒤에는 아들을 쫓음을 일컫는 말
- **三尺童子**(삼척동자) 키가 석자쯤 되는 작은 어린애, 철모르는 어린애
- **三寒四溫**(삼한사온) 사흘 동안 춥고 나흘 동안 따뜻한 현상
- **吾鼻三尺**(오비삼척) 자기 사정이 급하여 남을 돌볼 겨를이 없음
- **作心三日**(작심삼일) 한 번 결심한 것이 오래 가지 못함

四

- **四顧無人**(사고무인) 주위에 사람이 없어 쓸쓸함
- **四顧無親**(사고무친) 사방을 둘러봐도 의지할 만한 사람이 전혀 없음
- **四民平等**(사민평등) **士農工商**(사농공상)이라는 봉건적인 신분제도를 없애고 평등하게 다루는 일
- **四分五裂**(사분오열) 여러 갈래로 갈기갈기 찢어짐
- **四捨五入**(사사오입) 넷 이하는 버리고 다섯 이상은 열로 하여 윗 자리에 끌어올리어 계산하는 법. 반올림
- **四象醫學**(사상의학) 사람의 체질을 태양인, 태음인, 소양인, 소음인으로 분류하여 같은 종류의 질병이라도 체질에 따라 다른 처방을 써야한다는 주장
- **四書三經**(사서삼경) 논어, 맹자, 중용, 대학의 사서와 시경, 서경, 역경의 삼경을 통칭
- **四通五達**(사통오달) 이리저리 여러 곳으로 길이 통함
- **四海兄弟**(사해형제) 세상의 모든 사람은 형제와 같다는 뜻 = 사해동포(四海同胞)

五

- **五里霧中**(오리무중) 오리에 걸친 깊은 안개 속에 있다는 뜻. 무슨 일에 대하여 방향이나 갈피를 잡을 수 없는 상태
- **五色燦爛**(오색찬란) 여러 가지 빛이 한데 섞이어 눈부시게 황홀함
- **五體投地**(오체투지) 부처님께 온전히 나를 맡긴다는 의미를 갖는 인사의 방법. 머리와 두 팔, 두 다리를 가리킴

六

- **六十甲子**(육십갑자) 천간(天干)과 지지(地支)를 순차적(順次的)으로 배합하여 예순 가지로 늘어놓음

七

- **七去之惡**(칠거지악) 유교의 도덕으로 아내를 내쫓을 수 있는 일곱 가지 이유
- **七寶丹粧**(칠보단장) 여러 가지 재물로 몸을 단장함
- **七顚八起**(칠전팔기) 여러 번 실패해도 굽히지 않고 꾸준히 노력함
- **七縱七擒**(칠종칠금) 제갈량이 맹획을 일곱 번 사로잡았다가 일곱 번 놓아주었다는 고사(故事)에서 온 말. 마음대로 잡았다가 놓아주었다 함

八

- **八道江山**(팔도강산) 우리나라 전체의 산수(山水), 또는 강산(江山)

함경도-함흥, 경성 | 평안도-평양, 안주 | 황해도-황주, 해주

강원도-강릉, 원주 | 충청도-충주, 청주 | 전라도-전주, 나주

경상도-경주, 상주 | 경기-도읍지를 중심으로 사방 500리

• **八方美人**(팔방미인) 온갖 방면의 일에 능통한 사람

九

• **九曲肝腸**(구곡간장) 아홉 번 구부러진 간과 창자라는 뜻으로, 굽이굽이 사무친 마음속
  또는 깊은 마음속
• **九死一生**(구사일생) 다 죽었다가 겨우 살아남 = **十生九死**(십생구사)
• **九牛一毛**(구우일모) 썩 많은 것 중 아주 적은 것으로, 보잘것없음을 비유
• **九折羊腸**(구절양장) 아홉 번 굽어진 양의 창자라는 뜻이며 비유적으로 산길이 꼬불꼬불
  하고 험한 것을 이르거나 또는 세상이 복잡하여 살아가기 어려움을 나타내는 말로 쓰임
• **九重宮闕**(구중궁궐) 누구나 함부로 드나들 수 없도록 문을 겹겹이 달아 막은 깊은 대궐
• **九尺長身**(구척장신) 9척의 아주 큰 키나 또는 그런 사람

十

• **聞一知十**(문일지십) 한 가지를 가지고 모든 것을 다 알고 이해함
• **十年減壽**(십년감수) 수명이 십년이나 줄었다는 뜻. 몹시 놀라거나 위험한 고비를 겪고
  난 다음에 하는 말
• **十匙一飯**(십시일반) 여러 사람이 힘을 합하면 한 사람 구제하기 쉬움
• **十人十色**(십인십색) 각 사람의 좋아하는 바나 생각이 저마다 다름을 가리키는 말
• **十中八九**(십중팔구) 거의 예외 없이 그러할 것이라 추측함 = **十常八九**(십상팔구)
• **十八番**(십팔번) 가장 즐겨 부르는 노래. 단골 노래 또는 단골 장기

신체와 관련된 한자성어

'手(수)손'와 관련된 말

- **高手**(고수) 바둑이나 장기 따위에서 수가 높음. 또는 그런 사람. 어떤 분야나 집단에서 기술이나 능력이 매우 뛰어난 사람 ↔ **下手**(하수)
- **鼓手**(고수) 북이나 장구 따위를 치는 사람
- **妙手**(묘수) 좋은 수. 기가 막히게 좋은 방법
- **失手**(실수) 손을 잘못 놀림
- **惡手**(악수) 나쁜 수
- **自充手**(자충수) 스스로 채우는 수. 스스로 망함을 자초하는 경우 = 제 꾀에 제가 넘어감
- **赤手空拳**(적수공권) 가진 것이 아무것도 없는 사람
- **訓手**(훈수) 남의 일에 이래라 저래라 하는 것

'掌(장)손바닥'과 관련된 말

- **孤掌難鳴**(고장난명) 손바닥 하나로는 소리가 나기 어렵다. 무슨 일을 하는데 손발이 잘 맞지 않아 일을 이룰 수 없음
- **拍掌大笑**(박장대소) 손바닥을 치며 웃을 정도로 매우 재미있음
- **如反掌**(여반장) 어떠한 일이 손바닥을 뒤집는 것과 같다는 뜻으로, 일이 매우 쉬움
- **掌風**(장풍) 손바닥에서 일어나는 바람

'肩(견)어깨'과 관련된 말

- **肩臂痛**(견비통) 어깨와 팔뚝이 빠질 듯 아픈 것
- **肩章**(견장) 군인이나 경찰관이 입는 제복의 어깨에 붙이는, 직위나 계급을 나타내는 표

장(標章)

- **比肩**(비견) 실력이 엇비슷하여 어깨를 나란히 함
- **五十肩**(오십견) 50대가 되면 어깨의 통증이 심해져 팔을 들기가 어려움

'足(족)발'과 관련된 말

- **蛇足**(사족) 뱀을 다 그리고 나서 있지도 아니한 발을 덧붙여 그려 넣는다는 뜻으로, 쓸데없는 군짓을 하여 도리어 잘못되게 함 = **畵蛇添足**(화사첨족)
- **鳥足之血**(조족지혈) 새 발의 피라는 뜻으로, 매우 적은 분량

'腹(복)배'과 관련된 말

- **口蜜腹劍**(구밀복검) 입에는 꿀이 있고 뱃속에는 칼을 품고 있다는 뜻으로, 말로는 친한 체하나 속으로는 미워하거나 해칠 생각이 있음
- **面從腹背**(면종복배) 겉으로는 가깝게 따르는 척하면서 마음속으로 두고 보자고 벼르는 것
- **腹案**(복안) 뱃속에 품은 생각
- **心腹**(심복) 가까이에 두고 믿을 수 있는 사람

'骨(골)뼈'과 관련된 말

- **刻骨難忘**(각골난망) 뼈에 새겨도 잊기 어려운 은혜
- **刻骨銘心**(각골명심) 뼈에 새기고 마음에 새겨 잊지 않음
- **露骨的**(노골적) 말을 숨김없이 드러낸 것
- **粉骨碎身**(분골쇄신) 뼈를 가루내고 몸을 바수어 노력하는 것

'脚(각)다리'와 관련된 말

• 脚光(각광) 어떤 대상에 대한 많은 사람들의 관심이나 흥미, 인기, 주목

• 脚氣病(각기병) 비타민 B의 결핍으로 발생하는 병

• 脚本(각본) 연극이나 영화 등을 만들기 위해 구체적으로 적어 놓은 글

• 脚色(각색) 어떤 작품을 다른 장르의 작품으로 고쳐 쓰는 일

• 脚線美(각선미) 다리의 윤곽을 나타내는 선에서 느껴지는 아름다움

• 脚註(각주) 본문의 어떤 부분을 설명하기 위하여 아래쪽에 따로 달아 놓은 풀이

• 健脚(건각) 튼튼하여 잘 걷거나 잘 뛰는 다리. 또는 그러한 다리를 가진 사람

• 馬脚(마각) 마각을 드러내다 : 숨기고 있던 속마음이나 정체를 보이다

• 二人三脚(이인삼각) 두 사람이 옆으로 나란히 서서 맞닿은 쪽의 두 발목을 함께 묶고 세 발처럼 뛰는 경기

• 鐵脚(철각) 쇠처럼 튼튼한 다리

'肝膽(간담)간과 쓸개'과 관련된 말

• 肝膽(간담) 간과 쓸개

• 肝膽相照(간담상조) 간과 쓸개를 서로 보인다는 뜻으로, 서로 마음을 터놓고 사귀는 것

• 九曲肝腸(구곡간장) 아홉 번 구부러진 간과 창자라는 뜻으로, 굽이굽이 사무친 마음속 또는 깊은 마음속

• 膽力(담력) 겁이 없고 용감한 기운

• 大膽(대담) 담력이 크고 용감함

• 臥薪嘗膽(와신상담) 불편한 섶에 몸을 눕히고 쓸개를 맛본다는 뜻으로, 원수를 갚거나 마음먹은 일을 이루기 위하여 온갖 어려움과 괴로움을 참고 견딤

• 一寸肝腸(일촌간장) 한 토막의 간과 창자라는 뜻으로 애가 탈 때의 마음의 비유

'心(심)심장'과 관련된 말

• **切齒腐心**(절치부심) 몹시 분하여 이를 갈며 속을 썩임
• **寒心**(한심) 심장이 차다. 정도에 너무 지나치거나 모자라서 딱하거나 기막힘

'耳(이)귀'와 관련된 말

• **耳目**(이목) 귀와 눈. 남들의 주의나 관심
• **耳目口鼻**(이목구비) 귀와 눈과 입과 코. 얼굴의 생김새

'目(목)눈'과 관련된 말

• **面目**(면목) 얼굴의 생김새. 남을 대하는 낯. 체면
• **目不識丁**(목불식정) 아주 간단한 글자인 '丁' 자를 보고도 그것이 농기구'고무래'인 줄을 알지 못한다는 뜻으로, 아주 까막눈임

'腸(장)창자'과 관련된 말

• **九折羊腸**(구절양장)아홉 번 굽어진 양의 창자라는 뜻이며 비유적으로 산길이 꼬불꼬불하고 험한 것을 이르거나 또는 세상이 복잡하여 살아가기 어려움을 나타내는 말
• **斷腸**(단장) 창자가 끊어져 있다. 몹시 슬퍼서 창자가 끊어지는 듯함

'睛(정)눈동자'과 관련된 말

• **畵龍點睛**(화룡점정) 용을 그릴 때 마지막으로 눈동자에 점을 찍어 완성시킴. 무슨 일을 하는 데 가장 중요한 부분을 완성하여 일을 끝냄

'眉(미)눈썹'와 관련된 말

• 白眉(백미) 흰 눈썹. 여럿 가운데서 가장 뛰어남

'鼻(비)코'와 관련된 말

• 吾鼻三尺(오비삼척) 내 콧물의 길이가 삼척이 될 정도로 감기가 심하게 듦. 자기 사정이 급하여 남을 돌볼 겨를이 없음

'額(액)이마'과 관련된 말

• 額子(액자) 그림, 글씨, 사진 따위를 끼우는 틀

'項(항)목'과 관련된 말

• 猫項懸鈴(묘항현령) 고양이 목에 방울 달기라는 뜻으로, 실행하지 못할 것을 헛되이 논의함을 이르는 말 = 卓上空論(탁상공론)
• 項目(항목) 법률이나 규정 따위에서 낱낱의 조항(條項)

색과 관련된 한자성어

紅(홍)붉다, 赤(적)붉다

• 同價紅裳(동가홍상) 같은 값이면 붉은 치마라는 뜻, 이왕이면 더 좋은 쪽을 택한다는 말
• 赤十字(적십자) 전시 부상병 치료 및 구호 등 인도주의적 사업을 전개하는 국제적 기구
• 赤字(적자) 지출이 수입보다 많아서 생기는 결손액 = 결손 ↔ 黑字(흑자) 수입이 지출보

다 많아 잉여 이익이 생기는 일
- **紅顔**(홍안) 붉은 얼굴. 고운 얼굴, 젊은 날의 얼굴, 미인
- **紅一點**(홍일점) 많은 남자 사이에 끼어 있는 한 사람의 여자 ↔ 靑一點(청일점)

靑(청)푸르다, 淸(청)맑다

- **百年河淸**(백년하청) 백년을 기다려도 황하의 흐린 물은 맑아지지 않음. 아무리 오래 되어도 어떤 일이 이루어지기 어려움
- **淸麴醬**(청국장) 푹 삶은 콩을 더운 방에 띄워서 만든 된장
- **淸廉潔白**(청렴결백) 마음이 맑고 깨끗하며 재물 욕심이 없음
- **靑史**(청사) 역사상의 기록
- **靑紗—籠**(청사초롱) 궁중에서 사용하던 등
- **靑寫眞**(청사진) 미래에 대한 희망적인 계획이나 구상. '미래상'으로 순화
- **靑山流水**(청산유수) 푸른 산에 맑은 물이라는 뜻으로, 막힘없이 썩 잘하는 말
- **靑信號**(청신호) 어떤 일이 앞으로 잘되어 나갈 것을 보여 주는 징조
- **靑眼視**(청안시) 남을 달갑게 여겨 좋은 마음으로 봄. ↔ 白眼視(백안시) 업신여기거나 냉대(冷待)하여 흘겨봄
- **靑瓦臺**(청와대) 대통령의 관저
- **靑一點**(청일점) 많은 여자 사이에 있는 한 사람의 남자 ↔ 紅一點(홍일점)
- **靑天霹靂**(청천벽력) 맑게 갠 하늘에서 치는 날벼락이라는 뜻으로, 뜻밖에 일어난 큰 변고나 사건을 비유
- **靑出於藍**(청출어람) 제자가 스승보다 뛰어남

틀리기 쉬운 우리말 500가지 *굵은 글씨가 바른 표현

1. 새끼를 **배고** 있다 / 베고 있다

• **배다** : (물기나 냄새가 어떤 곳에) 스며들거나 스며 나오다. 냄새가 스며들어 오래도록 남아 있다. 버릇이 되어 익숙해지다. (감정이나 정신이 마음에) 깊이 느껴지게 나타나다. (아이나 새끼, 알 따위를) 뱃속에 가지다.

• **베다** : 날이 있는 연장 따위로 무엇을 끊거나 자르다. 누울 때 베개 따위를 머리 아래에 받치다.

2. 돌잔치를 치루다 / **치르다** / 선거를 **치르다** / 곤욕을 **치르다** / 시험을 **치르다**

• **치르다** : 어떠한 일을 겪다, 주어야 할 돈을 지불하다.

치러(○) / 치뤄(×), **치렀다**(○) / 치뤘다(×)

예) 그는 시험을 칠 때 / **치를 때** 좋았다.

3. 잠자리에 필요한 것은 **베개** / 버개 / 비개 / 비계

4. **한눈에 알아보다** / 한 눈에 알아보다

• '한 눈'과 같이 떼어 쓰면 그야말로 '하나의 눈, 한쪽 눈'이라는 뜻이 된다. 그러나 '한눈'과 같이 붙여 쓰면 이는 전혀 다른 뜻을 가진, 하나의 낱말로 '한 번 봄, 한꺼번에, 잠을 자려고 잠깐 붙이는 눈, 딴 데를 보는 눈'의 뜻을 갖게 된다.

5. **말썽쟁이** / 말썽장이

• **장이** : 어떤 기술을 갖춘 사람 **예)** 옹기장이, 간판장이, 미장이

• **쟁이** : 어떤 속성이나 성질을 가진 사람 **예)** 수다쟁이, 떼쟁이, 개구쟁이

6. 부족한 화장실을 늘이다 / **늘리다** / 회원을 더 **늘릴** 계획은 세웠니?

• **늘이다** : '엿을 늘이다'와 같이 있는 것 그대로를 본디보다 길게 할 때 쓰인다.

• **늘리다** : '수나 부피를 많아지게 하거나 커지게 하다'의 뜻으로, '사람 수를 늘리다'와 같이

쓰인다. 예를 들어, '고무줄을 늘인다'고 하면 하나의 고무줄을 길게 한다의 뜻이고 '고무줄을 늘린다'고 하면 고무줄의 수를 많게 한다는 뜻이다.

7. 온골지다 / **옹골지다**

8. 오늘은 **왠지(왜인지)** / 웬지 기분이 좋다

• **왠지 : '왜인지'를 줄여 쓴 말로, '왜 그런지 모르게, 뚜렷한 이유도 없이'의 뜻**

예) 그녀는 왠지 구면인 것처럼 친근하게 여겨졌다.

• **웬지 : '웬'은 '어찌된, 어떠한'의 뜻을 갖는 말**

예) 네가 웬 일로 이렇게 늦었니? / 웬 사람이 날 찾아왔다. / 웬 일로 그러지? / 이게 웬 떡이야.

• **웬만한 일 / 왠만한 일**

• 웬만하다 : 정도나 형편이 표준에 가깝거나 그보다 약간 낫다. ('웬만하면', '웬만한', '웬만해서는' 따위로 쓰여) 허용되는 범위에서 크게 벗어나지 아니한 상태에 있다.

• **왠지** / 웬지, **웬일** / 왠일

예) 오늘은 왠지 슬퍼집니다. / 웬 선물입니까? / 웬 떡이야. / 네가 웬일로 여길 왔어?

9. 기분이 **아주** / 너무 좋아요

• '너무'는 '정도에 지나치게'의 뜻을 가지고 있는 낱말로 '너무 배고프다, 너무 힘들다, 너무 아프다'와 같이 뒤에 오는 말이 나에게 부정적인 영향을 미칠 때 쓰이는 말이다. 따라서 뒤에 오는 말이 부정적인 경우가 아니라면 '너무' 대신 '정말, 아주, 참'을 넣어 말하는 것이 좋다.

10. 방이 넓다랗다 / **널따랗다**

• '넓다'라는 낱말을 의식해서인지 '넓다랗다'를 쓰는 사람들이 많다. 그러나 맞춤법에 맞는 표현은 '널따랗다'이다. 이는 '넓다'의 실제 발음이 [널따]로 발음된다는 것을 고려하여 '널따랗다'를 표준어로 인정한 것이다.

11. 저절로 문이 **닫히다** / 닫치다

•닫치다 : '닫다'에 강세의 뜻을 나타내는 '치'가 붙어 '열린 문짝이나 서랍 등을 세게 닫다, 힘을 주어 닫다'라는 뜻을 가진 낱말이다. 반면 '닫히다'는 '닫다'에 피동의 뜻을 나타내는 '히'가 붙어 만들어진 낱말로, '열린 문이나 서랍 등이 원래 위치에 놓이게 된다 또는 닫아지다'라는 뜻을 갖게 된 낱말이다.

12. 사장실의 문을 **두드리다** / 두들이다

•'두들기다'는 소리가 나도록 잇따라 세게 치거나 때리다. 마구 때리거나 큰 타격을 주다.

13. 편지를 붙이다 / **부치다**

부치다 : 붙이다

•부치다 : 힘이 모자라다. 남을 시켜 물건 따위를 보내다. 회부하다. 어떤 취급을 하기로 하다. 음식을 익혀 만들다. 물건을 흔들어 바람을 일으키다.

예) 힘이 부치다. 편지를 부치다. 재판에 부치다. 불문에 부치다. 빈대떡을 부치다. 부채를 부치다. 회의에 부치다.

•붙이다 : '붙다'의 사동형 **예)** 우표를 붙이다. 흥정을 붙이다. 불을 붙이다.

14. 다리가 **굵다** / 두껍다

•굵다 – '길쭉한 물체의 둘레나 너비를 나타낼 때 쓰는 말'로, 반대말은 '가늘다'이다. 대개 팔, 다리가 굵다/가늘다, 굵은/가는 허리와 같이 사용된다.

•두껍다 : 얇다의 반대말로, '양면 사이의 두께'를 나타내는 말. 이 낱말은 대개 책이 두껍다/얇다, 옷을 두껍게/얇게 입었다와 같이 사용한다.

15. 조개껍질 / **껍데기**

•껍질 : 물체의 겉을 싸고 있는 딱딱하지 않은 켜. **예)** 바나나 껍질, 사과 껍질

•껍데기 : 호두, 달걀, 조개 등의 속을 감싸고 있는 단단한 물질

16. 원작과는 틀린 / **다른**

•다르다 : 서로 같지 않다. 반대말은 '같다'

• **틀리다** : 계산이나 일 등이 어긋나거나 맞지 않다. 반대말 '맞다'

17. 장차 내가 이루고 싶은 것은 나의 **바람** / 바램

• **바람** : 어떤 일이 이루어지길 바라는 마음. 바라다

• **바램** : 색이 변함. 바래다

18. 컵을 물로 **부시다** / 부수다

• **부수다** : 여러 조각이 나게 두드려 깨뜨리다

• **부시다** : 햇빛 때문에 눈이 부시다, 그릇 같은 것을 깨끗이 씻다

19. **샅바** / 삿바

20. 지난번에 여기서 길을 **잃었어요** / 잊었어요

• **잊어버리다** : 어떤 것을 기억해내지 못 하거나 전혀 생각하지 못한다.

• **잃어버리다** : 가졌던 물건이나 사람, 길 등이 없어져 사라진다.

21. 나무꾼은 눈짓으로 사슴이 있는 곳을 **가리켜** / 가르쳐 주었다.

• **가르치다** : 지식이나 기능 따위를 깨닫거나 익히게 하다.

• **가르키다** : 손가락 따위로 어떤 방향이나 대상을 집어서 보이거나 알린다.

22. 너만의 상상력을 개발 / **계발**해보렴.

• **개발** : '국토 개발', '상품 개발'과 같이 '물건, 토지, 천연 자원 등을 개척하여 발전시킴'의
  뜻을 가진 낱말로, 무언가를 물리적으로 이루어낸다는 의미로 사용됨.

• **계발** : '소질 계발', '외국어 능력 계발'과 같이 '지능, 정신 등을 깨우쳐 일깨워줌'의 뜻으
  로, 인간의 지적·정신적 능력과 관련지을 때 사용하여야 한다.

23. 얼굴이 까맣게 **그을리다** / 그슬리다

• **그을리다** : 햇볕이나 연기 등을 오래 쬐어 검게 되다.

• **그슬리다** : 불에 겉만 약간 타게 하다.

24. 다리가 **저리다** / 절이다

• **저리다** : 살이나 뼈마디가 오래 눌려서 피가 잘 통하지 않아 감각이 둔하게 되다.

• **절이다** : 소금이나 식초 등으로 절게 하다.

25. 정답을 **맞히다** / 맞추다.

*맞추다 : 맞히다 : 마치다

① '맞추다(맞춤)'

▪(사람이 열이나 간격 따위를)가지런히 하여 어긋남이 없게 하다.

예) 아이들은 버스 정류장에 줄을 맞춰 서 있었다. / 학생들은 책상 줄을 맞췄다.

▪(사람이 시간이나 초점, 음식의 간을)정해진 기준과 일치하게 하다.

예) 웬만하면 영숙이의 비위를 잘 맞춰 주렴. / 엄마는 음식의 간을 맞췄다.

▪(사람이 기계나 조각 따위를)규격에 맞게 조립하다.

예) 그는 혼자서 기계를 뜯었다 맞추며 기술을 익혔다. 아이들은 그림 조각을 맞췄다.

▪(사람이 옷이나 신발 따위를)몸에 맞게 만들다.

예) 그는 발이 너무 커서 신발을 맞춰 신어야 한다. / 그는 새 양복을 맞췄다.

▪(사람이 물품을)용도에 적당하게 주문하다.

예) 나는 딸아이의 돌잔치를 위해 떡집에 떡을 맞췄다.

▪(어떤 사람이 다른 사람이나 그 사람의 신체의 일부에 입을)마주하여 대다.

예) 철수는 영희에게 입을 맞추었다.

▪(말이나 내용 따위를)서로 일치하도록 짜다.

예) 회의에 들어가기 전에 그와 나는 안건에 대해 미리 말을 맞추었다.

▪(어떤 대상을 다른 대상과)나란히 놓고 같은가 다른가를 살피다.

예) 정답과 맞추어보니 예상보다 많이 틀렸다. / 영희는 복권을 맞춰보았다.

▪[주로 '맞추어'의 꼴로 쓰여](사람이 리듬이나 박자, 음악, 지휘에)보조를 같이하다.

예) 우리 모두 함께 리듬에 맞추어 춤을 춥시다.

② **맞히다** : 물음에 옳은 답을 내다. 적중하다. 주사나 침을 맞다. '맞다'의 사동사

예) 여러 문제를 더 맞혔다. 퀴즈의 답을 맞히다. 정답을 맞히다, 화살로 과녁을 맞히다. 예방 주사를 맞히다. 침을 맞히다.

③ **마치다** : 하던 일을 끝내다. 마무리하다. **예)** 벌써 일을 마쳤다.

26. 산봉우리 / 산봉오리. 꽃 봉우리 / **봉오리**

• **봉우리** : 봉우리는 산봉우리의 줄임말로, 산에서 뾰족하게 높이 솟은 부분을 가리키는 말.

• **봉오리** : 망울만 맺히고 아직 피지 않은 꽃을 뜻하는 낱말. 꽃봉오리

27. 아침까지 숙제를 **반드시** / 반듯이 해야 한다.

• **반드시** : 틀림없이, 꼭

• **반듯이** : 물체, 생각, 행동 등이 비뚤어지거나 기울지 않게

28. **이따가** / 있다가 도서관에서 보자.

• **있다가** : '있다'의 활용형. '여기 조금 있다가 곧 갈게'와 같이 쓰인다.

• **이따가** : 시간이 조금 지난 뒤에

29. 알타리무(김치) / **총각무**(김치)

30. 오늘은 몇 일 / 몇일 / **며칠**일까?

예) 오늘은 몇 월 며칠일까요? / 며칠이 지난 후에

31. 우리나라의 유물을 잘 보전 / **보존**할 수 있도록 노력해야 한다

• **보전** : 환경이나 생태계 등을 있는 그대로 온전하게 보호하여 유지함.

• **보존** : 잘 보호하고 간수하여 남김.

*보전(保全)과 保存(보존) 모두 '보호하여 잘 간수한다'는 공통적인 뜻을 가지고 있지만, 대개 환경이나 생태계는 '보전'과 잘 어울려 쓰고 유물이나 영토 등은 '보존'과 어울려 쓰는 게 자연스러운 표현이다.

32. **한창** / 한참 좋은 때이다 / 모내기가 **한창**이다

•**한창** : 어느 한 때의 상황을 나타내는 말로, '무엇이 가장 활기 있고 왕성하다'는 뜻.

•**한참** : 시간의 흐름이나 경과를 뜻하는 말로, 상당한 시간이 흘렀음을 뜻하는 말.

33. 음치는 노래를 **못한다**/ 못 한다

•**못 하다** : 못을 띄어서 쓸 경우에 '못'은 못 먹다, 못 잤다와 같이 뒤에 오는 움직임을 나타내는 낱말을 부정하는 뜻을 가지고 있다.

•**못하다** : 하나의 낱말로 '상태가 일정한 수준에 못 미친다'는 것을 뜻하며, '술을 못하다, 형이 동생만 못하다'와 같이 사용된다.

34. **복숭아뼈 / 복사뼈** *복수 표준어 인정

35. 치과에 가보았더니 내 이빨 / **이** 중 두 개나 썩었다고 한다

•**사람의 신체**(짐승의 신체) : 이(이빨), 목(모가지), 머리(대가리), 눈(눈깔), 입(주둥이/부리)

36. **천장** / 천정

37. 밥이 작다 / **적다** *大小 : 多少

•**작다** : '크다'의 반대말. 길이나 넓이, 키, 소리 등이 보통에 미치지 못 한다. 크지 않다.

•**적다** : '많다'의 반대말. 분량이나 수가 표준에 비해 부족하다. 많지 않다.

38. **김치찌개** / 김치찌게

예) 된장찌개, 비지찌개

39. **떡볶이** / 떡볶기

40. 볶은밥 / **볶음밥**

41. **목걸이** / 목거리

42. 마음을 **졸이다** / 조리다

•**졸이다** : ① 졸아들게 하다. 찌개, 국, 한약 따위의 물이 증발하여 분량이 적어지다.

예) 찌개를 졸이다. ② 마음을 초조하게 먹다. '마음', '가슴' 따위와 함께 쓰여 속을 태우다시피 초

조해하다.

예) 마음을 졸이다 / 가슴을 졸이다

•**조리다** : 감자조림이나 장조림처럼 고기나 채소에 간이 배어들도록 음식을 바짝 끓일 때

예) 생선을 조리다 / 멸치와 고추를 간장에 조렸다.

43. 저 돌담 **너머** / 넘어 커다란 감나무에 큰 감이 주렁주렁 열렸다

•**너머** : 명사. 집, 담, 산, 고개 등과 같은 높은 곳의 저쪽. 공간이나 위치의 뜻으로 쓰일 뿐 동작의 뜻을 가지고 쓰이지 않는다.

•**넘어** : 동사. '넘다'의 활용형. 어떤 사물 위를 지나다.

44. 큰아버지가 사시는 집은 큰 집 / **큰집**

•**큰 집** : 큰이 집을 꾸며주는 말로 크고 넓은 집을 뜻함.

•**큰집** : 하나의 낱말로 큰아버지가 사는 집을 뜻한다.

45. 눈에 띠다 / **띄다**

•**띄다** : '눈에 보이다'라는 뜻을 가진 '뜨이다'의 준말이자, '사이를 벌리다'의 뜻을 가진 '띄우다'의 준말

예) 거리에 쓰레기가 자꾸 눈에 띈다. 글씨를 띄어 쓰다.

•**띠다** : '용무나 사명을 갖다', '감정이나 표정을 겉으로 나타내다'

예) 사명을 띠다, 웃음 띤 얼굴.

46. 시청으로 가려면 이곳에서 내려서 **갈아타야** / 바꿔 타야 한다

•**갈아탄다** : 내가 뜻한 대로 정상적으로 탔다는 의미를 포함.

•**바꿔 탄다** : 실수로 잘못 타서 다시 올바르게 탄다는 의미를 포함.

47. 먹**든지** 굶**든지** / 먹던지 굶던지

•든지-선택, 던지-과거

48. 달빛이 **비치다** / 비추다

• **비추다** : '빛을 보내어 무엇을 환하게 하다'는 뜻을 가진 낱말로 대개 '～을/를'과 같은 목적어와 같이 쓰인다. '어떤 것과 관련하여 견주어 보다' **예)** 내 경험에 비추어 볼 때

• **비치다** : '빛이 나서 환하게 되다'라는 뜻을 가진 낱말로 목적어를 필요로 하지 않는다.

49. 목표를 쫓다 / **좇다**

• **쫓다** : '어떤 대상을 잡거나 만나기 위하여 따라가다 또는 추격하다', '어떤 자리에서 내쫓다', '졸음 따위를 물리치다'

• **좇다** : '목표나 행복을 추구하다', '남의 말을 따르다', '생각을 하나하나 더듬다'

50. **설거지** / 설겆이

51. 저희나라 / **우리나라**

• **'저희나라'**라고 하면 나라와 국민 모두를 낮추는 셈이 된다.

52. 오늘 학교에 30분이나 빨리 / **일찍** 왔다.

• **빨리** : 속도의 뜻을 가진 낱말로 어떤 동작을 하는 데 걸리는 시간이 짧게 걸렸다는 의미. ↔ 느리게

• **일찍** : 9시까지 올 것을 8시 30분까지 와서 기준 시간보다 이르게 왔다는 의미로 사용하고자 했다면 '일찍'을 써야 함 ↔ 늦게

53. 지금 **시각** / 시간이 몇 시 몇 분이니?

• **시각** : 어떤 특정한, 고정된 한 때의 순간을 말하는 것으로, 5시 30분처럼 정확한 한 시점을 가리킬 때 사용.

• **시간** : 시각과 시각 사이의 간격, 때의 계속되는 동안.

54. **셋째** / 세째 딸

***참고)** '첫 번째, 두 번째, 세 번째'

55. **가르마** / 가리마를 타야 할까?

56. **웃어른** / 윗어른

- **웃** : 위와 아래의 짝이 따로 없는 경우 **예)** 웃어른, 웃옷(겉옷) 웃통, 웃돈
- **윗** : 위와 아래의 짝이 있는 경우 **예)** 윗옷(上衣), 윗니, 윗마을, 윗목, 윗사람, 윗도리(아랫도리)

57. 초코렛 / **초콜릿**

58. 울그락붉으락 / **붉으락푸르락**

- **붉으락푸르락**(몹시 흥분하거나 화가 나서 얼굴색이 변하는 모양)

59. 여지껏 / **여태껏** 잠을 잤니?

- **여태껏** : '여태'는 이미 되어졌어야 하는 일이 지금까지 되지 않아 불만스러운 상태일 때 '아직까지'라는 뜻으로 사용되는 낱말입니다. 여기에 '껏'을 붙이면 '여태껏'이 되어 '여태'의 뜻을 좀 더 강조하는 표현이 됩니다.

60. 버스 **정류장** / 정거장

- **정거장**(역) : 철도에서 열차를 정지시키거나 세울 수 있는 곳. 기차 정거장
- **정류장** : 버스나 택시 등에 사람을 태우거나 머무르는 장소. 버스 정류장

61. 지진이 일어나는 **원인** / 이유

- **원인** : 어떤 상태가 일어나는 근본. 과학적·논리적인 방법으로 증명할 수 있을 때 사용
- **이유** : 까닭, 사유라는 뜻으로 어떤 일을 하는 이의 행동이 동기가 있고 의식적일 때 사용
- **까닭** : 우리말로 두 경우 모두 사용

62. 나 어떻게 / 나 **어떡해**

- **어떡해** : '어떻게 해'가 줄어든 말로 주로 문장 끝에 쓰여 '비가 와서 다 젖었으니 어떡해'와 같이 쓰인다.
- **어떻게** : '의견, 형평 따위가 어찌되다'라는 뜻의 '어떡하다'에 '게'가 붙어 다른 말을 꾸밀 때 사용하는 말로 '어떻게 된 일이니?'와 같이 사용된다.

63. 산책하기에 알맞는 / **알맞은** 날씨일까?

- **알맞은** : '일정한 기준이나 조건에 넘치거나 모자라지 않고 적당하다'는 뜻을 가진 '알맞

다'의 활용형으로 다른 말을 꾸며줄 때 쓰는 말은 '알맞은'이 맞는 표현.

• **맞는** : 맞다의 활용형. **예)** 맞는 답을 고르시오.

64. 물이 꽁꽁 언 것은 **얼음** / 어름

• **어름** : 두 물건의 끝이 맞닿는 곳 또는 시간이나 장소 가까이

65. **더욱이** / 더우기 비까지 오는 걸까?

• **더욱이**('그러한데다가 더')

66. 우산을 머리에 **받치다** / 받히다

• **받치다** : 강세의 뜻을 가진 '치'가 붙어 '우산이나 양산을 펴 들다', '어떤 물건의 밑에 다른 물체를 올리거나 대다', '어떤 일을 잘할 수 있도록 뒷받침해주다', '화가 갑자기 일어나다' **예)** 쟁반에 커피를 받치다. 뒤를 잘 받쳐주다. 갑자기 열이 받친다.

• **받히다** : '받다'의 피동형. '머리나 뿔 등에 받음을 당하다'라는 뜻. '조심해라 차에 받히면 / 받치면 큰일 난다.'

• **받히면/받히다** : '받다'의 피동형. '머리나 뿔 등에 받음을 당하다'라는 뜻.

67. 안개가 거치다 / **걷히다**

• **걷히다** : 구름, 안개 등이 흩어져 없어지다.

• **거치다** : 오가는 도중에 어디를 잠깐 지나거나 들르다.

68. 한약을 **달이다** / 다리다

• **달이다** : 간장, 약재 등의 액체를 끓여서 진하게 만들다.

• **다리다** : 옷이나 천의 구김을 펴기 위해 다리미 등으로 문지르다.

69. 솥을 **안치다** / 앉히다

• **안치다** : 밥, 떡 등의 음식을 그릇에 넣고 음식이 되게 하다.

• **앉히다** : '앉다'라는 낱말에 시킴의 뜻을 갖는 '히'가 붙어 '남이 다른 이에게 앉게 하다'

70. 저 놈을 당장 **들어내지** / 드러내지 못할까?

• 들어내다 : 물건을 들어서 밖으로 옮기거나 사람을 있는 자리에서 내쫓다. 예) 책상을 밖으로 들어냈다.

• 드러내다 : '드러나다'의 사동사. 보이지 않았던 것이나 알려져 있지 않았던 것을 밖으로 나타내게 하다. 예) 이를 드러내며 웃었다. 본심을 드러냈다.

71. 뒤로 젖히고 / **제치고** 달려야 할까?

• **젖히다** : 안쪽이 겉으로 나오게 하다 예) 목을 젖히다. 고개를 젖히다. 이불을 젖히다.

• **제치다** : 경쟁에서 우위에 서다 또는 일을 미루다. 예) 중요하지 않은 일을 제쳐 두다, 뒤로 제치고 달리다.

72. 나는 깜짝 **놀랐다** / 놀랬다. **놀란** / 놀랜 가슴

• **놀래다** : 시킴의 뜻을 갖는 '이'가 붙어 '놀라게 만들다'는 뜻으로 사용

73. **오뚝이** / 오뚜기, **홀쭉이** / 홀쭈기, **살살이** / 살사리, **배불뚝이** / 배불뚜기

74. 목이 **메다** / 매다

• **메다** : 어떤 감정이 북받쳐 목소리가 잘 나지 않다. 어깨에 걸치거나 올려놓다. 어떤 책임을 지거나 임무를 맡다.

예) 목이 메다. / 가방을 메다. / 나라의 장래를 메고 나갈 젊은이.

• **매다** : 끈이나 줄의 끝과 끝을 풀어지지 않게 묶다.

예) 넥타이를 매다. 안전 벨트를 매다.

75. 고개를 **젓다** / 젖다

• **젓다** : 액체나 가루가 고루 섞이게 흔들다, 노를 움직이다, 싫다는 뜻으로 손이나 머리를 흔들다.

• **젖다** : 물 때문에 축축하게 되다, 습관에 물들다.

76. **엿장수** / 엿장사 마음대로

• **장수** : 물건을 파는 사람

• 장사 : 물건을 파는 행위

77. 날이 맑게 **개다** / 개이다

날이 맑게 갠(○) / 개인(×)

• **개다** : '옷이나 이부자리를 접다', '가루를 물에 섞이게 하다', '우울하거나 흐린 마음 또 는 날씨가 좋아지다'는 뜻으로 쓰이는 낱말이다.

예) 오늘은 맑게 갠 하늘을 볼 수 있어 다행이다. 비가 오더니 날이 개고 있구나.

78. **나무꾼** / 나무군, **장사꾼** / 장사군, **사기꾼** / 사깃군

• 어떤 일을 전문적으로 하는 사람이 어떤 특별한 성질이 있는 사람들에게 '～군'이 아니 고 '～꾼'을 붙인다. 즉, '나무꾼, 장사꾼, 재주꾼'과 같이 '～꾼'만을 표준어로 인정하고 있 다. 이는 실제 사람들은 '～꾼'으로 발음한다는 언어 현실을 반영했기 때문이다.

79. 국기 **게양대** / 계양대

80. **재떨이** / 재털이, **먼지떨이** / 먼지털이

• **재떨이** : 재를 털어내는 용도의 그릇. '재를 떨다/재를 털다'는 둘 다 맞음

81. **후덥지근하다 : 후텁지근하다**

• **후덥지근하다** : (어떤 장소나 날씨가)열기가 차서 조금 답답할 정도로 더운 느낌이 있다.

• **후텁지근하다** : (어떤 장소나 날씨가)조금 불쾌할 정도로 끈끈하고 무더운 기운이 있다.

82. **생신 축하합니다** / **생신 축하드립니다, 감사합니다** / **감사드립니다, 약속합니다** / **약속드립니다** *복수 표준어 인정

83. 6월은 육월 / **유월** // 십월 / **시월**

84. 배추로 김치를 담다 / **담그다**

*오늘 담은 김치 → **담근**(○), 김치를 담궈 먹다. → **담가**(○)

• **담그다** ① 액체 속에 넣다.

　　　　② 술, 간장, 김치 등을 익거나 삭게 하려고 재료와 함께 그릇에 넣다.

기본형 담그다(○), 담구다(×) 따라서 담그니(○), 담가(○), 담가서(○), 담구니(×), 담궈(×), 담궈서(×)

85. 아이를 **맡기다** / 맞기다

• **맞기다** : 국어사전에 없는 말

• **맡기다** : '맡다'라는 낱말에 시킴의 뜻을 가진 '기'가 붙어서 된 낱말로, '책임을 지고 담당하게 하다, 물건 등을 받아 보관하게 하다.

86. 그럼 **안 돼** / 안 되

• '되어'는 줄여서 '돼'로도 쓰이는데 '돼'의 경우는 '안 돼'처럼 혼자서도 쓰일 수 있다. 문장 속에서 '되'와 '돼' 중 무엇을 써야할지 헷갈릴 때에는 '돼'의 본디말인 '되어'를 넣어 말이 된다면'돼'로 쓰면 된다. 또한 '하'를 넣어야 말이 되면 '되'를, '해'를 넣어야 말이 되면 '돼'를 넣으면 된다.

예) 안 되 → 안 하 (×), 안 돼 → 안 해 (○)

교사가 되다.

철수는 대학생이 됐다.

철수는 대학생이 돼서 나타났다.

철수는 대학생이 되고서 사람이 달라졌다.

됐다? 됐다? → (핬다× 했다○) → 됐다

되서? 돼서? → (하서× 해서○) → 돼서

되고서? 돼고서? → (하고서○ 해고서×) → 되고서

87. 금새 / **금세** 끝나는 것일까?

• **금세** : '금시에'가 줄어든 말로, '지금 바로'라는 뜻

• **금새** : 물건의 비싸고 싼 정도

88. 나의 실수를 **깨쳤다** / 깨우쳤다

- 깨치다 : 깨닫다, 일의 이치를 알게 되다. 예) 한글을 깨치다, 잘못을 깨치다
- 깨우치다 : 깨치다에 시킴의 뜻을 가진 '우'가 들어가 '깨닫게 하다, 깨달아 알게 하다' 라는 뜻

89. 구멍을 **메꾸다 / 메우다** *복수 표준어 인정

- 메꾸다 : 무료한 시간을 적당히 그럭저럭 흘러가게 하다.
- 메우다 : 뚫려 있거나 빈 곳을 채우다.

90. 종이가 갈갈이 / **갈가리** 찢어졌다.

- 가리가리 : 여러 가닥으로 갈라지거나 찢어진 모양. 준말 '갈가리'

91. 그 아이들을 이르는 말은 **걔네들** / 게네들

- 걔 : '그 아이'가 줄어든 말
- 게네 : 말하고 듣는 이가 아닌 사람을 낮잡아 이르는 말

92. 공부도 **않고** / 안고

- 안-아니 예) 나 그거 안 / 않할래, 않-아니하

93. 무언가를 잘 **만듦** / 만듬

- 'ㅁ'-명사형 어미. 만들다에 'ㅁ'이 붙으면 '만듦'이 됨

94. **방귀** / 방구

95. **빨간색** / 빨강색, **노란색** / 노랑색, **파란색** / 파랑색

- '빨강색'은 틀린 표현으로 '빨강' 또는 '빨간색'으로 쓰는 것이 올바른 표현이다.

96. 붇다 : 붓다 : 붙다

- 붇다 : 불어나다. 물에 젖어 부피가 커지다, 분량이나 수효가 많아지다 예) 재산이 붇다 / 물이 붇다 / 라면이 붇다.
- 붓다 : 살가죽이 부풀어 오르다. 액체나 자질구레한 물건을 붓다.
예) 얼굴이 붓다 / 물을 붓다.

• 붙다 : 떨어지지 않게 되다. 더 늘거나 덧붙다. 예) 종이에 본드가 붙다 / 조건이 붙다.

97. 넓은 '데' / '대'로 나가고 싶은 것일까?

• 데 : 장소나 곳, 일이나 경우(의존명사)

98. 자장면 곱배기 / **곱빼기**

99. 사과는 껍질 채 / 껍질**째** 먹을까?, **통째로** / 통채로

• 채 : '이미 있는 상태 그대로', '집'과 관련된 낱말 예) 밥을 입에 문 채로, 사랑채

• 째 : '그대로, 전부', '계속되는 동안', '차례' 예) 통째로, 껍질째, 뿌리째, 주전자째, 사흘째 아
  프다, 삼년 째, 첫째로 하다

• 체 : '그럴듯하게 꾸미는 거짓 태도'를 뜻함. '체'는 '체하다'로만 쓰임. 예) 모르는 사람이
  아는 체하다.

100. 사과할**게** / -께, **갈게** / 갈께, 부탁할**게**요, 부탁할**걸**

101. 조카가 **삐치다** / 삐지다

• 삐치다 : '성이 나서 마음이 토라진 상태'

• 삐지다 : '칼 따위로 얇고 비스듬하게 잘라 내다' 예) 무는 삐져 넣어야 맛있다.

102. **깍두기** / 깍둑이

103. 승락 / **승낙**(承諾)

104. **강낭콩** / 강남콩

105. **구레나룻** / 구렛나루

106. **귀머거리** / 귀먹어리

107. **꼭두각시** / 꼭둑각시

108. **요컨대** / 요컨데

109. **희희낙락** / 희희낙낙

110. **두루마리** / 두루말이

111. **깍쟁이** / 깍정이

112. **난쟁이** / 난장이, **점쟁이** / 점장이

113. **넋두리** / 넉두리

114. **널빤지** / 널판지

115. **눈썹** / 눈섶, **눈곱** / 눈꼽

116. **눈살** / 눈쌀

117. **깔때기** / 깔대기

118. **머리말** / 머릿말

119. **메밀** / 모밀

120. **모가지** / 목아지

121. **부엌** / 부억

122. **비로소** / 비로서

123. **헤매다** / 헤매이다

124. **살쾡이** / 살괭이

125. **생각건대** / 생각컨대

126. **해코지** / 해꼬지

127. **하늬바람** / 하니바람

128. **오지랖** / 오지랍

129. **예부터(예로부터)** / 옛부터 전해오는 이야기

130. **아지랑이** / 아지랭이

131. **냄비** / 남비, **풋내기** / 풋나기 (**나부랭이, 신출내기, 동갑내기**)

132. **섣달** / 섯달

133. **성냥개비** / 성냥개피

134. **사글세** / 삭월세

135. **뻐꾸기** / 뻐꾹이

136. **미숫가루** / 미싯가루

137. **미루나무** / 미류나무

138. **발자국** / 발자욱, **자국** / 자욱

139. **딱따구리** / 딱다구리

140. **늘그막** / 늙그막

141. **숟가락** / 숫가락, **젓가락** / 젖가락

142. **낚시** / 낙시

143. **낙지** / 낚지

144. **날짜** / 날자

145. **부부 금실** / 부부 금슬 (참고 : 금슬(琴瑟) 거문고) ***복수 표준어 인정**

146. **가랑이** / 가랭이

147. **객쩍다** / 객적다

148. **논두렁 : 눈두덩**

149. **겁쟁이** / 겁장이

150. **곱슬머리 /** 고수머리, 꼽슬머리(x) ***복수 표준어 인정**

151. **뚝배기** / 뚝빼기, 곱배기 / **곱빼기**

152. **하마터면** / 하마트면

153. **고랭지** / 고냉지

154. **육개장** / 육계장

닭개장(○), 닭계장(X), 찌개(○) 찌게(×), 찌계(×)

155. 괜시리 / **괜스레**

• **'특별한 까닭이나 필요가 없어 보이다'**는 말이 '공연스럽다'이고 그것을 줄인 말이 '괜스 럽다'인데 부사적으로 쓰면 '공연스레' '괜스레'가 된다.

156. 손가방을 나꿔채 / **낚아채** 달아나다가

• **낚아채다** : 낚시에 걸린 물고기를 낚듯이 잡아채서 빼앗는 것.

157. **벌리다 : 벌이다**

• **벌리다** : 둘 사이를 넓히다. 펴다. 돈벌이가 되다. **예)** 가랑이를 벌리다. 날개를 벌리다. 돈이 잘 벌리다. 다리를 벌리다.

• **벌이다** : 일을 계획하여 시작함. 물건을 늘어놓음. 가게를 차림. **예)** 일을 벌이다. 책들을 잔 뜩 벌여 놓았다. 신발 가게를 벌이다. 잔치를 벌이다. 전쟁을 벌이다. 사업을 벌이다. 청년운동을 벌 이다. 장기판을 벌이다.

158. 땟깔 : **때깔**

• **때깔** : 눈에 선뜻 드러나 비치는 맵시나 빛깔. **예)** 그 한복 참 때깔 곱다.

159. 양반은 얼어 죽어도 **겻불** / 곁불은 안 쬔다

• **겻불**(짚불) : 벼, 보리, 조 따위의 곡식을 찧어 벗겨 낸 껍질을 태우는 불

예) 오뉴월 겻불도 쬐다 나면 서운하다.

• **곁불** : 얻어 쬐는 불. 가까이하여 보는 덕. 상대방의 세력이나 힘에 곁들여서 손쉽게 얻 어지는 효과

예) 경기회복 곁불 못 쬐는 고용시장

160. **제 : 재**

• **제**(制) : (일부 명사 뒤에 붙어) '제도' 또는 '방법'의 뜻을 더하는 접미사. **예)** 내각제, 대통 령제, 양당제, 주문제, 추첨제.

• **재**(材) : (일부 명사 뒤에 붙어) '재료'의 뜻을 더하는 접미사. 예) 가구재, 건축재, 목재, 철재

161. **개펄 : 갯벌**

• **개펄** : 갯가의 개흙이 깔린 벌판. 간조(干潮)와 만조(滿潮)의 차가 큰 해안 지형에 발달한다.

• **갯벌** : 바닷물이 드나드는 모래톱. 또는 그 주변의 넓은 땅.

*'개펄'은 '갯가의 개흙 깔린 벌판'을, '갯벌'은 '바닷물이 드나드는 모래사장. 또는 그 주변의 넓은 땅'을 이르는 말이다. 즉 '개펄'은 '개흙, 즉 거무스름하고 미끈미끈한 고운 흙이 깔린 부분'만을 이르는 말이고, '갯벌'은 '그 개흙이 깔린 부분 외에 모래가 깔린 부분까지 좀 더 넓은 부분'을 이르는 말이다.

162. 그는 초죽음 / **초주검**이 되도록 맞았다.

• 두들겨 맞거나 병이 깊어서 거의 다 죽게 된 상태. 피곤에 지쳐서 꼼짝을 할 수 없게 됨

163. **구명 : 규명**

• **구명**(究明) : 사물의 본질이나 법칙, 원인 등을 깊이 연구해 밝힌다는 뜻이다. 학구적 행위를 말한다. 예) 그는 그 원리 구명에 평생을 바쳤다.

• **규명**(糾明) : 잘못한 행동을 올바르게 밝히거나, 어떤 사건이나 사태의 진상을 따져서 밝히는 일이다. 예) 그들은 사건의 진상 규명을 촉구했다.

164. **빌다 : 빌리다**

• **빌다**

① 바라는 바를 이루게 하여 달라고 신이나 사람, 사물 따위에 간청하다.

예) 보름달에게 소원을 빌어보세요.

② 잘못을 용서하여 달라고 호소하다.

예) 학생은 무릎을 꿇고 선생님께 용서를 빌었다.

③ 생각한 대로 이루어지길 바라다.

예) 그들의 앞날에 더 큰 영광이 있기를 빌어 마지않는다.

④ 남의 물건을 공짜로 달라고 호소하여 얻다.

예) 이웃에게 양식을 빌다 / 사람들에게 밥을 빌러 다니다.

• **빌리다**

① 남의 물건이나 돈 따위를 나중에 도로 돌려주거나 대가를 갚기로 하고 얼마 동안 쓰다.

예) 은행에서 돈을 빌리다. / 어제 도서관에서 책을 빌려 왔다.

② 남의 도움을 받거나 사람이나 물건 따위를 믿고 기대다.

예) 남의 손을 빌려 일을 처리할 생각은 하지 말아야 한다.

③ 일정한 형식이나 이론, 또는 남의 말이나 글 따위를 취하여 따르다.

예) 성인의 말씀을 빌려 설교하다. 그는 수필이라는 형식을 빌려 자기의 속 이야기를 풀어 갔다. 이 자리를 빌려 감사의 말씀을 드립니다.

165. 가늠 / 가름 / 갈음

•가늠 = 짐작하다, 헤아려 보다, 점치다

① 목표나 기준에 맞고 안 맞음을 헤아려 봄. 또는 헤아려 보는 목표나 기준

② 일이 되어 가는 모양이나 형편을 살펴서 얻은 짐작

예) 막연한 가늠으로 사업을 하다가는 실패하기 쉽다. 전봇대의 높이를 가늠할 수 있겠니? 그는 나이를 가늠하기가 어렵다. 이 경기는 승패를 가늠하기 어려울 만큼 팽팽하게 진행되고 있다. 도대체 나는 그의 속마음을 가늠할 수가 없다.

•가름 = 가르다, '가름'은 '가르다'의 명사형으로 '따로따로 나누는 일 또는 구분하는 일'을 말한다.

① 따로따로 나누는 일.

② 사물이나 상황을 구별하거나 분별하는 일. 옳고 그름이나 우열을 판단하여 가른다는 뜻의 '판가름하다' **예)** 이 일에 대해서는 가름이 잘되지 않는다. 이번 경기는 선수들의 투지가 승패를 가름했다고 해도 과언이 아니다. 회사의 운명을 가름할 매각작업을 앞두고 있다. 아내와 남편의 도리가 저마다 가름이 있어야 한다.

•갈음 : 다른 것으로 바꾸어 대신함 예) 여러분 가정에 행운이 가득하기를 기원하는 것으로 치사를 갈음합니다.

166. **굴착기** / 굴삭기

167. **귀엣말** / 귀속말

168. **넝쿨·덩굴** / 덩쿨

169. **드리다 : 들이다**

• 드리다

① 여러 가닥의 실이나 끈을 하나로 땋거나 꼬다. **예)** 짚에다가 삼노를 드리다.

땋은 머리끝에 댕기를 물리다. **예)** 머리에 댕기를 드리다.

② '주다'의 높임말. **예)** 아버님께 용돈을 드리다

윗사람에게 그 사람을 높여 말이나 인사, 결의, 축하 따위를 하다. **예)** 부모님께 문안을 드리다. 폐백을 드리다.

③ 신에게 비는 일을 하다. **예)** 하느님께 기도를 드리다.

• 들이다

① 식구를 새로 맞이하다. **예)** 아내는 친구 딸을 며느리로 들이기로 했다.

② 물건을 안으로 가져오다. **예)** 어머니는 새로 산 장롱을 안방에 들이셨다.

③ 밖에서 속이나 안으로 향해 가거나 오거나 하다. **예)** 친구를 방에 들이다.

④ 빛, 볕, 물 따위가 안으로 들어오다. **예)** 집 안에 볕을 잘 들이기 위해 노력하다.

⑤ 방이나 집 따위에 있거나 거처를 정해 머무르게 되다. **예)** 객식구들을 집에 들이다.

⑥ 어떤 조직체에 가입하여 구성원이 되다. **예)** 신입생을 자기 동아리에 들이다.

⑦ 물감, 색깔, 물기, 소금기가 스미거나 배다. **예)** 손톱에 봉선화 물을 들이다.

⑧ 과일, 음식의 맛 따위가 익어서 알맞게 되다. **예)** 배에 단맛을 더 들이다.

⑨ 어떤 일에 돈, 시간, 노력, 물자 따위가 쓰이다. **예)** 책상에 앉아 시간을 많이 들인다고 공부를 잘하는 건 아니다.

⑩ 버릇이나 습관이 몸에 배다. **예)** 아이에게 좋은 버릇을 들이려면 매도 필요하다.

170. **디지털** / 디지탈·디지틀

• 외래어는 기본적으로 소리 나는 대로 적는 것을 원칙으로 한다. 따라서 터미널은 **터미널**로, 하니는 **허니**로, 타치는 **터치**로, 밧데리는 **배터리**로 표기해야 한다.

171. **햇볕** / 햇빛이 내리쬐는 뜨거운 날씨에도 아이들이 뛰어놀고 있다. 빛은 밝기나 색을 나타내는 말이며, 볕은 따뜻함을 표현하는 말이다.

• **햇볕** : 해가 내리쬐는 뜨거운 기운. 해의 뜨거운 성질

• **햇빛** : 해의 빛. 해의 밝고 눈부신 성질

 햇빛이 눈부시다(○) / 햇볕이 눈부시다(×)

 햇볕이 따사롭다(○) / 햇빛이 따사롭다(×)

 햇빛이 뜨겁다(×) / **햇볕이 뜨겁다**(○)

172. **소꿉놀이** / 소굽놀이 → **소꿉놀이, 소꿉장난, 소꿉친구**

173. **플래카드** / 플랭카드 우리말은 '**현수막**'

174. **해님** / 햇님

175. **해쓱하다·핼쑥하다** / 핼쓱하다

176. **주책없다** / 주책이다

177. **봉숭아 / 봉선화** *복수 표준어 인정. 봉숭화(X)

178. **애달프다** / 애닯다

• 널리 쓰이는 단어 표준어 인정. 예) **자두** / 오얏, **귀밑머리** / 귓머리

179. **괴나리봇짐** / 개나리봇짐

180. **괴발개발 / 개발새발** *복수 표준어 인정

'괴발개발'은 고양이의 발과 개의 발이라는 뜻이고, '개발새발'은 개의 발과 새의 발이라는 뜻임

181. 신바람을 **돋우다** / 돋구다

- 돋구다 : 안경의 돗수 따위를 높게 하다.

- 돋우다 : 끌어올리다. 높아지게 하다. 정도를 더 심하게 하다.

예) 신바람을 돋우다. 화를 돋우다. 식욕을 돋우다. 구미를 돋우다. 목청을 돋우다.

182. 결재 : 결제

- **결재**(決裁)-서류 : 결정할 권한이 있는 상관이 부하가 제출한 안건을 검토하여 허가하거나 승인함.

- **결제**(決濟)-대금, 어음 : 증권 또는 대금을 주고받아 매매 당사자 사이의 거래 관계를 끝맺는 일. 예) 카드로 결제가 되나요?

183. 임차 : 임대

- **임차**(賃借) : 돈을 내고 남의 물건을 빌려 씀

- **임대**(賃貸) : 돈을 받고 자기의 물건을 남에게 빌려 줌

184. 엄마가 아이를 **닦달하다** / 닥달하다

- 마구 몰아대어 나무라거나 겁을 주다.

185. 닻 : 돛단배

- 닻 : 갈고리가 달린 기구. 예) 닻을 내리다.

- 돛 : 배 기둥에 매어 펴 올리고 내리고 할 수 있도록 만든 넓은 천. 예) 돛을 올리다.

186. 그를 추켜세우다 / **치켜세우다** -'잘했다는 칭찬의 의미'

- 추켜올리다(×), 치켜올리다(×), 추켜세우다(×), 치켜세우다(○), 추어올리다(○)

187. 오순도순 : 오손도손 *복수 표준어 인정

188. 추근거리다 : 치근거리다 *복수 표준어 인정

189. 예상외로 수입이 **짭짤하다** / 짭잘하다

190. 낭패를 보기 쉽상 / **십상**

- '**십상**(十常) : 열에서 아홉일 정도로 확률이 높다는 말'

191. 막동이 : **막둥이**

192. 으례 : **으레**

•**으레 : '틀림없이 언제나'**

193. **흉측한** / 흉칙한 꿈. **괴상망측** / 괴상망칙

194. **희한하다** / 희안하다

195. **운영**(運營) : **운용**(運用)

•**운영** : 조직이나 기구, 사업체 따위를 운용하고 경영함. '기업, 회사, 학교, 당, 가게, 학회,
 대회' 등과 어울려 사용됨. **예)** 기업이 건실하게 운영되다.

•**운용** : 물건이나 제도 따위를 적절하게 사용하는 것. '돈, 기금, 예산, 물품' 등과 어울려
 사용됨. **예)** 현대에는 컴퓨터가 유용하게 운용되고 있다.

196. **지양**(止揚) : **지향**(指向)

•**지양** : 잘못된 문제를 그치게 하고(止) 바람직한 방향으로 높이 올림(揚). **예)** 우리 이제 남
 을 모함하고 비방하는 태도를 지양해 나갑시다.

•**지향** : 어떤 목표를 가리키며(指) 그 곳을 향해 나아감(向). **예)** 우리가 지향해야 할 목표 중
 의 하나는 참된 삶입니다.

197. **가게** : **가계**(家計)

•가게 = 상점, 가계 = 살림살이, 생계

198. **여의다** : **여위다**

•**여의다** : 부모나 사랑하는 사람이 죽어서 이별하다. 시집보내다. 멀리 떠나보내다.

•**여위다** : 몸에 살이 빠지고 수척하게 되다.

199. **성대모사**(聲帶模寫) 잘못된 표현 : 성대묘사

 풍비박산(風飛雹散) 잘못된 표현 : 풍지박산, 풍지박살

 혈혈단신(孑孑單身) 잘못된 표현 : 홀홀단신

야반도주(夜半逃走) 잘못된 표현 : 야밤도주

삼수갑산(三水甲山) 잘못된 표현 : 산수갑산

200. 통털어 / **통틀어**

201. **당기다 : 땅기다 : 댕기다**

•**당기다** : 잡아끌어 가까이 오게 하다. / 일정을 정한 때보다 앞으로 옮기다. / 무엇이 사람의 마음이나 입맛을 생기게 하다. **예)** 오늘은 떡볶이가 입맛을 당긴다. / 그 제안은 호기심을 당긴다.

•**땅기다** : 피부나 근육의 힘줄이 몹시 팽팽해지거나 긴장되어 뭉치다.

•**댕기다** : 어떤 물체에 불을 붙게 하다. **예)** 성냥에 불을 댕기다.

202. 합격은 따 논 당상 / **따 놓은 당상**

• 따 놓은 당상(○), 떼어 놓은 당상(○), 떼 놓은 당상(○)

• 따 논 당상(×), 떼 논 당상(×), 떼어 논 당상(×)

• '**따 놓은 당상**', '**떼어 놓은 당상**'이라고 써서 떼어 놓은 당상이 변하거나 다른 데로 갈리 없다는 데서, 일이 확실하여 조금도 틀림이 없음을 이를 때 쓰는 속담이다.

203. 정말 '**고마워**' / 고마와, 자유로와 / '**자유로워**'

예)가까워, 까다로워, 아름다워, 미워, 차가워, 사나워, 괴로워, 아까워, 안타까워, 반가워

204. **서슴지** / 서슴치 않다

•결단을 내리지 못하고 머뭇거리며 망설이다. 흔히 '~말다, ~않다'등의 부정어와 호응한다. 예) 불편한 점이 있으면 **서슴지** 말고 말씀해 주세요.

205. 말과 행동을 **삼가다** / 삼가하다

206. 우리 가족은 **단출하여** / 단촐하여 외출하기가 쉽다.

•**단출하다** : 식구나 구성원이 적어 홀가분하다.

•적어 홀가분하다. 간단하고 편리하다

207. 혼돈(混沌) : 혼동(混同)

• 혼돈 : 사물의 구별이 확연하지 않고 모호한 상태

• 혼동 : 구별하지 못하고 뒤섞어서 생각함

208. 무 / 무우, 생쥐 / 새앙쥐, 솔개, 소리개

209. 함으로써 : 하므로

• 함으로(써) : 수단을 나타내는 '-으로'는 조사로, 그 뜻을 강조할 경우에 조사 '-써'가 붙
  는다.

• 하므로 : '-므로'는 이유, 까닭을 나타내는 어미로서 그 뒤에 조사 '써'가 붙을 수 없다.

예) 그는 열심히 공부함으로써 부모님의 은혜에 보답하고자 한다. 그는 열심히 공부하므로 시험
  에 꼭 합격할 것이다.

210. 지그시 : 지긋이

• 지그시 : 슬며시 힘을 주는 모양. 예) 눈을 지그시 감았다.

• 지긋이 : 나이가 비교적 많아 듬직하다. 예) 나이를 지긋이 먹었다.

211. 묵다 : 묶다

• 묵다 : 일정한 때를 지나서 오래된 상태가 되다. 예) 여러 해를 묵었다.

• 묶다 : 끈, 줄 따위를 매듭으로 만들다. 예) 나뭇짐을 묶었다.

212. 경신(更新) : 갱신(更新)

• 경신(바꿀, 고칠-경) : 기록경기에서 종전에 있었던 기록을 깨뜨림. 업그레이드 됨. 개선,
  개혁의 의미 강조. 종전 기록을 깨뜨림. 예) 기록 경신, 최고값 경신. 신기록 경신, 갑오경장

• 갱신(다시-갱) : 유효기간을 연장하는 등의 사유로 내용은 변함이 없는 채 다시 바꾸는 경우. 다
  시 새롭게 함. 계약 기간을 늘림. 예) 주민등록 갱신, 전세계약 갱신, 비자 갱신, 면허 갱신, 갱
  의실, 갱생

213. 전염(傳染) : 감염(感染)

• **전염** : 다른 사람이 가지고 있는 균이 옮아오거나 옮기는 것

• **감염** : 병원균이 우리 몸에 침입하는 것

214. **똑딱똑딱** / 똑닥똑닥

• 한 단어 안에서 같은 음절이나 비슷한 음절이 겹쳐 나는 부분을 같은 글자로 적는다.

예) **꼿꼿하다**(○)/꼿곳하다, **짭짤하다**(○)/짭잘하다, **쓱싹쓱싹**(○)/쓱삭쓱삭, **씁쓸하다**(○)/씁슬하다, **밋밋하다**(○)/민밋하다

215. **해어지다 : 헤어지다**

• **해어지다** : 닳아서 떨어지다.

• **헤어지다** : 이별하다.

216. **홀몸 : 홑몸**

• **홀몸** : 형제나 배우자가 없는 사람.

• **홑몸** : 아이를 배지 않은 몸. **예)** 임신하셔서 홑몸도 아닌데 조심하세요.

217. **삭이다 : 삭히다**

• **삭이다** : 마음을 가라앉히다.

• **삭히다** : '삭다'의 사동형. 젓갈 따위의 음식물이 익어서 맛이 들다.

218. **살지다 : 살찌다**

• **살지다** : 몸에 살이 많다. 형용사로서 상태를 나타낸다. **예)** 살진 돼지가 많다.

• **살찌다** : 몸에 살이 많아지다. 동사로서 상태의 변화를 나타낸다. **예)** 잘 먹어서 살찌다.

219. **데다 : 대다**

• **데다**

①불이나 뜨거운 기운으로 말미암아 살이 상하다. **예)** 팔이 불에 데다

②몹시 놀라거나 심한 괴로움을 겪어 진저리가 나다. **예)** 아이는 힘든 공부에 데었는지 집에 와서는 잠만 잔다.

• 대다

①정해진 시간에 닿거나 맞추다. 예) 시간에 대도록 서두르자.

②어떤 것을 목표로 삼거나 향하다. 예) 하늘에 대고 하소연을 했다. 아이들이 나무에 대고 돌을 던지고 있다.

③무엇을 어디에 닿게 하다. 예) 수화기를 귀에 대다

220. **갑절 : 곱절**

• 갑절 : 어떤 수량의 **두 배 예)** 돈이 갑절 많다.

• 곱절 : 같은 물건의 수량을 몇 번이나 되짚어 합친 셈. 예) 세 곱절, 네 곱절

221. **들녘** / 들녁, **동틀녘** / 동틀녁, **동녘** / 동녁, **새벽녘** / 새벽녁

222. **뇌졸중** / 뇌졸증

223. **트림** / 트름

224. **아귀찜** / 아구찜

225. **자투리** / 짜투리

226. **연필깎이** / 연필깎기

227. **귀띔** / 귀뜸

• 귀띔(○), 귀뜸/귀띰(×) : 상대편이 눈치로 알아차릴 수 있게 미리 슬그머니 일깨워 줌.

228. 퇴근 하는 길에 포장마차에 **들르다** / 들리다

• 들르다 : 지나는 길에 잠깐 들어가 머무르다.

229. 발바닥에 굳은살이 **박이다** / 배기다

• 박이다 : 손바닥, 발바닥 따위에 굳은살이 생기다

• 배기다 : 바닥에 닿는 몸의 부분에 단단한 것이 받치는 힘을 느끼게 되다. 예) 방바닥에 종일 누워 있었더니 등이 배긴다.

230. **마뜩잖다** / 마뜩치 않다

• **마뜩잖다** : 마음에 들지 않다.

231. 그는 도박으로 살림을 **결딴냈다** / 절딴냈다

• **결딴내다** : (사람이 생활이나 사업을)잘못하여 완전히 망가뜨리다. (사람이 사물을)망가뜨려

서 더 이상 쓸 수 없게 하다.

232. 그 사람은 왜 그렇게 너한테 와서 **개개니** / 개기니?

• **개개다** : (어떤 사람이 다른 사람에게) 성가시게 달라붙어 손해를 끼치다.

233. 너나 나나 도찐 개찐 / **도 긴 개 긴** 아냐?

• **도 긴 개 긴** : '거기서 거기', 둘 또는 여럿 사이에 큰 차이가 없거나 도토리 키재기

234. 논문을 **짜깁기** / 짜집기를 하다

235. 너 나한테 **덤터기** / 덤테기를 씌우지 마

• **덤터기** : 남에게서 억지로 떠맡게 되는 억울한 누명이나 큰 걱정거리

• **건더기**(○) : 건데기(×)

236. 금고를 단단히 잠궜다 / **잠갔다**

• **잠갔다** : 기본형이 '잠구다'가 아니라 '잠그다'이다. 따라서 **잠가**(○), **잠그니**(○), **잠궈**(×),

잠구니(×)

237. 김치를 담궈 / **담가** 먹음

• **담가** : 기본형이 '담구다'가 아니라 '담그다'이다. 따라서 **담구니**(×), **담궈**(×), **담궈서**(×)

238. 능능한 / **늠름한**

• **늠름하다** : 위풍이 있고 씩씩하다.

239. **만둣국** / 만두국을 끓여 먹다. **순댓국** / 순대국, **선짓국** / 선지국

• **만둣국** : '만둣국'은 한자어인 '만두(饅頭)'와 순 우리말인 '국'으로 이루어진 단어

240. 추워서 입술이 퍼랬다 / **퍼렜다**

• **퍼렜다**(퍼렇다+었다) : 파랗다 → 파래, 파래서, 퍼렇다 → 퍼레, 퍼레서

241. **맨날 / 만날** 놀기만 하니? *복수 표준어 인정

242. 트럭과 승용차가 **부딪치다** / 부딪히다

• **부딪치다** : 부딪치다'는 '부딪다'에 강조의 뜻을 더하는 접미사 '치'가 결합됐다. 반면 '부딪히다'는 '부딪다'에 피동접미사 '히'가 결합된 모양이다. 따라서 '부딪치다'는 능동, '부딪히다'는 피동의 의미를 지닌다. "전봇대에 부딪쳤다"는 사람이 전봇대에 다가가 부닥치는 능동의 의미를 지니기 때문에 '부딪치다'로 써야 한다. 예를 들어 "전봇대에 부딪혔다"고 하면 나는 가만히 있는데 전봇대가 나에게 다가온 상황이 된다. '부딪치다'는 능동형이나 두 사물의 동시 행위일 때, '부딪히다'는 부딪음을 당하는 경우에 쓴다. 예) 전봇대에 **부딪치다**. 트럭과 승용차가 **부딪쳤다**. 배가 빙산에 **부딪혔다**.

243. 그가 실직한 뒤에 **암팡진** / 앙팡진 아내는 장사를 시작하였다

• **암팡지다** : 몸집은 작아도 야무지고 군세다.

244. 초과근무에 대한 합당한 **보상** / 배상을 요구하자

• **보상(손실보상)** : 적법한 공권력에 의해 재산권에 가해진 특별한 희생을 사유재산의 보장과 공평부담이라는 관점에서 조정하기 위해 금전 또는 기타의 재화를 주는 것을 의미하며 '손실보상'이나 '행정상 또는 공법상의 손실보상'이라고도 불린다.

• **배상(손해배상)** : 위법한 행위에 의해 타인에게 끼친 손해에 대하여 손해가 없었던 것과 동일한 상태로 복귀시키는 일을 의미하며 일반적으로 손해배상이라고 불린다. 불법행위나 채무불이행이 전형적인 발생 원인이며, 원칙적으로 손해의 발생에는 손해를 준 자의 고의나 과실을 요한다.

245. **상영 : 상연**

• **상영**(上映) : 영화나 영상을 영사기나 비디오 등을 통해서 영사하여 보여 줌

• **상연**(上演) : 연극이나 영화 따위를 무대나 극장에서 관객에게 보이는 일

246. **어르다 : 으르다**

- **어르다** : (어린아이를)편안하게 하거나 기쁘게 하려고 몸을 흔들어 주거나 달래다. / (어떤 사람이 다른 사람을)그럴듯한 말로 부추겨 마음을 움직이다. 예) 조카는 몇 시간이나 어르고 달래서야 겨우 잠이 들었다. / 그 사람은 귀가 얇아서 잘 어르기만 해도 우리 편에 설 거야.
- **으르다** : 겁을 먹도록 무서운 말이나 행동으로 위협하다. 예) 그를 을러도 보고 달래도 보았으나 소용이 없었다.

247. 태풍이 우리나라를 비껴 / 비켜 갔다

- '**비키다**'는 사람이나 동물이 어떤 장애물을 피해서 지나가거나 옮겨 감을 뜻하고, '**비끼다**'는 어떤 사물에 대해 비스듬하게 혹은 조금 옆으로 벗어난 방향으로 지나감을 가리킨다. '**물웅덩이가 있어서 비켜 갔다**'거나 '**앞에 빚쟁이가 오고 있어서 비켜 갔다**'에서는 웅덩이나 빚쟁이를 피해 간다는 의미가 있으므로 '**비켜 가다**'를 씀이 옳다. 반면에 '**태풍이 우리나라를 비껴갔다**'는 태풍이 우리나라를 통과하지 않고 우리나라 옆으로 지나갔다는 의미로 쓰였으며, '**장수가 칼을 비껴 찼다**'의 경우도 장수가 칼을 비스듬하게 찼다는 의미이므로 '**비끼다**'를 써야 옳다.

- **비끼다 : 비스듬하게 놓이거나 늘어지다**

① (물체 따위가 어떤 곳에)비스듬히 한쪽으로 놓이다. 예) 파란 하늘에 엷은 구름이 비껴 흐른다. (사람이 몸이나 물체 따위를)비스듬한 방향으로 두다. 예) 그녀는 고개를 비끼고 앉아 이쪽을 잠깐씩 흘끔거렸다.

② (햇빛이나 달빛 따위가 어떤 곳에)비스듬하게 비치다. 예) 달빛이 호숫가에 비끼고 적막만이 내 주위를 감돌았다.

- **비키다 : 무엇을 피해 방향을 조금 바꾸다**

① (사람이 어디로)무엇을 피하여 자리를 약간 옮기거나 방향을 좀 바꾸다. 예) 동생은 차를 피하려고 옆으로 약간 비켰다.

② (사람이 있던 자리를)피하여 다른 곳으로 옮기다. 예) 엄마는 우리들끼리 조용히 이야기를

나눌 수 있도록 자리를 비키셨다.

248. 추워서 몸이 **으스스하다** / 으시시하다

• **으스스하다** : 차가운 물체가 닿거나 섬뜩한 느낌을 받아서 소름이 돋는 듯하다.

249. 아주 **나지막한** / 나즈막한 목소리로 말했다

250. **넌지시** / 넌즈시 말했다

• **넌지시** : 드러나지 않게 가만히

251. **굽이굽이** / 구비구비 흘러가는 강물

• **굽이굽이** : 여러 굽이로 구부러지는 모양

252. **우레** / 우뢰같은 박수 ***복수 표준어 인정. 우레 = 천둥**

253. 멀지않아 / **머지않아** 봄이 올 것이다

• 시간과 관련이 있을 때는 '**머지않아**', 공간과 관련이 있을 때는 '**멀지 않아**' 예) 놀이터가 멀지 않아 좋은 점이 많다.

254. **발모가지** / 발목아지 ***발모가지, 발목쟁이 복수 표준어 인정**

255. **꺼림칙하다** / 꺼림직하다

256. 체신머리 / **채신머리**

257. 멀직이서 / **멀찍이서**

258. 가슴이 **설레다(설렘)** / 설레이다

259. 끄나불 / **끄나풀**

260. **게슴츠레하다** / 게슴치레하다

261. **맛보기** / 맛빼기 / 맛배기 / 맛뵈기

262. **족집게** / 쪽찝개 / 쪽집게 강사

263. **으스대며** / 으시대며 거리를 행진하였다

• **으스대다** : 어울리지 않게 으쓱거리며 뽐내다.

264. 딱이 / **딱히** 할 말이 없다

• '분명하게 꼭 집어서'

가까이, 깨끗이. 곰곰이, 느긋이, 따듯이, 반듯이, 버젓이, 번번이, 산뜻이, 샅샅이, 수북이, 어렴풋이, 자욱이, 틈틈이 / 가만히, 나란히, 능히, 다행히, 딱히, 무단히, 열심히

265. **간편케, 단념케, 신청코자, 연구토록, 확실치, 흔타**

266. 그만 집에 **가려고** / 갈려고 해. **하려고** / 할려고. **자려고** / 잘려고

267. **장맛비** / 장마비

268. **끄떡없다** / 끄덕없다

269. 포대기에 둘러쌓인 / **둘러싸인** 아기

• '둘러싸인'은 '속의 것이 보이지 않게 빙 둘러서 둥글게 푹 싸인' '어떤 것을 관심이나 행동의 중심 대상으로 하고'의 의미를 가진 말. **예)** 아름다운 담으로 둘러싸인 우리집. 그 사건을 둘러싸고 의견이 분분했다.

270. **뒤꿈치** / 뒷꿈치

271. 온 집 안이 먼지로 뒤덮히다 / **뒤덮이다** // 뒤덮혀 / **뒤덮여**

272. **떠들썩한** / 떠들석한

273. 아이들 **등쌀** / 등살에 시달리다

• 등쌀 : 몹시 귀찮게 구는 짓

• 등살 : 등의 살

274. **군색**(窘塞) : **궁색**(窮塞)

• 군색(窘塞) : '군색하다'의 어근

① 필요한 것이 없거나 모자라서 딱하고 옹색하다. **예)** 군색한 집안 형편

② 자연스럽거나 떳떳하지 못하고 거북하다. **예)** 군색한 표현, 군색한 변명을 늘어놓다.

• 궁색(窮色) : 곤궁한 기색, 궁색(窮塞) : 아주 가난함

275. **지레짐작** / 지례짐작

276. 불삽 / **부삽**

•**부삽** : 아궁이나 화로의 숯불이나 재 따위를 담아 옮기는 데 쓰는 자그마한 삽

277. 구렁이가 **똬리** / 또아리를 틀고 있다

278. 월간지를 **다달이** / 달달이 구독한다

279. 대우는 **섭섭지** / 섭섭치 않게 해주마

•**섭섭지, 넉넉지, 짐작건대, 깨끗지, 납득지** : 일반적으로 'ㅂ' 'ㄱ' 'ㅅ' 받침이 나오면 거센소리가 아닌 '지' '건대' 등으로 적는다고 생각하면 도움이 된다. 그러나 '단언하건대' '분발하도록' '당하지' 같은 말은 줄여서 쓸 때 '단언컨대' '분발토록' '당치'가 맞다.

280. **섬뜩하다** / 섬뜻하다 / 섬득하다

281. **오랜만에** / 오랫만에

282. **오랫동안** / 오랜동안

283. 명실공이 / **명실공히**

•**명실공히** : 알려진 내용과 실제의 내용이 똑같게

284. 애워싸다 / **에워싸다**

285. **엉큼하다** / 응큼하다

286. **겨레** / 겨례

287. 마춤 양복 / **맞춤** 양복

예) 양복을 **맞추다**

288. 먹을꺼리 / **먹을거리**

먹을거리 / 먹거리 *복수 표준어 인정

289. 발돋음 / **발돋움**

290. 신이라 불리우는 / 신이라 **불리는**

554

•'불리다'는 '부르다'의 피동형으로 사동접수 '우'가 들어갈 필요가 없다.

291. 힘이 **세다** / 힘이 쎄다

292. 자그만치 / **자그마치**

293. **어둠침침하다** / 어두침츰하다

294. **주꾸미** / 쭈꾸미

295. **북엇국** / 북어국

296. **아등바등** / 아둥바둥

297. 그는 내노라하는 / **내로라하는** 수재이다

•**내로라하다** : 스스로 젠체하고 뽐내다.

298. 자주빛 / **자줏빛**

299. **부스스** / 부시시한 머리

300. **제재**[制裁] : 습관이나 규정에 어그러짐이 있을 때에 그것을 금지하고 나무람. **예)** 수업 시간에 떠드는 사람에게는 제재가 필요하다.

제재[題材] : 문학이나 예술 작품에서 주제를 효과적으로 표현하기 위해 선택되는 이야기의 재료. **예)** 수필은 다양한 제재를 가진 문학 장르이다.

301. **안 되다** : 안되다

•**동사 : 안 되다 ↔ 되다 예)** 그가 선생님이 되다. ↔ 그가 선생님이 안 되다. 가을이 되다 ↔ 가을이 안 되다. 죽도 밥도 되다 ↔ 죽도 밥도 안 되다.

•**동사 : 안되다 ↔ 잘되다**

① 일, 현상, 물건 따위가 좋게 이루어지지 않다. **예)** 올해는 비가 너무 많이 와서 과일 농사가 <u>안돼</u> 큰일이다.

② 사람이 훌륭하게 되지 못하다. **예)** 자식이 안되기를 바라는 부모는 없다.

③ 일정한 수준이나 정도에 이르지 못하다. **예)** 이번 시험에서 우리 중 <u>안되어도</u> 세 명은 합

격할 것 같다.

•형용사 : 안되다

① 섭섭하거나 가엾어 마음이 언짢다. 예) 그것참, 안됐군. 젊은 나이에 남편을 잃고 고생하는 것을 보니 마음이 안됐다.

② 근심이나 병 따위로 얼굴이 많이 상하다. 예) 몸살을 앓더니 얼굴이 많이 안됐구나. 안색이 안돼 보여서 보약을 지어 보냈다.

※ '안 벌고 안 쓴다'에서 '안'은 부사 '아니'의 준말이다. 부사이니 동사 '벌다', '쓰다'와 띄어 썼다. '가을이 되다'의 '되다'도 동사다. 부정하는 말 '안'이 오면 역시 띄어서 '안 되다'로 적는다. '앓더니 얼굴이 많이 안됐다'에서 '안'은 독립적인 부사가 아니다. '되다'와 결합해 새로운 단어(형용사) '안되다'가 됐다. '병 따위로 얼굴이 상하다'는 뜻이 됐다.

| 기출 예시 | 마음이 안되었다. : 2011학년도 한성대

그 사람 참 안됐다. : 2012학년도 세종대

302. 마늘**장아찌** / 마늘짱아찌

303. 녹슬은 / **녹슨**, 푸르른 / **푸른**, 거치른 / **거친, 나는** / 날으른

304. **위층** / 아래층, **위쪽** / 아래쪽, **위턱** / 아래턱

•된소리나 거센소리 앞에서는 **"위-"**로 한다. 뒷말의 첫소리가 본래 된소리나 거센소리이면 사이시옷을 받치어 적지 않는다. **참고)** 뒷뜰 / **뒤뜰**

305. 휴**게**실, **게**시판, **게**송, **게**재, 핑**계 예)** 논문게재 / 논문개재

306. 一切(**일체**) : 一切(**일절**)

'일절'은 '아주, 전혀, 절대로'의 뜻으로, 사물을 부인하거나 행위를 금지할 때 쓴다. 문장 속에서 앞의 내용을 부정할 때 쓰이는 말이다. 주로 '없다' '않다' 등 부정적인 단어와 어울린다. "특혜 일절 없다" "자료 제출 요청에 일절 응하지 않을 것이다"처럼 쓴다. 반면 '일체'는 '모든 것'이나 '모든 것을 다'를 뜻한다. 또 '일체로' 꼴로 쓰여 '전부 또는 완전히'라

는 뜻을 나타내기도 한다. "그는 재산 일체를 학교에 기부했다" "근심 걱정일랑 일체 털어 버리자"와 같이 쓴다. 흔히 '안주 일절'로 쓰는 말은 '안주 일체'로 적어야 한다. '안주 일절'은 안주가 전혀 없다는 말이다. '안주 일체'로 써야 모든 안주가 다 있다는 의미가 된다. 일반적으로 '일절'은 부정하거나 금지하는 말과 어울린다. 또 '일체'는 조사(을, 를, 의 등)가 붙을 수 있지만 '일절'은 부사이기 때문에 조사를 붙일 수 없다. 그러나 이것을 수학공식처럼 무조건 기계적으로 대입해서는 안 된다. 예를 들어 "일체의 조미료를 사용하지 않습니다"와 "조미료를 일절 사용하지 않습니다"는 둘 다 쓸 수 있다. 뒤에 부정어가 있기 때문에 '일절'로 써야 할 것 같지만 '모든 조미료를 사용하지 않는다'는 뜻일 땐 '일체'를, '조미료를 절대로 사용하지 않는다'는 의미일 땐 '일절'을 쓴다.

| 기출 예시 | 수업 시간에는 잡담을 <u>일절</u> 금지합니다. : 2011학년도 수원대

근심과 걱정은 <u>일체</u> 털어 버리자. : 2013학년도 한성대

307. **헝겊** / 헝겁

308. 촛점 / **초점**(焦點), 전셋방 / **전세방**(傳貰房), 월셋방 / **월세방**(月貰房), 갯수 / **개수**(個數), 잇점 / **이점**(利點), 댓구 / **대구**(對句), 싯가 / **시가**(時價), 소숫점 / **소수점**(小數點)

• 한자어에는 사이시옷을 쓰지 않는다. 참고) 전세집 / **전셋집**

309. **찻간, 곳간, 툇간, 셋방, 숫자, 횟수**

• 순 우리말처럼 굳어진 위 여섯 단어에는 사이시옷을 적는다.

310. **얼차려** / 얼차레

311. **붓두껍** / 붓뚜껑

312. **안절부절못하다** / 안절부절하다

313. **인사말** / 인삿말

314. 알아**맞히다** / 알아맞추다

315. **수컷을 나타내는 접두사는 '수-'로 통일한다.**

• 암컷, 암캐, 암탕나귀, 암탉, 암고양이, 암캉아지, 암키와, 암퇘지, 암평아리

• 수컷, 수캐, 수탕나귀, 수탉, 수고양이, 수캉아지, 수키와, 수퇘지, 수평아리

• **예외)** 숫양, 숫염소, 숫쥐

316. **아서라** / 앗아라

317. **악바리** / 악발이

318. **안쓰럽다** / 안스럽다

319. **안팎** / 안밖

320. **알맹이** / 알멩이

321. **알쏭달쏭** / 알송달송

322. **앞서거니 뒤서거니** / 앞서거니 뒷서거니

323. **애꿎다** / 애꿋다

324. **얄궂다** / 얄굿다

325. **애송이** / 애숭이

326. **양수겸장** / 양수겹장

327. **어깻죽지** / 어깨쭉지

328. **어우러지다** / 어울어지다

329. **읊조리다** / 읖조리다

330. **이튿날** / 이튼날 // **사흗날** / 사흘날

331. **으름장** / 으름짱

332. **이파리** / 잎파리

333. **일찍이** / 일찌기

334. 기사가 **스포츠난** / 스포츠란에 실렸다

• '독자란(讀者欄)', '비고란(備考欄)'처럼 쓰이는 '란'은 한 음절로 된 한자어 형태소로서, 한

자어 뒤에 결합할 때에는 하나의 낱말로 보기 어렵기 때문에 본음대로 적는다. 예) 공란(空欄), 답란(答欄), 투고란(投稿欄), 학습란(學習欄). 그러나 '어린이-난', '어머니-난', '가십(gossip)-난'처럼 고유어나 외래어 뒤에 결합할 때는 두음법칙을 적용합니다. 따라서 '한자어+欄'은 그 '欄'이 독립성이 없는 것으로 보아 '○○란'으로 적어야 하고, '고유어(또는 외래어)+欄'은 그 '欄'이 독립성이 있는 것으로 보아 '○○난'으로 적어야 맞다.

335. **어쨌든** / 어쨋든

336. 한 **움큼** / 한 웅큼

337. **외톨이** / 외토리

338. **어슴푸레** / 어슴프레

339. 절대절명 / **절체절명**(絶體絶命)의 위기에 처했다

340. **희로애락**(喜怒哀樂) / 희노애락, **생로병사**(生老病死) / 생노병사, **대로**(大怒) / 대노, 온란전선 / **온난전선**(溫暖前線)

341. 칠흙 / **칠흑**같이 어두운 밤. **참고)** 칠흑(漆黑)

342. **맹숭맹숭 / 맨숭맨숭 / 맨송맨송**하다

343. **설렁탕** / 설농탕

344. 세상이 그렇게 **녹록** / 녹녹한 줄 아니? **참고)** 녹록하다-만만하고 상대하기 쉽다.

345. **~박이** : '무엇이 박혀 있는 것'을 나타내는 말. **예)** 차돌박이, 점박이, 금니박이, 붙박이, 오이소박이 *예외) '장승배기'

346. **~배기, ~빼기** : 이 둘을 가르는 기준은 오로지 **'소리'**이다. **예)** 세 살배기, 공짜배기, 진짜배기, 육자배기, 주정배기, 귀퉁배기, 대갈빼기, 곱빼기, 언덕빼기, 억척빼기, 고들빼기, 그루빼기 *예외) 뚝배기

347. **반짇고리** / 반짓고리

348. **나침반 / 나침판** *복수 표준어 인정

349. **엊그제** / 엇그제

350. **역할** / 역활

351. **덮밥** / 덧밥

352. 담배를 **피우다** / 피다. 바람을 **피우다** / 피다. 재롱을 **피우다** / 피다. **예)** 고집을 피우다. 어리광을 피우다. 게으름을 피우다.

353. **돗자리** / 돋자리

354. **모둠회** / 모듬회. **예) 모둠요리, 모둠구이, 모둠전**

355. **닭볶음탕** / 닭도리탕

356. **쉰** / 쉬흔 살

357. **색소폰** / 색스폰

358. **앙케트** / 앙케이트

359. 진실이 **드러나다 /** 들어나다

•'드러나다'는 '가려 있거나 보이지 않던 것이 보이게 되다. 알려지지 않은 사실이 널리 밝
혀지다.'라는 뜻이다. '들어나다'는 말은 없다.

360. **싹둑** / 싹뚝

361. **담배 한 개비** / 가치, 까치, 개피

362. **늑장 부리다 / 늦장 부리다** *복수 표준어 인정

363. **안성맞춤** / 안성마춤

364. **노을 / 놀, 막대기 / 막대, 망태기 / 망태, 머무르다 / 머물다, 서두르다 / 서둘다,서
투르다 / 서툴다, 시누이 / 시누, 외우다 / 외다** *복수 표준어 인정

365. **꼬이다, 꾀다** / 꼬시다

366. **부조**(扶助) / 부주

•**부조**(扶助) : 잔칫집이나 상가(喪家) 따위에 돈이나 물건을 보내어 도와줌. 또는 돈이나

물건

① 축의금(祝儀金) : 축하하는 뜻으로 내는 돈

② 조의금(弔意金) : 남의 죽음을 슬퍼하는 뜻으로 내는 돈

조위금(弔慰金) : 죽은 사람을 조상하고 유가족을 위문하는 뜻을 나타내기 위하여 내는 돈

• **부의**(賻儀) : 상가(喪家)에 부조로 보내는 돈이나 물품. 또는 그런 일

367. **감색**(紺色) / 곤색

368. 비행기 **삯** / 값

369. **경구**(警句) / 경귀

370. **구절**(句節) / 귀절

371. **어구**(語句) / 어귀

372. **시구**(詩句) / 시귀

373. 글구 / **글귀**

• 한자 '글귀 구(句)'자가 붙어서 이루어진 단어를 '구'로 통일해서 읽는다. **예외)** 글귀, 귀글

374. 합격할 수 **있을는지** / 있을른지 / 있을런지 모르겠다.

'ㅡ를는지, ㅡ를른지, ㅡ를런지' 중에서 'ㅡ를는지'가 맞다.

375. **소고기 / 쇠고기** *복수 표준어 인정

376. **전자레인지** / 전자렌지

377. **소파** / 쇼파

378. **귓불** / 귓볼

379. **무르팍** / 무릎팍

380. **무릅쓰고** / 무릎쓰고

381. **빨랫비누** / 빨래비누

382. **비눗갑** / 비누곽

383. **천생** / 천상 여자

384. **러닝머신** / 런닝머신

385. **카디건** / 가디건

386. **동고동락(同苦同樂)** / 동거동락

387. **쩨쩨하다** / 째째하다

388. **어물쩍** / 어물쩡

389. **움츠리다** / 움추리다

390. **흩트리다** / 흐트리다

391. **생채기** / 생체기

392. **몸뚱어리** / 몸뚱아리

393. **맛깔스럽다** / 말갈스럽다

394. **사돈(査頓)** / 사둔

395. **꺾꽂이** / 꺽꽂이

396. **밑동** / 밑둥

397. **시답잖다** / 시덥잖다

398. **누르다** / 눌르다

399. **생때같은** / 생떼같은

• 생때같다 : 몸이 건강하고 튼튼하여 병이 없다.

400. **일사불란(一絲不亂)** / 일사분란

401. **덧버선** / 덭버선

402. 말하기 전에 **진즉 / 진작** 그랬어야. '진작', '진즉'은 '좀 더 일찍이'라는 의미

403. **홑치마** / 홋치마

404. **목이 메다** / 메이다. 목이 **메었다** / 목이 메였다

405. **감상**

• 感想(감상) 마음에 느끼어 형상과 함께 떠오르는 생각. 예) 외국을 다녀온 감상이 어떻습니까? / 感想文(감상문) / 평소에 느낀 감상을 말씀하세요.

• 感傷(감상) 마음에 느끼어 아픔. 사물에 대해 느낀 바가 있어 마음속으로 슬퍼하거나 아파함. 또는 그러한 마음. 예) 실연을 당한 나는 감상적인 노래를 좋아하게 되었다.

• 鑑賞(감상) 살피어 구경함. 예술 작품을 음미하여 이해하고 즐김. 예) 그림을 감상하다.

406. **성공률** / 성공율

• 모음이나 'ㄴ'받침 뒤에 이어지는 '률'은 '율'로 적는다. 예) **규율**-규률(×), **비율**-비률(×), **선율**-선률(×), **실패율**-실패률(×), **백분율**-백분률(×), **불문율**-불문률(×), 운률(×)-**운율**, **합격률**-합격율(×)

407. 안녕히 **가십시오** / 가십시요. 내 **탓이오** / 내 탓이요

• 이오 : 종결형 어미. '이오' 뒤에는 마침표(. ? !)를 찍어야 한다. 예) 이것은 책이요, 저것은 공책이오.

• 이요 : 연결형 어미. '이요' 뒤에는 쉼표(,)를 찍는다. 예) 이것이 진리요, 길이다.

408. 그는 실재 / **실제** 나이보다 젊어 보인다.

• '실재(實在)' : 거짓·상상이 아닌 현실적으로 존재하는 것. '실재'는 '-로'가 붙은 부사 형태가 없다. 예) 최근에 와서 홍길동이 실재 인물이었다는 주장이 제기되고 있다.

• '실제(實際)' : 있는 그대로(사실)의 경우·형편을 일컫는 말. 예) 이야기 중의 많은 부분은 실제와 같지 않았다.

409. **뭉그적거리다** / 뭉기적거리다

410. **뭉뚱그리다** / 뭉뚱거리다, 뭉뜽거리다

411. 잣나무 / **잣나무**

412. **삼짇날** / 삼짓날

413. **숙맥**(菽麥) / 쑥맥

414. **욱신거리다** / 욱씬거리다

415. **굼벵이** / 굼뱅이

416. 각골난망하다 / **각골난망이다**

417. **되뇌다** / 되뇌이다

418. **유래**(由來) : **유례**(類例)

• **유래** : 연유하여 옴. 사물이 어디에서 연유하여 옴. 또는 그 내력. **예)** 김치의 유래는 딤채 이다.

• **유례** : 비슷한 예. **예)** 그런 유례를 찾아 볼 수 없다.

419. **밭뙈기 : 밭떼기**

• **밭뙈기** : 얼마 안 되는 밭을 얕잡아 일컫는 말. **예)** 손바닥만 한 밭뙈기

• **밭떼기** : 밭에서 나는 작물을 밭에 나 있는 채로 몽땅 사는 일. **예)** 배추를 밭떼기로 팔다.

420. **별의별** / 벼라별 물건들이 많다. '보통과 다른 갖가지'를 뜻하며, 이를 줄여서 '별별' 이라고 함

421. **개정**

• 改正(개정) : 바르게 고침. 법, 문서 따위와 관련됨. **예)** 악법의 개정에 힘쓰다.

• 改定(개정) : (한번 정했던 것을)고치어 다시 정함. **예)** 개정요금

• 改訂(개정) : 訂(정)바로잡을. 잘못을 고쳐서 바로잡음. **예)** 개정판

• 改惡(개악) : 좋게 고친다는 것이 본디보다 더 나쁘게 고침. **예)** 여성계에서는 改正 법안이 여성 권익을 무시한 改惡이라며 반발하고 나섰다.

• 改善(개선) : 잘못된 점, 부족한 점, 나쁜 점을 고치어 잘 되게 함. 좋은 방향으로 고침. **예)** 체질개선

• 改造(개조) : 고쳐서 다시 만듦. **예)** 집을 개조하였다.

• 訂正(정정) : 글의 내용이나 글자 따위의 잘못된 곳을 고쳐서 바로잡음. **예)** 정정 기사

422. 자신의 과거를 떠벌이다 / **떠벌리다**

423. 환경 복원 사업이 **되레** / 되려 자연재해를 부르는 경우가 종종 있다

• 되레 : 일반적인 생각이나 기준과는 전혀 반대되거나 다르게. 도리어

424. **뾰루지(뾰두라지)** / 뾰로지 / 뽀두락지

425. **애초에** / 애진에 / 애저녁에

• '처음부터'라는 뜻

426. **남에게 배움**

• 反面敎師(반면교사) : 따르거나 되풀이해서는 안 될 나쁜 본보기 = 他山之石(타산지석) 하찮은 남의 언행일지라도 자신을 수양하는 데에 도움이 된다.

*반면교사나 타산지석이나 그 핵심은 모두 '부정적인 대상을 통해 교훈을 얻다'란 것이다. 따라서 다른 사람의 성공적인 경험을 보고 배워서 자신도 그렇게 해야 한다고 말하고 싶으면 '타산지석' 대신에 '귀감', '정면교사', '거울', '본보기'로 바꾸어 표현해야 한다. ↔ 龜鑑(귀감) 남의 훌륭한 점을 보고 얻는 것 = 正面敎師(정면교사) 예) 롯데의 새 경영진은 월마트의 성공을 타산지석으로 삼아야 할 것이다.(×) 노조의 무리한 요구로 쇠락을 걷고 있는 GM과 포드를 타산지석으로 삼아야 한다.(○)

427. **돌부리** / 돌뿌리

428. **낟알 : 낱알**

• 낟알 : 껍질을 벗기지 않은 곡식의 알맹이

• 낱알 : 셀 수 있게 된 물건의 하나하나

429. 엄한 / **애먼** 사람에게 화를 내지 마세요

430. **업신여기다** / 업수이여기다

431. 그 남자 오늘 프랑스로 떠난데 / **떠난대.**

그 여자 말을 논리적으로 **잘 하데** / 잘 하대.

• **간접경험(현재 사실)**: '-대'는 '-다고 해'의 줄임말로 직접 경험한 사실이 아니라 남이 말한 내용을 간접적으로 전달할 때 쓰인다. 혹은 '-라고 해(-래)'를 쓴다. **'-대'는 어떤 사실을 주어진 것으로 치고 그 사실에 대한 의문을 나타낼 때도 쓰인다. 놀라거나 못마땅하게 여기는 뜻이 섞여 있다.**

예) 신랑이 어쩜 이렇게 잘생겼대? / 입춘이 지났는데 왜 이렇게 춥대?

• **직접 경험(과거사실)**: '-데'는 화자가 직접 경험한 사실을 나중에 보고하듯이 말할 때 쓰이는 말로 '-더라'와 같은 의미를 전달할 때 쓰인다.

예) 나무가 정말 큰데. / 어머님이 정말 미인이신데.

예) 꽃들이 정말 예쁘대.(간접경험)

　　꽃들이 정말 예쁘대?(의문)

　　꽃들이 정말 예쁘데.(직접경험)

　　꽃들이 정말 예쁘데!(감탄)

432. 반증 : 방증 예) 부동산을 소유하지 않은 기업이 거의 없는데, 이는 부동산이 부가가치 창출의 수단이라는 방증 / 반증이다.

• **반증**(反證) : 사실과는 반대되는 증거. 어떤 주장에 대해 그것이 거짓임을 보여주는 증명
• **방증**(傍證) : 증거가 될 방계의 자료. 간접적인 증거

433. 김치 **소** / 속

• 소-송편, 만두, 김치 따위를 만들 때 속에 넣어 맛을 내는 여러 가지 재료

434. 그걸 낸들 / **난들** 알겠어?

435. 거추장스럽다 / 거치장스럽다

436. 행사비용을 **갹출** / 각출하다

• **갹출**(醵出) : 같은 목적을 위해서 여러 사람이 돈을 나누어 냄. **예)** 잔칫집에 갈 때 돈을 얼마씩 갹출한다 = 나누어 냄 = 추렴 : 모임, 놀이, 잔치 등의 비용을 마련하기 위해서 여럿이 얼마씩 돈이나 물건 등을 나누어 내거나 거둠

• **각출**(各出) : 각각 내 놓음

437. **동병상련**(同病相憐) / 동병상린

438. **벽창호** / 벽창우, 자도(紫桃) / **자두**, 호도(胡桃) / **호두**

439. **겉잡다 : 걷잡다**

• **겉잡다** : (사람이 무엇을)겉으로 보고 대강 짐작하여 헤아리다. **예)** 한 달 생활비를 대충 겉잡지 말고 꼼꼼하게 예산을 짜서 살림을 해야지!

• **걷잡다** : [주로 '없다', '못하다' 따위의 부정어와 함께 쓰여](사람이 일을)잘못 진행되어 가는 기세를 거두어 바로잡다. **예)** 세차게 몰아치는 바람으로 산불은 걷잡을 수 없이 번져 나갔다.

440. 어줍잖게 / **어쭙잖게** 나서지 마라

• **어줍다** : 말이나 행동이 익숙하지 않아서 서투르고 어설프다. '어줍다'의 부정형은 '어쭙지 않다' 이고, 이것이 준 형태가 '어쭙잖다'이다.

• **어쭙잖다** : 비웃음을 살 만큼 언행이 분수에 넘치는 것을 말한다.

441. 아이들이 치고박고 / **치고받고** 싸우다.

442. **타깃**/타겟, **재킷**/자켓, **랑데부**/랑데뷰, **메시지**/메세지, **데뷔**/데뷰, **뷔페**/부페, **주스**/쥬스, **슈퍼**/수퍼, **파일**/화일, **파이팅**/화이팅, **테이프**/테잎, **커닝**/컨닝

443. **묵다 : 묶다**

• **묵다** - 일정한 때를 지나서 오래된 상태가 된다. 잠을 자며 임시로 머무르다. **예)** 전망 좋은 방에서 묵었다. / 어머니가 묵은 김치를 썰어 넣고 부침개를 만들어 주셨다.

• **묶다** - 끈, 줄 따위를 매듭으로 만든다. **예)** 나뭇짐을 묶었다.

444. **떼려야 뗄 수 없는** / 뗄레야 뗄 수 없는

445. **부분**(部分) : **부문**(部門)

• **부분** : 전체를 이루는 작은 범위다. 전체 가운데 일부를 가리킬 때 사용한다. '전체'의 상
   대어 개념이다. **예)** 썩은 부분, 영화의 마지막 부분, 어두운 부분

• **부문** : 기준에 따라 나누어 놓은 낱낱의 영역이다. 부분이 전체의 일부라면, 부문은 일
   정한 기준에 따라 나눈 분류다. 분야, 영역과 유사한 의미다. **예)** 민간 부문, 중공업 부문,
   자연과학 부문, 각 부문 수상자

446. **신문 : 심문**

• **신문**(訊問) : 사건의 진상을 능동적으로 캐기 위해 하는 행위로서 주로 '경찰이나 검찰'
   에서 이뤄지는 것

• **심문**(審問) : 이해관계자들을 위해 진술 기회를 주는 수동적인 행위로서 주로 '법원'에
   서 이뤄지는 행위

447. **걸리적거리다 / 거치적거리다** *복수 표준어 인정

448. 자신의 주장을 **관철하다** / 관철시키다

449. **죽자사자** / 죽자살자 그 일에 매달렸다

450. **햅쌀** / 햇쌀. 햇콩 / **해콩**, 햇팥 / **해팥**, 햇쑥 / **해쑥**

451. 한가닥하다 / **한가락하다**

452. 내일 **봐요** / 뵈요

• '**봐요**'는 '뵈어요'의 준말

453. **바닷가재** / 바닷가제

454. **반딧불이 : 반딧불**

• **반딧불이** : 반딧불잇과의 딱정벌레를 통틀어 이르는 말 = 개똥벌레

• **반딧불** : 반딧불이의 꽁무늬에서 반짝이는 불빛

455. **베짱이** / 배짱이

456. **볼썽사납다** / 볼상사납다

457. **소곤거리다** / 소근거리다 / 수근거리다

458. **떴다방** / 떳다방

459. **빈털터리** / 빈털털이

460. **눌은밥** / 누른밥 = 누룽지

461. 설을 센다 / **쇤다**

462. 날더러 / **나더러** 도와 달라고?

• '**나더러**', '**너더러**'가 맞는 표현

463. **추문**(醜聞) ↔ **미담**(美談)

• **추문** : 좋지 못한 소문. 지저분하고 잡스러운 소문 = **추성**(醜聲)

464. **오므라이스** / 오무라이스

465. 땀에서 **짭짤한 /** 짭잘한 맛이 났다.

466. 사람이 얼띠다 / **얼뜨다**

• **얼뜨다** : 사람이 다부지지 못해서 어수룩하고 얼빠진 데가 있다.

467. **삽시간**(霎時間) 매우 짧은 시간 = 순식간(瞬息間) = 찰나(刹那) = 순시(瞬時) = 편각
(片刻) ↔ **영겁**(永劫)

468. 햇볕이 좋을 때 이불 **홑청** / 호청을 뜯어내어 빨아야겠다

• **홑청** : 요나 이불의 겉에 씌우는 홑겹으로 된 껍데기

469. **눈으로 보아 어림잡아 헤아림** = 눈어림 = 눈짐작 = 눈대중 = 목측(目測)

470. **복불복**(福不福)/ 볼걸복 / 복궐복

471. **병구완** / 병구환을 하다.

472. 나이에 비해 애띠 / **앳돼** 보인다

• **앳되다** : 애티가 있어서 어려 보인다.

473. **천수답(天水畓) = 천둥지기 = 하늘바라기**

• 빗물에 의해서만 벼를 심어 재배할 수 있는 논

474. 유명 작가의 작품을 본따서 / **본떠서** 만들었다

• **본뜨다** : 무엇을 본보기로 삼아서 그대로 좇아한다.

475. **괘도 : 궤도**

• **괘도(掛圖)** : 벽에 걸어 놓고 보는 학습용 그림이나 지도. '걸그림'으로 순화.

• **궤도(軌道)** : 1) 수레가 지나간 바큇자국이 난 길. ≒궤로(軌路) 2) 일이 발전하는 정상적
 이며 본격적인 방향과 단계. **예)** 그는 우연한 기회에 인생의 궤도가 바뀌어 소설가가 되었다.

476. **객쩍은** / 객적은 소리 그만하고, 할 일 없으면 이리 와서 일이나 좀 거들어라

• **객쩍다** : [주로 '객쩍은'의 꼴로 쓰여](언행이나 생각이)쓸데없고 실없다.

477. **도떼기 시장** / 도때기 시장

• 재고품·중고품·고물 따위와 같은 여러 종류의 물건을 파는 시장으로, 대체로 질서가 없
 고 시끌벅적한 비정상적인 시장. 도때기 시장(×), 도깨비 시장(×)

478. **가량** : 가령

• **가량** : 수량을 나타내는 말과 함께 쓰여 어떤 정도를 표현하는 말. '쯤', '어림하여 짐작
 하다'는 뜻으로도 쓰임. **예)** 열 살 가량 되어 보인다. / 그곳까지 가려면 한 시간가량 걸린다.

• **가령** : 앞에 나온 말을 구체적으로 예를 들어 설명하고자 할 때 쓰이는 말로, '예를 들
 면'이나 '가정하여 말하면'등의 의미를 가짐. **예)** 스무 살 가령(×) / 가령 내가 대통령이라면.

479. **행낭 : 행랑**

• 행낭(行囊) : 우편물과 같은 것을 넣어 보내는 큰 주머니.

• 행랑(行廊) : 대문간에 붙어 있는 방.

480. **사제폭탄** / 사재폭탄

481. **창난젓** / 창란젓 : 명태의 창자로 담그는 젓갈

482. **마구간**(馬廐間) / 마굿간

483. **깍듯이** / 깎듯이 대접하다

484. **괜스레** / 괜시리 날 찾아와 울리고 가네

485. 가능한 / **가능한 한** 일찍 돌아올게요

•**가능한 한** : 가능한 범위 안에서, 가능한 조건 하에서

486. 그는 직장에 다니면서 **짬짬이** / 짬짜미 공부를 하고 있다

•**짬짜미** : 자기들끼리만 짜고 하는 약속이나 수작

•**짬짬이** : 짬이 나는 대로 그때그때

487. **초승달** / 초생달

488. **어리숙하다 / 어수룩하다** *복수 표준어 인정

489. **간질이다 / 간지럽히다** *복수 표준어 인정

490. **생뚱맞다** / 쌩뚱맞다

491. 땀이 **송골송골** / 송글송글 맺히다

492. **깡충깡충** / 깡총깡총

493. **오들오들 떨다** / 오돌오돌 떨다

494. **나라님** / 나랏님

495. **끗발** / 끝발이 없어서 어려움을 당했다

496. **아니에요** / 아니예요

•'아니다'와 같은 용언의 어간에 '에요'가 붙으면 '아니에요'가 되고, 준말은 '아녜요'이다.

497. 네(예) ↔ 아니오 / **아니요**

•'네(예)'에 대응하는 말은 '아니요'이다.

498. 하릴없이 / **할 일 없이** 거리를 돌아다녔다

*하릴없이 : '달리 어떻게 할 도리가 없다.', '조금도 틀림없이, 영락없이' **예)** 꾸중을 들어도 하릴없는 일이다. / 그의 모습은 하릴없는 거지였다.

499. **허구한** / 허구헌 날 술만 마신다

500. 칼라 / **컬러**(color)

*'**화이트칼라, 블루칼라**' 이 경우의 칼라는 '**깃**'이나 '**옷깃**'을 말한다.

한글 자음과 모음

◇ 한글 자모의 수는 24자로 하고, 그 순서와 이름은 다음과 같이 정한다.

ㄱ(기역) [기역] ㄴ(니은) [니은] ㄷ(디귿) [디귿] ㄹ(리을) [리을]

ㅁ(미음) [미음] ㅂ(비읍) [비읍] ㅅ(시옷) [시옫] ㅇ(이응) [이응]

ㅈ(지읒) [지읃] ㅊ(치읓) [치읃] ㅋ(키읔) [키윽] ㅌ(티읕) [티읃]

ㅍ(피읖) [피읍] ㅎ(히읗) [히읃]

ㅏ(아)   ㅑ(야)   ㅓ(어)   ㅕ(여)   ㅗ(오)

ㅛ(요)   ㅜ(우)   ㅠ(유)   ㅡ(으)   ㅣ(이)

◇ 참고) 훈민정음 기본자

ㄱ(기역) = 牙音(아음), ㄴ(니은) 舌音(설음), ㅁ(미음) = 脣音(순음), ㅅ(시옷) = 齒音(치음),

ㅇ(이응) = 喉音(후음)

[붙임 1] 위의 자모로 적을 수 없는 소리는 두 개 이상의 자모를 어울러서 적되, 그 순서
와 이름은 다음과 같이 정한다.

ㄲ(쌍기역) ㄸ(쌍디귿) ㅃ(쌍비읍) ㅆ(쌍시옷) ㅉ(쌍지읒)

ㅐ(애) ㅒ(얘) ㅔ(에) ㅖ(예) ㅘ(와)

ㅙ(왜) ㅚ(외) ㅝ(워) ㅞ(웨) ㅟ(위) ㅢ(의)

[붙임 2] 사전에 올릴 적의 자모 순서는 다음과 같이 정한다.

※ 자음 ㄱ ㄲ ㄴ ㄷ ㄸ ㄹ ㅁ ㅂ ㅃ ㅅ ㅆ ㅇ ㅈ ㅉ ㅊ ㅋ ㅌ ㅍ ㅎ

※ 모음 ㅏ ㅐ ㅑ ㅒ ㅓ ㅔ ㅕ ㅖ ㅗ ㅘ ㅙ ㅚ ㅛ ㅜ ㅝ ㅞ ㅟ ㅠ ㅡ ㅢ ㅣ

◇ 기본자음 – 14개, 겹자음 5개 총 자음 19개

◇ 기본모음 – 10개, 겹모음 11개 총 모음 21개

◇ 총 자음과 모음 40개

훈민정음(訓民正音) 제자(制字) 원리

■ 초성 17자

발음기관의 모양을 본떠서 만든 것으로 먼저 오음(伍音)의 '기본자'를 만들고 여기에 획을 더하여 '가획자'를 만들었다. 그리고 발음기관의 모양과는 관계없이 다른 글자를 만들었는데, 이것을 '이체자'라 한다.

종 류	기본자(基本字)	가획자(加劃字)	이체자(異體字)
아음(牙音) 어금닛소리	ㄱ	ㅋ	ㆁ(옛이응)
설음(舌音) 혓소리	ㄴ	ㄷ, ㅌ	ㄹ(반설음)
순음(脣音) 입술소리	ㅁ	ㅂ, ㅍ	
치음(齒音) 잇소리	ㅅ	ㅈ, ㅊ	ㅿ(반치음)
후음(喉音) 목구멍소리	ㅇ	ㆆ(여린히읗), ㅎ	

■ 중성 11자

天, 地, 人의 삼재(三才)를 본떠서 '기본자'를 만들고, 이것을 합하여 '초출자'와 '재출자'를 만들었다.

종 류	기본자(基本字)	초출자(初出字)	재출자(再出字)
양성모음	·(天)	ㅗ, ㅏ	ㅛ, ㅑ
음성모음	ㅡ(地)	ㅜ, ㅓ	ㅠ, ㅕ
중성모음	ㅣ(人)		

*종성 글자는 따로 만들지 않고 초성 글자를 사용했다.

집합

■ **유한집합의 원소의 개수**

① $n(A \cup B) = n(A) + n(B) - n(A \cap B)$

② $n(A - B) = n(A) - n(A \cap B) = n(A \cup B) - n(B)$

③ $n(A^c) = n(U) - n(A)$

④ $n(A \cup B \cup C) = n(A) + n(B) + n(C) - n(A \cap B) - n(B \cap C)$
$- n(C \cap A) + n(A \cap B \cap C)$

■ **부분집합의 개수**

집합 $A = \{a_1,\ a_2,\ a_3,\ \cdots,\ a_n\}$에 대하여

① 집합 A의 부분집합의 개수 : 2^n

② 집합 A의 진부분집합의 개수 : $2^n - 1$

③ 집합 A의 특정한 원소 r개를 원소로 가지는 부분집합의 개수 : 2^{n-r}

④ 집합 A의 특정한 원소 r개를 원소로 갖지 않는 부분집합의 개수 : 2^{n-r}

예) 집합 $A = \{a,\ b,\ c,\ d\}$에 대하여

(1) 집합 A의 부분집합의 개수 : $2^4 = 16$

(2) 원소 a를 포함하는 집합 A의 부분집합의 개수 : $2^{4-1} = 8$

수와 식

▪ 절댓값과 그 성질

임의의 실수 a, b 에 대하여

① $|a| = \begin{cases} a & (a \geq 0) \\ -a & (a < 0) \end{cases}$

② $|a| \geq 0$

③ $|-a| = |a|$

④ $|a|^2 = a^2$

⑤ $|ab| = |a||b|$

⑥ $\left|\dfrac{a}{b}\right| = \dfrac{|a|}{|b|}$ (단, $b \neq 0$)

▪ 음수의 제곱근과 그 성질

① $a > 0$ 일 때, $\sqrt{-a} = \sqrt{a}\, i$

② $a \leq 0$, $b \leq 0$ 일 때, $\sqrt{a}\,\sqrt{b} = -\sqrt{ab}$

③ $a \geq 0$, $b < 0$ 일 때, $\dfrac{\sqrt{a}}{\sqrt{b}} = -\sqrt{\dfrac{a}{b}}$

▪ 곱셈공식과 인수분해

① $(a+b)^2 = a^2 + 2ab + b^2$, $(a-b)^2 = a^2 - 2ab + b^2$

② $(a+b)(a-b) = a^2 - b^2$

③ $(ax+b)(cx+d) = acx^2 + (ad+bc)x + bd$

④ $(x+a)(x+b) = x^2 + (a+b)x + ab$

⑤ $(x+a)(x+b)(x+c) = x^3 + (a+b+c)x^2 + (ab+bc+ca)x + abc$

⑥ $(a+b)^3 = a^3 + 3a^2b + 3ab^2 + b^3$, $(a-b)^3 = a^3 - 3a^2b + 3ab^2 - b^3$

⑦ $(a+b)(a^2-ab+b^2) = a^3 + b^3$, $(a-b)(a^2+ab+b^2) = a^3 - b^3$

⑧ $(a^2+ab+b^2)(a^2-ab+b^2) = a^4 + a^2b^2 + b^4$

⑨ $(a+b+c)(a^2+b^2+c^2-ab-bc-ca)=a^3+b^3+c^3-3abc$

⑩ $a^2+b^2+c^2+-ab-bc-ca=\dfrac{1}{2}\{(a-b)^2+(b-c)^2+(c-a)^2\}$

- **유리식**

① 부분분수 : $\dfrac{1}{AB}=\dfrac{1}{B-A}\left(\dfrac{1}{A}-\dfrac{1}{B}\right)$ (단, $A\neq B$)

② 비례식의 성질

· $a:b=c:d$ 즉, $\dfrac{a}{b}=\dfrac{c}{d}$ 일 때,

$$\dfrac{a+b}{b}=\dfrac{c+d}{d}, \quad \dfrac{a-b}{b}=\dfrac{c-d}{d}, \quad \dfrac{a+b}{a-b}=\dfrac{c+d}{c-d} \text{ (단, 분모}\neq 0)$$

· $\dfrac{a}{b}=\dfrac{c}{d}=\dfrac{e}{f}$ 일 때,

$$\dfrac{a}{b}=\dfrac{c}{d}=\dfrac{e}{f}=\dfrac{a+c+e}{b+d+f}=\dfrac{pa+qc+re}{pb+qd+rf}$$

$$\text{(단, } d+d+f\neq 0, \ pb+qd+rf\neq 0)$$

- **무리식**

① 제곱근의 성질

· $\sqrt{a^2}=|a|=\begin{cases} a & (a\geq 0) \\ -a & (a<0) \end{cases}$

· $a>0, \ b>0$ 일 때,   i) $\sqrt{a}\sqrt{b}=\sqrt{ab}$ ii) $\sqrt{a^2b}=a\sqrt{b}$

iii) $\dfrac{\sqrt{a}}{\sqrt{b}}=\sqrt{\dfrac{a}{b}}$

② 이중근호

· $a > 0$, $b > 0$일 때,   i) $\sqrt{a+b+2\sqrt{ab}} = \sqrt{a} + \sqrt{b}$

ii) $\sqrt{a+b-2\sqrt{ab}} = \sqrt{a} - \sqrt{b}$ (단, $a > b$)

방정식과 부등식

■ 이차방정식

① 이차방정식의 풀이

· 인수분해를 이용한 풀이 : $(ax-b)(cx-d) = 0$의 해는 $x = \dfrac{b}{a}$ 또는 $x = \dfrac{d}{c}$

· 완전제곱 꼴을 이용한 풀이 : $a(x-p)^2 = q$ $(a \neq 0)$의 해는 $x = p \pm \sqrt{\dfrac{q}{a}}$

· 근의 공식을 이용한 풀이 : $ax^2 + bx + c = 0$ $(a \neq 0)$의 해는

$$x = \frac{-b \pm \sqrt{b^2 - 4ac}}{2a}$$

② 이차방정식의 근과 계수의 관계

· 이차방정식 $ax^2 + bx + c = 0$ $(a \neq 0)$의 두 근을 α, β라고 하면

$$\alpha + \beta = -\frac{b}{a}, \ \alpha\beta = \frac{c}{a}$$

· 삼차방정식 $ax^3 + bx^2 + cx + d = 0$의 세 근을 α, β, γ라고 하면

$$\alpha + \beta + \gamma = -\frac{b}{a}, \ \alpha\beta + \beta\gamma + \gamma\alpha = \frac{c}{a}, \ \alpha\beta\gamma = -\frac{d}{a}$$

■ 방정식 $x^3 = 1$의 한 허근 ω의 성질

방정식 $x^3 = 1$의 한 허근을 ω라고 하면

① $\omega^3 = 1$, $\omega^2 + \omega + 1 = 0$

② $\omega + \overline{\omega} = -1$, $\omega\overline{\omega} = 1$ (단, $\overline{\omega}$ 는 ω 의 켤레복소수)

③ 방정식 $x^3 = 1$ 의 다른 한 허근은 ω^2 이고, $\omega^2 = \overline{\omega} = \dfrac{1}{\omega}$ 이다.

■ 이차부등식

이차방정식 $ax^2 + bx + c = 0 \; (a > 0)$ 의 판별식을 D 라 하고 실근을 α, $\beta \; (\alpha \leq \beta)$ 라고 하면

부등식	$D > 0$	$D = 0$	$D < 0$
$ax^2 + bx + c > 0$의 해	$x < \alpha$ 또는 $x > \beta$	$x \neq \alpha$ 인 모든 실수	모든 실수
$ax^2 + bx + c \geq 0$의 해	$x \leq \alpha$ 또는 $x \geq \beta$	모든 실수	모든 실수
$ax^2 + bx + c < 0$의 해	$\alpha < x < \beta$	해가 없다.	해가 없다.
$ax^2 + bx + c \leq 0$의 해	$\alpha \leq x \leq \beta$	$x = \alpha$	해가 없다.

삼각함수

■ 부채꼴의 호의 길이와 넓이

반지름의 길이가 r인 원에서 중심각의 크기가 $\theta(\mathrm{rad})$인 부채꼴의 호의 길이를 l, 넓이를 S라 하면, $l = r\theta$,

$$S = \frac{1}{2}r^2\theta = \frac{1}{2}rl$$

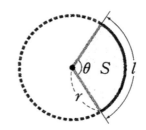

■ 사인법칙 :

$$\frac{a}{\sin A} = \frac{b}{\sin B} = \frac{c}{\sin C} = 2R$$

(R은 외접원의 반지름)

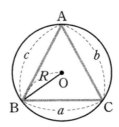

① $\sin A = \dfrac{a}{2R}$, $\sin B = \dfrac{b}{2R}$ $\sin C = \dfrac{c}{2R}$

② $a = 2R\sin A$, $b = 2R\sin B$, $c = 2R\sin C$

③ $a : b : c = \sin A : \sin B : \sin C$

■ 코사인법칙

① 제일코사인법칙

$a = b\cos C + c\cos B$, $b = c\cos A + a\cos C$, $c = a\cos B + b\cos A$

② 제이코사인법칙

$a^2 = b^2 + c^2 - 2bc\cos A$, $b^2 = c^2 + a^2 - 2ca\cos B$, $c^2 = a^2 + b^2 - 2ab\cos C$

③ 제이코사인법칙의 변형

$$\cos A = \frac{b^2 + c^2 - a^2}{2bc}, \quad \cos B = \frac{c^2 + a^2 - b^2}{2ca}, \quad \cos C = \frac{a^2 + b^2 - c^2}{2ab}$$

■ 다각형의 넓이

① 삼각형의 넓이 : $\triangle ABC$ 의 세 변이 a, b, c, 마주보는 대각을 A, B, C라고 할 때,

· 두 변의 길이와 그 끼인각의 크기가 주어진 경우 :

$$S = \frac{1}{2}ab\sin C = \frac{1}{2}bc\sin A = \frac{1}{2}ca\sin B$$

• 외접원의 반지름의 길이 R가 주어진 경우 :

$$S = \frac{abc}{4R} = 2R^2 \sin A \sin B \sin C$$

• 내접원의 반지름의 길이 r가 주어진 경우 : $S = \dfrac{r}{2}(a+b+c)$
• 세 변의 길이가 주어진 경우 (헤론의 공식) : $S = \sqrt{s(s-a)(s-b)(s-c)}$

　(단, $s = \dfrac{a+b+c}{2}$)

② 사각형의 넓이

• 평행사변형의 넓이 : $S = xy \sin \theta$　　　　• 사각형의 넓이 : $S = \dfrac{1}{2} xy \sin \theta$

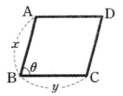 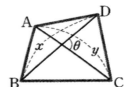

순열과 조합

■ 순열의 기본 성질

① $_nP_r = n(n-1)(n-2) \cdots (n-r+1) = \dfrac{n!}{(n-r)!}$　(단, $0 \le r \le n$)

② $_nP_n = n!$, $0! = 1$, $_nP_0 = 1$

■ 조합의 기본 성질

① $_nC_r = \dfrac{_nP_r}{r!} = \dfrac{n!}{r!(n-r)!}$ (단, $0 \le r \le n$)　　　② $_nC_0 = {_nC_n} = 1$, $_nC_1 = n$

③ $_nC_r = {_nC_{n-r}}$ (단, $0 \le r \le n$)　　　　　　④ $_nC_r = {_{n-1}C_{r-1}} + {_{n-1}C_r}$

지수와 로그

■ 지수

① x가 a의 제곱근이다. $\Leftrightarrow x$는 $x^n = a$를 만족한다.

② 실수 a의 n제곱근 중에서 실수인 것은 다음과 같다.

	$a > 0$	$a = 0$	$a < 0$
n이 홀수	$\sqrt[n]{a}$	0	$\sqrt[n]{a}$
n이 짝수	$\sqrt[n]{a}$, $-\sqrt[n]{a}$	0	없다.

■ 로그

① 로그의 정의 : $a > 0$, $a \neq 1$, $N > 0$일 때, $a^x = N \Leftrightarrow x = \log_a N$

② 로그의 성질 : $a > 0$, $a \neq 1$, $x > 0$, $y > 0$일 때,

- $\log_a 1 = 0$, $\log_a a = 1$ · $\log_a xy = \log_a x + \log_a y$

- $\log_a \dfrac{x}{y} = \log_a x - \log_a y$ · $\log_a x^n = n \log_a x$ (단, n은 실수)

- $\log_a x = \dfrac{\log_b x}{\log_b a}$ (단, $b > 0$, $b \neq 1$)   · $\log_a b = \dfrac{1}{\log_b a}$ (단, $b > 0$, $b \neq 1$)

③ 상용로그 : 밑이 10인 로그, 즉 $\log_{10} x = \log x$

- 양수 N에 대하여 $\log N = n + \alpha$ (단, $n \in Z$, $0 \leq \alpha < 1$)일 때,

  n을 $\log N$의 지표, α를 $\log N$의 가수라 한다.

  $n \leq \log N < n + 1 \Leftrightarrow 10^n \leq N < 10^{n+1}$

- 지표의 성질

▶ 정수부분이 n자리의 수이면 지표는 $n - 1$이다.

▶ 소수점 아래 n번째 자리에서 처음으로 0이 아닌 수가 나오면 지표는 $-n$이다.

- 가수의 성질

▶ 숫자의 배열이 같고 소수점의 위치만 다른 상용로그의 가수는 같다.

행렬

■ 행렬의 곱셈에 대한 성질

① 교환법칙이 성립하지 않는다. $AB \neq BA$

② $k(AB) = (kA)B = A(kB)$ (단, k는 실수)

③ $A(B+C) = AB + AC,\ (A+B)C = AC + BC$

■ 역행렬의 성질

역행렬을 갖는 두 행렬 A, B에 대하여

① $A = \begin{pmatrix} a & b \\ c & d \end{pmatrix}$일 때, $A^{-1} = \dfrac{1}{ad-bc}\begin{pmatrix} d & -b \\ -c & a \end{pmatrix}$이다. (단 $ad - bc \neq 0$)

② $AA^{-1} = A^{-1}A = E,\quad AX = XA = E \Leftrightarrow X = A^{-1}$ (단, E는 단위행렬)

③ $(A^{-1})^{-1} = A$　　　　　　　④ $(AB)^{-1} = B^{-1}A^{-1}$

⑤ $(kA)^{-1} = \dfrac{1}{k}A^{-1}$　　　　⑥ $(A^n)^{-1} = (A^{-1})^n$

■ 영인자

$A \neq O,\ B \neq O$일 때,

$AB = O$가 성립하는 경우가 있다. 이때, A, B를 영인자라고 한다.

① $A = O$ 또는 $B = O$이면 $AB = O$이다. 단, 역은 성립하지 않는다.

② $A = O$이면 $A^2 = O$이다. 단, 역은 성립하지 않는다.

③ A의 역행렬이 존재하면 $AB = O \Leftrightarrow B = O$

■ 케일리-해밀턴의 정리

$A = \begin{pmatrix} a & b \\ c & d \end{pmatrix}$일 때, $A^2 - (a+d)A + (ad-bc)E = O$이 성립한다.

(단, 역은 성립하지 않는다.)

- **연립일차방정식과 행렬**

① $\begin{cases} ax + by = p \\ cx + dy = q \end{cases} \Leftrightarrow \begin{pmatrix} a & b \\ c & d \end{pmatrix}\begin{pmatrix} x \\ y \end{pmatrix} = \begin{pmatrix} p \\ q \end{pmatrix}$ 일 때, 해는 다음과 같다.

· $D = ad - bc \neq 0$ 이면, 해가 하나 존재한다.
· $D = ad - bc = 0$ 이면 해가 무수히 많거나 해가 없다.

② $\begin{cases} ax + by = 0 \\ cx + dy = 0 \end{cases} \Leftrightarrow \begin{pmatrix} a & b \\ c & d \end{pmatrix}\begin{pmatrix} x \\ y \end{pmatrix} = \begin{pmatrix} 0 \\ 0 \end{pmatrix}$ 일 때, 해는 다음과 같다.

· $D = ad - bc \neq 0$ 이면, 해는 $x = y = 0$ 이다.
· $D = ad - bc = 0$ 이면 해가 무수히 많다.

수열

- **등차수열**

① 일반항 : $a_n = a + (n-1)d$ (단, a 는 첫째항, d 는 공차)

② 등차중항 : $a,\ b,\ c$ 가 등차수열일 때, $b = \dfrac{a+c}{2}$ 가 성립한다.

③ 등차수열의 합 : $S_n = \dfrac{n\{2a + (n-1)d\}}{2}$

- **등비수열**

① 일반항 : $a_n = ar^{n-1}$ (단, a 는 첫째항, r 는 공비)

② 등비중항 : $a,\ b,\ c$ 가 등비수열일 때, $b^2 = ac$ 가 성립한다.

③ 등비수열의 합 : i) $r \neq 1$ 일 때, $S_n = \dfrac{a(1-r^n)}{1-r}$ ii) $r = 1$ 일 때, $S_n = na$

- **수열의 합과 일반항 사이의 관계**

  $a_1 = S_1, \ a_n = S_n - S_{n-1} \ (n \geq 2)$

- **시그마의 계산**

① $\displaystyle\sum_{k=1}^{n} k = \frac{n(n+1)}{2}$ 　　　　　② $\displaystyle\sum_{k=1}^{n} k^2 = \frac{n(n+1)(2n+1)}{6}$

③ $\displaystyle\sum_{k=1}^{n} \frac{1}{k(k+m)} = \frac{1}{m} \sum_{k=1}^{n} \left(\frac{1}{k} - \frac{1}{k+m} \right)$

- **여러 가지 점화식**

① $a_{n+1} - a_n = f(n)$ 의 꼴 : $a_n = a_1 + \displaystyle\sum_{k=1}^{n-1} f(k)$

② $a_{n+1} = a_n \cdot f(n)$ 의 꼴 : n 에 $1, \ 2, \ 3, \ \cdots, \ n-1$ 을 대입하여 a_n 의 값을 구한다.

③ $a_{n+1} = pa_n + q$ 의 꼴 : $a_{n+1} - \alpha = p(a_n - \alpha)$ 의 꼴로 변형하면, 일반항은

  $a_n - \alpha = (a_1 - \alpha)p^{n-1}$ 이다.

수열의 극한

▪ 수열의 극한의 성질

두 수열 $\{a_n\}$, $\{b_n\}$ 에 대하여 $\displaystyle\lim_{n \to \infty} a_n = \alpha$, $\displaystyle\lim_{n \to \infty} b_n = \beta$ (단, α, β 는 실수)라 하면

① $\displaystyle\lim_{n \to \infty} ka_n = k \lim_{n \to \infty} a_n = k\alpha$

② $\displaystyle\lim_{n \to \infty} (a_n \pm b_n) = \lim_{n \to \infty} a_n \pm \lim_{n \to \infty} b_n = \alpha \pm \beta$

③ $\displaystyle\lim_{n \to \infty} a_n b_n = \lim_{n \to \infty} a_n \lim_{n \to \infty} b_n = \alpha\beta$

④ $\displaystyle\lim_{n \to \infty} \frac{a_n}{b_n} = \frac{\displaystyle\lim_{n \to \infty} a_n}{\displaystyle\lim_{n \to \infty} b_n} = \frac{\alpha}{\beta}$ (단, $b_n \neq 0$, $\beta \neq 0$)

▪ 극한의 대소 관계

① 두 무한수열 $\{a_n\}$, $\{b_n\}$ 에 대하여 $a_n \leq b_n$ 이면 $\displaystyle\lim_{n \to \infty} a_n \leq \lim_{n \to \infty} b_n$

② 무한수열 $\{a_n\}$, $\{b_n\}$, $\{c_n\}$ 에 대하여 $a_n \leq c_n \leq b_n$ 이고

$\displaystyle\lim_{n \to \infty} a_n = \lim_{n \to \infty} b_n = \alpha$ 이면 $\displaystyle\lim_{n \to \infty} c_n = \alpha$

▪ 무한등비수열의 수렴과 발산

① $r > 1$ 일 때, $\displaystyle\lim_{n \to \infty} r^n = \infty$: 양의 무한대로 발산

② $r = 1$ 일 때, $\displaystyle\lim_{n \to \infty} r^n = 1$: 1에 수렴

③ $-1 < r < 1$ 일 때, $\displaystyle\lim_{n \to \infty} r^n = 0$: 0에 수렴

④ $r \leq -1$ 일 때, 발산한다. (진동)

- 무한급수

① 무한급수 $\displaystyle\sum_{n=1}^{\infty} a_n$ 이 수렴한다. 즉 $\displaystyle\sum_{n=1}^{\infty} a_n = \lim_{n\to\infty}\sum_{k=1}^{n} a_n = \lim_{n\to\infty} S_n = S$

② 무한급수 $\displaystyle\sum_{n=1}^{\infty} a_n$ 이 수렴하면 $\displaystyle\lim_{n\to\infty} a_n = 0$ 이다. 단, 역은 성립하지 않는다.

③ 무한등비급수 $\displaystyle\sum_{n=1}^{\infty} ar^{n-1}$ 의 수렴, 발산

· $-1 < r < 1$ 일 때, 수렴하고 그 합은 $\dfrac{a}{1-r}$ 이다.

· $r \leq -1$ 또는 $r \geq 1$ 일 때, 발산한다.

함수의 극한과 연속

- 함수의 극한에 대한 성질

$\displaystyle\lim_{x\to a} f(x) = \alpha$, $\displaystyle\lim_{x\to a} g(x) = \beta$ (단, α, β 는 실수)라 하면

① $\displaystyle\lim_{x\to a} kf(x) = k\lim_{x\to a} f(x) = k\alpha$

② $\displaystyle\lim_{x\to a} \{f(x) \pm g(x)\} = \lim_{x\to a} f(x) \pm \lim_{x\to a} g(x) = \alpha \pm \beta$

③ $\displaystyle\lim_{x\to a} f(x)g(x) = \lim_{x\to a} f(x) \lim_{x\to a} g(x) = \alpha\beta$

④ $\displaystyle\lim_{x\to a} \frac{f(x)}{g(x)} = \frac{\displaystyle\lim_{x\to a} f(x)}{\displaystyle\lim_{x\to a} g(x)} = \frac{\alpha}{\beta}$ (단, $g(x) \neq 0$, $\beta \neq 0$)

▪ 극한값의 계산

① $\dfrac{0}{0}$ 꼴

- 분수식 : 분모, 분자를 인수분해한 후 약분한다.

- 무리식 : 유리화를 한 후 계산한다.

② $\dfrac{\infty}{\infty}$ 꼴

- 분수식 : 분모의 최고차항으로 분모, 분자를 나눈다.

- 무리식 : $\sqrt{}$ 밖의 최고차항으로 분모, 분자를 나눈다.

③ $\infty - \infty$ 꼴

- $\sqrt{}$ 가 없는 다항식은 최고차항으로 묶는다.

- $\sqrt{}$ 가 있을 때에는 유리화한다.

▪ 미정계수의 결정

$\displaystyle\lim_{x \to a} \dfrac{f(x)}{g(x)} = \alpha$ (일정)에 대하여

① $x \to a$ 일 때, $g(a) = 0$ 이면 $f(a) = 0$ 이다.

② $x \to a$ 일 때, $\alpha \neq 0$ 이고 $f(a) = 0$ 이면 $g(a) = 0$ 이다.

▪ 함수의 연속

함수 $f(x)$ 가 $x = a$ 에서 연속이다.

$\Leftrightarrow$　　ⅰ) 함숫값 $f(a)$ 가 정의되고

　　　　ⅱ) 극한값 $\displaystyle\lim_{x \to a} f(x)$ 가 존재하며

　　　　ⅲ) $\displaystyle\lim_{x \to a} f(x) = f(a)$ 이다.

미분법

▪ 평균변화율

함수 $y=f(x)$ 에서 x 의 값이 a 에서 b 까지 변할 때의

평균변화율은 $\dfrac{\Delta y}{\Delta x}=\dfrac{f(b)-f(a)}{b-a}=\dfrac{f(a+\Delta x)-f(a)}{\Delta x}$

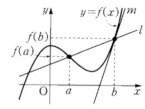

▪ 미분계수

① 함수 $y=f(x)$ 의 $x=a$ 에서의 순간변화율 또는

미분계수는 $f'(a)=\lim\limits_{\Delta x \to a}\dfrac{f(a+\Delta x)-f(a)}{\Delta x}$

$\qquad\qquad\quad =\lim\limits_{x \to 0}\dfrac{f(x)-f(a)}{x-a}$

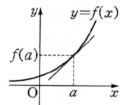

② 함수 $y=f(x)$ 에 대하여 $f'(a)$ 는 곡선 $y=f(x)$ 위의 점 $(a,\ f(a))$ 에서의 접선의

기울기와 같다.

③ 접선의 방정식 : $y-f(a)=f'(a)(x-a)$

▪ 함수의 증가와 감소

① 함수 $y=f(x)$ 가 어떤 구간에서 미분가능하고, 이 구간의 모든 x 에 대하여

· $f'(x)>0$ 이면 $f(x)$ 는 이 구간에서 증가한다.

· $f'(x)<0$ 이면 $f(x)$ 는 이 구간에서 감소한다.

② 함수 $y=f(x)$ 가 어떤 구간에서 미분가능하고, 이 구간에서

· $f(x)$ 가 증가함수이면 $f'(x) \geq 0$

· $f(x)$ 가 감소함수이면 $f'(x) \leq 0$

적분법

부정적분

① 함수 $F(x)$ 의 도함수가 $f(x)$ 일 때, 즉 $F'(x) = f(x)$ 일 때, $F(x)$ 는 $f(x)$ 의 부정적분이다.

② $F'(x) = f(x)$ 일 때, $\displaystyle\int f(x)dx = F(x) + C$ (단, C는 적분상수)

③ 부정적분과 미분

- $\dfrac{d}{dx} \displaystyle\int f(x)dx = f(x)$
- $\displaystyle\int \left\{ \dfrac{d}{dx} f(x) \right\} dx = f(x) + C$ (단, C는 적분상수)

④ 부정적분의 계산

- 다항함수 $y = x^n$ 의 부정적분 (단, n이 0 또는 양의 정수)

$$\int x^n \, dx = \frac{1}{n+1} x^{n+1} + C \text{ (단, } C\text{는 적분상수)}$$

⑤ 부정적분의 성질

- $\displaystyle\int k f(x)dx = k \int f(x)dx$ (단, k 는 상수)
- $\displaystyle\int \{f(x) + g(x)\}dx = \int f(x)dx + \int g(x)dx$
- $\displaystyle\int \{f(x) - g(x)\}dx = \int f(x)dx - \int g(x)dx$

정적분

① 정적분의 정의 : 함수 $y = f(x)$ 가 닫힌구간 $[a,\ b]$ 에서 연속일 때,

$$\int_a^b f(x)\,dx = \lim_{n \to \infty} \sum_{k=1}^{n} f(x_k) \Delta x \left(\text{단, } \Delta x = \frac{b-a}{n},\ x_k = a + k \Delta x \right)$$

② 적분과 미분의 관계

함수 $f(x)$ 가 닫힌구간 $[a,\ b]$ 에서 연속일 때, $\dfrac{d}{dx}\displaystyle\int_a^x f(t)\,dt = f(x)$
(단, $a \leq x \leq b$)

③ 정적분의 기본 정리

함수 $f(x)$ 가 닫힌구간 $[a,\ b]$ 에서 연속이고, $f(x)$ 의 한 부정적분을 $F(x)$ 라고
할 때, $\displaystyle\int_a^b f(x)\,dx = \left[\ F(x)\ \right]_a^b = F(b) - F(a)$

④ 정적분의 성질

임의의 세 실수 $a,\ b,\ c$ 를 포함하는 구간에서 함수 $f(x),\ g(x)$ 가 연속일 때,

· $\displaystyle\int_a^b k f(x)\,dx = k \int_a^b f(x)\,dx$ (단, k 는 실수)

· $\displaystyle\int_a^b \{f(x) + g(x)\}\,dx = \int_a^b f(x)\,dx + \int_a^b g(x)\,dx$

· $\displaystyle\int_a^b \{f(x) - g(x)\}\,dx = \int_a^b f(x)\,dx - \int_a^b g(x)\,dx$

· $\displaystyle\int_a^c f(x)\,dx + \int_c^b f(x)\,dx = \int_a^b f(x)\,dx$

· $f(x)$ 가 우함수이면, $\displaystyle\int_{-a}^a f(x)\,dx = 2 \int_0^a f(x)\,dx$

· $f(x)$ 가 기함수이면, $\displaystyle\int_{-a}^a f(x)\,dx = 0$

⑤ 정적분과 무한급수의 관계

함수 $f(x)$ 가 연속일 때,

· $\displaystyle\lim_{n\to\infty}\sum_{k=1}^n f\left(\dfrac{k}{n}\right) \cdot \dfrac{1}{n} = \int_0^1 f(x)\,dx$

- $\displaystyle\lim_{n\to\infty}\sum_{k=1}^{n}f\left(\frac{p}{n}k\right)\cdot\frac{p}{n}=\int_{0}^{p}f(x)dx$

- $\displaystyle\lim_{n\to\infty}\sum_{k=1}^{n}f\left(a+\frac{b-a}{n}k\right)\cdot\frac{b-a}{n}=\int_{a}^{b}f(x)\,dx$

- $\displaystyle\lim_{n\to\infty}\sum_{k=1}^{n}f\left(a+\frac{p}{n}k\right)\cdot\frac{p}{n}=\int_{a}^{a+p}f(x)\,dx=\int_{0}^{p}f(a+x)\,dx$

확 률

■ 중복조합 :

서로 다른 n개가 중복을 허락하여 r개를 택하는 조합, $_{n}\mathrm{H}_{r}=\,_{n+r-1}\mathrm{C}_{r}$

■ 이항정리

① 뜻 :

$(a+b)^{n}=\,_{n}\mathrm{C}_{0}a^{n}+\,_{n}\mathrm{C}_{1}a^{n-1}b^{1}+\cdots+\,_{n}\mathrm{C}_{r}a^{n-r}b^{r}+\cdots+\,_{n}\mathrm{C}_{n}b^{n}=\sum_{r=0}^{n}\,_{n}\mathrm{C}_{r}\,a^{n-r}b^{r}$

② 이항정리의 성질

- $_{n}\mathrm{C}_{0}+\,_{n}\mathrm{C}_{1}+\,_{n}\mathrm{C}_{2}+\,_{n}\mathrm{C}_{3}+\cdots+\,_{n}\mathrm{C}_{n}=2^{n}$

- $_{n}\mathrm{C}_{0}-\,_{n}\mathrm{C}_{1}+\,_{n}\mathrm{C}_{2}-\,_{n}\mathrm{C}_{3}+\cdots+(-1)^{n}\,_{n}\mathrm{C}_{n}=0$

- $_{n}\mathrm{C}_{0}+\,_{n}\mathrm{C}_{2}+\,_{n}\mathrm{C}_{4}+\cdots=\,_{n}\mathrm{C}_{1}+\,_{n}\mathrm{C}_{3}+\,_{n}\mathrm{C}_{5}\cdots=2^{n-1}$

■ 확률의 뜻과 활용

① 확률의 덧셈정리

- $\mathrm{P}(A \cup B) = \mathrm{P}(A) + \mathrm{P}(B) - \mathrm{P}(A \cap B)$
- 두 사건 A와 B가 서로 배반사건이면, $\mathrm{P}(A \cup B) = \mathrm{P}(A) + \mathrm{P}(B)$

② 여사건의 확률

- 사건 A와 그 여사건 A^c는 서로 배반사건이므로 $\mathrm{P}(A \cup A^c) = \mathrm{P}(A) + \mathrm{P}(A^c)$
- $\mathrm{P}(A \cup A^c) = 1$ 이므로 $\mathrm{P}(A^c) = 1 - \mathrm{P}(A)$

③ 조건부 확률

확률이 0이 아닌 사건 A에 대하여 사건 A가 일어났다고 가정할 때, 사건 B가 일어날 확률을 사건 A가 일어났을 때의 사건 B의 조건부 확률이라 하고, 기호로 $\mathrm{P}(\boldsymbol{B} \mid \boldsymbol{A})$와 같이 나타낸다.

$$\mathrm{P}(B \mid A) = \frac{\mathrm{P}(A \cap B)}{\mathrm{P}(A)} \quad (\text{단, } \mathrm{P}(A) > 0)$$

④ 확률의 곱셈정리

- $\mathrm{P}(A \cap B) = \mathrm{P}(A)\mathrm{P}(B \mid A) \ (\text{단, } \mathrm{P}(A) > 0)$
- $\mathrm{P}(A \cap B) = \mathrm{P}(B)\mathrm{P}(A \mid B) \ (\text{단, } \mathrm{P}(B) > 0)$

⑤ 독립시행의 확률

어떤 시행에서 사건 A가 일어날 확률이 p일 때, 이 시행을 n회 반복한 독립시행에서 사건 A가 r회 일어날 확률은 $_n\mathrm{C}_r \, p^r (1-p)^{n-r}$ (단, $r = 0, \ 1, \ 2, \ \cdots, \ n$)

■ 이산확률변수

① 이산확률변수 X의 확률질량함수 $\mathrm{P}(X=x_i)=p_i$ $(i=1,\ 2,\ \cdots,\ n)$에 대하여

- $0 \le \mathrm{P}(X=x_i) \le 1$

- $\displaystyle\sum_{i=1}^{n} \mathrm{P}(X=x_i)=1$

- $\displaystyle\mathrm{P}(a \le X \le b)=\sum_{x=a}^{b} \mathrm{P}(X=x)$

② 이산확률변수의 평균, 분산, 표준편차

- 평균 : $\mathrm{E}(X)=x_1 p_1 + x_2 p_2 + \cdots + x_n p_n$

- 분산 : $\displaystyle\mathrm{V}(X)=\mathrm{E}((X-m)^2)=\sum_{i=1}^{n}(x_i-m)^2 p_i$

- 표준편차 : $\sigma(X)=\sqrt{\mathrm{V}(X)}$ $\displaystyle\qquad\qquad =\sum_{i=1}^{n} x_i p_i$

③ 확률변수의 성질

- $\mathrm{E}(aX+b)=a\mathrm{E}(X)+b$ $\cdot\ \mathrm{V}(aX+b)=a^2\mathrm{V}(X)$ $\cdot\ \sigma(aX+b)=|a|\sigma(X)$

■ 이항분포

① 한 번의 시행에서 사건이 일어날 확률이 p로 일정할 때, n번의 독립시행에서 그 사건이 일어나는 횟수를 X라 하면 X의 확률질량함수는

$\mathrm{P}(X=x)={}_n\mathrm{C}_x\, p^x q^{n-x}$ (단, $x=0,\ 1,\ 2,\ \cdots,\ n,\ q=1-p$)

이와 같은 확률분포를 이항분포라 하고, $\mathrm{B}(n,\ p)$로 나타낸다.

② 확률변수 X가 이항분포 $\mathrm{B}(n,\ p)$를 따를 때, (단, $q=1-p$)

- 평균 : $\mathrm{E}(X)=np$ $\cdot$ 분산 : $\mathrm{V}(X)=npq$ $\cdot$ 표준편차 : $\sigma(X)=\sqrt{npq}$

▪ 연속확률변수

① 연속확률변수 X가 구간 $[\alpha, \beta]$에 속하는 모든 실수 값을 취하고

$\mathrm{P}\,(a \le X \le b) = \displaystyle\int_a^b f(x)\,dx \ \ (\alpha \le a \le b \le \beta)$ 와 같이 나타낼 수 있을 때,

함수 $f(x)$를 연속확률변수 X의 확률밀도함수라고 한다.

② 확률밀도함수의 성질

- $f(x) \ge 0$ · $\displaystyle\int_\alpha^\beta f(x)\,dx = 1$ · $\mathrm{P}\,(a \le X \le b) = \displaystyle\int_a^b f(x)\,dx$

③ 연속확률변수의 평균, 분산, 표준편차

- 평균: $\mathrm{E}\,(X) = m = \displaystyle\int_\alpha^\beta x\,f(x)\,dx$

- 분산: $\mathrm{V}\,(X) = \mathrm{E}\,\big((X-m)^2\big) = \displaystyle\int_\alpha^\beta (x-m)^2 f(x)\,dx$

- 표준편차: $\sigma\,(X) = \sqrt{\mathrm{V}\,(X)}$

▪ 정규분포

① 연속확률변수 X의 확률밀도함수 $f(x)$가 두 상수 m, $\sigma\ (\sigma > 0)$에 대하여

$$f(x) = \frac{1}{\sqrt{2\pi}\,\sigma}\,e^{-\frac{(x-m)^2}{2\sigma^2}} \ \ (-\infty < x < \infty)$$

일 때, X의 확률분포를 정규분포라고 하며, 평균이 m, 분산이 σ^2인 정규분포를 $\mathrm{N}\,(m,\ \sigma^2)$로 나타냄.

② 표준정규분포 : 평균이 0, 분산이 1인 정규분포 $\mathrm{N}\,(0,\ 1)$을 표준정규분포라고 한다.

③ 정규분포의 표준화 : 확률변수 X가 정규분포 $\mathrm{N}\,(m,\ \sigma^2)$을 따를 때, 확률변수

$Z = \dfrac{X-m}{\sigma}$ 은 표준정규분포 N $(0,\ 1)$ 을 따른다.

■ **통계적 추정**

① 표본평균의 평균과 분산

모집단에서 임의추출한 크기가 n 인 표본을 $X_1,\ X_2,\ \cdots,\ X_n$ 이라고 할 때,

· 표본평균 : $\overline{X} = \dfrac{1}{n}\displaystyle\sum_{i=1}^{n} X_i$　　　　· 표본분산 : $S^2 = \dfrac{1}{n-1}\displaystyle\sum_{i=1}^{n} (X_i - \overline{X})^2$

② 표본평균의 평균, 분산, 표준편차

모평균이 m, 모표준편차가 σ 인 모집단에서 임의추출한 크기가 n 인 표본의 표본

평균 $\overline{X}$ 에 대하여

· $\mathrm{E}(\overline{X}) = m$　　　　· $\mathrm{V}(\overline{X}) = \dfrac{\sigma^2}{n}$　　　　· $\sigma(\overline{X}) = \dfrac{\sigma}{\sqrt{n}}$

③ 표본평균의 분포

모평균이 m, 모표준편차가 σ 인 모집단에서 임의추출한 크기가 n 인 표본의 표본

평균 $\overline{X}$ 에 대하여

· 모집단이 정규분포 N$(m,\ \sigma^2)$ 을 따를 때, $\overline{X}$ 는 정규분포 N$\left(m,\ \dfrac{\sigma^2}{n}\right)$ 을 따른다.

· 모집단의 분포의 정규분포가 아닐 때에도 표본의 크기 n 이 충분히 크면 $\overline{X}$ 는 정규

분포 N$\left(m,\ \dfrac{\sigma^2}{n}\right)$ 을 따른다.

④ 모평균의 신뢰구간

정규분포 N$(m,\ \sigma^2)$ 을 따르는 모집단에서 크기가 n 인 표본을 임의추출할

때의 표본평균을 $\overline{X}$ 라고 하면 모평균 m 의 신뢰구간은

· 신뢰도 95 % 의 신뢰구간 : $\left[\overline{X} - 1.96\, \dfrac{\sigma}{\sqrt{n}} \,,\ \overline{X} + 1.96\, \dfrac{\sigma}{\sqrt{n}} \right]$

· 신뢰도 99 % 의 신뢰구간 : $\left[\overline{X} - 2.58\, \dfrac{\sigma}{\sqrt{n}} \,,\ \overline{X} + 2.58\, \dfrac{\sigma}{\sqrt{n}} \right]$

⑤ 신뢰구간의 길이

정규분포 $N(m,\ \sigma^2)$ 을 따르는 모집단에서 크기가 n 인 표본을 임의추출할 때, 모평균 m 의 신뢰구간의 길이는

· 신뢰도 95 % : $2 \times 1.96\, \dfrac{\sigma}{\sqrt{n}}$ · 신뢰도 99 % : $2 \times 2.58\, \dfrac{\sigma}{\sqrt{n}}$

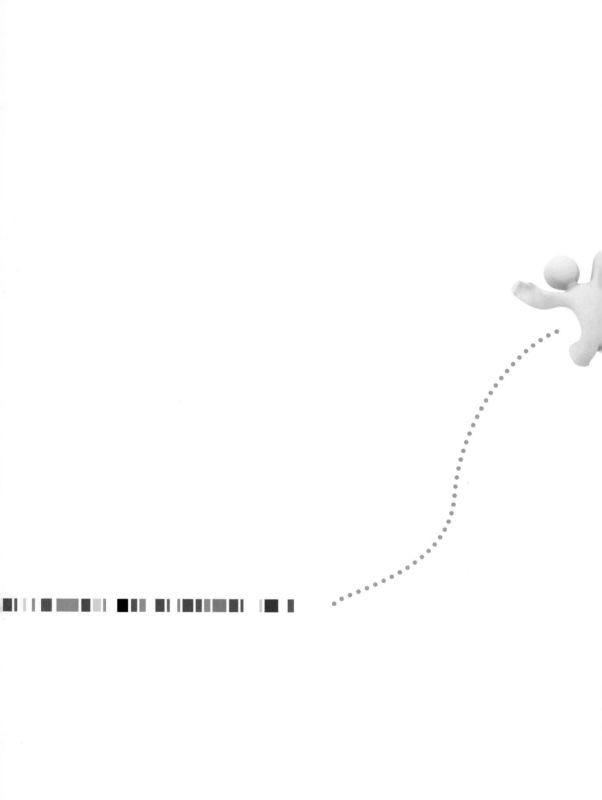

정답 및 풀이

언어사고영역

✔ 기출유형 분석 논리력 _논증

1. 풀이 : 고대 희랍의 도시국가는 인구가 적었기 때문에 직접 민주주의가 가능했다. 즉 이 주장에는 인구와 지역 규모가 매우 크면 직접 민주주의가 어렵다는 숨겨진 전제를 포함하고 있다. **정답** : ②

2. 풀이 : 정당방위가 처벌 대상이 되지 않는 것은 범죄가 아니어서이지, 범죄인데 처벌대상이 아닌 것은 아니다. 범죄가 아니어서 처벌대상이 아니라고 했으니까 이 결론을 이끌어 내기 위해서는 전제 ③ '범죄를 저지르면 처벌을 받아야 한다'만이 맞다. **정답** : ③

3. 풀이 : 누구나 알고 있는 전제를 생략하기도 한다. 일반적으로 폐암 말기인 사람은 사망할 확률이 높기 때문에 생략한 것이다. **정답** : ①

4. 풀이 : 좋은 산악인이 되기 위해서는 탐구력을 키워야 하고 그러기 위해서는 학교 공부를 열심히 해야 한다는 주장을 반박하려면, 학교 공부를 하지 않으면 탐구력을 배양할 수 없는지를 반박하면 된다. **정답** : ②

5. 풀이 : 'M방송국이 월드컵 중계방송을 하지 않는다면 K방송국이 월드컵 중계방송을 한다.'는 전제가 있기 때문에 두 방송국이 동시에 방송을 할 수는 없다. 그런데 결론에 M방송이 월드컵 중계방송을 한다고 했으니, K방송국이 월드컵 중계방송을 해서는 안 된다. 따라서 S방송국이 월드컵 중계방송을 한다는 전제가 보충되면 논증이 타당해 진다. **정답** : ①

6. 풀이 : 제시된 글의 결론은 ⓑ으로, ㉠과 ㉣을 통해서 결론을 도출할 수 있다. ㉡은 ㉠의 원인이 되고, ㉢은 ㉣의 전제가 되므로 제시된 글의 논증구조를 올바르게 나타낸 것은 ④이다. **정답** : ④

7. 풀이 : 영양제 X가 50대 이상의 남성의 콜레스테롤 조절에 도움이 된다는 결론을 이끌어내려면 어떤 실험집단에도 똑같은 결과를 이끌어내야 하는데, ④번 정보'채식주의자가 아닌 사람에게 그 영양제는 동일한 효과를 보이지 않았다.'는 정보는 추론을 가장 약화시킨다고 볼 수 있다. **정답** : ④

8. 풀이 : ① 약화한다. 실험 결과로 광고가 선호에 영향을 주지 않는다는 결론을 내릴 수 있을 것 같지만, 실험이 전에 이미 광고를 보았으므로 실험을 신뢰할 수 없게 된다.

② 광고를 시청한 청소년도 집중적으로 광고를 한 제품보다 다른 제품을 선호하는 것으로 보아 TV광고가 청소년의 휴대폰 선호에 의미가 있을 정도의 영향을 주지 않는다는 결론은 강화된다.

③ 본문의 논증은 휴대폰 선호에 관한 것이므로 CD플레이어나 MP3의 영향에 관한 자료는 논증에 영향을 주기 힘들다.

④ 만약에 기존에 광고하던 휴대폰의 판매가 감소했다면 본문의 논증을 강화시킬 수 있다. 기존에 TV광고를 하던 제품의 판매가 증가했다면 본문의 논증을 약화시킬 것이다. 판매량이 늘지 않았다는 것은 동일하거나 감소한 것으로서 논증이 약화되거나 영향을 받지 않는 것으로 해석할 수 있다.

⑤ 인터넷 홍보로 TV광고가 감소하면 TV의 영향력이 감소하는 추세로 이해할 수 있다. 인터넷 홍보가 TV광고를 대체하는 경향이 있어도, TV광고가 휴대폰 선호에 의미 있는 영향을 미치는지 불분명하므로 본문의 논증에 주는 영향은 모호하다. 예를 들어 둘 다 영향을 주는데 인터넷의 효과가 더 좋을 수도 있다. **정답** : ②

9. **풀이** : 세 살 된 아이들이 충분히 교육을 받지 않았다는 전제가 성립된다면 남자가 여자보다 목표달성 능력이 생물학적으로 뛰어나다는 주장이 타당해질 수 있다. **정답** : ②

✔ 기출유형 분석 _연역추론과 귀납추론

1. **풀이** : 해외 여행객 중 과소비를 하는 사람이 많다고 민지가 꼭 과소비를 했다고 말할 수 없다. 귀납추론의 오류이다. **정답** : ④

2. **풀이** : 설 전날 고속도로가 귀향차량으로 붐비는 것은 경험적인 귀납으로 검증 가능하다. 마찬가지로 바닷가 사람들이 생선회를 즐겨 먹는 것 역시 귀납적 검증 방식으로 검증이 가능하다. **정답** : ④

3. **풀이** : ①,②,③은 모두 전제가 참일지라도 결론이 반드시 참이 보장되지 않는 귀납 논증이다. ④는 전제인 '이 모임에는 여덟 사람이 참석했다'가 참이면, 결론인'적어도 이 사람들 중 둘은 같은 요일에 태어났다.'가 반드시 참인 연역 논증이다. **정답** : ④

4. **풀이** : ①, ②,③은 경험적인 귀납적 추론이 가능하다. **정답** : ④

5. **풀이** : '어떤~도'는 '모두'로 바꾸어 쓸 수 있다. 따라서 문제는 "모든 채식주의자는 스테이크를 좋아하지 않는다"가 되고, "어떤 채식주의자는 스테이크를 좋아하지 않는다."를 추론할 수 있다. 하지만 '모든 채식주의자 집단'이 '스테이크를 좋아하지 않는 집단'에 포함되기 때문에 스테이크를 좋아하는 채식주의자가 존재하는 것은 반드시 거짓이 된다. **정답** : ①

6. **풀이** : '모든 정치가'가 아니라 '어떤 정치가'가 부자이며, '모든 부자'가 아니라 '부자 중에는 부도덕한 사람도 있다'고 하였으므로 정치가 중에 부도덕한 사람이 한 명도 없을 수 있다. **정답** : ①

7. **풀이** : ㄱ. 모든 A가 B이고, 모든 B가 C이므로 모든 A는 C이다. ∴ 참

ㄴ. 어떤 E는 A이고, ㄱ에서 모든 A는 C이므로 E의 일부와 C의 일부는 겹칠 수밖에 없다. 그러므로 어떤 C는 E이다. ∴ 참

ㄷ. ㄴ과 마찬가지로 어떤 E는 A이고, 모든 A는 B이므로 E의 일부와 B의 일부는 겹칠 수밖에 없다. 그러므로 어떤 B는 E이다. ∴ 거짓 **정답** : ②

8. **풀이** : ㄱ. 어떤 E는 A이므로, 모든 E는 A일 수 있다.

ㄴ. 어떠한 D도 C가 아니므로 C와 D는 겹치는 부분이 존재할 수 없다. 그런데 모든 A는 C이므로 A는 C안에 포함된다. ∴ A와 D도 겹칠 수 없다.

ㄷ. 어떠한 D도 C가 아니지만 E에 포함되는 경우와 E에 포함되지 않는 경우로 나눌 수 있으므로 반드시 거짓이라고 할 수 없다. **정답** : ②

9. 풀이 : 보기의 주장을 논증하는 방식은 귀납적이다. 결론이 "이로 볼 때…… 분명하다"로 나와 있고, 앞에 것들은 전부 이를(분명함을) 뒷받침하는 사례이다. ①, ②, ④번은 전제가 참일 때 결론이 필연적으로 참인 연역 논증이다.
정답 : ③

✔ 기출유형 분석 _대우명제와 삼단논법

1. 풀이 : ①번은 후건 긍정의 오류를 범하고 있다. 즉 p → q가 참이라고 해서, q → p가 참은 아니다. **정답** : ①

2. 풀이 : ① 전건부정의 오류, ② 대우명제, ③ 후건 긍정의 오류, ④ 후건 긍정의 오류 **정답** : ②

3. 풀이 : 배구를 못하는 사람 → 농구를 못한다 → 야구도 못한다. **정답** : ①

4. 풀이 : and의 부정은 or이다. 따라서 '바르고'의 부정은 '바르지 않거나'로 변한다. **정답** : ④

5. 풀이 : 「some x의 부정은 ⇒ all x」이므로 '적어도 한 사람은 거짓말을 한다.'의 부정은 '모두 거짓말을 하지 않는다.'가 된다. **정답** : ②

6. 풀이 : 지문의 전제를 논리적으로 배열하면, 농구× → 야구× → 축구× → 배구×이다. 따라서 농구× → 배구×
정답 : ④

7. 풀이 : ① 전건부정의 오류, ② 모든 고래 → 포유동물, 모든 온혈동물 → 포유동물, 모든 고래 → 온혈동물(×).
③ 후건긍정의 오류, ④ 만일 A라면 B이다. A이다. 그러므로 B이다. **정답** : ④

8. 풀이 : '모든 성악가는 작곡가가 아니다.'의 대우명제는 '작곡가이면 성악가가 아니다.'이다. 그런데 모든 화가 집단이 작곡가 집단에 포함되므로 '어떤 화가도 성악가가 아니다.'는 추론이 가능하다. **정답** : ②

9. 풀이 : '모든 a는 b이다. 그러므로 어떤 a는 b이다.'가 성립되므로, ①과 ②는 타당한 진술이다. ③은 전건부정의 오류(~p → ~q)이므로 〈보기〉의 진술과 동등하지 않다. ④는 대우명제(~q→~p)이므로 〈보기〉의 진술과 동등하다. **정답** : ③

✔ 기출유형 분석 _오류

1. 풀이 : ③은 부적합한 권위에 호소하는 오류, 나머지는 대중에 호소하는 오류 **정답** : ③

2. 풀이 : 보기는 부분이 지닌 속성을 전체도 반드시 지니고 있다고 생각하여 추리함으로써 발생하는 오류인 합성의 오류이다. ② 잘못된 유추의 오류. ③ 후건 긍정의 오류. ④ 무지에 호소하는 오류. **정답** : ①

3. 풀이 : ① 원인오판의 오류, ② 합성의 오류, ③ 성급한 일반화의 오류, ④ 순환논증의 오류 : 참이 증명되지 않은 전제에서 결론을 도출하거나, 전제와 결론이 순환적으로 서로의 논거가 될 때 나타나는 오류 **정답** : ②

4. 풀이 : ④번 역시 보기의 성급한 일반화의 오류를 범하고 있다. **정답** : ④

5. 풀이 : ①은 원인 오판의 오류, ②, ③, ④는 이것이 아니면 저것일 수밖에 없다고 단정 짓는 데서 오는 오류로 흑백사고의 오류이다. **정답** : ①

6. 풀이 : 보기는 부분들에 참인 것을 그 부분들을 결합한 전체에 대해서도 참인 것으로 추론함으로써 발생하는 합

성의 오류이다. ②는 잘못된 인과관계의 오류, ③ 동정심에 호소하는 오류, ④ 성급한 일반화의 오류 **정답** : ①

7. **풀이** : 보기는 결론에서 주장하고자 하는 것을 전제로 제시하는 순환 논증의 오류이다. ② 인신공격의 오류, ③ 분할의 오류, ④ 무지에 호소하는 오류 **정답** : ①

8. **풀이** : ①, ②, ③은 어떤 주장에 대한 선택 가능성이 두 가지밖에 없다고 생각함으로써 발생하는 흑백사고의 오류이다. ④는 성급한 일반화의 오류이다. **정답** : ④

9. **풀이** : 〈보기〉의 내용은 인신공격의 오류이다. 인신공격의 오류는 주장에 대한 비판과 그 주장을 하고 있는 사람에 대한 비판을 혼동할 때 생기는 오류이다. 즉 'X의 주장은 틀렸다. 왜냐하면 X가 문제 많은 인물이기 때문이다.' 이것이 인신공격의 오류의 형식이다. 비록 X가 문제가 많은 인물이라고 해도, 논리적으로 그의 주장은 그 자신과 구분된다. 마찬가지로 ①에서 김장관이 제시한 세금감면정책의 부당성을 논박하기 보다는 그의 발언을 문제삼고 있다. **정답** : ①

✔ 기출유형 분석 _논리퀴즈

1. **풀이** : 정보 1, 2가 옳고, 정보 3이 틀리다면, 비비는 검정색이 아니고, 정보 3이 틀렸다면, 비비는 흰색이 아니므로, 비비의 색깔은 노란색이 된다. **정답** : ③

2. **풀이** : 갑이 을의 모자를 쓰고도 모르겠다고 한 것은 을이 흰색 모자를 쓰고 있기 때문이다. 을이 흰색 모자를 쓰고 있으면 자신의 모자가 흰색인지 청색인지 알 수 없기 때문이다. 또한 을이 자기가 쓰고 있는 모자의 색을 맞춘 것으로 보아 갑은 청색 모자를 쓰고 있음을 알 수 있다. **정답** : ①

3. **풀이** : A가 근무할 경우, C와 D는 근무하고, E는 근무하지 않는다. B는 C와 함께 근무하지 않으므로 근무하지 않는다. 따라서 D가 근무하는 공휴일에는 A, C, D 3명이 근무한다.
혹은, D가 근무하는 공휴일에 A는 함께 근무한다(제3조건). A와 C는 함께 근무하므로(제4조건) A, C, D는 근무한다. 제1, 제2 조건에 의해 B와 E는 근무하지 않는다. 따라서 D가 근무하는 공휴일에는 A, C, D 3명이 근무한다.
  정답 : ③

4. **풀이** : 호원의 아빠 친구는 축구를 좋아하고, 조원의 아들은 바둑을 좋아한다. 따라서 호원이 아들이 되고, 조원이 아빠가 된다. 나머지 유중은 자동적으로 아빠 친구가 된다.
조원(아빠)-승마, 호원(아들)-바둑, 유중(아빠 친구)-축구 **정답** : ②

5. **풀이** : '월-거짓말, 화-거짓말, 수-거짓말, 목-참말, 금-참말, 토-참말, 일-참말'월요일에는 거짓말을 하기 때문에, 보기의'나는 어제 거짓말을 했다.'는 '나는 어제 참말을 했다.'이고,'나는 내일은 참말을 할 것이다'는 '나는 내일 거짓말을 할 것이다.'가 된다. **정답** : ①

6. **풀이** : C가 월요일에 레슨을 받고, D는 A보다 3일 늦게, F는 D보다 늦게 레슨을 받아야 하므로 A는 무조건 화요일에 레슨을 받게 된다. 그러면 D는 금요일에, F는 토요일에 레슨을 받게 된다. 따라서 C-A-B-E-D-F 또는 C-A-E-B-D-F의 순서가 되므로 토요일에 레슨을 받는 학생은 F다. **정답** : ④

7. **풀이** : '떡집−꽃집−빵집−쌀집 또는 쌀집−빵집−꽃집−떡집' 배열이 가능한데, 떡집은 1호 상점이 아니라고 했으므로 '쌀집−빵집−꽃집−떡집' 순으로 이웃하고 있다. **정답** : ②

8. **풀이** : 한 명이 거짓말을 하고 있다는 것이 포인트다. A가 거짓말을 한다면 C는 거짓말쟁이이다. 따라서 D는 거짓말쟁이가 아니다. 그리고 한 명만 거짓말을 해야 하기 때문에 B도 거짓말이 아니어야 한다. 그런데 B는 C가 거짓말쟁이가 아니라고 했으므로 모순이다. 따라서 A는 거짓말쟁이가 아니어서, C는 거짓말쟁이가 아니고, D는 거짓말쟁이다. 그런데 A,B,C 중 한 명이 거짓말을 해야 하므로 B가 거짓말쟁이다. **정답** : ②

9. **풀이** : ㉠에서 $a < c$, ㉡에서 $b + d = a + c \rightarrow d = a + c - b$. ㉢에서 $c + d < a + b$, $d = a + c - b$를 대입하면 $c + a + c - b < a + b$ ∴ $2c < 2b \rightarrow c < b$. ㉡에서 $b + d = a + c$ 이고 ㉢에서 $c < b$ 이므로 $d < a$. ㉠에서 $a < c$이므로. 따라서 $d < a < c < b$ **정답** : ④

10. **풀이** : 같은 팀의 한 조가 3번 → 조별 상위 2개 팀 1번 → 본선 준준결승 1번 → 준결승 1번 → 결승 1번
따라서 우승까지는 총 7번의 시합을 치르게 된다. **정답** : ③

11. **풀이** : ⓐ A 선수를 영입하면 B 선수도 영입한다. 따라서 대우명제를 만들면 B 선수를 영입하지 않으면, A 선수를 영입하지 않는다.

ⓑ C 선수와 D 선수 중 한 명은 꼭 영입한다. 따라서 둘 중 한명만 영입해도 된다. ⓓ에 의해 D는 영입할 수 없으므로, C를 영입할 수 있다.

ⓒ E 선수를 영입하면, B 선수는 영입하지 않는다. ⓐ에 의해, E(ㅇ)→B(X)→A(X)

ⓓ A, D, E 중에 한 선수만 영입한다. 문제에서 E 선수를 반드시 영입해야 한다고 했으므로, A와 D는 영입하지 않아도 된다.

따라서 ⓐ와 ⓒ에 의해, E 선수를 영입하면, B와 A를 영입하지 않아도 되고, ⓑ에 의해, C 선수를 영입할 수 있다. 또한 ⓓ에 의해 A와 D는 영입하지 않아도 된다. **정답** : ③

✔️ 기출유형 분석 _자료 해석

1. **풀이** : 세영이는 돼지 사육량이 250마리일 때 순이익 340만 원, 서준이는 180만 원으로 합하면, 총 520만 원으로 순이익이 최대가 된다. **정답** : ②

2. **풀이** : 돼지 사육량이 350마리일 때 순이익은 350에서 330으로 감소한다. **정답** : ③

3. **풀이** : 이 제품은 내구성과 경제성 척도가 3으로 융통성 측면의 2보다 크다. **정답** : ③

4. **풀이** : 그래프는 양의 상관관계를 보여준다. 따라서 지능지수와 창의성은 상관성이 높다고 할 수 있다. 하지만 지능이 창의성의 원인이라고 인과관계로 단정 지어 말할 수는 없다. **정답** : ③

5. **풀이** : (가) 정치수준이 높은 B국이 경제수준은 두 번째이다.
(나) 문화수준이 높은 C국은 경제수준이 세 번째이다.
(다)는 위의 자료를 통해서는 알 수 없다.

(라) C국가는 문화수준이 첫 번째이고, 정치수준은 세 번째이고, 경제수준은 세 번째이니, 문화 지향적이라고 볼 수 있다. **정답** : ③

6. **풀이** : 지니계수는 빈부격차와 계층 간 소득분포의 불균형 정도를 나타내는 수치이다. 지니계수는 0과 1 사이 의 값을 가지는데, 값이 0에 가까울수록 소득분배의 불평등 정도가 낮다는 것을 뜻한다. 보통 0.4가 넘으면 소 득분배의 불평등 정도가 심한 것으로 본다. **정답** : ③

7. **풀이** : 운동의 양과 장수 연령의 상관관계를 측정한 조사에서, 영양제 섭취집단과 영양제 비섭취집단이 거의 유사하게 측정결과 가 나왔으므로 영양제는 장수의 요인으로 보기 어렵다. **정답** : ④

8. **풀이** : 베르니케 영역이 언어 생성 기능에 관여를 하는데 이것이 손상되었다면 언어 생성 기능은 감소한 것이 고, 브로카 영역이 언어 이해 기능에 관여를 하는데 손상되었다면, 언어 이해 기능은 감소한 것이다. 또한 베르 니케 영역은 언어 이해와 관련이 없고, 브로카 영역은 언어 생성 기능과 관련이 없기 때문에 손상 되었어도 그 기능은 변화가 없다. **정답** : ①

9. **풀이** : 2030년 중국의 농촌인구는 744, 인도의 농촌인구는 749로 인도가 더 많다. **정답** : ③

10. **풀이** : ③번 내용은 1999년에 614,200명이 태어났지만 2009년 현재 그 인원이 모두 살아 있다는 보장이 없다. 여러 가지 사고로 사망했을 수도 있기 때문에 아동의 수는 현재 614,200명이라고 단정할 수 없다. **정답** : ④

✔ 기출유형 분석 어휘력 _어휘개념

1. **풀이** : ①번은 중간개념이 존재하는 반대관계이다. 높지도 낮지도 않은 중간지대가 존재한다. 나머지는 중간개 념이 존재하지 않는 모순관계이다. **정답** : ①

2. **풀이** : ②번은 내포와 외연이 같은 동일관계이고, 나머지는 내포와 외연이 다른 동연관계이다. **정답** : ②

3. **풀이** : 상위개념과 하위개념 즉, 포함관계를 묻는 문제이다. ④번은 포함관계가 아니다. **정답** : ④

4. **풀이** : ①번은 재료관계이고, 나머지는 포함관계이다. **정답** : ①

5. **풀이** : ③번의 '가족 – 할아버지 – 아버지'에서 할아버지와 아버지는 상위개념과 하위개념의 포함관계라고 볼 수 없다. 나머지는 포함관계이다. **정답** : ③

6. **풀이** : '아시아'는 '대한민국'의 상위개념이며, '상록수'는 '소나무'의 상위개념이다. 상위개념과 하위개념을 묻는 포 함관계 문제이다. **정답** : ②

✔ 기출유형 분석 _어휘유추

1. **풀이** : 철 – 솥 – 밥의 관계는 종이 – 책 – 지식의 관계와 유사하다. **정답** : ③

2. **풀이** : 미라는 사람의 영혼불멸을 믿기 때문에 하는 행위이고, 제사는 조상숭배를 위해 하는 행위이다. **정답** : ②

3. 풀이 : 작가와 작품 간의 관계. 제시된 보기 중 김만중의 작품은 ① 구운몽이다. **정답** : ①

4. 풀이 : 오른쪽의 단어가 왼쪽 단어에 포함되는 관계다.

문방사우(文房四友)는 종이, 붓, 먹, 벼루의 네 가지 문방구를 가리키는 말이다. 세한삼우(歲寒三友)는 추운 겨울철의 세 벗이라는 뜻으로, 추위에 잘 견디는 소나무, 대나무, 매화나무를 통틀어 이른다. **정답** : ③

5. 풀이 : 바젤협약은 유해 폐기물의 국가 간 이동을 금지한 협약이고 람사협약은 습지보전에 관한 협약이다. **정답** : ②

✔ 기출유형 분석 _어휘 의미

1. 풀이 : ③의 '선'은 서다라는 뜻을 가지고 있고, 나머지는 '앞선, 이미 죽은'의 뜻이 있다. **정답** : ③

2. 풀이 : ①, ②, ③번은 '~이 없는'의 뜻이 있고, ④는 '미리'라는 뜻이 있다. **정답** : ④

3. 풀이 : ④번은 파생어이고, 나머지는 합성어이다. **정답** : ④

4. 풀이 : ④번은 합성어이고, 나머지는 파생어이다. **정답** : ④

5. 풀이 : 손을 치르다 → 손님을 치르다

손이 걸다 → 일하는 솜씨가 좋다

손이 맵다 → 손으로 슬쩍 때려도 몹시 아픔을 주다

손을 털다 → 부정적인 일이나 찜찜한 일에 대하여 관계를 청산하다 **정답** : ②

6. 풀이 : ①, ②, ④번의 '값'은 가격이라는 뜻이고, ③번의 '값'은 '노력이나 희생의 대가나 보람'이라는 뜻이다. **정답** : ③

7. 풀이 : ④번의 '훔치다'는 '물기나 때 따위가 묻은 것을 닦아 말끔하게 하다'라는 뜻이다. **정답** : ④

8. 풀이 : 엎어질 듯 자빠질 듯 달아난다는 글의 흐름으로 보아 '힁하게'의 의미가 ② 재빨리와 유사함을 알 수 있다. **정답** : ②

9. 풀이 : '너나들이'-서로 너니 나니 하고 부르며 허물없이 말을 건넴 또는 그런 사이

수어지교(水魚之交)-물이 없으면 살 수 없는 물고기와 물의 관계라는 뜻으로, 아주 친밀하여 떨어질 수 없는 사이를 비유적으로 이르는 말. 임금과 신하 또는 부부의 친밀함을 이르는 말. **정답** : ④

10. 풀이 : '①, ③, ④'의 이성은 '理性'이다. '②'의 이성은 '異性'이다.

理性 : 생각하는 능력

異性 : 성이 다름. 특히 남자 쪽에서 여자, 여자 쪽에서 남자를 가리키는 말이다. **정답** : ②

11. 풀이 : 구렁이-단일어. 나뭇잎-복합어 중에서 합성어. 살림꾼-복합어 중에서 파생어. 풋사랑-복합어 중에서 파생어 **정답** : ①

12. 풀이 : ① 고샅-마을의 좁은 골목길. ② 길섶-길의 가장자리. ④ 도린곁-사람이 별로 가지 않는 외진 곳 **정답** : ③

기출유형 분석 _어휘 선택

1. 풀이 : 근대성의 상징인 철도의 출현으로 이질적인 공간은 공간의 제약을 극복하고 '균질적인 공간'으로 탈바꿈된다. 또한 시간과 공간의 극복은 지역의 '고유성'을 파괴한다. 이는 경제에도 영향을 미쳐 지역경제가 중앙경제 즉 '국민경제'로 수렴된다. **정답** : ④

2. 풀이 : 첫 번째 보기 문장의 '마음의 관계', 두 번째 문장의 '탐험, 개척', 세 번째 문장의 '지식의 재료를 제공, 사색의 힘' 등 핵심어로 추론해보면 '독서'에 관한 설명임을 알 수 있다. **정답** : ①

3. 풀이 : 돈-결제, 서류-결재, 정신-계발, 물질-개발 **정답** : ①

4. 풀이 : '간헐적(間歇的)으로'는 '불규칙하게 이어졌다 끊어지는 식으로'의 뜻으로 쓰이는 말이다. 따라서 제시문의 '오다가 그치기를 반복했다'에 어울리는 말은 '간헐적으로'이다. **정답** : ②

5. 풀이 : '그리움이 밀려오다'는 관용적인 표현이다. '그리움'이 '쏟아지다, 퍼붓다, 쓸고 가다' 등은 두루 쓰이지 않을 뿐만 아니라 어색하다. **정답** : ③

6. 풀이 – 지양 : 잘못된 문제를 그치게 하고 바람직한 방향으로 높이 올림.
지향 : 어떤 목표를 가리키며, 그 곳을 향해 나아감 **정답** : ④

7. 풀이 : 눈시울 : 눈언저리의 속눈썹이 난 곳. 눈시울을 적시다 : 눈물을 흘리며 울다. **정답** : ①

8. 풀이 – 째 : '전체'
채 : '이미 있는 상태 그대로'의 뜻을 나타냄
체 : '그럴듯하게 꾸미는 거짓 태도'를 뜻함. '체'는 '체하다'로만 쓰임 **정답** : ②

9. 풀이 : '인간 : 그가 처한 환경 = 역사가 : 연구 주제 = 천한 x : 억압적인 y' 따라서 '천한'과 '억압적인'으로 볼 때 ①과 ④는 어울리지 않고 ②와 ③ 중에서는 ②보다 ③이 더 잘 어울린다. **정답** : ③

10. 풀이 – 가마니 : 짚으로 쳐서 주머니처럼 만들어 곡식이나 소금 따위를 담는 용기. 수 관형사 뒤에서 의존적 용법으로 쓰여, '가마니'에 들어갈 정도가 되는 분량의 단위를 나타내는 말.
마지기 : 논밭 넓이의 단위를 이르는 말. 한 말의 씨앗을 뿌릴 만한 넓이로서, 대체로 논은 150~300평, 밭은 100평 내외이다.
바리 : 놋쇠로 만든 밥그릇. 마소에 잔뜩 실은 짐을 세는 단위
자밤 : 나물이나 양념 따위를 손가락 끝으로 집을 만한 분량을 세는 단위를 나타내는 말 **정답** : ②

기출유형 분석 관용어 _ [1] 한자성어

1. 풀이 : ① 불철주야(不撤晝夜) 어떤 일을 함에 있어 밤낮을 가리지 않음
② 역지사지(易地思之) 입장 바꿔서 생각을 함
③ 주경야독(晝耕夜讀) 바쁘고 어려운 중에도 꿋꿋이 공부하다

609

④ 탁상공론(卓上空論) 현실성이 없는 허황한 이론이나 논의   **정답** : ④

2. 풀이 : 파죽지세(破竹之勢) – 대나무가 쪼개지듯이 세력이 강하여 거침없이 물리치면서 쳐들어가는 기세.

　　정답 : ①

3. 풀이 : ②'전무후무'는 '전에도 없었고 앞으로도 없을 것'의 뜻이고, '전대미문'은 '과거에는 들은 적이 없음'의 뜻

　　이어서 ②가 제시문의 내용과 일치함.　　**정답** : ②

4. 풀이 : 세상이 많이 변했다는 뜻이 공통으로 들어가야 하므로 '격세지감'이 적절하다.

　　격세지감 : 아주 바뀐 다른 세상된 것 같은 느낌 또는 딴 세대와 같이 많은 변화가 있었음을 비유하는 말

　　정답 : ①

5. 풀이 : 추우강남 – 친구 따라 강남 간다. 주관 없는 행동을 한다.

　　① 콩인지 보리인지 구별하지 못한다는 뜻으로, 어리석고 못난 사람을 비유. ② 줏대 없이 의견을 같이하여 움

　　직이다. 아무런 주관이 없이 남의 의견을 맹목적으로 좇아 함께 어울림. ③ 융통성 없이 현실에 맞지 않는 낡은

　　생각을 고집하는 어리석음. ④ 계란으로 바위 치기. 약한 것으로 강한 것을 당해내려는 어리석은 짓   **정답** : ②

6. 풀이 : 〈보기〉는 세상이 많이 바뀌었다는 내용이므로'격세지감'이 정답이다.

　　격세지감–그리 오래지 않은 동안에 상당히 많이 달라져서 전혀 다른 세상 혹은 다른 세대가 된 것 같은 느낌

　　정답 : ①

✔ 기출유형 분석 _[2] 한자어의 구조

1. 풀이 : ①번의 해석 순서는 2 → 1이고, 나머지는 1 → 2 이다.   **정답** : ①

2. 풀이 : ③은 외롭고 힘들다는 뜻. ① 물품을 주고받음. ② 물건을 주고받음. ④ 남편과 아내   **정답** : ③

3. 풀이 : ④ 규탄(糾彈) 들추어내어 엄격하게 따지고 비난하다. 잘못이나 죄상 따위를 들추어내어 엄격하게 따지

　　고 비난함

　　① 폄출(貶黜) : 다른 사람을 헐뜯어 벼슬을 빼앗고 물리침. 벼슬을 빼앗겨 쫓겨나다

　　② 미봉(彌縫) : 임시로 이리저리 꾸며 대어 맞추다

　　③ 빈축(嚬蹙) : 눈살을 찌푸리고 얼굴을 찡그린다는 뜻으로, 다른 사람으로부터 받는 비난이나 미움을 이르는 말

　　정답 : ④

4. 풀이 : ①, ②, ③은 병렬관계 중 대립관계에 해당한다. ④는 유사관계   **정답** : ④

5. 풀이 : ② 아전인수(我田 : 수식관계. 引水 : 술목관계)

　　지천사어 – 전혀 불가능한 일을 하려함

　　아전인수 – 자기에게 이롭게 되도록 생각하거나 행동함

원화소복 – 재앙을 물리쳐 멀리하고 복을 불러들임

결초보은 – 죽은 뒤에라도 은혜를 잊지 않고 갚음   **정답** : ②

6. **풀이** : ①, ②, ③은 병렬관계 중 대립관계에 해당한다. ④는 같은 성분이 나란히 배열된 병렬관계이지만 뜻이 대립되지는 않는다.   **정답** : ④

✔ **기출유형 분석** _ [3] 한자의 음과 뜻

1. **풀이** : 갱생 – 마음이나 생활 태도를 바로잡아 본디의 옳은 생활로 되돌아가거나 발전된 생활로 나아감. 更(갱) 다시 갱.   **정답** : ①

2. **풀이** : 할부(割賦)   **정답** : ②

3. **풀이** : 懦弱 – 나약   **정답** : ③

4. **풀이** : 고물상(古物商) – 고시생(考試生) – 고아원(孤兒院) – 고향역(故鄕驛)   **정답** : ④

5. **풀이** : ① 野性, ② 野生, ③ 夜밤, ④ 野獸   **정답** : ③

6. **풀이** : 統率 – 통솔   **정답** : ③

7. **풀이** : ① 脚光을 받다. ② 角逐을 벌이다. ③ 脚線美가 뛰어나다. ④ 2인 3脚 경기를 펼치다. ①,③,④는 脚(각) 다리. ②는 角(각)뿔   **정답** : ②

 기출유형 분석 _ [4] 속담

1. **풀이** : 고래 싸움에 새우등 터진다. 산까마귀 염불한다. 범 무서워 산에 못 가랴. 가는 말에 채찍질 = 走馬加鞭(주마가편)   **정답** : ②

2. **풀이** : '구슬이 서 말이라도 꿰어야 보배다.' : 아무리 훌륭하고 좋은 것이라도 다듬고 정리하여 쓸모 있게 만들어 놓아야 값어치가 있음을 비유적으로 이르는 말.   **정답** : ①

3. **풀이** : ①, ②, ③번은 '제격에 어울리지 않아 우스꽝스러움'을 비유적으로 표현한 말이고, ④번은 '조그마한 실수로 큰 손해를 초래했음'을 이르는 말이다.   **정답** : ④

4. **풀이** : 보기의 내용은 모두 불가능한 상황이다.   **정답** : ①

5. **풀이** : 구운몽에서 성진이 꿈에서 깨어 난 상황을 묘사한 구절이다. ③ 열흘 붉은 꽃이 없다 = 花無十日紅(화무십일홍)   **정답** : ③

6. **풀이** : 가마 밑이 노구솥 밑을 검다 한다 – 자기 허물은 모르고 남을 나무라거나 흉보는 것을 비웃어 이르는 말
등잔 밑이 어둡다 – 가까운 곳에서 생긴 일을 도리어 잘 모른다는 말
업은 아이 삼 년 찾는다 – 가까운 데 있는 것을 모르고 다른 곳에 가서 오랫동안 찾게 되는 경우를 이르는 말
정답 : ②

7. **풀이** : ① '가는 날이 장날이다'라는 속담은 일이 묘하게 꼬여서 잘못된 결과를 가져 오는 경우에 쓰임.

   정답 : ①

✔ 기출유형 분석 _[5] 한자, 한자어로 된 관용어

1. **풀이** : ① 고희–70, 지천명–50, 약관–20   **정답** : ①

2. **풀이** : 정오는 낮 12시를 말한다.   **정답** : ③

3. **풀이** : 아버지의 누님이나 여동생은 나의 '고모'이고 아버지의 사촌 형제는 '당숙'임. '이모'는 어머니의 여자 형제이고, '삼촌'은 아버지의 남동생. '삼촌'이 결혼을 하면 보통 '숙부' 또는 '작은아버지'로 부름.   **정답** : ①

4. **풀이** : ③ 경칩(驚蟄) : 양력 3월 5일경

   ① 동지 : 양력 12월 22일경, ② 소서 : 양력 7월 7일경, ④ 백로 : 양력 9월 8일경   **정답** : ③

5. **풀이** : ② 정유(丁酉)년은 닭의 해다.   **정답** : ③

6. **풀이** : 10간과 12지를 배열해서 답을 찾으면 된다.

   10간 – 갑, 을, 병, 정, 무, 기, 경, 신, 임, 계

   12지 – 자, 축, 인, 묘, 진, 사, 오, 미, 신, 유, 술, 해   **정답** : ③

✔ 기출유형 분석 어법 _맞춤법

1. **풀이** : 고기배–고기의 배, 고깃배–고기 잡는 배

   나무집–나무로 만든 집, 나뭇집–나무를 파는 집, 목재상   **정답** : ①

2. **풀이** : 나무꾼–땔감으로 쓰이는 나무를 베거나 줍는 일을 하는 사람.

   –꾼(접미사)–(1) 직업적인 일이나 전문적인 행위를 나타내는 일부 명사 뒤에 붙어. 그러한 일이나 행위를 전문적으로 혹은 습관적으로 하는 사람의 뜻을 더하여 명사를 만드는 말.

   예) 정치꾼, 춤꾼, 싸움꾼, 벌목꾼, 밀렵꾼, 일꾼.

   (2) 일부 명사 뒤에 붙어. 어떤 일이나 어떤 자리에 모이는 사람의 뜻을 더하여 명사를 만드는 말.

   예) 장꾼, 구경꾼.

   나뭇꾼(×) : 나무(명사, 어근)+꾼(접미사), 해님(×) : 해(명사, 어근)+님(접미사)

   : 합성어가 아니라 어근에 접미사(예: 꾼, 님)가붙어 있는 경우에는 사이시옷을 쓰지 않는다.   **정답** : ②

3. **풀이** : '개다', '설레다'는 자동사로 피동형을 허용하지 않는 동사이므로 피동형 접사 '–이'를 넣을 수 없다.

   ◎ 설레다(○), 설레이다(×), [명사형] 설렘(○), 설레임(×)

   ◎ 개다(○), 개이다(×), [명사형] 갬(○), 개임(×)

   참고) ◎ 헤매다(○), 헤매이다(×)   **정답** : ③

4. 풀이 : '웬일로, 닦달하였다, 곱빼기'가 표준어이다. 참고) 뚝배기 **정답** : ③

5. 풀이 : '당겼다, 치렀으니, 달일'이 표준어이다.

　• 당기다

1. (사람이 사물을)잡아끌어 가까이 오게 하다.

예) 어부들이 그물을 당기고 있었다.

2. (사람이 일정을)정한 때보다 앞으로 옮기다.

예) 선생님께서는 시험 날짜를 예정보다 하루 당기셨다.

3. (무엇이 사람의 마음이나 입맛을)생기게 하다.

예) 이것이 더 마음을 당기는 일입니다.

예) 오늘은 김치찌개가 입맛을 당기지 않는다. 당기다

　• 치르다 – 어떠한 일을 겪다. 주어야 할 돈을 지불하다

예) 수능을 치르다. 돌잔치를 치르다. / 치루다 – 틀린 표현. '치르다'가 기본형이므로, '치러(o), 치뤄(x)'

　• 달이다 – 끓여서 진하게 하다.

　• 부치다 – (힘 따위가, 또는 사람이 힘 따위에)모자라거나 미치지 못하다. **정답** : ④

6. 풀이 : '윗도리, 난쟁이, 주책없다'가 표준어이다. **정답** : ②

7. 풀이 : ① 깔때기, ③ 머리말, ④ 단출하다'가 표준어이다.

'머리말'의 표준 발음은 [머린말]이 아닌 [머리말]이므로, 사이시옷을 쓰지 않고 '머리말'이라고 표기한다. (인삿말 x, 인사말o, 머릿기사x, 머리기사o) **정답** : ②

8. 풀이 : 수컷을 나타내는 접두사는 '–수로 통일한다. '수벌, 수놈, 수탕나귀'가 표준어이다. **정답** : ③

9. 풀이 : ① 냉냉하다 → 냉랭하다 : 첫 음절에 위치하지 않은 한자음은 원래 음가대로 표기해야 한다.

③ 지리한 → 지루한 : 다음 단어에서는 모음의 발음 변화를 인정하여, 발음이 바뀌어 굳어진 형태를 표준어로 삼는다 [표준어 규정 제 11 항].

예) – 구료 (x)　　→ – 구려 (o)

　　깍정이 (x)　→ 깍쟁이 (o)

　　지리하다 (x) → 지루하다 (o)

　　주착없이 (x) → 주책없이 (o)

④ 바램 → 바람 **정답** : ②

10. 풀이 : '들르세요, 꺾으면, 올바른'이 표준어이다.

'들르다'는 '지나는 기회에 잠깐 거치다'를 의미하며, '들리다'는 '물건을 들게 하거나 들음을 당하다'를 뜻한다. 그리고 활용형은 각각 '들러'와 '들려'이다. 따라서 '어디를 거쳐 가다'의 의미로 쓸 때는 '들르다, 들러'가 맞다. **정답** : ④

11. **풀이** : 원칙적으로 한자 합성어에는 사이시옷을 첨가하지 않는다. 그러나 여섯 개의 한자어만을 예외로 하고 있다. '곳간(庫間), 찻간(車間), 툇간(退間), 셋방(貰房), 숫자(數字), 횟수(回數)'가 그것들이다. ①, ②, ④는 이상의 예외에 포함되지 않지만 과거에 사이시옷이 사용되었던 것들로서 틀리기 쉬운 예들이다. **정답** : ③

12. **풀이** : ① 안녕히 가십시오.

② 김치를 잘 담갔구나. 기본형이 '담그다'이므로, '담가(○), 담궈(×)'

③ 여기서는 담배를 삼가주시오. **정답** : ④

✔ 기출유형 분석 _띄어쓰기

1. **풀이** : '만큼, 뿐(만), 대로'는 관형어(용언) 뒤에서는 의존 명사, 체언(명사, 대명사, 수사) 뒤에서는 조사로 쓰인다. 따라서 관형어 뒤에서는 띄어 쓰고, 체언 뒤에서는 붙여 쓰는 것이 원칙이다.

용언(동사, 형용사) 뒤 : 의존 명사이므로 앞 말과 띄어 쓴다.

체언 뒤 : 조사이므로 앞 말에 붙여 쓴다.

② 산 만큼 → 산만큼 **정답** : ②

2. **풀이** : '만큼, 뿐(만), 대로'는 관형어(용언) 뒤에서는 의존 명사, 체언(명사, 대명사, 수사) 뒤에서는 조사로 쓰인다.

③ 본대로 → 본 대로 **정답** : ③

3. **풀이** : 단위를 나타내는 말은 띄어 쓴다. ① 신 세켤레 → 신 세 켤레 **정답** : ①

4. **풀이** : '커녕'은 조사이므로 붙여 쓴다. ④ 불어는 커녕 → 불어는커녕 **정답** : ④

5. **풀이** : ① 너 마저 → 너마저

② 수 밖에 → 수밖에.

④ 학생겸 회사원 → 학생 겸 회사원

*겸-의존 명사. 둘 이상의 명사 사이에 쓰여, 두 명사가 나타내는 의미를 동시에 가지고 있음을 나타내는 말. 예) 아침 겸 점심 **정답** : ③

6. **풀이** : ① 그가 떠난 지 일 년이 지났다. : 기간을 뜻하는 '지'는 의존명사이므로 띄어 쓴다.

② 그는 운동보다는 공부를 잘 한다. : '보다'는 조사이므로 앞 명사와 붙여 쓴다.

③ 그녀가 노래를 하는데에는 이유가 있다. : '데'는 의존명사이므로 띄어 쓴다. **정답** : ④

7. **풀이** : ① 사기 당하였다.→ 사기당하였다. : '명사+당하다'는 붙여 쓴다.

② 말씀 드리도록 해라. → 말씀드리도록 해라. : 동사를 만드는 '-드리다'는 접미사이므로 붙여 쓴다.

③ 결행 하였다. → 결행하였다. : '-하다'는 앞의 명사와 붙여 쓴다. **정답** : ④

8. **풀이** : ② 휴지를 복도에 버리면 안∨된다. ③ 부모 자식∨간에는 사랑이 있어야 한다.

④ 철수는 학교에서부터 뛰었다. **정답** : ①

1. **풀이** : 실업률[시럼뉼]　**정답** : ②

2. **풀이** : ② [찬따], ③ [바틀], ④ [꼬치]　**정답** : ①

3. **풀이** : ② 밟다 [밥따], ③ 읊고 [읍꼬], ④ 맑게 [말께]　**정답** : ①

4. **풀이** : ① 뱃머리 – [밴머리] 사이시옷 뒤에 '이' 음이 결합되는 경우에는 [ㄴㄴ]으로 발음한다.

   베갯잇[베갣닛 → 베갠닏], 깻잎[깯닙 → 깬닙], 나뭇잎[나묻닙 → 나문닙]　**정답** : ①

5. **풀이** : ② 못질[몬찔]　**정답** : ②

6. **풀이** : ① 절약[저략], ② 효과[효과], ③ 작렬[장녈]　**정답** : ④

7. **풀이** : 읊고[읍꼬]　**정답** : ①

8. **풀이** : ③ 티읕을[티그슬] → [티으슬]　**정답** : ③

✔ **기출유형 분석** _로마자 표기법

1. **풀이** : ① 제5항 '도, 시, 군, 구, 읍, 면, 리, 동'의 행정 구역 단위와 '가'는 각각 'do, si, gun, gu, eup, myeon, ri, dong, ga'로 적고, 그 앞에는 붙임표(-)를 넣는다. 붙임표(-) 앞뒤에서 일어나는 음운 변화는 표기에 반영하지 않는다.

   : 충청남도 Chungcheong-namdo → 충청남도 Chungcheongnam-do

   ② 제1항 [붙임] 된소리되기는 표기에 반영하지 않는다.

   낙동강 Nagddonggang → 낙동강 Nakdonggang

   ③ 제3항 고유 명사는 첫 글자를 대문자로 적는다.

   세종 SeJong → 세종 Sejong

   ④ 해운대 Hae-undae(하은대로 발음할 수 있어서 붙임표를 넣는다.)　**정답** : ④

2. **풀이** : ③ 합덕 : Hapteok → Hapdeok　**정답** : ③

3. **풀이** : 'ㄱ, ㄷ, ㅂ'은 모음 앞에서는 'g, d, b'로, 자음 앞이나 어말에서는 'k, t, p'로 적는다.

   (보기) 구미 Gumi　　　　　　영동 Yeongdong　　　　　백암 Baegam

   정답 : ①

4. **풀이** : ② Jeonjoo – 전주(지명) → Jeonju　**정답** : ②

5. **풀이** : ④ Chongyechon – 청계천 → Chonggyechon　**정답** : ④

✔ 기출유형 분석 _외래어 표기법

1. 풀이 : ① 싸인(sign), 랑데뷰(rendezvous) → 사인, 랑데부

③ 레포트(report), 다이나믹(dynamic) → 리포트, 다이내믹

④ 어중의 [l]이 모음 앞에 오거나, 모음이 따르지 않는 비음([m], [n]) 앞에 올 때에는 'ㄹㄹ'로 적는다. 다만, 비음 ([m], [n]) 뒤의 [l]은 모음 앞에 오더라도 'ㄹ'로 적는다. : 드라이크리닝(dry cleaning) → 드라이클리닝 **정답** : ②

2. 풀이 : ① 쥬스(juice) → 주스, ② 째즈(jazz) → 재즈, ③ 컴팩트(compact) → 콤팩트 **정답** : ④

3. 풀이 : ① 비스켓(biscuit) → 비스킷, ② 코코낫(coconut) → 코코넛, ④ 쨈(jam) → 잼 **정답** : ③

4. 풀이 : ② 내프킨(napkin) → 냅킨, ③ 애드립(ad lib) → 애드리브, ④ 케잌(cake) → 케이크 **정답** : ①

5. 풀이 : report 레포트 → 리포트, flash 플래쉬 → 플래시, tape 테잎 → 테이프 **정답** : ①

6. 풀이 : 캐롤 → 캐럴 **정답** : ①

✔ 기출유형 분석 _높임법

1. 풀이 : ① 있으십니다. → 계십니다. **정답** : ①

2. 풀이 : ①, ②, ③ 은 주체높임법이고, ④는 객체높임법이다.

④ 선생님께 모르는 문제를 여쭈어보았다.

객체 높임법은 주로 특수한 동사를 사용한다. 예) 모시다(데리다), 드리다(주다), 여쭈다, 여쭙다(묻다) **정답** : ④

3. 풀이 : 직접 높임의 대상은 은사님이지 따님이 아님. '따님'은 '은사님을 높이기 위한 간접 높임의 대상이므로 ' 따님'을 높여서 직접 높임의 '~하셨다'를 쓰면 안 됨. '입학하셨다'라고 쓰면 입학의 주체가 따님이 되어버린다. **정답** : ④

4. 풀이 : 청자 높임과 주체(주어) 높임의 상황에 따라 적절한 높임 문장을 찾아낼 수 있는지에 대해 묻고 있다. '- 래', '-라더라', '-라셔' 등의 어미가 명령형의 인용문을 내포하고 있다는 점에 유의해야 한다.

① '오래'는 '선생님'을 높이지 못한다.

② '오시래'는 '너'를 높이고 있다.

③ '오라더라'는 '선생님'을 높이지 못한다.

④ '오라셔'는 '오라고 하셔'의 준말로서 '선생님'을 높이고 있다. **정답** : ④

5. 풀이 : ① 교수님께서는 내일 세미나가 계세요. → 있으세요. ③ 할머니, 어머니께서 시장에 가신다고 합니다.

→ 어머니가 ④ 할아버님께서 며느리에게 편지를 드렸어요. → 주셨어요. **정답** : ②

6. 풀이 : ① 우리 할아버지께서 지금 아파. → 아프셔. ② 어머님 나이가 어떻게 되시니? → 연세

③ 교수님은 평소에 강의가 많이 계십니다. → 있으십니다. **정답** : ④

✔ 기출유형 분석 _중의적 표현

1. 풀이 : ① 동생이 나를 좋아하는 정도보다 축구를 더 좋아하는지, 내가 축구를 좋아하는 정도보다 축구를 더 좋아하는지 애매하다. ③ 내가 그 사람을 안 때리고 다른 사람이 때린 것인지, 나는 그 사람을 안 때리고 다른 사람을 때린 것인지 애매하다.

④ 학생들이 모두 안 간 것인지, 일부는 가고 일부는 안 간 것인지 애매하다.　**정답** : ②

2. 풀이 : ① 예쁜 것이 '그녀 / 그녀의 옷차림'인지 애매하다.

② 키가 큰 것이 '준원 / 준원이의 친구'인지 애매하다.

3. 풀이 : ① 용감한 것이 '그 / 그의 아버지'인지 애매하다.

② 내가 가장 존경하는 것이 '선배 / 선배의 스승님'인지 애매하다.

③ 젊은이가 '많은 도시'를 여행하는 것인지 젊은이가 '많이 사는 도시'를 여행하는 것인지 애매하다.　**정답** : ④

4. 풀이 : ① 동생이 지난주에 대기업에 취직했다고 철수가 말했다. / 동생이 대기업에 취직했다고, 철수가 지난 주 말했다. ③ 민철이는 그의 동생을 예뻐하고 영수 또한 민철이의 동생을 예뻐한다. / 민철이는 그의 동생을 예뻐하고 영수 또한 영수의 동생을 예뻐한다. ④ 영희는 동생을 좋아하는 정도보다 강아지 코코를 더 좋아한다. / 영희는 동생이 강아지 코코를 좋아하는 정도보다 강아지 코코를 더 좋아한다.　**정답** : ②

✔ 기출유형 분석 _중복 표현

1. 풀이 : '선방(善防)'의 '선(善)'은 '잘하다'의 뜻으로 쓰이고 있으므로 '잘해서'와 의미가 중복됨. '유명(有名)하다'는 '이름나다'와 같은 뜻. '과반수'의 '과－'는 '넘다'의 뜻.　**정답** : ③

2. 풀이 : ① 과식(過食) : 지나치게 많이 먹음. 앞에 오는 부사 '너무'가 중복된다.

③ 피해(被害) : 생명이나 신체, 재산, 명예 따위에 손해를 입음. '입다'라는 의미가 이미 있기 때문에 뒤에 '입다'가 오는 것은 잉여적 표현이다.

④ 예방(豫防) : 질병이나 재해 따위가 일어나기 전에 미리 대처하여 막는 일. 부사 '미리'가 중복된다.　**정답** : ②

3. 풀이 : ① 가장 = 최근(最近). ② 거의 = 대부분. ③ 날조(捏造) = 조작(造作)　**정답** : ④

4. 풀이 : 현란(眩亂)하다 － 눈부시게 찬란하다.

소생(蘇生)하다 － 다시 살아나다.　낙엽(落葉) － 떨어진 잎　**정답** : ③

5. 풀이 : ① 해변가(海邊가) ② 쓰이는 용도(用度) ③ 탄 승객(乘客)　**정답** : ④

6. 풀이 : ① 아군은 먼저 선수(先手)를 쳤다. ② 명절을 대비해서 기차표를 미리 예약(豫約)을 했다.

④ 자유로운 의견 교환(交換)을 나눌 수 있어서 좋았습니다.　**정답** : ③

✔️ 기출유형 분석 _피동과 사동

1. 풀이 : ① 짜여져야 → 짜여야, 짜져야. ③ 보여진다 → 보인다. ④ 훼손되어지는 → 훼손되는   **정답** : ②

2. 풀이 : ① '열리다'가 피동사이므로 굳이 '열려지다'로 쓸 이유가 없다.

② '믿기다'는 '믿다'의 피동형으로. 이미 피동형으로 쓰인 것이므로 다시 피동형을 붙여 '믿겨지지'로 쓰는 것은 잘못이다. '믿어지지(믿어지다)'로 써야 바르다.

④ 명사에 '하다'가 붙어서 자동사가 되는 말은 '되다'를 붙이지 않는 것이 좋다.   **정답** : ③

3. 풀이 : ② 그 많은 돈이 어떻게 쓰여졌는지 확인해 볼 필요가 있어 → '쓰이다'가 피동형이므로 굳이 '~지다'를 붙일 이유가 없다. 따라서 '쓰였는지'로 수정한다.

③ 이번 태풍은 워낙 강력해서 악마의 눈물로 불리우고 있습니다. → 사동형을 만들 필요가 없으므로.'불리고' 로 수정한다.

④ 사회 불안을 야기시키는 그 어떤 불법적 행동도 용납할 수 없어. → 피동으로 써야 하므로. '용납될 수 없어.' 로 수정한다.   **정답** : ①

✔️ 기출유형 분석 텍스트 추론 _문학

1. 풀이 : ①. ③. ④번은 비유적 표현이고, ②번은 역설적 표현이다.   **정답** : ②

2. 풀이 : 이 시의 '숲속에 두 갈래 길이 갈라져 있었는데, 나는 사람이 적게 간 길을 선택했다.'는 내용으로 보아 시적 화자는 주체적이고 능동적임을 알 수 있다.   **정답** : ②

3. 풀이 : ①. ②. ④는 의인법이고, ③은 A는 B이다. 즉. '노랫말은 푸른 색깔이다'형식이므로 은유법이다.   **정답** : ③

4. 풀이 : ⓒ '구름'은 세속적인 욕망을 의미한다.   **정답** : ③

5. 풀이 : 고은 시인의 '화살'이라는 작품이다. ' 허공을 뚫고~'. ' 박힌~'. '과녁'등의 어휘로 괄호 안의 말을 추론할 수 있다.   **정답** : ③

6. 풀이 : 각 연의 주제는 ㉮ 생의 절박감과 고독 ㉯ 고독과 외로움 ㉰ 삶의 고독과 비애 ㉱ 속세에 대한 미련   **정답** : ①

7. 풀이 : 황지우의 '새들도 세상을 뜨는구나'이다. 주제는 암울한 현실의 삶에 대한 죄책감. 좌절감 그리고 현실비판이 드러난 시이다. ㉠의 흰 새떼는 억압적 현실에서 벗어나고픈 화자의 소망이 투영된 대상이다.   **정답** : ④

8. 풀이 : 채만식의 '태평천하'는 3인칭 전지적 작가 시점이다. 즉 서술자는 작품에 직접 개입하여 인물과 상황에 대해 논평하고 있다. ④는 3인칭 관찰자 시점에 대한 설명이다.   **정답** : ④

9. 풀이 : 시적화자는 도시에서 생활하는 가난한 젊은이다. 화자는 고향에 대한 향수를 그리움으로 표현하고 있는데. 고향에 '새빨간 감'을 회상하면서 그리움의 정서를 환기시키고 있다고 볼 수 있다.   **정답** : ④

10. 풀이 : 신경림의 '가난한 사랑 노래'는 가난으로 인해 모든 것을 버려야만 하는 아픔을 압축적으로 표현하고 있다. 물질적으로는 가난하지만 외로움과 두려움, 그리움과 사랑 등 인간적인 진실함을 모두 가진 한 사람의 인간으로서, 오로지 가난하기 때문에 모든 인간적인 것들을 버려야 했던 1970~1980년대 한국 도시 노동자들의 가슴 아픈 현실을 자조어린 어조로 풀어낸 작품이다. 영탄이 섞인 설의법 구문을 계속 반복하면서 시인이 말하고자 하는 것은 사람에 대한 서로의 사랑뿐이다.   **정답** : ①

11. 풀이 : 출전 – 이육사의 시 「절정(絶頂)」.

① 기승전결의 방식으로 구성되어 있다. 기승전결은 한시(漢詩)의 기본 형식. 기(起)는 시작하는 부분, 승(承)은 이어받아 전개하는 부분, 전(傳)은 부연 및 전환하는 부분, 결(結)은 끝맺는 부분.

② 현재형 서술로 극한 상황에 맞서려는 화자의 의지를 부각시키고 있다.

③ 화자의 감정이 절제된 시어들로 강인한 의지를 나타내고 있다.

④ 힘겨움에 좌절하지 않는 화자의 태도를 보여주고 있다.   **정답** : ④

12. 풀이 : ① 역설 : 표면적으로는 모순된 진술이지만 진실을 담고 있다. "겨울은 강철로 된 무지갠가 보다."라는 진술은 '겨울'과 '무지개'의 이미지가 모순되지만, 극한 상황에 맞서려는 시인의 의지를 담고 있다.

② 반어 : 실제 말하고자 하는 것과 상반되게 진술하는 방법이다. 사랑하는 사람을 떠나보내는 슬픈 마음을 "죽어도 아니 눈물 흘리오리다."라고 진술한 것이 한 예이다. (김소월의 「진달래꽃」)

③ 환유 : 대상의 속성과 밀접한 관련이 있는 낱말을 제시하는 방법이다. '도둑'을 표현하기 위해 '밤손님'을 제시한 것이 한 예이다.

④ 제유 : 대상을 표현하기 위해 그것의 일부분을 제시하는 방법이다. '무기'를 표현하기 위해 '칼'을 제시한 것이 한 예이다.   **정답** : ①

13. 풀이 : 고전 소설 인물의 특징은 전형적이고 평면적이다.   **정답** : ④

구분	고전 소설	현대 소설
주제	권선징악(勸善懲惡)	인간, 사회 등에 대한 다양한 주제
결말	행복한 결말	다양한 결말
문체	낭송체, 운문체, 문어체	언문일치의 산문체, 구어체
표현	과장, 나열, 한문 문장 삽입	정확하고 간결한 묘사
인물	전형적, 평면적 인물	개성적, 입체적 인물
구성	시간의 흐름에 따른 추보식 구성	복합적이고 다양한 구성
사건	우연적인 사건 전개가 많음	필연적인 사건 전개
배경	막연하고 비현실적인 배경	구체적이며 현실적인 배경

14. **풀이** : 박완서(1931~2011) 1980년대 중반 이후 여성문학의 대표적 작가로 주목 받았다. 한국문학작가상, 이상 문학상 등을 수상하였다. 주요 작품으로 《그 가을의 사흘 동안》,《엄마의 말뚝》 등이 있다. **정답** : ②

✔ 기출유형 분석 _비문학

1. **풀이** : 글쓴이는 자신의 일화를 통해 화제를 제시하고 있으므로, 주제는 문미에 올 가능성이 높다. 이와 같은 글은 보통 '화제 제시-화제에 대한 구체적 내용 전개-결론의 단계'를 따르기 때문이다. 따라서 맨 마지막 문장 에 제시된 '다른 기술과 융합하면서 라디오는 계속 진화한다'는 내용으로 보아 이 글 전체를 포괄하는 주제는 ' 라디오가 진화한다'가 된다. **정답** : ①

2. **풀이** : 이 글은 '-는(란) 무엇이다'와 같은 정의적 설명의 방식으로 피로에 대해 설명하고 있다. **정답** : ③

3. **풀이** : 파나마 운하 건설이 모기로 중단된 일은 1881년의 일이므로 시간 순서상 (나) 문장의 1884년보다는 선행 하는 사건임을 알 수 있다. 또 (나) 문장의 '~공사는 1884년 중단되었다'는 진술을 보았을 때, (나) 문장의 앞에 공 사에 대한 설명이 제시되어야 하므로 보기의 문장은 (나)의 앞에 들어가야 한다. **정답** : ②

4. **풀이** : 제시된 문장이 '이런 누런 강'으로 시작하고 있으므로 주어진 문장 앞에 누런 강에 대한 언급이 있어 야 한다. (나)문장에 '누런 강'에 대한 언급이 포함되어 있으므로 적절한 위치는 (나)문장의 뒤가 되어야 한다. **정답** : ③

5. **풀이** : 제시문에 '포착'이라는 핵심어휘가 두 번 반복되고 있다. 따라서 이에 가장 쉽게 호응하는 답지는 순간적 인 것을 포착한다는 ①이 된다. 핵심어휘는 문장 안에서 반복되거나 여러 개의 유사어로 나열된다는 점을 명심해 야 한다. **정답** : ①

6. **풀이** : '하지만'이라는 접속어의 기능과 '수단'이라는 핵심어휘를 이용해서 풀어야 한다. '하지만' 뒤 문장은 수 단에 대한 긍정적으로 평가하고 있다. 따라서 '하지만' 앞에 와야 할 문장은 수단에 대해 부정적인 문장이 와 야 한다. 문제를 풀다가 정 시간이 없다면 답지 가운데 수단이란 말이 들어가 있는 답지만을 골라 정답지의 범 위를 좁혀 풀 필요가 있다. 답지 가운데 핵심어휘 수단이란 말을 갖고 있는 문장은 ③밖에 없다. **정답** : ③

7. **풀이** : 제시문 두 번째 문장의 연결부분에 '~뿐 아니라'라는 부분이 있다. 이는 영어로 옮기면 Not Only But Also 이다. 두 번째 문장의 내용은 한국 무속에 대한 기록이 피상적인 관찰, 즉 겉으로만 보는 관찰일 뿐 아니라, 주관적인 기록이어서 '신빙성'이 없다는 것이다. **정답** : ③

8. **풀이** : 표준어라는 핵심어와 비슷한 의미의 단어를 열거해보면, '통일, 표준화, 소통……' 등을 들 수 있다. 방언의 차이가 심하면 의사소통이 잘 안 된다고 하였으므로 국민의 원활한 의사소통을 위해서는 표준어로 언어를 '통일' 을 해주어야 한다. 준거와 규제는 비슷한 말이므로 처음부터 답지에서 제외하고 문제를 풀어야 한다. **정답** : ②

9. **풀이** : 접속어 문제는 인과, 전환, 역접이 나올 확률이 가장 크다. 우선 이점에 주목해서 문제를 풀어보자. (가) 의 앞에서는 비판은 받아들여지기 어렵다는 내용이 나오고, (가)의 뒤에서는 비판 대신 충고가 낫다는 말이 나

오므로 여기에는 인과의 접속어 '따라서'나 '그러므로'가 어울린다. 이제 (나)의 앞뒤 내용을 보자. 앞의 내용은 비판에 대해 부정적인 시각을 갖고 있는 데 반해 뒤의 내용은 긍정적인 것을 알 수 있다. 이때는 역접의 접속어 가 어울리므로 ②가 답이다. 이처럼 짝짓기 문제가 나올 때는 앞의 (가)부터 해결한 후 정답의 범위를 좁혀가면 서 문제를 풀 필요가 있다. **정답** : ②

10. **풀이** : 괄호 앞 문장의 내용은 '문학이 전부가 아니다'이고, 뒤의 내용은 '문학의 가치가 크다'는 내용이다. 따 라서 역접의 접속어 '그러나'가 답이다. **정답** : ③

11. **풀이** : ③ ⓒ : 빠진 → 능숙한, 능란한. ⓒ 통달하다 : 사물의 이치나 지식, 기술 따위를 훤히 알거나 아주 능 란하게 하다. **정답** : ③

12. **풀이** : "불혹의 편안함보다는 여전히 짝사랑의 고뇌를 택하리라고."의 문장에서 알 수 있듯이 글의 요지는 '열 정적인 삶이 아름답다.'이다. **정답** : ①

13. **풀이** : 스키를 타다가 당할 확률이 원자력 사고를 당할 확률보다 높다는 내용이 본문에 언급되었다. **정답** : ②

14. **풀이** : 전문가들의 분석과는 달리 사람들은 여러 가지 요소들을 고려해 위험을 총체적으로 판단한다.
정답 : ②

15. **풀이** : 글의 논리적 순서대로 핵심어를 이어보면, 노동력 → 가족 → 국가 → 성 정치학 순으로 배열되는 것 을 알 수 있다. **정답** : ③

16. **풀이** : 『생명 너머 삶의 이야기』(방재욱 지음, 궁미디어, 2011)
혈당량의 항상성이 유지되는 경로에 대해 설명하는 글이다. **정답** : ②

17. **풀이** : 포도당이 유일한 에너지원이라는 서술은 없다. **정답** : ①

18. **풀이** : 스펜서는 혁명이라는 심각한 사태가 발생하지 않도록 해야 한다고 생각했다. **정답** : ②

19. **풀이** : 그의 이론이 그의 도덕적 이상대로 사용되었다면 선용되었겠지만, 그와는 반대로 사용되었으므로 '악 용(惡用)'이란 말이 가장 적절하다. **정답** : ③

✔ **기출유형 분석 영어능력 _어휘**

1. **풀이** : 책과 지식의 관계는 음식과 영양의 관계와 유사하다. **정답** : ③

2. **풀이** : ①, ②, ③은 운동과 그 기구를 연결하였는데, ④번은 그렇지 않다. **정답** : ④

3. **풀이** : fluctuate 변동하다, 오르내리다, 동요하다
① turn away 퇴짜 놓다, 쫓아버리다, 외면하다 ② flow over 넘쳐흐르다 ③ remain steady 꾸준히 유지하다
④ make out 이해하다, …을 만들어내다, 잘 해나가다 **정답** : ③

4. **해석** : A : 1,000 미국달러를 바꾸고 싶어요.
B : 이 서류 좀 채워주시겠어요?
우리는 당신의 주소와 여권번호가 필요합니다.

돈은 어떻게 해드릴 까요?

A : 100 달러 9개와 나머지는 10달러로 주세요.

풀이 : 'fill in' 서류를 작성하다 **정답** : ④

5. **해석** : 장편소설, 단편소설, 연극과는 달리, 영화는 연구하기가 쉽지 않다. 영화는 글로 표현하기 쉽지 않다. 소설은 상대적으로 연구하기 쉽다. 왜냐하면 그것들은 읽히기 위해 쓰인 것이기 때문이다. 연극은 조금 더 연구하기 힘들다 왜냐하면 그것들은 공연되기 위해 쓰인 것이기 때문이다. 이것은 영화에는 해당이 되지 않는 이야기이다. 왜냐하면 영화는 글에서는 쉽게 표현할 수 없는 시각적인 그리고 다른 비언어적인 요소들에 크게 의존하기 때문이다.

풀이 : 영화는 다른 예술 장르와 달리 연구(Study)하기가 어렵다. **정답** : ③

6. **해석** : 대기가 더욱 더 나빠지고 있는 주요 이유 중의 하나는 자동차가 배출하는 배기가스이다.

풀이 : give off는 '배출하다, 방출하다'의 의미이므로 ① emit가 적합하다.

* exhaust 배기가스 * surrender 항복하다 * abandon 버리다 * desert 버리다   **정답** : ①

7. **풀이** : 오늘날 컴퓨터가 크기와 휴대용 면에서 초기의 컴퓨터와 대조적이라는 의미이므로 small에 대조되는 enormous(거대한)가 가장 적절하다.

* portable 휴대할 수 있는 * contrast 대조를 이루다 * markedly 두드러지게 * electronic 전자의

정답 : ④

8. **풀이** : ① normal − abnormal, ② complete − incomplete, ③ patient(참을성 있는) − impatient(성급한)는 반의어 관계이다.

* prove ∼라고 판명되다, 증명하다 * improve 향상시키다, 개선하다   **정답** : ④

9. **해석** : Stamps의 시민들은 자신들의 도시에 있는 백인들은 흑인들이 바닐라 아이스크림을 살 수 없을 만큼 편견을 가졌다고 말하곤 했다.

① 당황한   ② 편견을 가진   ③ 영향력 있는   ④ 부끄러운

풀이 : prejudiced=biased 편견을 가진 **정답** : ②

10. **해석** : 핵무기라는 바로 그 존재로 인해 인류는 지구 역사상 가장 중대한 선택에 직면하고 있다. 지구상에서 피할 수 없는 생명의 파괴를 야기하는 무책임한 정부들이 그 핵무기를 사용하는 것을 막을 수 있는 조치가 취해져야 한다.

* confront 직면하다, 맞서다 * fateful 숙명적인, 결정적인, 중대한, 치명적인 * step 수단, 조치, 방법

* irresponsible 무책임한 * inevitable 피할 수 없는 * prosperity 번영 * manipulation 조작

* modification 변형 **정답** : ④

✔ 기출유형 분석 _문법

1. 풀이 : ①, ②, ③번은 재귀대명사의 강조용법이고, ④번은 재귀대명사가 목적어로 쓰이는 재귀용법이다.

　해석 : ① 그녀는 나에게 직접 그 뉴스를 말했다. ② 그녀는 스스로 케이크를 꾸몄다.

　③ 그녀는 그녀가 거짓말했음을 스스로 인정했다. ④ 그녀는 그녀자신에게 아무것도 잘못되지 않았다고 계속

　말했다. **정답** : ④

2. 풀이 : (A)에서 영어소설이 혼란을 주는 능동의 의미이므로 confusing이 적절하며,

　(B)에서 마리아가 혼란을 받은 수동의 의미이므로 confused가 적절하다.

　해석 : ⓐ 그 영어소설은 혼란을 준다. ⓑ 마리아는 혼란스럽다. ⓒ 그 영어소설은 마리아를 혼란스럽게 한다.

　정답 : ④

3. 해석 : 만약 이 새로 만들어진 세포들이 늘 하던 일을 효과적으로 수행하지 못하면, 신체 기관이 제대로 작

　동하지 못하게 되고 조직들은 구조상의 변화를 일으키며 신체에 활력을 공급하는 화학반응이 제대로 일어나

　지 않는다.

　풀이 : 접속사 and는 organs in the body(주어) can then begin(동사) to fail, tissues(주어) change(동사) in

　structure, the chemical reactions(주어) that power the body becoming(동사) less efficient 이 세 개의 절을 연

　결하는 접속사이다. 따라서 세 번째 절에서 the chemical reactions가 주어이고 becoming이 동사가 되어야 하

　므로 become이 올바른 표현이다. 현재분사(V-ing)는 독립적으로는 동사가 될 수 없다. ①produced는 수동의

　의미로 cells를 수식하는 과거분사이며 ②effectively는 부사로 동사 carry out을 수식하고 있다. ③that은 주격

　관계대명사이다. **정답** : ④

4. 풀이 : ④ We would like you to come and stay with us for a few days.(우리는 네가 와서 며칠 동안 우리와 함께

　있었으면 한다.) would like 목적어 +to-부정사(목적어가 to-부정사 하기를 원하다)의 구문이며, stay는 앞에 to가 생

　략되어 있고 to come과 병렬구조를 이룬다. 어법에 맞는 구문이다.

　① It takes me about a hour to get to work. (내가 직장에 도착하는 데 대략 한 시간이 걸린다.) it takes 목적어 +시

　간 +to-부정사(목적어가 to-부정사 하는데 얼마의 시간이 걸린다)의 구문이다. hour[áuər]의 발음은 h가 소리가 나지

　않기 때문에(묵음) 모음 o로 시작된다고 볼 수 있다. 관사 a는 모음 앞에서는 an으로 쓰이므로 hour의 앞 단어

　인 a는 an이 되어야 한다.

　② This is another steps along the road towards peace.(이것은 평화를 향하는 길로 또 하나의 걸음을 내딛은 것이

　다.) another는 an+other의 결합형이므로 그 자체가 단수의 형태이다. 따라서 another 다음에는 단수명사 step

　이어야 한다.

　③ Until then, I had never considered to choose teaching as a career.(그때까지, 나는 직업으로 가르치는 일을 선

　택하는 것에 대해 생각해본 적이 없다.) consider는 동명사(V-ing)만을 목적어로 취하는 동사이므로 choosing이 올

　바른 형태이다. **정답** : ④

5. 풀이 : not은 부정하고자 하는 것의 앞에 위치하는 것이 원칙이다. 따라서 부정사인 to get을 부정하므로 올바른 표현은 ① not to get이다. ② excited는 주어가 we이므로 올바른 표현이다. ③ amazing의 주어는 it(가주어), to have ~~~(진주어)이므로 올바른 표현이다. ④ every는 '~마다'의 의미이므로 뒤에 복수명사가 올 수 있다.

해석 : 우리는 그 좋은 소식에 대해 지나치게 흥분하지 않으려고 노력하고 있다. 그러나 2년에 한 번씩 그런 큰 기회를 갖는다는 것은 꽤 놀라운 일이다.　**정답** : ①

6. 해석 : Goliath Safaris는 1986년 짐바브웨에서 사업을 시작했습니다. 우리는 동물들과 서식지를 보호하는 소규모 가족 집단입니다. 우리의 목표는 우리의 고객들이 Zambezi강을 따라서 야생의 경이로움을 경험할 수 있도록 하는 개개인을 위한, 교육적인 사파리 여행을 제공하는 것입니다. 우리는 당신의 여행을 즐겁고 만족스럽게 할 수 있다면 모든 것을 할 것입니다. Goliath Safaris에서의 경험을 통해 전통적인 아프리카의 강, 고유의 전통, 그리고 아프리카만의 동물 서식지에 대한 잊지 못할 기억을 갖고 가기를 희망합니다. 우리의 운영자들은 모두 짐바브웨 국립공원 협회에서 인증된 전문 가이드들입니다.

풀이 : 한 문장에 본동사가 2개(is, offer)일 수는 없다. 따라서 두 번째 동사인 offer를 본동사가 아닌 준동사로 바꿔야 하며 문맥상 "우리의 목표는 ~를 제공하는 것이다." to offer로 고치는 것이 어법상 맞고 자연스러운 표현이 된다. -thing으로 끝나는 명사(something, anything, nothing)는 형용사가 뒤에서 수식한다. 따라서 possibly는 뒤에서 수식은 하지만 부사이기 때문에 적절하지 않고 형용사인 possible이 정답이다.　**정답** : ③

7. 해석 : 스마트폰이 문화를 매우 다양한 범위로 바꾸고 있기 때문에 점점 젊은이들은 무선 단말기를 그들의 건강을 기록하는 것으로 사용하고 있다. 청년들은 고령층보다 스마트폰을 훨씬 더 사용하고 있고 그것을 건강정보를 찾아보는 데 쓰고 있으며, 그들의 건강 염려는 현저하게 고령층과 다르다.

풀이 : their health concerns(그들의 건강에 대한 염려는)가 접속사 and 다음에 주어다. 하지만 주어 다음에 different라는 형용사는 있지만 동사가 없다. 따라서 주어가 their health concerns라는 복수이고 문맥상 '~와 다르다. be different from'이라는 표현이 들어가야 자연스럽기 때문에 'are different'가 들어가야 한다. 따라서 답은 'different'가 아니라 'are different'가 되어야 한다.　**정답** : ④

8. 해석 : 만약 한 식물이 자연에서 사라진다면, 그 씨앗들은 종자은행에 보관된다. 그것은 영원히 사라지지 않을 것이다. 종자은행은 또한 식물들을 보존하는데 씨앗은 매우 작은 공간만을 차지하기 때문에 매우 효율적인 방법이다. 수천 개의 씨앗들은 종자은행에서 각각의 종을 위해서 저장될 수 있다. 심지어 수백만 개의 씨앗들도 각 병에 저장될 수 있다. 종자은행에 보관된 씨앗들은 미래에 환경을 회복시키거나 생태에 멸종위기에 처한 식물들의 수를 증가시키는 데 사용될 수 있다. 그들은 식물들이 약품, 농업이나 산업과 같은 분야에서 이익을 줄 수 있는 새로운 방법들을 찾기 위한 과학 연구에 사용 될 수 있다.

풀이 : restore는 접속사 or과 연결되는 병렬구조이다. 따라서 뒤에 나오는 동사의 형태가 to increase이기 때문에 병렬구조에 의해 'to restore'가 되어야 한다.　**정답** : ②

9. 해석 : 만일 우리가 작은 오두막집에서 살면서 성을 차지하고 있는 한 귀족의 지배에 복종하도록 만들어지고 그

렇지만 우리와 동등한 사람들이 정확히 우리가 사는 것처럼 산다는 것을 관찰한다면 우리의 상황은 정상적으로 보일 것이다. 그러나 만일 우리를 즐겁게 해주는 집이 있고 편안한 직장을 가지고 있는데 학교 동창회에 참석하여 우리의 옛 친구들이 우리의 집보다 더 큰 집에 살고 있고 더 매력적인 직장을 가지고 있다는 것을 알게 된다면 우리는 아마도 집에 돌아가서 우리의 불운을 한탄할 것이다. 비슷하게 만일 우리가 키가 작지만 키가 똑같은 사람들 사이에서 살게 된다면 우리는 크기의 문제 때문에 심란하지는 않을 것이다. 그러나 만일 우리 집단의 다른 사람들이 우리보다 단지 조금 키가 자라게 된다면, 비록 우리가 크기의 측면에 있어서 1밀리미터에서 아주 조금조차도 줄어들지 않았지만 우리는 갑작스럽게 걱정하게 되고 불만족과 질투에 의해 심란해지기 쉬울 것이다.

풀이 : (A)의 앞은 모두가 같은 환경에 있을 때에는 자신의 환경에 만족한다는 내용이고, (A) 다음은 자신보다 나은 환경의 친구를 만나게 되면 자신이 불행하다고 생각하게 된다는 내용이므로 (A)에는 however가 적절하다. (B)의 전, 후는 같은 골자의 이야기가 이어지고 있으므로 similarly가 가장 적절하다.

* cottage 오두막 * aristocrat 귀족 * school reunion 동창회 * enticing 매혹적인 * lament 비탄하다
* diminish 줄어들다 **정답** : ③

6. **해석** : 우리는 어려서 최고의 선물은 집에서 만든 것이라고 배운다. 손으로 만든 선물과 함께 오는 것은 선물 그 자체뿐만 아니라 상대방이 선물에 투입한, 대단히 소중한 시간이다. 모든 관계는 정기적으로 긍정적 강화가 필요하며, 돈으로 살 수 없는 선물은 값비싼 선물보다 이를(긍정적 강화를) 이루는 데 훨씬 더 효과적이다. 극단적으로 말하자면, 오로지 다이아몬드 팔찌와 금시계만이 교환되는 관계는 오직 편지와 장미만이 교환되는 관계와 비교해서 무색해질 것이라고 나는 확실하게 말할 수 있다. 우리를 가장 사랑하는 사람들이 우리가 가장 당연시하는 사람들인 경향이 있기 때문에 당신이 그들을 소중하게 생각한다는 것을 예고 없이 상기시키는 것(선물)을 보내는 것도 결코 나쁘지 않다.

풀이 :① 어렸을 때 배우는(are taught) 내용을 설명하고 있으며 뒷문장도 완전한 절을 이루고 있어서 that이 적절하게 사용되었다.

② 주어 the other person이 단수이지만 의미상 과거이므로 과거동사 put이 적절하게 사용되었다.

③ much more의 수식을 받으면서 are의 내용을 보충하는 보어로는 형용사인 effective가 되어야 한다.

④ '관계(a relationship)'속에서 일어날 수 있는 내용을 구체적으로 설명하고 있고 이어지는 nothing ~ exchanged가 문법적으로 완전하므로 관계부사 where가 적절하게 사용되었다.   **정답** : ③

✔ 기출유형 분석 _독해

1. **풀이** : ① 아스텍 인디언 ② 아스텍 인디언 ③ 책 ④ 아스텍 인디언

해석 : 아스텍 인디언은 매우 발달된 삶을 살았다. 그들은 알파벳과 숫자 시스템을 만들었고, 그것을 읽고 쓸 수 있었다. 그들은 그들의 중요한 사건의 기록은 책 속에 보관하였다. 그것들은 현재까지 중요한 역사적 자료로 남아 있다. 아스텍 인디언은 또한 법과 강력한 정부를 가지고 있었다. 그들은 위대한 건설자이고 엔지니어였

다. 그리고 그들은 호수 안의 섬 위에 아름다운 도시를 지었다. 그러나 그들은 스페인 사람들에게 16세기에 패배했다. **정답** : ③

2. **풀이** : ② 슈퍼볼 챔피언전이 국경일은 아니다 ③ 그 게임이 추수감사절에 열리지는 않는다. ④ 사람들이 그날 선물을 교환하지는 않는다.

   해석 : 슈퍼볼은 그해의 최고의 풋볼 팀을 결정하는 챔피언전이다. 그것은 2월 첫째 주 일요일에 열린다. 그리고 그 게임이 있는 날은 Super Bowl Sunday로 불려왔다. 그것은 비공식적인 공휴일이 되었으며 추수감사절에 이어 두 번째로 음식이 많이 소비되는 날이다. **정답** : ①

3. **풀이** : 대화 내용에 따르면 세 동물의 빠른 순서는. 사자 > 얼룩말 > 호랑이 순이다.

   해석 : 여 : 레이, 호랑이가 얼룩말보다 빠르니?

   　　　남 : 아니, 얼룩말이 호랑이보다 빨라.

   　　　여 : 그래. 그러면 얼룩말이랑 사자는?

   　　　남 : 사자가 얼룩말보다 빨라.

   　　　여 : 그러면 사자가 셋 중에 가장 빠르구나.

   정답 : ②

4. **풀이** : 여자가 고소당한 곳은 미국 헐리우드이다.

   해석 : 로스엔젤레스 3월 10일 AP. ―대부분의 사람에게 괜찮다고 여겨질 발 제스처가 태국에서 온 가수에게 모욕으로 받아들여졌다. 그는 그 사람이 처벌되어야 한다며 경찰에 신고했다. 그 모욕―태국에서는 발바닥을 가리키는 것 ―이 3월 9일에 있었던 고소의 이유이다. 태국에서 온 가수인 35살 Ponsak Trakulrat씨가 헐리우드에 있는 태국 레스토랑에 있었는데, 29세 미국인 Sandra Jennings가 그가 레스토랑에서 노래하는 도중에 그의 방향으로 그녀의 발을 들어 올렸다고 한다. **정답** : ④

5. **풀이** : 노벨상이 어떻게 만들어졌는지에 대한 글이다.

   해석 : 노벨상은 그것의 창설자인 알프레드 노벨에서 이름을 가져왔다. 그는 또한 다이너마이트의 발명자이기도 한데. 이것은 사람들을 죽이는 데 주로 사용되었다. 아이러니하게도, 그의 발명의 이유는 평화를 고취하기 위함이었다. 그의 발명이 완전히 반대의 목적으로 사용되는 것을 보면서. 그는 그의 발명이 그에게 벌어다준 엄청난 돈으로 적어도 뭔가 하나 좋은 것을 만들어야겠다고 결심했다. 그래서 그는 노벨상을 만든 것이다. **정답** : ④

6. **해석** : 뚱뚱한 개가 늑대를 만났다.

   (ㄱ) "사람에게서", 그 개가 말했습니다. "나에게 나의 음식 모두를 주지."

   (ㄴ) 그 개는 대답했습니다. "나의 목은 나의 주인이 설치한 철로 된 목줄에 의해 문질러져서 벗겨졌지."

   (ㄷ) 늑대는 그 개가 어디에서 음식을 먹고 그렇게 크고 뚱뚱해졌는지 물었다.

   (ㄹ) 늑대는 말했다. "나는 그 목줄을 하고 다니고 싶지 않아."

   (ㅁ) 그 다음 늑대는 개에게 물었다. "네 목의 벗겨진 곳은 뭐니?"

풀이 : (ㄷ) 늑대는 그 개가 어디에서 음식을 먹고 그렇게 크고 뚱뚱해졌는지 물었다. - (ㄱ) "사람에게서", 그 개가 말했습니다. "나에게 나의 음식 모두를 주지." - (ㅁ) 그 다음 늑대는 개에게 물었다. "네 목의 벗겨진 곳은 뭐니?"- (ㄴ) 그 개는 대답했습니다. 나의 목은 나의 주인이 설치한 철로 된 목줄에 의해 문질러져서 벗겨졌지. - (ㄹ) 늑대는 말했다. "나는 그 목줄을 하고 다니고 싶지 않아."

* bare 노출된, 벌거벗은 * rub 문지르다 * collar 목줄 **정답** : ④

7. 해석 : 오바마 행정부는 새롭게 106개의 주요한 규정을 도입하였다. 새롭게 도입되는 규정들과 관련하여 1억 시간 이상의 많은 시간을 투자해야 하기 때문에 우리에게는 시간적으로 큰 부담을 줄 것이다. 올해 말까지 새로운 규정들로 인해 천백억 불 정도의 규제비용이 기업들과 납세자들의 부담으로 돌아가게 될 것이다. 정부는 국민들의 권익을 보호하는 데 앞장서야 할 뿐만 아니라 기업이 창업하기 위해 좋은 환경을 조성하는 데 중요한 역할을 맡고 있다. 다양한 정부 프로그램이 소기업들을 위해 존재하지만 대부분의 소기업들은 그것들을 효과적으로 사용하고 있지 않다. 관련된 복잡한 정보들은 정치인들뿐만 아니라 일반 시민들이 이해하는 데 어려움을 주고 있고 이는 곧 더 많은 불필요한 프로그램을 만들도록 요청하는 원인이 되고 있다. 따라서 정부는 정부차원의 새로운 관련 프로그램을 도입하기보다는 기존의 프로그램에 쉽게 접근할 수 있는 방법을 제공해주어야 한다.

풀이 : 마지막 구절에 '정부는 정부차원의 새로운 관련 프로그램을 도입하기보다는 기존의 프로그램에 쉽게 접근할 수 있는 방법을 제공해주어야 한다.'는 내용이 나온다.

* regulation 규정 * impose 적용하다, 시행하다 * paperwork 사무, 사무 처리 * maze 미로

* foster 육성하다, 증진하다 * taxpayer 납세자 **정답** : ③

8. 해석 : 여러분이 어떻게 배우는가는 무엇을 배우는가 만큼 중요하다. 아마도 당신은 학교 초기 시절 이래로 이것을 알고 있었을 것이다. 교육 전문가들도 또한 현재 이것을 알고 있으며, 사람들이 매우 다른 방식으로 배운다는 사실을 입증하는 연구가 있다. 우리 중의 몇몇은 보고 만져야 하고, 다른 사람들은 정보를 들어야만 하지만 또 다른 사람들은 그것을 배우기 위해 새로운 자료를 적는 것을 선호한다. 단 하나의 배우는 방법이 있는 것은 아니며, 학습하는 하나의 올바른 방법이 있는 것도 확실히 아니다. 학습은 많은 방식으로 일어난다. 그리고 모든 학습 문제가 똑같은 것은 아니다. 우리 모두는 가장 잘 정보를 처리하는 방식에 있어서 다르다. 우리는 지금 학습에 있어서의 성공이 우리의 지능의 특성일 뿐만 아니라 다수의 다른 요소의 조합이라는 것을 알고 있다.

풀이 : 사람마다 다양한 방식으로 학습하고 선호하는 방식이 있으며, 하나의 올바른 학습 방법이 없다고 했으므로 ②'학습 방법의 개인적 차이(individual differences in the learning styles)'가 글의 주제로 적절하다.

① 잠재적 재능을 발견하는 방법 ③ 인간 오감의 독특한 특성 ④ 온라인 교육의 성공적 학습 전략

* validate 입증하다 * feature 특성 * combination 조합 * a multitude of 다수의 **정답** : ②

9. 해석 : 저희는 당신이 저희의 사회학 학술지에 투고한 논문을 받았습니다. 저희는 주로 이 분야에서의 연구 및 개발 부문에 관심이 있는데, 당신의 논문은 정보를 많이 주지만, 엄밀히 말해 저희의 학술지에 맞지 않습니다. 따라서 교수님의 논문 성격 때문에 글을 실을 수 없습니다. 당신의 논문은 사회학 교육을 자세히 다루므로, 더

관련 있는 학술지에 보내실 것을 추천합니다. 우리는 당신과 당신의 학문적 성취를 지켜볼 것입니다. 행운을 빌겠습니다. 감사합니다.

풀이 : 논문의 성격이 학술지에 맞지 않아 글을 실을 수 없다는 내용이므로 '거절'의 목적으로 쓰인 글이다.

* submission 제출, 투고 * informative 정보가 풍부한 * relevant 적합한 * criticize 비평하다. 비판하다

정답 : ①

10. 해석 : 일부의 사람들은 은퇴 연령이 낮춰져야 한다고 말한다. 그들은 그것이 사람들로 하여금 노년의 건강문제가 불가능하게 만들기 이전에 휴식과 여생을 즐길 수 있다고 주장한다. 그러나 나는 그들의 의견에 동의하지 않는다. 만약에 우리가 은퇴 연령을 낮춘다면, 우리 사회는 장기간동안 비생산층의 부양을 강요받게 된다. 사회는 이미 비생산적인 젊은 층을 20년 정도 부양해왔다. 우리는 비생산적인 노년들을 또 다른 20년 이상을 부양해야하는가? 이른 은퇴는 우리 사회에 이익보다 불이익을 더 많이 가져온다. 그리고 이것은 반드시 재고되어야 한다.

① 고령의 나이에 일하는 것이 선호된다. ② 우리 사회에 이익보다 불이익을 더 많이 가져온다.

③ 노년에 생산적인 삶을 위한 현명한 선택이다. ④ 비생산층에게 많은 불이익을 가져다준다.

풀이 : 이른 은퇴는 생산능력이 없는 노인들을 20년 이상 부양해야 하기 때문에 우리 사회에 이익보다 불이익을 더 많이 가져온다. **정답** : ②

✔ 기출유형 분석 탐구영역 _과학탐구

1. 풀이 : 엘니뇨-남아메리카 페루 및 에콰도르의 서부 열대 해상에서 수온이 평년보다 높아지는 현상.

쓰나미-쓰나미는 지진해일을 뜻하는 일본어이다

제트류(jet stream)-대류권 상부나 성층권에서 거의 수평축을 따라 불고 있는 강풍대를 말한다.

쿠로시오-북태평양 서부와 일본열도 남안을 따라 흐르는 해류. 일본해류(日本海流)라고도 한다. **정답** : ③

2. 풀이 : ①, ③, ④는 습도(습기)와 관련되어 있고, ②에서 달무리는 새털구름이 나타날 때 생기는 것으로, 새털구름은 보통 저기압이 접근해올 때 많이 생성되기 때문에 달무리가 보이면 조만간 그 지역에 비가 내리게 되는 것이다. **정답** : ②

3. 풀이 : A(붉은색) + C(노란색) = 노란색, B(붉은색) + C(노란색) = 붉은색. ∴ 수용액 B(붉은색)에 C(노란색)를 섞어도 붉은색을 유지하므로, B는 강한 산성이다. 또한 수용액 A(붉은색)에 C(노란색)를 섞었더니 노란색으로 변하였으니, C는 약한 산성이다. 따라서 C ＞ A ＞ B 순이다. **정답** : ③

4. 풀이 : ①, ③, ④번은 서로 상반되는 반응이나 현상이지만, ②번의 대류는 열전달 과정의 하나로 기체나 액체 따위의 유체가 열 때문에 상하로 뒤바뀌면서 움직이는 현상이고, 전도는 열 또는 전기가 물체의 한 부분에서 다른 부분을 통하여 옮아가는 현상으로 서로 상반되는 현상은 아니다. **정답** : ②

5. **풀이** : 선선한 가을볕에는 자신의 귀한 딸을 쬐이고 살갗이 잘 타고 거칠어지는 봄볕에는 며느리를 쬐인다는 뜻으로, 봄 자외선이 가을 자외선보다 더 세다는 의미가 들어 있다. **정답** : ②

6. **풀이** : ①, ②, ③번은 서로 상반되는 힘이지만, ④번은 그렇지 않다. **정답** : ④

✔ 기출유형 분석 _사회탐구

1. **풀이** : 보기는 이슬람교를 말하며 이슬람교의 특징을 가장 적절히 설명한 것은 ③이다. **정답** : ③

2. **풀이** : 〈보기〉는 오늘날의 감사원이다. 조선의 사헌부는 관리의 비리를 감찰하는 역할을 하였다. 신라의 위화부는 이부, 발해의 정당성은 국정 총괄, 고려의 삼사는 화폐와 곡식의 출납을 담당하였다. **정답** : ④

3. **풀이** : 기전체–역사 서술 체제의 하나. 역사적 인물의 개인 전기(傳記)를 이어감으로써 한 시대의 역사를 구성하는 기술 방법이다.

열전–역사에서, 임금을 제외한 사람들의 전기를 차례로 적어서 벌여 놓은 기전체 기록. **정답** : ④

4. **풀이** : 우리나라 최초의 국가. 기원전 2333년 무렵에 단군 왕검이 세운 나라로, 중국의 요동과 한반도 서북부 지역에 자리 잡았으며, 위만(衛滿)이 집권한 이후 강력한 국가로 성장하였으나 기원전 108년에 중국 한(漢)나라에게 멸망하였다. **정답** : ①

5. **풀이** : 형이상학(形而上學) : 사물의 본질, 존재의 근본 원리를 사유나 직관에 의하여 탐구하는 학문 **정답** : ①

6. **풀이** : 브라만 – 크샤트리아 – 바이샤 – 수드라 **정답** : ③

7. **풀이** : 뮤지컬–오페라의 유령, 미스 사이공, 명성황후

오페라–나비 부인 **정답** : ②

8. **풀이** : 한국 근대미술을 대표하는 화가 이중섭에 대한 설명이다. **정답** : ④

9. **풀이** : 재화의 수요가 증가하면 공급자는 가격을 올린다. 또한 공급이 감소하면 재화의 가격이 상승하게 된다. **정답** : ③

10. **풀이** : 원–달러 환율이 상승하면 해외 시장에서 우리나라 상품의 수출 가격이 하락하는 효과가 나타나서 수출이 증가하지만 외국 상품의 수입 가격이 상승하여 수입이 감소한다. 또한 환율이 상승하면 해외에서 수입하는 원자재 및 부품 가격이 오르기 때문에 원자재 및 부품을 수입에 의존하는 기업일수록 생산비가 증가한다. 생산비 증가는 결국 상품 가격의 인상으로 이어져 전반적으로 국내 물가를 상승시킬 수 있다. 환율 변동은 주가에도 영향을 줄 수 있다. 달러화를 원화로 바꾸어서 우리나라 기업의 주식에 투자한 외국인 입장에서 보면, 환율이 오르면 주식 투자로 발생한 원화 수입금을 달러화로 환전할 때 바꿀 수 있는 달러 금액이 줄어들고 손해를 볼 수도 있다. 따라서 환율이 더 오르기 전에 주식을 팔려고 할 것이다. 이렇듯 우리나라에 투자한 외국인들이 앞 다투어 주식을 팔려고 한다면 주가가 떨어질 수 있다. **정답** : ③

수리사고영역

✔ 기출유형 분석 _사칙연산 및 약속연산

1. **풀이** : $27 \square 2 = 29$ 이므로 □에 알맞은 기호는 +이다.　**정답** : ①

2. **풀이** :
$$
\begin{array}{r}
3\ \ R\ \ O\ \ N\ \ G \\
+\underline{\ 3\ \ R\ \ O\ \ N\ \ G} \\
R\ \ I\ \ G\ \ H\ \ T
\end{array}
$$
에서 R의 값이 같으므로 R=7 이고, 따라서 I=4이다.

$$
\begin{array}{r}
3\ \ 7\ \ O\ \ N\ \ G \\
+\underline{\ 3\ \ 7\ \ O\ \ N\ \ G} \\
7\ \ 4\ \ G\ \ H\ \ T
\end{array}
$$
여기서 G=1, T=2, N=8, H=6의 값을 가지면 식을 만족한다.　**정답** : ①

3. **풀이**

$2 \oplus 3 = 2 - |2 - 3| = 1, \quad 4 \oplus 5 = 4 - |4 - 5| = 3$

$\therefore \ (2 \oplus 3) \circledcirc (4 \oplus 5) = 1 \circledcirc 3 = 1 - 3^2 = -8$　**정답** : ④

4. **풀이** : 주어진 식을 정리하면

$x \triangle i = xi - (x + i) = -x + (x - 1)i = -1$

가 실수이므로 복소수의 상등에 의하여　**정답** : ③

✔ 예시 문제 _주사위 추리

1. **풀이** : 주어진 주사위를 오른쪽으로 1번 굴리면 윗면에 '5'가 나오고, 1번 더 굴리면 '6'이 나오고, 1번 더 굴리면 '2'가 나온다.　**정답** : ①

2. **풀이** : 〈그림1〉의 전개도를 완성하면 점들의 개수가 1개–4개, 5개–6개, 2개–3개가 마주보게 되는 주사위가 완성된다. 따라서 〈그림2〉의 주사위 쌓은 모양에서 보이지 않는 주사위 면에 있는 점들의 개수는

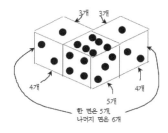

$\therefore$ 주사위들끼리 맞닿아 있는 면을 제외하면 주사위 면들에 있는 점의 총 개수는 49개이다.　**정답** : ③

3. **풀이** : 주어진 주사위의 변환 규칙은 주사위를 앞쪽으로 한 번 굴린 후 왼쪽으로 90°회전시킨 것이다. 따라서 A에 알맞은 주사위 그림은 ④이다.　**정답** : ④

✔️ 예시 문제 _도형 추리

1. **풀이** : 주어진 그림에서 6개의 그림이 진행되고 난 후 7번째의 그림부터 반복되는 규칙을 발견할 수 있다. 따라서 15번째 그림은 6개의 그림이 2번 반복되고 3번째 그림이므로 ③번이다. **정답** : ③

2. **풀이** : 가로줄을 기준으로 첫 번째 도형과 두 번째 도형을 합친 것이 세 번째 도형이다. 단, 경계선은 삭제한다. **정답** : ①

3. **풀이** : ■은 오른쪽으로 한 칸, 아래로 한 칸씩 이동하고 (단, 아래로 이동할 수 없을 때는 맨 위로 이동), ♣은 오른쪽으로 한 칸, 아래로 한 칸씩 이동하면서 시계방향으로 90°씩 회전하는 규칙이 있다. 이러한 규칙에 적합한 넷째 패턴은 ③번이다. **정답** : ③

4. **풀이** : 〈보기〉에서는 검은 부분이 모서리에 있을 때 다음 모서리로 건너뛰고, 아닐 때는 왼쪽으로 한칸씩 이동하므로 ㅁ 안에 들어갈 것은 ④번이 된다. **정답** : ④

5. **풀이** : 거울에 비친 모습은 좌우가 대칭이 된다. 따라서 문제에서 주어진 그림을 거울에 비추었을 때의 모양은 ②이다. **정답** : ②

6. **풀이** : ④번은 회전시킨 후 거울에 비친 모습이다. **정답** : ④

7. **풀이** : ●와 ㅇ이 모두 시계방향으로 한 칸씩 이동한다. **정답** : ①

8. **풀이** : 〈보기〉에서는 삼각형이 90도씩 회전하여 추가되므로 다음 ㅁ 안에 들어갈 것은 ③번이 된다. **정답** : ③

9. 색 칠된 부분에서 도형 ◇와 ●이 시계방향으로 한 칸씩 이동하는 규칙성이 있다. 따라서 정답은 ②이다. **정답** : ②

10. **풀이** : ④번에 해당되는 그림은 없다.

거울로 본 모습

①   ②   ③

정답 : ④

11. **풀이** : 왼쪽에서 오른쪽으로 진행됨에 따라 정각형(은 자연수)과 원이 안과 밖에 번갈아 나타나며, 정n각형의 n의 값이 1씩 증가하는 규칙성이 있다. 따라서 네 번째에 오는 도형은 원이 바깥쪽에 있으며 안쪽에는 정육각형이 있는 도형이다. **정답** : ②

12. 풀이 :

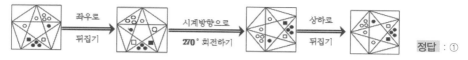

좌우로 뒤집기 / 시계방향으로 270° 회전하기 / 상하로 뒤집기

정답 : ①

13. 풀이 : 작은 원이 큰 원이 되고, 큰 원이 작은 원이 되는 규칙이다. **정답** : ①

✔ 예시 문제 _블록 개수·겉넓이

1. 풀이 : 1단 – 14개, 2단 – 2개, 3단 – 1개 ∴ 14+2+1=17개 **정답** : ②

2. 풀이 : 1단 – 4개, 2단 – 6개, 3단 – 1개 ∴ 4+6+1=11개 **정답** : ③

3. 풀이 : 주어진 입체도형에서 바깥으로 드러나는 (바닥 포함) 면은 (9+7+8)×2=48개다.

∴ 입체도형의 겉넓이는 48 **정답** : ④

4. 풀이 : 주어진 위, 앞, 옆에서 본 모양에 따라 블록을 쌓은 모양은

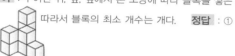 따라서 블록의 최소 개수는 개다. **정답** : ①

5. 풀이 : 앞에서 볼 때는 여섯 개의 블록이 보이며, 뒤에서 볼 때는 네 개의 블록이 보인다. 따라서 총개수는 열 개다. **정답** : ②

6. 풀이 : 정면에서 보이는 면의 개수를 세면 22개가 보인다. 정육면체의 한 변의 길이가 2cm이므로 한 개의 면의 넓이는 2×2=4(㎠) 이다. **정답** : ③

✔ 예시 문제 _회전체 및 절단면 찾기

1. 풀이 : **정답** : ①

2. 풀이 : **정답** : ①

3. 풀이 : ABC를 잇는 평면을 따라 자르면 ④번이 된다. **정답** : ④

4. 풀이 : 주어진 삼각형을 회전축을 중심으로 한 바퀴 회전시키면 원뿔모양이 나오게 된다. 그런데 가운데가 뚫린 모양이 생기므로 수평으로 자른 단면은 원뿔을 수평으로 자른 단면에서 가운데 원 모양으로 뚫린 도형이 된다. **정답** : ③

632

✔ 예시 문제 _전개도

1. 풀이 : 주어진 전개도를 이용하여 ④번의 정육면체는 만들 수 없다. 전개도를 이용하여 만들수 없는

정육면체는　　　　　　　이다.　정답 : ④

2. 풀이 : 주어진 전개도를 접었을 때 만들 수 없는 입체는 ②번이다. 잘못된 입체를 알맞게 고치면

이다.　정답 : ②

3. 풀이 : 입체도형의 그림이 그려진 3면은 마주 보지 않는다. 따라서 ②와 ③은 도형의 전개도가 될 수 없다. 또
한 그림이 그려진 3면의 선은 연결되는데 ①의 선은 끊겨 있으므로 도형의 전개도가 될 수 없다.　정답 : ④

4. 풀이 : 위의 전개도를 접어 정육면체를 만들었을 때, AB, AD는 정사각형의 대각선이고, BC는 정사각형의 한
변이다. 그리고 AC는 정육면체의 대각선이다. 따라서 두 점 사이의 거리가 가장 먼 것은 AC이다.　정답 : ②

5. 풀이 : 일반적으로 전개도에 1부터 6까지의 숫자를 적은 것은 주사위와 같다. 주사위는 마주보는 면의 합이 일
정하며, 그 합은 항상 7과 같다. 따라서 1과 6, 2와 5 그리고 3과 4가 마주 보는 전개도를 찾는다.　정답 : ④

6. 풀이 :

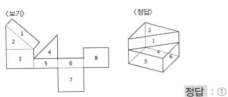

정답 : ①

7. 풀이 : ④번을 제외한 각각의 정확한 입체는 다음과 같다.

정답 : ④

8. 풀이 : 다음 입체도형에 해당되는 면은 다음과 같다.

 →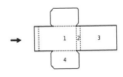

정답 : ④

✔ 예시 문제 _ 수열추리

1. **풀이** : 홀수 번째 항은 1,2,3,4, …이므로 +1의 규칙이고, 짝수 번째 항은 2,4,8,6이므로 ×2의 규칙이다.

   ∴ ( ) = 32 **정답** : ③

2. **풀이** :
    에서 $a \times b + c = d$ 의 규칙이므로, ? = 8×6 + 1 = 49 **정답** : ④

3. **풀이** : 괄호 안의 첫 번째 숫자는 한글 자음 순서와 대응하고, 두 번째 숫자는 한글모음 순서와 대응한다. (5,3)에서 5는 'ㅁ'을, 3은 'ㅓ'를 의미하므로 A에 알맞은 글자는 '머'가 된다. **정답** : ③

4. **풀이** : 첫 번째 줄에서 −1을 한 것이 세 번째 줄이고, 두 번째 줄에서 −1을 한 것이 네 번째 줄이다. **정답** : ②

5. **풀이** : 알파벳을 숫자에 대응시켜보자. 즉, A = 1, B = 2, … , Z = 26

   따라서 주어진 알파벳은 2 − 5 − 9 − 14 − ( ) 이다. 따라서 계차수열의 형태이므로 괄호 안의 숫자는 20이다.

   ∴ 20에 대응하는 알파벳은 이다. **정답** : ④

6. **풀이** : 홀수 번째 수와 짝수 번째 수가 각각 다른 수열이다. (←건너뛰기 수열)

홀수번째 수	2	4	8	( )	32
짝수 번째 수	48	24	12	6	3

   홀수 번째 수는 공비가 2인 등비수열이다. ∴ ( ) = 8×12 = 16 **정답** : ③

7. **풀이** : 두 개의 수열이 겹쳐 있는 형태의 건너뛰기 수열이다.

   첫 번째 수열 ⇒ 홀수 번째 수

   4, 8, 16, ( ), 64

   두 번째 수열 ⇒ 짝수 번째 수

   96, 48, 24, 12

   ∴ 첫 번째 수열은 ×∅ , {0} , {∅} , {{∅}} , {0, ∅} , {0,{∅}} , {∅,{∅}} , {0, ∅, {∅}}

8. **풀이** : 첫 줄에 있는 순서쌍은 앞에 있는 수가 자음의 순서이고, 뒤에 있는 수가 기본모음 중 이중모음을 제외한 모음의 순서이다. 즉, 앞에 있는 수의 규칙은

   1 = ㄱ, 2 = ㄴ, 3 = ㄷ, 4 = ㄹ, … 이고, 뒤에 있는 수의 규칙은 1 = ㅏ, 2 = ㅓ, 3 = ㅗ, 4 = ㅜ, … 이다. **정답** : ③

9. **풀이** : a+b = ㄱ 이 되는 것을 볼 수 있다. 즉, 아래 두 숫자를 더하여 나온 수가 위의 숫자가 되는 것이다. 그러므로 4+5 = 9 이므로, 정답은 ③이 된다. **정답** : ③

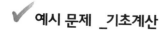

✔ 예시 문제 _ 기초계산

1. **풀이** : 24 = 5×5−5÷5 이므로 ○에 알맞은 기호에 알맞은 기호는 '−'이다. **정답** : ②

2. **풀이** : $1134_{(6)} = 1 \times 6^3 + 1 \times 6^2 + 3 \times 6 + 4 \times 1 = 274$

    $215_{(6)} = 2 \times 6^2 + 1 \times 6 + 5 \times 1 = 83$ 274를 83으로 나눈 나머지는 25이고, 이를 다시 3진법의 수로 고치

    면 $25 = 221_{(3)}$ **정답** : ①

2. **풀이** : $\therefore |a+1| - \sqrt{a^2 - 4a + 4} = |a+1| - |a-2|$ 이고, $-1 < a < 2$ 일 때, $a+1 > 0$, $a-2 < 0$

    이므로 **정답** : ①

✔️ 예시 문제 _응용계산

1. **풀이** : A. B 사이의 거리를 x 라 하면, 자동차로 가는 시간 $= \dfrac{x}{60}$,

    자전거로 가는 시간 $= \dfrac{x}{30}$, $\dfrac{x}{60} + \dfrac{45}{60} = \dfrac{x}{30}$ $\therefore x = 45$

    따라서 A. B 두 지점 사이의 거리는 45km 이다. **정답** : ④

2. **풀이** : 분침이 1분 동안 회전하는 각도는 $6°$이고, 시침이 1분 동안 회전하는 각도는 $0.5°$이다. 현재 직각을 이루

    고 있는 시침과 분침이 x분 후에 일직선이 되기 위해서는 x 동안 분침이 시침보다 $90°$ 더 회전해야 하므로

    $6x = 0.5x + 90$ $\therefore x = \dfrac{180}{11}$ (분) **정답** : ④

3. **풀이** : 30% 소금물과 x%소금물을 섞었을 때의 소금의 양과 25%소금물의 소금의 양은 같다.

    $50 \times \dfrac{30}{100} + 25 \times \dfrac{x}{100} = 100 \times \dfrac{25}{100}$, $15 + \dfrac{x}{4} = 25$ $\therefore$ $x = 40$ (%) **정답** : ③

✔️ 예시 문제 _도형

1. **풀이** : $\triangle BCE$ 는 정삼각형이므로 $\angle ABE = 30°$

    (색칠한 부분의 넓이) = $\square ABCD$ − (부채꼴 의 넓이) $\times 2$

    $= 6 \times 6 - \left(\pi \times 6 \times 6 \times \dfrac{30°}{360°} \right) \times 2 = (36 - 6\pi) \, (cm^2)$ **정답** : ④

2. **풀이** : $V_1 = \dfrac{4}{3}\pi r^3$, $V_2 =$ (사각뿔의 부피)$\times 2$이고 사각뿔의 밑면은 마름모이므로 두 개의 삼각형으로 나

    누어 넓이를 구하면 지름이 밑변이 되고 반지름이 높이가 된다. 따라서

    (밑면의 넓이) $= \left(\dfrac{1}{2} \times 2r \times r \right) \times 2 = 2r^2 = 2r^2$

    $\therefore$ $V_2 = \dfrac{1}{3} \times 2r^2 \times r \times 2 = \dfrac{4}{3}r^3$ $\therefore \dfrac{V_2}{V_1} = \dfrac{\dfrac{4}{3}r^3}{\dfrac{4}{3}\pi r^3} = \dfrac{1}{\pi}$

    정답 : ①

✔ 예시 문제 _집합과 명제

1. 풀이 : 집합 A의 원소는 0 , $\varnothing$, $\{\varnothing\}$ 으로 개이다. 그리고 A의 부분집합은 $2^3 = 8$개다.

즉, A의 부분집합은   이다.

진부분집합은 자기 자신을 제외한 부분집합이므로 ⓒ에서 $8-1 = 7$(개)이다.   **정답** : ②

2. 풀이 : $A \triangle X = (A-X) \cup (X-A) = B$

따라서 $A-X$에서 3,4는 반드시 없어져야하므로 X는 3,4를 반드시 포함하여야 한다. 또한 $X-A$에서 5,6이

반드시 필요하므로 X는 5,6을 반드시 포함하여야 한다. 그리고 B가 1,2,5,6만을 원소로 가지고 있으므로 X가

3,4,5,6을 제외한 원소를 가질 수 없다.

$\therefore X = \{ 3 , 4 , 5 , 6 \}$ **정답** : ④

✔ 예시 문제 _유리식과 무리식

1. 풀이 : ① $\sqrt{4}\sqrt{-3} = \sqrt{4}\sqrt{3}\,i = \sqrt{12}\,i = 2\sqrt{3}\,i = 2\sqrt{-3}$

② $\sqrt{-1}\sqrt{-3} = i\sqrt{3}\,i = \sqrt{3}\,i^2 = -\sqrt{3}$

③ $\dfrac{\sqrt{-5}}{\sqrt{6}} = \dfrac{\sqrt{5}\,i}{\sqrt{6}} = \sqrt{\dfrac{5}{6}}\,i = \sqrt{-\dfrac{5}{6}}$

④ $\dfrac{2}{\sqrt{-3}} = \dfrac{2}{\sqrt{3}\,i} = \dfrac{2i}{\sqrt{3}\,i^2} = \dfrac{2i}{-\sqrt{3}} = -\dfrac{\sqrt{4}\,i}{\sqrt{3}} = -\sqrt{\dfrac{4}{3}}\,i = -\sqrt{-\dfrac{4}{3}}$ **정답** : ③

2. 풀이 : $\dfrac{9}{11} = a + 0.\dot{2}\dot{9} = a + \dfrac{29}{99}$ 이므로,

$a = \dfrac{9}{11} - \dfrac{29}{99} = \dfrac{81}{99} - \dfrac{29}{99} = \dfrac{52}{99}$ 이다. 따라서, $a = 0.\dot{5}\dot{2}$ **정답** : ③

✔ 예시 문제 _방정식과 부등식

1. 풀이 : 주어진 이차방정식을 정리하면 $x^2 + 3x - (3+k) = 0$

실근을 갖기 위해서는 주어진 방정식의 판별식 $D \geq 0$를 만족해야 하므로 따라서 최소 정수 $k = -5$ 이다.

$D = 9 + 4(3+k) \geq 0$ $\therefore$ $k \geq -\dfrac{21}{4} = -5.25$ **정답** : ①

2. 풀이 : a, b 가 실수이므로 실수계수 이차방정식 $x^2 - ax + b = 0$의 한 근이 $3+i$이면 나머지 한 근은

$3-i$ 가 된다. 근과 계수와의 관계에 의해 두 근의 합 $(3+i)+(3-i) = 6 = a$ 두 근의 곱 $(3+i)(3-i) = 10 = b$

$\therefore$ a+b = 16   **정답** : ④

3. **풀이** : $x^2+y^2 \leq 4$ 를 만족하는 영역은 원 $x^2+y^2=4$ 의 내부이고, $x+y \geq 2$ 를 만족하는 영역은 직선

$y=-x+2$ 의 위쪽 부분이므로 동시에 만족하는 영역은 오른쪽 그림의 어두운 부분이다.

구하는 영역의 넓이는 $\pi \times 2^2 \times \dfrac{1}{4} - \dfrac{1}{2} \times 2 \times 2 = \pi - 2$: ②

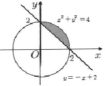

4. **풀이** : 이차 부등식 $x^2-kx+2k>0$ 이 모든 실수 x 에 대하여 항상 성립하기 위해서는 이차방정식

$x^2-kx+2k=0$ 의 판별식 D 에 대하여 $D<0$ 이어야 한다. 즉,

$D=k^2-4 \cdot 2k < 0$, $k(k-8)<0$, $\therefore 0<k<8$ 따라서 구하는 자연수 k 의 개수는 7개이다.   **정답** : ②

5. **풀이** : 주어진 실수계수 삼차 방정식 $x^3+px^2+qx-4=0$ 의 한 근이 $1-i$ 이므로 다른 한 근은 $1+i$ 이

다. 따라서 나머지 한 근을 a 라고 하면 삼차방정식의 근과 계수와의 관계에 의해

$(1-i)+(1+i)+\alpha = -p$ ··· ㉠

$(1-i)(1+i)+(1+i)\alpha + \alpha(1-i) = q$ ··· ㉡

㉡에서 $\therefore \alpha = 2$ ㉠에 대입하면 $\therefore p=-4$

㉡에 대입하면 $\therefore q=6$

$\therefore p+q = 2$ **정답** : ③

6. **풀이** : 두 점이 지름의 양 끝점이므로 두 점의 중점이 원의 중심이다. 그리고 두 점 사이의 거리가 원의 지름의

길이와 같다. 따라서, 중점은 $\left(\dfrac{-1+3}{2}, \dfrac{1+(-1)}{2} \right) = (1,0)$ 이고

두 점 사이의 거리는 $\sqrt{(-1-3)^2+(1-(-1))^2} = \sqrt{16+4} = 2\sqrt{5}$ 이다.

즉, 지름이 $2\sqrt{5}$ 이므로 반지름은 $\sqrt{5}$ 이다. $\therefore$원의 방정식은 $(x-1)^2+y^2=5$ **정답** : ①

7. **풀이** : $3x-4 \geq x+2$. $2x \geq 6$

$\therefore x \geq 3$ ··· ①

$x^2-6x+5<0$. $(x-5)(x-1)<0$

$\therefore 1<x<5$ ··· ②

①과 ②를 모두 만족하는 의 범위는 $3 \leq x < 5$이다. $\therefore$ 부등식을 만족하는 자연수 x 는 3과 40이다.   **정답** : ③

✔ 예시 문제 _함수

1. **풀이** : $g(x)=\sqrt{4x+1}$ 에 대하여 $g^{-1}(x)=\dfrac{1}{4}x^2 - \dfrac{1}{4}$ $(x \geq 0)$

$(f \circ g^{-1})(5) = f(g^{-1}(5)) = f(6) = 14$ **정답** : ①

2. **풀이** : $f\left(\dfrac{x+1}{2} \right) = 3x+4$ ··· ㉠ 에서 $\dfrac{x+1}{2} = t$ 라 하면 $x=2t-1$

㉠에 대입하여 정리하면 $\therefore f(t)=6t+1$ $\therefore f\left(\dfrac{1-2x}{3}\right)=6\dfrac{1-2x}{3}+1=-4x+3$

정답 : ②

3. 풀이 : $|y|=f(|x|) \Leftrightarrow |\pm y|=f(|\pm x|)$ 이므로 $|y|=f(|x|)$ 의 그래프는 x축, y축, 원점에 대

하여 각각 대칭인 그래프이다. **정답** : ④

4. 풀이 : $\angle B=60\,°$ 이므로 사인법칙에 의하여

$$\frac{\overline{AB}}{\sin 45\,°}=\frac{\overline{AC}}{\sin 60\,°}\,,\quad \therefore \overline{AC}=\frac{\overline{AB}\sin 60\,°}{\sin 45\,°}=\frac{4\times\dfrac{\sqrt{3}}{2}}{\dfrac{\sqrt{2}}{2}}=2\sqrt{6}$$

정답 : ④

5. 풀이 : ① 상수함수 그래프이다. 상수함수는 일대일 대응이 아니다.

② x의 값 한 개가 y의 값 여러 개에 대응되므로 함수의 그래프가 아니다.

③ 일차함수 그래프는 대표적인 일대일 대응 그래프이다.

④ 중간의 부분이 상수함수와 같은 그래프의 모양이다. 따라서 일대일 대응이 아니다.

정답 : ③

6. 풀이 : $(f \circ g^{-1})(k)=f(g^{-1}(k))=3$ 이다. 이때, $g^{-1}(k)=a$ 라 두면, $f(a)=3$인 a를 구하자.

따라서 $2a+1=3 \therefore a=1$ 이제, $g^{-1}(k)=1$, $g(1)=k$ $-1+3=k$ $\therefore k=2$ **정답** : ④

7. 풀이 : $y=\sin x$ 의 주기는 2π, 최댓값은 1, 최솟값은 -1이다.

$y=a\sin bx$ 에서 a는 최댓값과 최솟값을 결정하고, b는 주기를 결정한다.

$y=a\sin bx$ 의 최댓값은 $|a|$이고, 최솟값은 $-|a|$ 주기는 $\dfrac{2\pi}{|b|}$ 이다.

$\therefore y=\sin 2x$ 의 최댓값은 1, 최솟값은 -1이고, 주기는 $\dfrac{2\pi}{|2|}=\pi$이다. **정답** : ③

8. 풀이 : $(f \circ g)(x)=f(g(x))=f(-x+a)=2(-x+a)-3=-2x+2a-3$ 이고,

$(g \circ f)(x)=g(f(x))=g(2x-3)=-(2x-3)+a=-2x+a+3$ 이다.

이때, $f \circ g=g \circ f$ 이므로 $-2x+2a-3=-2x+a+3$ $\therefore a=6$ **정답** : ③

✔ 예시 문제 _지수와 로그

1. 풀이 : $\dfrac{(c-a)(d-b)}{ab}=\dfrac{\left(11^{n+2}-11^{n}\right)\left(11^{n+3}-11^{n+1}\right)}{11^{n}11^{n+1}}$

$=\dfrac{11^{n}(11^{2}-1)11^{n+1}(11^{2}-1)}{11^{n}11^{n+1}}=(11^{2}-1)^{2}=14400$ **정답** : ③

2. 풀이 : $\log_{2}(x+y)=\log_{2}x+\log_{2}y$ 에서 $\log_{2}(x+y)=\log_{2}xy$

$\therefore x+y=xy$, 양변을 xy로 나누면 $\dfrac{1}{x}+\dfrac{1}{y}=1$ **정답** : ③

3. 풀이 : 로그의 조건에 의해 $-x^{2}+4x-3>0$, $\therefore 1<x<3$ ⋯ ㉠

$x - 2 \neq 1, \ x - 2 > 0 \quad \therefore x > 2, \ x \neq 3 \ \cdots \ ㉡$

㉠, ㉡을 동시에 만족하기 위해서는 $\quad \therefore \ 2 < x < 3$ **정답** : ④

4. **풀이** :

$$\log_2 \sqrt{8} - \log_9 3 + \log_5 \sqrt[3]{125} = \log_2 2^{\frac{3}{2}} - \log_9 9^{\frac{1}{2}} + \log_5 5^{\frac{3}{3}}$$

$$= \frac{3}{2} - \frac{1}{2} + 1 = 2 \quad$$ **정답** : ②

5. **풀이** : $\log x$의 가수를 $\alpha \, (0 \leq \alpha < 1)$ 라 하면 $\log x = 3 + \alpha$.

$\log \sqrt{x} = \dfrac{1}{2}(3 + \alpha) = 1 + \left(\dfrac{1}{2}\alpha + \dfrac{1}{2}\right)$ 이고 $0 \leq \dfrac{1}{2}\alpha + \dfrac{1}{2} < 1$ 이므로

$\log \sqrt{x}$의 가수는 $\dfrac{1}{2}\alpha + \dfrac{1}{2}$ 이다. $\quad \therefore \ \alpha + \left(\dfrac{1}{2}\alpha + \dfrac{1}{2}\right) = \dfrac{3}{4}$

$\therefore \ \alpha = \dfrac{1}{6}$ 따라서 $\log \sqrt{x}$의 가수는 $\dfrac{1}{2}\alpha + \dfrac{1}{2} = \dfrac{7}{12}$ **정답** : ④

6. **풀이** : 밑을 2로 일정하게 바꾸어보자.

① $4^{16} = \left(2^2\right)^{16} = 2^{32}$

② $4^8 \times 4^8 = \left(2^2\right)^8 \times \left(2^2\right)^8 = 2^{16} \times 2^{16} = 2^{32}$

③ $2^{4^8} = 2^{\left(2^2\right)^8} = 2^{2^{16}}$

④ $2^{2^8} \times 2^{2^8} = \left(2^{2^8}\right)^2 = 2^{2^8 \times 2} = 2^{2^9}$ **정답** : ③

7. **풀이** : $\log 24 = \log 2^3 \times 3 = \log 2^3 + \log 3 = 3\log 2 + \log 3 \quad \therefore 3a + b$ 이다.   **정답** : ②

8. **풀이** : 올해 생산량 . 10년 후 휴대폰의 비율은?

$$\frac{(1.1)^{10} \dfrac{1}{2} A}{(1.07)^{10} A} = \frac{(1.1)^{10}}{2(1.07)^{10}} \ \text{일 때} \ \frac{(1.1)^{10}}{(1.07)^{10}} = k$$

$$\rightarrow \log k = 10\log 1.1 - 10\log 1.07 = 0.12 = \log 1.32$$

$$\therefore k = 1.32 \rightarrow \frac{1}{2} \times 1.32 = 0.66 \quad$$ **정답** : ③

✔ 예시 문제 _지수·로그함수와 지수·로그방정식

1. **풀이** : 주어진 방정식의 양변에 2^x을 곱하고 정리하면

$2^{2x} - 10 \cdot 2^x + 16 = (2^x - 2)(2^x - 8) = 0 \quad 2^x = 2 \Rightarrow x = 1 , \quad 2^x = 8 \Rightarrow x = 3 \quad \therefore \text{합은 } 4$

정답 : ②

2. **풀이** : $f(x) = f(x-1)$, $3^x + 3^{-x} = 3^{x-1} + 3^{-x+1}$

양변에 3^x을 곱하여 정리하면 $3^{2x} + 1 = 3^{2x-1} + 3$, $\quad \therefore \ 3^{2x} = 3 \quad \therefore \ x = \dfrac{1}{2}$ **정답** : ③

3. **풀이** : 주어진 조건의 식은 $f(x) = x - 1$. 따라서 $y = \log_2(1 - f(x)) = \log_2(2 - x)$ 의 그래프는

$y = \log_2 x$의 그래프를 y축 대칭시킨 후 x축으로 2만큼 평행 이동한 그래프이다. **정답** : ③

4. 풀이 : $y = 2^x$, $y = 2^{-x}$ 그래프는 다음과 같은 성질을 만족한다. (그림 1.참조)

　(1) $y = 2^{-x}$는 제1,2사분면을 지난다.

　(2) $y = 2^x$와 y축에 대하여 대칭이다.

　(3) $y = 2^{-x}$가 감소함수이므로 x가 증가하면 y값은 감소한다.

　(4) x값이 무한히 감소하면 y값은 무한히 커져간다. **정답** : ③

〈그림 1〉

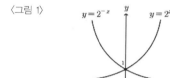

✔ 예시 문제 _행렬

1. 풀이 : 주어진 행렬 B의 역행렬 B^{-1}가 존재하므로 $AB^2 = B$의 양변에 B^{-1}를 2번 곱하면

$$AB^2B^{-1}B^{-1} = BB^{-1}B^{-1}$$

$$\therefore \ A = B^{-1} = \begin{pmatrix} 2 & 1 \\ 1 & 2 \end{pmatrix}^{-1} = \frac{1}{3}\begin{pmatrix} 2 & -1 \\ -1 & 2 \end{pmatrix} \quad \textbf{정답} : ①$$

2. 풀이 : 주어진 연립방정식에서 우변의 모든 항을 이항하여 정리하면

$$\begin{cases} (3-k)x + 5y = 0 \\ 6x + (4-k)y = 04 \end{cases} \Rightarrow \begin{pmatrix} 3-k & 5 \\ 6 & 4-k \end{pmatrix}\begin{pmatrix} x \\ y \end{pmatrix} = \begin{pmatrix} 0 \\ 0 \end{pmatrix}$$

$x = 0$, $y = 0$ 이외의 해를 가지려면

$(3-k)(4-k) - 5 \cdot 6 = 0$, $(k+2)(k-9) = 0$ $\therefore \ k = -2, 9$

따라서 실수 k값들의 합은 7이다. **정답** : ④

3. 풀이 : $A + 2E$의 역행렬이 $A + E$이므로 $(A + 2E)(A + E) = E$

정리하면 $\therefore A^2 + 3A + E = O$, $A(-A - 3E) = E$ 따라서 행렬 A의 역행렬은 $-A - 3E$이다. **정답** : ①

4. 풀이 : 그래프의 연결 관계를 나타내는 행렬의 모든 성분의 합은 그래프의 변의 개수의 2배이므로 변의 개수는 5개이다. **정답** : ②

5. 풀이 : $A^2 = \begin{pmatrix} 1 & 2 \\ -2 & 3 \end{pmatrix}\begin{pmatrix} 1 & 2 \\ -2 & 3 \end{pmatrix} = \begin{pmatrix} -3 & 8 \\ -8 & 5 \end{pmatrix}$ **정답** : ③

6. 풀이 : 역행렬을 가지지 않기 위해서는 $ad - bc = 0$이어야 한다. **정답** : ③

7. 풀이 : $A + B = \begin{pmatrix} a & 1 \\ b & 2 \end{pmatrix} + \begin{pmatrix} 3 & x \\ 2 & y \end{pmatrix} = \begin{pmatrix} a+3 & 1+x \\ b+2 & 2+y \end{pmatrix} = \begin{pmatrix} 1 & 0 \\ 0 & 1 \end{pmatrix}$ 에서

$a=b=-2,\ x=y=-1$ 이므로

$AB=\begin{pmatrix} -2 & 1 \\ -2 & 2 \end{pmatrix}\begin{pmatrix} 3 & -1 \\ 2 & -1 \end{pmatrix}=\begin{pmatrix} -4 & 1 \\ -2 & 0 \end{pmatrix}$ **정답** : ①

8. 풀이 : $\begin{pmatrix} 1 & a+2 \\ a & 3 \end{pmatrix}$ 의 $3-a(a+2)$이 0일 때, 즉 $3-a(a+2)=0$ 에서 a는 -3 또는 1이다.

이때

(1) $a=-3$일 때는 두 식이 같으므로 해가 무수히 많다. 따라서 $p=-3$이고,

(2) $a=1$일 때 해가 존재하지 않으므로 $q=1$이다.

$\therefore\ p+q=-2$ **정답** : ②

✔ 예시 문제 _수열

1. 풀이 : 수열 $\{a_n\}$과 $\{b_n\}$의 일반항을 구하면

$a_n=1+(n-1)\cdot5=5n-4,\ b_n=200+(n-1)\cdot(-4)=204-4n$

수열 $\{a_n\}$에서 $n=k$, $\{b_n\}$에서 $n=l$일 때 공통된 항이 나온다면

$5k-4=204-4l\quad\therefore\ 5k+4l=208$ (단, $k,\ l$은 자연수)

만족하는 자연수 $k,\ l$의 순서쌍은 $(k,l)=(4,47),(8,42),(12,37),(16,32),\cdots,(40,2)$

$\therefore$ 10개

따라서 수열 $\{a_n\}$과 $\{b_n\}$의 공통된 수의 개수는 10개 **정답** : ③

2. 풀이 : 수열 $\{a_n\}$의 첫째항을 a, 공비를 r이라 하면 $a_n=ar^{n-1}$

$a_5a_6a_7a_8=ar^4ar^5ar^6ar^7=a^4r^{22}=50\quad\cdots$ ㉠

$a_5a_8+a_6a_7=ar^4ar^7+ar^5ar^6=2a^2r^{11}$

㉠에서 $a^4r^{22}=(a^2r^{11})^2=50\quad\therefore\ a^2r^{11}=\sqrt{50}=5\sqrt{2}\ (\because\ a_n>0)$

$\therefore\ a_5a_8+a_6a_7=2a^2r^{11}=2\times5\sqrt{2}=10\sqrt{2}$ **정답** : ④

3. 풀이 : 주어진 순서도에 따라 변하는 S, n의 값을 구하면

n	0	1	2	3	$\cdots$	10
S	0	3	3+5	3+5+7	$\cdots$	$3+5+7+\cdots+21$

따라서 인쇄되는 S의 값은

$S=3+5+7+\cdots+21=\sum_{n=1}^{10}(2n+1)=120$ **정답** : ②

4. 풀이 : 준식 $=\sum_{n=1}^{100}\left(x-\dfrac{1}{n(n+1)}\right)^2=\sum_{n=1}^{100}\left\{x^2-2x\dfrac{1}{n(n+1)}+\dfrac{1}{n^2(n+1)^2}\right\}$

$=100x^2-2x\sum_{n=1}^{100}\dfrac{1}{n(n+1)}+\sum_{n=1}^{100}\dfrac{1}{n^2(n+1)^2}\quad\cdots$ ㉠

$$\sum_{n=1}^{100}\frac{1}{n(n+1)}=\sum_{n=1}^{100}\left(\frac{1}{n}-\frac{1}{n+1}\right)=\left(1-\frac{1}{2}\right)+\left(\frac{1}{2}+\frac{1}{3}\right)+\cdots+\left(\frac{1}{100}-\frac{1}{101}\right)=\frac{100}{101}$$

㉠에 대입하면 $100\left\{x^2-\frac{2}{101}x+\left(\frac{1}{101}\right)^2-\left(\frac{1}{101}\right)^2\right\}+\sum_{n=1}^{100}\frac{1}{n^2(n+1)^2}$

$$=100\left(x-\frac{1}{101}\right)^2-\frac{100}{101^2}+\sum_{n=1}^{100}\frac{1}{n^2(n+1)^2}$$

따라서 $x=\frac{1}{101}$ 일 때 $\sum_{n=1}^{100}(x-a_n)^2$는 최솟값을 갖는다.

$\therefore\ p=101,\ q=1\quad\therefore\ p+q=102$ **정답** : 102

5. **풀이** : $\{a_n\}$이 등차수열이므로 $a_3=a+2d=3$이고, $a_{23}=a+22d$, $a_{12}=a+11d$ 이다.

$a_{23}-a_{12}=(a+22d)-(a+11d)=11d=11$

$\therefore\ d=1$이고, $a=1$ 이다.   **정답** : ②

6. **풀이** : 세 근을 $\frac{a}{r}$, a, ar이라 놓으면,

근과 계수와의 관계에 의해 $\frac{a}{r}+a+ar=7$, $\frac{a^2}{r}+a^2r+a^2=14$, $a^3=k$ 이다.

위 식을 정리하면 $a\left(\frac{1}{r}+1+r\right)=7$, $a^2\left(\frac{1}{r}+1+r\right)=14$ 이고,

이 두 식을 연립하여 풀면 $a=2$ 이다.

$\therefore\ k=a^3=2^3=8$ **정답** : ①

7. **풀이** : $a_5a_8=a_6a_7=x$ 라고 하면 $a_5a_6a_7a_8=x^2=50\Rightarrow x=\sqrt{50}=5\sqrt{2}$

$\therefore\ a_5a_8+a_6a_7=10\sqrt{2}$ **정답** : ④

8. **풀이** : $\frac{1}{1\times3}+\frac{1}{3\times5}+\frac{1}{5\times7}+\frac{1}{7\times9}+\frac{1}{9\times11}$ 의 꼴로 나타내면 부분분수의 정의에 의하여

$\frac{1}{2}\left(\frac{1}{1}-\frac{1}{3}+\frac{1}{3}-\frac{1}{5}+\frac{1}{5}-\frac{1}{7}+\frac{1}{7}-\frac{1}{9}+\frac{1}{9}-\frac{1}{11}\right)=\frac{1}{2}\left(1-\frac{1}{11}\right)=\frac{1}{2}\times\frac{10}{11}=\frac{5}{11}$

정답 : ③

✔ 예시 문제 _수열의 극한

1. **풀이** : $n^2+2n<a_n<n^2+3n+1$의 양변을 $2n^2$으로 나누고 극한을 구하면

$$\lim_{n\to\infty}\frac{n^2+2n}{2n^2}\le\lim_{n\to\infty}\frac{a_n}{2n^2}\le\lim_{n\to\infty}\frac{n^2+3n+1}{2n^2}$$

$$\lim_{n\to\infty}\frac{n^2+2n}{2n^2}=\lim_{n\to\infty}\frac{n^2+3n+1}{2n^2}=\frac{1}{2}\ \text{이므로}$$

$$\lim_{n\to\infty}\frac{a_n}{2n^2}=\frac{1}{2}\quad\text{정답} : ②$$

2. 풀이 :

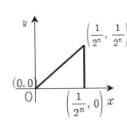

삼각형의 넓이를 S_n 이라 하면

$$S_n = \frac{1}{2} \times \frac{1}{2^n} \times \frac{1}{2^n} = \left(\frac{1}{2}\right)^{2n+1}$$

$$\therefore \sum_{n=0}^{\infty} S_n = \sum_{n=0}^{\infty} \left(\frac{1}{2}\right)^{2n+1} = \frac{\frac{1}{2}}{1 - \frac{1}{4}} = \frac{2}{3}$$

정답 : ③

3. 풀이 : ② $a_n = \sqrt{n+1} - \sqrt{n}$, $S_n = \sum_{k=1}^{n} \left(\sqrt{k+1} - \sqrt{k}\right) = \sqrt{n+1} - 1$

$$\therefore \frac{1}{1+\sqrt{2}} + \frac{1}{\sqrt{2}+\sqrt{3}} + \frac{1}{\sqrt{3}+\sqrt{4}} + \cdots = \lim_{n \to \infty} \left(\sqrt{n+1} - 1\right) = \infty$$

정답 : ②

4. 풀이 :

$$\lim_{n \to \infty} \left(\sqrt{n^2+n} - n\right) = \lim_{n \to \infty} \left\{ \frac{(\sqrt{n^2+n} - n)(\sqrt{n^2+n} + n)}{\sqrt{n^2+n} + n} \right\} = \lim_{n \to \infty} \left(\frac{n^2+n-n^2}{\sqrt{n^2+n} + n} \right) = \lim_{n \to \infty} \left(\frac{n}{\sqrt{n^2+n} + n} \right)$$

$$= \lim_{n \to \infty} \left(\frac{\frac{n}{n}}{\frac{\sqrt{n^2+n} + n}{n}} \right) = \lim_{n \to \infty} \left(\frac{1}{\sqrt{1 + \frac{1}{n}} + 1} \right) = \frac{1}{1+1} = \frac{1}{2}$$

정답 : ②

5. 풀이 : 이 수열을 지수 형태로 표시하면

$$4^{\frac{1}{2}}, \quad (4 \cdot 4^{\frac{1}{2}})^{\frac{1}{2}} = 4^{\frac{3}{4}}, \quad (4 \cdot (4 \cdot 4^{\frac{1}{2}})^{\frac{1}{2}})^{\frac{1}{2}} = 4^{\frac{7}{8}}, \cdots, 4^{\frac{2^n-1}{2^n}}$$

$$\lim_{n \to \infty} \frac{2^n-1}{2^n} = 1 \quad \therefore \lim_{n \to \infty} a_n = \lim_{n \to \infty} 4^{\frac{2^n-1}{2^n}} = 4$$

정답 : ②

6. 풀이 :

$$\frac{-1}{1+n^2} < \frac{\cos n\theta}{1+n^2} < \frac{1}{1+n^2} \quad \therefore 2 + \lim \frac{\cos n\theta}{1+n^2} = 2 + 0 = 2$$

정답 : ①

7. 풀이 : $\log_2 2 + \log_2 \sqrt{2} + \log_2 \sqrt[4]{2} + \log_2 \sqrt[8]{2} + \cdots$

$$= \log_2 2 + \log_2 2^{\frac{1}{2}} + \log_2 2^{\frac{1}{4}} + \log_2 2^{\frac{1}{8}} + \cdots$$

$$= \log_2 \left(2 \cdot 2^{\frac{1}{2}} \cdot 2^{\frac{1}{4}} \cdot 2^{\frac{1}{8}} \cdots\right)$$

$$= \log_2 2^{\frac{1}{1-\frac{1}{2}}} = \frac{1}{1 - \frac{1}{2}} = 2$$

정답 : ②

✔ 예시 문제 _순열과 조합

1. **풀이** : A→B : $\dfrac{4!}{1! \times 3!} = 4$, B→C : $\dfrac{6!}{3! \times 3!} = 20$.

C→D : $\dfrac{5!}{1! \times 4!} = 5$ 이므로 A에서 출발하여 B와 C를 지나 D까지 가는 최단 경로의 수는

∴ 4×20×5 = 400(가지) **정답** : ④

2. **풀이** : $\left\{ (a+4b)^2 \left(\dfrac{c}{100} + d \right) \right\}^{10} = (a+4b)^{20} \left(\dfrac{c}{100} + d \right)^{10}$ 의 전개식에서 일반항은

$_{20}C_r a^{20-r}(4b)^r \cdot {}_{10}C_s \left(\dfrac{c}{100} \right)^{10-s} d^s = {}_{20}C_r {}_{10}C_s 4^r \left(\dfrac{1}{100} \right)^{10-s} a^{20-r} b^r c^{10-s} d^s$

따라서 $a^{18}b^2 c d^9$ 의 계수는 ∴ $_{20}C_2 {}_{10}C_9 4^2 \left(\dfrac{1}{100} \right) = 304$ **정답** : 304

3. **풀이** : 한국인 4명 중 2명을 택해 줄의 앞뒤에 세우는 방법은 $_4P_2$ 이고, 나머지 4명을 일렬로 세우는 방법은 4!이므로 ∴ $_4P_2 \times 4! = 12 \times 24 = 288$ **정답** : ②

4. **풀이** : 삼각형을 만들기 위해서는 8개의 꼭짓점 중에서 3개를 선택해야 한다.

∴ $_8C_3 = 56$ 그러나, 일직선상에 있는 꼭짓점 3개를 선택하면 삼각형을 만들 수 없으므로 따라서 구하는 경우의 수는 ∴ $_8C_3 - ({}_4C_3 \times 2 + {}_3C_3 \times 2) = 46$ (개) **정답** : ④

5. **풀이** : 영어 E를 양쪽 끝에 고정 시키면 나머지 K I F R 서로 다른 네 알파벳을 일렬로 세우는 경우의 수와 같고, 그 방법의 수는 4! = 24 **정답** : ③

6. **풀이** : 구슬의 배열을 순환시키거나 방향을 역전시킬 때, 팔찌의 구슬 배열은 동일하다. 빨간구슬 하나를 고정하고 나머지 구슬들을 배열할 때, 가능한 경우의 수는 $\dfrac{5!}{2 \times 3!} = 10$ 가지이다. 이 중 좌우가 대칭인 것은, 고정된 빨간 구슬 반대편에 파란 구슬 한 개가 위치하고, 그 사이 노랑, 파랑 각 1개의 구슬을 나열하는 경우이므로, 2가지가 가능하다. 나머지 10−2=8가지는 둘씩 대칭짝을 이루어 중복된다. 따라서 구별되는 팔찌의 수는 $\dfrac{8}{2} + 2 = 6$ 가지이다. **정답** : ②

7. **풀이** : 같은 문자가 있기 때문에 같은 것을 포함하는 순열이다. $\dfrac{5!}{3! \times 1! \times 1!} = 20$ **정답** : ②

8. **풀이** : 한 번씩 악수를 한다고 했으므로 중복은 불가능하고, 악수를 하는 데 있어서 누가 먼저 악수를 하는지가 중요하지 않으므로 순서를 생각할 필요도 없다. 따라서 조합이다.

악수는 두 명이 하게 되므로 $_{20}C_2 = \dfrac{20 \times 19}{2 \times 1} = 190$ **정답** : ③

✔ 예시 문제 _확률

1. **풀이** : $a^2 + b^2 < 20$ 이 되는 경우의 수는 $(a, b) = (1,1), (1,2),$
$(1,3), (1,4), (2,1), (2,2), (2,3), (3,1), (3,2), (3,3), (4,1)$ 총 11개

따라서 구하는 확률은 $\dfrac{11}{36}$ **정답** : ②

2. **풀이** : 첫 판에 A가 이기고, 두 번째 판에 B가 이기고, 세 번째 판은 무조건 한 칸 이상 전진. 그리고 첫 판에 B 가 이기고, 두 번째 판에 A가 이기는 경우 ∴ $\dfrac{1}{3} \times \dfrac{1}{3} + \dfrac{1}{3} \times \dfrac{1}{3} = \dfrac{2}{9}$ **정답** : ②

3. **풀이** : 화살을 쏘는 각각의 사건은 독립시행이고 화살을 쏠 때 1의 과녁을 맞힐 확률은 $\dfrac{1}{6}$ 이다. 따라서 전체 4 번 화살을 쏠 때, 1의 과녁을 두 번 맞힐 확률은

∴ $_4C_2 \left(\dfrac{1}{6}\right)^2 \left(\dfrac{5}{6}\right)^{4-2} = \dfrac{25}{216}$ **정답** : ①

4. **풀이** : 1부터 10까지의 자연수 중 중복을 허락하여 3개를 뽑아 모두 더했을 때 홀수인 경우는 다음과 같다.

(i) 홀수 3개를 뽑을 때 : $_5H_3 = {}_{5+3-1}C_3 = {}_7C_3 = \dfrac{7 \times 6 \times 5}{3 \times 2} = 35$

(ii) 홀수 1개, 짝수 2개를 뽑을 때 :

$_5H_1 \times {}_5H_2 = {}_{5+1-1}C_1 \times {}_{5+2-1}C_2 = {}_5C_1 \times {}_6C_2 = 5 \times \dfrac{6 \times 5}{2} = 75$

전체 경우의 수는 $_{10}H_3 = {}_{10+3-1}C_3 = {}_{12}C_3 = \dfrac{12 \times 11 \times 10}{3 \times 2} = 220$

따라서 구하는 확률은 $\dfrac{35+75}{220} = \dfrac{1}{2}$ **정답** : ③

5. **풀이** : 3학년 전체 학생에 대하여 수시모집에 응시한 사건을 A , 남학생인 사건을 B 라 하면 구하는 확률은

$P(A|B)$ 이다.   ∴ $P(A|B) = \dfrac{P(A \cap B)}{P(B)} = \dfrac{0.2}{0.48} = \dfrac{5}{12}$ **정답** : ③

6. **풀이** : 전체 가능한 경우의 수는 11에서 66까지 6×6=36가지이다. 각 십 단위의 수 중에서 가능한 3의 배수는 2개씩 있으므로, 3의 배수는 총 12개가 가능하다. 따라서 확률은 $\dfrac{12}{36} = \dfrac{1}{3}$ **정답** : ④

7. **풀이** : 남학생일 사건을 A라고 하고, 수시모집에 응시한 사건을 E라 하면,

$P(E|A) = \dfrac{P(E \cap A)}{P(A)} = \dfrac{0.30}{0.48} = \dfrac{5}{8}$ **정답** : ③

8. **풀이** : 6개의 공에서 2개의 공을 꺼낼 때, 그 경우의 수는 $_6C_2 = \dfrac{_6P_2}{2!} = \dfrac{6 \cdot 5}{2 \cdot 1} = 15$ 가지이고, 이 중 둘 다 흰 공일 경우의 수는 $_4C_2 = \dfrac{_4P_2}{2!} = \dfrac{4 \cdot 3}{2 \cdot 1} = 6$ 가지이다.

∴ 구하는 확률은 $\dfrac{_4C_2}{_6C_2} = \dfrac{6}{15} = \dfrac{2}{5}$ **정답** : ④

9. **풀이** : 공의 수는 5! = 120이고

홀수는 1의 자리의 수가 홀수이므로 그 개수는 4! + 4! = 48   ∴ $\frac{48}{120} = \frac{2}{5}$ **정답** : ②

✔ 예시 문제 _통계

1. 풀이 : 주어진 아홉 개의 자료의 평균이 5이므로

$$\frac{a+2+2+4+4+6+6+7+8}{9} = 5 \quad \therefore\ a = 6$$

따라서 주어진 자료는 2, 2, 4, 4, 6, 6, 6, 7, 8이다. 중앙값은 6이고, 최빈값도 6이다.   **정답** : ④

2. 풀이 : 함수 $f(x)$와 x축으로 이루어진 삼각형의 넓이가 1, 밑변의 길이가 4이므로

높이는 $\frac{1}{2}$, $f(x) = 2kx$ 에서 $f(a) = \frac{1}{2}$ ∴ $ak = \frac{1}{4}$

함수 $f(x)$는 $0 \le x \le 4$ 에서 연속이므로 두 직선은 $x = a$ 에서 만난다.

$2ak = -k(a-4)$ ∴ $a = \frac{4}{3}$, $k = \frac{3}{16}$

또한 $P(b \le X \le 4) = 1 - P(0 \le X \le b) = 1 - \frac{5}{6} = \frac{1}{6}$

$a = \frac{4}{3}$ 이므로 $P\left(0 \le X \le \frac{4}{3}\right) = \frac{1}{2} \times \frac{1}{2} \times \frac{4}{3} = \frac{1}{3}$ ∴ $\frac{4}{3} < b < 4$

따라서 $b \le x \le 4$ 인 구간 내에서 $f(x)$와 x축이 이루는 삼각형의 넓이가 $\frac{1}{6}$ 이다.

∴ $\frac{1}{2} \times (4-b) \times \frac{3}{16}(4-b) = \frac{8}{3}$ ∴ $b = \frac{8}{3}$ **정답** : ②

3. 풀이 : 모든 확률의 합이 1이므로 $\frac{1}{8} + a + 2a + \frac{1}{8} = 1$ ∴ $a = \frac{1}{4}$

$E(X) = \frac{1}{8} \cdot k + \frac{1}{4} \cdot 2k + \frac{1}{2} \cdot 4k + \frac{1}{8} \cdot 8k = 29$ ∴ $k = 8$ **정답** : ①

4. 풀이 : 확률변수 X는 이항분포 $B\left(7200, \frac{1}{3}\right)$을 따르므로

$E(X) = 7200 \times \frac{1}{3} = 2400$, $V(X) = 7200 \times \frac{1}{3} \times \frac{2}{3} = 1600$

이다. 한편, 7200회는 충분히 크므로 확률변수 X는 정규분포 $N(2400, 40^2)$ 을 따른다.

따라서 $P(X \ge a) = P\left(Z \ge \frac{a - 2400}{40}\right) = 0.84$ 이고, $\frac{a - 2400}{40} = -1$ 이므로 ∴ $a = 2400 - 40 = 2360$

정답 : ①

5. 풀이 : $V(Y) = V(2X - 1)$

$= 4V(X)$

$= 4(E(X^2) - (E(X))^2)$

$= 4(10 - 9) = 4$ **정답** : ③

6. 풀이 : 확률변수 X가 이항분포 $B(n, p)$를 따를 때,

$E(X) = np$, $V(X) = npq$, $\sigma(X) = \sqrt{np(1-p)}$ (단, $q = 1-p$) 이므로,

확률변수 X가 이항분포 $B\left(16, \frac{1}{4}\right)$을 따를 때,

X의 분산 $V(x) = 16 \cdot \frac{1}{4} \cdot \left(1 - \frac{1}{4}\right) = 16 \cdot \frac{1}{4} \cdot \frac{3}{4} = 3$ **정답** : ③

7. 풀이 : 평균과 분산의 공식을 이용하면

$E(X) = 0 \times 0.1 + 1 \times 0.3 + 2 \times 0.4 + 3 \times 0.2 = 1.7$

$V(X) = 0 \times 0.1 + 1^2 \times 0.3 + 2^2 \times 0.4 + 3^2 \times 0.2 - (1.7)^2$ **정답** : ④

✔ 예시 문제 _다항함수의 미분법

1. 풀이 : $\displaystyle\lim_{x \to 0} \frac{\sqrt{x^2 + 4} - 2}{x^2} = \lim_{x \to 0} \frac{\left(\sqrt{x^2 + 4} - 2\right)\left(\sqrt{x^2 + 4} + 2\right)}{x^2\left(\sqrt{x^2 + 4} + 2\right)}$

$= \displaystyle\lim_{x \to 0} \frac{x^2}{x^2\left(\sqrt{x^2 + 4} + 2\right)} = \lim_{x \to 0} \frac{1}{\sqrt{x^2 + 4} + 2} = \frac{1}{4}$ **정답** : ①

2. 풀이 : $f(x) = \begin{cases} x^2 & (x < 1) \\ ax - 1 & (x \geq 1) \end{cases}$ 가 $x = 1$ 에서 연속이기 위해서는 $f(1) = \displaystyle\lim_{x \to 1} f(x)$ 를 만족해야

한다.

$f(1) = a - 1,\quad \displaystyle\lim_{x \to 1} f(x) = \lim_{x \to 1 + 0} f(x) = \lim_{x \to 1 - 0} f(x),\quad \lim_{x \to 1 + 0}(ax - 1) = \lim_{x \to 1 - 0} x^2$

$a - 1 = 1,\quad \therefore\ a = 2$

$a = 2$ 이면 $f(1) = \displaystyle\lim_{x \to 1} f(x)$ 를 만족한다. **정답** : ④

3. 풀이 : $\displaystyle\lim_{h \to 0} \frac{f(1 + kh) - f(1)}{h} = \lim_{h \to 0} \frac{f(1 + kh) - f(1)}{kh} \times k = kf'(1)$ 이고

$\therefore\ kf'(1) = 3k = 6,\quad \therefore\ k = 2$ **정답** : ①

4. 풀이 : 왼쪽 그림과 같이 $y = f'(x)$의 그래프가 x축과 만나는 점을 a, b $(a < b)$라 하자. $x = a$ 의 좌우에서 $f'(x)$ 의 부호가 +에서 -로 바뀌므로 $x = a$ 에서 $y = f(x)$는 극댓값, $x = b$ 의 좌우에서 $f'(x)$ 의 부호가 -에서 +로 바뀌므로 $x = b$ 에서 $y = f(x)$는 극솟값을 가진다. 따라서 함수 $y = f(x)$의 그래프는 ②번이다.

정답 : ②

5. 풀이 : $f(x) = -x^3 + 4f'(1)x + 2,\ f'(x) = -3x^2 + 4f'(1)$ 이고

$x = 1$을 대입 $f'(1) = -3 + 4f'(1)$ $\therefore\ f'(1) = 1$

$\therefore\ f(x) = -x^3 + 4x + 2,\quad f'(x) = -3x^2 + 4$

$\therefore\ f(3) + f'(3) = (-27 + 12 + 2) + (-27 + 4) = -36$ **정답** : ④

6. 풀이 :

$$f'(x) = 6x^2 - 6x - 12 = 6(x^2 - x - 2) = 6(x+1)(x-2)$$

$f'(x) = 0$ 에서 $x = -1,\ 2$ 구간 $[-2,\ 3]$ 에서의 증감표는

x	-2	$\cdots$	-1	$\cdots$	2	$\cdots$	3
$f'(x)$		$+$	0	$-$	0	$+$	
$f(x)$	-3	$\nearrow$	8	$\searrow$	-19	$\nearrow$	-8

따라서 $x = -1$ 일 때 최댓값 8이다. **정답** : ①

✔ 예시 문제 _다항함수의 적분법

1. 풀이 : $\dfrac{d}{dx}\displaystyle\int x^7 dx = x^7$ 이므로 $\log_x\!\left(\dfrac{d}{dx}\displaystyle\int x^7 dt\right) = \log_x x^7 = 7$

$\therefore\ x^2 - 3x + 3 = 7,\quad (x+1)(x-4) = 0,\quad \therefore\ x = -1,\ 4$

$x = -1$ 은 로그의 밑과 진수의 조건($x > 0,\ x \neq 1$)에 적합하지 않으므로 $\therefore\ x = 4$ **정답** : ④

2. 풀이 : $\displaystyle\lim_{h \to 0}\dfrac{f(1+2h)-f(1)}{h} = \lim_{h \to 0}\dfrac{f(1+2h)-f(1)}{2h} \times 2 = 2f'(1)$

$f(x) = \displaystyle\int_0^x (t^2+3)dt,\quad f'(x) = x^2 + 3$ 이므로 $\therefore\ f'(1) = 4$

$\therefore\ \displaystyle\lim_{h \to 0}\dfrac{f(1+2h)-f(1)}{h} = 2f'(1) = 8$ **정답** : ④

3. 풀이 : $y = -x^2 + 2x$ 와 $y = -8$의 교점의 x좌표를 구하면

$-x^2 + 2x = -8,\quad \therefore\ x = -2,\ 4$

오른쪽 그래프에서 $-2 \leq x \leq 4$에서 $-x^2 + 2x \geq -8$이므로,

구하는 넓이

$S = \displaystyle\int_{-2}^{4} \{(-x^2+2x)-(-8)\}dx$

$= \displaystyle\int_{-2}^{4}(-x^2+2x+8)dx = \left[-\dfrac{1}{3}x^3 + x^2 + 8x\right]_{-2}^{4} = 36$ **정답** : ②

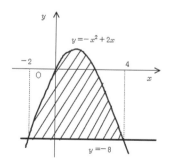

4. 풀이 : $0 \leq t \leq 1$일 때 $v(t) \leq 0$.

$1 \leq t \leq 2$ 일 때 $v(t) \geq 0$ 이므로

출발하여 2분 동안 움직인 거리는

$$\int_0^2 |v(t)|\,dt = \int_0^2 |t^2-1|\,dt = \int_0^1 -(t^2-1)\,dt + \int_1^2 (t^2-1)\,dt$$

$$= \left[-\frac{1}{3}t^3+t\right]_0^1 + \left[\frac{1}{3}t^3-t\right]_1^2 = 2 \quad \boxed{정답} : ②$$

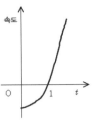

5. **풀이** : $\displaystyle\int_{-1}^1 (\sin\theta+\cos\theta)^2 d\theta + \int_{-1}^1 (\sin\theta-\cos\theta)^2 d\theta$

$$= \int_{-1}^1 \{(\sin^2\theta+2\sin\theta\cos\theta+\cos^2\theta)+(\sin^2\theta-2\sin\theta\cos\theta+\cos^2\theta)\}d\theta$$

$$= \int_{-1}^1 2(\sin^2\theta+\cos^2\theta)d\theta = \int_{-1}^1 2\,d\theta = 4 \quad \boxed{정답} : ②$$

✔ 예시 문제 _미분

1. **풀이** : 진행방향이 바뀌기 위해서는 속도가 0이면서 그 점의 좌우에서 속도의 부호가 바뀌어야 한다.

따라서 $0 \le t \le 4$에서 조건을 모두 만족하는 점은 2개이므로 시간 $t=0$에서 출발하여 $t=4$일 때까지 움직이는 동안 진행 방향을 바꾼 횟수는 총 2번이다. $\quad \boxed{정답} : ②$

2. **풀이** : $\displaystyle\lim_{h\to 0}\frac{f(3+2h)-f(3)}{h} = \lim_{h\to 0}\frac{f(3+2h)-f(3)}{2h}\times 2 = 2f'(3) = 6 \quad \boxed{정답} : ③$

3. **풀이** : $x=1$에서 $x=3$까지의 평균변화율은 $\dfrac{\triangle y}{\triangle x} = \dfrac{f(3)-f(1)}{3-1} = \dfrac{3-(-1)}{2} = 2$

한편, $f'(x)=2x-2$이므로 $f'(a)=2a-2$. 따라서 $2a-2=2$에서 $a=2$이다. $\quad \boxed{정답} : ③$

4. **풀이** : 두 점 $(a, f(a))$, $(b, f(b))$을 잇는 직선의 기울기(즉, 평균변화율 $=\dfrac{f(b)-f(a)}{b-a}$)와 같은 (접선의 기울기 (즉, $f'(x)$)를 갖는 접점은 구간 (a,b)에서 5개 있다.

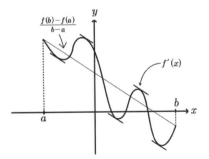

$\boxed{정답} : ②$

5. **풀이** : $\displaystyle\lim_{x\to 2}\frac{f(x)}{x-2} = 5$ (극한값이 존재)이므로 분모 $\displaystyle\lim_{x\to 2}(x-2)=0$이고 분자 $\displaystyle\lim_{x\to 2}f(x)=0$이 되어야 한다. 즉, $f(2)=0$이 되므로

$$\lim_{x \to 2} \frac{f(x)\,g(x)}{x-2} = \lim_{x \to 2} \frac{f(x)-f(2)}{x-2}\lim_{x \to 2} g(x) = f'(2)\,g(2)$$ 이다. **정답** : ①

6. 풀이 : $\dfrac{\Delta y}{\Delta x} = 2$ 이므로 $f'(x) = \lim\limits_{\Delta x \to 0}\Box\dfrac{\Delta y}{\Delta x} = 2$ 이다.

이때 양변을 x에 관해 적분하면 $f(x) = 2x + c$ 이고, $f(0) = 2$ 이므로 $f(x) = 2x + 2$ 이다.

따라서 $f(1) = 4$ 이다. **정답** : ③

✔ 예시 문제 _적분

1. 풀이 : 정적분의 성질에 의하여

$$\int_0^1 (f(x)+g(x))dx + \int_0^1 (f(x)-g(x))dx = \int_0^1 (f(x)+g(x)+f(x)-g(x))dx$$

$$= \int_0^1 2f(x)dx = 2\int_0^1 f(x)dx = 4 + 2 = 6 \qquad \therefore \ \int_0^1 f(x)dx = 3$$

정답 : ④

2. 풀이 : 아래 그림에서 (ⓑ의 넓이)(한 변의 길이가 1인 정사각형의 넓이)(ⓐ의 넓이)

$y = \sqrt{x}$ 에서 $x = y^2$ 이므로

(ⓐ의 넓이) $= \int_0^1 y^2 dy = \left[\dfrac{1}{3}y^3\right]_0^1 = \dfrac{1}{3}$

$\therefore$ (ⓑ의 넓이) $= 1 - \dfrac{1}{3} = \dfrac{2}{3}$

정답 : ③

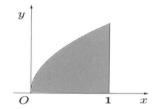

3. 풀이 : $x^3,\ x$ 는 기함수이고 $x^2, 1$ 은 우함수이므로

$$\int_{-a}^{a} \left(3x^3 - x^2 + 5x + 1\right)dx = 2\int_0^a \left(-x^2 + 1\right)dx$$

$$= -\frac{2}{3}a^3 + 2a = -12$$

에서 $a^3 - 3a - 18 = 0$ 이므로 $a = 3$ 이다.

정답 : ③

4. 풀이 : 정적분의 정의를 이용하면,

$$\lim_{n \to \infty} \frac{2}{n}\sum_{k=1}^{n} f\left(1+\frac{k}{n}\right) = 2\int_1^2 f(x)\,dx$$

또는

$$\lim_{n \to \infty} \frac{2}{n} \sum_{k=1}^{n} f\left(1 + \frac{k}{n}\right) = 2 \lim_{n \to \infty} \frac{1}{n} \sum_{k=1}^{n} f\left(1 + \frac{k}{n}\right) = 2 \int_{0}^{1} f(1+x)\,dx$$ 정답 : ②

5. 풀이 : $\displaystyle\int_{1}^{x} f(t)\,dt = (2\sin a)\,x^2 - x$ 의 양변에 $x = 1$ 을 대입하면

$0 = 2\sin a - 1 \Leftrightarrow \sin a = \dfrac{1}{2}$ 을 만족하는 a 값은 $\dfrac{\pi}{6}$ 뿐이다.

정답 : ②

6. 풀이 : 함수 f에 대해 A, B, C는 옆의 〈그림〉과 같다.

한편 $A > 0$, $B < 0$, $C = A + B$ 이므로 $B < C < A$ 이다.

정답 : ③

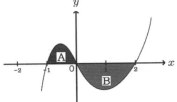

7. 풀이 :
$$\int_{-2}^{0} |f(x)|\,dx = \int_{-2}^{0} |x(x+2)|\,dx$$
$$= -\int_{-2}^{0} x(x+2)\,dx$$
$$= -\left[\frac{1}{3}x^3 + x^2\right]_{-2}^{0}$$
$$= 0 + \left(-\frac{8}{3} + 4\right) = \frac{4}{3}$$ 정답 : ①

빛나는 지단쌤 임대환의

한눈에 사로잡는 물리

임대환 지음 | 484쪽 | 16,000원

교과서보다 두 배 말랑하고, 교양서보다 세 배 깊이 있는 과학 초보자를 위한 국민 물리 교과서!

개념과 개념 사이를 짚어주는 맥락을 충분히 이해한다면 과학 공부 역시 재미있고 흥미진진하게 할 수 있다. 저자는 이 책에서 교과서에 등장하는 여러 가지 물리 개념들이 탄생하는 원동력으로 작용한 구구절절한 사연들을 하나씩 들추어낸다. 그러면서 물리학의 역사라고 할 수 있는 맥락을 짚어준다. '물리의 쓰임새를 찾아 어렵고 딱딱한 과목이라는 편견을 조금이나마 해소하려고' 노력하는 대한민국 최고 물리 교사의 열정과 사랑이 담긴 책.

* 함께 읽어야 할 책 : 빛나는 지단쌤 임대환의 한눈에 사로잡는 물리 | 전자기학·빛

큰★별쌤 최태성의

한눈에 사로잡는 한국사

최태성 지음 | 560쪽 | 17,000원

"역사에 무임승차하지 마라!" EBS 명강사 최태성의 가슴 뜨거운 역사 수업, 120만 수험생의 한국사 고민을 단박에 해결하다!

이 책의 가장 큰 특징은 먼저 역사 시기를 큰 덩어리로 나눈 다음, 개별 사안들을 들여다보고 있다는 점이다. 해당 사안이 어느 시기에 위치해 있는지, 어떤 흐름으로 이어지고 있는지를 파악하고 있어야만 한국사를 총체적으로 이해할 수 있다. 이를 위해 저자는 입체적인 판서를 궁리해냈다. '판서의 본좌', '판서의 지존'이라는 별명답게, 저자의 판서를 보면 한국사를 '한눈에 사로잡을' 수 있다. 이 책은 부분 판서를 통해 읽고 있는 내용의 이해를 돕고, 한 장이 끝날 때마다 전체 판서를 실어 공부한 내용을 일목요연하게 정리할 수 있게 해준다.

* 함께 읽어야 할 책 : 큰★별쌤 최태성의 한눈에 사로잡는 한국사 | 전근대편

힘이 나는 희민쌤 장희민의

한눈에 사로잡는 국어

장희민 지음 | 368쪽 | 16,000원

언어영역의 관건은 의사소통! 국어 공부를 잘 하려면 가장 먼저 주어진 지문을 확실히 이해하고, 글쓴이의 의도를 제대로 파악하고, 출제자와 깊이 대화하라!

'EBS 인강 사상 최단기 최다 클릭수'라는 전설을 기록한 언어영역 1타 강사 장희민의 17세를 위한 국어 개념편. 망망대해 같은 언어영역 공부의 어려움을 피해가라고 스킬을 가르치거나 단기성 요령을 주입하는 대신 진짜 언어공부의 참맛을 알려주고, 언어를 사랑하는 법을 알려주는 독특하고 향기로운 책이다. 언어영역 때문에 막연한 두려움에 사로잡힌 60만 예비 고등학생, 스스로 언포자(언어영역포기자)의 길을 택한 고등학교 1·2학년 학생들이 고등학교 언어영역의 개념을 잡고 이를 자기 것으로 만드는 데 큰 도움이 될 것이다.

논술의 지배자 마열다의

한눈에 사로잡는 슈퍼논술

마열다 지음 | 308쪽 | 14,000원

논술의 메카 대치동에서 '고수'로 소문난 마열다 선생님이 '슈퍼파워'로 논술의 레벨 업을 책임진다!

논술 시험 준비에 어려움을 겪는 학생들의 눈높이에 맞춰 논술 공부에 필요한 기초 개념을 한 권으로 쉽고 섬세하게 정리한 책. 기초 논리학을 이해하기 위해 필요한 기본 개념, 기본 용어의 풀이부터 시작해 한 편의 논술문을 쓰기 위해 필요한 과정 하나하나를 차근차근 챕터 별로 구분해 익히고, 연습문제를 통해 실전 감각까지 키울 수 있도록 구성되었다. 논술을 차근차근 준비하고 싶은 고등학교 1, 2학년, 논술 준비는 급한데 기본 개념이나 독해 실력이 구비되어 있지 않아 발등에 불이 떨어진 고등학교 3학년 학생 모두에게 꼭 필요한 책.

* 함께 읽어야 할 책 : 논술의 지배자 마열다의 한눈에 사로잡는 슈퍼논술 | 실전편

한국출판문화산업진흥원 청소년 권장도서 선정!!

춤추고 노래하는 그림 있는 이야기

시를 만나러 갑니다

정재아 지음 | 196쪽 | 14,000원

좋아하면 잘 한다!! 좋아하면 이기는 거다!!

달달달 외우지 않고, 분석하며 공부하지 않고

수능 시 영역에서 고득점을 올리는 아주 특별한 방법!!

기존의 시 감상법 책과 백팔십도 다른 진짜 시 공부 책. 교과서에 나오는 시, 혹은 수능에 자주 출제되는 시들을 모아 구절구절 따지고 분석하는 대신 완벽한 스토리텔링으로 자신의 감정 선을 따라 시를 읽게 함으로써 시 전반에 흐르는 '느낌'과 '정서', 시가 드러내고자 하는 '주조主潮'를 저절로 체득하게 해주는 책. 관습적인 시 공부법에 지친 학생들, 기존 참고서에서 별 도움을 얻지 못한 수능 준비생들, 이미 시와 멀어졌지만 마음 한구석에 여전히 시에 대한 그리움을 간직한 일반인들에게도 추천한다.

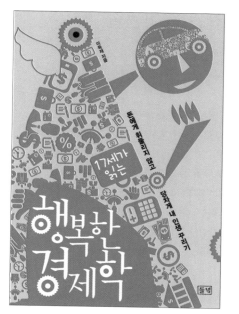

돈에게 휘둘리지 않고 당차게 내 인생 꾸리기

17세가 읽는 행복한 경제학

이득재 지음 | 247쪽 | 12,000원

돈을 많이 벌면 행복해질까? 행복해지기 위한 공부는 없을까? 가까이 하기엔 너무나 먼 경제학에 그 해답이 있다!

『17세가 읽는 행복한 경제학』은 경제학에서 연구하는 지식들이 어떻게 우리의 삶 구석구석에 적용되고 있는지를 살펴보고 경제와 나의 삶, 행복의 연관성을 직접적으로 다룬다. 교과서에 나오는 경제학 개념으로 시작해 우리나라의 경제상황, 그리고 생활에서 느껴지는 경제적 모순들, 세계의 경제 상황과 용어 정리까지 순차적으로 구성해 책을 읽는 것만으로 자연스럽게 경제학 요소들의 연결 맵(map)을 그릴 수 있도록 했다. 경제와 사회에 대한 총체적인 구조를 파악하는 데 도움이 되는 책이다.

게임은 미래의 커뮤니케이션 수단이다!

디지털게임의 재발견

김겸섭 지음 | 247쪽 | 12,000원

21세기 창의적 인재의 산실이 될 꿈의 공장 '게임의 세계'
흥미진진한 탐색은 계속된다!

'중독'과 '폭력'으로부터 게임을 구해내고 그 누명을 벗겨내기 위해서라도 우리는 하루 빨리 객관적인 관점에서 게임을 배우고 이야기해야 한다. 그러려면 '게임하기'의 진짜 목표가 '자주적이고 행복하며 능동적인 인간을 만들어내는 것'임을 인식해야 한다. 미래 사회를 이끌어나갈 창의적 인재란 정답과 공식을 잘 외워서 답을 찾는 사람이 아니라 행복하고 창조적인 사람이니까. 이 책은 게임의 시작이 된 놀이의 기원, 게임의 역사와 발전, 기술과의 맞물림, 게임의 서사성과 캐릭터의 탄생, 그리고 게임의 배경이 된 판타지 문학 등을 포괄적으로 흥미롭게 다루고 있다. 게임의 세계를 이해하고 싶어하는 학생이나 부모, 교사 모두에게 강추한다.

1500명 청소년의 1500가지 고민을 나눈다!

17세의 마음문 노크하기

서선미 지음 | 328쪽 | 13,000원

아이들이 반항하고, 집을 나가는 데에는 여러 가지 원인이 있다. 그 원인들
은 대개 가정과 학교가 제공한다!

아이들이 가장 싫어하는 말 중의 하나가 '사춘기'이다. 단어 자체를 싫어하는 게 아니다. 자신들의 복잡하고도 미묘한 변화, 그 속에서 극과 극을 오가는 감정들을 그저 한마디로 단정 짓고 무시하려는 사람들의 태도가 마음에 안 드는 것이다. "엄마가 우울한 것에는 그럴싸한 이유가 있고, 아빠의 무기력은 오만가지 원인이 복잡하게 얽혀있기 때문이라면서, 왜 내 고민과 방황은 그저 사춘기라서 그렇다고만 생각하는데? 나도 고민이 많고, 이유도 많고, 원인도 분명히 있다고. 그리고 그 원인은 내가 만든 게 아니야!"라고. 이 책은 아이들이 방황하고 엇나가는 이유를 알고 싶어하는 부모, 교사를 위한 것이자 어른들이 아이와 함께 고민을 공유하며 해결책을 모색하고, 대안을 찾아보려는 의도에서 만든 것이다.

전국 60만 예비 고1을 위한 완벽 멘토링!

인생의 터닝포인트를 위한 17세의 교과서

윤혜정 윤연주 심주석 최태성 이희나 지음 | 320쪽 | 12,000원

17세 청소년들의 고등학교 생활과 학습 성과를 책임질 정교한 나침반 『인생의 터닝포인트를 위한 17세의 교과서』는 중학교 시절을 뒤로 하고 고등학생이 되는 아이들에게 바치는 명품 교사 5인방의 헌사이다. 걱정 반 설렘 반으로 예비 고1이 된 아이들에게 들려주는 매우 실용적인 팁이기도 하다. 특히 고등학교 시절을 어떻게 보내야 하는지, 자신의 꿈을 설정하는 게 왜 그토록 중요한지, 꿈을 이루기 위한 전초단계로서 공부할 때 어떤 계획을 세워야 하는지, 교과서를 공부할 때 반드시 짚고 넘어가야 할 점은 무엇인지, 과목별 공부는 어떻게 해야 하는지, 교과서만 공부하고도 대학에 갈 수 있다는 말이 왜 '빈 말'이 아닌지, 수능 준비 전략을 미리 세우려면 어디에 주안점을 두어야 하는지, 창의적이고 전인적인 어른이 되기 위해 놓치면 안 되는 책과 영화에는 무엇이 있는지 등을 아주 자세하고 친절하게 설명한 책.

EBS 명강사들이 강력 추천한 바로 그 책!

대반전을 위한 17세의 공부법

케빈 폴 지음 | 이상영 옮김 | 344쪽 | 13,000원

이 책에서 제시하는 아주 간단한 원칙들만 실천한다면, 힘들지 않게, 영리하게 공부하게 될 것이다!

20년 이상 공부의 기술을 연구해온 케빈 폴 박사의 청소년을 위한 공부법 책. '공부법 최고 멘토'로 불리는 그는 무조건 열심히만 공부할 게 아니라 '영리하게' 공부해야 효과를 올릴 수 있다고 말한다. 무조건 "이래야 한다, 저렇게 하라!"고 주장하는 대신 우리의 두뇌가 '컴퓨터보다 좋다'고 강조하면서 공부의 기술과 전력만 제대로 익힌다면 누구나 "천재처럼 공부할 수 있다"고 역설한다. 그의 공부법 강의는 실제로 미국과 캐나다 등지에서 선풍적인 인기를 끌었고, 많은 학생들이 그의 책을 교과서처럼 읽는다. 자신의 잠재력을 인정하고, 목표 달성을 위한 공부 지능을 120% 발휘하도록 이끌어주는 마법 같은 공부법의 정본!!